시원스쿨랩에서 기출문제로 텝스 정복!

뉴텝스를 준비하는 가장 확실한 방법은?

" **기출문제 학습!** 기출문제보다 더 좋은 문제는 없습니다. "

뉴텝스 공식 기출문제집

출제기관이 제공한 뉴텝스 기출문제로 구성된 NEW TEPS 공식 수험서.
뉴텝스 시행 이후 최초로 출간된 공식 기출문제집으로,
기출문제 4회분과 해설서 수록!

뉴텝스 고득점 필수 기본서

초단기 400+ 고득점을 위해 최빈출 출제포인트와
실전 전략을 알기 쉽게 정리한 영역별 기본서.
뉴텝스 기출문제가 일부 포함된 실전문제 풀이로
출제포인트 확인하여 고득점 직행!

시원스쿨 텝스 기본서

1 뉴텝스 공식 기출문제 & 기출변형문제 수록!

출제포인트 학습 후
기출문제로 확인

고득점 직행!

2 기본부터 실전까지 이 한 권으로 완전 끝!

기본기

문제 유형

문제풀이 전략

고득점 테크닉

실전 연습

3 완벽한 실전 마무리! 실전 모의고사 2회분 수록

TEPS
실전
모의고사

TEST 1

TEPS
실전
모의고사

TEST 2

시원스쿨
NEW TEPS
어휘·문법

시원스쿨 LAB

시원스쿨 텝스
어휘·문법

개정 1쇄 발행 2021년 11월 11일
개정 5쇄 발행 2024년 3월 4일

지은이 시원스쿨어학연구소·이승혜·이용재
펴낸곳 (주)에스제이더블유인터내셔널
펴낸이 양홍걸 이시원

홈페이지 www.siwonschool.com
주소 서울시 영등포구 영신로 166 시원스쿨
교재 구입 문의 02)2014-8151
고객센터 02)6409-0878

ISBN 979-11-6150-528-2 13740
Number 1-110201-02020400-06

머리말

뉴텝스 가장 빠른 고득점 비결은 기출문제!

텝스 어휘는 일상생활에 쓰이는 구어체 표현부터 비즈니스, 신문기사, 뉴스, 광고, 학술 지문 등 거의 모든 분야에서 출제되기 때문에 차근차근 접근해서 단기간에 마스터한다는 것은 불가능합니다. 단기간에 최대한의 효과를 얻기 위해서는 기출문제 분석을 통해 철저히 빈출 순으로 선별된 기출 단어들을 기출 변형 예문과 함께 암기해야 하는데, 「시원스쿨 텝스 어휘」가 바로 그러한 방식으로 구성된 교재입니다. 「시원스쿨 텝스 어휘」의 각 UNIT은 다음과 같은 4단계로 구성되어 있습니다.

[기출예제] 출제자의 의도를 꿰뚫어볼 수 있는 직관적인 초고속 정답 찾기 훈련을 제공합니다.
[암기리스트] 기출변형 예문을 통해 최빈출 단어들의 문맥상 의미를 이해하고 기출포인트를 암기하는 핵심 학습 단계입니다.
[최빈출 암기 콕!] 초 간단 퀴즈 형식으로 빠르게 학습하는 코너입니다.
[기출 Check-up Test] 기출문제가 포함된 실전문제로 학습 내용을 점검합니다.

텝스 문법에서 매회 출제되는 문제의 항목과 문항을 분석해보면 특정 포인트의 문제들이 매번 비슷한 패턴으로 나온다는 것을 알 수 있습니다. 「시원스쿨 텝스 문법」은 가장 자주 나오는 출제 포인트부터 학습할 수 있도록 구성하였고, 모든 예문과 예제들이 기출문제를 변형해 만들어진 것들이기 때문에 실제 시험에 대한 적응력을 높일 수 있습니다. 「시원스쿨 텝스 문법」의 각 UNIT 또한 체계적인 4단계로 구성되어 있습니다.

[핵심문법정리] 텝스의 기초 문법 사항들을 알기 쉽게 설명합니다.
[기출유형정리] 기출문제 분석을 통해 추출한 최빈출 문법 포인트들을 정답 보기와 혼동 보기를 대비시켜 설명하여, 출제 포인트를 정확히 익히도록 해줍니다.
[실전적응훈련] 전문가가 문제의 핵심을 파악하고 단서를 포착하여 초고속으로 정답을 찾아내는 방법을 시뮬레이션으로 제공합니다.
[기출 Check-up Test] 기출문제가 포함된 실전문제로 학습 내용을 점검합니다.

「시원스쿨 텝스 어휘·문법」을 파트너 삼아 최단 시간 안에 목표 점수를 달성하고, 진정한 영어 구사 능력과 독해 능력까지 덤으로 길러 여러분의 오랜 꿈을 성취하시기를 진심으로 바랍니다.

이승혜·이용재·시원스쿨어학연구소

목차

시원스쿨 텝스 어휘

SECTION 1 최빈출 어휘

SECTION 2 Collocation 연어

SECTION 3 최빈출 표현

SECTION 4 고득점 어휘

시원스쿨 텝스 문법

SECTION 1 동사

SECTION 2 준동사

SECTION 3 품사

왜 「시원스쿨 텝스 어휘·문법」인가?

1 뉴텝스 기출문제로 확인하는 출제포인트

서울대 TEPS관리위원회 제공 공식 기출문제를 각 유닛의 <기출 Check-up TEST>에 실어, 학습한 출제포인트를 기출문제를 통해 확인하도록 하였습니다. 기출문제보다 더 좋은 문제는 없습니다. 기출문제로 확인한 출제포인트는 쉽게 잊혀지지 않으며, 텝스 출제원리도 확실히 이해할 수 있기 때문에 고득점에 절대적으로 유리합니다.

출제포인트 학습　　　　　　　**기출문제 풀이**

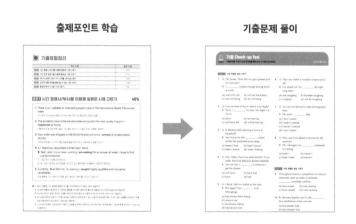

2 뉴텝스 분석 결과 완벽 반영

뉴텝스 기출문제 분석을 통해 자주 출제되는 문제 유형과 문장 구조, 어휘와 구문을 모든 문항에 적용하였습니다.
시험에 가장 많이 나오는 것들만 빠르게 공부하여 시간과 에너지 낭비 없이 목표 점수를 달성할 수 있습니다.

분석 과정 다음과 같은 심층 분석으로 모든 문항에 뉴텝스 출제 빈도 및 중요도를 반영

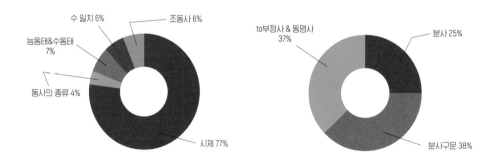

수 일치 6%　조동사 6%
능동태&수동태 7%
동사의 종류 4%
시제 77%

to부정사 & 동명사 37%
분사 25%
분사구문 38%

③ 초고속 정답 찾기 과정 시뮬레이션 체험

본서의 모든 문제는 텝스 기출문제의 포인트를 그대로 살려 변형된 것들이며, 텝스에 자주 나오는 어휘를 사용하여 구성하였습니다. 이 문제들을 통해 문제의 핵심을 정확히 파악하고 단서를 포착하여 초고속으로 정답을 찾아내는 방법을 순서대로 안내합니다. 동시에 실전에서 오답 함정에 빠지지 않는 비법까지 명쾌하게 설명하여 출제자의 의도를 꿰뚫어 볼 수 있는 안목을 기를 수 있도록 해 줍니다.

④ 실전에서 바로 통하는 실전형 기본서

너무 기초적인 내용이나, 출제되지 않는 요소들은 배제하였습니다. 그 대신, 본서를 공부하고 나면 텝스의 출제 포인트가 머릿속에 완벽히 정리가 되도록 기출변형 문제를 정답보기와 혼동보기를 대비시켜 설명하였고, 모든 출제 포인트를 출제 빈도순으로 제시하였습니다. 또한, 실전에서 바로 적용 가능한 전략을 상세히 소개하였으며, 배운 전략을 실전 문제에 적용해 보는 연습을 되풀이하여 가능한 한 빨리 목표 점수를 달성할 수 있도록 하였습니다.

⑤ 흥미로운 학습 장치로 효과 UP ↑

[어휘] 섹션에서는 의미와 연관된 이미지를 넣어 해당 어휘의 의미를 기억하는 데 도움을 주고자 하였고, 암기리스트 외에도 초간단 퀴즈 형식으로 기출 포인트를 정리하여 지루하지 않게 어휘 학습을 이어가도록 하였습니다. 또한 [어휘] 암기리스트의 표제어와 파생어를 텝스 성우가 녹음한 MP3 음원을 제공하여, 들으면서 암기할 수 있게 하였습니다. [문법] 섹션에서는 가장 헷갈리는 선택지를 함께 제시하여 출제 포인트를 설명하였고, 고득점을 목표로 하는 수험자를 위해 심화 학습 코너를 제시해 어려운 문제에 도전해볼 수 있게 하였습니다.

⑥ 뉴텝스 실전 모의고사 2회분 수록

최신 뉴텝스 시험과 난이도 및 유형 면에서 거의 유사한 실전 모의고사 2회분을 제공합니다. 도서 내 쿠폰을 이용해 텝스 어휘·문법 고득점 전문 이승혜, 이용재 강사의 해설강의도 무료로 들을 수 있습니다.

이 책의 구성과 특징

들으면서 외우는
최빈출 어휘 암기리스트

기출변형 예문을 통해 최빈출 단어들의 문맥상 의미를 이해하고 기출포인트를 암기하는 핵심 학습 단계입니다. 암기리스트의 표제어와 파생어를 텝스 성우가 녹음한 MP3 음원을 제공하여, 들으면서 암기할 수 있습니다.

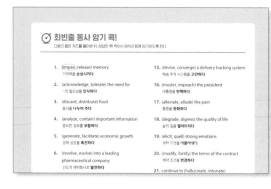

퀴즈를 풀면서
최빈출 어휘 암기 쾩!

초간단 퀴즈를 풀면서 기출 어휘/표현을 외우는 코너입니다. 수험자들이 특히 많이 틀리는 출제 포인트로 구성하였기 때문에 이 코너를 학습하고 나면 실전에서 헷갈리지 않고 정답을 고를 수 있습니다.

기출문제로 출제포인트 바로 확인

해당 Unit의 학습이 끝나면 기출문제가 포함된 실전 문제를 풀면서 학습이 잘 되었는지 점검합니다. 채점 후 맞은 개수를 기록하고, 틀린 문제는 오답노트에 기록하여 취약한 부분을 완전히 보충하고 넘어가야 합니다.

텝스 최빈출 문법 정리

텝스에 나온 거의 모든 정답 포인트들을 수록하였으며, 각 기출변형 예문마다 정답보기와 혼동보기를 대비하여 출제자의 사고를 꿰뚫어볼 수 있는 직관적인 초고속 정답 찾기 훈련을 합니다.

⚙ 기출유형정리

핵심 유형	출제 비율
유형 1 전치사와의 결합성을 이용해 자동사와 타동사 구별하기	37%
유형 2 자동사와 타동사에 따라 목적어 유무 구별하기	30%
유형 3 하나의 동사가 여러 형식으로 사용되는 경우 구별하기	23%
유형 4 지각동사와 사역동사의 어법 구별하기	10%

유형 1 전치사와의 결합성을 이용해 자동사와 타동사 구별하기 37%

1 If you do not know how to fill out the timesheet, (ask your supervisor / ~~ask to your supervisor~~) for assistance.
만약 근무시간 기록표 작성법을 모르면, 여러분의 상사에게 도움을 요청하시기 바랍니다.

2 Any of the bank's customers may (access their accounts / ~~access to their accounts~~) online by entering an account name and password.
은행의 고객은 누구나 아이디와 비밀번호를 입력함으로써 온라인으로 계좌에 접속할 수 있습니다.

실전 감각 UP
실전 적응 훈련

전문가가 문제의 핵심을 파악하고 단서를 포착하여 초고속으로 정답을 찾아내는 방법을 시뮬레이션으로 제공하며, 실전에서 오답 함정에 빠지지 않는 비법까지 명쾌하게 설명해 드립니다.

시험 응시 준비 완료!
뉴텝스 실전 모의고사 2회분 제공

뉴텝스 최근 시험 경향을 반영하여 실제 시험과 거의 같은 난이도의 실전 모의고사 2회분을 제공합니다. 도서의 쿠폰을 이용하여 해설강의를 무료로 수강할 수 있습니다.

Part I Questions 1~10
Choose the option that best completes each dialogue.

1. A: Do you want to borrow this book when I'm done with it?
B: Sure, I'd _____. It seems interesting.
(a) love
(b) love to
(c) love to it
(d) love reading

2. A: Is your new cat as lazy as your other ones?
B: No! She is much _____ than my other cats.
(a) friskiest
(b) friskier
(c) friskily
(d) frisky

6. A: Can I lock up my bicycle at the bottom of the stairs?
B: That's fine, _____ it doesn't block the fire exit.
(a) provided
(b) whereas
(c) even if
(d) in that

7. A: Oh! The waiting room looks so different now!
B: Yes, it _____ while you were on maternity leave.
(a) refurbished
(b) is refurbished
(c) had refurbished
(d) was refurbished

TEPS 완벽 가이드

TEPS는 어떤 시험이에요?

TEPS(Test of English Proficiency developed by Seoul National University)는 서울대학교 언어교육원에서 개발하고, TEPS 관리위원회에서 주관하는 국가 공인 영어 시험입니다. 국가공무원 선발 및 국가 자격시험에서 영어 과목을 대체하고, 대학(원) (편)입학 및 졸업 기준으로 쓰이는 등 다양한 용도로 활용되고 있습니다.

영역	문제 유형	문항 수	제한시간	점수범위
청해	**Part 1** 문장을 듣고 이어질 대화로 가장 적절한 답 고르기 (문장 1회 청취 후 선택지 1회 청취)	10	40분	0~240점
	Part 2 짧은 대화를 듣고 이어질 대화로 가장 적절한 답 고르기 (대화 1회 청취 후 선택지 1회 청취)	10		
	Part 3 긴 대화를 듣고 질문에 가장 적절한 답 고르기 (대화 및 질문 1회 청취 후 선택지 1회 청취)	10		
	Part 4 담화를 듣고 질문에 가장 적절한 답 고르기 (1지문 1문항) (담화 및 질문 2회 청취 후 선택지 1회 청취)	6		
	NEW 신유형 **Part 5** 담화를 듣고 질문에 가장 적절한 답 고르기 (1지문 2문항) (담화 및 질문 2회 청취 후 선택지 1회 청취)	4		
어휘	**Part 1** 대화문의 빈칸에 가장 적절한 어휘 고르기	10	NEW 통합 25분	0~60점
	Part 2 난문의 빈칸에 가장 적절한 어휘 고르기	20		
문법	**Part 1** 대화문의 빈칸에 가장 적절한 답 고르기	10		0~60점
	Part 2 단문의 빈칸에 가장 적절한 답 고르기	15		
	Part 3 대화 및 문단에서 문법상 틀리거나 어색한 부분 고르기	5		
독해	**Part 1** 지문을 읽고 빈칸에 가장 적절한 답 고르기	10	40분	0~240점
	Part 2 지문을 읽고 문맥상 어색한 내용 고르기	2		
	Part 3 지문을 읽고 질문에 가장 적절한 답 고르기 (1지문 1문항)	13		
	NEW 신유형 **Part 4** 지문을 읽고 질문에 가장 적절한 답 고르기 (1지문 2문항)	10		
합계	14개 Parts	135	105분	0~600점

▶ 출처: https://www.teps.or.kr/Info/Teps#

TEPS는 어떻게 접수하나요?

▹ 서울대텝스관리위원회(www.teps.or.kr)에서 접수 일정을 확인하고 접수합니다.
▹ 접수 시 최근 6개월 이내 촬영한 jpg 형식의 사진이 필요하므로 미리 준비합니다.
▹ 텝스 응시료는 (2024년 2월 기준) 정기 접수 시 46,000원, 추가 접수 시 49,000원입니다.

시험 당일엔 뭘 챙겨야 하나요?

▷ 식사를 적당히 챙겨 먹습니다. 빈속은 집중력 저하의 주범이고 과식은 졸음을 유발합니다.
▷ 시험 준비물을 챙깁니다.
  - 신분증 (주민등록증, 운전면허증, 기간만료 전 여권, 공무원증만 인정. 학생증 안됨. 단, 중고등학생은 학생증 인정-이름/사진/학교명 식별 가능해야 함.) 초등학생은 기간만료 전의 여권이나 청소년증(발급신청확인서)
  - 컴퓨터용 사인펜과 화이트 (잉크나 화이트 심이 충분히 있는지 확인)
  - 아날로그 시계 (전자시계는 안됨)
  - 수험표 (필수 준비물은 아님. 수험번호만 적어가면 됨. 수험번호는 핸드폰 문자 메시지로도 전송됨.)
▷ 고사장을 반드시 확인합니다.

시험은 몇 시에 끝나요?

오전 시험	오후 시험	시간	내용
9:30 – 9:40	2:30 – 2:40	10분	답안지 작성 오리엔테이션 (1차 신분 확인)
9:40 – 9:45	2:40 – 2:45	5분	수험자 휴식시간
9:45 – 9:55	2:45 – 2:55	10분	신분 확인 및 휴대폰 수거 (2차 신분 확인)
9:55 – 10:00	2:55 – 3:00	5분	최종 방송 테스트 / 문제지 배부
10:00 – 10:40	3:00 – 3:40	40분	청해 시험
10:40 – 11:05	3:40 – 4:05	25분	어휘/문법 시험
11:05 – 11:45	4:05 – 4:45	40분	독해 시험

성적 확인은 언제 어떻게 하나요?

▷ 시험일 이후 2주차 화요일 오후 5시에 텝스 홈페이지를 통해 발표됩니다.
▷ 성적 확인을 위해서는 성적 확인 비밀번호를 입력해야 하는데, 성적 확인 비밀번호는 가장 최근에 응시한 텝스 정기시험 답안지에 기재한 4자리 비밀번호입니다. 비밀번호를 분실한 경우 성적 확인 비밀번호 찾기를 통해 확인할 수 있습니다.

파트별 문제 맛보기

VOCABULARY 어휘

> 일상생활에서 많이 쓰이는 구어체 대화문을 읽고 빈칸에 가장 적절한 어휘를 선택하는 유형으로, 일상생활과 관련된 주제들이 등장합니다. [1번-10번] 문제가 이 유형에 속합니다.

> 기본 동사를 묻는 문제의 비중이 가장 높고, 이어서 명사, 형용사, 부사 등의 순서로 출제되고 있습니다.

1. A: My father is not at all happy about my choice of friends.
   B: Well, I think he's a little worried about the people you _____ with.

   (a) accord
   (b) reconcile
   (c) associate
   (d) entertain

   정답 1. (c)

> 다양한 주제의 문어체 단문이 제시되며, 빈칸에 적절한 어휘를 고르는 문제 유형입니다. [11번-30번] 문제가 이 유형에 속합니다.

> Part 1, 2의 30문제를 모두 12분 안에 풀어야 하기 때문에 광범위한 분야의 어휘 실력이 있어야 합니다.

> 시사잡지나 뉴스, 학술논문 등에서 사용되는 최고난도 어휘까지 모두 다루는 등, 출제되는 어휘의 난이도 폭이 매우 넓습니다.

11. By mixing cement with water and allowing it to harden, it can _____ sand into a solid substance.

    (a) compound
    (b) bind
    (c) resolve
    (d) unite

    정답 11. (b)

GRAMMAR 문법

Part 1

▸ 일상생활에서 많이 쓰이는 구어체 대화문을 읽고 빈칸에 가장 적절한 답을 선택하는 유형입니다. [1번-10번] 문제가 이 유형에 속합니다.

1. A: I heard Alex has two new housemates. Are they getting on well?
   B: I'm sure they are. He's used to _____ with other people.

   (a) live
   (b) living
   (c) being lived
   (d) be lived

   정답 1. (b)

Part 2

▸ 다양한 주제의 문어체 단문이 제시되며 이 문장의 빈칸에 적절한 답을 고르는 문제 유형입니다. [11번-25번] 문제가 이 유형에 속합니다.

11. St. Joseph Cathedral _____ by tourists to be the most impressive site in the city.

    (a) has always been considered
    (b) has been always considering
    (c) always has been considering
    (d) has been considered always

    정답 11. (a)

Part 3

▸ A-B-A-B의 순서로 이루어진 대화문에서 어법상 틀리거나 문맥상 어색한 부분이 있는 문장을 고르는 대화형 문제가 2문항 [26번-27번], 짧은 지문을 읽고 그중 문법적으로 틀리거나 어색한 문장을 고르는 지문형 문제가 3문항[28번-30번] 출제됩니다.

26. (a) A: Mike! When is the deadline for finishing the project?
    (b) B: We've only got couple of weeks.
    (c) A: Really? We have very little time left.
    (d) B: Yeah, we have to get the job done as soon as possible.

    정답 26. (b)

초단기 학습 플랜

- 아래 캘린더의 학습 진도를 참조하여 30일간 매일 학습합니다.
- 만일 사정이 생겨 해당일의 학습을 하지 못했더라도 앞으로 돌아가지 말고 오늘에 해당하는 학습을 합니다.
  그래야 끝까지 완주할 수 있습니다.
- 교재의 학습을 모두 마치면 뉴텝스 최신 경향이 반영된 <시원스쿨 텝스 어휘·문법 실전 모의고사>를 꼭 풀어보고
  시원스쿨랩 홈페이지(lab.siwonschool.com)에서 명쾌한 해설강의를 들어보세요.

30일 완성

Day 1	Day 2	Day 3	Day 4	Day 5
[어휘] Unit 1	[어휘] Unit 2	[어휘] Unit 3	[어휘] Unit 4	[어휘] Unit 5

Day 6	Day 7	Day 8	Day 9	Day 10
[어휘] Unit 6	[어휘] Unit 7	[어휘] Unit 8	[어휘] Unit 9	[어휘] Unit 10

Day 11	Day 12	Day 13	Day 14	Day 15
[문법] Unit 1	[문법] Unit 2	[문법] Unit 3	[문법] Unit 4	[문법] Unit 5

Day 16	Day 17	Day 18	Day 19	Day 20
[문법] Unit 6	[문법] Unit 7	[문법] Unit 8	[문법] Unit 9	[문법] Unit 10

Day 21	Day 22	Day 23	Day 24	Day 25
[문법] Unit 11	[문법] Unit 12	[문법] Unit 13	[문법] Unit 14	[문법] Unit 15

Day 26	Day 27	Day 28	Day 29	Day 30
[문법] Unit 16	[문법] Unit 17, 18	[문법] Unit 19, 20	TEST 1	TEST 2

- 교재를 끝까지 한 번 보고 나면 2회독에 도전합니다. 두 번째 볼 때는 훨씬 빠르게 끝낼 수 있습니다.
  텝스 어휘·문법은 천천히 한 번 보는 것보다 빠르게 2회, 3회 보는 것이 훨씬 효과가 좋습니다.

- 복습을 할 때는 다음과 같이 합니다.

  ∨ 잘 안 외워져서 체크(∨) 표시해 놓은 어휘/구문 다시 외우기
  ∨ 틀린 문제 다시 풀기
  ∨ 오답노트 작성하기

15일 완성

Day 1	Day 2	Day 3	Day 4	Day 5
[어휘] Unit 1, 2	[어휘] Unit 3 , 4	[어휘] Unit 5, 6	[어휘] Unit 7, 8	[어휘] Unit 9, 10

Day 6	Day 7	Day 8	Day 9	Day 10
[문법] Unit 1, 2	[문법] Unit 3, 4	[문법] Unit 5, 6	[문법] Unit 7, 8	[문법] Unit 9, 10

Day 11	Day 12	Day 13	Day 14	Day 15
[문법] Unit 11, 12	[문법] Unit 13, 14	[문법] Unit 15-17	[문법] Unit 18-20	TEST 1, 2

시원스쿨 텝스
어휘

1 TEPS 어휘 문제의 구성

파트	문항 수 (번호)	문제 유형
Part 1	10문항 (1-10)	일상생활에서 자주 쓰이는 구어체로 된 A-B 대화문을 읽고 빈칸에 가장 적절한 어휘 고르기
Part 2	20문항 (11-30)	다양한 주제의 문어체 문장을 읽고 빈칸에 가장 적절한 어휘 고르기

2 TEPS 어휘 문제의 특징

① 영어에 대한 직관적인 능력을 측정한다.

　　12분 안에 30문제를 풀어야 하므로 문제 당 24초 정도의 시간이 주어지는 셈이다. 이는 문제를 모두 읽고 해석한 후에 논리를 생각해 정답을 선택하는 정상적인 과정이 불가능한 시간이기 때문에 문제를 읽는 동시에 바로 답을 찾는 직관이 없으면 어휘 고득점이 어렵다.

② 출제 범위가 방대하다.

　　TOEIC은 비즈니스, TOEFL은 학술분야로 출제 영역이 지정되어 있지만, TEPS는 일상생활, 비즈니스, 뉴스, 정치, 종교, 철학, 자연과학, 의학, 법학 등 다양한 분야에서 사용되는 어휘를 다룬다. 그리고 타 공인 영어시험들은 글에 사용되는 어휘 능력만 평가하는 반면, TEPS는 일상대화 표현까지 출제 대상이다.

③ 기본 수준에서 고급 어휘까지 다양한 난이도의 어휘가 출제된다.

　　간단한 인사말부터 시사잡지나 뉴스, 학술논문 등에서 사용되는 최고난도 어휘까지 모두 다루는 등, 출제되는 어휘의 난이도 폭이 매우 넓다.

④ 맥락 속에서 어울리는 어휘를 선택해야 한다.

　　TOEIC의 경우 주어진 문장의 빈칸 주변만 보고도 정답 선택이 가능한 문제가 많지만, TEPS에서는 문장과 대화를 모두 읽어야 정답을 선택할 수 있다. 즉, 문제 전체를 읽고 이해해야만 정답을 고를 수 있는 문맥 파악 유형이 대부분이기 때문에 시간이 많이 소요된다.

⑤ 결합해서 쓰이는 표현을 알고 있어야 한다.

　　개별 단어의 뜻을 묻는 문제 이외에 구어체, collocation(연어), 관용표현, 숙어 등에 관한 문제가 출제되기 때문에 특정 어휘끼리 결합하여 쓰이는 표현들을 숙지하고 있어야 한다.

❸ TEPS 어휘 최신 출제 경향

① 기본 어휘	62%	동사, 명사, 형용사/부사
② 연어	7%	특정 단어와 어울려 쓰이는 어휘들이 결합된 형태
③ 관용구	15%	**[구동사] 3%** 원어민들이 일상생활에서 자주 사용하는 give, get, have, put, take와 같은 쉬운 기본 동사들에 전치사나 부사가 결합해 사용하는 동사구
		[숙어] 7% 두 개 이상의 단어가 모여 하나의 표현으로 쓰이는 표현으로, 관용 표현과 달리 단어 원래 의미가 살아 있음
		[관용 표현] 2% 특정 단어의 은유적, 상징적 의미가 굳어져 관용적으로 사용되는 어구로, 겉으로 보이는 것과 전혀 다른 '속뜻'을 갖기도 함
		[구어체 표현] 3% 문법에 어긋나기도 하지만 일상생활에서 빈번히 사용되어 습관적으로 쓰이며 굳어진 표현들
④ 유사 어휘	10%	의미상 혼동하기 쉬운 어휘, 형태가 비슷한 어휘
⑤ 고급 어휘	6%	주로 라틴계의 고급 어휘

❹ TEPS 어휘 학습 전략

① 기출 어휘 암기부터 시작하자!

TEPS 시험에 출제되었던 기출 어휘를 우선적으로 외우도록 한다. 이 교재의 암기리스트에 수록된 어휘는 시험에 특히 자주 나왔던 것들이므로 반드시 외워야 한다. 이들 어휘는 어휘 영역 뿐만 아니라 청해와 문법, 독해 영역에서도 두루두루 등장하기 때문에 소리 내어 읽으면서 외우고, 예문을 자세히 뜯어 보며 맥락과 쓰임을 완전히 이해한 후 암기하는 것이 좋다.

② 어휘 Part 1의 구어체 표현은 TEPS 청해 영역에서 다진다.

TEPS 어휘 시험에는 구어체 문제도 나오기 때문에 일상 대화에서 쓰이는 표현들을 많이 익혀 둘 필요가 있다. 이러한 표현들은 특히 TEPS 청해에서 많이 접할 수 있다. 따라서 TEPS 청해를 학습하면서 대화에서 사용되는 주요 표현들을 정리하고 이를 눈여겨봐 두는 것이 좋다. 청해 교재를 활용하면 청해 영역 뿐만 아니라 어휘 영역의 구어체 표현 파트에서도 점수가 오르므로 일석이조이다.

③ 어휘 Part 2와 기본 어휘는 TEPS 독해 속에서 익힌다.

Part 2의 어휘는 독해 영역을 공부하며 익혀보자. TEPS 독해에서는 굉장히 다양한 분야의 지문이 등장하는데, 어휘 시험에서 출제되는 어휘들도 마찬가지이므로 굳이 따로 공부할 필요 없이 TEPS 독해 공부를 하면서 어휘도 함께 챙기도록 한다.

☑ TEPS는 일상 영어와 시사, 학술 등 고급 영어 능력을 동시에 측정하기 때문에 어휘 또한 일상 대화에서 사용하는 기본 어휘와 전문 분야의 기사나 글에서 사용되는 고급 어휘에 이르기까지 다양한 범주에서 출제된다.

☑ Part 1, 2에서 동사 어휘는 7~8문항 정도 출제되며, 동사와 부사가 어울려 특정 뜻을 갖는 구동사, 덩어리로 사용되는 구어 표현, 그리고 특정 단어끼리 결합하는 연어 등이 주를 이룬다.

🎮 기출예제

예제 1 Part 1

A: My father is not at all happy about my choice of friends.
B: Well, I think he's a little worried about the people you ＿＿＿＿＿＿ with.

(a) accord
(b) reconcile
(c) associate
(d) entertain

A: 아버지는 항상 내가 고르는 친구들을 맘에 들어하지 않으셔.
B: 글쎄, 네가 어울리는 사람들에 대해 걱정이 좀 되시나 보다.

● 문제풀이 시뮬레이션
① A의 말에 언급된 my choice of friends를 B가 the people로 받았다.
② 따라서 전치사 with와 어울릴 수 있으면서 친구들과 관련해 할 수 있는 행위를 나타내는 동사가 빈칸에 필요하다.
③ 선택지 중에 친구와 관련된 행위를 나타내기에 가장 적절한 동사는 '어울리다, 교제하다'라는 뜻인 (c) associate이다.

어휘 associate 교제하다, 어울리다(=make friends) accord 일치하다, 조화하다 reconcile 화해시키다 entertain 즐겁게 하다
정답 (c)

예제 2 Part 2

By mixing cement with water and allowing it to harden, it can ＿＿＿＿＿＿ sand into a solid substance.

(a) compound
(b) bind
(c) resolve
(d) unite

시멘트를 물에 섞고 굳히는 방법으로 모래를 응고시켜 딱딱한 고체 덩어리로 만들 수 있다.

● 문제풀이 시뮬레이션
① 「by + 전치사구」는 수단을 나타낸다.
② 그러므로 수단의 결과를 나타내는 주절에서는 harden(굳게 하다)이라는 과정에 따른 결과가 나타나야 한다.
③ 선택지 중에 harden과 연결될 수 있는 동사는 '굳히다, 응고시키다'라는 뜻을 가진 (b) bind이다.
④ (d) unite가 '통합하다'는 맥락에서 비슷하지만, 분리된 여러 개를 하나로 합치는 수의 개념이기 때문에, 목적어로 불가산 명사인 sand를 취할 동사로 어울리지 않는다.

어휘 mix A with B: A를 B와 혼합하다 allow A to do: A가 ~하도록 하다 harden 굳게 하다 bind 굳히다, 묶다, 결합시키다 bind A into B: A를 굳혀서 B로 만들다 solid 단단한 substance 물질 compound 혼합하다 resolve 분해하다 unite 연합하다, 통합하다
정답 (b)

TEPS 어휘 문제에서는 빈칸의 의미 파악도 중요하지만, 무엇보다 선택지 단어들의 의미를 파악하고 구분하는 것이 더 결정적이기 때문에 다음 최빈출 단어들의 형태와 뜻을 정확히 알아두는 것이 정답률을 높이고 풀이 시간을 줄일 수 있는 지름길이다. 특히 다양한 의미로 사용되는 단어들은 그 차이를 확실히 이해할 수 있도록 각 의미에 해당하는 동의어를 추가하였다.

☑ **tally** v. 기록하다(=record, register), 집계하다(=count), 일치하다(=agree)

- The event organizers tallied costs for the upcoming music festival.

  행사 기획자들은 다가오는 음악 축제의 비용을 집계했다.

☐ **suspend** v. (일시) 중지하다, 정직시키다, 매달다

- Work was suspended while the office was being painted.

  사무실에 페인트 칠을 하는 동안 업무가 중단되었다.

☐ **evacuate** v. 비우다(=leave, empty, vacate), 소개하다(=remove), 대피시키다
evacuation n. 대피

- Citizens were evacuated from their homes before the tsunami reached the shoreline.

  주민들은 지진해일이 해안에 닿기 전에 집에서 대피되었다.

- People started evacuating the apartment building in an orderly fashion when the fire alarm sounded.

  화재 경보가 울리자 사람들은 질서정연하게 아파트를 빠져나오기 시작했다.

☐ **convert** v. 전환하다, 개조하다, 개종하다

- We converted the factory into a parking lot.

  우리는 공장을 주차장으로 개조했다.

- The woman converted to her husband's religion after he had proposed to her.

  그 여자는 남편이 청혼한 후 남편의 종교로 개종했다.

☐ **induce** v. 일으키다, 야기하다, 권유하다, 귀납하다

- The final scene of the horror movie will induce terror in most viewers.

  그 공포 영화의 마지막 장면은 대부분의 관객들을 공포에 빠지게 할 것이다.

☐ **exaggerate** v. 과장하다

- Some politicians exaggerate their achievements to attract more voters.

  일부 정치인들은 더 많은 유권자들을 끌어들이기 위해 자신들의 업적을 과장한다.

☐ **exceed** v. 넘다, 초과하다

- Do not exceed the medication dosage recommended by your doctor.

  의사가 권장하는 약 복용량을 초과하지 마십시오.

☐ **diagnose** v. 진단하다

- To diagnose an illness, doctors must perform a thorough check-up.

  병을 진단하기 위해 의사들은 철저한 검진을 해야 한다.

☐ **serve** v. 대접하다, 봉사하다, 모시다
serve as v. ~의 역할을 하다
serving n. 1인분, 한 그릇

- This diagram served as a blueprint for the assembly process.

  이 다이어그램은 조립 공정의 청사진 역할을 했습니다.

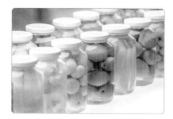

☐ **preserve** v. 저장하다, 보존하다, 유지하다(=keep safe, save, conserve)
preservation n. 저장, 보존
preservative n. 방부제

- Chicken breasts should be preserved by freezing them.

  닭 가슴살은 냉동으로 보관해야 한다.

☐ **represent** v. 나타내다, 의미하다, 대신하다(=stand for, indicate, speak for)
representation n. 표현, 설명, 대표
representative n. 대표자, 사원 a. 대표하는

- The writer's new novel represents his changing views on society.

  그 작가의 새 소설은 사회에 대한 그의 변화하는 견해를 나타낸다.

☐ **procrastinate** v. 늑장부리다
procrastination n. 미루는 버릇

- If you don't stop procrastinating, you will never get anything done.

  꾸물거리는 버릇을 없애지 않으면, 너는 아무것도 끝내지 못할 것이다.

☐ **recall** v. 기억하다, (하자 있는 제품을) 회수하다 n. (결함 제품의) 회수

- I cannot recall whether I paid this gas bill already.

  이 가스 요금을 이미 냈는지 기억이 안 나요.

- The automaker announced that they will recall their latest model after several accidents.

  그 자동차 회사는 여러 번의 사고 후에 자사의 최신 모델을 회수하겠다고 발표했다.

☐ **grumble** v. 투덜대다, 불평하다

- Many customers grumbled about the small portions offered by the restaurant.

  많은 손님들이 그 식당의 음식 양이 작다고 불평했다.

☐ **urge** v. 권유하다(=encourage, incite), 촉구하다(=drive, push) n. 충동(=desire)
urgent a. 긴급한
urgency n. 긴급

- The hotel owner urged guests to enjoy the brand-new swimming pool.

  호텔 주인은 손님들에게 새로운 수영장을 즐겨보라고 권했다.

☐ **crave** v. 갈망하다, 강하게 원하다
craving n. 갈망

- When my wife was pregnant, she always had a craving for ice cream.

  내 아내가 임신했을 때, 그녀는 항상 아이스크림을 먹고 싶어 했다.

☐ **regulate** v. 규제하다, 통제하다, 조절하다
regulation n. 조절, (정부) 규제
rules and regulations 규정

- We have installed an automatic thermostat to regulate the room temperature.

  실내 온도를 조절하기 위해 자동 온도 소설 장치를 설치했습니다.

☐ **domesticate** v. 길들이다(=tame)
domestication n. 길들이기
domestic a. 국내의, 가정의

- Some people claim that cats can never be fully domesticated, but that is not the case.

  어떤 사람들은 고양이가 절대 완전히 길들여질 수 없다고 주장하지만, 그건 사실이 아니다.

☐ **savor** v. 음미하다, 감상하다
savory a. 맛 좋은
savor the flavor 맛을 음미하다

- All the diners savored the delicious appetizers prepared by the chef for free.

  모든 손님이 주방장이 준비한 맛있는 전채 요리를 무료로 맛보았다.

☐ **compromise** v. 타협하다(settle), 위태롭게 하다 (=jeopardize)

- The airline agreed to compromise on the ticket cancelation fee.

  항공사는 항공권 취소 수수료를 절충하기로 합의했다.

- Damaged machinery can compromise a factory's productivity.

  손상된 기계는 공장의 생산성을 저하시킬 수 있다.

☐ **hail** v. 부르다, 환호하다

- Mr. Harrow hailed a taxi right outside the airport.

  해로우 씨는 공항 바로 밖에서 택시를 불러 세웠다.

- Everyone who attended the opening night hailed the artist's new exhibition.

  개관식에 참석한 모든 사람들이 그 화가의 새 전시회에 대해 환호했다.

☐ **deviate** v. 벗어나다, 이탈하다(=stray, digress, diverge)
  deviated a. 빗나간, 탈선한

- Some of the graphic designers deviated from the original project plan.

  그래픽 디자이너들 중 일부가 원래의 프로젝트 계획에서 벗어났다.

☐ **measure** v. 측정하다(=evaluate, value, assess, judge) n. 조치, 수단(=way, action, step)
  measurement n. 측정
  measurable a. 측정 가능한

- This comment card is designed to measure customer satisfaction.

  이 의견 카드는 고객만족도를 측정하기 위해 고안되었습니다.

☐ **precede** v. ~보다 앞서 발생하다(=antedate, antecede, go before)
  precedence n. 우선, 선행
  precedent n. 선례, 전례

- A period of calm weather often precedes a thunderstorm.

  종종 뇌우에 앞서 온화한 날씨가 이어진다.

☐ **interrupt** v. 가로막다, 저지하다, 중단시키다

- A power cut interrupted production in the manufacturing plant.

  정전이 제조공장의 생산을 중단시켰다.

☐ **fluctuate** v. 요동치다, 오르내리다, 불안정하다
  fluctuation n. 변동

- Gas prices are fluctuating due to changes in oil prices.

  유가 변동으로 인해 휘발유 가격이 요동치고 있다.

☐ **prolong** v. 연장하다, 늘이다(=lengthen, extend, stretch)
  prolonged a. 연장된

- A severe weather warning forced Ms. Burns to prolong her stay in the Bahamas.

  악천후 경보로 번스 씨는 바하마 체류 기간을 연장해야 했다.

☐ **compile** v. (자료를) 수집하다, 편찬하다(=collect, assemble, gather, put together)
  compilation n. 편찬, 편찬물

- Our marketing department compiles data about consumer spending habits.

  우리 마케팅부는 소비자 지출 습관에 관한 자료를 수집한다.

☐ **concentrate** v. 집중하다 n. 농축액
  concentration n. 집중
  concentrated a. 집중적인, 농축된

- Our accountants will concentrate on reducing monthly expenses.

  우리 회계사들이 월 비용을 줄이는 것에 집중할 것이다.

☐ **attach** v. 첨부하다, 붙이다
attachment n. 첨부자료, 부착물
attached a. 첨부된

- A schedule for the trade show is attached to this e-mail.

  이 이메일에는 무역 박람회 일정표가 첨부되어 있습니다.

☐ **consolidate** v. (회사를) 합병하다(=merge), 통합하다(=combine), (권력, 지위 등을) 강화하다 (=strengthen)
consolidation n. 합병

- The financial advisor encouraged Mr. Lowe to consolidate his debts.

  재정 자문가는 로우 씨에게 채무를 통합하도록 권고했다.

☐ **compensate** v. ~에게 보상하다, 보충하다 (=reimburse, repay, make up)
compensation n. 보상, 보충

- The airline compensated the passengers who suffered from food poisoning.

  항공사는 식중독에 걸린 승객들에게 보상을 했다.

- He will stay at work until 8 P.M. to compensate for his lateness this morning.

  그는 오늘 아침 지각한 것을 벌충하기 위해 저녁 8시까지 일할 것이다.

☐ **pronounce** v. 발음하다, 선언하다
pronunciation n. 발음

- The tour guide taught me how to pronounce the name of the temple correctly.

  여행 안내원은 내게 그 사원의 이름을 정확하게 발음하는 법을 가르쳐 주었다.

☐ **discharge** v. 해고하다(=fire, dismiss, lay off)

- Two workers were discharged for stealing company property.

  두 명의 근로자가 회사 자산을 훔친 혐의로 해고되었다.

☐ **dismiss** v. 해고하다(=discharge, fire), 쫓아내다, 거부하다, 기각하다(=refuse), (생각을) 떨치다(=banish)
dismissal n. 해고

- The store manager dismissed an employee for repeatedly being disrespectful to customers.

  지점장은 계속해서 고객들에게 무례하게 대한 것을 이유로 직원 한 명을 해고했다.

☐ **alternate** v. 번갈아 하다(=take turns), 대신하다 (=substitute) a. 대신의, 교차하는, 교대의
alternation n. 교대
alternative n. 대안

- Free swimming classes for children alternate between Saturdays and Sundays.

  아이들을 위한 무료 수영 강습이 토요일과 일요일마다 번갈아 열린다.

☐ **acclimate** v. 적응하다, 적응시키다
acclimate to v. ~에 적응하다

- After relocating to Los Angeles, people usually need time to acclimate to the city.

  사람들은 로스앤젤레스로 이사한 후에 대체로 그 도시에 적응할 시간이 필요하다.

☐ **wage** v. (전쟁 등을) 수행하다 n. 임금, 급료
minimum wage 최저 임금

- Mayor Marks pledged that he would wage war against corruption in his government.

  막스 시장은 자신의 정부 내 부정부패와 전쟁을 치를 것이라고 공약했다.

☐ **commit** v. (죄를) 저지르다, 전념하다(수동태)
committed to ~에 전념하는, 몰입하는

- Recent research finds that juvenile inmates commit their first crime at the age of 15.

  최근 연구에 의하면, 청소년 재소자들이 15세에 첫 범죄를 저지르는 것으로 나타난다.

- [ ] **curb** v. 억제하다 n. 고삐, 구속, (인도와 차도 사이의) 연석

  • Companies must follow government regulations to curb harmful emissions.

  기업들은 해로운 배기 가스를 줄이려는 정부의 규제를 따라야 한다.

- [ ] **emerge** v. 나타나다, 떠오르다(=appear, surface, come up, rise up, show up)

  emergence n. 출현
  emerging a. 신생의, 최근에 생겨난

  • Singapore has been emerging as the destination of choice for international conferences.

  선호하는 국제 회의 개최 장소로 싱가폴이 급부상하고 있다.

- [ ] **endure** v. 참다, 인내하다

  endurance n. 인내
  enduring a. 인내심이 강한, 참을성 있는

  • James Taylor endured years of hardship before founding a successful business.

  제임스 테일러는 성공적인 사업체를 설립하기까지 수년 간의 어려움을 견뎌냈다.

- [ ] **collapse** v. 붕괴하다, 쓰러지다 n. 붕괴, 파탄

  • Many runners collapsed at the end of the race due to dehydration.

  많은 선수들이 경주가 끝난 뒤 탈수증으로 쓰러졌다.

  • The collapse of the Lipton Bridge was caused by high winds.

  립튼교의 붕괴는 강풍에 의해 발생했다.

- [ ] **destroy** v. 파괴하다

  destruction n. 파괴
  destructive a. 파괴적인

  • The fire that swept through the area destroyed many homes.

  그 지역을 휩쓸고 지나간 화재가 많은 주택들을 파괴했다.

- [ ] **confine** v. 가두다(=detain), 제한하다(=limit)

  confinement n. 구금
  confined a. 갇힌

  • Passengers were confined within the airport terminal while a security search was carried out.

  보안 검색이 진행되는 동안 승객들은 공항 터미널 내에 갇혀 있었다.

  • To avoid false information, Diana confined her Internet search to credible Web sites.

  잘못된 정보를 피하기 위해, 다이애나는 신뢰할 수 있는 웹 사이트로 인터넷 검색을 국한시켰다.

- [ ] **civilize** v. 개화시키다, 문명화하다

  civilized a. 문명화된, 교양있는

  • The expedition leaders attempted to civilize the native tribespeople.

  탐험 지도자들은 원주민 부족을 문명화하려고 시도했다.

- [ ] **derive** v. 얻다(=obtain), 유추하다(=infer), 유래하다(=stem from)

  derivation n. 유래, 파생
  derivative a. 유래된, 모방한

  • The film's director said he derived inspiration from the books of A.R. Gilman.

  그 영화 감독은 A.R. 길먼의 책에서 영감을 얻었다고 밝혔다.

- [ ] **elevate** v. (지위, 등급을) 높이다(=promote), (사물을) 들어올리다(=lift), 고취시키다(=improve, enhance)

  elevation n. 승진, 높이, 고도, 기품
  elevated a. 높은, 고상한

  • The head of the Southwest branch was elevated to regional manager for his excellent sales figures.

  사우스웨스트 지점장은 판매 실적이 우수하여 지역 관리자로 승진했다.

  • The architect elevated the building to protect it from flooding.

  그 건축가는 침수 피해를 막기 위해 건물 바닥을 높게 설계했다.

- [ ] **conflict** v. 상충하다(=disagree), 충돌하다 (=collide), 싸우다(=fight, battle)
  n. 갈등(=disagreement), 충돌(=collision, clash)
  - Several departments are conflicting over budget allocation.

    몇몇 부서들이 예산 배정을 두고 갈등을 빚고 있다.

- [ ] **amplify** v. 넓히다, 확대하다(=expand, magnify)
  - The marketing team amplified its efforts to reach younger consumers.

    마케팅팀은 젊은 소비자들에게 다가가려는 노력을 확대했다.

- [ ] **abandon** v. 버리다, 포기하다
  abandonment n. 포기
  - Rupert was forced to abandon his car on the highway when it broke down.

    루퍼트는 차가 고장 났을 때, 어쩔 수 없이 고속도로에 차를 버려 두었다.

- [ ] **claim** v. (근거없이) 주장하다, (권리를) 주장하다
  n. (배상) 청구, 주장
  file a claim 주장하다, (손해 배상을) 청구하다
  - The candidate has claimed that he is well experienced in all aspects of business.

    지원자는 자신이 모든 업무 분야에 충분한 경험이 있다고 주장했다.

  - When Sue crashed her car, she filed a claim with her insurance company.

    차량 충돌 사고를 냈을 때, 수는 보험회사에 손해 배상을 청구했다.

- [ ] **coordinate** v. 협력하다, 조정하다
  coordination n. 협의, 조정
  coordinator n. 조정자, 책임자
  - Humanitarian organizations will coordinate with local authorities to distribute aid in the poverty-stricken region.

    인도주의 단체들은 기아에 허덕이는 그 지역에 원조를 제공하기 위해 지역 당국과 협력할 것이다.

- [ ] **shimmer** v. 반짝이다
  - The lake next to the outdoor dining area shimmered under the stars.

    야외 식당가 옆에 있는 호수가 별빛으로 반짝거렸다.

- [ ] **spread** v. 퍼뜨리다
  - The use of the Internet rapidly spread throughout the world in the early 1990s.

    1990년대 초에 인터넷 사용이 전 세계로 빠르게 확산되었다.

- [ ] **restore** v. 회복하다, 복구하다
  restoration n. 회복, 복구
  - The popular sightseeing tour restored the health of the local tourism industry.

    인기 있는 관광 여행은 지역 관광 산업의 건강을 회복시켰다.

- [ ] **rout** v. 물리치다, 패배시키다
  - Korea's national soccer team easily routed Japan 3-0.

    한국 국가대표 축구팀은 일본을 3대0으로 쉽게 물리쳤다.

- [ ] **authorize** v. 허가하다
  authorization n. 허가(증), 공인, 위임
  - The board authorized the purchase of five new company cars.

    이사회는 다섯 대의 회사 사랑을 새로 구입하도록 승인했다.

- [ ] **disclose** v. 드러내다, 폭로하다(=reveal)
  - A structural survey disclosed the presence of cracks in the building's foundations.

    구조 조사를 통해 건물 토대에 균열들이 존재하는 것으로 드러났다.

- [ ] **speculate** v. 추측하다, 숙고하다(=guess, suppose, deliberate), 투기하다
  speculation n. 추측, 투기
  speculative a. 추론적인, 투기적인
  - Economists speculate that the US dollar will remain strong this year.

    경제학자들은 미국 달러가 올해 강세를 유지할 것으로 추측한다.

  - Mr. Anderson got rich quickly by speculating in the stock market.

    앤더슨 씨는 주식 시장에서의 투기로 빠르게 부자가 되었다.

☐ **succeed** v. 계승하다, 성공하다

succession n. 계승
success n. 성공
successor n. 후계자, 후임자
successive a. 연속하는
successful a. 성공적인

- The 5-year-old prince has the legitimate right to succeed to the throne when his father passes away.

  다섯 살짜리 왕자가 아버지가 돌아가시면 왕위를 계승할 법적 권리를 지니고 있다.

☐ **trigger** v. 유발하다(=cause, activate), 유도하다 (=induce)

- Protests triggered by the election result were covered on all news channels.

  선거 결과에 의해 촉발된 시위들은 모든 뉴스 채널에 보도되었다.

☐ **wade** v. 간신히 빠져나가다, (개울을) 걸어서 건너다

- The explorers waded through the swamp to reach the village.

  탐험가들은 그 마을에 도달하기 위해 늪지대를 헤치고 간신히 빠져나갔다.

☐ **strand** v. 오도가도 못하게 하다, 발을 묶다

- Some guests were stranded at the hotel due to the tornado.

  몇몇 손님들이 토네이도 때문에 호텔에서 발이 묶였다.

☐ **rehabilitate** v. 회복시키다, 갱생시키다

rehabilitation n. 회복, 복구

- Prisoners are only granted parole if they have been genuinely rehabilitated.

  재소자들은 그들이 진정으로 갱생되었을 경우에만 가석방이 허가된다.

☐ **revive** v. 되살리다

revival n. 회복, 재생

- The veterinarian successfully revived Lisa's unconscious dog.

  수의사는 의식불명이던 리사의 개를 성공적으로 소생시켰다.

☐ **smash** v. 충돌하다

- A motorcyclist smashed into a signpost on the corner of Brown and Lexington.

  오토바이 운전자가 브라운 가와 렉싱턴 가의 모퉁이에서 표지판을 들이받았다.

☐ **plague** v. 괴롭히다(=annoy, harass, molest) n. 역병, 전염병(=epidemic)

- She was plagued with so many questions.

  그녀는 수많은 질문에 시달렸다.

- Many of those suffering from the plague could not afford medication.

  역병으로 고통받는 많은 사람들은 약을 살 여유가 없었다.

☐ **hassle** v. 말다툼하다(=dispute, argue, quarrel, fight), 괴롭히다(=harass) n. 골치 아픈 일

- The young woman got off the bus after the drunk man hassled her.

  젊은 여성은 술 취한 남자가 추근대자 버스에서 내렸다.

- Obtaining a loan to buy a house can be a hassle later.

  집을 사기 위해 대출을 받게 되면 나중에 골치 아플 수 있다.

☐ **insult** v. 모욕하다

- Three employees have been reprimanded for insulting their superior.

  세 명의 직원이 상사를 모욕한 것에 대해 질책을 받았다.

☐ **flaunt** v. 과시하다, 자랑하다

flaunting a. 과시하는

- Mr. Edwards tends to flaunt his wealth by wearing expensive watches and cufflinks.

  에드워즈 씨는 값비싼 시계와 커프스 단추를 차고서 자신의 부를 과시하는 경향이 있다.

☐ **disparage** v. 비하하다(=belittle, ridicule),
비난하다(=denounce)

disparagement n. 비하
disparaging a. 얕보는

- Critics disparaged Ms. Jones's new novel as "the worst of the worst".

  비평가들은 존스 씨의 새 소설이 "역대 최악"이라고 비난했다.

☐ **jeopardize** v. 위험에 빠뜨리다

- A lack of leadership jeopardized the safety of passengers on the cruise.

  지도력의 부족이 유람선 승객들의 안전을 위험에 빠뜨렸다.

☐ **confide** v. (비밀을) 털어놓다, 신뢰하다

confide in ~에게 속마음을 털어놓다
confidential a. 기밀의

- Jenny confided in her sister about her feelings for Derek.

  제니는 데릭에 대한 자신의 감정을 여동생에게 털어놓았다.

☐ **constitute** v. ~가 되다, ~을 구성하다(=form, make up, comprise)

constitution n. 구성, 헌법
constituent n. 구성 요소 a. 구성하는

- A light joke or comment on another coworker may constitute a serious offence.

  다른 동료에 대한 가벼운 농담이나 언사가 심각한 모욕이 될 수 있다.

- Forty-two branches constitute our fast food restaurant chain.

  42개의 지점들이 우리 패스트푸드 레스토랑 체인을 구성한다.

☐ **contemplate** v. 숙고하다

contemplation n. 숙고, 사색, 명상

- Scientists have long contemplated ways to prevent global warming.

  과학자들은 오랫동안 지구 온난화를 막기 위한 방법을 숙고해 왔다.

☐ **devote** v. (시간, 노력을) 바치다, 헌신하다
(=dedicate, commit)

devotion n. 헌신
devoted a. 헌신적인
devotee n. 헌신하는 사람, 애호가

- Dr. Mark Phillips devoted his whole life to finding a cure for cancer.

  마크 필립스 박사는 평생을 암 치료법을 찾는 데 헌신했다.

☐ **enforce** v. (법률 등을) 시행하다, 집행하다
(=implement)

enforcement n. (법률의) 시행

- The government enforced a law to stop people littering on the streets.

  정부는 거리에 쓰레기 버리는 것을 금지하는 법을 시행했다.

- Many health clinics enforce confidentiality agreements to protect patient privacy.

  많은 진료소에서 환자의 사생활을 보호하기 위해 기밀유지 협약을 시행한다.

☐ **devise** v. 고안하다, 만들다(=design, invent, conceive, formulate)

device n. 장치

- The company has devised a method for recycling used batteries.

  그 회사는 사용된 배터리를 재활용하는 방법을 고안해 냈다.

☐ **fabricate** v. 지어내다, 위조하다

fabrication n. 위조

- The journalist was criticized for false reporting when it was found out that he had fabricated parts of his article.

  그 기자는 기사의 일부를 조작한 사실이 드러나자 허위 보도에 대해 비난을 받았다.

☐ **falsify** v. 위조하다

- Many people are tempted to falsify their credentials in order to secure a job.

  많은 사람들이 직업을 구하려고 자격증을 위조하고 싶은 유혹을 느낀다.

☐ **convict** v. ~에게 유죄 판결을 내리다
conviction n. 유죄 판결

• The defendant was convicted of aggravated assault with a deadly weapon.

피고인은 흉기를 사용한 가중폭행 혐의에 대해 유죄 판결을 받았다.

☐ **condemn** v. 비난하다, 유죄 판결을 내리다, (재산을) 수용하다
condemnation n. 비난, 유죄 판결

• World leaders condemned the latest attack on a civilian facility by an unknown terrorist group.

세계 지도자들은 최근 밝혀지지 않은 테러 단체가 저지른 민간 시설에 대한 공격을 비난했다.

• The building was condemned after frequently failing to meet safety regulations.

그 건물은 빈번히 안전 수칙을 어긴 끝에 공유지로 수용되었다.

☐ **apprehend** v. 체포하다(=arrest, catch, capture), 이해하다(=understand)

apprehension n. 체포, 이해
apprehensive a. 이해가 빠른, 걱정되는

• Most escapees were apprehended by the police during a city-wide manhunt.

대부분의 탈주자들이 시 전역에 걸친 수색 작업 중에 경찰에 검거되었다.

• A skilled manager quickly apprehends a situation and takes appropriate action.

숙련된 관리자는 신속하게 상황을 파악하고 적절한 조치를 취한다.

☐ **exonerate** v. ~의 혐의를 풀어주다(=acquit)

• The suspect was exonerated due to a lack of evidence against him.

용의자는 증거 불충분으로 인해 혐의를 벗었다.

☐ **evade** v. 피하다, 모면하다
evasive a. 회피적인

• The governor skillfully evaded most of the tricky questions asked by the reporters.

주지사는 기자들의 까다로운 질문들을 대부분 교묘하게 회피했다.

☐ **abuse** v. 학대하다 n. 학대, 남용
abusive a. 학대하는
child abuse 아동 학대

• Anyone who abuses animals may face prosecution and a possible prison sentence.

동물을 학대하는 사람은 누구나 기소되어 징역형에 처해질 수 있다.

☐ **accuse** v. 고발하다, 비난하다(=criticize, charge, blame)
accusation n. 고발, 비난
accused a. 고소당한
the accused n. 피고인

• At the meeting, Greta accused her coworker of stealing her ideas.

회의에서 그레타는 자신의 아이디어를 훔쳤다고 동료를 비난했다.

☐ **deter** v. 저지하다, 그만두게 하다
deterrent a. 방해하는 n. 방해물

• Guard dogs patrol the construction site to deter people from trespassing.

경비견들이 사람들의 무단 침입을 막기 위해 건설 현장을 순찰한다.

☐ **extenuate** v. 완화하다, 정상을 참작하다

• The CEO made some lighthearted jokes to extenuate the company's financial difficulties.

최고경영자는 회사가 재정적으로 어려운 분위기를 완화시키기 위해 가벼운 농담을 했다.

☐ **deliberate** v. 숙고하다, 토의하다(=consider, debate, ponder, mull over, contemplate) a. 신중한(=careful), 고의적인(=intentional, purposeful)

deliberation n. 심사숙고
deliberately ad. 고의적으로

- We are still deliberating whether to change the cell phone design.

  우리는 아직도 휴대폰 디자인을 바꿀 것인지를 숙고하고 있다.

☐ **relieve** v. (고통, 부담을) 완화하다, 안심시키다 (=alleviate)

relieved a. 안심한
relief n. 경감, 안심

- I gave Janet some painkillers to relieve her headache.

  나는 자넷의 두통을 덜어주려고 진통제를 주었다.

☐ **resist** v. 견뎌내다, 저항하다(=fight, withstand)

resistance n. 저항
resistant a. 저항력이 있는

- Vaccinations can help one resist several diseases.

  백신 접종은 우리가 여러 가지 질병과 싸우도록 도울 수 있다.

☐ **anticipate** v. 기대하다, 예상하다(=expect, foresee, predict)

anticipation n. 예상
anticipatory a. 예측의

- The pilot anticipated a bumpy flight with heavy turbulence.

  조종사는 심한 난기류로 인한 험난한 비행을 예상했다.

☐ **sympathize** v. 공감하다, 동감하다(=agree, understand)

sympathy n. 공감, 동정
sympathetic a. 동정적인

- Having done it myself, I can sympathize with the people who work on night shifts.

  내가 직접 해보니까, 야간 근무하는 사람들의 마음에 공감할 수 있다.

☐ **adjourn** v. (회의 등을) 잠시 중단하다, 연기하다

- The judge will adjourn the court proceedings at 3 P.M. for some light refreshments.

  판사는 간단한 다과 시간을 가지기 위해 오후 3시에 재판을 잠시 중단할 것이다.

☐ **generate** v. (전기, 열을) 발생시키다(=produce, make)

generation n. 발생, 세대
generative a. 발생의, 생식의

- Coal has been used to generate power for hundreds of years.

  석탄은 수백 년 동안 전력을 발생시키는 데 이용되어 왔다.

☐ **insert** v. 삽입하다, 끼워 넣다

insertion n. 삽입, 끼워 넣기

- Technology today enables companies to insert scanning codes into advertisements.

  오늘날 기술은 기업들이 광고에 스캐닝 코드를 삽입할 수 있게 한다.

☐ **merge** v. 합치다(=combine), 합병하다(=take over)

merger n. 합병(=takeover)

- The decision to merge the two branches of the company has angered some staff.

  회사의 두 지사를 합병하기로 한 결정은 일부 직원들을 화나게 했다.

- [ ] **alleviate** v. 완화하다, 누그러뜨리다(=relieve, ease, reduce, soften, diminish)

  alleviation n. 완화, 경감
  - An ice pack pressed against the jaw may alleviate the symptoms of a toothache.

    얼음 주머니를 턱에 대고 누르면 치통을 완화시킬 수도 있다.

- [ ] **excavate** v. 발굴하다, 구멍을 파다(=dig up, quarry, hollow out)

  excavation n. 발굴
  excavator n. 발굴자
  - Archaeologists will excavate an area in Syria where they believe a temple once stood.

    고고학자들이 한때 사원이 서 있었다고 믿는 시리아의 한 지역을 발굴할 것이다.

- [ ] **flourish** v. 번창하다, 잘 자라다
  - Early human civilizations flourished thanks to developments in farming.

    인류의 초기 문명은 농경의 발달 덕분에 번성했다.

  - Some species of fish can flourish at the very bottom of the ocean, where little light penetrates.

    어떤 어종은 빛이 거의 닿지 않는 심해에서 자랄 수 있다.

- [ ] **suppress** v. 억압하다, 진압하다

  suppressed a. (감정이) 억압된, (반란이) 진압된
  - I struggled to suppress my rage when another car hit my brand-new car.

    다른 차가 내 새 차를 받았을 때, 나는 분노를 억누르기 힘들었다.

- [ ] **facilitate** v. 용이하게 하다(=ease, smooth, promote)

  facility n. 시설, 편의, 재능
  - We will move one department at a time to facilitate the transition to the new headquarters.

    우리는 새 본사 건물로의 이전을 용이하게 하기 위해 한 번에 한 부서씩 옮길 것이다.

- [ ] **cramp** v. 죄다, 구속하다, 경련을 일으키다
  n. 빗장, 경련

  cramped a. 비좁은, 갑갑한, 경련을 일으킨
  - The bus is very cramped during my morning commute.

    내가 아침에 출근할 때는 버스가 정말로 비좁다.

- [ ] **inspire** v. 자극하다, 고무하다(=stimulate, motivate, encourage, influence)

  inspiration n. 고무, 영감
  inspirational a. 고무적인
  inspiring a. 영감을 주는
  - The manager's enthusiastic pep talks always inspire the employees to work harder.

    부장의 열정적인 격려의 말들은 항상 직원들을 더 열심히 일하도록 고무한다.

- [ ] **intrigue** v. ~의 흥미를 돋우다(=excite, fascinate)
  n. 음모(=plot, scheme)

  intriguing a. 흥미로운
  intrigued a. 흥미를 가진
  - The display of ancient dinosaur fossils most intrigued museum visitors.

    고대 공룡 화석의 전시가 박물관 방문객들의 흥미를 가장 많이 불러 일으켰다.

- [ ] **evolve** v. 진화하다(=develop, grow)

  evolution n. 진화
  evolutionary a. 진화의, 점진적인
  - Many species of birds have evolved to survive in freezing temperatures of the Arctic.

    많은 종의 새들이 북극의 영하의 기온에서 살아남기 위해 진화했다.

☐ **contaminate** v. 오염시키다, 더럽히다
- Contaminated food can cause severe gastrointestinal problems.

  오염된 음식은 심각한 위장 장애를 일으킬 수 있다.

☐ **implement** v. 집행하다, 시행하다(=execute, perform, enforce, carry out)
- The government started implementing a program to help the unemployed find jobs quickly.

  정부는 실업자들이 일자리를 빨리 찾도록 돕는 프로그램을 시행하기 시작했다.

☐ **endorse** v. (공개적으로) 지지하다, 승인하다, (광고 에 나와서 상품을) 홍보하다
  endorsement n. 지지, 후원
- Several top athletes were asked to endorse the new line of sportswear.

  몇명의 정상급 운동선수들이 새로운 운동복 제품들을 광고에 서 홍보해 달라는 요청을 받았다.

☐ **retaliate** v. 보복하다
  retaliation n. 보복, 앙갚음
- The United States has promised to retaliate against any countries that refuse to comply with the trade agreement.

  미국은 무역 협정의 준수를 거부하는 모든 나라들에 대해 보복 을 가하겠다고 다짐했다.

☐ **revoke** v. 취소하다, 무효로 하다
- Mr. Barker's country club membership was revoked after he argued with another club member.

  바커 씨의 컨트리 클럽 회원권은 그가 다른 회원과 언쟁을 벌인 후 무효화되었다.

☐ **impose** v. (벌금을) 부과하다, (의견을) 강요하다
- The speaker was careful not to impose his spiritual beliefs on the listeners.

  연사는 청중에게 자신의 종교적 신념을 강요하지 않도록 조심 했다.

- The government imposed a heavy fine on the company for breaching the competition law.

  정부는 공정거래법을 위반한 혐의로 그 회사에 막대한 벌금을 부과했다.

☐ **hamper** v. 방해하다, 훼방을 놓다(=obstruct, hinder, impede)
- Ongoing armed conflicts in the region are hampering the peace process.

  그 지역에서 계속되는 무력 충돌이 평화 협상을 방해하고 있다.

☐ **inoculate** v. 예방 접종하다(=vaccinate), 주입하 다(=infuse)
- The medical organization is set to travel to Africa to inoculate children against a variety of diseases.

  그 의료 단체는 다양한 질병에 대해 아이들에게 예방 접종을 하 기 위해 아프리카로 떠날 예정이다.

☐ **obliterate** v. 망각하다, 지우다, 없애다
- Many surrounding buildings were obliterated as a result of the factory explosion.

  공장의 폭발로 주변의 많은 건물들이 사라졌다.

☐ **regain** v. 회복하다, 되찾다(=recover)
- She regained her enthusiasm for life after traveling around the world.

  그녀는 세계일주를 한 후에 삶에 대한 열정을 되찾았다.

최빈출 동사 암기 콕!

다음의 짧은 퀴즈를 풀어본 뒤, 정답만 콕! 찍어서 해석과 함께 암기하도록 한다.

1. (impair, release) memory
   기억력을 **손상시키다**

2. (acknowledge, tolerate) the need for
   ~의 필요성을 **인식하다**

3. (discard, distribute) food
   음식을 **나누어 주다**

4. (analyze, contain) important information
   중요한 정보를 **포함하다**

5. (generate, facilitate) economic growth
   경제 성장을 **촉진하다**

6. (revolve, evolve) into a leading
   pharmaceutical company
   선도적 제약회사로 **발전하다**

7. (dismiss, revoke) a driver's license
   운전면허를 **취소하다**

8. (swipe, fetch) a bicycle
   자전거를 **훔치다**

9. (explore, hamper) the ocean floor
   해저를 **탐사하다**

10. (implement, alternate) a new policy
    새 정책을 **시행하다**

11. (insert, convey) a message
    메시지를 **전달하다**

12. strictly (ban, permit) smoking in public
    places
    공공 장소에서의 흡연을 엄격하게 **금지하다**

13. (violate, decode) international law
    국제법을 **위반하다**

14. (succeed, obstruct) to the throne
    왕위를 **계승하다**

15. (devise, converge) a delivery tracking system
    배송 추적 시스템을 **고안하다**

16. (muster, impeach) the president
    대통령을 **탄핵하다**

17. (alleviate, allude) the pain
    통증을 **완화하다**

18. (degrade, digress) the quality of life
    삶의 질을 **떨어뜨리다**

19. (elicit, quell) strong emotions
    격한 감정을 **이끌어내다**

20. (modify, fortify) the terms of the contract
    계약 조건을 **변경하다**

21. continue to (hallucinate, intonate)
    계속 **환각을 일으키다**

22. (credit, renew) membership
    회원권을 **갱신하다**

23. (observe, follow) his advice
    그의 조언을 **따르다**

24. (amass, preserve) great riches
    어마어마한 부를 **축적하다**

25. (testify, disregard) for the defense
    피고를 위해 **증언하다**

26. (vary, convert) hour by hour
    시시각각 **다르다**

27. (excavate, inter) ancient ruins
    고대 유적을 **발굴하다**

28. (disperse, claim) a crowd
    군중을 **해산하다**

정답 1. impair 2. acknowledge 3. distribute 4. contain 5. facilitate 6. evolve 7. revoke 8. swipe 9. explore 10. implement
11. convey 12. ban 13. violate 14. succeed 15. devise 16. impeach 17. alleviate 18. degrade 19. elicit 20. modify
21. hallucinate 22. renew 23. follow 24. amass 25. testify 26. vary 27. excavate 28. disperse

기출 Check-up Test

기출문제를 포함한 실전 문제들을 풀어보면서 앞에서 공부한 내용을 제대로 암기했는지 확인해본다.
틀린 문제는 반드시 암기리스트에서 복습을 한 후 다시 풀어보아야 한다.

Part 1 빈칸에 알맞은 단어 고르기

1. A: Why were you so disappointed with the play?
   B: I didn't think it _____ all the good reviews I read about it online.
   (a) performed   (b) preceded
   (c) merited   (d) fabricated

2. A: Well done on getting the summer job at Omnitech.
   B: Thanks. I _____ it all to my professor for encouraging me.
   (a) owe   (b) thank
   (c) deliver   (d) learn

3. A: How do you punish your kids for misbehaving?
   B: I usually _____ their TV privileges. 기출
   (a) disband   (b) revoke
   (c) thwart   (d) expel

4. A: I guess I must have done something wrong to this 3D printer. It won't turn on.
   B: I told you not to _____ with the new device.
   (a) tamper   (b) ponder
   (c) mumble   (d) hassle

5. A: You can all come and stay at my cottage in the countryside.
   B: Are you sure it can _____ all of us?
   (a) value   (b) station
   (c) incorporate   (d) accommodate

6. A: Did you finish watching the documentary about climate change?
   B: Yes. I found it very _____. I had no idea the situation was so serious.
   (a) enlightening   (b) gleaning
   (c) assuming   (d) tempting

7. A: What do you think of imposing a fine on workers who come in after 9 a.m?
   B: Yes, I agree. We need to _____ employees who arrive late.
   (a) domesticate   (b) discipline
   (c) endorse   (d) entice

8. A: Congratulations on getting the main role in the play!
   B: Thanks, but I _____ myself fortunate, as the original actor dropped out due to illness.
   (a) count   (b) propose
   (c) deserve   (d) admire

Part 2 빈칸에 알맞은 단어 고르기

9. Temperatures will _____ this week, ranging from extremely cold to pleasantly mild. 기출
   (a) flicker   (b) conform
   (c) fluctuate   (d) contradict

10. By voting for the neutral Green Party, many people are _____ against the current government.
    (a) retaliating   (b) adjudicating
    (c) disputing   (d) justifying

11. Roger plans to _____ his company with a software developer based in Silicon Valley.

    (a) conserve   (b) amalgamate
    (c) accumulate   (d) conform

12. The CEO of Magni Corporation has been charged with fraud and will be _____ in a court of law.

    (a) tried   (b) excused
    (c) decided   (d) pronounced

13. It sometimes takes some time for new employees to become _____ to our work culture.

    (a) approved   (b) traversed
    (c) acclimated   (d) tentative

14. Performing routine cleaning can greatly _____ the life of your mountain bike and improve its safety.

    (a) prolong   (b) repeat
    (c) postpone   (d) attach

15. The two interns were reprimanded because they were seen _____ during the meeting.

    (a) confounding   (b) whispering
    (c) transferring   (d) permitting

16. Many nations _____ landmines as these weapons threaten civilians long after conflicts stop. 기출

    (a) secede   (b) ostracize
    (c) extradite   (d) condemn

17. The survey results indicate that the pork from the naturally _____ pigs tastes better than that from pigs kept in artificial environments.

    (a) erected   (b) fabricated
    (c) fostered   (d) reared

18. The local government is _____ drug usage in Chicago by providing more educational programs.

    (a) waging   (b) informing
    (c) combating   (d) committing

19. _____ the sale of automatic weapons has become a major concern in some US states.

    (a) Curbing   (b) Compiling
    (c) Embarking   (d) Evacuating

20. The mayor imposed a curfew for those 17 and under in order to _____ street violence and vandalism.

    (a) endorse   (b) authorize
    (c) curtail   (d) broadcast

UNIT 02 최빈출 명사

- ☑ 빈칸에 적절한 명사를 찾는 문제가 Part 1, 2에서 각각 한 문제 정도 출제된다. 이때 구어체에서 주로 사용되는 사물의 이름부터 문어체에서 사용되는 고급 어휘까지 모두 출제된다.
- ☑ Part 2 후반부에서는 동사에서 파생된 명사 문제도 출제되는데, 이때 형태 또는 의미가 유사한 어휘부터 고급 어휘에 이르기까지 다양하게 출제된다.
- ☑ 어휘는 기출 리스트를 암기하고 문제를 풀면서 학습하기도 하지만, 어휘의 범위가 넓으므로 평소에 독해를 통해 꾸준히 어휘 실력을 쌓지 않으면 평균 25초 안에 정확한 뜻을 파악해 정답을 고르기가 쉽지 않다. 따라서 어느 파트를 공부하든 대화와 지문의 어휘들도 함께 공부해 두어야 한다.

기출예제

예제 1 Part 1

A: Will the macaroni dish be hot if I take it out now?
B: Yes, you'd better put on the oven _____.

(a) parts
(b) wraps
(c) pads
(d) mitts

A: 마카로니 접시를 지금 꺼내면 뜨거울까?
B: 응, 오븐용 장갑을 끼는 게 좋겠다.

• 문제풀이 시뮬레이션
① dish가 hot인지 묻는 말에 Yes라고 동의한다.
② 그러므로 뜨거운 dish를 잡을 때 필요한 것을 나타내는 명사를 골라야 한다.
③ 뜨거운 dish를 손으로 잡으려면 두꺼운 오븐용 장갑을 끼어야 하므로 (d) mitt가 정답이다.
④ (c) pad는 주로 밑에 받치는 것으로, 뜨거운 걸 손으로 잡을 때 착용하는 물품이 아니므로 오답이다.

어휘 **dish** 접시 **take out** ~을 꺼내다 **you had better do** ~하는 것이 좋다 **put on** ~을 끼다, 착용하다, 입다 **part** 부분, 부품 **wrap** 랩, 포장지 **pad** 패드, 보호대 **mitt** 장갑
정답 (d)

예제 2 Part 2

Like most other children, the _____ of my teenage years were pop stars and actors.

(a) peaks
(b) forms
(c) marks
(d) idols

많은 다른 아이들과 마찬가지로, 나의 10대 시절 우상들은 팝스타와 배우들이었다.

• 문제풀이 시뮬레이션
① 빈칸은 주어 자리이다.
② 동사가 were이므로 <주어=보어> 관계를 적용한다.
③ 빈칸에는 pop stars와 actors를 대표하는 단어가 필요하다.
④ 그러므로 사람을 나타내는 명사인 (d) idols가 정답이다.

어휘 **like** ~와 같이, ~와 마찬가지로 **peak** (뾰족한) 끝, 절정 **form** 형태, 양식 **mark** 표시, 특징 **idol** 우상, 아이돌
정답 (d)

TEPS 어휘 문제에서는 빈칸의 의미 파악도 중요하지만, 무엇보다 선택지 단어들의 의미를 파악하고 구분하는 것이 더 결정적이기 때문에 다음 최빈출 단어들의 형태와 뜻을 정확히 알아두는 것이 정답률을 높이고 풀이 시간을 줄일 수 있는 지름길이다. 특히 다양한 의미로 사용되는 단어들은 그 차이를 확실히 이해할 수 있도록 각 의미에 해당하는 동의어를 추가하였다.

☑ **alteration** n. 변경(=change, modification, transformation)
alter v. (옷을) 수선하다, (모양, 성질을) 바꾸다

- We had to make a slight alteration to the tour itinerary.

  우리는 여행 일정을 약간 변경해야 했다.

☐ **authentication** n. 입증, 인증(=certification)
authenticate v. 증명하다
authenticity n. 신빙성, 확실성
authentic a. 인증된, 진본의

- The staff car park requires authentication to use.

  직원 주차장을 사용하려면 사용 인증이 필요합니다.

☐ **altercation** n. 다툼, 언쟁(=dispute, argument, quarrel)
altercate v. 언쟁하다, 싸우다

- An altercation broke out between reporters from rival newspapers.

  경쟁 신문사 기자들 사이에 말다툼이 벌어졌다.

☐ **fiasco** n. 대실패(=disaster, catastrophe)

- The film festival in Orchard Park was a total fiasco.

  오차드 공원에서 열린 영화제는 완전한 실패였다.

☐ **blunder** n. 실수, 실책(=mistake, error, indiscretion)

- The receptionist made a serious blunder when entering the personal information of a patient.

  접수 담당자는 환자의 신상 정보를 입력하면서 심각한 실수를 저질렀다.

☐ **sentence** n. (형량) 선고 v. (형량을) 선고하다

- If convicted, the accused will serve a sentence of at least twenty-five years.

  유죄 판결을 받는다면, 피고인은 최소 25년을 복역할 것이다.

- The defendant was sentenced to life in prison for multiple intentional murders.

  피고인은 여러 건의 고의 살인 혐의에 대해 무기징역을 선고받았다.

☐ **verdict** n. (배심원) 평결

- The jury pondered for three days before delivering a guilty verdict.

  배심원들은 유죄 평결을 내리기 전에 3일간 숙고했다.

☐ **acquaintance** n. 아는 사람, 지인

- I'm meeting an old acquaintance of mine for lunch.

  나는 점심식사를 하기 위해 옛 지인을 만날 것이다.

☐ **prosecution** n. 기소, 고발
prosecute v. 기소하다, 고발하다

- Anyone caught stealing merchandise from a store will face prosecution.

  가게에서 물건을 훔치다가 걸리면 누구든지 기소될 것이다.

☐ **temper** n. 성질, 성미

temperamental a. 신경질적인

- Karen's temper has gotten her into trouble on several occasions.

카렌은 성미 때문에 여러 차례 곤란한 상황을 겪었다.

☐ **pertinacity** n. 끈기(=persistence, obstinacy, stubbornness)

pertinacious a. 끈기 있는

- Toby's pertinacity has greatly helped him to rise to the top in the technology industry.

토비의 끈기는 그가 기술업계에서 최고 자리에 오르는 데 큰 도움이 되었다.

☐ **prognosis** n. 예후(豫後), 치료 후 경과

- If she receives the proper treatment, Ms. Hale's prognosis is promising.

적절한 치료를 받는다면, 헤일 씨는 예후가 밝을 것이다.

☐ **prescription** n. 처방전, 처방약

- You can refill this prescription at any pharmacy.

어느 약국에서나 이 처방전으로 다시 약을 받으실 수 있습니다.

☐ **supplement** n. 보충제 v. 보충하다, 보완하다

- Excessive vitamin supplements can be harmful to your health.

지나친 비타민 보충제 섭취는 건강에 해로울 수 있다.

☐ **agenda** n. 의제, 안건

- The last item on today's agenda is the upcoming company workshop.

오늘 안건의 마지막 항목은 곧 있을 회사 워크숍입니다.

☐ **deposit** n. 보증금 v. 입금하다

- You can take away the TV today if you pay a 15 percent deposit on it.

15%의 보증금을 내시면 TV를 오늘 가져가실 수 있습니다.

☐ **withdrawal** n. 인출, 후퇴

withdraw v. 인출하다, 후퇴하다

- RBC Bank customers are not charged for any withdrawals from ATMs.

RBC 은행 고객들은 ATM 인출 수수료가 청구되지 않습니다.

☐ **application** n. 신청, 신청서, 적용, 응용

apply v. 신청하다, 적용하다

- Please include a cover letter with your application form.

지원서에 자기소개서를 첨부해 주세요.

☐ **appeal** n. 매력 v. 마음에 들다, 매력이 있다

- The clothing store's appeal is its low prices on brand-name items.

그 의류 매장의 매력은 유명 제품에 대한 저렴한 가격이다.

☐ **benefit** n. 혜택, 이득, 복리후생 v. 이익을 얻다

beneficial a. 이로운, 유익한

- We offer attractive benefits such as two weeks of paid vacation time.

저희는 2주간의 유급 휴가와 같은 매력적인 혜택을 제공합니다.

☐ **infusion** n. 투입, 고취

- The increase in tourism will bring an infusion of money into the local economy.

관광 산업의 증가로 지역 경제에 자금이 유입될 것이다.

☐ **hassle** n. 골치 아픈 일, 번거로운 일

- Organizing a surprise birthday party on your own can be a hassle.

혼자서 깜짝 생일 파티를 준비하는 일은 번거로울 수 있다.

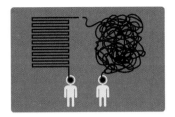

□ **discrepancy**   n. 모순, 불일치(=inconsistency, disagreement, disparity)

• There is a slight discrepancy between your receipts and your travel expense claim.

귀하의 영수증과 출장 경비 청구서 사이에 약간의 차이가 있습니다.

□ **complacency**   n. 자기 만족, 현 상태에 만족함, 안주
complacent a. 만족해 하는, 자기 만족의

• Mr. Noonan's complacency caused him to overlook some errors in his article.

누넌 씨의 자기 만족으로 인해 자신의 글에서 몇 가지 오류를 간과하게 되었다.

□ **intimacy**   n. 친교, 친밀함(=closeness, familiarity)
intimate a. 친밀한

• Diners can enjoy more intimacy by reserving a private booth.

식사 손님들은 개인 공간을 예약하면 더 친밀한 분위기를 즐길 수 있다.

□ **terms**   n. (친한) 사이, 관계, 조건, 조항

• Tom and Rita are finally back on speaking terms after their huge fight last week.

톰과 리타는 지난 주에 대판 싸운 이후에 마침내 다시 말을 하는 사이로 돌아왔다.

• Sally asked that some of the terms of the contract be changed.

샐리는 계약 조건의 일부를 변경해 달라고 요청했다.

□ **conflict**   n. 갈등, 분쟁 v. 충돌하다, 상충되다

• British troops were involved in a conflict in downtown Kabul.

영국군은 카불 시내에서 분쟁에 휘말렸다.

□ **legacy**   n. 유산, 유물

• The victory over Nazi Germany is the legacy of Winston Churchill.

나치 독일에 대한 승리는 윈스턴 처칠의 유산이다.

□ **occasion**   n. 경우, (특별) 행사

• The Royal Wedding was a special occasion watched by millions of people worldwide.

영국 왕실 결혼식은 전 세계에서 수백만의 사람들이 본 특별한 행사였다.

□ **rebel**   n. 반군, 반역자(=insurgent) v. 반란을 일으키다(=revolt)
rebellion n. 반란
rebellious a. 반역하는

• Armed rebels have launched several missile attacks on the government-controlled airport.

무장 반군들이 정부군이 장악한 공항에 대해 수 차례의 미사일 공격을 감행했다.

□ **transition**   n. 전환, 변환
transitional a. 변천하는, 과도기의

• The building's transition from warehouse to shopping mall took less than six months.

그 건물이 창고에서 쇼핑몰로 변신하는 데는 6개월도 채 걸리지 않았다.

□ **resident**   n. 주민, 수련의(레지던트)
reside v. 거주하다
residence n. 거주, 저택

• Most of the residents in this neighborhood are young professionals.

이 지역 주민들의 대부분은 젊은 전문직 종사자들이다.

□ auction n. 경매 v. 경매하다

- The auction will include several works of art by Raul Jiminez.

  그 경매에는 라울 지미네즈의 작품 몇 점이 포함될 것이다.

□ credit n. 신용 거래, 신용, 학점, 공로 v. 외상으로 팔다, (공로를) 인정하다

- The accounting manager advised us to purchase several new laptops on credit.

  회계부장은 우리에게 신용 거래로 새 노트북을 몇 대 구입하도록 조언했다.

- This class is worth ten credits if you attend every session.

  이 강의는 모든 시간에 참석만 한다면 10학점을 인정 받을 수 있다.

□ contrast n. 대조, 차이 v. 대조하다

- The red company logo stands in sharp contrast with the black background.

  붉은색 회사 로고가 검은색 바탕과 뚜렷한 대조를 이루고 있다.

□ compensation n. 배상(금), 보상
compensate v. 보상하다

- Staff members who work this weekend will receive compensation.

  이번 주말에 일하는 직원들은 보상을 받을 것이다.

□ tardiness n. 지각
tardy a. 지각한, 늦은

- Employee tardiness has gotten worse over the last six months.

  직원들의 지각 행태가 지난 6개월간 더 심해졌다.

□ proliferation n. 급증, 확산
proliferate v. 급증하다, 확산하다

- Steps have been taken to fight the proliferation of fake news and false information.

  가짜 뉴스와 거짓 정보의 확산을 저지하기 위한 조치들이 취해졌다.

□ trial n. 재판, 시험
try v. 재판하다, 시도하다
retrial n. 재심

- The accused claimed that he was mentally ill and could not stand trial.

  피고인은 자신이 정신질환을 앓고 있어서 재판을 받을 수 없다고 주장했다.

□ frugality n. 검약, 검소
frugal a. 절약하는

- Ironically, consumer frugality is often the major culprit for the economic slowdown.

  얄궂게도, 소비자들의 검소함이 경제 불황의 주범일 때가 종종 있다.

□ amnesty n. 사면(=pardon, forgiveness)

- The Thai government recently granted amnesty to three political prisoners.

  태국 정부가 최근 세 명의 정치범에게 사면을 허락했다.

□ amenities n. 편의 시설

- The hotel's amenities include an 18-hole golf course and a rooftop pool.

  호텔의 편의 시설로는 18홀 골프 코스와 옥상 수영장이 있다.

☐ **feature** n. 특집기사, 특징, 특색 v. 특징(특집)으로 갖추다

- Today's newspaper has a special feature on the city's downtown development plan.

  오늘 신문에는 시내 개발 계획에 관한 특집기사가 실려 있다.

☐ **surveillance** n. 감시, 관찰(=watch, observation, monitoring)

- It revealed that some leaders of the labor organization have long been under surveillance by government security agents.

  그 노동 단체의 몇몇 지도자들이 오랫동안 정부 보안 요원들로부터 감시를 받아온 것으로 밝혀졌다.

☐ **composition** n. 구성, 작문, 작곡

  compose v. 구성하다, 작곡하다
  composed a. 구성된
  composer n. 작곡가

- The movie is a composition of three different folktales.

  그 영화는 세 가지 다른 민간 설화로 구성되어 있다.

- Each tour group must be composed of no more than 20 participants.

  각 여행 그룹은 20명 이하의 참가자로 구성되어야 한다.

☐ **myth** n. 신화, 허구

- There are countless myths about the creation of humankind.

  인류 창조에 관한 신화들이 무수히 많다.

☐ **gist** n. 요점, 요지, 골자, 핵심(=essence, main point, core, nitty-gritty)

- The back cover description normally provides the gist of a novel.

  뒤표지의 설명은 보통 소설의 핵심 줄거리를 제공한다.

☐ **annihilation** n. 괴멸, 말살, 멸종(=extinction, extermination)
  annihilate v. 전멸시키다

- The annihilation of the dinosaurs is still not fully explained.

  공룡의 멸종은 아직 완전히 설명되지 않고 있다.

☐ **vandalism** n. (예술, 문화, 공공 시설의) 파괴
  vandalize v. (고의로) 파괴하다
  vandal n. 공공 기물 파괴자

- CCTV cameras were installed at the campsite to deter vandalism.

  공공 기물 파손을 막기 위해 야영지에 CCTV 카메라가 설치되었다.

☐ **belongings** n. 소지품, 소유물

- Remember to take your personal belongings when getting off the bus.

  버스에서 내릴 때 개인 소지품 챙기는 것을 잊지 마세요.

☐ **alert** n. 경계, 경보

- Airport security is on full alert following the discovery of a suspicious package.

  수상한 꾸러미가 발견된 후 공항 보안은 최고 경계태세를 펴고 있다.

☐ **precipitation** n. 강수량, 투하, 낙하

- The city receives most of its annual precipitation between March and June.

  그 도시에는 3월과 6월 사이에 연간 강수량의 대부분이 발생한다.

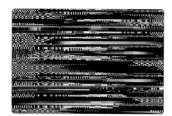

☐ **glitch**　n. (기계 등의) 결함, 고장(=fault, defect)
- A group of investigators successfully identified the glitch that resulted in the fatal train crash.

  사고 조사단은 치명적인 열차 충돌 사고로 이어진 기계 결함을 찾아내는 데 성공했다.

☐ **disaster**　n. 재해, 재난, 참사
- The disaster in Haiti resulted in millions of people losing their homes.

  아이티의 재난으로 수백만 명의 이재민이 발생했다.

☐ **deficit**　n. 적자, 부족(=shortage, shortfall, deficiency)

  surplus n. 흑자, 나머지
- California's budget deficit has decreased for the past 5 consecutive years.

  캘리포니아의 예산 적자가 지난 5년 연속 감소했다.

☐ **demand**　n. 수요 v. 요구하다
- Demand for our merchandise increased after we dropped our prices.

  우리가 가격을 내린 후에 상품에 대한 수요가 승가했다.

☐ **vendor**　n. 행상인
- Numerous street vendors will be selling food during the town festival.

  수많은 노점상들이 마을 축제 동안 음식을 팔 것이다.

☐ **disparity**　n. 격차, 불일치(=discrepancy, gap, difference)
- Please make it your priority to reduce the disparity between targets and outcomes.

  목표와 결과의 격차를 줄이는 것을 최우선 과제로 여기십시오.

☐ **imparity**　n. 차이, 불평등(=inequality)
- Sliford Corporation has been criticized by women's rights activists for female-male wage imparity.

  슬리포드 사는 여권 운동가들로부터 남녀 급여에 차등을 둔다는 비난을 받고 있다.

☐ **infringement**　n. 침해, 위반
- Using portions of previously published work without consent could be an infringement of copyright.

  이전에 출판된 작품의 일부를 동의 없이 사용하는 것은 저작권 침해가 될 수 있다.

☐ **maturity**　n. 성숙(=adulthood, full growth, ripeness)

  mature a. 다 자란, 성숙한 v. 숙성(발달)시키다
  premature a. 조숙한
  immature a. 미숙한
- Richard seems to lack the maturity required to lead our sales teams.

  리처드는 우리의 영업팀들을 이끄는 데 필요한 성숙함이 부족한 듯하다.

☐ **episode**　n. (소설, 방송 등의) 회
- The first episode of the reality show drew more than 10 million viewers.

  그 리얼리티 쇼의 첫 회는 1,000만명이 넘는 시청자들을 끌어들였다.

☐ **sequel**　n. 속편, 후편
- The sequel to the hit movie "My Sister Jane" is due to be released in September.

  히트 영화인 "우리 언니 제인"의 속편이 9월에 개봉될 예정이다.

☐ **draft**　n. 초고, 초안, 외풍
- Mr. Randleman's first draft of the building impressed his clients.

  랜들맨 씨의 건물 설계도 초안은 의뢰인들에게 깊은 인상을 주었다.
- The broken window allowed a cold draft to enter the office.

  깨진 창문을 통해 사무실 안으로 차가운 바람이 들어왔다.

☐ **landmark**   n. 명소, 인기 장소
- The Lincoln Memorial is the city's most prominent landmark.

  링컨 기념관은 그 도시의 가장 유명한 명소이다.

☐ **vacancy**   n. 빈방, 빈집

  vacant a. 비어 있는
  vacate v. 비우다
- The Treeline Motel rarely has any vacancies during the summer.

  트리라인 모텔은 여름 동안에 빈방이 거의 없다.

☐ **evacuation**   n. 대피, 소개
- A fire on the 3rd floor prompted the evacuation of the whole museum.

  3층에서 발생한 화재로 박물관 전체에 대한 대피가 촉구되었다.

☐ **compliment**   n. 칭찬 v. 칭찬하다

  complimentary a. 칭찬하는, 무료의
- Mr. Simon's new novel has received numerous compliments from both readers and critics.

  시몬 씨의 신작 소설은 독자들과 비평가들 모두에게서 많은 찬사를 받아왔다.

☐ **natural resource**   n. 천연자원
- Scotland has large amounts of natural resources, especially oil.

  스코틀랜드는 많은 양의 천연자원, 특히 석유를 보유하고 있다.

☐ **complex**   n. 복합단지 a. 복잡한
- The apartment complex on Bradley Boulevard collapsed during the earthquake.

  브래들리 대로에 있는 아파트 단지가 지진으로 붕괴되었다.

☐ **critic**   n. 비평가, 평론가
- The latest novel by Brian Harmon was poorly received by critics.

  브라이언 하몬의 최신 소설은 비평가들로부터 혹평을 받았다.

☐ **measure**   n. 조치, 수단(=action, step) v. 측정하다

  measurement n. 측정
- The company must take drastic measures to reduce the amount of paper it wastes.

  회사는 낭비되는 종이의 양을 줄이기 위한 특단의 조치를 취해야 한다.

☐ **streak**   n. 연속, 일련
- The region suffered a streak of heavy rain showers last week.

  그 지역은 지난 주에 여러 차례 폭우를 겪었다.

☐ **implication**   n. 함축, 암시(=suggestion, indication)

  implicate v. 함축하다
  implicit a. 함축적인, 암시적인
- I strongly object to Mary's implication that Roger Electronics is planning to discontinue its home appliance business.

  나는 로저 전자가 가전 사업을 접을 계획이라는 메리의 생각에 강력히 반대한다.

☐ **reign**   n. 지배, 통치(권)(=rule, control)
      v. 통치하다, 군림하다(=rule, control)
- The Black Death arrived in England during the reign of Edward III.

  흑사병은 에드워드 3세의 통치기에 영국에 도달했다.

☐ **amendment**   n. (법 등의) 개정, 수정(안)
- All amendments to the business agreement have been approved by both parties.

  사업 계약서의 모든 수정사항이 양측의 승인을 받았다.

☐ **civilization**   n. 문명

  civilize v. 문명화하다
- Early civilizations depended on hunting and gathering to survive.

  초기의 문명은 생존을 위해 사냥과 채집에 의존했다.

☐ **progress**   n. 진보, 진행, 향상
progressive a. 진보적인, 전진하는

• Technological progress is accelerating at an increasingly fast rate.

  기술 발전이 점점 더 빠른 속도로 가속되고 있다.

☐ **emancipation**   n. 해방

• An executive order issued by Abraham Lincoln in 1863 led to the emancipation of slaves in the US.

  1863년 에이브라함 링컨에 의해 공표된 행정 명령은 미국의 노예 해방으로 이어졌다.

☐ **compatibility**   n. 조화, 양립, 호환
compatible a. 호환이 되는, (생각, 방법이) 양립할 수 있는

• The new iTech smartphone's lack of compatibility with most brands of earphones has been criticized.

  아이테크 사의 신형 스마트폰은 대다수 이어폰 제품들과의 호환성이 부족하다는 비난을 받아왔다.

☐ **utility**   n. 공공 설비, 유용성
utilize v. 이용하다
utilization n. 이용

• Utilities are charged per month and will be included in your monthly rent.

  공공 요금은 매달 부과되며, 월세에 포함될 것이다.

☐ **commodity**   n. 상품

• Gold and silver are increasingly valuable commodities in Africa.

  금과 은은 아프리카에서 점점 더 가치가 높아지고 있는 상품이다.

☐ **alternative**   n. 대안
alternate a. 대신의, 교대의 v. 번갈아 하다

• The recipe lists several suitable alternatives to sugar.

  그 조리법에는 설탕의 몇 가지 적절한 대안들이 열거되어 있다.

☐ **ingredient**   n. 재료

• Indonesian cuisine requires many ingredients that are difficult to find in the US.

  인도네시아 요리는 미국에서 구하기 어려운 많은 재료들을 필요로 한다.

☐ **fidelity**   n. 충성, 충실(=devotion, loyalty, faithfulness)

• The strong fidelity of dogs has led to them being known as "Man's Best Friend."

  개들의 강한 충성심은 그들을 "인간의 가장 친한 친구"로 알려지게 했다.

☐ **controversy**   n. 논쟁, 논란
controversial a. 논란을 일으키는

• The actor's political comments caused much controversy.

  그 배우의 정치적 발언은 많은 논란을 일으켰다.

☐ **ransom**   n. (인질의) 몸값, 배상금

• An unknown hacker group is demanding a ransom of $3 million for a code to recover stolen data.

  익명의 해커 단체가 도난 당한 정보를 복구할 수 있는 코드의 대가로 3백만 달러의 배상금을 요구하고 있다.

☐ **nuisance** n. 골칫거리, 성가신 것, 귀찮은 행위[사람] (=annoyance, bother, pain)

- The Terry's new neighbor has been a nuisance ever since she moved in.

  테리의 새로운 이웃이 이사 온 이후로 계속 성가시게 군다.

☐ **patent** n. 특허권 v. 특허를 주다

- Professor Funke's patent application for wind power technology was rejected.

  펑크 교수의 풍력 기술 특허권 신청은 거절되었다.

☐ **alliance** n. 동맹, 연합(=coalition, confederation)

ally n. 동맹국, 협력자 v. 지지하다, 편들다

- Many Americans doubt that the US still has a strong alliance with European nations.

  많은 미국인들은 아직도 미국이 유럽 국가들과 강한 동맹 관계를 유지하고 있는지에 대해 의구심을 가지고 있다.

☐ **grant** n. (정부) 보조금(=subsidy) v. 승인하다 (=allow), 수여하다(=give), 인정하다(=accept)

- A research grant will be awarded to those who demonstrate his or her ability to conduct an independent research.

  연구 보조금은 독립적인 연구 수행 능력을 보여주는 사람에게 수여될 것이다.

☐ **catastrophe** n. 재앙, 참사

- The collapse of the Benning Bridge was the state's largest ever catastrophe.

  베닝 다리의 붕괴는 그 주에서 사상 최대의 참사였다.

☐ **phenomenon** n. 현상, 사건

- The documentary takes a detailed look at a phenomenon called spontaneous combustion.

  이 다큐멘터리는 자연 발화라는 현상을 자세히 다루고 있다.

☐ **epidemic** n. 유행(병), 전염병

- The rapidly spreading disease has now been officially classified as an epidemic.

  급속히 확산되는 그 질병은 이제 공식적으로 전염병으로 분류되고 있다.

☐ **hygiene** n. 위생, 청결

- The fast food restaurant earned an excellent score for its high level of hygiene.

  그 패스트푸드점은 높은 위생 수준으로 우수한 점수를 받았다.

☐ **remedy** n. 치료(법), 해결책 v. 바로잡다, 개선하다

- A simple remedy for petty crime has been proposed by the police commissioner.

  경범죄의 간단한 해결책 하나가 경찰청장에 의해 제안되었다.

- The CEO decided that the low productivity in our manufacturing plant could not be easily remedied.

  최고경영자는 우리 제조공장의 낮은 생산성이 쉽게 개선될 수 없다는 결론을 내렸다.

☐ **ambivalence** n. 모호함, 상반됨, 양면성

ambivalent a. 모호한, 상반되는

- Most survey respondents showed ambivalence towards issues related to the slow economy.

  대부분의 설문 응답자들은 경기 불황과 관련된 문제들에 대해 양면성을 보여 주었다.

☐ **outrage** n. 격노, 분노 v. 격노하게 만들다

- The viral video depicting animal abuse caused outrage among Internet users.

  바이러스처럼 퍼지고 있는 동물 학대 동영상이 인터넷 사용자들 사이에서 분노를 불러일으켰다.

Social Cohesion

☐ **cohesion** n. 점착, 결합, 응집(력)(=coherence, solidarity)

  cohesive a. 화합하는, 결합하는

- A society is likely to fail to function optimally with weaker cohesion.

  결속력이 약화되면 사회가 최적으로 기능하지 못할 가능성이 있다.

☐ **plagiarism** n. 표절(물)

- Many students forget to use quotation marks and thus are criticized for plagiarism when they cite others' research.

  많은 학생들이 타인의 연구를 인용할 때 인용부호를 사용하는 것을 깜빡하면서 표절이라는 비난을 받는다.

☐ **chaos** n. 혼돈, 무질서, 대혼란

- Wall Street was in chaos when the Dow crashed more than 20% on Black Monday, 1987.

  1987년 블랙 먼데이 당일 다우지수가 20% 넘게 폭락하자 월스트리트는 대혼란에 빠졌다.

☐ **inoculation** n. 예방접종(=vaccination)

  inoculate v. 예방접종하다(=vaccinate)

- Yellow fever inoculation is mandatory for anyone traveling to Central America.

  황열 예방접종은 중앙 아메리카를 여행하는 모든 사람에게 의무이다.

최빈출 명사 암기 콕!

다음의 짧은 퀴즈를 풀어본 뒤, 정답만 콕! 찍어서 해석과 함께 암기하도록 한다.

1. receive an (inoculation, intervention)
   예방접종을 받다

2. public (disclosure, seclusion)
   일반인에 대한 **공개**

3. the (inmates, inhabitants) of New Jersey
   뉴저지 **주민**

4. receive (compensation, proceeds)
   배상금을 받다

5. not tolerate (frugality, tardiness)
   지각을 허용하지 않다

6. grant a special (generosity, amnesty)
   특별 **사면**을 승인하다

7. turn left at the (intersection, crossover)
   교차로에서 좌회전하다

8. an (induction, injection) of insulin
   인슐린 **주사**

9. the worst flu (epidemic, breakdown)
   최악의 독감 **유행**

10. a supernatural (phenomenon, outcome)
    초자연적 **현상**

11. economic (trends, hierarchies)
    경제 **동향**

12. (plagiarism, cheating) of papers
    논문 **표절**

13. a state of (prosperity, chaos)
    혼돈 상태

14. business (descriptions, objectives)
    경영 **목표**

15. the (oxidization, annihilation) of the human
    race 인류 **멸망**

16. a (boon, niche) to Internet users
    인터넷 사용자들에 주어지는 **혜택**

17. chemical (herbicides, insecticides)
    화학 **살충제**

18. the nuclear (overthrow, standoff)
    핵 **대치 상황**

19. (tribute, ransom) has been paid
    몸값이 지불되다

20. an illegal (practice, proposal)
    불법적인 **관행**

21. reject a (resolution, strategy)
    결의안을 부결시키다

22. a big (nuisance, agitation)
    큰 **골칫거리**

23. enter into (submissions, discussions)
    토론을 시작하다

24. solve an (enigma, equation)
    수수께끼를 풀다

25. the (thrust, launch) of a missile
    미사일 **발사**

26. receive critical (acclaim, sneers)
    비평단의 **호평**을 받다

27. positive (feedback, notation)
    긍정적인 **반응**

28. press (observations, speculations)
    언론의 **추측**

29. appreciate (hospitality, cultivation)
    환대에 감사하다

30. geographical (proximity, congruity)
    지리석 **근접성**

정답 1. inoculation 2. disclosure 3. inhabitants 4. compensation 5. tardiness 6. amnesty 7. intersection 8. injection 9. epidemic
10. phenomenon 11. trends 12. plagiarism 13. chaos 14. objectives 15. annihilation 16. boon 17. insecticides 18. standoff
19. ransom 20. practice 21. resolution 22. nuisance 23. discussions 24. enigma 25. launch 26. acclaim 27. feedback
28. speculations 29. hospitality 30. proximity

Part 1 빈칸에 알맞은 단어 고르기

1. A: I'm sick of Tony watching that sports show every week.
   B: Don't worry. The last _____ aired this past Friday.
   (a) episode   (b) sequel
   (c) period   (d) chapter

2. A: Have you noticed John's body odor this morning?
   B: Yes, he needs to focus more on his personal _____.
   (a) information   (b) hygiene
   (c) clearance   (d) sanitation

3. A: I need to take a break. I'm getting a _____ in my arm.
   B: No problem. We can swim more later.
   (a) crack   (b) crease
   (c) cramp   (d) hole

4. A: Do these coupons _____ towards appetizers?
   B: Only if you order a main meal, too.
   (a) affect   (b) direct
   (c) tilt   (d) apply

5. A: The news report said our CEO has vanished.
   B: Yeah, he fled the country when a _____ was issued for his arrest.
   (a) sentence   (b) verdict
   (c) warrant   (d) prosecution

6. A: I need to talk to you about a complicated issue, and you might not like it.
   B : Come on, please just cut to the _____.
   (a) chase   (b) base
   (c) dashboard   (d) benchmark

7. A: How is your father doing now? I heard he had to be rushed to the hospital.
   B: I spoke to the doctor, and the _____ is pretty bad.
   (a) preliminary   (b) predilection
   (c) prescription   (d) prognosis

8. A: I'm having real difficulty sleeping these days.
   B: Maybe you should try to avoid _____ like coffee.
   (a) stimulants   (b) hormones
   (c) minerals   (d) irritants

Part 2 빈칸에 알맞은 단어 고르기

9. Many factory accidents are a result of _____ in bored and unmotivated workers.
   (a) infusion   (b) modification
   (c) complacency   (d) cohesion

10. The store membership includes some _____ benefits such as discounts on local restaurants and use of our private parking lot.
    (a) experienced   (b) obtuse
    (c) fringe   (d) spare

11. The university's math department got a government _____ to help it solve a 500-year-old mathematical theory.

(a) grant
(b) tuition
(c) admission
(d) pension

12. The man and woman decided it was in their best interests to break up due to their _____ problem.

(a) culpability
(b) consistency
(c) capability
(d) compatibility

13. Lisa Waters was elected to a three-year _____ as president of the Librarians' Society beginning January 2021. 기출

(a) term
(b) period
(c) interval
(d) duration

14. Ventura Inc. will be forming a _____ with six like-minded organizations to lobby collectively for legal reform. 기출

(a) coalition
(b) synthesis
(c) composite
(d) monopoly

15. The inventor applied for a _____ for the new gadget he constructed.

(a) particle
(b) niche
(c) implication
(d) patent

16. A popular home _____ for a cold is drinking hot lemon and honey tea.

(a) resource
(b) entertainment
(c) concentration
(d) remedy

17. The _____ says guests should arrive before 5 P.M. for the engagement party.

(a) gift
(b) expectation
(c) decision
(d) invitation

18. Thousands of local residents signed the _____ to stop the government from demolishing the theater.

(a) application
(b) contract
(c) deal
(d) petition

19. It is a _____ that Venezuela has a weak economy despite its having the world's largest reserves of oil.

(a) controversy
(b) denunciation
(c) paradox
(d) skepticism

20. The prime minister was at the _____ of her power after being elected for a second term.

(a) acme
(b) ambivalence
(c) alliance
(d) amendment

☑ 선택지가 유사한 형용사/부사로 구성되면 문맥 속에서 정답 어휘와 유사한 오답을 구별해야 하고, 반의어들이 주어지면 문맥 속에서 정답과 의미가 반대인 오답을 구별해야 한다.

☑ 따라서, 단순히 단어 자체의 단편적인 의미뿐만 아니라, 문맥에서 쓰인 정확한 의미를 파악하고 그에 알맞은 어휘를 선택하는 훈련을 집중적으로 해야 한다.

⚙ 기출예제

예제 1 Part 1

A: It was _____ defending that allowed us to prevent the other team from scoring.
B: I agree. Our defensive tactics were really effective.

(a) adroit
(b) renewable
(c) unwieldy
(d) inept

A: 상대팀의 득점을 차단하게 한 정말 민첩한 수비였어.
B: 맞아. 우리의 수비 전략이 정말 효과적이었어.

● 문제풀이 시뮬레이션
① 명사 defending을 수식하는 형용사 자리이다.
② 뒤에서 'prevent the other team from scoring'이라고 하므로 명사 defending을 수식해 좋은 수비 방식을 나타내는 형용사여야 한다.
③ 상대의 득점을 막은 행위를 설명하는 형용사는 '빠르고 기술이 뛰어나다'라는 의미와 통해야 한다.
④ 선택지에서 이런 의미를 가지는 단어는 adroit이다.
⑤ (b) renewable은 사물을 수식하는 형용사이고, (c) unwieldy, (d) inept는 부정적인 의미를 가지므로 오답이다.

어휘 **adroit** 민첩한, 노련한 **prevent A from -ing**: A가 ~하는 것을 막다 **defensive** 방어의, 수비의 **tactic** 전략, 전술 **effective** 효과적인, 성공적인 **renewable** 재생이 가능한 **unwieldy** (크기·무게 때문에) 다루기 어려운 **inept** 서투른, 무능한
정답 (a)

예제 2 Part 2

To remain a leader in the electronics market, our design team needs to keep up to date on _____ technology trends.

(a) outdated
(b) transitional
(c) contemporary
(d) proficient

전자제품 시장에서 선두를 유지하기 위해, 우리 디자인팀은 현재의 기술 경향에 대한 최신 정보에 훤해야 한다.

● 문제풀이 시뮬레이션
① 빈칸 앞의 동사가 최신 추세를 따라간다는 의미의 keep up to date(=update)이다.
② 그리고 이 동사구의 목적이자 빈칸의 단어가 수식하는 명사 또한 추세를 나타내는 trends이다.
③ 그러므로 빈칸은 '최신'을 나타내는 형용사가 되어야 한다.
④ 선택지 중 '최신'에 가장 가까운 의미를 지닌 형용사는 (c) contemporary이다.

어휘 **keep up to date** 최신 정보에 정통하다 **contemporary** 현재의 **outdated** 시대에 뒤쳐진 **transitional** 과도기의 **proficient** 익숙한, 능숙한
정답 (c)

TEPS 어휘 문제에서는 빈칸의 의미 파악도 중요하지만, 무엇보다 선택지 단어들의 의미를 파악하고 구분하는 것이 더 결정적이기 때문에 다음 최빈출 단어들의 형태와 뜻을 정확히 알아두는 것이 정답률을 높이고 풀이 시간을 줄일 수 있는 지름길이다. 특히 다양한 의미로 사용되는 단어들은 그 차이를 확실히 이해할 수 있도록 각 의미에 해당하는 동의어를 추가하였다.

☑ **essential** a. 중요한, 필수의(=vital) n. 필수 요소
essentially ad. 본질적으로

- You must eat the essential nutrients in order to lead a healthy lifestyle.

  건강한 생활을 하기 위해서는 필수 영양소를 섭취해야 한다.

- Jake wanted to travel light, so he only packed the essentials.

  제이크는 가볍게 여행하고 싶어서 필수품만 챙겼다.

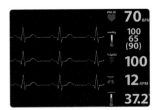

☐ **vital** a. 필수적인, 중요한(=essential, indispensable, urgent, critical, crucial), 생명의, 활력있는(=energetic, lively)
vitality n. 생명력, 활기

- Vitamin D is vital for the development of bones and teeth in babies.

  비타민 D는 아기의 뼈와 치아의 발달에 필수적이다.

☐ **edible** a. 먹을 수 있는

- The characters and letters on the birthday cake are edible.

  생일 케이크를 장식하는 캐릭터나 글자들은 먹을 수 있다.

☐ **dairy** a. 유제품의, 우유의

- The dairy section has been moved to the opposite side of the supermarket.

  유제품 코너는 슈퍼마켓 반대편으로 옮겨졌다.

☐ **parched** a. 목타는

- After walking across the desert for several days, all members of the expedition were parched.

  며칠간 사막을 걸어서 횡단한 후, 모든 탐험대원들은 목이 바싹 말랐다.

☐ **refined** a. 세련된, 품위 있는

- Mr. Lovett is known for his refined taste in music and cinema.

  러벳 씨는 음악과 영화에 대한 세련된 취향으로 유명하다.

☐ **dull** a. 지루한(=boring), 무딘(=blunt), 둔한(=slow), (색·빛 등이) 바랜(=dim) v. 무디게 하다(=blunt), 흐리게 하다(=dim)

- The book was so dull that I had to stop reading it several times before finishing it.

  그 책은 너무도 지루해서 다 읽기까지 여러 번 중단을 해야 했다.

- The overcast sky dulled our view from the rooftop bar.

  구름이 잔뜩 낀 하늘은 옥상 바에서 내려다보는 우리의 시야를 흐리게 했다.

- When I had a toothache, I used an ice pack to dull the pain.

  치통이 있었을 때, 나는 얼음팩을 사용해서 통증을 무디게 했다.

□ **rigorous**   a. 엄격한, 혹독한

- You should keep to a rigorous exercise regimen if you want to get in shape.

  몸매를 가꾸고 싶다면 혹독한 운동 다이어트를 계속해야 한다.

□ **adroit**   a. 민첩한(=agile), 능숙한(=deft, dexterous, skillful)

- The adroit instrument craftsman proudly demonstrated the process of making a violin.

  능숙한 악기 장인은 자랑스럽게 바이올린 제작 과정을 시연했다.

□ **aesthetic**   a. 미의, 심미적인

- Our interior designer is required to have an aesthetic understanding of comfortable social spaces.

  우리 인테리어 디자이너는 편안한 사교 공간에 대한 미적 이해를 지녀야 한다.

□ **susceptible**   a. (감염, 영향을) 받기 쉬운(=open, vulnerable, prone, sensitive, subjective)

- People who work long hours without a break are susceptible to fatigue.

  쉬지 않고 장시간 일하는 사람들은 피로하기가 쉽다.

□ **meticulous**   a. 세심한, 꼼꼼한(=careful, thorough, scrupulous, finical, fastidious)
  meticulously ad. 꼼꼼하게

- The chief editor position requires meticulous checking of every article we publish.

  편집장 직책은 우리가 발행하는 모든 기사를 꼼꼼히 점검하는 것을 필요로 합니다.

□ **rough**   a. 거친, 난폭한, 대략적인
  roughly ad. 대략

- The gym teacher reprimanded a student for making rough tackles.

  체육 선생님은 거친 태클을 했다고 한 학생을 꾸짖었다.

- Festival organizers should submit a rough proposal to the city's events planning department.

  축제 주최자들은 시의 행사 기획부에 대략적인 제안서를 제출해야 한다.

□ **spent**   a. 지쳐버린(=exhausted)

- The tour group members were spent after returning from a 15-kilometer hike.

  여행 참가자들은 15킬로미터의 하이킹에서 복귀한 후에 녹초가 되었다.

□ **lethargic**   a. 무기력한(=sluggish)

- Most of our workers seem lethargic first thing on Monday mornings.

  우리 직원들 대부분은 월요일 아침 일찍엔 무기력해 보인다.

□ **comprehensive**   a. 광범위한, 포괄적인, 종합적인 (=inclusive, overall, extensive, thorough)
  comprehend v. 이해하다
  comprehension n. 이해
  comprehensible a. 이해 가능한

- Wiseman Consulting will carry out a comprehensive evaluation of our finances.

  와이즈만 컨설팅 사가 우리의 재무 상태를 종합적으로 평가할 것이다.

□ **transient**   a. 일시적인, 덧없는
  transience n. 덧없음

- Sometimes it is hard to keep up with the transient nature of some technologies.

  때때로 일부 기술의 일시적 특성을 따라가기가 어렵다.

☐ **absolutely**　ad. 절대적으로, 완전히, 굉장히

absolute a. 절대적인, 완전한

- Visitors to the coastal region often comment on the absolutely breathtaking scenery.

  그 해안 지역을 방문하는 사람들은 종종 굉장히 숨막힐 정도로 아름다운 경치에 대해 이야기한다.

☐ **temporarily**　ad. 일시적으로, 임시로

temporary a. 임시의, 일시적인

- We will temporarily work on the 3rd floor while the 2nd floor renovations are underway.

  우리는 2층 보수 공사가 진행되는 동안 일시적으로 3층에서 일할 것입니다.

☐ **stuffy**　a. 숨막히는, 답답한

- This room gets extremely stuffy unless you frequently open the window.

  이 방은 자주 창문을 열지 않으면 몹시 갑갑해진다.

☐ **moderate**　a. 온화한, 온건한(=mild, modest, reasonable) v. 줄이다, 완화하다(=soften, ease), 주재하다(=host, chair)

moderation n. 알맞음, 중용

- Vancouver's moderate weather allows people to exercise outdoors all year round.

  밴쿠버의 온화한 날씨는 사람들로 하여금 일년 내내 야외에서 운동할 수 있게 해 준다.

- The city council has ordered us to moderate the level of noise coming from the building site.

  시의회가 우리에게 건축 현장에서 발생하는 소음의 수준을 줄이도록 명령했다.

☐ **deliberate**　a. 의도적인, 신중한, 생각이 깊은

- The restaurant owner made a deliberate attempt to ruin his competitor's reputation.

  식당 주인은 의도적으로 경쟁자의 평판을 훼손하려고 했다.

☐ **constant**　a. 끊임없는, 지속적인, 불변의, 일정한

- Many employees thanked the retiring CEO for his constant advice and guidance.

  많은 직원들은 퇴임하는 최고경영자의 끊임없는 조언과 지도에 감사를 표했다.

☐ **exhaustive**　a. 철저한, 총망라한, 소모적인

exhaust v. 지치게 하다
exhausted a. 지친
exhausting a. 지치게 하는

- The Department of Energy conducted an exhaustive study of alternative energy technologies.

  에너지부는 대체 에너지 기술에 대한 철저한 연구를 실시했다.

☐ **abundant**　a. 풍부한

- With its abundant coral reefs and shipwrecks, Marten Bay has become a popular scuba diving location.

  풍부한 산호초와 난파선 잔해들 덕분에 마튼 만은 인기있는 스쿠버 다이빙 장소가 되었다.

☐ **trivial**　a. 사소한, 하찮은, 진부한

- Please stick to the main points during your presentation and avoid talking about trivial information.

  발표하는 동안 요점에만 집중하고 사소한 정보는 이야기하지 마세요.

☐ **beneficial**   a. 유익한, 이로운

benefit n. 이익 v. 이익을 얻다

- Getting thirty minutes of exercise every day is believed to be beneficial to one's health.

  매일 30분씩 운동하는 것이 건강에 좋다고 여겨진다.

☐ **lethal**   a. 치명적인(=deadly, fatal, mortal)

- Eating poisonous mushrooms can be lethal in large doses.

  독이 있는 버섯을 다량으로 섭취하는 것은 치명적일 수 있다.

- Human rights groups are urging Congress to enact a law that would significantly restrict law enforcement's use of lethal force.

  인권 단체들이 경찰의 살상무기 사용을 대폭 제한하게 될 법률의 입안을 의회에 강력히 촉구하고 있다.

☐ **poisonous**   a. 독성이 있는

- These mushrooms are edible, but the colorful ones over there are poisonous.

  이 버섯들은 식용이지만, 저쪽의 색이 화려한 것들은 독성이 있다.

☐ **nutritious**   a. 영양가 있는(=nourishing, nutrient, nutrimental, nutritive)

nutrition n. 영양분
nutritional a. 영양상의

- Not only is fish nutritious, but it is also thought to contribute to brain development.

  생선은 영양가 있을 뿐만 아니라, 또한 두뇌 발달에도 도움을 준다고 여겨진다.

☐ **durable**   a. 튼튼한, 내구성 있는(=enduring, lasting, sturdy, tough)

durability n. 내구성

- The soles of the Gridiron work boots are made of durable molded rubber.

  그리디론 작업 부츠의 밑창은 튼튼한 성형 고무로 만들어졌다.

☐ **abusive**   a. 학대(혹사)하는
abused a. 학대받은

- Glenda quit her job because she was tired of her verbally abusive boss.

  글렌다는 언어 폭력이 심한 상사에 넌더리가 나서 퇴사하였다.

☐ **protective**   a. 보호하는(=guarding, lifesaving)
overprotective a. 과잉 보호하는

- This special paint provides a protective coating to the steel components of the bridge.

  이 특수 페인트는 교량의 강철 부속물에 보호막을 제공한다.

☐ **pirated**   a. 표절한, 불법 복제된
pirate v. 저작권을 침해하다 n. 해적
piracy n. 저작권 침해

- Experts estimate that over one billion songs are pirated every day.

  전문가들은 매일 10억개가 넘는 곡들이 불법 복제된다고 추정한다.

☐ **flexible** a. 유연한(=elastic, resilient, extensible, pliable), 융통성이 있는(=negotiable)

flexibly ad. 유연하게
flexibility n. 유연성, 융통성
inflexible a. 융통성 없는

- We require all staff to work on a flexible schedule including weekends during the busy shopping period.

  쇼핑 성수기 동안 전 직원은 주말을 포함해 유연한 일정으로 근무하시기 바랍니다.

☐ **formal** a. 격식 차린, 공식적인

formally ad. 공식적으로
formality n. 형식, 격식
informal a. 비공식적인

- Everyone attending the annual Yacht Club gala dinner must wear formal attire.

  요트 클럽의 연례 갈라 만찬에 참석하는 모든 분들은 정장을 입어야 합니다.

☐ **impeccable**   a. 나무랄 데 없는

- Chef Stevens is known for the impeccable presentation of his desserts.

  스티븐스 주방장은 디저트를 완벽한 모양으로 내는 것으로 잘 알려져 있다.

☐ **excessive**   a. 과도한, 지나친(=too much, immoderate, undue, extreme, extravagant)

- Many health problems are the result of people using excessive amounts of salt and sugar.

  많은 건강 문제들이 과도한 양의 소금과 설탕을 사용한 결과로 발생한다.

☐ **offensive**   a. 화나게 하는, 공격적인

- The president's offensive negotiation strategies proved to be effective.

  대통령의 공격적인 협상 전략들이 효과적인 것으로 판명되었다.

☐ **predictable**   a. 예측 가능한

predictability n. 예측 가능성
predict v. 예측하다
prediction n. 예측, 예언
unpredictable a. 예측할 수 없는

- Most reviewers felt that the twist in the movie was rather predictable.

  대부분의 평론가들은 그 영화의 반전이 어느 정도 예측 가능했다고 느꼈다.

☐ **relevant**   a. 관련된

relevance n. 적절, 타당성
irrelevant a. 관계 없는
relevant to ~와 관련된

- Please tell us about any volunteer work that is relevant to the position you are applying for.

  지원하시는 자리와 관련된 봉사활동에 관해 말씀해 주세요.

☐ **coined** a. (화폐로) 주조된
coin v. (신조어를) 만들다 n. 동전

- The phrase "red herring" is believed to be first coined by Shakespeare.

  "붉은 청어"라는 표현은 셰익스피어가 처음으로 만들었다고 여겨진다.

☐ **unbearable** a. 참을 수 없는
bearable a. 참을 수 있는

• The singer's audition was so out of tune that it was unbearable to listen to.

그 가수의 오디션은 음 이탈이 너무도 심해서 참고 듣기가 힘들었다.

☐ **reliable** a. 신뢰할 수 있는

• Seoul's metro system is the most reliable mode of transportation in the city.

서울의 지하철 시스템은 시에서 가장 신뢰할 수 있는 교통 수단이다.

☐ **capable** a. 유능한, ~할 수 있는

• Databases are capable of storing and processing massive amounts of information.

데이터베이스는 엄청난 양의 정보를 저장하고 처리할 수 있다.

☐ **aspiring** a. 포부를 가진, 대망의, 장차 ~가 되려는
aspiration n. 갈망, 열망
aspire to do ~하기를 열망하다

• The Creative Writing workshops are highly recommended to all aspiring authors.

"창의적인 글쓰기" 워크숍은 모든 작가 지망생들에게 적극 추천된다.

☐ **inevitable** a. 불가피한
inevitably ad. 불가피하게
inevitability n. 불가피함, 필연성

• It seems inevitable that the tennis match will be postponed due to bad weather.

날씨가 좋지 않아 테니스 경기가 연기되는 것이 불가피한 것 같다.

☐ **logical** a. 논리적인
logically ad. 논리적으로
logic n. 논리학, 논리
illogical a. 비논리적인

• Ms. Gall made the logical decision to hire more staff in order to meet demand.

갈 씨는 수요를 맞추기 위해 더 많은 직원을 채용하겠다는 논리적인 결정을 내렸다.

☐ **mechanical** a. 기계상의, 기계적인

• The 3:15 train to Swaffham has been delayed because of mechanical problems.

스워프햄 행 3시 15분 열차가 기계 고장으로 연착되고 있습니다.

☐ **indigenous** a. 원산의, 토착의, 타고난(=innate)

• Participants on the safari will see many of Kenya's indigenous species.

사파리 참가자들은 케냐의 많은 토착 종들을 볼 수 있을 것입니다.

☐ **innate** a. 타고난, 선천적인(=inborn)
acquired a. 후천적인

• Being able to see well in the dark is an innate ability of owls.

어둠 속에서 잘 볼 수 있는 것은 부엉이의 타고난 능력이다.

☐ **colonial** a. 식민지의

• Many islands in the Caribbean were under Spanish colonial rule.

카리브해의 많은 섬들은 스페인의 식민 통치 하에 있었다.

☐ **lavish**   a. 아끼지 않는, 후한, 낭비하는, 화려한
(=extravagant, luxuriant, sumptuous)

lavishly ad. 아낌없이, 후하게, 사치스럽게

- The event organizers put up lavish decorations all around the ballroom.

  행사 주최 측은 무도장 곳곳에 화려한 장식을 설치했다.

☐ **original**   a. 원래의, 원형의, 독창적인 n. 원작, 원형
originally ad. 원래는
originality n. 독창성

- One of the original manuscripts of Ernest Hemingway was sold at an auction for over $5 million.

  어니스트 헤밍웨이의 원본 원고들 중 하나가 경매에서 500만 달러가 넘는 금액에 팔렸다.

- Critics praised the VR artist for her highly original approach to art.

  비평가들은 그 가상현실 예술가의 예술에 대한 매우 독창적인 접근을 칭찬했다.

☐ **radical**   a. 급진적인, 근본적인
radically ad. 급진적으로, 근본적으로

- Mitch McCarthy's new album shows a radical departure from his usual musical style.

  미치 매카시의 새 앨범은 그의 평소 음악 스타일에서 완전히 벗어나 있음을 보여준다.

☐ **gullible**   a. 잘 속는(=naive, deceivable, credulous)

- Advertising is particularly effective in enticing gullible people to purchase products.

  광고는 잘 속는 사람들이 상품을 구입하도록 유혹하는 데 특히 효과적이다.

☐ **perfunctory**   a. 성의 없는, 형식적인

- The concierge greeted the guests in a somewhat perfunctory manner.

  건물 수위는 다소 형식적인 태도로 손님들을 맞이했다.

☐ **complicated**   a. 복잡한, 까다로운(=complex, intricate, entangled)

complicate v. 복잡하게 하다
complication n. 복잡

- Identifying ways to cut business expenses can be quite complicated.

  사업 비용을 줄이는 방법을 찾아내는 것은 꽤 복잡한 일일 수 있다.

☐ **repulsive**   a. 불쾌한, 역겨운(=disgusting, repugnant, repellent, abhorrent, obnoxious)

- The restaurant with the kitchen that was absolutely repulsive has been ordered to close down for 6 months.

  주방이 정말 불결했던 식당은 6개월 영업정지 명령을 받았다.

☐ **consecutive**   a. 연속적인

- Twenty-five consecutive tornadoes swept through Texas yesterday.

  어제 25개의 연속적인 토네이도가 텍사스를 휩쓸었다.

☐ **fundamental**   a. 기본적인, 근본적인, 필수의

- Affordable healthcare is a fundamental right of every citizen in Korea.

  저렴한 의료 서비스는 모든 대한민국 국민이 가지는 기본권이다.

- Experience was a fundamental factor in the decision to hire Mr. Voller.

  볼러 씨를 채용하는 결정에서는 경험이 기본 요소였다.

☐ **ignorant** a. 무지한(=illiterate, untaught, unknowing, unwitting)

ignorance n. 무지, 무식
ignore v. 무시하다

- Those who rarely travel are not always ignorant about global cultures.

여행을 거의 하지 않는 사람이라고 해서 꼭 세계 문화에 무지한 것은 아니다.

☐ **ethical** a. 윤리적인

ethic n. 윤리
ethics n. 윤리학
unethical a. 비윤리적인

- Ethical behavior is a requirement of many churches.

윤리적인 행동은 많은 교회들이 요구하는 것이다.

☐ **introverted** a. 내성적인, 내향적인

introvert n. 내성적인 사람
extroverted a. 외향적인

- Introverted people usually have a hard time communicating with others.

내성적인 사람들은 보통 다른 사람들과 의사소통하는 데 어려움을 겪는다.

☐ **related** a. 관련된, 친척의

relate v. 관련 짓다
relation n. 관계
relative a. 상대적인 n. 친척

- A series of crimes in the theater district turned out to be related.

극장가에서 발생한 일련의 범죄들이 연관성이 있는 것으로 밝혀졌다.

☐ **ostentatious** a. 과시하는, 허세 부리는(=showy, pompous, pretentious)

- The CEO turned up to the year-end party dressed in an ostentatious outfit.

최고경영자는 과시하는 듯한 옷차림으로 연말 파티에 나타났다.

☐ **nosy** a. 참견하기 좋아하는

- I often catch my nosy neighbors peeking out from behind their curtains.

나는 종종 참견하기 좋아하는 이웃들이 커튼 뒤에 숨어서 밖을 내다보는 것을 발견한다.

☐ **indulgent** a. 관대한, 너그러운(=tolerant)

indulge v. 빠지다, 탐닉하다

- Her indulgent father allowed her to do anything she wanted.

너그러운 그녀의 아버지는 그녀가 원하는 것은 무엇이든지 하도록 허락했다.

- Some people indulge in online bullying on social media platforms.

어떤 사람들은 소셜미디어 플랫폼에서 온라인 따돌림에 열중한다.

☐ **impassable** a. 통행할 수 없는, 극복할 수 없는

passable a. 지나갈 수 있는

- The hikers came to an impassable river and were forced to turn back.

등산객들은 건너기가 불가능한 강에 도달하여 어쩔 수 없이 돌아가야 했다.

☐ **pessimistic** a. 비관적인
optimistic a. 낙관적인
pessimism n. 비관, 비관주의

• Market analysts are pessimistic about the company's finances.

시장 분석가들은 그 회사의 재정 상태에 대해 비관적이다.

☐ **stark** a. 뚜렷한, 두드러진, 극명한

• There are stark differences between the Nova 2 and Nova 3 smartphones.

노바 2와 노바 3 스마트폰 사이에는 극명한 차이가 있다.

☐ **outstanding** a. 뛰어난(=remarkable, striking), 저명한(=distinguished, prominent), 미지불의 (=unpaid, overdue, unsettled)

• The audience gave Mr. Edwards a standing ovation for his outstanding speech.

청중은 에드워즈 씨의 뛰어난 연설에 기립박수를 보냈다.

☐ **superficial** a. 표면상의, 피상적인
superficiality n. 피상

• Most people have only a superficial understanding of space travel.

대부분의 사람들은 우주여행에 대해 피상적으로만 이해하고 있다.

☐ **remote** a. (거리가) 먼, 외딴, 원격의

• A successful candidate should have good physical health because this position requires frequent traveling to remote places.

이 직책은 먼 곳으로의 잦은 출장이 필요하므로 합격자는 신체 건강이 뛰어나야 합니다.

☐ **drastic** a. (변화, 조치) 급격한, 격렬한(=extreme, radical, severe, harsh, sharp)
drastically ad. 과감하게

• Drastic measures have been taken to deal with the area's water pollution from nearby factories.

인근 공장들이 유발하는 그 지역의 수질 오염을 해결하기 위해 과감한 조치들이 취해졌다.

☐ **rudimentary** a. 기본의, 초보의

• The Egyptians were capable of crafting exquisite sculptures using only rudimentary tools.

이집트인들은 아주 기초적인 도구만을 사용하여 정교한 조각품을 만들 수 있었다.

☐ **rational** a. 논리적인(=logical), 이성적인 (=reasonable), 분별 있는(=judicious), 합리적인
rationale n. 이론적 설명
rationalism n. 합리주의
irrational a. 불합리한

• The CEO reminded the board members to be rational when deciding whether to lay off employees.

최고경영자는 이사회 임원들에게 직원들을 해고할지 여부를 결정할 때는 합리적이어야 함을 상기시켰다.

☐ **relatively**　ad. 비교적, 상대적으로
- Relatively few cities in the United States have a subway system.

  미국에는 지하철 시스템을 가진 도시가 상대적으로 드물다.

☐ **exotic**　a. 이국적인, 외래의
- There are many exotic places to visit in the Philippines.

  필리핀에는 방문할 수 있는 이국적인 장소들이 많다.

☐ **hazardous**　a. 유해한(=harmful), 위험한
(=dangerous)

　hazard n. 위험
- Make sure that you properly label hazardous waste before disposing of it.

  유해 폐기물을 폐기하기 전에 이름표를 올바르게 붙였는지 확인해야 합니다.

☐ **reassuring**　a. 안심시키는(=comforting)

　reassure v. 안심시키다
　reassured a. 안심하는
- It's reassuring to know that scientists are getting closer to finding a cure for the disease.

  과학자들이 그 병의 치료법을 찾는 데 더욱 가까워지고 있다는 것을 알게 되니 마음이 놓인다.

☐ **relieved**　a. 안심한
- Emma was relieved to hear that her faulty laptop was still under warranty.

  엠마는 결함이 있는 자신의 노트북이 아직도 품질보증 기간이 남았다는 말을 듣고 안심했다.

☐ **stubborn**　a. 완고한, 단호한, 다루기 힘든
(=obstinate, persistent, resolute, inflexible, rigid)
- This specialized cleanser can remove even the most stubborn stains from clothing and carpets.

  이 특수 세제는 의류와 카펫에서 정말 지워지지 않는 얼룩들까지도 제거할 수 있다.

☐ **minor**　a. 경미한, 사소한
- The audience applauded when the race car drivers emerged from the crash with only minor injuries.

  자동차 경주 선수들이 가벼운 부상만 입은 채 충돌 사고 현장에서 모습을 드러냈을 때 관중들은 환호했다.

☐ **exuberant**　a. 열광한, (감정이) 넘치는, 풍부한
- The coach was exuberant when his team scored the winning goal.

  팀이 결승골을 넣자 코치는 흥분을 감추지 못했다.

☐ **instinctively**　ad. 본능적으로, 직감적으로

　instinct n. 본능
　instinctive a. 본능적인
- Children learn how to share with others instinctively.

  아이들은 본능적으로 다른 사람들과 나누는 법을 배운다.

☐ **deductively**　ad. 추리적으로, 연역적으로

　deductive a. 연역적인
　inductive a. 귀납적인
- The safety inspector deductively figured out where the gas leak was coming from.

  안전조사관은 가스 누출이 어디에서 일어나는지 추론해 냈다.

☐ **virtually**　ad. 사실상, 사실적으로

　virtual a. 사실상의
- With so many local businesses going bankrupt, Wellspring Shopping Mall is virtually empty.

  너무도 많은 지역 가게들이 도산하면서, 웰스프링 쇼핑몰은 사실상 텅 비어 있다.

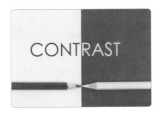

☐ contrasting a. 상반된, 대비되는
contrast n. 대조, 차이 v. 대조하다

- The article compares two contrasting viewpoints on the social welfare system.

  그 기사는 사회 복지 제도에 대한 두 가지 상반된 관점을 비교한다.

☐ coincidental a. 우연의, 동시에 일어나는

- It was very coincidental that we ended up staying at the same hotel.

  우리가 결국 같은 호텔에 묵게 된 것은 정말 우연한 일이었다.

☐ hostile a. 적대적인, (기후, 환경이) 부적당한

- Many tribes in the South American rainforests are hostile to outsiders.

  남미 열대 우림 지역의 많은 부족들이 외부인들에게 적대적이다.

- A desert is a hostile environment for most living organisms.

  사막은 대부분의 생물에게 부적당한 환경이다.

☐ moody a. 침울한, 시무룩한, 변덕스러운

- Teenagers are often moody while they are going through puberty.

  십대들은 사춘기를 겪는 동안 종종 침울해진다.

☐ morbid a. 병적인, 음울한, 무시무시한

- People suffering from depression might have morbid thoughts several times a day.

  우울증을 앓고 있는 사람들은 하루에 몇 번씩이나 음울한 생각을 할 수 있다.

☐ primary a. 주된, 첫째의, 기본적인

- The primary function of the morning meetings is to inspire all of our employees.

  오전 회의의 주된 기능은 모든 직원들에게 영감을 주는 것이다.

☐ feasible a. 실행할 수 있는, 가능한

- Although the park renovation proposal for Central Park is exciting, it will not be feasible with our budget.

  센트럴파크에 대한 공원 보수 제안은 흥미롭지만, 우리의 예산으로는 실행할 수 없을 것이다.

☐ lenient a. 관대한, 인정 많은, 자비로운

- The border patrol guards have been criticized for being lenient in their treatment of illegal immigrants.

  국경순찰대는 불법 이민자들을 관대하게 대한다는 비난을 받아왔다.

☐ reticent a. 과묵한, 말을 삼가는

- On his first day in the office, Gary appeared shy and reticent.

  사무실 출근 첫날, 개리는 수줍고 과묵한 듯했다.

☐ malleable a. 변하기 쉬운, 융통성 있는

- Although he usually sticks to the rules, Mr. Karst can also be malleable.

  일반적으로 규정을 고수하지만, 카스트 씨는 또한 융통성을 발휘할 수도 있다.

☐ evanescent a. 사라져 가는, 덧없는

- The evanescent clouds passed quickly across the blue sky.

  옅은 구름이 푸른 하늘을 가로질러 빠르게 지나갔다.

☐ profound a. 심오한, 깊은

- The chairperson made some profound statements during his keynote speech.

  의장은 기조 연설에서 몇 가지 심오한 발언을 했다.

☐ **rampant** a. 유행하는, 만연한(=prevalent, widespread, unrestrained, pandemic)

• Hate crimes have become rampant in the city since the controversial verdict against an immigrant.

한 이민자에게 불리하게 내려진 논란이 많았던 판결 이후에 그 도시에서는 증오 범죄가 만연하고 있다.

☐ **oblivious** a. 안중에 없는, 잊어버리는

• My sister seems oblivious of how silly her new hairstyle looks.

내 여동생은 자신의 새로운 헤어스타일이 얼마나 바보 같아 보이는지를 잊은 것 같다.

☐ **indifferent** a. 무관심한

• Most employees are indifferent to the new vegetarian menu in the cafeteria.

대부분의 직원들은 구내식당의 새로운 채식 메뉴에 별 관심이 없다.

☐ **incessant** a. 끊임없는(=constant, ceaseless, continuous, unremitting, perpetual)

• The landlord received incessant complaints from tenants about rent.

집주인은 임대료에 대해 세입자들로부터 끊임없는 불평을 받고 있다.

☐ **invaluable** a. 매우 귀중한, 값을 매길 수 없는

• Thank you for providing invaluable assistance during this busy month.

이렇게 바쁜 달에 매우 귀한 도움을 주셔서 감사합니다.

☐ **inept** a. 서투른, 무능한

• Although Veronica is gifted at singing, she is inept at playing instruments.

베로니카는 노래에 재능이 있지만, 악기 연주가 서투르다.

☐ **nonchalant** a. 담담한, 무관심한, 태연한

• Barry came across as rather nonchalant during his interview.

베리는 인터뷰 중에 다소 담담한 인상을 주었다.

최빈출 형용사/부사 암기 콕!

다음의 짧은 퀴즈를 풀어본 뒤, 정답만 콕! 찍어서 해석과 함께 암기하도록 한다.

1. (redundant, authentic) information
   중복된 정보

2. a (cogent, obstinate) argument
   설득력 있는 논거

3. (disparaging, bewailing) remarks
   험담하는 발언

4. (parched, suffused) land
   메마른 땅

5. a (notorious, commendable) company
   악명 높은 회사

6. (frivolous, intangible) comments
   하찮은 논평

7. (diverse, prevalent) cultures
   다양한 문화

8. a(n) (submissive, inquisitive) child
   호기심 많은 아이

9. extremely (robust, fatigued)
   무척 **피곤한**

10. an (introverted, indulgent) teenager
    내성적인 청소년

11. (abusive, decorous) language
    욕설

12. with (scant, uncanny) explanation
    불충분한 설명과 함께

13. a(n) (insulting, courageous) expression
    모욕적인 표현

14. (erroneous, abnormal) conclusions
    잘못된 결론

15. (contrasting, coincidental) views
    상반된 견해

16. be (hostile, humble) toward her
    그녀에게 **적대적이다**

17. be (injurious, virtuous) to health
    건강에 **해롭다**

18. do (deliberate, moderate) exercise
    적당한 운동을 하다

19. feel (lethargic, atrocious)
    무기력함을 느끼다

20. (delicate, constant) media coverage
    지속적인 언론보도

21. (resourceful, invaluable) data
    귀중한 자료

22. clearly (audible, edible)
    뚜렷하게 **들리는**

23. (crucial, trivial) matters
    사소한 문제들

24. a (gullible, plausible) person
    잘 속는 사람

25. win (temporarily, consecutively)
    연이어 우승하다

26. be (lavishly, virtually) praised
    아낌없이 칭찬받다

27. (misleading, defective) information
    오해의 소지가 있는 정보

28. a (mutable, viable) option
    실행 가능한 선택안

정답 1. redundant 2. cogent 3. disparaging 4. parched 5. notorious 6. frivolous 7. diverse 8. inquisitive 9. fatigued 10. introverted 11. abusive 12. scant 13. insulting 14. erroneous 15. contrasting 16. hostile 17. injurious 18. moderate 19. lethargic 20. constant 21. invaluable 22. audible 23. trivial 24. gullible 25. consecutively 26. lavishly 27. misleading 28. viable

기출문제를 포함한 실전 문제들을 풀어보면서 앞에서 공부한 내용을 제대로 암기했는지 확인해본다.
틀린 문제는 반드시 암기리스트에서 복습을 한 후 다시 풀어보아야 한다.

Part 1 빈칸에 알맞은 단어 고르기

1. A: Would you like to perform on stage one day?
B: Definitely. In fact, I'm a(n) _____ musician.
(a) limited   (b) aspiring
(c) extended   (d) devouring

2. A: Did you hear that Colin has been given a management role?
B: Well, _____. He has to perform well during his trial period.
(a) provisionally   (b) briefly
(c) suddenly   (d) fleetingly

3. A: Guess what? I purchased a(n) _____.
B: Oh, yeah? Let's go for a drive with the top down and enjoy the fresh air.
(a) convertible   (b) portable
(c) essential   (d) licensed

4. A: The new receptionist is so _____.
B: Yeah, she does seem a little odd, but she's good at her job.
(a) solicitous   (b) weird
(c) prudent   (d) conscientious

5. A: Why are there so many guards on duty?
B: There's _____ security because some of our new exhibits are very valuable.
(a) analyzed   (b) closed
(c) tightened   (d) fixed

6. A: Why is Andy being so insulting to everyone?
B: I have no idea, but his behavior is totally _____.
(a) ineligible   (b) uncoordinated
(c) accessible   (d) inexcusable

7. A: Does your blog ever receive harsh comments?
B: Once in a while, there's a(n) _____ remark. 기출
(a) sturdy   (b) anxious
(c) stubborn   (d) offensive

8. A: I think these curtains would look nice in our living room.
B : They look a little _____ to me. I'd prefer something with a bit more color.
(a) dull   (b) dense
(c) hazy   (d) shady

Part 2 빈칸에 알맞은 단어 고르기

9. Some people claim that true love is _____ and does not last forever.
(a) transient   (b) conspicuous
(c) auspicious   (d) transparent

10. Some audience members went _____ when the president suggested raising taxes.
(a) astray   (b) faulty
(c) berserk   (d) afar

11. A photographer from The Daily Sun captured the senator's _____ meeting with a famous pop singer.

(a) clandestine   (b) monstrous
(c) insoluble   (d) abstruse

12. Despite initially seeming _____, Steve turned out to be extroverted and outspoken. 기출

(a) ornery   (b) prosaic
(c) languid   (d) reticent

13. Edward was relieved to hear from the doctor that the tumor was _____ and unlikely to cause any health risk.

(a) benign   (b) beneficial
(c) malignant   (d) salacious

14. The cockroaches that infested our house were so _____ that we had to call a professional exterminator to get rid of them.

(a) tenable   (b) forthcoming
(c) tenacious   (d) flirtatious

15. The actress gave a(n) _____ shrug whenever reporters asked a question that did not interest her.

(a) experienced   (b) invaluable
(c) nonchalant   (d) dilapidated

16. All cells go through a series of _____ stages before acquiring their specific form and function.

(a) absentee   (b) intermediate
(c) reluctant   (d) belligerent

17. After Paul helped Nancy find a job, she treated him to a _____ meal at a high-end restaurant to repay him. 기출

(a) tenacious   (b) vehement
(c) bombastic   (d) sumptuous

18. Our animal shelter houses many pets that were abandoned or had _____ owners in the past.

(a) oblivious   (b) abusive
(c) overprotective   (d) corrosive

19. According to all of his colleagues at the magazine company, Philip has _____ writing skills.

(a) impeccable   (b) disconsolate
(c) gullible   (d) abrasive

20. After retiring from his job, Craig focused on _____ causes like volunteering at the homeless shelter.

(a) phonetic   (b) athletic
(c) malicious   (d) philanthropic

UNIT 04 콜로케이션(연어) 1_동사

☑ Collocation은 특정 단어들과 어울려 쓰이는 어휘들의 결합된 형태를 말한다.
☑ 예를 들어, '제안을 하다'는 do an offer라고 할 것 같지만 make an offer라고 표현한다. 명사 offer와 어울리는 동사는 make이기 때문이다.
☑ 대표적 연어 패턴
  • 동사 + 명사 receive the phone [×] ➡ answer the phone [○] 전화를 받다
  • 동사 + 부사 begin briefly at 9 a.m. [×] ➡ begin promptly at 9 a.m. [○] 오전 9시 정각에 시작한다

기출예제

예제 1 Part 1

A: I can't believe you quit your job!
B: Let's just _____ the subject because I'd rather not discuss it.

(a) decline
(b) keep
(c) drop
(d) erase

A: 네가 직장을 그만두다니 믿을 수가 없어!
B: 그런 얘기는 하고 싶지 않으니, 그만두자.

• 문제풀이 시뮬레이션
① the subject(주제)를 목적어로 하는 동사가 필요하다.
② because절에 쓰인 얘기하지 않겠다(I'd rather not discuss it)는 생각의 결과가 되어야 한다.
③ 종합하면 '그 주제에 대한 얘기를 그만두다'라는 의미가 필요하므로 선택지 중 '그만두다'라는 뜻의 (c) drop이 가장 적합하다.

어휘 quit 그만두다 drop the subject (주제에 관한) 논의를 중단하다 would rather not ~하고 싶지 않다 discuss 논의하다 decline 거절하다 erase 삭제하다
정답 (c)

예제 2 Part 2

The chefs at the restaurant took _____ never to share the secrets of their recipes.

(a) confirmations
(b) promises
(c) secrets
(d) oaths

그 레스토랑의 요리사들은 조리법의 비밀을 절대로 공유하지 않겠다는 서약을 했다.

• 문제풀이 시뮬레이션
① 빈칸 뒤의 never to share는 하지 않겠다는 약속이다.
② 그러므로 빈칸에는 '약속, 다짐'을 나타내는 명사가 필요하다.
③ 선택지 중 '약속'의 의미를 가진 단어는 (b) promises와 (d) oaths이다.
④ 둘 중에 빈칸 앞 동사 took와 어울리는 것은 (d) oaths이다.
⑤ (b) promises도 '약속'의 뜻이지만, 동사 take가 아니라 make와 결합하므로 오답이다.

어휘 chef 요리사 take an oath 맹세하다, 서약하다 share 공유하다 secret 비밀 recipe 조리법 confirmation 확인 promise 약속 oath 서약, 맹세
정답 (d)

TEPS 어휘는 단어의 단편적인 뜻을 묻는 문제보다는 단어와 단어의 조합을 묻는 연어 형태로 많이 출제된다. 따라서, 이 연어 표현들을 숙어처럼 외워 둔다면 문장을 해석할 필요도 없이 빠르게 정답을 찾아낼 수 있게 된다.

☑ **lift a ban** 금지령을 해제하다

- The US will soon lift a ban on importing semiconductors from China.

  미국은 곧 중국으로부터의 반도체 수입 금지령을 해제할 것이다.

☐ **launch a campaign** 캠페인을 시작하다

- Our marketing department will launch a campaign to improve the image of the company on a global level.

  우리 마케팅부는 세계적인 차원에서 회사 이미지를 개선하기 위한 캠페인을 시작할 것이다.

☐ **apply make-up** 화장을 하다

- It usually takes ages for my girlfriend to apply her make-up.

  내 여자친구는 보통 화장을 하는 데 엄청난 시간이 걸린다.

☐ **run a fever** 열이 나다

- Betty took her infant son to the hospital because he was running a high fever.

  베티는 자신의 어린 아들이 고열이 나서 병원에 데려갔다.

☐ **take steps** 조치를 취하다

- There are several steps you can take to prepare well for a job interview.

  면접에 잘 대비하기 위해 취할 수 있는 몇 가지 조치가 있다.

☐ **deliver a speech** 연설을 하다

- The new mayor delivered a passionate speech about his vision for the future of the city.

  신임 시장은 시의 미래에 대한 자신의 비전에 관해 열정적인 연설을 했다.

☐ **make advances** 발전을 이루다

- Women have made significant advances in securing equal pay in the professional world.

  여성들은 직업 세계에서 남성들과 대등한 임금을 받는 데 상당한 진전을 이루었다.

☐ **hold a rally** 집회를 열다

- An animal protection organization is planning to hold a rally in downtown Chicago to protest animal testing.

  한 동물 보호 단체가 시카고 시내에서 동물 실험을 규탄하는 집회를 개최하려고 계획하고 있다.

☐ **commit a crime** 범죄를 저지르다

- The suspect argued in court that he did not commit the crime.

  용의자는 법정에서 자신이 범죄를 저지르지 않았다고 주장했다.

☐ **break a record** 기록을 경신하다

- Roger Federer broke the record for the most Grand Slam tennis titles, winning the Australian Open 2018.

  로저 페더러는 2018 호주 오픈에서 우승하면서 테니스 최다 그랜드 슬램 우승 기록을 경신했다.

☐ **badly need** 절실히 필요하다

- I badly need your help to fix my bicycle.

  내 자전거를 고치는 데 네 도움이 절실히 필요해.

file a lawsuit 소송을 제기하다
- Its former clients intend to file a lawsuit against the company.

  그 회사의 이전 고객들은 회사를 상대로 소송을 제기할 작정이다.

stage a strike 파업하다
- All workers at the manufacturing plant are planning to stage a strike this Friday.

  제조공장의 모든 근로자가 금주 금요일에 파업을 계획하고 있다.

firmly believe 굳게 믿다
- I firmly believe that Richard is very talented in music.

  나는 리차드가 음악에 매우 재능이 있다고 굳게 믿는다.

run short of 다 떨어지다
- The bus was running short of fuel and had to stop at the gas station.

  버스는 연료가 다 떨어져서 주유소에 들러야 했다.

respectfully decline 정중히 거절하다
- Frank respectfully declined the promotion offer because the position required moving to London.

  그 자리가 런던으로 이주해야 하는 관계로 프랭크는 정중하게 승진 제의를 거절했다.

be kindly asked to do ~하도록 정중히 요청받다
- You are kindly asked to pay a security deposit for your room.

  객실 보증금을 지불해 주시도록 정중히 요청드립니다.

be deeply touched 깊이 감동받다
- James was deeply touched by a message from his girlfriend.

  제임스는 여자친구의 메시지에 깊이 감동을 받았다.

be awfully sorry for ~해서 정말 미안하다
- I am awfully sorry for missing your piano recital.

  당신의 피아노 연주회에 참석하지 못해 대단히 죄송합니다.

fill the prescription 처방약을 조제하다
- Please visit our website and find the nearest pharmacy to fill your prescription.

  저희 웹사이트를 방문하셔서 처방약을 조제할 가장 가까운 약국을 찾아보시기 바랍니다.

make an announcement 발표를 하다
- The company will soon make an announcement about the new store locations.

  회사가 곧 새로운 매장 지점들에 대해 발표할 것이다.

solve the problem 문제를 해결하다
- All the department managers are now working closely together to solve the recurring problem of high defect rates.

  모든 부서장들이 계속 재발하는 높은 제품 불량률 문제를 해결하기 위해 서로 긴밀하게 협력하고 있다.

accept one's apology 사과를 받아들이다
- Tim refused to accept Sheena's apology.

  팀은 시나의 사과를 받아들이지 않았다.

hold the line 전화를 끊지 말고 기다리다
- Please hold the line and I'll put you through to Mr. Hodge in a moment.

  끊지 말고 기다리시면 금방 호지 씨와 연결해 드리겠습니다.

do some research 조사를 하다
- We should do some research before we design our new logo.

  새 로고를 디자인하기 전에 약간의 조사를 해야 합니다.

☐ **raise a question** 의문을 제기하다
- Many shareholders raised questions regarding the business merger.

  많은 주주들이 그 기업 합병 건에 관해 의문을 제기했다.

☐ **break a habit** 버릇을 고치다(=shake a habit)
- Everyone agrees that you can only break a bad habit if you really want to do so.

  절실하게 원해야만 나쁜 버릇을 고칠 수 있다는 데 모두 동의한다.

☐ **turn pale** 창백해지다, 경악하다
- Many audience members turned pale when the magician appeared to cut himself in half.

  마술사가 자신을 반 토막 낸 것처럼 보였을 때, 많은 관객들은 경악했다.

☐ **deliver a verdict** 평결을 내리다
- The jury will deliver a verdict before the end of today.

  배심원들이 오늘 중으로 평결을 내릴 것이다.

☐ **get the flu** 독감에 걸리다
- Make sure that you drink a lot of fluids if you get the flu.

  독감에 걸리면 물을 많이 마시도록 하십시오.

☐ **go bankrupt** 파산하다, 부도나다
- The store owner spent too much on renovations, which caused the business to go bankrupt.

  매장 주인이 수리에 너무 많은 돈을 써서, 그로 인해 사업이 부도났다.

☐ **fully accept** 완전히 수용하다
- The shipping company fully accepted the blame for a damaged package.

  운송회사는 파손된 화물에 대한 책임을 전적으로 수용했다.

☐ **cast a ballot** 투표하다
- Using this new system, each voter can cast a ballot in less than five seconds.

  이 새로운 시스템을 사용하면, 각 유권자가 5초 이내에 투표를 할 수 있다.

☐ **attract one's attention** 주의를 [관심을] 끌다
- You can attract his attention by joining the same health club as him.

  그와 같은 헬스클럽에 가입해서 그의 관심을 끌 수 있다.

☐ **face difficulties** 난관에 봉착하다
- Small businesses may face difficulties finding or attracting qualified candidates.

  소규모 기업들은 적격인 지원자를 찾아내거나 끌어오는 데 어려움을 겪을 수 있다.

☐ **fill a vacancy** 결원을 채우다
- The HR manager suggested we fill the vacancy in the accounting team within the company.

  인사부장은 회계팀의 공석을 사내에서 채우자고 제안했다.

☐ **forward a message to** ~에게 메시지를 전달하다
- The original writer will receive a notification when you forward a message to a third person.

  메시지를 제3자에게 전달할 때 원 작성자가 알림을 받게 될 것이다.

☐ **gain access (to)** (~에) 접속하다
- I am having problems gaining access to the online journal archive.

  온라인 학술지 기록 보관소에 접속하는 데 문제가 있다.

☐ **take aspirin** 아스피린을 복용하다
- People who have gastrointestinal problems should not take aspirin.

  위장병이 있는 분은 아스피린을 복용하면 안됩니다.

☐ **violate privacy** 사생활을 침해하다
- Every social media platform has a basic policy not to violate the privacy of its users.

  모든 소셜 미디어 플랫폼 서비스는 사용자의 사생활을 침해하지 않는다는 기본 정책을 가지고 있다.

☐ **take effect** (법률이나 정책이) 발효하다
- The casual clothing policy will take effect starting next Friday.

  캐주얼 복장 정책이 다음 주 금요일부터 시행될 것이다.

☐ **take revenge (on)** (~에게) 복수하다
- The president promised to take revenge on those who attacked the embassy.

  대통령은 대사관을 공격했던 사람들에게 복수를 하겠다고 약속했다.

☐ **hail a cab** 택시를 부르다(=call for a cab)
- You should not hail a cab by the roadside. Instead, please wait in line at a taxicab stand.

  길가에서 택시를 부르면 안됩니다. 대신, 택시 정류소에서 줄을 서서 기다려주세요.

☐ **deliver a baby** 출산하다
- Dr. Ingram was busy helping deliver a baby when you called.

  전화하셨을 때 잉그램 박사는 아기 출산을 돕느라 바빴어요.

☐ **conduct a census** 인구 조사를 실시하다
- The Canadian government conducts a census of the population every 5 years to update its demographic data.

  캐나다 정부는 자국의 인구 실태 통계 자료를 업데이트하기 위해 5년마다 인구 조사를 실시한다.

☐ **claim one's baggage** 수하물을 찾다
- Those arriving from Newark can claim their baggage at Carousel 7.

  뉴워크에서 오신 분들은 7번 컨베이어에서 수하물을 찾으실 수 있습니다.

☐ **earn a degree** 학위를 취득하다
- Most students who earn a degree find a job with a very reasonable starting salary.

  학위를 취득한 학생들의 대부분은 초봉이 아주 합리적인 직장을 찾는다.

☐ **fall ill** 병이 나다
- George took the day off in order to attend to his mother who fell ill.

  조지는 편찮으신 어머니를 간호하기 위해 하루를 쉬었다.

☐ **receive a shot** 주사를 맞다
- Doctors advise that people receive a shot that fits the most likely strains of the flu for that year.

  의사들은 그 해에 가장 유행할 것 같은 독감 바이러스 종에 적합한 예방주사를 맞아야 한다고 조언한다.

☐ **make a choice** 선택하다(=exercise a choice)
- Sometimes we have to make a choice between our career and our family.

  때때로 우리는 직업과 가족 사이에서 선택을 해야 할 때가 있다.

☐ **audit a course** 청강하다
- If you audit a course, you will not receive a grade or academic credit.

  청강하실 경우에는 성적이나 학점을 받지 못할 것입니다.

☐ **deliver a keynote address** 기조연설을 하다
- Mary Forbes will deliver a keynote address to charity members at the upcoming fundraiser.

  매리 포브스는 다가오는 모금 행사에서 자선단체 회원들에게 기조연설을 할 것이다.

☐ **criticize bitterly** 신랄하게 비판하다
- The mayor was criticized bitterly by townspeople for his decision to demolish the bowling alley in the community center.

  시장은 주민센터 내의 볼링장을 철거하기로 한 자신의 결정에 대해 주민들로부터 신랄하게 비난을 받았다.

☐ **accept a proposal** 제안을 수락하다
- The city council accepted a proposal from JWP Construction to build a new shopping mall.

  시의회는 새 쇼핑몰을 건설하겠다는 JWP 건설사의 제안을 받아들였다.

☐ **deeply affect** 지대하게 영향을 미치다
- It is important to remember that our personal relationships can deeply affect many aspects of our lives.

  개인 관계가 우리 삶의 많은 측면에 지대하게 영향을 미칠 수 있다는 것을 꼭 기억해 두어야 한다.

☐ **attract an audience** 청중을 끌어들이다
- Many theaters attract an audience by advertising on social media.

  많은 극장들이 소셜 미디어에 광고를 내는 방법으로 관객을 끌어들이고 있다.

☐ **convene a meeting** 회의를 소집하다
- The boss convened a meeting of department managers to explain the new overtime system.

  사장은 새로운 초과근무 방식을 설명하기 위해 부서장 회의를 소집했다.

☐ **enter a tournament** 토너먼트에 출전하다
- People who come to the festival can enter a sports tournament with fantastic prizes.

  축제에 참가하는 사람들은 엄청난 상들이 걸려있는 스포츠 토너먼트에 출전할 수 있다.

☐ **kick the habit** 습관을 끊다(=break the habit)
- Charles is reading a book about stopping smoking because he really wants to kick the habit.

  찰스는 금연에 대한 책을 읽고 있는데, 정말 그 습관을 끊고 싶기 때문이다.

☐ **draw a comparison** 비교하다
- During his talk, the guest, film director Jasse Owen, drew a comparison between his work and the films of Jules Gaston.

  연설하는 동안, 초청연사인 영화감독 제시 오웬은 자신의 작품과 줄스 가스통의 영화들을 비교했다.

☐ **deny a claim** 주장을 부인하다
- Government officials have denied a claim that the crime rate has doubled over the past year.

  정부 관리들은 지난 한 해 동안 범죄율이 두배로 증가했다는 주장을 부인했다.

☐ **enforce the law** 법을 집행하다
- The police department has announced that they will not enforce the law on drinking in public until the end of the year.

  경찰국은 공공장소에서의 음주에 관한 법률을 연말이나 돼서야 집행할 것이라고 발표했다.

exercise the right 권리를 행사하다

- The majority of those surveyed responded that they would not exercise their right to own and carry a firearm.

  설문자들의 대다수가 총기를 소유하고 소지할 자신의 권리를 행사하지 않겠다고 응답했다.

enjoy popularity 인기를 누리다

- The music of David Hasselhoff continues to enjoy popularity throughout Germany.

  데이빗 핫셀호프의 음악은 독일 전역에서 계속해서 인기를 누리고 있다.

fight a disease 질병과 싸우다

- The international science community is developing a vaccine to fight a disease spreading through Central Africa.

  국제 과학계가 중앙아프리카에서 퍼지고 있는 질병과 싸울 백신을 개발하고 있다.

make a mistake 실수를 저지르다

- If you make a mistake at work, please inform your supervisor immediately.

  업무 중에 실수를 하게 되면, 즉시 상사에게 알려주세요.

establish a website 웹사이트를 구축하다

- Painter Joe Patterson plans to establish a website in order to expose his paintings to a wider audience.

  화가 조 피터슨은 자신의 그림을 더 많은 사람들에게 보여주기 위해 웹사이트를 개설할 계획이다.

prescribe a pill 약을 처방하다

- Ken's doctor prescribed a pill to alleviate the pain he had been feeling in his knee.

  켄의 의사는 그가 무릎에서 느끼고 있는 통증을 완화시키는 약을 처방했다.

scrutinize closely 면밀히 조사하다

- Dr. Hampton's article was scrutinized closely before being published in order to make sure that it did not contain any errors.

  햄프턴 박사의 글은 오류가 없다는 것을 확실히 하기 위해 출판 전에 면밀히 조사되었다.

make an allegation 혐의를 제기하다

- One of the staff members has made a serious allegation against his coworker.

  직원 중 한 명이 동료에 대해 중대한 혐의를 제기했다.

make a scene 소란을 피우다(=create a scene)

- Roger made a scene at the restaurant when the chef refused to refill his dish for a third time.

  주방장이 자신의 세 번째 음식 리필 요청을 거부하자, 로저는 식당에서 소란을 피웠다.

practice law 변호사업에 종사하다

- Gloria hopes to receive her license to practice law sometime next year.

  글로리아는 내년 언젠가 변호사업에 종사하기 위해 자격증을 따기를 바라고 있다.

serve one's sentence 복역하다, 징역을 살다

- Convicted serial killer Martin Vogel will serve his sentence in a maximum-security prison in California.

  유죄 판결을 받은 연쇄살인범 마틴 보겔은 보안이 극도로 삼엄한 캘리포니아의 한 교도소에서 복역할 것이다.

☐ **suffer an injury** 부상을 당하다
- You might suffer an injury if you don't warm up properly before heavy sports.

  격렬한 스포츠 활동을 하기 전에 제대로 준비운동을 하지 않으면 부상을 당할 수도 있다.

☐ **take advantage of** ~을 이용하다
- First-time homebuyers can take advantage of the city council's 'Help to Buy' initiative.

  최초 주택 구매자들은 시의회의 '주택 구매 지원' 정책을 활용할 수 있다.

☐ **observe attentively** 주의 깊게 관찰하다
- The reviewer observed attentively so that she didn't miss any plot details in the movie.

  평론가는 영화 속의 상세한 줄거리를 하나도 놓치지 않기 위해 주의 깊게 관찰했다.

☐ **incur a debt** 빚을 지다
- Many students incur a large debt from their educational loans by the time they graduate.

  많은 학생들이 졸업할 무렵에 학자금 융자로 인해 큰 빚을 지게 된다.

☐ **set an alarm** 알람을 맞추다
- Make sure that you set an alarm so that you wake up early for your flight.

  비행기 시간에 맞게 일찍 일어날 수 있도록 꼭 알람을 맞춰 놓으세요.

☐ **settle a dispute** 논쟁을 해결하다
- The mayor stepped in to settle a land dispute between two local businesses.

  두 지역 기업 간의 토지 분쟁을 해결하기 위해 시장이 개입했다.

☐ **launch a project** 프로젝트에 착수하다
- Mayor Hanson plans to launch a project to develop the waterfront area.

  핸슨 시장은 해안 지역 개발 프로젝트에 착수할 계획이다.

☐ **fulfill a dream** 꿈을 실현하다
- Steve has worked hard for several years to fulfill his dream of becoming pilot.

  스티브는 조종사가 되려는 자신의 꿈을 이루기 위해 수년 간 열심히 노력해 왔다.

☐ **inflict damage** 피해를 입히다(=cause[do] damage)
- The fatal mistake made during the surgery inflicted significant damage on Dr. Harold Ferrier's reputation as a leading heart surgeon.

  수술 중 발생한 치명적인 실수가 일류 심장외과의인 해럴드 페리어 박사의 명성에 상당한 피해를 주었다.

☐ **issue a statement** 성명을 발표하다
- The UN Secretary-General will issue a statement regarding the tensions in the South China Sea.

  유엔 사무총장은 남중국해의 긴장 사태에 관한 성명을 발표할 것이다.

☐ **go blind** 장님이 되다, 실명하다
  a blind date 소개팅
- Do not stare at the sun, or you may go blind.

  태양을 똑바로 쳐다보지 마세요, 그렇지 않으면 실명할 수도 있습니다.

☐ **pass a law** 법안을 통과시키다
- Singapore has passed a law that prohibits people from spitting on the street.

  싱가포르는 사람들이 길거리에 침 뱉는 것을 금지하는 법안을 통과시켰다.

pay attention to　~에 관심[주의]을 기울이다

- Students should pay attention to Professor Langdon's lecture slides if they want to pass the exam.

  시험에 합격하기를 원한다면, 학생들은 랭던 교수의 강의 슬라이드에 주의를 기울여야 한다.

impose a fine　벌금을 부과하다(=issue[levy] a fine)

- Economic experts suggest that the government impose a huge fine on any company that fails to comply with tax laws.

  경제 전문가들은 정부가 세법을 준수하지 않는 모든 기업에게 상당한 벌금을 부과하도록 제안한다.

hold a banquet　연회를 열다

- We have made arrangements to hold a banquet at the Rosemary Hotel.

  우리는 로즈마리 호텔에서 연회를 열 준비를 했다.

lose one's temper　화를 내다

- It is natural that Lynsey would lose her temper when she finds out that she was passed over for promotion again.

  자신이 또 승진에서 누락되었다는 것을 알게 되면 린지는 당연히 화를 낼 것이다.

plead guilty　유죄를 인정하다

- The suspect in the trial pleaded guilty to the charge of aggravated assault.

  법정에 선 용의자는 가중 폭행 혐의에 대해 유죄를 인정했다.

offer one's condolences　애도[조의]를 표하다

- Fred was unable to attend the funeral, but he offered his condolences to the family of the deceased through his spokesperson.

  프레드는 장례식에 참석할 수 없었지만, 대변인을 통해 고인의 가족에게 조의를 표했다.

practice medicine　의사로서 개업하다, 의료업에 종사하다

- The physician's license to practice medicine was suspended for one year for alleged bribe-taking from pharmaceutical companies.

  제약회사들로부터 뇌물을 받은 혐의로 그 의사의 의료 면허가 1년간 정지되었다.

run a deficit　적자로 운영하다

- The California government is expected to run a deficit for the third year in a row.

  캘리포니아 정부가 3년 연속 적자를 낼 것으로 예상된다.

pay a compliment to　~을 칭찬하다

- I'm writing to pay a compliment to your secretary, Ms. Harriet Riley, for her kindness and generosity she showed me.

  제게 베풀어 주신 친절과 관대함에 대해 귀하의 비서인 해리엇 릴리 씨를 칭찬하고자 이 글을 씁니다.

pay an installment　할부금을 지불하다

- You need to pay an installment for the new car on the first of each month.

  매월 1일에 새 차에 대한 할부금을 지불해야 합니다.

콜로케이션 암기 콕!

다음의 짧은 퀴즈를 풀어본 뒤, 정답만 콕! 찍어서 해석과 함께 암기하도록 한다.

1. (run, work) a fever
   열이 **나다**

2. (deliver, transmit) a verdict
   평결을 **내리다**

3. (distribute, apply) make-up
   화장을 **하다**

4. (activate, exercise) right to free speech
   언론 자유에 대한 권리를 **행사하다**

5. (raise, make) questions
   의문을 **제기하다**

6. (do, make) advances
   발전을 **이루다**

7. be (carrying, expecting) a baby next summer
   내년 여름에 **출산할** 예정이다

8. (answer, catch) the questions
   질문에 **답하다**

9. (make, do) some research
   약간의 조사를 **하다**

10. (act, stage) a strike
    파업을 **실시하다**

11. (lift, boost) the ban on cell phones at schools
    교내 휴대폰 금지령을 **해제하다**

12. (hold, do) a tremendous amount of damage
    막대한 피해를 **입히다**

13. (ship, carry) the order out
    주문품을 **발송하다**

14. (make, take) excuses for a mistake
    실수에 대해 **변명하다**

15. (commit, perform) a crime
    범죄를 **저지르다**

16. (break, call) a record
    기록을 **경신하다**

17. (practice, exercise) law in Texas and New Mexico
    텍사스와 뉴멕시코에서 변호사로 **활동하다**

18. (file, make) a lawsuit
    고소**하다**

19. (carry, run) one's own ice cream shop
    자신의 아이스크림 가게를 **운영하다**

20. (cast, toss) a ballot
    투표를 **하다**

21. (take, hold) a sizable rally
    상당한 규모의 집회를 **개최하다**

22. (own, take) a break
    휴식을 **취하다**

23. (make, take) responsibility
    책임을 **지다**

24. (attend, enter) a lecture
    강의를 **듣다**

25. (try, perform) hard
    열심히 **노력하다**

26. (drive, conduct) an immediate investigation
    즉각적인 조사를 **실시하다**

27. (throw, make) a party for my roommate
    룸메이트를 위해 파티를 **열다**

28. (reserve, engage) the right to cancel the contract
    계약을 파기할 권리를 **보유하다**

정답 1. run 2. deliver 3. apply 4. exercise 5. raise 6. make 7. expecting 8. answer 9. do 10. stage 11. lift 12. do 13. ship 14. make 15. commit 16. break 17. practice 18. file 19. run 20. cast 21. hold 22. take 23. take 24. attend 25. try 26. conduct 27. throw 28. reserve

기출 Check-up Test

기출문제를 포함한 실전 문제들을 풀어보면서 앞에서 공부한 내용을 제대로 암기했는지 확인해본다.
틀린 문제는 반드시 암기리스트에서 복습을 한 후 다시 풀어보아야 한다.

Part 1 빈칸에 알맞은 단어 고르기

1. A: This milk expired a few days ago. It has already _____ off.
   B: Oh, I'll pick up another carton at the market then.

   (a) done　　　　　(b) gone
   (c) drawn　　　　(d) lost

2. A: Do you know where I can get this prescription _____?
   B: There's a pharmacy right across the street.

   (a) completed　　(b) treated
   (c) filled　　　　(d) issued

3. A: Are you getting up early tomorrow?
   B: Yes, I already _____ my alarm for 6:30.
   기출

   (a) set　　　　　(b) put
   (c) kept　　　　(d) held

4. A: Do you normally _____ conditioner to your hair when you wash it?
   B: Yes, my hair is much harder to brush without it.

   (a) apply　　　　(b) install
   (c) stand　　　　(d) acquire

5. A: Why was the speaker changed at the last minute?
   B: Mr. Harrow has a throat infection and _____ his voice.

   (a) missed　　　(b) lost
   (c) set　　　　　(d) turned

6. A: Don't you feel that the book has got too many weak _____?
   B: Yeah, I guess the story has a lot of holes in it, and the characters weren't developed well.

   (a) points　　　(b) opinions
   (c) places　　　(d) losses

7. A: I still can't believe that Caroline has started dating Rick.
   B: Maybe we should just _____ the subject and try to support her.

   (a) kick　　　　(b) omit
   (c) drop　　　　(d) erase

Part 2 빈칸에 알맞은 단어 고르기

8. Harriet is so athletic that she can _____ a wide range of sports.

   (a) play　　　　(b) give
   (c) act　　　　　(d) view

9. Selling a house is a complicated process and you're likely to _____ several unexpected expenses.

   (a) provide　　　(b) incur
   (c) presume　　　(d) instill

10. During my diet, I _____ a food diary and counted all of the calories I consumed.

    (a) kept　　　　(b) cooked
    (c) visited　　　(d) reported

11. All of the police officers at the precinct took _____ that they would always uphold the law.

(a) affirmations   (b) promises

(c) prayers   (d) oaths

12. Advertising executives are experts at knowing how to _____ the attention of consumers.

(a) conceal   (b) commit

(c) draw   (d) make

13. All of the interviewees _____ the stated requirements for the team leader position, so it was a difficult choice for the HR manager.

(a) met   (b) applied

(c) led   (d) kept

14. During his speech, the president will _____ tribute to our soldiers who have fallen in battle.

(a) raise   (b) pay

(c) watch   (d) take

15. The movie producers _____ an official complaint against an online streaming service.

(a) filed   (b) paid

(c) filled   (d) set

16. At the council meeting, the mayor _____ citywide regulations for the proper disposal of garbage.

(a) took   (b) set

(c) played   (d) did

17. Professor Le Grande can help smokers to _____ the habit using a unique form of hypnosis.

(a) pull   (b) store

(c) send   (d) kick

18. If you keep going to the casino every weekend, you will probably _____ a lot of money.

(a) erase   (b) relieve

(c) lose   (d) lighten

19. If you don't understand the lecture, ask the professor to explain rather than simply suffer in _____.

(a) silence   (b) comfort

(c) joy   (d) absence

20. The club secretary seconded the _____ to move tennis practice from Saturday to Sunday.

(a) motion   (b) conflict

(c) result   (d) logistics

UNIT 05 콜로케이션 2_명사/형용사/부사

☑ Collocation은 특정 단어들과 어울려 쓰이는 어휘들의 결합된 형태를 말한다.

☑ 평소에 사전을 볼 때 예문과 용례도 함께 공부해야 하며, 특히 굵은 글씨로 제공되는 숙어들을 눈여겨봐 두어야 한다.

☑ 대표적 연어 패턴

- 형용사 + 명사 a transparent man [✕] → an invisible man [○] 투명인간
- 명사 + 명사 the price label [✕] → the price tag [○] 가격표
- 부사 + 형용사 strongly armed [✕] → heavily armed [○] 중무장한

 기출예제

예제 1 Part 1

A: Make sure you stay under the speed _____.
There are cameras on this road.
B: Oh, right. It's 30 kilometers per hour here, isn't it?

(a) limit
(b) level
(c) height
(d) extent

A: 제한 속도 아래로 유지하세요. 이 도로에 카메라들이 있어요.
B: 아, 네. 여기가 시속 30킬로죠?

• 문제풀이 시뮬레이션

① speed와 어울리는 명사를 찾아야 한다.

② 빈칸 뒤에 camera를 보고 '속도 제한'임을 직감할 수 있다.

③ 불안하다면 B의 대답에서 확인하면 되는데, 30 kilometers per hour가 기준 속도를 나타내므로 빈칸에는 '속도 제한'이라는 의미를 만들 수 있는 (a) limit가 와야 한다.

어휘 **make sure** 꼭 ~하다 **stay under** ~: ~보다 아래로 유지하다 **speed limit** 속도 제한 **level** 수준, 등급 **height** 높이, 키, 고도 **extent** 범위, 정도

정답 (a)

예제 2 Part 2

Andy Peterson will be the team's _____ coach until we can find a permanent replacement for Joe Rogan.

(a) acting
(b) posing
(c) assuming
(d) practicing

우리가 조 로건의 정식 후임을 찾을 때까지 앤디 피터슨이 팀의 임시 코치직을 맡을 것입니다.

• 문제풀이 시뮬레이션

① 한시적임을 나타내는 until 다음에 a permanent replacement가 나오는 것에 주목한다.

② 빈칸은 정식 후임자를 찾기 전까지 맡은 역할을 묘사하는 형용사여야 알맞다.

③ 그러므로 permanent(영구한)와 대비되는 '임시'의 개념을 가지는 형용사인 (a) acting이 정답이다.

어휘 **coach** 코치, 감독 **permanent** 영구적인 **replacement** 후임자 **acting** 임시의, 대행의 **posing** 자세를 취하는 **assuming** 건방진 **practicing** 활동 중인, 현역의

정답 (a)

암기리스트

TEPS 어휘는 단어의 단편적인 뜻을 묻는 문제보다는 단어와 단어의 조합을 묻는 연어 형태로 많이 출제된다. 따라서, 이 연어 표현들을 숙어처럼 외워 둔다면 문장을 해석할 필요도 없이 빠르게 정답을 찾아낼 수 있게 된다.

✔ 형용사 + 명사

☑ dark days 암울한 시절

- Donald had trouble selling his house during the dark days of the recession.

  도널드는 암울한 불황의 시기에 집을 파는 데 애를 먹었다.

☐ a perfect stranger 전혀 모르는 사람

- A real salesperson is willing and able to make a business deal with a perfect stranger.

  진정한 영업사원은 생판 모르는 사람과도 거래를 트려고 하고, 또 그렇게 할 수 있다.

☐ plain English 쉬운 말

- Can you explain that to me in plain English?

  그걸 제게 쉬운 말로 설명해 주시겠어요?

☐ the ruling party 여당

- The ruling party decided to elect a new leader.

  여당은 새 지도자를 선출하기로 결정했다.

☐ unlimited mileage 무제한 마일리지

- This membership program entitles you to unlimited mileage on any of our rental vehicles.

  본 회원 프로그램은 저희의 어떤 대여 차량에 대해서도 무제한 마일리지 혜택을 받으실 수 있게 해드립니다.

☐ a rosy view 장밋빛 전망

- Many political analysts are taking a rosy view of the president's plan.

  많은 정치 평론가들은 대통령의 계획을 낙관적으로 보고 있다.

☐ moral values 도덕적 가치

- Lynne wants to pass on her moral values to her daughter.

  린은 자신의 도덕적 가치를 딸에게 물려주고 싶어 한다.

☐ a tight schedule 빡빡한 일정

- I doubt I'll be able to join you for lunch as I have a tight schedule.

  일정이 빡빡하기 때문에 당신과 점심식사를 함께 할 수 있을지 의문입니다.

☐ prior notice 사전 고지

- This room rate is subject to change without prior notice.

  이 객실 요금은 사전 고지 없이 변경될 수 있습니다.

☐ keen insight 예리한 통찰력

- Dr. Pelletier has a keen insight into the minds of criminals.

  펠르티에 박사는 범죄자들의 마음을 꿰뚫어보는 날카로운 통찰력을 가지고 있다.

☐ endangered species 멸종위기에 처한 종

- Some endangered species are threatened by deforestation.

  일부 멸종 위기의 종이 산림 개간으로 위협받고 있다.

a flat tire 타이어 펑크
- I got a flat tire this morning on my way to the gym.

  오늘 아침에 체육관에 가는 길에 타이어가 펑크 났어.

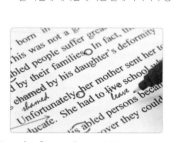

a draft version 초안
- A draft version of the speech should be completed by May 10.

  연설문 초안은 5월 10일까지 완성되어야 한다.

a back issue 과월호
- I'd like to order a back issue of *Vintage Motors* magazine.

  빈티지 모터스 지의 과월호를 주문하고 싶습니다.

formal attire 정장
- Formal attire is required to enter the country club.

  그 컨트리클럽에 입장하시려면 정장이 필수입니다.

inclement weather 악천후
- Due to inclement weather, the European League Championship final soccer match has been postponed.

  악천후로 유럽 리그 챔피언십 축구 결승전이 연기되었다.

the private sector 민간 부문
- Jim Loomis will soon be resigning from his government position to join the private sector.

  짐 루미스는 민간 기업에 들어가기 위해 곧 공무원직을 사임할 것이다.

a blind date 소개팅
- Fiona is going on a blind date this weekend.

  피오나는 이번 주말에 소개팅을 할 것이다.

a heavy drinker 술고래
- Ms. Munro died before she turned 40 because she was a heavy drinker and smoker.

  먼로 씨는 술과 담배를 많이 했기 때문에 40세가 되기 전에 사망했다.

a steady increase 꾸준한 증가
- European countries have seen a steady increase in the number of graduates who cannot find employment.

  유럽에서는 취업하지 못하는 대학졸업자의 수가 꾸준히 증가하고 있다.

racial segregation 인종 차별
- Racial segregation was common in the Southern states until the mid-20th century.

  인종 차별은 20세기 중반까지 미국 남부에서 일상다반사였다.

economic growth 경제 성장
- Economic growth has slowed significantly in many South American countries.

  많은 남미 국가들에서 경제 성장이 상당히 둔화되었다.

contemporary art 현대 미술
- Mr. Bower's extensive collection of contemporary art was auctioned for charity.

  바우어 씨가 소장하고 있는 방대한 현대 미술 작품들이 자선 기금 마련을 위해 경매 처분되었다.

☐ **diverse cultures** 다양한 문화
- Several diverse cultures can be found throughout Russia.

  러시아 전역에서는 몇 가지 다양한 문화를 발견할 수 있다.

☐ **a broad smile** 파안대소, 환한 미소
- The hotel manager greeted all of the guests with a broad smile.

  호텔 지배인은 환한 미소로 모든 손님들을 맞았다.

☐ **a convincing argument** 설득력 있는 주장
- The senator made a convincing argument for legalizing addictive drugs.

  상원의원은 마약 합법화를 옹호하는 설득력 있는 주장을 펼쳤다.

☐ **toxic chemicals** 유독성 화학물질
- Some sources claim that most fruit and vegetables are contaminated with toxic chemicals.

  일부 소식통은 대부분의 과일과 채소가 유독성 화학물질에 오염되어 있다고 주장한다.

☐ **a presidential candidate** 대통령 후보
- One of the presidential candidates has dropped out of the race due to poor health.

  대통령 후보 중 한 명이 건강이 좋지 않아 후보에서 사퇴했다.

☐ **renewable energy** 재생 에너지
- By the year 2025, renewable energy will provide almost half of the world's power.

  2025년 무렵에는 재생 에너지가 세계 전력의 거의 절반을 공급할 것입니다.

☐ **a standing ovation** 기립박수
- The audience gave the award recipient a 10-minute standing ovation.

  청중은 수상자에게 10분간 기립박수를 보냈다.

☐ **a narrow escape** 구사일생
- Mark had a narrow escape as he was overseas when a fire destroyed his apartment building.

  화재로 그의 아파트 건물이 전소되었을 때 해외에 있었기 때문에 마크는 간신히 화를 면했다.

☐ **unanimous agreement** 만장일치
- World leaders came to a unanimous agreement on a comprehensive plan for tackling global warming.

  세계 지도자들은 지구 온난화에 대처하기 위한 포괄적인 계획에 대해 만장일치로 합의했다.

☐ **a hasty conclusion** 성급한 결론, 속단
- The interviewer came to a hasty conclusion right after listening to Mr. Gunn's responses.

  면접관은 건 씨의 대답을 들은 직후에 성급한 결론을 내렸다.

☐ **a hazardous substance** 위험 물질
- Lab technicians must wear protective gloves when handling a hazardous substance.

  실험실 기사는 위험 물질을 취급할 때 반드시 보호 장갑을 착용해야 합니다.

☐ **high interest rates**　고금리
- The bank's high interest rates have helped it to attract more customers.

그 은행의 높은 금리가 더 많은 고객을 유치하는 데 도움이 되었다.

☐ **an extended family**　대가족
a nuclear family 핵가족
- In Korea, it is not uncommon for individuals to cohabit with their extended family.

한국에서는 사람들이 대가족과 함께 사는 것이 흔한 일이다.

☐ **a golden rule**　황금률, 기본 원칙
- The golden rule of business is that you should always read the small print.

사업의 기본 원칙은 항상 세부 조항들을 제대로 읽어야 한다는 것이다.

☐ **routine maintenance**　정기 점검
- The elevators will be out of service between 1 and 3 P.M. due to routine maintenance.

정기 점검으로 인해 엘리베이터가 오후 1시에서 3시 사이에 운행이 중단될 것이다.

☐ **a mechanical problem**　기계적인 문제
- CityRail trains are known for their frequent delays due to mechanical problems.

CityRail 열차는 기계적인 문제로 인해 지연이 빈번한 것으로 알려져 있다.

☐ **an interested party**　이해 당사자
- One of the interested parties has refused to sign the contract, claiming that it failed to reflect what was agreed between the parties.

이해 당사자들 중 하나가 계약이 당사자들 간에 합의된 바를 반영하지 못했다고 주장하면서 서명하기를 거부했다.

☐ **natural resources**　천연자원
- Many people are concerned that we will run out of natural resources one day.

많은 사람들이 언젠가는 천연자원이 고갈될 것을 걱정한다.

☐ **comprehensive knowledge**　포괄적인 지식
- Workshop attendees will gain comprehensive knowledge of the latest graphic design tools and software.

워크숍 참석자들은 최신 그래픽 디자인 도구 및 소프트웨어에 대한 포괄적인 지식을 얻게 될 것입니다.

☐ **chronological sequence**　연대순
- Please arrange these journal issues in chronological sequence.

이 잡지들을 연대순으로 정리하십시오.

☐ **nuclear weapons**　핵무기
- A summit will be held to discuss the issue of both countries reducing their nuclear weapons.

핵무기를 감축하는 양국의 문제를 논의하기 위해 정상회담이 열릴 예정이다.

☐ **compulsory military service**　병역의무
- There is no way to avoid the compulsory military service except for cases of medical incapability.

의학적 불능의 경우를 제외하고는 병역의무를 피할 방법은 없다.

☐ **an absolute necessity**　절대적 필수 요소
- Oxygen is an absolute necessity for mammals to survive.

산소는 포유류가 생존하는 데 절대적으로 필요한 요소이다.

☐ **a vicious circle** 악순환(=vicious cycle)

- You may be stuck in a vicious circle of losing weight and gaining it back if you do not follow the diet properly.

  식단을 제대로 따르지 않으면 살이 빠졌다가 다시 찌는 악순환이 되풀이 될 수 있다.

☐ **a sharp increase** 급격한 증가

- For the past six months, there has been a sharp increase in gas prices in Canada.

  지난 6개월 동안 캐나다에서는 휘발유 가격에 대한 급격한 인상이 있었다.

☐ **harsh criticism** 혹독한 비판

- China received harsh criticism from the international community for its latest military action.

  중국은 최근의 군사행동으로 인해 국제사회로부터 혹독한 비판을 받았다.

☐ **an acute illness** 급성 질환

- Patients with an acute illness sometimes resort to illegal substances that might have side effects.

  급성 질환이 있는 환자들은 가끔 부작용이 있을 수도 있는 불법 약물들에 의존한다.

☐ **a chronic ailment** 만성 질환

- Mr. Hawthorne is unable to participate in the bicycle race due to a chronic ailment.

  호손 씨는 만성 질환 때문에 자전거 경주에 참가할 수 없다.

☐ **a fiscal year** 회계연도

- The company underwent a thorough restructuring within the past fiscal year.

  그 회사는 지난 회계연도에 철저한 구조조정을 단행했다.

✔ **명사 + 명사**

☐ **safety procedures** 안전 절차

- All factory workers must follow the safety procedures to avoid being injured.

  모든 공장 근로자들은 부상 당하는 것을 피하기 위해 반드시 안전 절차를 준수해야 합니다.

☐ **speed limit** 제한 속도

- Do not exceed the speed limit when you drive.

  운전할 때 제한 속도를 초과하지 마십시오.

☐ **fringe benefits** 부가 혜택, 복리 후생

- There are a lot of fringe benefits when you have a store membership.

  매장 회원이 되시면 많은 부가 혜택을 누리실 수 있습니다.

☐ **market share** 시장 점유율

- Bellcom's smartphone market share currently stands at 35 percent.

  벨콤 사의 스마트폰 시장 점유율은 현재 35%를 기록하고 있다.

☐ **policy makers** 정책 입안자들

- The community leaders are working together with policy makers to solve high unemployment.

  지역사회 지도자들은 높은 실업 문제를 해결하기 위해 정책 입안자들과 협력하고 있다.

☐ **customs declaration** 세관 신고

- The United Kingdom is taking a harsher stance on customs declaration.

  영국은 세관 신고에 대해 더욱 강경한 입장을 쉬하고 있나.

☐ **death penalty** 사형(제도)

- Many humanitarian groups would like to abolish the death penalty.

  많은 인도주의 단체들은 사형제도를 폐지하고 싶어 한다.

a tourist attraction 관광 명소

- The London Eye soon emerged as a popular tourist attraction in London.

  런던 아이는 금방 런던의 인기있는 관광 명소로 떠올랐다.

a waiting list 대기자 명단
a guest list 초청자 명단

- I can't give you an appointment this week, but I can put you on the waiting list.

  이번 주에 예약해 드릴 수는 없지만, 대기자 명단에 올려드릴 수는 있습니다.

- Those who request an invitation to the Gleam Executive Seminar will be placed on a guest list.

  글림 임원 세미나에 참가 신청을 하신 분들은 초청자 명단에 오를 것입니다.

room temperature 실온

- Store these pills at room temperature and out of reach of children.

  이 알약들은 실온에서 아이들 손이 닿지 않는 곳에 보관하세요.

a desk job 사무 업무

- Colin said that he would prefer to have a desk job.

  콜린은 사무직을 선호한다고 말했다.

a courtesy bus 무료 버스

- We provide a courtesy bus from the bus station to the music festival.

  버스 정류장에서 음악 축제장까지 무료 버스를 운행하고 있습니다.

sick leave 병가

- Frank will be on sick leave for two weeks because he injured his back.

  프랭크는 허리를 다쳐서 2주간 병가를 낼 것이다.

life expectancy 기대 수명

- Life expectancy has risen considerably thanks to advances in modern medicine.

  현대 의학의 발달 덕분에 인간의 기대 수명이 상당히 늘어났다.

an election campaign 선거 운동

- The mayoral election campaign officially began on Wednesday.

  시장 선거 운동이 수요일에 공식적으로 시작되었다.

an exchange rate 환율

- What is the exchange rate for the British pound to the Canadian dollar?

  캐나다 달러에 대한 영국 파운드의 환율은 얼마입니까?

an expiration date 만료일, (식품의) 유통기한

- When is the expiration date on that can of tuna?

  그 참치 통조림의 유통기한은 언제입니까?

☐ **a shopping spree** 한바탕 쇼핑하기
- Valerie went on a shopping spree after she received her first salary.

  발레리는 첫 봉급을 받은 후에 한바탕 쇼핑을 했다.

☐ **a price tag** 가격표
- Make sure you check the price tag before buying anything.

  물건을 사기 전에 반드시 가격표를 확인하세요.

☐ **a business associate** 동업자, 동료
- I will have lunch with our new business associate to discuss our proposed collaboration.

  제안된 협업에 대해 논의하기 위해 새로운 동업자와 점심식사를 함께할 것입니다.

☐ **an amusement park** 놀이공원
- The amusement park near the beach has more than 100 rides in it.

  해변 근처의 놀이공원에는 100개가 넘는 놀이기구가 있다.

☐ **energy supply** 에너지 공급
- The world's renewable energy supply has grown considerably due to lower solar costs.

  더 낮은 태양광 에너지 비용 덕분에 전 세계의 재생 에너지 공급이 상당히 증가했다.

☐ **a pay raise** 급여 인상
  a pay claim 임금 인상 요구
- Monty deserves a pay raise for all the hard work he has done since he entered the company.

  몬티는 입사 이후로 열심히 일한 것에 대해 급여 인상을 받을 만하다.

☐ **an application form** 신청서
  an entry form 참가 신청서
- You can pick up an application form from the reception desk.

  접수처에서 신청서를 가져가실 수 있습니다.

☐ **an aisle seat** 통로쪽 자리
  a window seat 창가 자리
- I'd prefer a window seat over an aisle seat, if possible.

  가능하다면, 통로쪽 좌석보다는 창가쪽 좌석을 원합니다.

✔ **부사 + 형용사**

☐ **readily accessible** 접근이 용이한
- All hotel amenities are readily accessible to guests with disabilities.

  모든 호텔 편의 시설은 장애를 가진 손님들이 쉽게 이용할 수 있다.

☐ **highly controversial** 상당히 논란을 일으키는
- The actress Diana Kemp is known for her highly controversial opinions on politics.

  여배우 다이애나 켐프는 정치 문제에 대해 상당히 논란을 일으키는 견해로 유명하다.

☐ **highly motivated** 의욕 넘치는, 동기부여가 된
- Joseph became highly motivated after attending a self-help seminar.

  조셉은 자기개발 세미나에 참석한 후 의욕이 넘쳤다.

highly critical 대단히 위태로운, 매우 중요한

- After his motorbike crash, Andy was in a highly critical condition for several days.

  오토바이 사고 후, 앤디는 며칠 동안 매우 위독한 상태였다.

badly damaged 심하게 손상을 입은

- The roof of the house was badly damaged by the tornado.

  그 집의 지붕은 토네이도로 심하게 파손되었다.

extremely urgent 대단히 시급한, 매우 긴급한

- An antidote was extremely urgent when a man was bitten by a venomous snake in his backyard.

  한 남자가 뒤뜰에서 독사에게 물렸을 때 해독제가 매우 긴급히 필요했다.

deeply ashamed 대단히 부끄러워하는

- Marjorie felt deeply ashamed for letting her teammates down during the basketball game.

  마조리는 농구 경기 중에 동료들을 실망시킨 것이 대단히 부끄러웠다.

fully booked 완전히 예약된

- We were surprised to learn that most hotels were fully booked at this time of year.

  우리는 연중 이맘 때에 대부분의 호텔들이 완전히 예약되었다는 것을 알고 놀랐다.

densely populated 인구가 밀집된

- Jakarta is one of the most densely populated cities in the world.

  자카르타는 세계에서 가장 인구 밀도가 높은 도시 중 하나이다.

largely determined 대체로 결정되는

- The taste of a fruit is largely determined by its sugar content.

  과일의 맛은 대체로 당분 함유량에 의해 결정된다.

cordially invited 정중히 초대된

- You are cordially invited to this year's Arts & Sciences Fundraising Gala.

  올해의 예술과학 후원 기금 마련 행사에 귀하를 정중히 초대합니다.

highly qualified 훌륭한 자질을 갖춘

- Corolla University is searching for highly qualified professors.

  코롤라 대학교는 훌륭한 자질을 갖춘 교수들을 찾고 있다.

cautiously optimistic 조심스럽게 낙관하는

- Although Richard broke his legs, his coach was cautiously optimistic that he would be able to recover soon and play football again.

  리차드는 다리가 부러지긴 했지만, 그의 코치는 그가 금방 회복하여 다시 축구를 할 것이라고 조심스럽게 낙관했다.

awfully sorry 몹시 미안한

- James is awfully sorry that he isn't able to join us for dinner this evening.

  제임스는 오늘 저녁 식사에 우리와 함께 할 수 없어서 몹시 미안해 합니다.

콜로케이션 암기 콕!

다음의 짧은 퀴즈를 풀어본 뒤, 정답만 콕! 찍어서 해석과 함께 암기하도록 한다.

1. a (distant, **perfect**) stranger
   생판 모르는 사람

2. (even, plain) English
   알기 쉬운 말

3. the (ruling, managing) party
   여당

4. a (rosy, high) view of economic recovery
   경기 회복에 대한 **낙관적** 견해

5. (endangered, jeopardized) species
   멸종 위기에 처한 종

6. a (draft, narrative) version of the contract
   계약서 **초안**

7. the private (sector, segment)
   민간 **부문**

8. (fringe, spare) benefits
   부가 혜택

9. market (share, territory)
   시장 **점유율**

10. tax policy (holders, makers)
    세금 정책 **입안자들**

11. customs (declaration, testimony)
    세관 **신고**

12. death (statement, penalty)
    사형(제도)

13. sick (leave, permit)
    병가

14. a shopping (plunge, spree)
    쇼핑 **한바탕 하기**

15. a (courtesy, favor) bus
    무료 버스

16. life (expectancy, period)
    기대 수명

17. (chronically, eminently) ill
    만성적인 질병을 앓는

18. (largely, gravely) determined by
    대체로 ~에 의해 결정되는

19. energy (supply, offer)
    에너지 **공급**

20. a business (guest, associate)
    사업 **동료**

21. readily (reproachable, accessible)
    쉽게 **접근할 수 있는**

22. highly (adequate, qualified)
    매우 **자질이 뛰어난**

23. cautiously (optimistic, ambivalent)
    조심스럽게 **낙관하는**

24. a (regular, consistent) customer
    단골 손님

25. a last (resort, initiative)
    최후의 **수단**

26. (capital, acme) punishment
    사형

27. (ultimately, virtually) impossible
    사실상 불가능한

28. offer a (volume, capacity) discount
    대량 구매 할인을 제공하다

정답 1. perfect 2. plain 3. ruling 4. rosy 5. endangered 6. draft 7. sector 8. fringe 9. share 10. makers 11. declaration
12. penalty 13. leave 14. spree 15. courtesy 16. expectancy 17. chronically 18. largely 19. supply 20. associate
21. accessible 22. qualified 23. optimistic 24. regular 25. resort 26. capital 27. virtually 28. volume

기출 Check-up Test

기출문제를 포함한 실전 문제들을 풀어보면서 앞에서 공부한 내용을 제대로 암기했는지 확인해본다.
틀린 문제는 반드시 암기리스트에서 복습을 한 후 다시 풀어보아야 한다.

Part 1 빈칸에 알맞은 단어 고르기

1. A: Do you feel safe working overnight in the office?
   B: Of course. We have a _____ guard down in the lobby of the building.
   (a) regular   (b) defensive
   (c) security   (d) salvation

2. A: Do you normally ask for a(n) _____ seat or a window seat?
   B: I prefer to have a nice view from the window.
   (a) row   (b) line
   (c) open   (d) aisle

3. A: Sorry for interrupting. Do you have a moment?
   B: Sure, no problem. You've caught me at the _____ time.
   (a) fine   (b) hasty
   (c) right   (d) particular

4. A: Why has Percy left work early?
   B: He was worried about _____ snow and decided to take the afternoon off.
   (a) heavy   (b) hard
   (c) long   (d) wide

5. A: Are there any requirements for the delivery driver position?
   B: Yes, you need to have a driver's license and a _____ criminal record.
   (a) basic   (b) clean
   (c) normal   (d) serious

6. A: Timothy and Duncan are still arguing about the best marketing strategy.
   B: I know. They need to find some common _____.
   (a) backup   (b) ground
   (c) portion   (d) location

7. A: Sam told me that he can't come to your party because he's too tired.
   B: That seems like a _____ excuse to me. I'll talk to him about it.
   (a) weak   (b) low
   (c) high   (d) light

8. A: I'm considering selling my apartment and moving to Korea.
   B: Make sure you give it some serious thought, as it's a big _____.
   (a) suggestion   (b) decision
   (c) result   (d) opinion

Part 2 빈칸에 알맞은 단어 고르기

9. Our freelance workers receive their wages via a wire _____ at the end of each month.
   (a) receipt   (b) contact
   (c) transfer   (d) postage

10. Several _____ clients have been invited to take a tour of our new manufacturing facility.
    (a) terminal   (b) transitory
    (c) prodigious   (d) prospective

11. The hairdryer has been designed to operate without risk of electric _____ should the device come into contact with water.

(a) hit   (b) blow
(c) power   (d) shock

12. Please write your _____ name in the space provided on the top of the survey form.

(a) full   (b) broad
(c) absolute   (d) thorough

13. The professor's lecture about global economics was _____ and simple and everyone learned a lot from it.

(a) uneven   (b) wealthy
(c) plain   (d) strained

14. As Tom is working overtime every day this month, his exercise routine has become a _____ priority.

(a) low   (b) short
(c) thin   (d) light

15. The supermarket has pressed criminal _____ against one of its workers who stole over $10,000.

(a) charges   (b) responsibilities
(c) sues   (d) lawsuits

16. A(n) _____ approach is required when attempting to learn how to play a musical instrument.

(a) disciplined   (b) tame
(c) occasional   (d) elongated

17. Sally missed a once-in-a-lifetime _____ when she lost her VIP ticket to see her favorite singer in concert.

(a) happening   (b) circumstance
(c) overture   (d) opportunity

18. Several stairways have been constructed on Mount Arden to make the summit _____ accessible to anyone who is moderately fit.

(a) cheaply   (b) hurriedly
(c) readily   (d) strongly

19. The business tycoon is known for taking _____ ill children on exciting trips around the world.

(a) vigorously   (b) terminally
(c) determinedly   (d) irrationally

20. HeadEx is reportedly a faster acting and _____ lasting pain relief pill than any other currently on the market.

(a) longer   (b) higher
(c) better   (d) farther

☑ TEPS 시험의 특징 중의 하나가 타 영어 시험들보다 월등히 많은 구어 표현을 출제한다는 점이다.

☑ 구어 표현은 주로 대화에서 사용되는 표현이므로 청해 Part 1과도 중복된다.

☑ 구어 표현은 문법에서 어긋나기도 하며, 한자 고사성어처럼 유래를 알지 못하면 의미를 알기가 어렵다.

☑ 일상생활에서 빈번히 쓰이는 표현들을 출제하기 때문에 가능한 많은 회화 표현들을 익혀두어야 한다.

⚙ 기출예제

예제 1 **Part 1**

A: Are you telling me you don't like movies?

B: No. Please, don't get me _____. I love movies, but I hate documentaries.

(a) diverse

(b) wrong

(c) mixed

(d) puzzled

A: 네 말은 영화를 좋아하지 않는다는 거니?

B: 아니. 오해하지 마. 난 영화는 너무 좋은데 다큐멘터리가 싫다는 거야.

● 문제풀이 시뮬레이션

① A가 "영화를 싫어한다"는 말이냐고 묻는다.

② 이에 B가 "나는 영화를 좋아한다"고 말한다.

③ 즉 A가 오해한 경우이므로, 빈칸에는 "잘못 생각하지 말라"는 내용이 나오는 것이 타당하다.

④ get someone 뒤에 목적격보어로 와서 '잘못 이해하다'라는 의미가 되려면 (b) wrong이 가장 적절하다.

⑤ 'don't get me wrong(내 말을 오해하지 마)'을 한 단어처럼 외워 두면 바로 맞힐 수 있는 유형이다.

어휘 **get A wrong**: A의 말을 오해하다 **hate** 몹시 싫어하다 **diverse** 다양한 **mixed** 섞인 **puzzled** 어리둥절한

정답 (b)

예제 2 **Part 1**

A: I woke up with a headache, so I can't go in to the office today.

B: Please get _____ soon.

(a) well

(b) hopeful

(c) great

(d) refreshed

A: 일어나보니 두통이 심해서 오늘 출근할 수 없겠습니다.

B: 얼른 회복하길 빌게요.

● 문제풀이 시뮬레이션

① A가 headache를 언급하며 회사에 출근하지 못하겠다고 한다.

② 상대가 아픈 경우에 적절한 응답은 빨리 나으라고 위로하는 것이다.

③ 그러므로 빈칸에는 '건강한'이라는 의미를 지니면서 동사 get의 보어가 되는 형용사가 들어가야 한다.

④ 선택지 중 건강 상태를 나타낼 수 있는 형용사는 (a) well뿐이다.

⑤ (c) great가 건강한(good, healthy) 상태를 나타낼 수는 있지만, get의 보어로 사용되지는 않고 동사 feel과 결합한다.

어휘 **wake up** 잠을 깨다 **headache** 두통 **get well** 회복하다 **well** ad. 잘, 좋게 a. 건강한, 상태가 좋은 **soon** 곧, 금방 **hopeful** 희망에 찬, 유망한 **great** 좋은, 건강한, 대단한, 중대한 **refreshed** 상쾌한

정답 (a)

다음은 TEPS에 자주 등장하는 구어체 표현들을 정리한 것이다. 구어체 표현은 어휘 파트뿐만 아니라 청해 파트에도 많이 등장하니 듣자마자 그 의미를 파악할 수 있도록 예문과 함께 확실히 익혀두자.

☑ **Do you follow me?**   무슨 말인지 알겠니?

- Take a left at the post office, drive straight for five blocks, and then turn right onto Davis Street. Do you follow me?

  우체국에서 왼쪽으로 가서 5블록을 곧장 가다가 데이비스 가로 우회전하세요. 제 말 알아 들겠어요?

☐ **Hang in there.**   견뎌봐. 조금만 참아.

- A: I've been having such a hard time recently.

  B: Hang in there, Sally. Things will get better.

  A: 최근에 정말 힘든 시간을 보내고 있어.
  B: 샐리, 조금만 참아. 다 잘 될 거야.

☐ **It beats me. [Beats me.]**   전혀 모르겠어. 금시초문이야.

- A: What's the French word for bathroom?

  B: It beats me.

  A: 화장실을 프랑스어로는 뭐라고 해?
  B: 전혀 모르겠어.

☐ **Catch you later.**   다음에 봐.

- A: It was great to see you. Let's meet again soon.
  B: Sounds good. I'll catch you later.

  A: 만나서 반가웠어. 곧 다시 만나.
  B: 좋아. 다음에 봐.

☐ **He is bossing me around.**   내게 갑질을 해.

- A: Why are you angry with Matt?

  B: He has been bossing me around.

  A: 왜 매트한테 화가 났어?
  B: 나한테 갑질을 하잖아.

☐ **Give me a break.**   그만 좀 해. 내버려 둬. 한번만 봐줘.

- A: I think you're being far too harsh on Paul.

  B: Give me a break.

  A: 네가 폴에게 너무 심하게 하는 것 같아.
  B: 그런 소리 하지 마.

☐ **I crammed for it.**   벼락치기로 공부했어.

- A: Do you think you'll do okay on the exam?

  B: I hope so. I just crammed for it last night.

  A: 시험 잘 볼 거 같아?
  B: 그러길 바라. 어젯밤에 벼락치기했어.

☐ **It's over my head.**   이해가 안돼.

- A: I don't really understand Professor Riley's lectures.

  B: I'm not surprised. They're over my head, too.

  A: 라일리 교수의 강의는 정말 이해할 수 없어.
  B: 당연하지. 나도 이해가 안되는 걸.

☐ **Your guess is as good as mine.** 나도 모르기는 마찬가지야.

- A: Who is organizing this year's staff picnic?

  B: I'm not sure, so your guess is as good as mine.

  A: 올해 직원 야유회는 누가 준비해요?
  B: 글쎄요, 모르기는 저도 마찬가지예요.

That's easier said than done. 말이야 쉽지.

- A: I'm sure you'll be able to pass your driving test the first time.

  B: That's easier said than done.

  A: 네가 운전면허시험을 단번에 통과할 수 있을 거라 확신해.
  B: 말이야 쉽지.

My lips are sealed. 절대 말 안 할거야.

- A: Can you tell me who is going to win the award?

  B: Sorry, but my lips are sealed.

  A: 누가 상을 받을 건지 말해 줄래?
  B: 미안하지만, 절대 말 안 할 거야.

It's such a drag. 정말 지루해.

- A: Filing these documents is so boring, and it's going to take all afternoon.

  B: I know. It's such a drag.

  A: 이 서류들을 정리하는 게 너무 지루해. 오후 내내 해야 할 거야.
  B: 맞아. 정말 지루해.

What's eating you? 무슨 걱정 있어?

- A: You seem to be in a bad mood. What's eating you?

  B: Nothing much. I just didn't sleep very well.

  A: 기분이 안 좋아 보여. 무슨 걱정 있어?
  B: 별로 없어. 그냥 잠을 잘 못 잤어.

I get the picture. 알겠다.

- A: Don't you think my work has been improving a lot recently?

  B: Now I get the picture. You want a raise.

  A: 제 업무가 최근에 많이 좋아졌다고 생각하지 않으세요?
  B: 이제 알겠네요. 급여 인상을 원하시는군요.

go easy 적당히 하다

- Go easy on the salt and butter on your popcorn. Think about your health.

  팝콘에 소금과 버터는 적당히 넣으세요. 건강을 생각해야죠.

Tell me about it. 내 말이 그거야. 누가 아니래.

- A: The rush hour traffic on Bleeker Street is really crazy these days.

  B: Tell me about it.

  A: 요즘 블리커 가의 출퇴근 시간대 교통혼잡이 너무 심해.
  B: 내 말이 그거야.

be a stranger to ~에 문외한이다

- A: Have you ever tried any Southeast Asian cuisine?

  B: No, I'm a stranger to foreign food.

  A: 동남아시아 요리 먹어 본 적 있어요?
  B: 아뇨, 저는 다른 나라의 음식엔 문외한이에요.

He gets on my nerves. 그는 내 신경을 긁어.

- I wish Grant would stop interrupting me. He's really getting on my nerves.

  그랜트가 나를 그만 방해했으면 좋겠어. 그는 정말 내 신경을 긁고 있어.

You can say that again. 정말 그래. 동감이야.

- A: Wow, this chicken curry is so spicy!

  B: You can say that again.

  A: 와, 이 치킨 카레 정말 맵다!
  B: 동감이야.

be fed up with ~에 진저리가 나다

- A: Can we turn off this movie? I'm fed up with it.

  B: Sure, I'm not really into it, either.

  A: 이 영화 좀 끌 수 있을까? 진저리가 나.
  B: 그래, 나도 별로야.

be hard on ~에게 엄하게 하다

- A: The new intern has already made a lot of mistakes.

  B: It's her first day here. Don't be hard on her.

  A: 새로 온 인턴사원이 벌써 많은 실수를 했어.
  B: 출근 첫 날이잖아. 너무 엄하게 하지 마.

not someone's cup of tea ~의 취향이 아니다

- A: That type of TV show is not my cup of tea.

  B: Same here. It seems very dull.

  A: 저런 종류의 TV쇼는 내 취향이 아냐.
  B: 나도 그래. 아주 지루한 것 같아.

call it a day 하루 일과를 끝내다

- A: It's almost 7 P.M. Let's call it a day.

  B: Okay, we can finish this work in the morning.

  A: 거의 7시야. 오늘은 이만 끝내자.
  B: 좋아, 이 일은 아침에 끝내면 돼.

catch a cold 감기에 걸리다

- A: Jamie couldn't go swimming yesterday because she caught a cold.

  B: I hope she gets better soon.

  A: 제이미는 어제 감기에 걸려서 수영하러 갈 수 없었어.
  B: 그녀가 빨리 나았으면 좋겠어.

drive someone crazy/nuts ~를 미치게 만들다

- A: That loud music our neighbor is playing is driving me crazy.

  B: Ask him to turn it down a little.

  A: 이웃집에서 틀어대는 저 시끄러운 음악 소리 때문에 미치겠어.
  B: 좀 줄여 달라고 해.

It's the other way around. 그 반대야.

- I thought Jeff was more reliable than Jane, but it's the other way around.

  나는 제프가 제인보다 더 믿을 만하다고 생각했는데, 반대였어.

on second thought 다시 생각해 보니

- A: Do you still want to grab some pizza for lunch?

  B: On second thought, let's eat something healthy instead.

  A: 아직도 점심으로 피자 먹고 싶어?
  B: 다시 생각해 보니, 그거 대신 건강에 좋은 걸로 먹자.

You're telling me. 맞아. 동감이야.

- A: It seems far too cold to go out today.

  B: You're telling me. Let's stay home and watch a movie.

  A: 오늘은 밖에 나가기엔 너무 추운 것 같아.
  B: 맞아. 집에 있으면서 영화나 보자.

It's a snap. 간단해. 쉬워.

- A: I can't figure out how to operate this treadmill.

  B: It's a snap. Here, let me show you.

  A: 이 러닝머신을 어떻게 조작하는지 모르겠어.
  B: 간단해. 자, 내가 보여줄게.

What brought [brings] you here? 무슨 일로 오셨어요?

- A: What brings you here?

  B: Oh, I'm interested in signing up for a Spanish class.

  A: 무슨 일로 오셨어요?
  B: 아, 스페인어 수업에 등록하고 싶어서요.

Don't sweat it. 걱정하지 마.

- A: I'm afraid I won't be able to go to the concert with you tonight.

  B: Don't sweat it. I'll invite my brother.

  A: 오늘 밤에 너랑 함께 콘서트에 갈 수 없을 것 같아.
  B: 걱정하지 마. 오빠를 부르면 돼.

Never say die. 절대 포기하지 마.

- A: My interview went so poorly. I'm really starting to lose hope.

  B: Never say die. You'll get a job eventually.

  A: 면접이 너무 안 좋았어. 나 정말 희망을 잃기 시작했어.
  B: 절대 포기하지 마. 결국 일자리를 갖게 될 거야.

blow it 좋은 기회를 날려버리다

- I was so nervous during my speech. I really thought I was going to blow it.

  연설하면서 너무 긴장됐어. 난 진짜 다 망치는 줄 알았다니까.

get up on the wrong side of the bed
꿈자리가 사납다

- A: What's up with Gina? Did she get up on the wrong side of the bed?

  B: She got fired from her job yesterday.

  A: 지나가 왜 저러지? 꿈자리가 사납기라도 했나?
  B: 어제 직장에서 잘렸어.

  ▶ What's up with ~? ~는 대체 왜 저래?

What's the big deal?　뭐가 문제인데.
그게 뭐 대수라고.

- A: My boss won't let me leave 15 minutes early on Friday.

  B: Really? What's the big deal?

  A: 사장님은 제가 금요일에 15분 일찍 퇴근하는 걸 허락하지 않으셔요.
  B: 정말요? 그게 뭐가 문제라고.

jump to conclusions　속단하다

- A: I'm worried that Margaret wants to break up with me.

  B: Come on, don't jump to conclusions.

  A: 마가렛이 저와 헤어지고 싶어하는 것 같아 걱정돼요.
  B: 에이, 속단하지 마세요.

have the guts to do　~할 용기/배짱이 있다

- A: I hear you bumped into the famous actress Anna Ford.

  B: Yes, but I didn't have the guts to talk to her.

  A: 유명 여배우 안나 포드와 우연히 마주쳤다면서요.
  B: 예, 하지만 말을 걸 용기가 없었어요.

be bushed　지치다, 피곤하다

- A: Do you want to grab a bite to eat?

  B: Sorry, I'm really bushed after our badminton practice.

  A: 간단히 뭐 좀 먹을래?
  B: 미안해, 배드민턴 연습하고 나니까 정말 피곤해.

  ▶ grab a bite to eat 간단히 먹다

feel free to do　마음껏 ~하다

- Please feel free to use my computer while I'm out of the office.

  제가 사무실에 없는 동안 제 컴퓨터를 얼마든지 쓰세요.

fill someone's shoes　~를 대신하다

- It will be really hard to find someone to fill John's shoes after he retires.

  존이 은퇴하면, 그를 대신할 사람을 찾기 정말 어려울 것이다.

follow in someone's footsteps
~의 뒤를 따르다

- Mary wants to follow in her mother's footsteps by becoming a lawyer.

  메리는 변호사가 되어 어머니의 뒤를 따르고 싶어 한다.

have a finger in every pie　사사건건 간섭하다,
안 끼는 데가 없다

- Jimmy has so many business projects going on. He has a finger in every pie.

  지미는 진행 중인 사업이 너무 많다. 그는 모든 일에 손을 댄다.

You can't miss it.　쉽게 찾을 수 있어.

- A: Excuse me, where is a public restroom?

  B: Go past the restaurant and turn right. You can't miss it.

  A: 실례지만, 공중 화장실이 어디죠?
  B: 음식점을 지나 오른쪽으로 도세요. 틀림없이 찾을 수 있습니다.

make one's hair stand on end
머리카락이 쭈뼛 서게 하다, 소름 돋게 하다

- The shocking story about the kidnapping of a newborn baby made my hair stand on end.

  신생아 유괴에 대한 충격적인 이야기는 머리카락이 쭈뼛 서게 했다.

- ☐ **spill the beans** 비밀을 누설하다
  - I'm going to announce my pregnancy during dinner tonight. Don't spill the beans!

    오늘 저녁 식사 중에 임신 사실을 발표할 거예요. 비밀을 누설하지 마세요!

- ☐ **sweep something under the rug** (부끄러운 일을) 감추다, 덮다
  - Don't worry about the mistake you made. Let's just sweep it under the rug.

    당신이 저지른 실수는 걱정하지 마세요. 그냥 덮어둡시다.

- ☐ **put one's finger on** ~을 확실히 지적하다
  - I'm sure I've met Jeremy somewhere before, but I can't put my finger on it.

    분명히 전에 어디서 제레미를 만난 것 같은데, 어디였는지 꼬집어 말할 수가 없어.

- ☐ **push one's luck** 운을 믿고 덤비다, 욕심을 부리다
  - Ask the boss for an extra paid vacation day, but don't push your luck.

    사장님께 하루 더 유급 휴가를 달라고 해보세요. 그런데, 욕심 부리지는 마시구요.

- ☐ **What's the occasion?** 무슨 날이니?
  - What's the occasion? You look quite nice today.

    무슨 날이야? 너 오늘 좀 멋있어 보이는데.

- ☐ **when the chips are down** 위급할 때
  - When the chips are down, remember that your family will always support you.

    상황이 위급할 때는, 가족들이 항상 당신을 지지한다는 것을 기억하세요.

- ☐ **break even** 수입과 지출이 맞다, 본전이다
  - I barely broke even in my first year of business.

    나는 사업 첫해에 간신히 수지를 맞췄다.

- ☐ **Save your breath.** 애쓰지 마. 소용없어.
  - A: I'm going to try to get David to change his mind.
  - B: Well, save your breath. Once he makes up his mind, he never changes it.

    A: 데이비드를 설득해 마음을 돌릴 거예요.
    B: 글쎄, 애쓰지 마세요. 그는 한번 마음먹으면 절대 바꾸는 법이 없어요.

- ☐ **The sky is the limit.** 뭔들 못할까.
  - A: Don't you think this restaurant is too expensive?
  - B: Come on, it's your birthday. The sky is the limit. I can afford it.

    A: 이 식당이 너무 비싸다고 생각하지 않아요?
    B: 에이, 당신 생일이잖아요. 뭔들 못하겠어요. 제가 살 수 있어요.

- ☐ **I am flattered.** 과찬이십니다.
  - A: You are one of the greatest musicians.
  - B: I am flattered.

    A: 당신은 최고의 음악가들 중 한 분이십니다.
    B: 과찬의 말씀이십니다.

- ☐ **slip one's mind** 잊어버리다
  - My classmate's first name suddenly slipped my mind.

    같은 반 친구의 이름이 갑자기 생각나지 않았다.

- ☐ **split the bill** 각자 부담하다
  - Let's split the bill this time.

    이번에는 각자 부담합시다.

☐ **ring a bell** 들어 본 적이 있다, 기억이 난다
- A: Do you happen to know a Miss Kayne?

  B: Um, the name doesn't ring a bell.

  A: 혹시 케인 양을 아세요?
  B: 음, 그런 이름은 들어 본 적이 없어요.

☐ **It figures.** 당연해. 그럼 그렇지.
- A: Mason was late.

  B: It figures. He's always late.

  A: 메이슨이 지각했어요.
  B: 그럼 그렇지. 걔는 항상 늦어.

☐ **Let bygones be bygones.** 지난 일은 잊어.
- A: I can't get over my test score.

  B: Hey! Let bygones be bygones!

  A: 시험 성적이 자꾸 신경이 쓰여.
  B: 야! 지나간 건 그냥 잊어버려.

☐ **Suit yourself!** 맘대로 해.
- A: Mom, can I go out and meet my friends for dinner?

  B: Suit yourself.

  A: 엄마, 나가서 친구들과 저녁 먹어도 될까요?
  B: 맘대로 해.

☐ **That's not a big deal.** 별것 아니야.
- A: I heard you failed the test. Are you okay?

  B: That's not a big deal. I can take it again next year.

  A: 시험에 떨어졌다면서. 괜찮아?
  B: 별일 아니야. 내년에 다시 보면 돼.

☐ **Things are looking up.** 괜찮아지고 있어.
- A: We barely broke even this month.

  B: Don't worry. Things are looking up.

  A: 이번 달에 겨우 본전치기했어.
  B: 걱정 마. 괜찮아지고 있어.

☐ **Take it or leave it.** 싫으면 그만둬요.
- This is the final offer. Take it or leave it.

  이게 제가 드리는 마지막 제안입니다. 받든지 말든지 하세요.

☐ **That's the spirit!** (격려할 때) 바로 그런 정신이야!
- That's the spirit, Bob! You can do it.

  바로 그거야, 밥! 넌 할 수 있어.

☐ **That's a relief.** 다행이다.
- A: My new car was totaled in the accident, but I was safe.

  B: That's a great relief.

  A: 제 새 차가 사고로 아주 심하게 부서졌지만 전 멀쩡했어요.
  B: 천만다행입니다.

☐ **Come to think of it** 그러고 보니, 생각해 보니
- The meeting is next Monday. Come to think of it, that's my wife's birthday, too.

  회의는 다음 주 월요일입니다. 그러고 보니, 그날이 제 아내의 생일이기도 하군요.

☐ **be all set** 준비가 끝나다
- Are you ready to leave? I am all set.

  출발 준비 다 되었니? 나는 준비 다 끝났어.

☐ **give it one's best shot** 최선을 다하다
- No matter what he does, he gives it his best shot.

  그는 무엇을 하던지 간에 최선을 다한다.

☐ **give it a second thought** 다시 생각해 보다
- If I were you, I would give it a second thought.

  내가 너라면 다시 한 번 생각해 보겠어.

☐ **hit the road** 출발하다
- It is rush hour. Let's hit the road before we get stuck in traffic.

  혼잡한 시간대예요. 교통체증에 갇히기 전에 어서 출발합시다.

구어체 표현 암기 콕!

다음의 짧은 퀴즈를 풀어본 뒤, 정답만 콕! 찍어서 해석과 함께 암기하도록 한다.

1. (split, break) the bill
   비용을 **나누다**

2. I am (sick, ill) of my manager.
   나는 상사에게 **질렸어**.

3. That's a (condolence, relief)!
   그거 **다행이야**!

4. I barely broke (equal, even).
   간신히 **본전치기했어**.

5. I am (jittery, creepy) about rising living costs.
   나는 늘어가는 생활비가 **불안해**.

6. I'm all (set, right).
   모든 **준비** 다 됐어.

7. I'm sorry for the (interruption, suspension).
   방해해서 죄송합니다.

8. Is this for here or to (take, go)?
   여기서 드실 건가요 아니면 **가져가실 건가요**?

9. Well, I'm not really (pleased, sure).
   글쎄요, **확실치** 않아요.

10. Don't (lose, push) your luck.
    욕심 부리지 말아요.

11. Give me a (ring, break).
    좀 **봐줘요**.

12. I'm (warning, telling) you.
    진심이야.

13. Can you (give, hand) me a minute?
    조금만 **기다려줄래**?

14. have the (guts, strength)
    용기가 있다

15. (How come, What about) nobody sent me a party invitation?
    어째서 아무도 나에게 파티 초대장을 보내지 않았지?

16. (as far as, for what) I'm concerned
    내 생각에는

17. I had a (peek, vision) at it.
    살짝 **들여다봤어요**.

18. What's the (occasion, instance)?
    무슨 **날**이야?

19. I'm (delighted, flattered).
    과찬이십니다.

20. That's the (mind, spirit)!
    바로 **그런 정신이야**!

21. What's the (big deal, bottom line)?
    대체 뭐가 **문제**인데?

22. get on everyone's (shoulders, nerves)
    모두를 **신경**쓰게 만들다

23. get the (knack, picture)
    이해하다

24. go (easy, mad) on sugar
    설탕을 **줄이다**

25. put oneself in someone's (shoes, moods)
    ~의 **입장**에서 생각하다

26. (Take, Save) your breath.
    소용없어.

정답 1. split 2. sick 3. relief 4. even 5. jittery 6. set 7. interruption 8. go 9. sure 10. push 11. break 12. telling 13. give
14. guts 15. How come 16. as far as 17. peek 18. occasion 19. flattered 20. spirit 21. big deal 22. nerves
23. picture 24. easy 25. shoes 26. Save

기출 Check-up Test

기출문제를 포함한 실전 문제들을 풀어보면서 앞에서 공부한 내용을 제대로 암기했는지 확인해본다.
틀린 문제는 반드시 암기리스트에서 복습을 한 후 다시 풀어보아야 한다.

Part 1 빈칸에 알맞은 단어 고르기

1. A: Isn't it difficult to give a presentation to a large crowd?
   B: If you prepare well in advance, there's _____ to it.
   (a) nothing   (b) much
   (c) no one   (d) anything

2. A: Is there a problem with the article that I wrote?
   B: Yes, but I can't put my _____ on it.
   (a) finger   (b) hand
   (c) heart   (d) mind

3. A: I'm _____ up with eating lunch at the cafeteria.
   B: Me too. Let's try a nearby restaurant.
   (a) tired   (b) upset
   (c) fed   (d) sick

4. A: Have you sent Marcus an extra copy of the blueprint?
   B: Oh, no! It totally _____ my mind.
   (a) slipped   (b) lost
   (c) dropped   (d) ticked

5. A: Why do you look so pale? Are you okay?
   B: I didn't sleep a _____ last night. That's all.
   (a) rest   (b) blink
   (c) nap   (d) wink

6. A: Why didn't the other employees tell you that Evan was late?
   B: Nobody wanted to _____.
   (a) ring a bell
   (b) retrace their steps
   (c) spill the beans
   (d) follow in his footsteps

7. A: I'll make a mojito for you.
   B: Thanks, but _____ easy on the alcohol, please.
   (a) go   (b) put
   (c) slow   (d) bring

8. A: What do you think about going overseas this summer?
   B: The _____ I see it, we can't really afford a vacation.
   (a) view   (b) way
   (c) case   (d) sense

9. A: Are you still upset about not being nominated for the award?
   B: I can forget about it because that's _____ now.
   (a) record   (b) occasion
   (c) unreality   (d) history

10. A: It was good to talk to you.
    B: Yeah, me too. Please give my _____ to your mother.
    (a) answer   (b) best
    (c) hello   (d) help

11. A: Have you spoken to Cheryl this afternoon?

B: No. Actually, _____ to think of it, I haven't seen her in the office all day.

(a) bring   (b) come

(c) go   (d) take

12. A: I think I'll have to skip the picnic because I have a stomach bug.

B: Oh, that's a shame. I hope you get _____ soon.

(a) well   (b) hopeful

(c) talented   (d) done

13. A: I can't decide whether to go to Harvard or Yale University.

B: Well, you should probably give it a lot of _____.

(a) information   (b) mentality

(c) thought   (d) qualification

14. A: Please _____ me to introduce myself. I'm Mark Burton.

B: I know. We met at your last party, but you were pretty drunk at that point.

(a) take   (b) allow

(c) show   (d) pardon

15. A: I can't believe you thought they'd let you bring your dog into the theater.

B: You're right. I really should've _____ better.

(a) known   (b) eaten

(c) gone   (d) been

16. A: Excuse me, can you help me to find Eagle Sports Stadium?

B: No problem. Just keep going down this street for five blocks. You can't _____ it.

(a) look   (b) disregard

(c) miss   (d) lose

17. A: I can't believe they demolished the old monument in the park.

B: I know. But most people felt it was such a(n) _____.

(a) eyesore   (b) vision

(c) boon   (d) incentive

18. A: A customer just called and wants to speak with a manager. Can you _____ it now?

B: Sure, put them through to my extension.

(a) hang   (b) hold

(c) give   (d) take

19. A: Angie offered me a great job. I hope that I don't _____ it.

B: You will do fine. All you need is just a little confidence.

(a) live   (b) blow

(c) choose   (d) keep

20. A: I want to complain to our boss about the pay cuts he proposed.

B: Save your _____. He won't change his mind.

(a) money   (b) trouble

(c) luck   (d) breath

☑ 숙어(phrases)는 두 개 이상의 단어가 모여 한 덩어리로 사용되는 표현이다.

☑ 숙어는 관용구와 달리 각 단어의 의미가 그대로 살아있다.

☑ 숙어에서 각 단어의 뜻이나 규칙을 일일이 따지는 것은 무의미하며, 한 단어처럼 암기해야 한다.

☑ 관용구(idioms)는 한자의 사자성어처럼 단어의 상징적 의미가 특정 상황을 비유적으로 묘사하는 표현이다.

☑ 관용구는 단어들의 해석 조합과 전혀 다른 '속뜻'을 가지므로 해석을 해도 소용이 없다. 예를 들어, bite the bullet은 총알과 전혀 상관없으며 '이를 악물고 어려움을 참다'라는 뜻이다.

☑ 관용구도 숙어처럼 전체를 하나의 덩어리로 외워야 한다.

⚙️ 기출예제

예제 1 **Part 1**

A: I am so tired today.
B: I think we're in the same _____.

   (a) boat
   (b) ship
   (c) level
   (d) room

A: 오늘 완전히 지쳤어.
B: 우리가 같은 상태인 것 같아.

● 문제풀이 시뮬레이션

① A가 so tired라는 좋지 않은 상태를 이야기하고 있다.

② 이에 대해 B가 the same을 사용해 대답하므로 '자신도 좋지 않은 상태'라는 것을 나타내려는 의도임을 알 수 있다.

③ in the same과 어울려 좋지 않은 상황을 나타내는 명사로는, 항상 위험이 도사리는 바다를 떠다니는 (a) boat가 가장 적격이다.

④ 마찬가지로 바다를 떠다니는 ship이 정답이 안되는 이유로는 ship이 boat보다 커서 위험도가 훨씬 낮기 때문이다. 하지만, 관용구나 숙어 문제는 이렇게 논리를 따질 필요가 없고 그냥 in the same boat라는 표현을 암기하는 것이 원칙이다.

어휘 tired 피곤한 **in the same boat** 같은 상태인, 같은 처지인
정답 (a)

예제 2 **Part 2**

The CEO will _____ everyone of the locations of the training sessions via email.

   (a) send
   (b) inform
   (c) inquire
   (d) receive

최고경영자는 이메일을 통해 모든 사람들에게 교육 훈련 장소들을 알릴 것이다.

● 문제풀이 시뮬레이션

① 선택지를 보면 모두 전달과 관련된 동사들이다.

② 전달받을 사람 everyone과 전달되는 사물 the locations 사이에 전치사 of가 있으므로 <동사 + 사람 + of + 사물> 구조를 가지는 동사를 골라야 한다.

③ 이 구조로 사용되는 동사는 (b) inform뿐이다. 동사 어휘 문제의 상당수가 이렇게 해석이 아니라 문법으로 풀린다는 것을 기억해두자.

④ 참고로, inquire는 <inquire of + 사람 + about + 사물>의 구조로 사용되므로 (c)의 함정에 빠지지 않도록 주의해야 한다.

어휘 **send A B**: A에게 B를 보내다 **inform A of B**: A에게 B를 알리다 **inquire of A** A에게 물어보다 **receive A from B**: B로부터 A를 받다
정답 (b)

다음은 TEPS에 자주 등장하는 숙어와 관용구를 정리한 것이다. 기존 텝스와 비교해 뉴텝스에서는 비중이 줄어들긴 했지만, 회당 1~2문제씩 꾸준히 등장하므로 무시할 수 없는 영역이다. 이 표현들은 어휘뿐만 아니라 청해와 독해 파트에도 종종 등장하므로, 보고 듣는 순간 의미를 파악할 수 있도록 예문과 함께 확실히 익혀두자.

☑ **conform to[with]** ~을 준수하다(=abide by)

- The management threatened to shut down the factory if the workers no longer conform to the contract.

  경영진은 공장 근로자들이 더 이상 계약을 준수하지 않을 경우 공장을 폐쇄하겠다고 위협했다.

☐ **to begin with** 우선, 무엇보다도(=first)

- To begin with, you need to pay an initial installment of $100.

  우선, 100달러의 첫 할부금을 지불해야 합니다.

☐ **be prone to 명사[to do]** ~당하기 쉽다

- Smokers are more prone to respiratory illnesses than others.

  흡연자들은 다른 사람들보다 호흡기 질환에 걸리기 더 쉽다.

☐ **in good shape[condition]** 상태가 좋은, 양호한, 건강한

- I'm not in good shape as I have rarely been exercising recently.

  최근에 운동을 거의 안 해서 몸이 안 좋아요.

☐ **at the moment** 지금(=right now)

- He's in an important meeting at the moment.

  그는 지금 중요한 회의에 참석 중입니다.

☐ **in the mood for** ~할 기분인, ~할 마음이 드는

- I'm in the mood for Indian food tonight.

  오늘 저녁은 인도 음식을 먹고 싶어요.

☐ **from now on** 이제부터

- From now on, food and drinks are prohibited inside the library.

  이제부터 도서관 안에서 음식물과 음료가 금지됩니다.

☐ **in the middle of** 한창 ~하고 있는

- I'm in the middle of a singing lesson.

  나 지금 노래 수업을 한창 듣는 중이야.

☐ **on behalf of** ~를 대리하여, ~를 대표하여 (=in place of)

in behalf of ~을 위하여(=in support of)

- On behalf of the company, I would like to offer you a promotion to senior manager.

  회사를 대표하여, 저는 당신에게 부장직 승진을 제의하고 싶네요.

☐ **fit to do** ~하는 것이 적당한, 적합한

- Ms. Archer is not fit to supervise an entire department.

  아처 씨는 부서 전체를 관리하기에 적합하지 않다.

☐ **on the grounds of[that]** ~라는 이유로 (=by reason of[that])

- The case was dismissed on the grounds that the accuser decided to drop all charges.

  그 사건은 고소인이 모든 소를 취하하기로 결정했다는 이유로 기각되었다.

☐ **be able to do** ~할 수 있다(=be capable of -ing)

- The elevator is able to accommodate fifteen people per trip.

  그 엘리베이터는 한 번에 15명을 수용할 수 있다.

out of (one's) mind   제정신이 아닌

- With the way she is acting, I think Hayley is out of her mind.

  행동하는 걸 보면, 헤일리는 제정신이 아닌 것 같다.

behind bars   감옥에 갇혀

- Leeroy spent nearly twenty years behind bars for the crime he committed in his youth.

  리로이는 어렸을 때 저지른 범죄로 인해 감옥에서 거의 20년을 보냈다.

object to   ~을 반대하다(=be opposed to, oppose)

- Many local residents object to the demolition of the old theater.

  많은 지역 주민들이 그 오래된 극장의 철거에 반대한다.

except for   ~을 제외하고

- The sign in the restaurant states that their bakery is free on weekend mornings, except for bagels and croissants.

  식당 안내판에는 베이글과 크로아상을 제외한 빵류의 주말 오전에는 무료라고 쓰여 있다.

out of business   폐업한, 파산한(=bankrupt)

- Philip's Clothing Store went out of business last month due to slow business.

  필립 의류점은 불경기로 지난 달에 문을 닫았다.

sooner or later   조만간, 곧

- If you want to make some money, you will need to get a more decent job sooner or later.

  돈을 좀 벌고 싶다면, 조만간 더 좋은 직장부터 구해야 할 것이다.

be entitled to 명사[to do]   ~할 자격이 있다

- The following workers are entitled to an extra day off.

  다음의 근로자들은 휴무가 하루 더 주어집니다.

be related to   ~와 관련되다(=be connected with)

- Fossil fuel combustion is closely related to global warming issues.

  화석 연료 연소는 지구 온난화 문제와 밀접한 관련이 있다.

cite[refer to] A as B   A를 B로 언급하다

- Many local businesses cite littering tourists as a serious problem.

  많은 지역 기업들은 관광객들이 쓰레기 버리는 것을 심각한 문제라고 언급한다.

come true   실현되다

- My dream came true when I met my favorite baseball player.

  내가 정말 좋아하는 야구선수를 만났을 때 내 꿈이 이루어졌다.

come into effect   효력이 발생하다
(=take effect)

- A new regulation regarding public smoking will come into effect next month.

  공공장소 흡연에 관한 새 규제가 다음 달부터 시행될 것이다.

out of reach   손이 닿지 않는

- This medication should be stored out of reach of children.

  이 약은 아이들 손이 닿지 않는 곳에 보관해야 합니다.

pull one's leg ~에게 농담하다, 놀리다, 속이다

- Gillian was just pulling your leg when she said she won't be at your birthday party.

질리안이 네 생일 파티에 오지 않겠다고 한 것은 농담이었어.

stand head and shoulders above 월등하게 우수하다

- Ryan's building design stood head and shoulders above everyone else's.

라이언의 건물 디자인은 다른 누구의 것보다 뛰어났다.

when it comes to ~에 관해서라면(=as far as ~ is concerned)

- When it comes to pizza, New York City is by far the best place to go.

피자라면, 뉴욕이 가봐야 할 단연 최고의 장소이다.

get[have] cold feet 무서워하다, 주눅이 들다

- I doubt that Adaline will get cold feet on her wedding day.

나는 아델라인이 자신의 결혼식날에 주눅이 들 거라고 생각하지 않는다.

keep one's chin up 기운을 내다, 굴복하지 않다

- Just keep your chin up because you have a lot of things to look forward to.

앞으로 기대할 일들이 많으니 기운 내세요.

hit home 적중하다, 마음에 와 닿다

- His comments about prioritizing one's family over one's career really hit home.

일보다는 가족을 우선시하는 것에 관한 그의 말이 정말 가슴에 와 닿았다.

keep an eye on (물건, 사람을) 봐주다, 지켜주다

- Would you mind keeping an eye on my backpack for a moment?

제 배낭 좀 잠깐 봐주시겠어요?

have[make, wear] a long face 시무룩한 얼굴이다

- Gordon has a long face today. Let's do something to try to cheer him up.

고든이 오늘 시무룩한 얼굴을 하고 있어. 그를 기분 좋게 해줄 방법을 찾아보자.

never lift a finger 손가락 하나 까딱하지 않다

- My roommate never lifts a finger to help me clean up the room.

내 룸메이트는 내가 방을 청소하는 것을 도와주려고 손가락 하나 까딱하지 않는다.

on the tip of one's tongue 생각이 날 듯 말 듯한

- The name of the hotel is on the tip of my tongue, but I can't quite remember it.

그 호텔 이름이 생각 날 듯 말 듯한데, 잘 떠오르지 않아.

pay through the nose 바가지를 쓰다, 터무니없는 값을 치르다

- It seems that we paid through the nose for our Internet and cable TV package.

우리가 인터넷과 케이블 TV 패키지에 대해 바가지를 쓴 것 같다.

☐ **play it by ear** 임기응변하다, 사정을 봐가며 처리하다

- We might have time to stop for some food, but let's play it by ear.

  식사를 하기 위해 멈출 시간이 있을지 모르겠는데, 상황 봐가며 하자.

☐ **straight from the shoulder** 솔직히, 단도직입적으로

- He pointed out my weaknesses straight from the shoulder.

  그는 단도직입적으로 나의 단점을 지적했다.

☐ **up to one's ears[eyes, neck, eyeballs] in** ~으로 바쁜

- The accountant was up to his ears in receipts and tax forms.

  회계사는 영수증과 납세 신고서를 처리하느라 눈코 뜰 새 없이 바빴다.

☐ **under the weather** 몸 상태가 좋지 않은

- What's wrong with Jacob? He looks under the weather.

  제이콥에게 무슨 문제 있어? 몸이 안 좋아 보이는데.

☐ **Don't count your chickens before they've hatched.** 김칫국부터 마시지 마라.

- You have a good chance of getting the promotion, but don't count your chickens before they've hatched.

  당신이 승진할 가능성이 높긴 하지만, 김칫국부터 마시지는 마세요.

☐ **Do not put all one's eggs in one basket.** 하나에 모든 것을 걸지 마라. 위험은 분산하라.

- I never should've put all my eggs in one basket when I decided to quit my job.

  나는 직장을 그만두기로 결정했을 때 한 가지에 모든 것을 걸지 말았어야 했다.

☐ **eat like a horse** 엄청 많이 먹다

- Luis eats like a horse after he's had an intensive workout at the gym everyday.

  루이스는 매일 체육관에서 강도 높은 운동을 한 후에 엄청 많이 먹는다.

☐ **bark up the wrong tree** 헛다리를 짚다, 번지수가 틀리다

- You're barking up the wrong tree if you think I'm going to take the blame for your mistake.

  내가 네 잘못에 대해 책임을 져줄 거라고 생각한다면, 헛다리 짚는 거야.

☐ **beat around the bush** 돌려 말하다

- Stop beating around the bush and just tell me why you were late.

  빙빙 돌리지 말고 왜 늦었는지 말해보세요.

☐ **bring home to** ~을 절실히 느끼게 하다

- The loss of my father to cancer really brought home to me how important family is.

  아버지를 암으로 잃은 후에 가족이 얼마나 중요한지 절실히 느꼈다.

by the book 원칙대로

- As long as we do everything by the book, our performance should be flawless.

  우리가 모든 것을 원칙대로 하기만 하면, 우리의 성과는 완벽할 것이다.

eat humble pie 굴욕을 감수하다

- If Casey gets more sales than me this month, I'll have to eat humble pie.

  케이시가 이번 달에 나보다 더 많은 매출을 올린다면, 나는 굴욕을 감수해야 할 것이다.

eat my hat 손에 장을 지지다, 그럴 리가 없다

- If you can fit all of those groceries in the fridge, I'll eat my hat!

  네가 저 식료품들을 냉장고에 다 넣을 수 있다면, 내 손에 장을 지지겠어!

fit like a glove (맞춘 듯이) 꼭 맞다

- My new bicycle is so comfortable that I'd say it fits like a glove.

  내 새 자전거는 너무도 편해서 마치 맞춘 듯이 꼭 맞다.

take[give] a rain check 다음을 기약하다

- I can't go to the theater with you this weekend, but let's take a rain check.

  이번 주말에 당신과 영화 보러 갈 수 없는데, 다음 기회에 보죠.

give someone free rein ~에게 재량을 주다

- We encourage staff to use the cafeteria, but we give them free rein to eat wherever they want.

  우리는 직원들에게 구내식당을 이용하도록 권하지만, 그들이 원하는 어디에서도 먹을 수 있는 재량을 준다.

neck and neck 막상막하의, 경합중인

- The two runners were neck and neck as they approached the finish line.

  결승선에 가까워지면서, 두 주자는 막상막하의 접전을 벌였다.

It's time (that) ~할 때다, ~하시오

- It's time you started thinking seriously about your future career.

  이제는 미래의 직업에 대해 진지하게 생각해야 할 때입니다.

have other[bigger] fish to fry 다른[더] 중요한 일이 있다

- I don't have time to deal with any minor issues because I have bigger fish to fry.

  나는 더 중요한 일이 있기 때문에 사소한 문제를 다룰 시간이 없다.

cost an arm and a leg 많은 비용이 들다, 무척 비싸다

- I'm afraid the repairs that your car requires will cost an arm and a leg.

  고객님 차에 필요한 수리는 많은 비용이 들 것 같습니다.

learn the ropes 업무를 배우다, 요령을 배우다

- Annie only joined our company last month, so she is still learning the ropes.

  애니는 겨우 지난 달에 우리 회사에 입사해서 아직도 업무를 배우는 중이다.

in[on] the cards 아마도

- I think a promotion is on the cards for Tristan Daniels.

  나는 아마도 트리스탄 다니엘스가 승진할 것이라고 생각해.

☐ **once in a blue moon** 가뭄에 콩 나듯
(=seldom)

every so often 가끔, 이따금

- The regional manager only visits our branch once in a blue moon.

  지역 매니저는 우리 지점을 가뭄에 콩 나듯 방문한다.

☐ **pick up the tab[check]** 돈을 내다, 계산하다
- Estelle has kindly offered to pick up the tab for lunch.

  에스텔은 친절하게도 자신이 점심 값을 내겠다고 제안했다.

☐ **the ball is in one's court** 결정권이 ~에게 있다
- I told Frank that I'd like to be friends again, so now the ball's in his court.

  내가 프랭크에게 다시 친구가 되고 싶다고 말했으니까, 이제 결정권은 그에게 있어.

☐ **turn over a new leaf** (마음을 고쳐먹고) 새 사람이 되다, 새로 시작하다
- Betty really turned over a new leaf after she received a warning for her tardiness.

  베티는 지각에 대한 경고를 받고 나서 정말 새 사람이 되었다.

☐ **up in the air** 결정되지 않은, (계획이) 미정인
- Our vacation plans are all up in the air now due to the airline strike.

  항공사 파업 때문에 우리 휴가 계획은 지금 모두 미정이다.

☐ **worth one's salt** 밥값을 하는, 유능한, 쓸모있는
- Anyone worth their salt in the music industry recognizes John's talent as a songwriter.

  음악계에서 유능한 인물들은 누구나 작곡가로서 존의 재능을 인정한다.

☐ **talk turkey** 솔직하게 얘기하다
- Let's talk turkey. Do you have a problem with me?

  솔직하게 얘기해요. 저한테 불만 있어요?

☐ **cut corners** 대충하다
- The building collapsed because the company cut corners when they constructed it.

  그 건물은 회사가 건물을 지을 때 대충 지었기 때문에 무너져 내렸다.

☐ **take the floor** 발언대에 서다, 발언을 시작하다
- The governor from Massachusetts will now take the floor.

  이제 매사추세츠 주지사께서 발언하실 것입니다.

☐ **make heads or tails of** ~을 이해하다
- Nobody can make heads nor tails of the convention center map.

  누구도 컨벤션 센터의 안내도를 이해할 수가 없다.

☐ **start from scratch** 처음부터 시작하다, 무에서 유를 창조하다
- We will need to start from scratch because Lacey forgot to save a copy of the presentation.

  레이시가 깜빡하고 프레젠테이션 사본을 저장하지 않았기 때문에 우리는 처음부터 다시 시작해야 할 것이다.

☐ **get to the bottom of** ~의 원인을 밝혀내다
- The building manager was determined to get to the bottom of the strange smell.

  건물 관리인은 그 이상한 냄새의 원인을 반드시 밝혀내기로 작정했다.

put A on the back burner A를 미루다

- Let's put the company trip on the back burner while we concentrate on improving our sales.

  우리가 매출 향상에 전념하는 동안, 회사 야유회 건은 잠시 미루어 둡시다.

keep[have] one's fingers crossed
행운을 빌다

- I know that you have your interview today, so I'll keep my fingers crossed for you.

  오늘 네가 면접이 있는 거 아니까, 내가 행운을 빌어줄게.

make (both) ends meet 수지 타산을 맞추다, 근근이 먹고 살다

- A lot of graduates struggle to make ends meet while searching for a job.

  많은 졸업생들이 일자리를 찾는 동안, 간신히 생계를 꾸려 나가고 있다.

get on one's nerves 신경에 거슬리다

- The cold draft coming in through the window is really getting on my nerves.

  창문을 통해 들어오는 차가운 바람이 정말 신경에 거슬린다.

be over the moon 매우 기뻐하다

- Scott was over the moon when he found out he had won first prize in the art contest.

  스콧은 자신이 미술대회에서 1등 했다는 것을 알고 매우 기뻐했다.

walks of life 각계각층

- The community meeting brings together people from all walks of life.

  주민회의는 모든 계층의 사람들을 한데 모은다.

two cents' worth 의견

- If you want my two cents' worth, I think your plan has a lot of problems.

  내 의견을 듣고 싶다니까 하는 말인데, 네 생각에 문제가 많은 것 같아.

see red 크게 화내다, 격분하다

- Leanne saw red when she saw that her car had been scratched.

  린은 자신의 차가 긁힌 자국을 보았을 때 크게 화를 냈다.

take a back seat 일선에서 물러나다

- Mr. Graves decided to take a back seat and made a plan for a trip around the world.

  그레이브스 씨는 일선에서 물러날 결정을 하고 세계일주 여행 계획을 세웠다.

pull strings 연줄을 동원하다

- Liz pulled strings to get her speeding ticket dismissed.

  리즈는 과속위반 딱지를 취소시키기 위해 연줄을 동원했다.

hit the spot 더할 나위 없이 좋다

- A glass of iced tea would hit the spot on such a hot day.

  이렇게 더운 날에는 아이스티 딱 한 잔만 마시면 더할 나위 없이 좋겠다.

a flash in the pan 일시적인 성공, 용두사미

- I hope the team's success last weekend wasn't just a flash in the pan.

  나는 그 팀이 지난 주말에 이룬 성공이 단지 일시적인 성공이 아니었기를 바란다.

☐ **talk behind one's back**
뒤에서 욕하다, 몰래 험담하다

- Nobody wants to speak for Edwina because she talks behind everyone's backs.

  에드위나가 모든 사람을 뒤에서 험담하기 때문에, 아무도 그녀를 옹호하려 하지 않는다.

☐ **be not on good terms with**
~와 사이가 좋지 않다

- Lionel is not on good terms with his brother at the moment.

  리오넬은 지금 그의 남동생과 사이가 좋지 않다.

☐ **be dead set against** ~에 결사 반대하다

- The city council is struggling to persuade some citizens who are dead set against hosting any so-called obnoxious facilities in their neighborhood.

  시 의회는 자신들의 동네에 소위 혐오시설들이 들어서는 것을 결사 반대하는 일부 시민들을 설득하는 데 애를 먹고 있다.

☐ **strike it rich** 벼락부자가 되다

- Many people buy lottery tickets in hopes of striking it rich.

  많은 사람들이 벼락부자가 되는 꿈을 꾸면서 복권을 산다.

☐ **out of sorts** (기분 또는 몸이) 좋지 않은

- Jane seems to be out of sorts today, so I will stay in to take care of her.

  오늘 제인이 몸 상태가 좋지 않아서, 나는 집에 있으면서 그녀를 돌볼 것이다.

☐ **turn a deaf ear to** ~에 조금도 귀 기울이지 않다

- The landlord turned a deaf ear to our complaints about the leaky pipes.

  집주인은 수도관이 샌다는 우리의 불만에 조금도 귀를 기울이지 않았다.

숙어 및 관용구 암기 콕!

다음의 짧은 퀴즈를 풀어본 뒤, 정답만 콕! 찍어서 해석과 함께 암기하도록 한다.

1. (pull, shake) one's leg
   ~에게 농담하다

2. play it by (ear, mouth)
   임기응변으로 대응하다

3. get cold (feet, leg)
   두려워지다

4. have a (hand, finger) in every pie
   온갖 일에 **참견**하다

5. bark up the wrong (tree, log)
   헛다리를 짚다

6. Don't (beat, hide) around the bush.
   에둘러 말하지 마세요.

7. It fits like a (glove, belt).
   맞춘 듯이 꼭 맞다.

8. give someone free (choice, rein)
   ~에게 **재량**을 주다

9. seem to be (neck and neck, arms and legs).
   막상막하로 보이다

10. eat humble (pickle, pie)
    굴욕을 참다

11. learn the (lines, ropes)
    요령을 익히다

12. The ball's in your (court, field).
    당신의 결정에 달렸어요.

13. My plans are all up in the (bag, air).
    내 계획들은 모두 **미정이에요.**

14. take the (floor, speech)
    발언대에 서다

15. cannot make (heads, front) nor tails of these
    이것들이 **무슨 뜻인지 이해할 수 없다**

16. get to the (end, bottom) of the dispute
    분쟁의 **원인**을 규명하다

17. be not on (telling, speaking) terms with
    ~와 **말을 하고** 지낼 사이가 아니다

18. A cool glass of beer would really hit the (spot, time).
    시원한 맥주 한 잔이면 **딱일 텐데.**

19. bring (life, home) to me how good of a person he is
    그가 얼마나 좋은 사람인지 **절실히 느끼게 하다**

20. I'll (eat, wear) my hat!
    내 손에 **장을 지질게!**

21. feel under the (roof, weather)
    몸이 좋지 않다

22. make (needs, ends) meet
    수지타산을 맞추다

23. start from (basis, scratch)
    처음부터 시작하다

24. must have pulled the (levers, strings)
    연줄을 동원했던 것이 분명하다

25. be on good (times, terms) for many years
    오랫동안 **사이**가 좋다

26. We are in (dire, extreme) need of your help.
    우린 당신의 도움이 **절실히** 필요해요.

27. Don't make a(an) (scene, act) in a public place.
    공공 장소에서 **소란** 피우지 마세요.

28. We were at the (mercy, permit) of the weather.
    우린 날씨 앞에서 **속수무책**이었어.

정답 1. pull 2. ear 3. feet 4. finger 5. tree 6. beat 7. glove 8. rein 9. neck and neck 10. pie 11. ropes 12. court 13. air
14. floor 15. heads 16. bottom 17. speaking 18. spot 19. home 20. eat 21. weather 22. ends 23. scratch
24. strings 25. terms 26. dire 27. scene 28. mercy

기출 Check-up Test

기출문제를 포함한 실전 문제들을 풀어보면서 앞에서 공부한 내용을 제대로 암기했는지 확인해본다.
틀린 문제는 반드시 암기리스트에서 복습을 한 후 다시 풀어보아야 한다.

Part 1 빈칸에 알맞은 단어 고르기

1. A: The news on Channel 19 claimed that the vice president would quit, but it still hasn't happened.
   B: Yeah, that news program really _____ sometimes.
   (a) kicks the bucket (b) jumps the gun
   (c) takes the lead   (d) rakes it in

2. A: How is your new job in London?
   B: It's going well, but I'm still getting into the _____ of city life.
   (a) swing   (b) hang
   (c) sling   (d) fall

3. A: Was your hotel bed comfortable?
   B: Oh, it was luxurious. I slept like a _____ all night.
   (a) leaf   (b) ground
   (c) branch   (d) log

4. A: I can tell that you adore your baby boy.
   B: Yes, he really is the _____ of my eye.
   (a) treasure (b) jewelry
   (c) apple   (d) grape

5. A: I'm not sure I can afford to meet for lunch this week.
   B: Don't worry about it. I'll _____ the check this time.
   (a) let down   (b) give out
   (c) carry on   (d) pick up

6. A: My cousin has survived so many road accidents that he has lost count.
   B: Wow! He must have nine _____ just like a cat.
   (a) lines   (b) wishes
   (c) tries   (d) lives

7. A: Do you think you'll see the new Amy Decker movie?
   B: I doubt it. Romantic comedies are not my _____.
   (a) peace of mind   (b) cup of tea
   (c) sale of the century (d) order of the day

8. A: Your boss seems so strict.
   B: Oh, she's just a _____ tiger. She's actually a lot of fun to work for.
   (a) metal   (b) cloth
   (c) stone   (d) paper

Part 2 빈칸에 알맞은 단어 고르기

9. Stacey was _____ after she saw her ex-boyfriend walking with his new girlfriend.
   (a) green with envy
   (b) up in smoke
   (c) off the cuff
   (d) light as a feather

10. The finance department does not have the funds at its _____ to cover your travel expenses.
    (a) occurrence   (b) appliance
    (c) disbursement (d) disposal

11. The clients who paid for the fake garments of clothing loudly complained without _____.

(a) rehabilitation   (b) reserve

(c) reduction   (d) reference

12. The production cost of new laptop computers is roughly _____ that of desktop computers.

(a) in terms of   (b) with regard to

(c) on par with   (d) by way of

13. The best way to get a foot in the _____ at that company is to apply for an internship.

(a) position   (b) camp

(c) window   (d) door

14. After five weeks of guitar lessons, I'm finally getting the _____ of it.

(a) pluck   (b) hang

(c) pull   (d) whole

15. If I were in your _____, I'd take a warm jacket in case the temperature suddenly drops during the hike.

(a) pockets   (b) ideas

(c) eyes   (d) shoes

16. Over the past few months, we've been able to keep our head above _____, but we need to improve our profits if we want to survive.

(a) waist   (b) line

(c) sky   (d) water

17. The photographers had to _____ their heels in the lobby while they waited for the famous actor to arrive.

(a) cool   (b) hold

(c) swallow   (d) lose

18. The branch manager was very surprised when the company's founder dropped by _____.

(a) in the red   (b) under a cloud

(c) out of the blue   (d) at the wheel

19. The points made by the speaker were mostly in _____ with the audience members' opinions.

(a) note   (b) melody

(c) pace   (d) tune

20. I'm disappointed that the antique dealer informed me that this vase is not worth a red _____.

(a) light   (b) collar

(c) belly   (d) cent

- ☑ 구동사란 동사에 전치사나 부사가 결합한 구(phrase)가 하나의 동사로 사용되는 것을 말한다.
- ☑ 형태: 「동사 + 전치사」, 「동사 + 부사」, 「동사 + 부사 + 전치사」
- ☑ 주로 구어체에서 give, take, make, get, put 등의 기본 동사에 전치사 또는 부사를 결합해 사용한다. 예를 들면, '실행하다'라는 의미의 단일 동사 implement보다는 carry out이란 구동사가 훨씬 생동감이 있다.

⚙ 기출예제

예제 1 Part 1

A: How do you stay so calm all the time?
B: If something is bothering me, I go to the gym
   to _____ my frustration.

(a) take in
(b) work off
(c) put forward
(d) drop off

A: 어떻게 항상 그렇게 평정을 유지하시나요?
B: 신경 쓰이는 일이 생기면, 체육관에 가서 화를 풀어버립니다.

- 문제풀이 시뮬레이션
① stay so calm의 방법을 묻는 How 질문이다.
② 이에 B가 <____ my frustration> 하기 위해 체육관에 간다고 답하므로 이 구문은 stay so calm과 같은 의미가 되어야 한다.
③ calm과 frustration이 상반 관계이므로 빈칸에는 stay와 반대로 '없애다'라는 의미가 필요하다.
④ 선택지 중 제거를 나타내는 부사 off가 들어간 (b)와 (d)가 정답 가능성이 있는데, 체육관과 관련 있는 것은 '운동'이므로 '운동'의 의미를 지닌 (b) work off가 정답이다.
⑤ drop off는 '줄어들다'라는 의미일 때 자동사이므로 목적어 앞에 올 수 없고, '내려주다, 갖다주다'라는 의미의 타동사일 경우 사람이나 구체적 사물을 지칭하는 목적어가 사용되므로 오답이다.

어휘 **stay calm** 차분함을 유지하다 **all the time** 항상 **bother** 신경 쓰이게 하다 **work off** (운동을 통해) 줄이다, 서서히 없애다 **take in** 섭취하다, 흡수하다 **put forward** (의견 등을) 제기하다 **drop off** 차츰 줄다, ~을 (차에서) 내려주다
정답 (b)

예제 2 Part 2

One of the witnesses to the robbery was
_____ for an interview.

(a) looked after
(b) brought in
(c) taken over
(d) showed up

강도 사건의 목격자들 중 한 명이 인터뷰를 위해 소환되었다.

- 문제풀이 시뮬레이션
① 빈칸 뒤의 for an interview는 동사의 목적이다.
② 인터뷰를 하려면 사람을 불러와야 하므로 이 의미에 맞는 동사를 골라야 한다.
③ 선택지 중에 불러오는 의미의 동사는 bring in의 과거시제인 (b) brought in뿐이다.
④ (d) showed up이 의미는 비슷하지만 자동사이므로 수동태로 쓰일 수 없다.

어휘 **witness** n. 목격자 v. 목격하다 **robbery** 강도 사건 **bring in** 데려오다 **look after** ~을 돌보다 **take over** ~을 인수하다, 떠맡다 **show up** 나타나다
정답 (b)

다음은 텝스에 자주 등장하는 구동사 표현들을 정리한 것이다. 구동사는 주로 구어체에서 많이 사용되기 때문에 청해 파트에서도 반드시 필요한 표현들이므로 듣자마자 바로 의미를 파악할 수 있도록 예문을 소리 내어 읽으면서 암기해 두어야 한다.

✔ 부사 | around, across

☑ play around with ~을 가지고 놀다
- Don't play around with my new laptop.

  내 새 노트북 가지고 장난치지 마.

☐ look around for ~을 찾아 주위를 살피다
- You should look around for a bus schedule once you arrive at the airport.

  일단 공항에 도착하면, 버스 시간표를 찾아봐야 합니다.

☐ get across (취지 등을) 이해시키다
- Edward used a lot of graphics in the presentation slides to get across his main points.

  에드워드는 자신의 요점을 이해시키기 위해 프레젠테이션 슬라이드에 많은 도표들을 사용했다.

✔ 전치사 | around, after, across

☐ take after ~를 닮다
- Everyone says that I take after my mom rather than my dad.

  모두들 내가 아빠보다는 엄마를 닮았다고 말한다.

☐ look after ~를 돌보다, 보살피다
- I have to look after my little brothers all day long on Saturday.

  나는 토요일에 하루종일 남동생들을 돌봐야 한다.

☐ hang around ~에 머무르다, 배회하다
- I hung around the restaurant for 90 minutes, but Amy didn't show up.

  식당에서 90분이나 머물렀지만, 에이미는 나타나지 않았다.

☐ get around (법률, 규정을) 빠져나가다, 우회하다
- Many companies are seeking ways to get around the new regulations.

  많은 회사들이 새로운 규제를 빠져나갈 방법을 찾고 있다.

☐ come across ~을 우연히 마주치다, 우연히 발견하다
- I came across someone's wallet on my way to work this morning.

  오늘 아침 출근길에 누군가의 지갑을 우연히 발견했다.

✔ 부사 | away

☐ go away (여가를 즐기려고) 떠나다, 출발하다
- Mr. Reynolds goes away to Switzerland every summer.

  레이놀즈 씨는 매년 여름에 스위스로 떠납니다.

☐ get away (from) (~에서) 빠져나오다, 벗어나다
- I managed to get away from the meeting early.

  나는 간신히 회의에서 일찍 빠져나왔다.

☐ stay away (from) (~에서) 떨어져 있다, (사람을) 멀리하다
- Stay away from the edge of the road.

  길가에서 떨어져 있어라.

☐ give away ~을 기증하다, (물건을) 거저주다
- The old man gave away all his savings to a charity.

  그 노인은 저축한 돈을 모두 자선단체에 기부했다.

☐ **take away** ~을 줄이다, 제거하다
- I was prescribed some medication to take away the pain.

  나는 통증을 줄이는 약을 처방받았다.

☐ **put away** ~을 치우다
- Toby, you should put away your cell phone during dinner.

  토비, 저녁식사 중에는 휴대폰을 치워라.

☐ **pass away** 죽다, 사망하다
- I was very sad to hear that your grandfather passed away.

  네 할아버지께서 돌아가셨다는 소식을 듣고 너무 슬펐어

✓ **부사 | back, by**

☐ **cut back on** ~을 줄이다, 삭감하다
- You have to cut back on alcohol so that you can lose some weight.

  당신은 살을 빼려면 술을 줄여야 합니다.

☐ **hold back** ~을 저해하다, 저지하다, 억누르다
- Liam was held back for one year in high school due to his poor test scores.

  리암은 형편없는 시험 성적으로 고등학교 때 1년간 유급되었다.

☐ **drop back** 뒤처지다
- Simon started off by leading the group, but dropped back as the hike continued.

  사이먼은 그룹의 선두로 출발했지만, 하이킹이 계속되면서 뒤처졌다.

☐ **take back** 말을 취소하다, 되돌리다
- I regret my comments, but it's too late to take back what I said.

  내가 한 발언이 후회되지만, 내가 말한 것을 취소하기에는 너무 늦었다.

☐ **stand by** 대기하다
- At football matches, a physiotherapist stands by in case a player requires treatment.

  축구 경기에서는 선수가 치료를 필요로 할 때를 대비해서 물리 치료사가 대기한다.

☐ **get by** 그럭저럭 살다, 먹고 살 만하다
- I am not paid a large wage, but I get by.

  나는 높은 급여를 받지는 않지만, 먹고 살 만하다.

☐ **come by** ~을 얻다, ~에 들르다
- Please come by my office anytime before 3 o'clock.

  3시 이전에 아무때나 제 사무실로 들러주세요.

☐ **stop by** ~에 잠깐 들르다(=drop by)
- I'll stop by the bakery and pick up some bagels.

  빵집에 들러서 베이글 좀 사올게.

✓ **부사 | down**

☐ **close down** ~을 폐쇄하다
- The old station was closed down in 1998 and is now used as a homeless shelter.

  구 역사는 1998년에 폐쇄되었고, 현재는 노숙자 쉼터로 사용 되고 있다.

narrow down ~의 범위를 좁히다
- The festival organizers have narrowed down their list of potential locations.

  축제 주최 측은 개최지 후보의 범위를 좁혔다.

turn down (소리, 열 등을) 줄이다, 거절하다
- Could you turn down the air conditioning, please? It's too cold in here.

  에어컨 좀 줄여 주시겠어요? 안이 너무 추워요.

step down 사퇴하다, 퇴진하다
- The Minister of Transport stepped down due to a disagreement with the prime minister.

  교통부장관은 총리와의 불화로 사퇴했다.

break down 고장나다
- Gerard was late for his job interview because his car broke down on the highway.

  제라드는 차가 고속도로에서 고장이 나서 취업 면접에 늦었다.

pass down ~을 물려주다
- The recipe has been passed down from my grandmother to my mother to me.

  그 요리법은 할머니에게서 어머니를 거쳐 나에게 전해졌다.

burn down 전소하다, 완전히 타다
- Peter's house burned down but he managed to save most of his valuable possessions.

  피터의 집은 완전히 불타버렸지만, 피터는 가까스로 자신의 귀중한 물건들 대부분을 건져냈다.

go down (수치가) 내리다
- Baseball attendance is going down steadily these days.

  요즘 야구 경기 관중 수가 꾸준히 하락하고 있다.

slim down ~의 규모를 줄이다, 체중을 줄이다
- Raymond Group has been trying to slim down its range of products in the face of economic hardship.

  레이먼드 그룹은 경제 불황에 직면하여 제품군을 줄이려고 노력해오고 있다.

run down 건강을 잃다, 방전되다, 황폐해지다
- Try not to run yourself down by working too hard.

  너무 열심히 일해서 건강을 잃지 않도록 하세요.

✔ 전치사 | for

make up for ~을 벌충하다, 보상하다
- I asked the contractor to work over the weekend to make up for the days missed due to bad weather recently.

  나는 하청업자에게 최근 날씨가 좋지 않아 빠진 일수를 벌충하기 위해 주말 동안 작업하도록 요청했다.

□ **call for**   ~을 요청하다, 촉구하다
- The organization called for the release of the cabinet members' tax records.

  그 기관은 각료들의 납세 기록 공개를 요청했다.

□ **run for**   ~에 입후보하다, 출마하다
- She ran for the position of tennis club secretary.

  그녀는 테니스 클럽 총무 자리에 출마했다.

□ **account for**   ~을 차지하다, 설명하다
- Southeast Asian markets account for 70% of the company's revenue.

  동남아시아 시장이 그 회사 수익의 70%를 차지한다.

□ **fall for**   ~에게 반하다
- Connie fell for Joey as soon as she laid eyes upon him.

  코니는 조이를 보자마자 그에게 반했다.

□ **gun for**   ~을 얻으려고 노력하다
- The movie is about a young amateur boxer gunning for a title fight.

  그 영화는 젊은 아마추어 권투선수가 타이틀 매치를 얻기 위해 노력하는 내용이다.

□ **go for**   ~을 좋아하다, 시도하다
- I'm surprised that Kenny asked out Alanna. He normally goes for quiet girls.

  케니가 알라나에게 데이트 신청을 해서 놀랐어요. 그는 보통 조용한 여자를 좋아하잖아요.

✔ **전치사 | into, in**

□ **bump into**   ~을 우연히 만나다
- I bumped into an old colleague yesterday on the bus.

  어제 버스에서 옛 동료를 우연히 만났어요.

□ **run into**   ~를 우연히 만나다, ~을 우연히 발견하다
- I didn't expect to run into her at the movie theater.

  영화관에서 그녀를 우연히 만날 줄 몰랐다.

□ **go into**   ~을 상세히 논하다, 업계에 발을 들이다
- I'd prefer not to go into detail about what happened at the meeting yesterday.

  어제 회의에서 무슨 일이 벌어졌는지 자세히 말하고 싶지 않다.

□ **look into**   ~을 조사하다
- Safety inspectors are looking into the cause of the explosion.

  안전 검사관들이 폭발의 원인을 조사하고 있다.

□ **abound in**   ~이 풍부하다, 많이 있다
- The Muskoka Lakes abound in outdoor activities during the summer.

  무스코카 호에서는 여름 동안 야외 활동이 많이 있다.

□ **break into**   ~에 침입하다
- Someone broke into my home and stole my jewelry.

  누군가가 우리집에 침입해서 내 귀금속류를 훔쳐갔다.

□ **turn into**   ~로 변하다
- After a lot of practice, Ian turned into an excellent guitar player.

  많은 연습 후에 이안은 훌륭한 기타 연주자로 변신했다.

✔ **부사 | in**

□ **check in**   체크인하다, 수속하다
- We will check in for our flight at 9 A.M.

  우리는 오전 9시에 비행기 탑승 수속을 할 것입니다.

□ **turn in**   ~을 제출하다, 출두하다, 잠자리에 들다
- Mike always turns in his daily report on time.

  마이크는 항상 일일 보고서를 제시간에 제출한다.
- If you want to keep your skin younger, you'd better turn in before 11 P.M.

  피부를 젊게 유지하려면, 11시 이전에 잠자리에 드십시오.

□ **take in**   ~을 이해하다, 섭취하다
- Make sure that you take in all the information given to you by the tour guide.

  여행 안내원이 제공하는 모든 정보를 숙지하도록 하십시오.

☐ **give in (to)** (~에) 굴복하다
- The store owner will not give in to his employees' demands for higher wages.

  가게 주인은 종업원들의 임금 인상 요구에 굴복하지 않을 것이다.

✔ **부사 | off**

☐ **give off** (냄새, 빛 등을) 발산하다
- Many electronic gadgets give off weak electromagnetic waves.

  많은 전자기기들은 약한 전자기파를 방출한다.

☐ **call off** (약속을) 취소하다, (계획을) 중단하다
- The soccer match was called off because the ground was too wet.

  경기장이 너무 젖었기 때문에 축구 경기가 취소되었다.

☐ **rip off** ~에 바가지를 씌우다, 폭리를 취하다
- Some banks have been accused of ripping off customers.

  일부 은행들이 고객들에게 폭리를 취한다는 비난을 받아왔다.

☐ **set off** 출발하다, 유발하다
- I want to set off early when the roads will be less congested.

  나는 도로가 덜 붐빌 때, 일찍 출발하고 싶다.

☐ **drop off** (차에서) ~을 내려주다
- I will ask the taxi driver to drop me off outside the mall.

  택시 기사에게 쇼핑몰 밖에 내려달라고 부탁할게요.

☐ **take off** (비행기가) 이륙하다
- The flight to San Francisco will take off at 2:00 P.M.

  샌프란시스코 행 비행편은 오후 2시에 이륙할 것입니다.

☐ **pay off** 빚을 갚다
- Debt consolidation is a good financial strategy where you pay off all small debts by using a loan.

  부채 통합은 융자를 받아서 작은 빚들을 모두 청산하는 괜찮은 금융 전략이다.

☐ **put off** ~을 연기하다, 미루다
- The concert has been put off until next weekend due to a scheduling conflict.

  콘서트는 일정 충돌로 다음 주말까지 연기되었다.

☐ **break off** ~을 중단하다, 파기하다, 단절하다
- The board decided to break off the merger talks with HTO Insurance Co.

  이사회는 HTO 보험사와의 합병 협상을 중단하기로 결정했다.

☐ **go off** 울리다, 폭발하다, 발사하다
- Paul was late for his dental appointment because his alarm didn't go off.

  폴은 알람이 울리지 않아서 치과 예약에 늦었다.

☐ **keep off** ~을 멀리하다, 삼가다
- My personal trainer advised me to keep off greasy and salty foods.

  나의 개인 트레이너는 기름지고 짠 음식을 멀리하라고 충고했다.

✔ **부사 | on**

☐ **drag on** 질질 끌다
- The court case dragged on for almost one year.

  그 재판은 거의 1년 동안 질질 끌었다.

☐ **carry on** (하던 것을) 계속하다
- Please carry on with the cooking while I set the table.

  내가 상을 차리는 동안 요리를 계속하세요.

☐ **catch on (to)** (~을) 이해하다, 알아듣다
- Tony is intelligent and quick to catch on to new ideas.

  토니는 똑똑하고, 새로운 아이디어를 빨리 이해한다.

✔ **전치사 | on**

☐ **live on** ~을 먹고 살다
- While exploring in the jungle, Fred lived on fish and berries.

  정글을 탐험하는 동안 프레드는 물고기와 딸기류를 먹고 살았다.

☐ **look down on** ~을 얕보다, 무시하다
(↔ look up to, respect 존경하다)

- Billy thinks he is the smartest person in the office and always looks down on people around him.

  빌리는 자신이 사무실에서 가장 똑똑한 사람이라고 생각하며 항상 주위 사람들을 얕본다.

☐ **take on** ~을 떠맡다

- Your problem is that you are always taking on more than you can handle.

  당신의 문제는 항상 처리할 수 있는 이상의 일을 떠맡고 있다는 데 있다.

✔ 부사 | out

☐ **work out** 일이 잘 되다, (문제가) 풀리다

- Nothing seems to be working out for me these days.

  저는 요즘 정말 아무 일도 안 되는 것 같아요.

☐ **make out** ~을 간신히 이해하다

- The microphone volume was so low that we couldn't make out what the instructor was saying.

  마이크 소리가 너무 작아서 우리는 강사가 무슨 말을 하는지 분간할 수 없었다.

☐ **dish out** (요리를) 덜어주다, 분배하다

- Alan has decided to dish out his advice to aspiring writers.

  앨런은 작가 지망생들에게 자신의 충고를 나누어 주기로 결심했다.

☐ **fall out** (머리카락, 치아 등이) 빠지다

- All of Alisha's hair fell out while she was undergoing chemotherapy.

  화학요법 치료를 받는 동안 알리사는 머리카락이 모두 빠져버렸다.

☐ **break out** (전염병, 전쟁, 화재 등이) 발생하다

- The Second Indochina War, the so-called Vietnam War, broke out on November 1, 1955.

  소위 베트남 전쟁으로 불리는 제2차 인도차이나 전쟁은 1955년 11월 1일에 발발했다.

☐ **sit out** (경기에) 출전하지 않다

- Steve will sit out the hockey match due to his wrist injury.

  스티브는 손목 부상으로 하키 경기에 출전하지 않을 것이다.

☐ **throw out** ~을 버리다

- Don't throw out batteries with the regular trash because they can pollute water sources.

  수자원을 오염시킬 수 있으므로 건전지들은 일반 쓰레기와 함께 버리지 마세요.

☐ **figure out** ~을 이해하다, 생각해내다

- I can't figure out why Janine isn't speaking to me.

  나는 재닌이 왜 나에게 말을 걸지 않는지 이해할 수 없다.

☐ **drop out (of)** (~에서) 중퇴하다, 이탈하다

- Ben dropped out of high school to work as a carpenter with his father.

  벤은 아버지와 목수 일을 하기 위해 고등학교를 중퇴했다.

☐ **turn out** ~임이 밝혀지다, ~의 결과가 되다

- Belinda has turned out to be a valuable asset to our company.

  벨린다는 우리 회사의 소중한 인재인 것으로 밝혀졌습니다.

☐ **fill out** (양식 등을) 작성하다

• If this is your first visit to this dental clinic, please fill out the following form.

만약 저희 치과를 처음 방문하신 것이라면, 다음 양식을 작성해 주세요.

☐ **pass out** 기절하다, 의식을 잃다

• Howard drank so much alcohol that he passed out in the cab.

하워드는 술을 너무 많이 마셔서 택시 안에서 의식을 잃었다.

☐ **wear out** (옷, 신발 등이) 닳다

• Jim wears the same work boots on the building site every day, so they wear out quickly.

짐은 건설 현장에서 매일 똑같은 작업화만 신기 때문에, 그 신발들이 빨리 닳는다.

☐ **give out** ~을 배부하다

• Some employees were giving out free samples at the entrance.

입구에서 몇몇 직원들이 무료 견본품을 나눠 주고 있었다.

☐ **run out (of)** (~을) 다 써버리다

• We've run out of paper for the printer.

프린터 용지가 다 떨어졌어요.

☐ **put out** (불을) 끄다, 내놓다, 제작하다

• Ms. Spencer was able to put out the fire in the parking lot using a nearby fire extinguisher.

스펜서 씨는 근처에 있던 소화기를 이용해 주차장의 불을 끌 수 있었다.

☐ **come out** 나타나다, 출시되다, 공개되다, 공표하다

• When is the new movie with Richie Clemence coming out?

리치 클레멘스가 나오는 새 영화는 언제 개봉하나요?

✔ 부사 | over

☐ **take over** 인수하다, 넘겨받다

• John Williams took over as CEO of Ace Television Network after the company's founder and chairperson retired.

존 윌리엄스는 회사의 설립자이자 회장이 은퇴한 후, 에이스 텔레비전 네트워크의 최고경영자 자리를 넘겨받았다.

☐ **do over** ~을 다시 하다

• My hard drive containing my project report was corrupted, so I had to do it over!

내 프로젝트 보고서가 들어있는 하드 드라이브가 손상되어서 그 작업을 다시 해야 했다.

☐ **blow over** (폭풍 등이) 가라앉다, 지나가다

• This rain will blow over by tomorrow morning.

이 비는 내일 아침에 그칠 것이다.

✔ 전치사 | over

☐ **get over** 회복하다, ~을 극복하다

• Drinking water and getting lots of rest can help you get over the flu.

물을 마시고 충분한 휴식을 취하는 것이 독감을 이겨내는 데 도움이 될 수 있다.

go over ~을 검토하다
- The presenter spent 2 hours going over all the details.

  발표자는 모든 세부사항을 검토하는 데 2시간을 보냈다.

run over (차로) ~을 치다
- Melissa felt so much regret after she ran over a rabbit.

  멜리사는 토끼를 차로 치고 나서 매우 안타까워했다.

pass over ~을 제외하다, 건너뛰다, 눈감아주다
- I could tell that Eric didn't want to talk about his injury, so I passed over the issue.

  나는 에릭이 자신의 부상에 대해 말하고 싶어하지 않는다는 것을 알 수 있어서, 그 문제에 대해 모르는 척했다.

✔ 부사 | through

fall through 무산되다, 실패하다
- The plans for the food festival fell through because of a lack of interest.

  푸드 축제 계획은 관심 부족으로 무산되었다.

✔ 전치사 | through

look through ~을 빠르게[죽] 훑어보다
- Nora looked through her notes before the exam.

  노라는 시험을 치기 전에 노트를 죽 훑어보았다.

go through (고생 등을) 겪다, 경험하다, 조사하다
- Many small business owners are going through a hard time because of the recession.

  불황으로 많은 소기업주들이 힘든 시간을 겪고 있다.

break through ~을 돌파하다
- The firefighters had to break through the door.

  소방관들은 문을 부수고 들어가야 했다.

✔ 전치사 | to

stick to ~을 고수하다
- The CEO decided to stick to the original sales approach despite falling profits.

  최고경영자는 수익 감소에도 불구하고 원래의 판매 방식을 고수하기로 결정했다.

come to + 금액 (금액이) ~에 이르다
- We predict that sales will come to 3.5 million dollars this year.

  우리는 올해 매출이 350만 달러에 이를 것으로 예상한다.

keep to (길 등을) 벗어나지 않다, ~을 고수하다
- Hikers must keep to the trail to avoid damaging local plant life.

  도보 여행자들은 지역의 토착 식물들에 해를 끼치지 않도록 오솔길을 벗어나서는 안된다.

turn to ~에 의지하다
- Mr. Reed has turned to drink since he was fired from his job after 25 years of service.

  리드 씨는 25년을 근무한 직장에서 해고된 이후부터 술에 의지했다.

get down to ~에 착수하다
- I know it will be boring, but let's just get down to business.

  지루하리라는 것을 잘 알지만, 본론으로 들어갑시다.

☐ **pick up** ~을 차에 태우다, 차로 마중하다, 가지러가다
- I'll pick up Mr. Lescott and take him to his hotel.

  나는 레스콧 씨를 태워서 그의 호텔로 갈 것이다.

☐ **show up** 모습을 드러내다, 나타나다
- Greg didn't show up to our soccer training and he didn't call me.

  그렉은 우리의 축구 훈련에 나타나지 않았고 나에게 전화도 하지 않았다.

☐ **mess up** (일을) 엉망으로 만들다, 망치다
- I can't believe that Jason messed up the job application form again.

  제이슨이 또 입사지원서를 엉망으로 썼다니 믿을 수가 없다.

☐ **give up** (~을) 포기하다
- Sometimes I feel like giving up trying to find a permanent job.

  가끔 정규직 일자리 찾는 것을 포기하고 싶을 때가 있다.

☐ **make up** 보충하다, 화해하다, 구성하다, 꾸며내다
- Zander worked overtime to make up the hours he lost while he was on vacation.

  잰더는 휴가를 간 동안 빼먹은 시간을 보충하기 위해 초과 근무를 했다.

☐ **hole up** 몸을 숨기다, 동면하다
- The leader of the insurgent forces holed up in a small village.

  반란군 지도자는 작은 마을에 숨어 있었다.

☐ **clear up** 날씨가 개다
- If the weather clears up, we can go to the park and have a picnic.

  날씨가 개면 공원에 가서 소풍을 즐길 수 있다.

☐ **act up** 고장나다, 행실이 나쁘다, (병이) 악화하다
- My cell phone is acting up again.

  내 휴대폰이 또 고장났어.

☐ **straighten up** 정리하다, 정돈하다
- I'm going to straighten up the store room this afternoon.

  오늘 오후에 보관실을 정리할 거예요.

☐ **break up (with)** (~와) 연인 관계가 깨지다, 헤어지다
- Phil broke up with his girlfriend due to religious differences.

  필은 종교 차이로 여자친구와 헤어졌다.

☐ **bring up** ~을 양육하다, (안건, 화제를) 제기하다
- Eva was brought up by her aunt and uncle after her parents passed away.

  에바는 부모님이 돌아가신 후 숙모와 삼촌에 의해 길러졌다.

☐ **come up** (예기치 않게) 발생하다
- David worked very late because something urgent came up.

  데이빗은 급한 일이 생겨서 아주 늦게까지 일했다.

☐ **come up with** (아이디어를) 생각해내다, 착안하다
- Nobody could come up with a good idea for the new company slogan.

  아무도 회사의 새로운 슬로건에 대한 좋은 아이디어를 생각해 내지 못 했다.

☐ **come down with** (병에) 걸리다
- Marty won't be coming in to work today because he came down with a virus.

  마티는 바이러스에 걸려서 오늘 출근하지 않을 것이다.

☐ **get along with** ~와 사이좋게 지내다
- Brad gets along with every member of his family.

  브래드는 가족 모두와 잘 지낸다.

☐ **get on with** ~을 계속하다
- Let's stop chatting and get on with the cleaning.

  그만 떠들고 청소나 계속합시다.

☐ **make off with** ~을 털어 급히 달아나다
- The robber made off with almost half a million dollars.

  강도가 거의 50만 달러를 훔쳐 급히 달아났다.

☐ **put up with** ~을 참고 견디다
- I'm not going to put up with their poor performance any longer.

  나는 그들의 저조한 실적을 더 이상 참지 않을 것이다.

☐ **keep up with** ~을 따라가다, 보조를 맞추다
- The frozen yogurt store hired more staff because it could not keep up with demand.

  냉동 요거트 가게는 수요를 따라가지 못해 직원을 더 채용했다.

☐ **do away with** ~을 폐지하다, 없애다
- The town council should do away with the law that prohibits parking on King Street.

  시 의회는 킹 스트리트에 주차하는 것을 금지하는 법을 폐지해 야 한다.

☐ **get away with** 비난[처벌]을 모면하다
- Pauline normally gets away with making mistakes because everyone likes her.

  누구나 그녀를 좋아하기 때문에, 폴린은 보통 실수한 것에 대해 처벌받지 않고 넘어간다.

☐ **go without** ~없이 지내다
- The survivors of the crash had to go without any food for two days before being rescued.

  추락 사고 생존자들은 구조되기 전 이틀 동안 아무 음식도 먹지 않고 버텨야 했다.

구동사 표현 암기 콕!

다음의 짧은 퀴즈를 풀어본 뒤, 정답만 콕! 찍어서 해석과 함께 암기하도록 한다.

1. several ways to (come around, get around) the export tariffs
   수출 관세를 **피하는** 몇 가지 방법들

2. (passed away, idled away) in a hit-and-run accident
   뺑소니 사고로 **사망했다**

3. (pass by, come by) so many comics
   많은 만화책을 **얻다**

4. Someone (broke into, looked into) my office last night.
   누군가 어젯밤에 내 사무실에 **침입했다**.

5. The concert has been (levelled off, put off) until next Friday.
   콘서트는 다음주 금요일로 **연기되었다**.

6. The plane will (take off, get off) in an hour.
   비행기는 한 시간 후에 **이륙할** 것이다.

7. She (dropped out, ruled out) of the marathon due to a broken ankle.
   그녀는 발목 골절로 마라톤을 **중도 포기했다**.

8. Bradley has (turned out, wiped out) to be right about the situation.
   그 상황에 대해 브래들리가 결국 옳은 것으로 **드러났다**.

9. Please (put me through, see me through) to extension 102.
   내선 102번으로 **연결해 주세요**.

10. Simpson wants to (take over, hold over) the position Mr. Thompson retired from.
    심슨은 톰슨 씨가 은퇴한 그 자리를 **맡고** 싶어한다.

11. You can't (set back, take back) what you said once you push the "Record" button.
    일단 "녹음" 버튼을 누르면, 말한 것을 **취소할** 수 없습니다.

12. The medicine (took away, threw away) his pain immediately.
    그 약은 당장 그의 통증을 **멎게 했다**.

13. The attendance figures (came to, took to) almost 50,000 people.
    관객 수는 거의 50,000명에 **이르렀다**.

14. My favorite band (signed up, broke up) last year.
    내가 가장 좋아하는 밴드가 작년에 **해체했다**.

15. (come up with, go through with) some good ideas
    몇몇 좋은 아이디어를 **내놓다**

16. not (put up with, catch up with) the bad service
    나쁜 서비스를 **참고 견디지** 않다

17. He was (brought up, added up) by his older sister.
    그는 누나가 **길렀다**.

18. Eddie made a New Year's resolution to (tell off, keep off) cigarettes.
    에디는 담배를 **끊겠다고** 신년결심을 했다.

19. She abruptly (came down with, kept up with) a stomach illness.
    그녀는 갑자기 복통에 **걸렸다**.

20. Oliver (passed out, picked out) after drinking too much.
    올리버는 술을 지나치게 마신 후에 **의식을 잃었다**.

정답 1. get around 2. passed away 3. come by 4. broke into 5. put off 6. take off 7. dropped out 8. turned out
9. put me through 10. take over 11. take back 12. took away 13. came to 14. broke up 15. come up with
16. put up with 17. brought up 18. keep off 19. came down with 20. passed out

기출 Check-up Test

기출문제를 포함한 실전 문제들을 풀어보면서 앞에서 공부한 내용을 제대로 암기했는지 확인해본다.
틀린 문제는 반드시 암기리스트에서 복습을 한 후 다시 풀어보아야 한다.

Part 1 빈칸에 알맞은 단어 고르기

1. A: Did you talk to the mayor about the traffic congestion problem?
   B: No, it didn't _____ during our chat.

   (a) rush into   (b) put off
   (c) give out   (d) come up

2. A: Edward, didn't your alarm go _____ this morning?
   B: No, it didn't, and I'm really sorry that I'm late.

   (a) up   (b) out
   (c) off   (d) in

3. A: Can you tell us about the pension and medical coverage here at the company?
   B: They will be discussed in the Benefits part of the orientation, so I will go _____ detail about them later.

   (a) into   (b) on
   (c) off   (d) down to

4. A: The mayor might resign over the scandal.
   B: Yeah, he's under a lot of pressure to _____. 기출

   (a) kick off   (b) back up
   (c) stand out   (d) step down

5. A: Has your lawyer found any decisive evidence?
   B: No, but he's still _____ all case-related documents. 기출

   (a) patching up   (b) jotting down
   (c) going through   (d) accounting for

6. A: Can you play chess well?
   B: No, not yet. I only _____ last month.

   (a) came down with   (b) took it up
   (c) went away with   (d) had it out

7. A: I'm sorry to _____ in like this, but your calculations seem wrong to me.
   B: Oh, really? What did I add up incorrectly?

   (a) participate   (b) chip
   (c) fill   (d) talk

8. A: We need to put our latest line of clothing in the windows. That will attract more shoppers.
   B: Yes, having better window displays would definitely _____ a more attractive storefront.

   (a) figure out   (b) pass over
   (c) make for   (d) look out

9. A: Julie, you're looking so fit these days! What's your secret?
   B: Thanks for noticing! Well, I finally got _____ joining a gym.

   (a) around to   (b) round
   (c) through   (d) down on

10. A: James still looks really upset that his university application was rejected.
    B: I know. He was really disappointed to be _____.

    (a) looked over   (b) turned down
    (c) run down   (d) pulled up

Part 2

빈칸에 알맞은 단어 고르기

11. Event organizers are _____ into whether Shelby Music Hall would be a suitable venue for the jazz festival.

(a) putting   (b) coming

(c) looking   (d) running

12. Some medical professionals claim that vitamin C can _____ the common cold and many other illnesses.

(a) take back   (b) back down

(c) fend off   (d) make up

13. The tour group members will spend the day in Beijing, _____ in many of the city's famous landmarks.

(a) taking   (b) handing

(c) giving   (d) holding

14. The air freshener plugged into the wall in the office gives _____ a pleasant fragrance.

(a) over   (b) away

(c) off   (d) in

15. Not a single council member could _____ a good reason to cancel this year's street parade.

(a) put up with   (b) come up with

(c) get down to   (d) do away with

16. Several inmates decided to _____ without food for several days to protest against prison conditions.

(a) enter   (b) go

(c) keep   (d) bring

17. Employees know that they will never _____ with stealing company property.

(a) get away   (b) put up

(c) get along   (d) come up

18. Our life insurance coverage guarantees that your loved ones are financially supported after you _____ away.

(a) set   (b) pass

(c) keep   (d) turn

19. What began as a small family-run convenience store has turned _____ a large supermarket.

(a) up   (b) over

(c) to   (d) into

20. Percy _____ all of his spending money halfway through his trip and had to ask his father to wire him more.

(a) ran through   (b) kept up

(c) caught on   (d) got along

☑ 유사 의미어는 비슷하나 문맥상의 뉘앙스가 다른 단어들로, 의미상 혼동하기 쉬운 어휘 2개 정도가 함께 선택지에 제시된다.
☑ 유사 형태어는 철자가 비슷하여 의미가 헷갈리는 단어들로, 의미상 혼동하기 쉬운 어휘 2개 정도가 함께 선택지에 제시된다.
☑ 평소에 단어를 암기하면서 정확한 철자를 알아 두어야 하며, 특히 철자가 유사한 어휘들끼리 뜻을 구분하는 연습을 꾸준히 해야 한다.

기출예제

예제 1 Part 1

A: Rachel, I need to get to the Ace Building immediately. Is it close to where I am?
B: Well, it's a thirty-minute _____ from there, so you might be better off calling a cab.

(a) walk
(b) distance
(c) travel
(d) trip

A: 레이첼, 제가 지금 바로 에이스빌딩에 가야 하는데요. 그게 제가 있는 곳 근처인가요?
B: 음, 거기서 걸어서 30분쯤 걸리니까 택시를 부르는 게 더 낫겠어요.

• 문제풀이 시뮬레이션
① A가 에이스빌딩이 가까운지 묻자 B는 30분이라는 시간으로 답하고 있다.
② 그 뒤에 택시를 타는 게 낫다는 말이 있는 것으로 볼 때, 택시보다 느린 이동 수단을 나타내는 명사가 빈칸에 필요하므로 '걸음, 도보'를 뜻하는 (a) walk가 정답이다.
③ 거리를 나타낼 때 distance를 써서 표현할 수는 있지만, 이동 시간은 교통 수단에 따라 달라지기 때문에 cab을 부르라고 하기 전에 단순히 a thirty-minute distance(30분 거리)라고 말하는 (b)는 논리에 맞지 않는 오답이다.

어휘 get to ~로 가다 immediately 즉시 close to ~ 근처인 walk 걸음, 도보 be better off -ing ~하는 게 낫다 call a cab 택시를 부르다 distance 간격, 거리 travel 장거리 여행 trip 짧은 여행
정답 (a)

예제 2 Part 2

Local authorities in Indonesia have blamed an _____ of measles on the low rate of vaccinations in the country.

(a) outcome
(b) outbreak
(c) outlook
(d) outburst

인도네시아의 현지 당국은 홍역 발병 사태를 그 나라의 낮은 예방접종률 탓으로 돌렸습니다.

• 문제풀이 시뮬레이션
① 빈칸 뒤에 <of + 병명>이 나오므로 빈칸에는 '발생'이라는 의미의 명사가 필요하다.
② 선택지가 모두 out으로 시작하는 비슷한 형태의 단어라서 혼동하기 쉬운데, 병이나 전쟁 등 대규모 사태가 발생하는 경우에는 (b) outbreak를 사용한다. outbreak는 동사 break out(갑자기 시작하다)에서 파생된 명사이다.
③ (d) outburst도 '발생'을 나타내지만 주로 '분노, 화산' 등 막힌 것이 분출하는 경우를 의미하므로 오답이다.

어휘 authorities 당국 blame A on B: A의 탓을 B에게 돌리다 outbreak 발생, 발발 measles 홍역 low 낮은 rate 비율 vaccination 예방접종 outcome 결과 outlook 관점, 전망 outburst 폭발, 분출
정답 (b)

 **암기리스트**

다음은 TEPS에 자주 등장하는 유사 의미어와 유사 형태어들이다. 우리말로는 의미 차이가 없어 보이지만 그 쓰임새와 뉘앙스가 다른 단어를 정리하고, 형태가 비슷하지만 어원에 따라 의미가 달라지는 어휘 역시 정리해 본다. 유사 의미어와 유사 형태어는 난이도가 높기에 단순 암기보다는 그 쓰임을 이해하는 것이 중요하니 예문과 함께 확실히 익혀 두자.

✔ 유사 의미어 | 동사

☑ 나누다

> **sort** 유형으로 분류하다
> **share** 공유하다
> **allot** 몫을 분배하다

- Please sort employee records in alphabetical order.
  직원 기록을 알파벳 순으로 분류하십시오.

- I share an apartment with two other students.
  나는 2명의 다른 학생들과 아파트를 함께 사용한다.

- Three days have been allotted for the festival.
  축제 기간으로 3일이 배정되었다.

☐ 다시 시작하다

> **renew** 갱신하다
> **relapse** 퇴보하다, 재발하다

- I renewed my subscription to the magazine.
  제 잡지 구독을 갱신했습니다.

- My family were saddened to hear that I relapsed into cancer again.
  가족들은 내 암이 재발했다는 소식을 듣고 슬퍼했다.

☐ 고용하다

> **hire** (사용료를 지불하고) 사람[서비스]을 고용하다
> **appoint** (특정 직책에) 사람을 임명하다

- When the receptionist goes on maternity leave, we should hire a temporary worker.
  접수원이 출산 휴가를 떠나면 임시 직원을 채용해야 한다.

- The board members will appoint Mr. Chen (as) marketing director.
  이사회는 첸 씨를 마케팅 이사로 임명할 예정입니다.

☐ 고치다

> **revamp** (더 낫게) 고치다, 개선하다
> **repair** (오류, 결함, 고장을) 고치다, 수리하다

- When James purchased the supermarket chain, he wanted to revamp the layout of the store.
  제임스는 슈퍼마켓 체인을 매입하면서 매장 내의 배치를 개선하고자 했다.

- Our local mechanic could not repair the complicated engine of the Italian sports car.
  우리 지역의 정비사는 그 이탈리안 스포츠카의 복잡한 엔진을 수리할 수 없었다.

개선하다

relieve (통증, 긴장 등을) 완화시키다
ameliorate 개선하다, 개량하다

- These pills will help to relieve the effects of travel sickness.
  이 알약들이 멀미를 완화하는 데 도움이 될 것이다.

- Anything that will ameliorate the disappointing situation will be welcomed.
  실망스러운 상황을 개선할 수 있는 것은 무엇이든 환영할 것입니다.

교환하다·이동하다

exchange (가치가 같은 물건으로) 교환하다
convert (본질을) 바꾸다, 변환하다
transfer 전학하다, 전근하다, 환승하다, 양도하다

- I'd like to exchange this T-shirt for a black one.
  이 티셔츠를 검은 색으로 교환하고 싶습니다.

- The military base will be converted into a theme park.
  그 군사 기지는 놀이공원으로 탈바꿈할 것이다.

- He volunteered to transfer to the Stanford office.
  그는 자진해서 스탠포드 지사로 전근했다.

구분하다

---

distinguish (뚜렷한 특징을) 구별하다
discriminate (차이를) 구분하다, 차별하다
classify (특징에 따라) 분류하다

- He has the mind of an infant and can't distinguish between right and wrong.
  그는 유아의 심성을 가져서 옳고 그른 것을 구별하지 못한다.

- Some companies were accused of discriminating against the color of a person's skin.
  일부 기업들은 사람을 피부 색깔로 차별한다는 비난을 받았다.

- Public schools are prohibited from classifying students according to parental income.
  공립학교는 부모의 소득에 따라 학생들을 분류하는 것이 금지되어 있다.

그만두다

dismiss 해고하다
resign (임기 전에) 사임하다
retire (임기를 마치고) 퇴직하다

- The factory dismissed 100 assembly line workers to minimlze labor costs.
  그 공장은 인건비를 최소화하기 위해 100명의 조립라인 근로자를 해고하였다.

- He will resign as HR manager to spend more time with his family.
  그는 가족과 더 많은 시간을 보내기 위해 인사부장직을 사임할 것이다.

- Wendy plans to retire as soon as she is old enough to claim her pension.
  웬디는 연금을 청구할 수 있는 나이가 되자마자 퇴직할 계획이다.

평가하다

> **regard** (~으로) 여기다, (~ 태도로) 보다
> **attribute** 공을 ~에게 돌리다

- We regard him as a good colleague.
  우리는 그를 좋은 동료로 여긴다.

- She attributed her slim appearance to a new exercise regimen.
  그녀는 날씬한 외모를 새로운 운동 다이어트의 덕으로 여겼다.

☐ 의심하다

> **doubt** (~라는 생각을) 의심하다,
> (~이 아니라고) 의심하다
> **suspect** (~이라고) 의심하다

- Experts doubt that the company will avoid bankruptcy.
  전문가들은 그 회사가 파산을 모면할 것이라는 생각에 의구심을 가지고 있다.

- Almost everyone suspected Niall of misusing company credit cards.
  거의 모두가 니알이 법인카드를 남용했다고 의심했다.

☐ 조사하다

> **investigate** (체계적으로) 조사하다
> **scrutinize** (꼼꼼하게) 살펴보다

- Scientists are investigating a rise in pollution at Lake Morrow.
  과학자들은 모로우 호의 오염 증가를 조사하고 있다.

- After scrutinizing the security camera footage, the police successfully identified the suspect.
  보안 카메라 영상을 정밀 조사한 후에, 경찰은 용의자의 신원을 파악하는 데 성공했다.

☐ 접근하다, 인접하다

> **approach** (가까이) 다가가다
> **adjoin** (위치상) 인접해 있다

- When the president approached the podium, all the reporters began asking questions.
  대통령이 연단에 다가서자, 모든 기자들이 질문을 쏟아내기 시작했다.

- The vacant property adjoins a building that can be used as a pool house.
  그 비어있는 건물은 수영장으로 사용될 수 있는 건물에 인접해 있다.

☐ 이용하다

> **utilize** (유리하게) 활용하다
> **exploit** (부당하게) 이용하다, 착취하다

- The city council is encouraging everyone to utilize the bike rental system.
  시 의회는 모든 사람들이 자전거 대여 제도를 활용하도록 권고하고 있다.

- My chess instructor taught me to exploit my opponent's weaknesses to win the game.
  내 체스 강사는 게임에서 이기기 위해 상대의 약점을 이용하는 방법을 가르쳐 주었다.

☐ 이해하다

comprehend (복잡한 것을) 이해하다
appreciate (제대로) 인식하다, 감사하다

- The passengers involved in the bus crash could barely comprehend what had happened.
  버스 충돌 사고에 연루된 승객들은 무슨 일이 일어났었는지 거의 알지 못했다.

- The project manager failed to appreciate the amount of time the re-design would require.
  프로젝트 책임자는 재설계에 필요할 수 있는 시간의 양을 인식하지 못했다.

☐ 인정하다

approve (상하 관계에서) 승인하다
consent (수평 관계에서) 동의하다

- The government approved a new alternative energy program.
  정부는 새로운 대체 에너지 프로그램을 승인했다.

- Both parents must consent to medical treatment on their child under age 13.
  13세 미만인 자녀의 치료에 대해 양 부모가 모두 동의해야 한다.

☐ 진보하다

advance 전진하다, 진보하다, (높은 단계로) 가다
evolve 서서히 발전하다, 진화하다
progress 단계적으로 진척되다, 발달하다

- Manchester City advanced to the final of the competition.
  맨체스터 시티는 결승전에 진출했다.

- Evidence indicates that some birds have evolved from dinosaurs.
  조류 일부가 공룡에서 진화했음을 나타내는 증거들이 있다.

- Nelson Bridge construction did not progress on schedule due to a spell of bad weather.
  넬슨교의 공사는 악천후가 계속되면서 예정대로 진척되지 않았다.

☐ 증명하다

certify (문서로 사실임을) 증명하다
verify (옳다는 것을) 입증하다, 증명하다

- This is to certify that the person named below has successfully passed the First Aid Training course.
  본 증서는 아래의 사람이 응급처치 교육과정을 성공적으로 이수했음을 증명합니다.

- We still need more evidence to verify that hypothesis.
  우리는 아직도 그 가설을 입증할 증거가 더 많이 필요하다.

☐ 줄이다

abbreviate (긴 단어를) 짧게 줄이다
curtail (규모를) 축소하다, 삭감하다
mitigate (정도를) 완화하다, 누그러뜨리다

- National Aeronautics and Space Administration is often abbreviated as NASA.
  미국항공우주국은 종종 NASA로 줄여서 불린다.

- The two governments agreed to curtail their military drills during the peace negotiations.
  양 정부는 평화협상 기간 중 군사훈련을 축소하기로 합의했다.

- Sandbags are often the most effective way to mitigate chronic flooding.
  모래주머니는 종종 만성적인 범람을 줄이는 가장 효과적인 방법이다.

☐ 요구하다

> **demand** (명령·권력에 의해) 요구하다
> **require** (필수 요건으로) 요구하다, 필요로 하다
> **claim** (권리를) 주장하다, (반환을) 요구하다

- The safety inspectors demanded the closure of the restaurant.
  안전 검열관들은 식당 폐쇄를 요구했다.

- Playing badminton requires a great deal of agility.
  배드민턴은 상당한 민첩성이 요구된다.

- Sharon claimed on her insurance after getting into an auto accident.
  샤론은 자동차 사고를 당한 후에 보험금을 청구했다.

☐ 예상하다

> **expect** (계획, 일정에 의해) 기다리다, 예상하다
> **forecast** (정보 분석에 의해) 예측하다, 예보하다
> **predict** (경험, 지식을 바탕으로) 예측하다

- I expect to leave for Los Angeles before 9 A.M. tomorrow.
  나는 내일 오전 9시 전에 로스앤젤레스로 출발할 예정이다.

- Heavy snow is forecasted for this weekend.
  이번 주말에는 폭설이 예상된다.

- These days scientists can predict the occurrence of tornadoes quite accurately.
  요즘 과학자들은 토네이도의 발생에 대해 꽤 정확히 예측할 수 있다.

☐ 알리다

> **notify** (정식으로) 통지하다
> **report** 알리다, 신고하다, 보고하다, 보도하다

- If you want to quit, you should notify the company 30 days in advance.
  퇴사하려면 30일 전에 회사에 통지해야 합니다.

- Anyone who receives a complaint call should report it to the customer service department immediately.
  항의 전화를 받는 사람은 누구든 즉시 고객 서비스부에 알려야 합니다.

☐ 억제하다

> **control** 억제하다, 조절하다, 통제하다
> **restrain** 자제하다, 참다, 구속하다
> **inhibit** (발전을) 저해하다, 방해하다
> **curb** (좋지않은 것을) 규제하다

- The leaking water pipe has been controlled.
  누출되던 수도관이 통제되었습니다.

- He was so hungry that he could hardly restrain himself at the buffet.
  그는 너무도 배가 고파서 뷔페에서 거의 자제력을 잃었다.

- The injury of the star player might inhibit the team's chances of winning the league.
  그 스타 선수의 부상이 팀의 우승 가능성을 저해할 수도 있다.

- The government should curb the sale of automatic weapons.
  정부는 자동 화기의 판매를 규제해야 한다.

☐ 실시하다·시행하다

> **enforce** (법률을) 집행하다
> **implement** (약속, 계획을) 이행하다, 시행하다

- The federal government will enforce a new law to protect privacy on the Internet.
  연방 정부는 인터넷에서 사적 자유를 보호하기 위한 새로운 법률을 집행할 것이다.

- The company intends to implement new overtime pay rules.
  회사는 새로운 초과근무 수당 규정들을 시행할 계획입니다.

☐ 빌리다

> **rent** (부동산, 물건을) 빌리다, 빌려주다
> **lease** (부동산을) 인대하다
> **borrow** (돌려주는 조건으로) 잠시 빌리다
> **mortgage** (주택을 담보로) 대출을 받다

- We will start renting limousines from a booth at the airport.
  우리는 공항 부스에서 리무진을 빌려주는 서비스를 시작할 것입니다.

- Joshua decided to lease a commercial unit in the mall.
  조슈아는 쇼핑몰에서 점포를 하나 임대하기로 결정했다.

- Do you have a spare pen that I can borrow during the meeting?
  회의 중에 빌릴 수 있는 여분의 펜이 있습니까?

- Alan and Polly are really struggling to keep up with their mortgage payments.
  앨런과 폴리는 그들의 주택담보 대출금을 갚기 위해 정말로 애쓰고 있다.

☐ 수정하다

> **revise** (향상을 위해) 교정하다, 수정하다
> **modify** (내용, 성질, 모양을) 변경하다, 수정하다, 개조하다

- The award recipient revised his acceptance speech several times.
  수상자는 수상 소감을 여러 차례 수정했다.

- The author wants to modify the foreword before publishing the new edition of his novel.
  저자는 신간 소설 출간 전에 서문을 수정하고 싶어 한다.

☐ 새롭게 하다

> **renovate** (건물을) 보수하다, 개조하다
> **renew** (계약을) 갱신하다

- They renovated the indoor dining area and added an outdoor patio.
  그들은 식당 실내를 개조하고 야외 테라스를 추가했다.

- If you renew your membership today, you will get a discount of up to 50%.
  오늘 회원권을 갱신하시면, 최대 50퍼센트까지 할인을 받으실 것입니다.

☐ 발견하다

> **discover** (알려지지 않은 것을) 최초로 발견하다
> **spot** 알아채다, 목격하다

- When Christopher Columbus discovered the New World in 1492, he believed he found India.
  크리스토퍼 콜럼버스가 1492년에 신대륙을 발견했을 때, 그는 자신이 인도를 발견했다고 믿었다.

- Several hungry bears have been spotted near the campground.
  야영장 근처에서 굶주린 곰 몇 마리가 목격되었다.

☐ 보여주다·공연하다

> **feature** 주연으로 삼다, 특집기사로 싣다
> **exhibit** (전람회에) 전시하다
> **expose** (감춰진 것을) 폭로하다, 노출하다

- What is the name of the TV show featuring Florence Greene?
  플로렌스 그린이 주연인 그 TV쇼의 이름은 무엇입니까?

- The art gallery will exhibit more than 20 paintings by Sven Karlsson next month.
  미술관은 다음 달에 20점이 넘는 스벤 칼레송의 작품을 전시할 것이다.

- If you are exposed to direct sunlight too long, you may get skin cancer.
  직사광선에 너무 오래 노출되면 피부암에 걸릴 수도 있다.

☐ 보내다

> **delegate** (대표자로서) 위임하다, 파견하다
> **dispatch** (군대, 특사를) 급파하다

- I will delegate some tasks for you to take care of in my absence.
  제 부재 시에 당신이 처리할 몇 가지 업무를 위임하겠습니다.

- The FAA dispatched a team of investigators to the air crash site.
  연방항공국은 항공기 추락 현장에 조사단을 급파했다.

☐ 말하다

> **tell** ~에게 …을 말하다(지시하다) (4형식)
> **say** ~을 말하다 (3형식)
> **speak** (언어를) 구사하다 (3형식)

- Did he tell you his reason for quitting the team?
  그가 당신에게 팀을 그만둔 이유를 말해 주던가요?

- Mr. Robert told me not to say anything about his recent accident.
  로버트 씨가 자신의 최근 사고에 대해 아무것도 말하지 말라고 지시했습니다.

- Betty can speak fluent German and French.
  베티는 독일어와 불어를 유창하게 구사한다.

☐ 맡기다

> **deposit** (돈을) 입금하다
> **check** (물건을) 잠깐 맡기다
> **entrust** (책임, 물건을) 관리하도록 위임하다

- When I opened a new account, I initially deposited $200.
  내가 새 계좌를 개설했을 때, 열었을 때, 첫 예치금으로 200달러를 입금했다.

- You can check your coat at the desk just inside the entrance.
  출입구 바로 안쪽 데스크에 코트를 맡기실 수 있습니다.

- Miles was entrusted with scheduling next week's interviews.
  마일즈는 다음 주 인터뷰 일정을 잡는 일을 맡았다.

☐ 공개하다

publish	(도서를) 출간하다
release	(상품을) 출시하다, (문서를) 발표하다, (영화를) 개봉하다
issue	(증서를) 발급하다, (물품을) 지급하다
produce	(상품을) 제작하다

- The novel was first published in 1923 by Kingfisher Books.
  그 소설은 1923년 킹피셔북스에 의해 처음 출간되었다.

- This is the list of our newly-released home videos.
  이것은 새로 출시된 저희 홈 비디오 목록입니다.

- We have decided to issue a parking pass to all the visitors.
  우리는 모든 방문객들에게 주차증을 발급하기로 결정했습니다.

- She will write, direct and produce a new drama based on her novel.
  그녀는 자신의 소설을 바탕으로 한 새로운 드라마를 각색, 감독 및 제작할 것이다.

☐ 측정하다

| estimate | (가치, 수량 등을) 어림잡다, 견적하다 |
| appraise | (성질, 능력, 정도 등을) 평가하다 |

- It's difficult to estimate the total cost of the event.
  총 행사 비용을 견적하기가 어렵다.

- The article appraised the president's performance during his first year in office.
  그 기사는 취임 첫 해의 대통령 업적을 평가했다.

☐ 침범하다

| invade | (영토를) 침범하다 |
| violate | (법, 권리 등을) 위반하다, 침해하다 |

- A group of armed militants invaded the neighboring country of Rwanda.
  한 무리의 무장 괴한들이 이웃한 르완다 영토에 침입했다.

- The Internet news channel was accused of violating copyright laws.
  그 인터넷 뉴스 채널은 저작권법 위반 혐의로 고발되었다.

☐ 합치다

assemble	(회의에) 소집하다, (부품을) 조립하다
merge	(기업이) 합병하다
rally	(사람을) 불러모으다

- The Red Rocks Corporation specializes in assembling high-end desktop computers.
  레드락스 사는 최고급 데스크톱 컴퓨터 조립을 전문으로 합니다.

- Two branches of the office supply store will merge and reopen at a larger location.
  그 사무용품점의 두 지점이 합병되어 더 큰 매장으로 다시 문을 열게 될 것입니다.

- Mr. Thorpe likes to rally his staff and give inspirational speeches.
  토프 씨는 식원들을 모아 놓고 고무적인 연설을 하는 것을 좋아한다.

가능성

prospect (성공할) 가망, 전망 (주로 복수형)
possibility 발생 가능성
potential (~이 될) 가능성, 잠재 능력

- Richard's employment prospects improved after he obtained a Business Administration degree.
  리차드의 취업 전망은 그가 경영학 학위를 취득한 후 향상되었다.

- There are many possibilities of advancement in this corporation.
  이 회사는 발전할 가능성이 많다.

- This park has a lot of potential as an outdoor event venue.
  이 공원은 야외 행사장이 될 상당한 가능성이 있다.

개요

outline (글의) 개요
abstract (논문의) 요약, 초록
gist 요지, 골자

- I've posted an outline of the film's plot online.
  나는 그 영화 줄거리의 개요를 온라인에 올렸다.

- The abstract of the research paper is on page 17.
  이 연구 논문의 초록은 17페이지에 있습니다.

- There seems to be no way to know the gist of a movie without reading any spoilers.
  스포일러를 전혀 읽지 않으면서 영화의 핵심 줄거리를 알 수 있는 방법은 없는 듯하다.

거주자

tenant (건물의) 세입자, 임차인
resident (건물의) 입주자, (지역의) 거주자
inhabitant (특정 장소의) 거주자, 서식 동식물

- Tenants must get permission from their landlord if they want to replace any fixtures.
  세입자가 붙박이 설치물을 교체하려는 경우 집주인의 허락을 받아야 한다.

- The city boasts a population of almost 10 million residents.
  그 도시는 거의 천만에 달하는 거주민 수를 자랑한다.

- Most of the island's inhabitants own a cell phone.
  그 섬 주민의 대부분은 휴대전화를 가지고 있다.

가치

value (돈으로 환산되는) 가치, 중요도, 가격
worth (지적, 정신적, 도덕적) 가치
merit (비교 시의) 장점

- The estimated value of the painting is $5 million.
  그 그림의 추정 가치는 500만 달러입니다.

- I'd say it is worth opening an account at Hathaway Bank.
  해서웨이 은행에 계좌를 개설할 가치가 충분하나고 말할 수 있다.

- Ms. Naylor's suggestion seems to carry a lot of merit.
  네일러 씨의 제안에는 많은 장점이 있는 것 같다.

☐ 경계·한계

boundary (영역의) 경계선(=border)
barrier 방해물, 장벽
margin 여백, 가장자리, 경계, 한도, 오차

- The Pyrenees Mountains form a natural boundary between France and Spain.
  피레네산맥은 프랑스와 스페인 사이에 자연적인 경계를 이루고 있다.

- The security team put up barriers to prevent concert goers from climbing onto the stage.
  보안팀은 콘서트 관객들이 무대에 올라오는 것을 막기 위해 장벽을 설치했다.

- The writer left several notes in the margins in his original manuscript.
  그 작가는 원본 원고의 여백에 몇 가지 메모를 남겼다.

☐ 줄

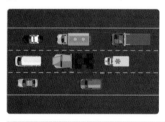

row 횡으로 늘어선 줄, 행
line 종으로 늘어선 줄, 열
lane 도로의 차선

- Hundreds of marathon runners were arranged into rows, waiting for the start signal.
  수백 명의 마라톤 주자들이 출발 신호를 기다리며 여러 줄로 정렬해 있었다.

- I hate waiting in line to get a table at a restaurant.
  나는 자리 때문에 식당 앞에서 줄을 서서 기다리는 게 싫다.

- Please remember to indicate before attempting to change lanes.
  차선 변경을 시도하기 전에 반드시 표시등으로 신호를 보내십시오.

☐ 무효

invalid (근거가 없어) 유효하지 않은, 인정되지 않는
void (법률적으로) 구속력이 없는, 무효인

- I'm afraid this gift voucher became invalid on January 1.
  아쉽게도 이 상품권은 1월 1일에 효력을 잃었습니다.

- The business agreement will be void if either party breaks the terms or conditions.
  당사자 중 어느 한 쪽이 계약 조건을 위반할 경우, 본 사업 계약은 무효가 됩니다.

☐ 한계·제한

constraint (시간·돈의 부족에 의한) 제약
confinement (신체의) 감금, 구금, 구속
restrictions (법률적) 제한, 제약

- We are canceling this year's company retreat due to financial constraints.
  재정적 제약으로 올해의 회사 야유회를 취소하려고 합니다.

- The maximum punishment for possessing drugs is confinement for 15 years.
  마약 소지에 대한 최고형은 15년간의 감금이다.

- The federal government puts restrictions on the export of some sensitive goods and technology.
  연방 정부는 몇몇 민감한 상품과 기술의 수출을 제한하고 있다.

☐ 전망

> **outlook** (앞으로의 상태에 대한) 전망
> **room** 기회, 여지

- The financial outlook for the next 6 months seems very promising.

  향후 6개월간의 재무 전망은 매우 밝아 보인다.

- The football team has plenty of room for improvement.

  그 축구 팀은 개선의 여지가 많다.

☐ 지역

> **region** (문화, 사회, 지리적 특징을 지닌) 지역
> **territory** (지배력이 미치는) 영토, 분야
> **zone** (도시 계획으로 나뉜) 지구, 구역

- The company is struggling to meet its revenue targets due to dwindling sales in the Northern European region.

  그 회사는 북유럽 지역에서의 매출 감소로 수익 목표 달성에 어려움을 겪고 있다.

- A tsunami struck the French territory of Martinique this morning.

  쓰나미가 오늘 아침 프랑스령 마르티니크 지역을 강타했다.

- Vancouver and Toronto are separated by five time zones.

  밴쿠버와 토론토 사이에는 5개의 시간대가 있다.

☐ 주요 사건

> **breakthrough** (오랜 정체 후의) 발전, 돌파구
> **milestone** 주요 연대표, 이정표
> **landmark** (상징적) 명소, (의미 있는) 사건

- Dr. Curnow is responsible for several breakthroughs in stem cell engineering.

  쿠르노 박사는 줄기세포 공학 분야에서 몇 가지 획기적인 발전을 이루었다.

- The proposed 4-hour flight to New York City would mark a milestone in transatlantic travel.

  제안된 뉴욕까지의 4시간짜리 비행은 대서양 횡단 여행의 이정표가 될 것이다.

- Canada's new Internet privacy bill passed in February is a landmark in the fight against online piracy.

  2월에 통과된 캐나다의 새로운 인터넷 개인정보보호법은 온라인 지적재산권 침해와의 싸움에서 의미 있는 사건이다.

☐ 요금

> **fare** (교통수단의) 요금
> **rate** (등급 체계를 지닌) 요금
> **fee** (전문 서비스에 대한) 수수료, 요금
> **toll** (도로, 다리의) 통행료, 장거리 통화료

- The bus company agreed to reduce fares on busy commuter routes.

  버스 회사는 혼잡한 통근 노선의 요금을 인하하기로 합의했다.

- The wedding photographer charged an hourly rate of $60.

  결혼식 촬영 사진사는 시간당 60달러의 요금을 청구했다.

- Tom was charged a late fee for not paying his public utility fees for the past three months.

  톰이 지난 3개월간 공공요금을 내지 않은 것에 대해 연체료가 부과되었다.

- There's a five-dollar toll to use the airport expressway.

  공항 고속도로를 이용하려면 5달러의 통행료를 내야 한다.

☐ 용량

capacity	용량, 수용 인원
volume	부피, 음량
quantity	(제품, 물건의) 수량
bulk	용적, (대량의) 미포장 상품

- The historic match took place in a stadium with a maximum capacity of 70,000 people.
  그 역사적 시합은 최대 7만명을 수용하는 경기장에서 열렸다.

- Export volume from China to the US decreased by 11% this year.
  올해 중국의 대미 수출량은 11% 감소했다.

- Police seized large quantities of illegal drugs in last night's crackdown.
  경찰은 지난 밤의 단속으로 많은 양의 불법 마약을 압수했다.

- We offer significant discounts on bulk orders.
  우리는 대량 주문 시 상당한 할인을 제공합니다.

☐ 약속·예약

reservation	(숙박, 식당, 교통의) 자리 예약
arrangement	(회의, 파티) 준비
appointment	(모임, 진료) 약속, 예약

- I'd like to make a room reservation for Saturday at 7 P.M., please.
  토요일 오후 7시로 객실 예약을 하고 싶습니다.

- My assistant will help me to make the travel arrangements.
  제 보조 직원이 제 여행 준비를 도와줄 것입니다.

- I have an appointment at the dentist this afternoon.
  오늘 오후에 치과 예약이 있습니다.

☐ 보상금·수여금

grant	(정부가 특별 용도로 지급하는) 보조금
benefit	(사회 보장) 급부, 수당
pension	(노령자, 퇴직자에게 주는) 연금

- He was awarded a research grant worth approximately $10,000.
  그는 약 1만달러 상당의 연구 보조금을 받았다.

- Those who are currently out of work and seeking a job can receive unemployment benefits.
  현재 실직 상태이며 구직 활동을 하고 있는 사람들은 실업 수당을 받을 수 있다.

- We deduct health insurance and pension from your monthly salary.
  귀하의 월급에서 건강 보험료 및 연금을 공제합니다.

☐ 비용·가격

price	(상품) 가격, 요금
cost	(상품 및 서비스의) 제반 비용, 대가
charge	(서비스) 요금

- Ski rental prices are higher this winter when compared to previous years.
  올 겨울은 스키 장비 대여료가 예년에 비해 더 높다.

- I chose to extend my stay in Jakarta because of the relatively low cost of living.
  상대적으로 저렴한 생활비 때문에 자카르타 체류 기간을 연장하기로 했다.

- Is there a charge for children under 6?
  6세 미만 어린이도 요금을 내야 합니까?

☐ 면

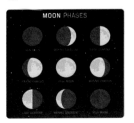

facet　(사물, 의견의) 일면, 국면, 양상
phase　(일련의 사건, 과정의) 한 단계

- Water and sunlight are important factors that play a vital role in several facets of health.
  물과 햇빛은 건강의 여러 측면에서 핵심 역할을 하는 중요한 요소들이다.

- Newly-developed drugs will go through five phases of testing.
  신약 개발은 다섯 단계의 테스트를 거칠 것입니다.

☐ 기준

benchmark　(비교의) 기준, 표준
criterion　(판단, 결정의) 기준 (복수형 criteria)

- The mortgage rate of the Bank of England is used as a benchmark for the industry.
  잉글랜드 은행의 주택담보대출 기준금리는 업계의 표준으로 사용된다.

- Leadership and responsibility are the most important criteria for promotion eligibility.
  지도력과 책임감은 승진 자격에서 가장 중요한 기준들이다.

☐ 할당·몫

installment　할부, 할부금
allowance　수당, 할인, 허용, 참작, 허용 오차
dividend　(투자 수익의) 배당금
allotment　할당, 분배, 몫

- The washing machine will be paid for in twelve monthly installments.
  세탁기 가격은 12개월 할부로 지불될 것입니다.

- The travel benefits include food and accommodation allowances.
  출장 수당에는 식사 및 숙박 수당이 포함됩니다.

- Samson Corporation has increased its quarterly dividend by 25 percent.
  삼손 사는 자사의 분기별 배당금을 25% 인상했다.

- The allotment of paid vacation days will be based on one's seniority within the company.
  유급 휴가 일수의 배분은 회사 내 연공서열을 바탕으로 할 것입니다.

☐ 차이

disparity　(불평등을 낳는) 격차
margin　(가격, 득표 등) 수치 차이
variation　변화, 편차

- As a clinical psychologist, he has studied the disparities between the way men and women think.
  임상 심리학자로서, 그는 남성과 여성의 사고방식 격차를 연구해 왔다.

- He won the match by a wide margin.
  그는 시합에서 큰 득점 차이로 승리했다.

- Only slight variations were made to the building's original blueprint.
  건물 설계도 원본에 약간의 변화만 주어졌다.

✔ 유사 의미어 | 형용사

☐ 건강한

fit	(심신이) 건강한, 적합한
robust	(경기가) 활발한, (심신이) 강건한
healthy	(상태가) 양호한, 건강한

- A moderately fit person should have no difficulty reaching the peak of Mount Crowe.

  어느 정도 건강한 사람이라면 크로우산 정상에 오르는 데 어려움이 없을 것이다.

- Although Benny's Accounting recently lost some of its clients, its business is still quite robust.

  최근 베니스 회계사무소가 일부 고객을 잃긴 했지만, 사업은 여전히 꽤 활발하다.

- Dentists say brushing and flossing three times daily will help to keep your teeth healthy.

  치과 의사들은 매일 세 번의 양치와 치실 사용이 치아를 건강하게 유지하는 데 도움이 될 것이라고 말한다.

다양한

| assorted | (다양한 유형) 구색을 갖춘, 다채로운 |
| diverse | (동일 유형) 구성이 다양한 |

- JCM Electronics Outlet offers assorted home appliances made by leading manufacturers at low prices.

  JCM 가전매장은 유명 제조사들이 만든 다양한 가전제품들을 저렴한 가격에 제공합니다.

- The restaurant offers a diverse range of food, from Mexican to Chinese.

  그 식당은 멕시코 음식부터 중국 음식까지 다양한 음식을 제공합니다.

진짜의

genuine	(가짜, 거짓이 아닌) 진본인, 진실된
actual	(가상이 아닌) 실제의, 현실의
	➡ 명사 앞에만 씀

- Ernest expressed his genuine respect to all of the people he'd worked with over the years.

  어니스트는 오랫동안 함께 일해 온 모든 사람들에게 진심어린 경의를 표했다.

- The actual flight time was 30 minutes less than expected due to strong tailwinds.

  강한 순풍으로 실제 비행 시간이 예상보다 30분 단축되었다.

열렬한

avid	(관심이) 열성적인
fervent	(감정, 신념 등이) 열렬한
furious	(기세가) 맹렬한

- Avid theatergoers lined up around the block on the opening night of the play.

  연극 개막식 당일 밤, 열성적인 관객들이 극장 주변에 줄지어 섰다.

- The retired baseball player received fervent support from all of his fans.

  은퇴한 야구선수는 모든 팬들로부터 열렬한 지지를 받았다.

- A furious blizzard swept through the city, leaving a thick blanket of snow.

  맹렬한 눈보라가 도시를 휩쓸고 지나가면서, 두꺼운 눈으로 뒤덮었다.

기초의

| primary | (가치, 중요성, 지위상) 주된, 주요한 |
| preliminary | (순서상) 초기의, 임시의, 예비의 |

- The primary goal of the concert is to raise funds for a children's hospital.

  이 콘서트의 주된 목표는 어린이병원 기금 마련이다.

- Based on preliminary survey results, most residents are satisfied with local amenities.

  사전 설문 결과에 따르면, 대다수 주민들이 지역 편의시설에 만족하고 있다.

✔ 유사 형태어 | 동사

☐ **absolve** 면제하다, 사면하다
☐ **dissolve** 용해하다, 해산하다, 희미해지다
☐ **resolve** 결심하다, 해결하다, 분석하다

- Mr. Weiss has been absolved of his duties as plant operator.

  바이스 씨는 공장 관리자직에서 면직되었다.

- It is recommended that you dissolve the medication in lukewarm water.

  이 약을 미지근한 물에 타서 드시기 바랍니다.

- The department managers were unable to resolve their dispute.

  각 부서장들은 의견 차이를 해소할 수 없었다.

☐ **attest** 증명하다, 입증하다, 증언하다
☐ **detest** 혐오하다, 싫어하다

- She attested to Caroline's remarkable management ability.

  그녀는 캐롤라인의 뛰어난 경영 능력에 대해 증언했다.

- Most people detest going to the dentist to get a tooth extracted.

  대부분의 사람들은 이를 뽑기 위해 치과에 가는 것을 싫어한다.

☐ **aggravate** 악화시키다, (죄를) 가중하다, 괴롭히다
☐ **aggregate** 집합하다

- The noise from the renovation work is really aggravating my neighbors.

  개조 공사의 소음이 정말로 동네 사람들을 괴롭히고 있다.

- To conserve energy and stay warm, penguins aggregate in huddles.

  에너지를 아끼고 몸을 따뜻하게 유지하기 위해 펭귄들은 무리로 모여서 생활한다.

☐ **denounce** 비난하다, (조약 폐기를) 선언하다
☐ **renounce** 그만두다, (권리, 지위 등을) 포기하다

- The other board members strongly denounced the comments made by Mr. Schrader.

  위원회의 다른 임원들은 슈레더 씨가 한 발언을 비난했다.

- In 1936, Edward VII renounced his claim to the throne.

  1936년 에드워드 7세는 자신의 왕권을 포기했다.

☐ **collide** 충돌하다, 상충하다
☐ **corrode** 부식하다, 침식하다

- When the particles collide, energy is produced.

  입자들이 충돌하면, 에너지가 생성된다.

- Household water pipes corrode over time due to general wear and tear.

  가정용 수도관은 일반적인 마모와 파손으로 인해 시간이 지남에 따라 부식한다.

☐ **conserve** 절약하다, 보존하다
☐ **reserve** (권한 등을) 보유하다, 예약하다, 보류하다

- In order to conserve food during wartime, many families only had one meal per day.

  전시에는 식량을 절약하기 위해서, 많은 가정들이 하루에 단 한 끼만 먹었다.

- Under the leasing contract, the landlord reserves the right to visit the premises at any time unannounced.

  임대 계약상, 집주인은 언제든 불시에 건물을 방문할 권리가 있다.

☐ **depose** 면직하다, 증언하다
☐ **dispose** 적절히 배치하다, 처리하다

- The client's lawyer submitted a formal request to depose the chairman.

  의뢰인의 변호사는 의장을 일선에서 퇴진시키는 정식 요청서를 제출했다.

- Harmful chemicals must be properly disposed of according to the laboratory regulations.

  유해한 화학물질은 실험실 규정에 따라 적절히 폐기돼야 한다.

☐ **deviate** 빗나가다, 벗어나다
☐ **obviate** 미연에 방지하다

- When giving a speech, do not deviate too far from your main points.

  연설을 할 때, 요점에서 너무 많이 벗어나지 마십시오.

- Safety protocols are in place to obviate the risk of serious injury.

  심각한 부상 위험을 미연에 방지하기 위한 안전 프로토콜이 시행되고 있다.

☐ **dispense** 분배하다, 면제하다, 처방하다
☐ **disperse** 흩뿌리다, 살포하다, 분산시키다, 해산시키다

- My grandmother would often dispense invaluable advice to me.

  우리 할머니는 종종 내게 아주 소중한 충고를 해주시곤 하셨다.

- The riot police dispersed most of the protesters and arrested a few.

  전투경찰이 대부분의 시위자들을 해산시켰고 몇몇을 체포했다.

☐ **diverge** (의견이) 갈라지다, 분기하다, 벗어나다
☐ **diversify** 다양화하다

- The speaker had a tendency to diverge from the main topic of her presentation.

  그 연사는 발표의 핵심 주제에서 벗어나는 경향이 있었다.

- Green Furniture, Inc. has diversified its range of home and commercial furniture to expand globally.

  그린 퍼니처 사는 세계 시장으로 확장하기 위해 자사의 가정 빛 업소용 가구 상품들을 다양화했다.

☐ **embrace** 포용하다, 수용하다
☐ **embarrass** 난처하게하다, 곤란하게하다

- People throughout the world were quick to embrace new mobile phone technology.

  전 세계 사람들은 새로운 휴대전화 기술을 빠르게 수용했다.

- Employees are fired in private so as not to embarrass them.

  직원들이 해고될 때는 난처하지 않도록 개인적으로 통보된다.

☐ **exploit** 개척하다, 이용하다
☐ **explicate** 설명하다

- We are taking action to exploit an opportunity in the technology market.

  우리는 기술 시장의 기회를 이용하려는 조치를 취하는 중이다.

- The author attempted to explicate the reason for human existence.

  그 작가는 인간의 존재 이유를 설명하려고 했다.

☐ **excerpt** 발췌하다
☐ **except** 제외하다

- The speaker excerpted a passage from Dostoevsky's *Crime and Punishment*.

  연사는 도스토예프스키의 '죄와 벌'에서 한 구절을 발췌했다.

- All staff should attend the weekly meetings, part-time interns excepted.

  전 직원이 주간회의에 참석하되, 시간제 인턴은 제외입니다.

☐ **incite** 자극하다, 선동하다
☐ **recite** 암송하다, 상세히 기술하다, 재인용하다

- The racist group was accused of inciting a violent attack against an immigrant family.

  그 인종차별 단체는 한 이민자 가정에 대한 폭력적 공격을 선동한 혐의로 고발되었다.

- He began his career by reciting his own poetry in coffee houses.

  그는 커피숍에서 자신의 시를 암송하면서 경력을 쌓기 시작했다.

☐ **improvise** 즉흥적으로[임기응변으로] 하다
☐ **impoverish** 가난하게 하다, 불모로 만들다

- My brother had to improvise a shelter when he realized he had forgotten his tent.

  내 동생은 텐트를 가져오지 않았나는 것을 깨달았을 때, 즉흥적으로 숙소를 마련해야 했다.

- The country was impoverished by a war that lasted for 12 years.

  그 나라는 12년간 지속된 전쟁으로 피폐해졌다.

☐ **incur** (손실을) 입다, (위험 등을) 자초하다
☐ **recur** 반복되다, 재발하다, 호소하다

- Ms. Patterson incurred a huge number of debts after losing her job.

  패터슨 씨는 실직 후 엄청난 빚을 졌다.

- It is common for earthquakes to recur multiple times in the same area.

  지진이 같은 지역에서 여러 번 재발하는 것은 흔한 일이다.

☐ **interrupt** (말을) 차단하다, (일을) 방해하다
☐ **intercept** (도중에) 가로채다, (중간에) 가로막다

- Please be advised that your Internet service will be interrupted temporarily during the installation process.
  설치 과정 중에 인터넷 서비스가 잠시 중단될 것이라는 점을 알아 두시기 바랍니다.

- Police intercepted a stolen vehicle after it fled the scene at a high speed.
  경찰은 도난 차량이 빠른 속도로 현장에서 달아난 후에 이 차량을 가로막았다.

☐ **mandate** 명령하다, 위임하다
☐ **mediate** 조정하다, 화해시키다

- The government mandated an increase to the minimum working wage.
  정부는 최저임금 인상을 명령했다.

- Trade union officials attempted to mediate the disagreement between staff and management.
  노조 간부들은 노사의 이견 조정을 시도했다.

☐ **persecute** 박해하다, 괴롭히다, 탄압하다
☐ **prosecute** 기소하다, 수행하다, 종사하다

- The Nazi government persecuted not only Jews but also many non-Aryan ethnic groups.
  나치 정권은 유태인뿐만 아니라 많은 비아리안계 소수민족들도 탄압했다.

- Several company executives were prosecuted on charges of bribery.
  회사 몇몇 중역들이 뇌물 혐의로 기소되었다.

☐ **pervade** 널리 퍼지다, 세력을 떨치다
☐ **prevail** 우세하다, 압도하다, 만연하다, 유행하다

- A sense of excitement pervaded the crowd that had gathered to watch the candidate's speech.
  그 후보자의 연설을 보려고 모인 군중은 흥분감에 휩싸였다.

- The hiking group prevailed after an arduous 35-kilometer trek through the jungle.
  그 하이킹 그룹은 정글을 통과하는 35킬로미터의 고된 도보 여행을 견뎌냈다.

☐ **repel** 물리치다, (생각 등을) 떨쳐버리다
☐ **refill** 다시 보충하다, 리필하다

- The British troops fought hard but were unable to repel the invading American militia forces.
  그 영국군은 열심히 싸웠지만 침공한 미국 민병대원들을 물리칠 수 없었다.

- At our restaurant, customers may refill their soft drinks for no extra charge.
  저희 식당에서는 고객들이 추가 요금 없이 음료수를 리필할 수 있습니다.

☐ **replicate** 모방하다, 복제하다, 재현하다
☐ **complicate** 복잡하게 하다

- The sculptor tried to replicate the style used by Michelangelo.
  그 조각가는 미켈란젤로가 사용했던 양식을 재현하려고 노력했다.

- Introducing a retina scanner might unnecessarily complicate the sign-in procedure.
  망막 스캐너를 도입하는 것이 쓸데없이 로그인 절차를 복잡하게 만들 수도 있다.

☐ **slap** 살짝 때리다
☐ **slip** 미끄러지다, 살짝 빠져나가다

- A school teacher was taken into custody for allegedly slapping one of his students.
  한 교사가 한 학생을 때린 혐의로 구속되었다.

- Take care not to slip on the wet floor when working in the restaurant's kitchen.
  식당 주방에서 일할 때는 젖은 바닥에서 미끄러지지 않도록 조심하세요.

☐ **emasculate** 무력화하다, 거세하다
☐ **inoculate** 접종하다

- Some men saw the movie as an attempt to emasculate them.
  남성들 일부는 그 영화를 자신들을 무력화시키려는 시도로 보았다.

- As early as in the 10th century, many Chinese noblemen and women were inoculated for smallpox.
  빠르게는 10세기경에, 많은 중국 귀족과 여성들이 천연두 예방 접종을 받았다.

☐ excursion 짧은 여행
☐ exclusion 제외, 배척

- The excursion to Bruar Waterfall includes rough terrain, so bring sturdy footwear.
  브루어 폭포 여행에는 험한 지형이 포함되어 있으니 튼튼한 신발을 가지고 오세요.

- The committee questioned the health inspector about the suspicious exclusions in his report.
  위원회는 보건 검열관의 보고서에서 누락된 수상한 사항들에 대해 그를 심문했다.

☐ delegate 대표자, 대리인
☐ advocate 옹호자, 지지자, 대변자

- The firm sent a delegate to meet with potential investors from Japan.
  회사는 일본의 잠재 투자자들을 만나도록 대리인을 파견했다.

- Consumer advocates are calling for a national recall of the defective SP 9 SUV model.
  소비자 권익보호 대변자들은 결함이 있는 SP 9 SUV 모델에 대해 전국적인 리콜을 시행하도록 요구하고 있다.

☐ census 인구조사
☐ consensus 의견 일치, 여론

- One of the oldest preserved censuses was carried out in China during the Han Dynasty.
  가장 오래 보존된 인구조사 중 하나는 중국 한 왕조에서 행해졌다.

- The general consensus is that cell phones pose minimal health risks.
  휴대전화기가 건강에 미치는 위험은 극히 적다는 것이 통념이다.

☐ destination 목적지
☐ destitution 결핍, 빈곤, 궁핍

- Once we arrive at our destination, you are free to explore the town at your leisure.
  일단 목적지에 도착하면, 편한 시간에 마을을 자유롭게 돌아볼 수 있습니다.

- The missionaries were shocked by the destitution they witnessed in Calcutta.
  선교사들은 캘커타에서 목격했던 빈곤에 충격을 받았다.

☐ counterfeit 모조품
☐ counterpart 사본, 대조물, 짝을 이루는 것

- The art expert determined that the painting was a counterfeit.
  미술 전문가는 그 그림이 모조품이었다는 결론을 내렸다.

- The head of stem cell research in Toronto will collaborate with his counterpart in Boston.
  토론토의 줄기세포 연구 책임자는 보스턴의 줄기세포 연구 책임자와 협력할 것이다.

☐ crash (사물의) 충돌
☐ clash (사람, 세력의) 충돌
☐ crush 압착, 분쇄, 혼잡, 홀딱 반함

- Twelve vehicles were involved in the crash, which brought traffic to a standstill.
  12대의 차량들이 충돌 사고를 일으키면서 교통이 마비되었다.

- A clash between a group of demonstrators and police broke out during an anti-government protest.
  반정부 시위에서 한 무리의 과격 시위대와 경찰이 충돌했다.

- Scores of people were killed in the fatal crush that occurred when people tried to flee the fire.
  사람들이 불길을 피해 탈출하려고 하면서 발생한 치명적인 압사 사고로 수십 명이 사망했다.

☐ allusion 암시, 넌지시 하는 말
☐ collusion 공모

- The Best Actress winner made an allusion to gender pay gap.
  여우주연상 수상자는 보수에 대한 성차별을 넌지시 언급했다.

- Investigators announced that some officials were in collusion with the criminals.
  수사관들은 일부 관리들이 범죄자들과 공모했다고 발표했다.

☐ alternation 교대, 교체
☐ alteration 변경, 개조

- The alternation of the seasons has a significant effect on the migration of zebras.
  계절 변화는 얼룩말 무리의 이동에 중대한 영향을 미친다.

- The museum made several alterations to its visitor guidebook.
  박물관은 방문자 안내서에서 몇 가지를 변경했다.

☐ anecdote 일화
☐ antidote 해독제, 대책

- Many people have shared anecdotes about Robin Williams after he passed away.
  많은 사람들이 로빈 윌리엄스가 사망한 후에 그에 대한 일화들을 공유해왔다.

- There is no known antidote to fugu poisoning.
  복어 독 중독에 대해서는 알려진 해독제가 없다.

☐ heredity 상속, (형질의) 유전
☐ heritage 전통, 유산, (세습된) 지위

- The color of an individual's eyes is determined by heredity.
  사람의 눈 색깔은 유전적으로 결정된다.

- Now some scientists claim that most Europeans are of Mongolian heritage.
  현재 일부 과학자들은 유럽인 대부분이 몽골 계통이라고 주장한다.

☐ inversion (순서 등의) 도치, 역, 반대
☐ intrusion 침입, 방해

- The newspaper article was described as a complete inversion of the true events.
  그 신문 기사는 실제 사건과 정반대라고 묘사되었다.

- The intrusion of an overenthusiastic fan brought the performance to a halt.
  극성 팬의 난입으로 공연이 중단되었다.

☐ legislation 법률 제정, 입법
☐ registration 등록, 등기

- A petition was submitted in opposition to the anti-immigration legislation.
  이민방지법안에 반대하는 청원이 제출되었다.

- Registration for our summer art classes must be completed by April 30.
  저희 하계 미술강좌 등록은 4월 30일까지 완료되어야 합니다.

☐ probation 집행유예, 보호관찰
☐ prohibition 금지

- A high number of criminals commit offences while on probation.
  다수의 범죄자들이 보호관찰 중에 범법 행위를 저지른다.

- The prohibition of alcohol led to a sharp rise in black market trading during the 1920s.
  1920년대에 주류 금지는 암시장 거래의 급격한 상승으로 이어졌다.

☐ promotion 승진, 촉진
☐ premonition 예감, 전조

- Soon after joining *The New York Times*, he received a promotion to entertainment editor.
  '뉴욕 타임즈'에 입사하고 머지않아 그는 연예부 편집자로 승진했다.

- Nostradamus claimed to have had hundreds of premonitions about future world events.
  노스트라다무스는 미래의 세계적 사건들에 대해 수백 가지의 예감이 들었다고 주장했다.

☐ recession 후퇴, 불경기
☐ reception 받음, 접대, 평판, 환영회

- The economy has finally bounced back after last year's recession.
  작년의 불경기 이후 경기가 마침내 회복되었다.

- Obama's reception of the Nobel Peace Prize was seen by his critics as premature and unwarranted.
  오바마의 노벨평화상 수상은 비판자들에게 시기상조이며 부당한 것으로 비쳐졌다.

✔ 유사 형태어 | 형용사

☐ absolute 절대적인, 완전한
☐ obsolete 쓸모없는, 진부한, 노후한

- The organizers of Band Aid declared the event an absolute success.
  밴드 에이드 행사 기획자들은 그 행사가 완전한 성공이라고 주장했다.

- After the emergence of portable CD players, cassette players quickly became obsolete.
  휴대용 CD 플레이어가 출현한 후 카세트 플레이어는 금방 쓸모없는 물건이 되었다.

☐ **credible** 신뢰할 만한
☐ **credulous** 속기 쉬운

- Several credible sources have spoken out regarding the author's tendency to plagiarize.
  몇 군데 믿을 만한 소식통들이 그 작가의 표절 경향에 대해 과감히 문제를 제기했다.

- Credulous persons are often the victims of scams while traveling overseas.
  잘 속는 사람들이 외국을 여행하는 동안 종종 사기 피해자가 된다.

☐ **discrete** 분리된, 불연속의
☐ **discreet** 사려 깊은

- The convention will be separated into five discrete sections, each with a different theme.
  총회는 각각 다른 주제를 가진 다섯 개의 독립 분야로 나뉠 것이다.

- Medical clinic staff are always discreet when discussing sensitive information with patients.
  병원의 직원들은 환자와 민감한 정보를 논의할 때 항상 깊이 생각합니다.

☐ **considerable** 상당한, 중요한
☐ **considerate** 신중한, 이해심 있는, 사려 깊은

- Environmental protection agencies are making a considerable effort to reduce deforestation.
  환경보호 기관들이 삼림 벌채를 줄이기 위해 상당한 노력을 기울이고 있다.

- We must be considerate when dealing with the complaints of our hotel guests.
  우리는 호텔 투숙객들의 불만을 처리할 때 신중해야 합니다.

☐ **contemptible** 경멸할 만한, 비열한
☐ **contemptuous** 오만한, 업신여기는

- The senator's comments on abortion were seen as utterly contemptible by many women.
  그 상원의원의 낙태에 대한 발언은 많은 여성들에게는 완전히 경멸스러운 것으로 여겨졌다.

- His contemptuous remarks resulted in the judge handing out an even harsher sentence.
  그의 오만한 발언은 판사로 하여금 더 가혹한 판결을 내리도록 했다.

☐ **continent** 금욕적인
☐ **pertinent** 적절한, 관계 있는

- Those monks who are allowed to marry are required to maintain continent relationships.
  결혼이 허용된 승려들은 금욕적인 관계를 유지해야 한다.

- Make sure to include all pertinent information when requesting equipment repairs.
  장비 수리를 요청할 때, 꼭 관련 정보를 모두 포함해 주세요.

☐ **compatible** 조화할 수 있는, 호환성의
☐ **competitive** 경쟁적인

- These days, most cell phones are compatible with wireless headphones.
  요즘 대부분의 휴대폰은 무선 헤드폰과 호환됩니다.

- Steve Jobs is remembered not only for his innovation but also for his competitive nature.
  스티브 잡스는 기술 혁신뿐만 아니라 경쟁적인 성격으로도 기억되고 있다.

☐ **confident** 확신하는, 자신만만한
☐ **confidential** 신뢰할 수 있는, 비밀의

- Economists remained confident that the country would avoid slipping into a recession.
  경제학자들은 나라가 경기 침체에 빠져드는 것을 피할 것이라고 계속 확신했다.

- Some of the confidential files relating to the JFK assassination are yet to be released.
  존 F. 케네디 대통령 암살 사건과 관련된 기밀 파일 일부는 여전히 공개되지 않고 있다.

☐ **congenial** 원만한, 조화하는, 유쾌한
☐ **congenital** 선천적인

- The president preferred to meet with foreign dignitaries in the congenial surroundings of his private study.
  대통령은 개인 서재의 편안한 분위기에서 외국 사절을 만나는 것을 선호했다.

- Medical records indicate that 20% of the children born in the polluted area suffer from a congenital respiratory condition.
  의료 기록에 따르면, 그 오염된 지역에서 태어난 어린이의 20%가 선천성 호흡기 질환을 앓고 있다.

☐ **anonymous** 익명의
☐ **unanimous** 만장일치의

- Police were given advance warning about the robbery from an anonymous caller.
  경찰은 익명의 제보자로부터 강도 사건에 대해 사전 경고를 받았다.

- The judges were unanimous in their decision to award the film the Best Picture Oscar.
  심사위원들은 그 영화에 오스카 최우수 작품상을 수여하는 결정에 만장일치였다.

☐ **beneficent** 인정 많은, 자선을 행하는
☐ **beneficial** 도움이 되는, 유익한, 이로운

- Yarnham University encourages its students to engage in beneficent community activities.
  얀햄 대학교는 학생들에게 지역사회 자선 활동에 참여하도록 권장하고 있다.

- The generous bonuses given to the staff of Saul & Goodman proved beneficial for the firm's annual tax deductions.
  사울 앤 굿맨 사 직원들에게 주어지는 후한 보너스는 회사의 연말 세금 공제에 유리한 것으로 드러났다.

☐ **capacious** 널찍한
☐ **capricious** 변덕스러운, 예측 불가능한

- Travelers making their way across the U.S. on a budget will have to sacrifice capacious lodgings and fine dining to save money.
  한정된 예산으로 미국을 횡단하는 여행자들은 돈을 절약하기 위해 널찍한 숙소와 훌륭한 식사를 포기해야 할 것이다.

- Even professional investors struggle to predict the capricious nature of the stock exchange.
  심지어 전문 투자자들도 증권 거래소의 변덕스러운 특성을 예측하는 데 어려움을 겪는다.

☐ **permanent** 영속하는, 종신의
☐ **prominent** 두드러진, 저명한

- After one year of employment, management will decide whether to make the position permanent.
  1년 근무 후에, 경영진이 그 자리를 정규직으로 전환할지 결정할 것이다.

- Before entering politics, Senator Cooper was a prominent attorney in Boston.
  정치에 입문하기 전, 쿠퍼 상원의원은 보스턴에서 저명한 변호사였다.

☐ **distinct** 별개의, 독특한, 명확한
☐ **extinct** 불이 꺼진, 소멸된, (화산 등이) 활동을 멈춘

- The performer's stage persona and true character were very distinct.
  그 연기자의 극중 인물과 실제 성격은 확실히 별개였다.

- Unless action is taken, many more bird species may become extinct.
  조치를 취하지 않으면, 더 많은 종의 조류가 멸종될 수 있다.

☐ **detrimental** 해로운
☐ **determined** 단호한(=resolute), 결심한, 확정된

- Most people already know that smoking is very detrimental to one's health.
  대부분의 사람들은 이미 흡연이 건강에 매우 해롭다는 것을 알고 있다.

- The organization is determined to stop poachers from hunting animals in the national parks.
  그 단체는 밀렵꾼들이 국립공원에서 동물을 사냥하는 행위를 근절하겠다는 의지가 단호하다.

☐ **economic** 경제의, 경제에 대한
☐ **economical** 경제적인, 절약하는

- The musician chose to move abroad for economic reasons.
  그 음악가는 경제적인 이유에서 해외로 이주하기로 결정했다.

- The new economical fuel system can help people to save on gas costs.
  경제적인 신형 연료 시스템은 사람들이 휘발유 비용을 절약하는 데 기여할 수 있다.

☐ **effective** 법률이 유효한, 효과적인
☐ **efficient** 능률적인, 효율적인

- Group therapy has been shown to be an effective approach in the rehabilitation of drug addicts.
  집단요법은 약물 중독자의 재활에 효과적인 접근법으로 밝혀졌다.

- The new pipeline will serve as an efficient oil delivery system for remote communities.

  새로운 송유관은 멀리 떨어져 있는 지역에 대한 효율적인 석유 공급 시스템 역할을 할 것이다.

□ **eminent** 저명한, 우뚝 솟은
□ **imminent** 임박한

- Professor Nelson is regarded as an eminent scientist in the field of biochemistry.

  넬슨 교수는 생화학 분야에서 저명한 과학자로 여겨진다.

- The imminent arrival of the train was announced by an alarming sound.

  열차의 도착이 임박함을 알리는 경고음이 울렸다.

□ **extraneous** 외래의, 외부의
□ **extravagant** 낭비의, 사치스러운

- A large volume of extraneous substances were detected in the river water.

  강물에서 다량의 외부 물질이 검출되었다.

- New Year celebrations in major cities are typically marked by extravagant parties or parades.

  주요 도시에서 열리는 새해 행사는 일반적으로 화려한 파티나 퍼레이드로 이뤄진다.

□ **fertile** 비옥한, 기름진
□ **futile** 쓸모 없는, 가망 없는

- Farmers take advantage of the region's fertile soil and natural water sources.

  농부들은 그 지역의 비옥한 토양과 천연 수자원을 활용한다.

- All attempts to contain and eradicate the epidemic disease proved to be futile.

  그 전염성 질병의 확산을 차단하고 박멸하려는 모든 시도가 헛된 것으로 드러났다.

□ **impartial** 편견이 없는, 공정한
□ **impotent** 무기력한

- It is important to remain impartial when settling a dispute between employees.

  직원들 사이의 다툼을 해결할 때 공정성을 유지하는 것이 중요하다.

- The president's impotent approach to fighting corruption was viewed as weakness by his supporters.

  대통령의 부패와의 전쟁에 대한 무기력한 접근은 그의 지지자들에게 약점으로 비춰졌다.

□ **imperious** 거만한, 무시하는, 위엄있는
□ **impetuous** 행동이 성급한, 충동적인

- Prof. Muller's imperious manner won him the begrudging respect of the students.

  뮬러 교수의 거만한 태도는 학생들의 억지 존경을 얻게 했다.

- His impetuous decision to quit school was one he regretted for the rest of his life.

  학교를 그만둔 그의 충동적 결정은 그가 평생 후회한 일이었다.

□ **imprudent** 경솔한, 무분별한
□ **improvident** 선견지명이 없는, 생각이 없는

- The telecommunications company's decision to provide sensitive client information to the police was deemed imprudent.

  민감한 고객정보를 경찰에 제공하기로 한 그 통신사의 결정은 경솔한 것으로 여겨졌다.

- Mr. Anderson's improvident spending resulted in the organization's financial collapse.

  앤더슨 씨의 생각이 없는 지출이 조직의 재정 붕괴를 초래했다.

□ **ineligible** (선출될) 자격이 없는, 부적격의
□ **inevitable** 불가피한, 필연적인

- Any employees who fail to attend three training workshops per year are automatically ineligible for promotion.

  매년 3회의 교육 워크숍에 참석하지 못한 직원은 누구든 자동으로 승진 자격이 없습니다.

- Poor construction work led to the inevitable collapse of the bridge.

  부실 공사가 불가피한 다리 붕괴로 이어졌다.

□ **literate** 글을 읽고 쓸 줄 아는
□ **literal** 실제의, 꾸밈없는, 여과없는

- According to a recent study, around 32 million adults in the US are not fully literate.

  최근 연구에서, 약 3천 2백만 명의 미국 성인들이 글을 제대로 읽고 쓸 줄 모르는 것으로 드러났다.

- Doctors provided a highly literal description of the conditions in the refugee camp.

  의사들은 난민 수용소의 실상을 정말 있는 그대로 설명했다.

- Hundreds of prospective buyers submitted bids for the rare painting.

  수백 명의 구매 희망자들이 그 희귀한 그림에 대한 입찰 신청서를 제출했다.

☐ **ingenious** 독창적인
☐ **ingenuous** 솔직한, 천진난만한

- Elon Musk has been praised for his ingenious high-speed transportation system.

  엘론 머스크는 그의 독창적인 고속교통시스템에 대해 찬사를 받았다.

- The award winner's ingenuous acceptance speech was met with a warm round of applause.

  수상자의 솔직한 수상 소감 후에 열렬한 박수가 쏟아졌다.

☐ **insolvent** 지불 불능의, 파산한
☐ **insolent** 건방진, 무례한

- The textile manufacturer was declared insolvent only 3 years after its establishment.

  그 섬유회사는 불과 설립 3년 만에 파산 선고를 받았다.

- Some children exhibit insolent behavior when they do not receive enough personal attention.

  어떤 아동들은 개인적인 관심을 충분히 받지 못할 때 무례한 행동을 보인다.

☐ **obscene** 외설적인
☐ **obscure** 불분명한, 이해하기 힘든, 눈에 띄지 않은

- In some countries, the use of obscene language is punishable by law.

  몇몇 나라에서는 외설적인 언어를 사용하면 법적 처벌을 받을 수 있다.

- The film festival aims to showcase obscure films by relatively unknown directors.

  그 영화제는 비교적 무명인 감독들이 만든 알려지지 않은 영화들을 소개하는 것이 목적이다.

☐ **prosperous** 번영한, 번창한
☐ **prospective** 예기된, 장차의, 가망 있는

- Treetop Technologies celebrated its most prosperous year yet by giving its employees a generous holiday bonus.

  트리톱 테크놀로지 사는 직원들에게 두둑한 명절 보너스를 지급함으로써 최고로 번창한 한 해를 축하했다.

☐ **obvious** 명백한, 뻔한, 노골적인
☐ **oblivious** 잘 잊어버리는, 깨닫지 못하는

- The accounting program's numerous flaws were immediately obvious to the test users.

  회계 프로그램의 많은 결함들이 시험 사용자들의 눈에 명백했다.

- My brother was oblivious to the steep risks of his latest investment.

  내 동생은 최근 투자의 높은 위험들을 깨닫지 못했다.

☐ **ominous** 불길한, 험악한
☐ **obnoxious** 역겨운, 불쾌한

- Yesterday's massive stock sell-off was an ominous sign of an impending market crash.

  어제의 주식 대량 매도 사태는 임박한 시장 붕괴의 불길한 징조다.

- While some may find the antics of comedian Colin Haynes obnoxious, his popularity continues to soar.

  어떤 이들은 코미디언 콜린 헤인스의 익살을 불쾌하게 여길지 모르지만, 그의 인기는 계속해서 치솟고 있다.

☐ **precious** 귀중한
☐ **precarious** 불확실한, 불안정한, 근거가 없는

- Though the necklace was of little worth, it was still precious to Nancy, and she wore it every day.

  그 목걸이는 비록 별 가치가 없는 것이었지만, 낸시에게는 여전히 소중한 것이었고, 매일 그 목걸이를 착용했다.

- The artist balanced upon precarious scaffolding to add some finishing touches to the top of the mural.

  그 미술가는 불안정한 비계 위에서 중심을 잡고 서서 벽화 상부에 최종 마무리 작업을 했다.

☐ **superficial** 표면의, 피상적인, 얕은
☐ **superfluous** 과도한, 과잉의, 부적절한, 불필요한

- Before taking the training course, Eric had only a superficial understanding of network security.

  에릭은 교육 과정을 수강하기 전에는 네트워크 보안에 대해 피상적으로만 알고 있었다.

- Reilly Architecture specializes in ergonomic designs that avoid superfluous features.

  라일리 건축사는 불필요한 기능을 배제하는 인체공학적 디자인을 전문으로 한다.

☐ **upcoming** 다가오는, 이번의
☐ **uplifting** 사기를 높이는, 고취하는, 희망을 주는

- This upcoming electronics expo will display some next-generation devices that will revolutionize home entertainment.

  다가오는 이번 전자박람회는 홈엔터테인먼트를 혁신할 차세대 기기 몇 가지를 선보일 예정입니다.

- Cable news programs usually ends with an uplifting story to balance out the public broadcast's more serious content.

  케이블 뉴스 프로그램은 공중파 방송의 보다 더 심각한 내용들과 균형을 맞추기 위해 보통 희망을 주는 이야기로 끝난다.

☐ **venerable** 존경할 만한, 유서 깊은
☐ **vulnerable** 공격받기 쉬운, 취약한

- John Glenn, the first American to orbit the Earth, was also a venerable senator in Congress for 24 years.

  지구 궤도를 돈 최초의 미국인 존 글렌은 또한 24년 동안 의회에서 존경받는 상원의원이었다.

- New regulations on commercial fishing were enacted to protect vulnerable marine species along the Peruvian coast.

  페루 해안에서 서식하는 취약한 해양 생물들을 보호하기 위해 상업적 어업에 대한 새로운 규제들이 제정되었다.

최빈출 유사 어휘 암기 콕!

다음의 짧은 퀴즈를 풀어본 뒤, 정답만 콕! 찍어서 해석과 함께 암기하도록 한다.

1. (developed, realized) something was bothering him
   무엇인가 그를 괴롭힌다는 것을 **깨달았다**

2. look (consumed, exhausted)
   피곤해 보이다

3. pay the (rent, lease)
   집세를 내다

4. replace all (resolute, obsolete) devices
   노후한 기기들을 모두 교체하다

5. strictly (confidential, controversial) documents
   극비 문서

6. (beneficent, beneficial) for health
   건강에 **이로운**

7. (earnest, eligible) to attend the seminar
   세미나에 참석할 **자격이 있는**

8. Am I (interrupting, intercepting) you?
   제가 **방해했나요**?

9. Just some (supernatural, superficial) injuries.
   그냥 **얕은** 상처야.

10. a (respectable, respective) career
    훌륭한 경력

11. not very (economic, economical) procedures
    매우 **경제적이지** 못한 절차

12. have (diverse, decisive) food choices
    선택할 수 있는 **다양한** 음식들이 있다

13. (impoverish, improvise) a speech
    즉석에서 연설을 **하다**

14. an ample (access, source) of wood
    풍부한 목재 **자원**

15. a (considerable, considerate) man
    사려 깊은 사람

16. throughout the (whole, complete) year
    한 해 내내

17. not (compose, comprehend) how competitive the job market is
    구직시장이 얼마나 경쟁이 심한 지 **이해하지** 못하다

18. A (notification, synopsis) alert will flash.
    알림 신호가 반짝할 것이다.

19. (implement, operate) a clothing factory
    의류 공장을 **경영하다**

20. offer (effective, efficient) mileage
    효율적인 연비를 제공하다

21. (compatible, comparative) with existing equipment
    기존 장비와 **호환이 되는**

22. Do you (accept, admit) a credit card?
    신용카드 **받습니까**?

23. show an (invincible, inscrutable) smile
    알 수 없는 미소를 짓다

24. (seek, locate) more lucrative employment
    급여가 더 좋은 일을 **구하다**

25. (expedite, extend) deliveries to customers
    고객에게 배달을 **더 신속히 처리하다**

정답 1. realized 2. exhausted 3. rent 4. obsolete 5. confidential 6. beneficial 7. eligible 8. interrupting 9. superficial
10. respectable 11. economical 12. diverse 13. improvise 14. source 15. considerate 16. whole 17. comprehend
18. notification 19. operate 20. efficient 21. compatible 22. accept 23. inscrutable 24. seek 25. expedite

🔒 기출 Check-up Test

기출문제를 포함한 실전 문제들을 풀어보면서 앞에서 공부한 내용을 제대로 암기했는지 확인해본다.
틀린 문제는 반드시 암기리스트에서 복습을 한 후 다시 풀어보아야 한다.

Part 1 빈칸에 알맞은 단어 고르기

1. A: Who is Serena talking to at the reception desk?
   B: Oh, that's our new sales manager, Neil. He was _____ yesterday.

   (a) embraced   (b) hired
   (c) treated   (d) affected

2. A: Please help me to write a good cover letter.
   B: What's it _____ to you? Will you treat me to lunch?

   (a) value   (b) worth
   (c) beneficial   (d) grateful

3. A: Good afternoon. What can I do for you?
   B: Hi. I need you to do some _____. I'd like the sleeves on this suit jacket shortened.

   (a) alterations   (b) reservations
   (c) conversions   (d) substitutions

4. A: Why has the show's lead actor _____?
   B: I heard he wants to leave the entertainment industry and travel.

   (a) retired   (b) dismissed
   (c) recruited   (d) dispatched

5. A: Do you know what our _____ of this year's budget is?
   B: I believe our department will receive almost 50 percent.

   (a) sector   (b) category
   (c) dividend   (d) allotment

6. A: Has the _____ rate been going up again?
   B: Yes, you're only getting 1.13 euros to the pound now.

   (a) travel   (b) transition
   (c) acceleration (d) exchange

7. A: You shouldn't have kept nagging Ray to fix the printer. He's pretty stressed already.
   B: Yeah, I quickly _____ he was in a bad mood.

   (a) acquired   (b) taught
   (c) realized   (d) looked

8. A: Jenny should really try to find a job with a higher salary.
   B: I know. She barely makes enough to cover her _____.

   (a) rent   (b) price
   (c) money   (d) position

9. A: Hardly anyone has a home telephone line anymore.
   B: Cell phones have made them _____.
   기출

   (a) evasive   (b) obsolete
   (c) spurious   (d) divergent

10. A: Do you know what antitrust laws are for?
    B: Well, they prevent _____ between companies who might work together to fix prices.

    (a) collision   (b) conclusion
    (c) collusion   (d) correlation

11. A: I heard you requested a larger office on the fourth floor.

B: That's right. My current office is tiny and I feel rather _____ in there.

(a) deterred   (b) delayed

(c) confined   (d) protracted

Part 2 빈칸에 알맞은 단어 고르기

12. In 1988, the British government warned that salmonella bacteria could be _____ to humans through chicken eggs.

(a) transmuted   (b) translated

(c) transported   (d) transmitted

13. The software company founded by Marc Merkel posted sizable _____ and profits for its first year.

(a) charge   (b) revenue

(c) interest   (d) expense

14. Any prisoner who is frequently involved in violent altercations will be placed in solitary _____ for a few days.

(a) restraint   (b) constraint

(c) restriction   (d) confinement

15. If you burn your hand, running it under cold water will _____ the skin and reduce blistering.

(a) mitigate   (b) prevent

(c) soothe   (d) alleviate

16. People with borderline personality disorder tend to be _____, showing sudden changes of mood. 기출

(a) tedious   (b) apathetic

(c) irresolute   (d) capricious

17. The unsuccessful candidate at the theater audition felt she had been _____ against because of her size.

(a) discriminated (b) distinguished

(c) classified   (d) recognized

18. The extinction of the Wyoming toad might be _____, with about 200 existing in captivity and none in the wild. 기출

(a) imminent   (b) paramount

(c) inadvertent   (d) compulsory

19. We encourage employees to attend skills workshops as we do not wish to _____ the development of staff.

(a) constrain   (b) decline

(c) hurdle   (d) exhibit

20. According to a recent study, adult _____ is on the rise in Africa due to a lack of education opportunities.

(a) illiteracy   (b) proficiency

(c) immaturity   (d) propensity

- ☑ 어휘 각 파트는 초반에는 일반 난이도로 시작하지만 후반부에는 난이도가 높은 고급 어휘들이 출제된다.
- ☑ Part 2의 26번에서 30번 사이에는 높은 난이도의 라틴계 어휘가 포진해 있는 경향이 있다.
- ☑ 출제 비중이 20% 정도이므로 목표 점수가 450점(구텝스 800점) 이상 고득점일 경우에는 고급 어휘 문제들을 반드시 잡아야 한다.

⚙️ 기출예제

예제 1 Part 1

A: Do you want to go skydiving with me next week?
B: No chance. Have you forgotten about my _____ to heights?

(a) disapproval
(b) malice
(c) predilection
(d) aversion

A: 다음주에 저랑 스카이다이빙 하러 가실래요?
B: 아뇨. 제가 고소공포증이 있다는 거 잊으셨어요?

- 문제풀이 시뮬레이션
① skydiving을 가자는 A의 권유에 B가 No chance라며 거절하고 있다.
② 그 뒤의 "Have you forgotten about ~"은 상대의 제안이 황당하다는 뉘앙스이므로 빈칸에는 skydiving을 싫어한다는 맥락의 명사가 필요하다.
③ 그러므로 선택지 중 '혐오'라는 의미를 가지는 (d) aversion이 정답이다. aversion은 '싫어하는'이라는 뜻의 형용사 averse에서 파생된 명사이다.

어휘 **go skydiving** 스카이다이빙 가다 **No chance** 절대 안돼. **aversion** 혐오, 반감 **height** 높이, 고도 **disapproval** 반감, 동의하지 않음 **malice** 악의, 원한 **predilection** 애호, 편애
정답 (d)

예제 2 Part 2

When you wear the wrong strength of spectacles, some visual details might be clearer, but most will be _____.

(a) exacerbated
(b) varnished
(c) permeated
(d) diminished

잘못된 도수의 안경을 착용하면, 일부 눈에 보이는 세부적인 것들이 더 선명해질 수도 있겠지만, 대부분은 그 효과가 줄어들 것이다.

- 문제풀이 시뮬레이션
① some ~, but most ~ 의 역접 접속사 구조를 보고 but의 앞뒤 내용이 상반된다는 것을 알 수 있다.
② clearer와 상반되려면 선명하게 보이는 효과가 줄어들어야 하므로 (d) diminished가 정답이다.

어휘 **wear** 입다, 신다, 걸치다 **wrong** 잘못된 **strength** 강도, 도수 **spectacles** 안경 **visual** 눈에 보이는 **details** 세부사항 **diminish** 줄어들다 **exacerbate** 악화시키다 **varnish** 광내다, 위장하다 **permeate** 스며들다
정답 (d)

TEPS에 자주 등장하는 고급 어휘들은 문맥상 의미 파악보다는 단어의 의미 자체를 알고 있는지를 묻는 방식으로 출제된다. 그러므로 단어와 뜻만 간단히, 최대한 많은 단어들을 암기해두는 것이 바람직하다.

✓ 고급 어휘 | 동사

☑ **abolish** 폐지하다

- ☐ **acclaim** 갈채를 보내다
- ☐ **acquit** 무죄로 하다, 면제하다, 처신하다
- ☐ **adjourn** 연기하다, 휴정하다
- ☐ **admonish** 충고하다, 훈계하다
- ☐ **agitate** 휘젓다, 동요시키다
- ☐ **allay** 진정시키다, 가라앉히다
- ☐ **allege** (증거 없이) 주장하다, 의혹을 제기하다
- ☐ **alleviate** 완화하다, 누그러뜨리다
- ☐ **appease** 달래다, 진정시키다
- ☐ **augment** 증강하다
- ☐ **aver** (사실로) 단언하다
- ☐ **belittle** 업신여기다, 과소평가하다

- ☐ **berate** 호되게 꾸짖다
- ☐ **bolster** 강화하다, 지탱하다
- ☐ **compound** 합성하다, 조제하다, 악화시키다
- ☐ **compromise** 타협하다, 손상시키다
- ☐ **condone** 묵인하다, 용서하다

- ☐ **confiscate** 압수하다, 징발하다
- ☐ **constrain** 강제하다, 구속하다
- ☐ **construe** 해석하다, 추론하다
- ☐ **defame** 비방하다, 중상하다

- ☐ **deflate** 공기가 빠지다, 수축하다
- ☐ **delve** 파고들다, 탐구하다
- ☐ **denigrate** (명예를) 훼손하다, 헐뜯다
- ☐ **detain** 구금하다, 억류하다
- ☐ **deteriorate** 악화시키다, 저하시키다
- ☐ **discern** 구분하다, 판별하다
- ☐ **disrupt** 붕괴시키다, (교통, 통신을) 중단시키다
- ☐ **dwindle** 줄다, 작아지다
- ☐ **eclipse** 가리다, 무색케 하다, 능가하다

- ☐ **effervesce** 거품이 일다, 활기를 띠다
- ☐ **elicit** 이끌어 내다, 유도해 내다
- ☐ **elucidate** 밝히다, 설명하다
- ☐ **embellish** 장식하다, 미화하다, 윤색하다

- embezzle 횡령하다
- endorse 지지하다, 후원하다, (수표를) 이서하다
- entail 수반하다, (비용이) 들게 하다
- enumerate 열거하다, 낱낱이 세다
- eradicate 근절하다, 박멸하다
- evacuate (장소, 내용물을) 비우다, 대피시키다
- extol 격찬하다, 극찬하다
- extradite 넘겨주다, 송환하다
- fabricate (거짓말 등을) 꾸며내다, 위조[조작]하다
- forestall 선수를 치다, 앞지르다, 방해하다

- forge 위조하다, (쇠를) 단력해 만들다
- forswear 맹세코 그만두다, 단연코 끊다
- fluctuate 동요하다, 오르내리다, 불안정하다
- impeach (공무원을) 탄핵하다, 비난하다, 고발하다
- impel 다그치다, 재촉하다
- inaugurate 발족시키다, 취임시키다
- incarcerate 투옥하다
- indict (검찰이) 기소하다, 고발하다
- infringe (법을) 어기다, 위반하다

- inundate 범람하다, 쇄도하다
- lament 애도하다
- litigate 법정에서 다투다, 소송하다
- muster 소집하다, 결집하다, 불러내다
- nullify 취소하다, 무효로 하다
- nurture 양육하다
- objectify ~을 객관화하다, 구체화하다

- obstruct 방해하다
- obtund (감각을) 둔화시키다
- obviate (위험, 논란을) 제거하다, 방지하다
- offset 상쇄하다, 벌충하다
- outpour 흘려 내보내다, 유출하다
- overthrow 뒤엎다, 전복하다
- perjure 위증하다
- plunder 빼앗다
- precede 앞서다
- preclude 방지하다, 배제하다
- presume 추정하다, 여기다
- promulgate 공포하다
- propagate 증식하다, 전파하다

- provoke 도발하다
- quench (갈증을) 해소하다, 목을 축이다
- ratify 승인하다, 비준하다
- rebuke 비난하다, 문책하다
- recapitulate 요약하다, (요점을) 반복하다
- refurbish 수선하다, 수리하다
- refute 논박하다, 반박하다
- regale 융숭하게 대접하다, 진수성찬을 베풀다
- reiterate 되풀이하다, 반복하다, 재천명하다
- rejuvenate 활력을 되찾다, 회춘하다
- reproach 꾸짖다, 비난하다
- repudiate 거부하다, (지불을) 거절하다, 절교하다
- revere 숭배하다
- revoke 폐지하다

- ☐ **ruminate** 반추하다, 깊이 생각하다
- ☐ **sanction** 재가하다, 찬성하다
- ☐ **scrutinize** 세밀히 조사하다
- ☐ **squander** 낭비하다, 탕진하다
- ☐ **stipulate** 규정하다, 명기하다
- ☐ **subdue** 정복하다, 진압하다, 억제하다

- ☐ **subside** 가라앉다, 함몰하다
- ☐ **subsidize** 보조금을 지급하다
- ☐ **substantiate** 구체화하다, 실증하다
- ☐ **supersede** 대신하다, 대체하다
- ☐ **surmise** 추측하다, 짐작하다
- ☐ **synthesize** 종합하다, 합성하다
- ☐ **thwart** 방해하다, 좌절시키다
- ☐ **undermine** 손상시키다, 약화시키다
- ☐ **underscore** 밑줄을 긋다, 강조하다
- ☐ **unhinge** 분리하다, 동요시키다, 뒤흔들다
- ☐ **vanquish** 정복하다, 이기다

- ☐ **ventilate** 환기시키다
- ☐ **veto** (의안 등을) 거부하다, 부인하다
- ☐ **vilify** 나쁘게 말하다, 비방하다
- ☐ **waive** (권리를) 포기하다, (주장을) 철회하다
- ☐ **wane** 작아지다, 감소되다

- ☐ **absurd** 어처구니 없는, 어리석은
- ☐ **adverse** 불리한, 해로운
- ☐ **aloof** 무관심한, 냉담한
- ☐ **ambiguous** 애매한, 모호한

- ☐ **ambivalent** 서로 용납하지 않는, 상극인
- ☐ **apathetic** 무감각한, 무관심한
- ☐ **arbitrary** 제멋대로인, 독단적인
- ☐ **aspiring** 포부가 있는, 상승하는
- ☐ **auspicious** 경사로운, 상서로운
- ☐ **benevolent** 자애로운, 자선하는
- ☐ **bold** 대담한
- ☐ **brusque** 퉁명스러운
- ☐ **captivating** 매혹적인, 매력적인
- ☐ **circumspect** 신중한
- ☐ **clandestine** 비밀의, 은밀한
- ☐ **covert** 비밀의, 숨겨진
- ☐ **consonant** 조화로운, 일치하는

- ☐ **contagious** 전파하는, 전염성의
- ☐ **contaminated** 오염된, 부패한

- contemptuous 모욕적인, 얕보는

- contentious 논쟁을 좋아하는, 논쟁을 일으키는
- controversial 논쟁의 여지가 있는
- convoluted 대단히 난해한, 복잡한
- counterfeit 위조의, 모조의
- cursory 서두르는, 마구잡이의
- delinquent 태만한, 체납된
- delirious 헛소리를 하는, 정신 착란의
- despicable 야비한, 비열한

- destitute 결핍된, 빈곤한
- devious (방법 등이) 정도를 벗어난, 그릇된
- disagreeable 불쾌한, 무례한
- disinclined 내키지 않는
- eccentric 괴상한, 이상한
- emphatic 어조가 강한, 단호한, 두드러진
- endemic 풍토성의, 지방 특산의
- enthusiastic 열렬한, 열광적인
- exacting (요구가) 엄격한, 까다로운
- exempt 면제된
- famished 굶주린
- facile 안이한, 손쉬운
- flagrant (거짓말, 실수 등이) 명백한
- formidable 무서운, 굉장한, 위협적인
- fractious 성마른
- frugal 절약하는, 검소한
- garrulous 말이 많은, 장황한
- germane 관련이 있는, 적절한

- gratuitous 무료의, 불필요한, 쓸데없는
- gregarious 사교적인, 군생하는

- heedless 부주의한, 조심성 없는
- hereditary 세습의, 유전(성)의
- hilarious 유쾌한, 즐거운
- hypothetical 가설의, 가설에 근거한
- immaterial 무형의, 정신상의, 하찮은
- impeccable 흠잡을 데 없는, 나무랄 데 없는
- impecunious 무일푼의
- imperative 필수적인, 절박한, 명령적인
- implacable 달랠 수 없는, 무자비한
- impressionable 감수성이 예민한
- inadvertent 우연의, 부주의한
- incipient 처음의, 초기의
- inconsequential 하찮은
- infatuated 홀딱 빠진, 열중한
- immaculate 청결한, 순결한, 때 묻지 않은
- inimical 적대하는, 반목하는
- inoperative 작용하지 않는, 효력이 없는
- inquisitive 꼬치꼬치 캐묻는
- intangible 무형의, 막연한, 감지할 수 없는
- invincible 불굴의, 무적의
- irrational 불합리한
- irrevocable 변경할 수 없는
- legitimate 합법의, 정당한
- lenient 관대한
- listless 귀찮은
- lucid 맑은, 명백한, 제정신의

- [ ] **luminous** 반짝이는, 총명한, 명쾌한
- [ ] **magnanimous** 관대한, 아량 있는

- [ ] **meticulous** 꼼꼼한, 세심한
- [ ] **moderate** 알맞은, 적당한
- [ ] **mural** 벽의, 벽에 그린
- [ ] **nonsensical** 부조리한, 터무니없는
- [ ] **numinous** 신비한

- [ ] **obdurate** 완고한, 고집 센
- [ ] **obligatory** 의무적인, 필수의
- [ ] **oblivious** 안중에 없는, 잊어버리는
- [ ] **ominous** 불길한, 나쁜 징조의
- [ ] **orthodox** 정통의, 정설인, 공인된, 정교회의
- [ ] **pivotal** 중추적인, 중요한
- [ ] **plausible** 그럴듯한, 진실 같은

- [ ] **precarious** 불안정한, 위험한, 근거가 불충분한
- [ ] **preposterous** 앞뒤가 뒤바뀐, 상식을 벗어난

- [ ] **prerequisite** 필수적인 n. 전제조건
- [ ] **prodigal** 낭비하는, 방탕한, 풍부한
- [ ] **proficient** 숙련된, 능한
- [ ] **profound** 깊은, 심오한
- [ ] **prudent** 신중한
- [ ] **radiant** 빛나는, 밝은
- [ ] **reciprocal** 상호간의, 보복성의, 상응하는
- [ ] **redundant** 장황한, 과다한, 불필요한, 중복의
- [ ] **resilient** 탄력 있는, 회복이 빠른
- [ ] **resolute** 단호한, 결심한, 불굴의
- [ ] **resounding** 울려 퍼지는, 철저한
- [ ] **restive** 차분하지 않은, 다루기 힘든
- [ ] **reticent** 과묵한, 조심하는

- [ ] **robust** 왕성한, 활발한
- [ ] **salient** 돌출한, 두드러진
- [ ] **scrupulous** 빈틈없는, 정확한
- [ ] **sedentary** 앉아있는, 정착성의
- [ ] **segregated** 격리된, 분리된, 인종 차별의

- [ ] **sluggish** 둔한, 부진한, 불경기인
- [ ] **solicitous** 세심히 배려하는

- [ ] **sordid** 더러운, 불결한, 칙칙한, 인색한

- [ ] **sporadic** 산발적인
- [ ] **spurious** 가짜의, 위조의
- [ ] **stringent** 가혹한, 엄격한
- [ ] **subordinate** 하위인, 부수적인
- [ ] **surrogate** 대리의, 대행하는
- [ ] **susceptible** 영향받기 쉬운, 민감한
- [ ] **tenacious** 고집이 센, 완강한
- [ ] **tentative** 잠정적인, 일시적인, 임시의
- [ ] **transcendent** 초월하는, 탁월한
- [ ] **transient** 일시적인, 잠시의
- [ ] **uncanny** 초인적인, 신비한, 섬뜩한

- [ ] **versatile** 다용도의, 다재 다능한
- [ ] **volatile** 불안정한, 변동이 심한, 변덕스러운

✔ 고급 어휘 | 명사

- [ ] **abrasiveness** 불쾌함
- [ ] **acclaim** 호평, 찬사, 갈채
- [ ] **accolade** 포상, 칭찬
- [ ] **accumulation** 누적, 축적
- [ ] **accusation** 고발, 비난
- [ ] **adherent** 추종자, 지지자
- [ ] **admonition** 훈계, 권고

- [ ] **adulation** 아첨
- [ ] **agenda** 의제, 의사일정
- [ ] **ailment** (가벼운) 병

- [ ] **allegation** (증거가 없는) 주장, 혐의
- [ ] **ally** 동맹국
- [ ] **ambience** 주위 환경, 분위기
- [ ] **amendment** 개정, 수정
- [ ] **amnesty** 사면
- [ ] **analogy** 유사

Anarchy

- [ ] **anarchy** 무정부 상태, 무질서
- [ ] **approbation** 찬성, 승인, 인정
- [ ] **artifice** 교묘함, 술책
- [ ] **attribute** 속성, 특질
- [ ] **attrition** 감소, 마모
- [ ] **audacity** 대담함, 무모함

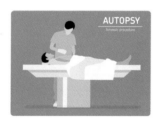

- [ ] **autopsy** 검시, 부검
- [ ] **avarice** 탐욕, 허욕
- [ ] **aversion** 혐오, 반감
- [ ] **beneficiary** 수익자, 수혜자
- [ ] **bereavement** 사별
- [ ] **chasm** 틈, 간격, 차이
- [ ] **complicity** 공모, 연루
- [ ] **composure** 평정
- [ ] **condensation** 응축, 응결, 요약
- [ ] **condolence** 애도
- [ ] **connotation** 함축, 숨은 뜻
- [ ] **contrivance** 고안품, 장치, 수완, 계략

- [ ] **cowardice** 겁, 소심
- [ ] **dementia** 치매
- [ ] **demise** 종말, 사망
- [ ] **discretion** 신중, 사리분별
- [ ] **dissection** 해부, 해체
- [ ] **dissent** 불찬성, 이견
- [ ] **dissipation** 소멸, 소실
- [ ] **embargo** 통상 금지, 제한, 금지
- [ ] **enmity** 적의, 증오
- [ ] **epidemic** 유행병, 전염병
- [ ] **epitome** 완벽한 (본)보기, 전형
- [ ] **epoch** 시대
- [ ] **exaltation** 고양, 고취, 찬사, 의기양양
- [ ] **exploitation** 개발, 이용
- [ ] **fabrication** 위조, 거짓말
- [ ] **fertility** 다산, 생식력
- [ ] **fluke** 우연히 맞춤, 요행수, 뜻밖의 행운
- [ ] **fortitude** 용기, 꿋꿋함, 인내

- [ ] **fulmination** 격렬한 비난, 질책
- [ ] **grudge** 원한, 악의
- [ ] **harbinger** 전조, 선구자
- [ ] **haves** 부자, 가진 자들
- [ ] **havoc** 대혼란

- [ ] **hierarchy** 계급제도, 서열
- [ ] **homage** 경의, 존경

- [ ] **incantation** 주문, 마법
- [ ] **increment** 증가, 이익
- [ ] **incursion** 습격, 침입
- [ ] **infallibility** 무과실, 무결성
- [ ] **infringement** 위반, 침해
- [ ] **ingenuity** 재주, 독창력, 정교함
- [ ] **loop** 고리, 올가미
- [ ] **mandate** 권한의 위임
- [ ] **niche** 적절한 장소(지위), 틈새시장
- [ ] **ordinance** 법령, 조례
- [ ] **parameter** 한계, 제한 범위, 지침
- [ ] **pedagogue** 현학자, 교육자

- [ ] **perjury** 위증
- [ ] **permutation** 치환, 변형, 변경
- [ ] **persecution** 박해
- [ ] **plague** 역병
- [ ] **plight** 역경, 곤경
- [ ] **postulation** 가정, 선결조건

- ☐ **predicament** 곤경
- ☐ **predilection** 애호, 편애
- ☐ **predominance** 우위, 우월
- ☐ **premise** 전제, 가정
- ☐ **prerogative** 특권, 특전
- ☐ **prodigy** 천재, 신동
- ☐ **prosthesis** 어두음(語頭音) 첨가, 인공 보철물
- ☐ **pseudonym** 필명
- ☐ **qualm** 양심의 가책
- ☐ **redeployment** 재배치
- ☐ **replica** 복제품
- ☐ **retraction** (의견, 약속 등의) 철회, 취소
- ☐ **scintillation** 재기, 번뜩임
- ☐ **sham** 사기, 속임수, 가짜
- ☐ **spate** 다량
- ☐ **stutter** 말 더듬기
- ☐ **ubiquity** 도처에 존재함
- ☐ **vacuity** 공허함, 망연자실, 방심, 우둔함, 허탈함

- ☐ **furiously** 맹렬히, 극단적으로
- ☐ **inanely** 어리석게, 공허하게
- ☐ **indiscreetly** 분별없이, 경솔하게
- ☐ **inherently** 본질적으로, 타고나서
- ☐ **intrepidly** 대담하게, 용감하게
- ☐ **invariably** 변함없이, 늘 똑같이

- ☐ **nimbly** 민첩하게, 재치있게, 교묘하게
- ☐ **seemingly** 겉보기에, 언뜻 보기에
- ☐ **sensibly** 눈에 띌 정도로, 현저하게
- ☐ **soundly** 확실하게, 완전히, 푹
- ☐ **sparsely** 띄엄띄엄, 드물게
- ☐ **strenuously** 열심히, 정력적으로, 고생스러운
- ☐ **timidly** 소심하게
- ☐ **unwarily** 부주의하게, 경솔하게

✔ 고급 어휘 | 부사

- ☐ **abruptly** 갑자기
- ☐ **adhesively** 끈끈하게

- ☐ **affably** 붙임성 있게, 사근사근하게
- ☐ **blandly** 부드럽게, 차분하게, 밋밋하게
- ☐ **brutally** 잔인하게, 가혹하게

최빈출 고급 어휘 암기 콕!

다음의 짧은 퀴즈를 풀어본 뒤, 정답만 콕! 찍어서 해석과 함께 암기하도록 한다.

1. Watch out for snow (sediment, accumulation) on the road. 도로 위에 **쌓인** 눈을 조심하세요.

2. I have a (tentative, cautionary) plan to go hiking this weekend.
나는 이번 주말에 등산을 하려는 **임시** 계획을 가지고 있다.

3. He was (magnanimous, oblivious) to the fact he was leading a team.
그는 자신이 팀을 이끌고 있다는 사실을 **망각했다**.

4. It is not (germane, solicitous) to the subject we are discussing.
그것은 우리가 토의하는 주제와 **관련이** 없다.

5. He is (contemptuous, contagious) of all salespeople. 그는 모든 영업사원들을 **경멸한다**.

6. Your suggestion can't (alleviate, augment) residents' concerns.
당신의 제안은 입주자들의 우려를 **완화시킬** 수 없다.

7. Her writing is usually (implacable, impeccable).
그녀의 글쓰기는 보통 **흠잡을 데가 없다**.

8. James was commissioned to paint a (mural, canvas). 제임스는 **벽화**를 그려 달라고 의뢰받았다.

9. Roslyn is (disinclined, apathetic) to politics.
로슬린은 정치에 **무관심하다**.

10. Youth unemployment is likely to (prosper, deteriorate) further. 청년 실업이 더 **악화될** 것 같다.

11. The golfer has always been (denigrating, revering) a competitor.
그 골프 선수는 늘 경쟁자를 **폄하해** 왔다.

12. Those who lead a(n) (exuberant, sedentary) lifestyle are often referred to as 'couch potatoes'.
소파에 앉아 TV만 보며 생활하는 사람들은 종종 '카우치 포테이토'라고 불린다.

13. An (autopsy, incursion) revealed that the person drowned by mistake.
부검을 통해 그 사람은 실수로 익사한 것이 밝혀졌다.

14. The warehouse manager suffered a serious injury due to his (flagrant, sturdy) disregard for safety regulations.
창고 관리인은 **명백한** 안전수칙 소홀로 인해 심한 부상을 입었다.

15. You should not (fabricate, preclude) work experience when writing your resume.
이력서를 작성할 때 경력을 **위조해서는** 안된다.

16. The referee will not (condone, compound) any violence. 심판은 어떤 폭력도 **용납하지** 않을 것이다.

17. The National Baseball League has come under (tenacity, scrutiny) recently.
국제야구연맹이 최근 **정밀 조사**를 받았다.

18. A guardian will (nurture, condone) and protect the boy who lost his parents in an accident.
보호자가 사고에서 부모를 모두 잃은 그 소년을 **양육하고** 보호할 것이다.

19. The United States called for more (stringent, pernicious) sanctions to put economic pressure on Syria.
미국은 시리아에 경제적 압박을 가할 좀 더 **강력한** 제제를 요구했다.

20. The suspect in the trial was (acquitted, abolished). 용의자는 재판에서 **무죄를 선고**받았다.

21. The thunderstorm (augmented, agitated) the sea. 폭풍우가 바다를 **뒤흔들었다**.

22. It was not my intention to (appease, belittle) Terry during the staff meeting.
직원 회의에서 테리를 **비하하려는** 의도는 아니었다.

정답 1. accumulation 2. tentative 3. oblivious 4. germane 5. contemptuous 6. alleviate 7. impeccable 8. mural 9. apathetic 10. deteriorate 11. denigrating 12. sedentary 13. autopsy 14. flagrant 15. fabricate 16. condone 17. scrutiny 18. nurture 19. stringent 20. acquitted 21. agitated 22. belittle

23. She is known as a (transcendent, benevolent) individual.

그녀는 **인자한** 사람으로 알려져 있다.

24. The authorities (confiscated, construed) several stolen artworks during the raid on the warehouse.

당국은 창고 급습 과정에서 도난당한 미술품 몇 점을 **압수했다**.

25. The mainstream media attempted to (defame, detain) the Republican candidate.

주류 언론은 공화당 후보의 명예를 **훼손하려고** 시도했다.

26. Abe Cornfield's skill as a director has been (extolled, estranged) by movie reviewers.

감독으로서 아베 콘필드의 기량은 영화 평론가들에 의해 **극찬 받아왔다**.

27. Rising columns of smoke and ash (precede, preclude) a volcanic eruption.

화산 폭발에 **선행하여** 연기와 화산재 기둥들이 치솟는다.

28. Mississippi is the final state to (provoke, ratify) the 13th Amendment, which abolished slavery.

미시시피주는 노예제도를 폐지한 미합중국 수정 헌법 13조를 **비준한** 마지막 주이다.

29. Do not (squander, secede) money on trivial things such as unnecessary gadgets and games.

불필요한 도구나 게임 같은 사소한 것에 돈을 **낭비하지** 마세요.

30. The president (ruminated, reiterated) his commitment to fighting corruption.

대통령은 부패와의 싸움에 대한 자신의 의지를 **재천명했다**.

31. The mayor has firmly (resumed, refuted) the allegation that he received bribery money.

시장은 뇌물을 받았다는 의혹을 단호히 **부인했다**.

32. I drove my passenger to the wrong location, but he did not (stipulate, reproach) me for my error.

나는 승객을 엉뚱한 곳에 데려다 주었는데, 그는 내 실수를 **나무라지** 않았다.

33. It is (abrupt, absurd) to loot the stores of innocent business owners during a protest for higher wages.

임금 인상을 요구하는 시위 중에 무고한 상점을 약탈하는 것은 **모순된** 짓이다.

34. Many people mistake Isabel's somewhat detached and (arbitrary, aloof) nature with arrogance.

많은 사람들이 이사벨의 다소 초연하고 **냉담한** 성격을 오만함으로 착각한다.

35. After Mr. O'Neil lost his job and house, he found himself alone and (destitute, cursory).

오닐 씨는 직장과 집을 잃고 난 후에, 자신이 외톨이며 **무일푼임**을 깨달았다.

36. Elitism is always present in his writings whether it be (hasty, covert) or explicit.

은밀하든 노골적이든, 그의 글에는 늘 엘리트 의식이 존재한다.

37. Michael's (inquisitive, gregarious) personality made him the perfect person to give a speech at the wedding.

마이클은 **사교적인** 성격 덕분에 그 결혼식에서 연설을 하기에 가장 적격이었다.

38. Exploitation of aspiring actresses has unfortunately become (endemic, exempt) in the film industry.

장차 여배우가 되려는 사람들을 착취하는 현상이 불행하게도 영화계의 **고질병**이 되었다.

39. The level of violence in some video games is potentially damaging to young and easily (impressionable, formidable) gamers.

일부 비디오 게임의 폭력 수준이 어리고 **감수성이 예민한** 게이머들에게 잠재적으로 피해를 주고 있다.

40. (Full-fledged, Infatuated) with the actor, Nina had posters of him all over her bedroom walls.

니나는 그 배우에게 **홀딱 반해** 침실 벽을 그의 포스터로 도배했다.

정답 23. benevolent 24. confiscated 25. defame 26. extolled 27. precede 28. ratify 29. squander 30. reiterated 31. refuted
32. reproach 33. absurd 34. aloof 35. destitute 36. covert 37. gregarious 38. endemic 39. impressionable
40. Infatuated

41. Traditional skills are regarded as (intangible, hypothetical) cultural assets.
전통 기술은 **무형** 문화재로 간주된다.

42. You can set up your account to sort spam from (legitimate, mediocre) e-mails.
정상적 이메일에서 스팸 메일을 분류하도록 계정을 설정할 수 있습니다.

43. Although the suspect of the crime seemed guilty, his alibi was (plausible, obdurate).
용의자가 유죄인 듯 보였지만, 그의 알리바이가 **그럴 듯했다**.

44. Lester Ford played a (pivotal, luminous) role in the merger negotiations.
레스터 포드는 합병 협상에서 **중추적** 역할을 했다.

45. (Lenient, Lucid) illustrations make this anatomy book perfect for all levels.
선명한 삽화 덕분에 이 해부학 책은 모든 수준에 완벽하다.

46. Senator Wiley was known as an introverted and (recondite, reticent) individual in his private life.
와일리 상원의원은 사생활에서 내성적이고 **과묵한** 사람으로 알려져 있다.

47. The park only sees (sporadic, subordinate) use, so it will be converted into a shelter.
공원의 이용이 **드물어서** 그곳은 대피시설로 개조될 것이다.

48. An audit has been carried out to find (substantial, secular) evidence of fraud.
부정행위의 **구체적** 증거를 발견하기 위해 감사가 실시되었다.

49. African Americans were (surrogate, segregated) on buses in the southern states.
미국 남부 주에서 흑인들은 버스에서 **인종차별을 당했다**.

50. Affordable rooms for (transient, temperate) visitors can be found near the train station.
단기 체류자용 저렴한 방들을 역 근처에서 찾을 수 있다.

51. The head chef of the hotel has earned global (acclaim, accord) for his skill in preparing blowfish dishes.
그 호텔의 수석 주방장은 복어 요리 조리 기술로 세계적인 **찬사**를 받았다.

52. Great Britain was really fortunate to have the United States as a close (ally, ailment) during World War II.
영국은 제2차 세계대전 중에 미국을 긴밀한 **동맹국**으로 둔 것이 정말로 행운이었다.

53. The victorious players of the winning team fully enjoyed the (adulation, accusation) of the crowd.
승리 팀의 선수들은 관중들의 **환호**를 마음껏 즐겼다.

54. Six days of riots caused (anarchy, artifice) and destruction throughout the downtown area of Philadelphia.
6일간의 폭동은 필라델피아 시내 전역에 **무정부 상태**와 파괴를 초래했다.

55. The story in the newspaper is a complete (fluke, fabrication) and comes from an extremely unreliable source.
신문에 나온 이야기는 완전한 **허구**이며, 정말로 신뢰할 수 없는 출처에서 나온 것이다.

56. The deputy prime minister was given a full (mandate, manifesto) to investigate corruption within the government.
부총리는 정부 내의 부패를 조사할 **전권**을 부여받았다.

57. Rupert found his ideal (niche, legacy) within the mobile app industry.
루퍼트는 모바일앱 산업에서 이상적 **틈새시장**을 찾았다.

58. The Black Death was a (plague, plaudit) that once killed half of the European population.
흑사병은 한때 유럽 인구의 절반을 죽인 **역병**이었다.

59. Patricia wrote her first book under the (pseudonym, prodigy) Abigail Hart in order to conceal her true identity.
패트리샤는 진짜 신분을 감추기 위해 아비게일 하트라는 **필명**으로 첫 번째 책을 썼다.

60. Many immigrants face (persecution, perjury) from other people within their communities.
많은 이민자들이 지역사회 내의 다른 사람들로부터의 **박해**에 직면한다.

정답 41. intangible 42. legitimate 43. plausible 44. pivotal 45. Lucid 46. reticent 47. sporadic 48. substantial 49. segregated 50. transient 51. acclaim 52. ally 53. adulation 54. anarchy 55. fabrication 56. mandate 57. niche 58. plague 59. pseudonym 60. persecution

기출 Check-up Test

기출문제를 포함한 실전 문제들을 풀어보면서 앞에서 공부한 내용을 제대로 암기했는지 확인해본다.
틀린 문제는 반드시 암기리스트에서 복습을 한 후 다시 풀어보아야 한다.

Part 1 빈칸에 알맞은 단어 고르기

1. A: I think you were right. We should've
      turned left after the second campsite.
   B: If you had listened to me, we wouldn't be
      in this _____.

   (a) retraction   (b) corruption
   (c) solution   (d) predicament

2. A: I get really anxious about public speaking
      because of my speech impediment.
   B: I can understand that. I had a _____
      when I was a teenager and hated to speak
      up in a group.

   (a) stutter   (b) shimmer
   (c) shudder   (d) slumber

3. A: I cannot believe that the council is raising
      the prices at the public swimming pool.
   B: I know. It's a(n) _____ move,
      considering that the rates are already
      high.

   (a) whimsical   (b) eponymous
   (c) preposterous   (d) auspicious

4. A: Colin told me that he didn't have any
      toys as a child. What a shame!
   B: Indeed. His family was _____ when he
      was growing up because his father was
      out of work.

   (a) impecunious   (b) impeccable
   (c) controversial (d) disagreeable

5. A: What kept you so long? You almost
      missed the start of the concert.
   B: Sorry. The security guards _____
      me because they wanted to look in my
      backpack.

   (a) detained   (b) objectified
   (c) revoked   (d) appraised

6. A: Can we meet at 3 p.m. to discuss this
      year's budget?
   B: Sure, but let's keep the plan _____ in
      case something else comes up. 기출

   (a) obscure   (b) hesitant
   (c) tentative   (d) indecisive

7. A: Jill keeps going off topic in meetings.
   B: Yeah. She should stick to issues _____
      to our discussions. 기출

   (a) germane   (b) peripheral
   (c) extraneous   (d) convergent

Part 2 빈칸에 알맞은 단어 고르기

8. Some members of the audience were so
   _____ that the performer had to ask them
   to be quiet.

   (a) eccentric   (b) colloquial
   (c) garrulous   (d) residual

9. It has recently been claimed that alcohol,
   when consumed in moderation, can have
   _____ effects on our health.

   (a) willful   (b) statutory
   (c) mindful   (d) salutary

10. Due to a buildup of harmful plastic in the world's oceans, populations of marine creatures are _____ rapidly.

(a) desecrating   (b) denigrating
(c) denouncing   (d) dwindling

11. With the rapid rise of automation and robotics, unemployment is the likely _____ of factory workers.

(a) avarice   (b) ambition
(c) qualification   (d) plight

12. In this interview, Mr. Hitchens makes _____ honest observations about this generation's sense of entitlement.

(a) brutally   (b) timidly
(c) firstly   (d) inanely

13. Many sportscasters declared the team _____ when they won the championship without losing a game.

(a) gratuitous   (b) invincible
(c) complacent   (d) considerable

14. Although the two words have similar meanings, "stingy" has a negative _____ while "thrifty" has a positive one. 기출

(a) deduction   (b) derivation
(c) conviction   (d) connotation

15. The construction company intends to _____ security at the building site after several individuals were caught trespassing.

(a) bolster   (b) detain
(c) endorse   (d) ventilate

16. The mayor of New Orleans has proposed an _____ banning smoking in all types of restaurants within the city limits.

(a) accolade   (b) ordinance
(c) umbrage   (d) epitome

17. The play's initial run of 4 weeks was extended by another 3 weeks after numerous _____ from theater critics.

(a) permutations   (b) scintillations
(c) incantations   (d) approbations

18. The council held a public forum in order to _____ concerns about the road widening project on Ferny Street.

(a) suppose   (b) allay
(c) entitle   (d) restrict

19. The owner of the corporation was arrested for _____ the ongoing criminal investigation into alleged tax fraud.

(a) obstructing   (b) aligning
(c) extracting   (d) absolving

20. Isaac Newton is regarded as one of the greatest scientists ever on account of the _____ of his theories.

(a) conformity   (b) ingenuity
(c) exploitation   (d) dissonance

시원스쿨 텝스
문법

문법 문제의 특징 및 전략

1 TEPS 문법 문제의 구성

파트	문항 수 (번호)	문제 유형
Part 1	10문항 (1–10)	일상생활에서 자주 쓰이는 구어체로 된 A–B 대화문을 읽고 빈칸에 가장 적절한 답 고르기
Part 2	15문항 (11–25)	다양한 주제의 문어체 문장을 읽고 빈칸에 가장 적절한 답 고르기
Part 3	5문항 (26–30)	대화 및 문단에서 문법상 틀리거나 어색한 부분을 고르기

2 TEPS 문법 문제의 특징

① 구어체와 문어체가 골고루 출제되며, 한국 사람이 특히 취약한 문법 사항을 묻는다. A: Let's grab something to eat for lunch. B: No, thank you. I've already eaten _____. (a) a pasta　　(b) the pasta (c) any pastas　　(d) some pasta	▶ 한국인들이 특히 취약한 문법 포인트: 명사의 특징과 올바른 한정사 문제
② 정확한 문법에 근거한 어순 나열 문제가 자주 출제된다. I thought _____ answer my text message. (a) it was very rude of you not to　(b) you were very rude for it to not (c) it was rude that you didn't　(d) it was very rude for you not to	▶ 어순 문제: 특정 형용사에 따른 구조와 올바른 전치사의 사용
③ 한 문제에 두 가지 이상의 문법 사항을 묻는 문제가 출제된다. A: I am taking the train for Incheon at 3 o'clock. B: Then please call me as soon as you _____. (a) arrive　　(b) have been arrived (c) will have been arrived　(d) will have arrived	▶ 시제와 태, 동사의 특징을 동시에 따져봐야 하는 문제
④ 관용적으로 쓰이는 표현을 문법과 결부시켜 출제한다. A: Steve's colleagues have said that he has excellent job performance for his age. B: _____ a person's capabilities. (a) I think age has to nothing with (b) I think age has nothing do to with (c) age has to do nothing with I think (d) Nothing to do I think with age	▶ have nothing to do with '~와 관련 없다'를 숙어처럼 통째로 외워 두는 편이 편한 문제
⑤ Part 3에서 묻는 것은 간단한 문법 사항이지만 얼핏 읽으면 틀린 부분이 없는 것처럼 보인다. (a) A: Hey, Tom. What do you say to play basketball tomorrow? (b) B: Great. I am free tomorrow afternoon. (c) A: Okay, Let's meet at 2 pm at Do-san Park. (d) B: Yes, then, it's settled. See you there.	▶ (a) play → playing「전치사 뒤에는 동명사가 온다」라는 아주 간단한 문법 사항이지만 이렇게 긴 문장 속에 있으면 발견해내기 어렵다.

3 TEPS 문법 최신 출제 경향

① 동사	시제 77% 능동태 & 수동태 7% 조동사 6%	동사의 종류 4% 수 일치 6%
② 준동사	분사 25% to부정사 & 동명사 37%	분사구문 38%
③ 품사	한정사와 명사 45% 형용사와 부사 30%	대명사 25%
④ 전치사와 접속사	전치사 30% 등위접속사 & 상관접속사 10% 관계절 40%	부사절 12% 명사절 8%
⑤ 어순과 구문	문장구조 65% 가정법 13%	비교구문 10% 도치 12%

4 TEPS 문법 학습 전략

① 출제 포인트 정리

문법 공부를 하면서 소설책을 읽듯이 학습하면 대략적인 내용은 알아도 정작 한 chapter를 끝냈을 때 시험에서 요구하는 것이 무엇인지 명확히 알지 못 할 없을 때가 많다. 문법은 반드시 출제 포인트를 정리해가면서 학습해야 한다.

> 예 **동사의 출제 포인트**: 1. 시제 2. 수 일치 3. 태
> **분사의 출제 포인트**: 1. 현재분사 & 과거분사 구별 2. 감정분사 구별 3. 굳어진 형태의 분사 구별

② 한 문제를 두 가지 차원으로 학습

Part 1은 A와 B의 대화에 빈칸이 있는 문제, Part 3의 26, 27번 문제는 A와 B의 대화체가 두 번 이어지며 빈칸이 없는 문제이다. 빈칸 유무 차이만 있을 뿐, 사실상 같은 유형의 문제라 할 수 있다. Part 2와 Part 3의 27-30번 문제도 마찬가지이다. <1문장 문제 vs. 4문장 문제>로 문장의 수만 다를 뿐 같은 유형이다.

그러므로, Part 1, 2 문제를 푼 후 정답만 확인하고 그냥 넘어가지 말고, 문제 속에 있는 다른 단어들도 함께 분석해보고 문장 자체를 꼼꼼히 따져보는 것이 좋다. Part 1, 2의 문제들을 낱낱이 분석해가며 학습하면 자연스레 Part 3 학습에 도움이 된다.

③ 문법 능력 강화로 해석을 최소화하는 습관

문법 섹션에서는 문법 분석 능력이 주가 되며 해석은 보조적인 수단으로만 쓰이는 경우가 많다. 모든 문제를 해석해서 풀려는 습관을 버려야 한다. 모든 문제를 해석 위주로 풀다 보면 주어진 시간 내에 문제를 다 풀지 못할 수 있기 때문이다. 정확한 문법 능력이 있다면 해석이 필요한 문제와 그렇지 않은 문제들을 구별해내고 최소한의 해석만으로도 정답을 골라낼 수 있으므로, 사전에 문법 지식을 열심히 쌓도록 하자.

Section 1
동사

동사 출제 경향

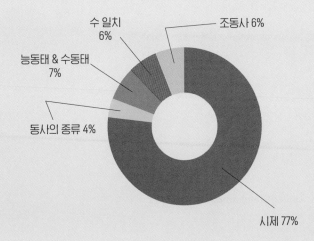

수 일치
6%

조동사 6%

능동태 & 수동태
7%

동사의 종류 4%

시제 77%

UNIT 01 시제

☑ 동사의 형태를 변화시켜 주어의 동작이나 상태가 이루어지고 있는 시점 및 시간 관계를 나타내는 것을 시제라고 한다.

☑ 텝스는 현재, 과거, 미래의 기본 시제 구별뿐만 아니라, 단순시제, 완료시제, 진행시제의 복합 형태, 그리고 특별한 단서 없이 상황에 적절한 시제를 고르는 유형까지 포괄적으로 출제된다.

☑ 시제 유형에 대비하려면 시간을 나타내는 구체적인 단서 파악 훈련 및 상황에 맞는 적절한 시제를 유추하는 훈련 등을 해야 한다.

☑ 동사 출제 유형의 70% 이상이 시제와 관련된 문제로 텝스 문법에서 가장 높은 출제 비율을 보이고 있으며, 매회 2~3문제 출제되고 있다.

핵심포인트 1 단순 시제

동사의 동작이나 상태가 과거, 현재, 미래의 특정 시점에서만 일어나고 있음을 말한다.

구분	현재	과거	미래
형태	동사원형	동사원형 + -(e)d	will + 동사원형
나타내는 시점	현재의 한 시점	과거의 한 시점	미래의 한 시점
해석	~한다	~했다	~할 것이다

1 현재

현재의 시점에서 볼 때 반복되는 동작, 습관, 일반적 사실 및 불변의 진리를 나타낸다. 주어가 3인칭 단수일 경우 동사원형에 (e)s를 붙여 나타낸다.

Rickshaw **teaches** English Literature at Dublin University <u>now</u>. – 직업
릭쇼는 현재 더블린 대학에서 영문학을 가르친다.

The accounting department **distributes** paychecks <u>every Friday</u>. – 반복적인 습관
회계부서는 매주 금요일에 급여를 지급한다.

> ⭐ 필수암기 **현재시제와 어울리는 기출표현**
> **regularly** 정기적으로 **commonly** 흔히, 보통 **every month[year]** 매달[해] **usually** 보통, 대개

2 과거

명백한 과거 표시 부사(구)가 나올 때나 역사적 과거 사실을 나타낼 때 쓰인다.

The famous rock band **toured** the country <u>last year</u>. – 명백한 과거 사실
　　　　　　　　　　　　　　　　　　　　　　과거 부사구

그 유명한 록 밴드는 작년에 전국을 순회했다.

<u>In 1964</u>, some 45 percent of adults in the United States **smoked** cigarettes. – 역사적 과거 사실
과거 전치사구

1964년에 미국 성인 중 대략 45퍼센트가 흡연을 했다.

> ⭐ 필수암기 **과거시제와 어울리는 기출표현**
> **last[past] week[month]** 지난 주[달] **~ ago** ~ 전에 **yesterday** 어제

3 미래

will 또는 be going to를 써서 나타낸다. 단, 시간 및 조건 부사절에서는 현재시제로 써서 미래를 나타내야 한다.

The store **will raise** its prices beginning <u>this coming Wednesday</u>.
미래 시간부사구

그 상점은 오는 수요일부터 가격을 인상할 것이다.

> ⭐**필수암기** 미래시제와 어울리는 기출표현
> **soon**(=shortly) 곧　**next week[month]** 다음 주[달]　**tomorrow** 내일

<u>If they **build** the factory next year</u>, the environment will suffer.
조건의 부사절

그들이 내년에 공장을 세운다면, 환경에 피해가 갈 것이다.

> ⭐**필수암기** 시간/조건 부사절을 이끄는 접속사
> **when** ~할 때　**before** ~전에　**after** ~후에　**once**(=as soon as) ~하자마자　**if[provided(that)]** 만약 ~라면

핵심포인트 2 진행 시제

형태상 「be동사 + -ing」로 표시되는 진행시제는 be동사의 시제에 따라 현재진행, 과거진행, 미래진행으로 나뉘며, 각 기준 시점을 중심으로 그 순간 진행 중인 한시적 동작이나 상태를 나타낸다.

구분	현재진행	과거진행	미래진행
형태	am[is, are] + doing	was[were] + doing	will be + doing
나타내는 시점	현재 시점	과거 시점	미래 시점
해석	(현재) ~하는 중이다	(과거) ~하는 중이었다	(미래에) ~하는 중일 것이다

1 현재진행

현재진행시제가 미래의 시간 부사와 함께 쓰이면 미래시제를 나타낸다. 또한, 진행형과 형용사가 함께 쓰이면 특정 상태가 단기간 지속되고 있음을 나타낸다.

> **일반용법** She **is having** dinner <u>right now</u>. – 현재 하고 있는 행위
> 　　그녀는 지금 저녁식사를 하고 있다.

> **특수용법1** I **am getting married** <u>this fall</u>. – 미래에 하고 있을 행위
> 　　현재진행 + 미래시간부사
> 　　나는 이번 가을에 결혼한다.

> **특수용법2** She **is being kind** today. – 한시적 동작
> 　　진행형 + 형용사
> 　　그녀는 (평소와 달리) 오늘따라 친절하다.

> **참고** (현재시제) She **is** kind to everyone. – 반복되는 동작
> 　　그녀는 모두에게 (항상) 친절하다.

> ⭐**필수암기** 현재진행시제와 어울리는 기출표현
> **currently** 현재　**presently**(=at the moment, now) 현재에, 지금

② 과거진행

과거 특정 시점에 동작이 진행되고 있음을 나타낸다.

He **was writing** a letter <u>when I saw him</u>.
과거 특정 시점

내가 그를 봤을 때 그는 편지를 쓰고 있었다.

③ 미래진행

미래 특정 시점에 동작이 멈춰 있지 않고 진행 중일 것이라는 것을 나타낸다.

The bistro **will be hosting** a private party <u>next Tuesday</u>.
미래 특정 시점

그 음식점은 다음 주 화요일에 비공개 파티를 개최할 것이다.

핵심포인트 3 완료 시제

과거 또는 현재에 시작된 동사의 동작이나 상태가 과거, 현재, 미래의 특정 시점에서까지 계속되거나 완료됨을 말한다.

구분	현재완료	과거완료	미래완료
형태	have[has] + p.p.	had + p.p.	will + have + p.p.
나타내는 시점	과거 – 현재	과거 – 과거	과거[현재] – 미래
해석	~해 왔다	~해 왔었다	~하게 될 것이다

① 현재완료

과거에서 현재까지 지속되는 일을 나타내거나, 과거에 발생한 일이 현재에 영향을 끼칠 때 사용된다.

<u>Since last month</u>, our sales **have surged** a great deal. – 계속
지난달 이후 매출이 상당히 늘었다.

> 참고 (과거시제) <u>Last month</u>, it **snowed** a lot. 지난달에는 눈이 많이 내렸다.
> 과거부사구

I **have seen** the play <u>four times already</u>. – 경험
나는 이미 그 연극을 네 번이나 봤다.

I **have lost** my watch. – 결과
나는 내 시계를 잃어버렸다. (그래서 현재는 없다)

We **have** <u>already</u> **shipped** the package. – 완료
우리는 이미 소포를 발송했다.

> ⭐ 필수암기 **현재완료시제와 어울리는 기출표현**
> **lately** 최근에   **recently** 최근에 (과거와 현재완료 둘 다 가능)   **over[for/in/during] the last/past + 기간** 지난 ~동안
> **since + 과거시점** ~이래로   **all day[night/week]** 하루[밤새/일주일] 내내   **so far** 지금까지   **for some time now** 당분간

② 과거완료

과거의 특정 시점을 기준으로 그때까지의 계속, 완료, 경험을 나타내거나, 그 시점보다 더 이전에 일어난 사건을 나타낸다.
문장에서 과거 시점 기준 표현을 잘 찾아 시간 관계를 따져보아야 한다.

I **had been** asked out several times before <u>I got married</u>. – 경험
과거 특정 시점

나는 결혼 전에 여러 번 데이트 신청을 받았었다.

③ 미래완료

현재 이미 진행 중인 행위나 상태가 미래 특정 시점까지 계속되거나 그 시점에 완료될 것임을 나타낸다.

I **will have lived** in New York for 34 years <u>next year</u>. – 계속
미래 특정 시점

내년이면 내가 뉴욕에서 산지 34년이 될 것이다.

핵심포인트 4 완료진행 시제

완료와 진행이 결합된 시제로 동작이나 상태가 끝나지 않고 기준이 되는 시점까지 '계속되고' 있음을 강조할 때 쓰는 시제다.
완료시제와 큰 차이는 없다.

구분	현재완료진행	과거완료진행	미래완료진행
형태	have[has] been + doing	had been + doing	will have been + doing
나타내는 시점	과거 – 현재	과거 – 과거	과거[현재] – 미래
해석	~하고 있는 중이다	~하고 있었던 중이다	~하고 있을 것이다

■ 현재완료진행

현재완료와 같은 시간 범위를 나타내면서, 진행 중인 동작을 좀 더 강조한다.

My little sister **has been knocking** on my room door <u>for 30 minutes</u>.
나의 여동생은 내 방문을 30분 동안 두드리고 있다.

② 과거완료진행

과거완료와 같은 시간 범위를 나타내면서, 진행 중인 동작을 좀 더 강조한다.

I **had been crying** <u>until my father arrived home</u>.
나는 우리 아버지가 집에 도착하실 때까지 울고 있었다.

③ 미래완료진행

미래완료와 같은 시간 범위를 나타내면서, 진행 중인 동작을 좀 더 강조한다.

It **will have been snowing** <u>for two weeks tomorrow</u>.
내일이면 눈이 2주 동안 내리게 되는 셈일 것이다.

⚙ 기출유형정리

핵심 유형	출제 비율
유형 1 시간 형용사/부사를 이용해 알맞은 시제 고르기	40%
유형 2 시간 관계 접속사를 이용해 알맞은 시제 고르기	27%
유형 3 하나의 표현이 여러 가지 시제를 나타내는 경우	16%
유형 4 상식적 상황 파악을 통해 알 수 있는 시제 고르기	12%
유형 5 함정에 빠지기 쉬운 시제 고르기	5%

유형 1 시간 형용사/부사를 이용해 알맞은 시제 고르기　　　40%

1 There (**was** / ~~will be~~) an interesting expert view in *The International Herald Tribune* last week.

지난주에 인터내셔널 헤럴드 트리뷴 지에 전문가의 흥미로운 견해가 실렸다.

2 The accidents most childcare advocates encounter the most usually (**happen** / ~~happened~~) at home.

대부분의 아동보호 변호사들이 가장 많이 접하는 사건들은 주로 가정에서 발생한다.

3 Your order was shipped on 09/20/2018 and (**will arrive** / ~~arrived~~) at its destination shortly.

귀하의 주문품은 2018년 9월 20일에 발송되었으며 곧 배송지에 도착할 것입니다.

4 A: I heard you requested a three days' leave.

　B: Yeah, and I (**have been waiting** / ~~am waiting~~) for an answer all week. I hope to find out by tomorrow.

　A: 3일간 휴가 신청을 냈다면서요.

　B: 네, 그리고 일주일 내내 답변을 기다리고 있는 중이에요. 내일쯤에는 알았으면 좋겠어요.

5 Currently, Blue Tech Inc. (**is seeking** / ~~sought~~) highly-qualified and innovative candidates.

현재 블루텍 사는 뛰어난 자격을 갖춘, 참신한 지원자를 모집하고 있습니다.

➊ **1** last가 포함된 시간 표현은 명백한 과거를 나타내므로 과거시제인 was가 정답이다.

2 usually(보통)는 일상적이고 규칙적인 행위를 나타내며, 현재시제 동사와 어울리는 부사이므로 happen이 정답이다.

3 shortly(조만간, 곧)는 화자의 시점을 기준으로 미래시점과 잘 어울려 쓰이는 부사이므로 will arrive가 정답이다.

4 all week(일주일 내내)는 기간을 나타내는 표현이며, 현재 말하고 있는 시점까지 일주일째 계속 기다리고 있는 상태를 나타내므로 현재완료진행시제인 have been waiting이 정답이다.

5 currently(현재)는 지금 동작이 진행되고 있음을 강조하는 표현으로, 주로 현재진행시제(현재시제도 가능)와 함께 쓰이므로 is seeking이 정답이다.

유형 2 시간 관계 접속사를 이용해 알맞은 시제 고르기   27%

1 A: Didn't Matthew come with you?

   B: No. He said he'd be a little bit late, so he should arrive after the event (**begins** / ~~will begin~~).

   A: 매튜가 너와 함께 오지 않았니?

   B: 안 왔어. 조금 늦을 거라고 했으니까, 행사가 시작된 후에 도착할 거야.

2 A: I thought John didn't finish his duty yet.

   B: He did. Before the brochure was sent to the printer, he (**had completed** / ~~was completing~~) his editing work.

   A: 존이 업무를 아직 안 끝낸 줄 알았는데.

   B: 끝냈어. 책자가 인쇄소에 보내지기 전에 편집 작업을 다 완료했어.

3 By the time the concert is performed, the choir (**will have practiced** / ~~had practiced~~) more than 40 hours.

   콘서트가 열릴 때까지, 합창단은 40시간 넘게 연습하게 될 것이다.

4 After returning home from the department store, Kathy realized that she (**had lost** / ~~has lost~~) her wallet.

   백화점에서 집으로 돌아온 후에, 캐시는 지갑을 분실했다는 걸 깨달았다.

○ 1 시간이나 조건을 나타내는 부사절에는 미래를 나타낼 때 미래시제 대신 현재시제를 사용하므로 after절에 현재시제인 begins가 정답이다.

  2 Before절에 과거시제(was sent)가 사용되었으므로, 주절에는 과거보다 더 이전을 나타내는 과거완료시제 had completed가 정답이다.

  3 By the time 이하에 현재시제(is performed)가 오면, 주절에는 미래완료시제가 함께 쓰이므로 will have practiced가 정답이다.

  4 깨달은 시점이 과거(realized)인데, that절은 그 이전에 발생한 사건을 나타내야 하므로 과거완료시제인 had lost가 정답이다.

NOTE   시간 부사절의 특별 공식

- **Before** + 주어 + 과거시제동사, 주어 + 과거완료시제동사(had + p.p.)
- **After** + 주어 + 과거완료시제동사(had + p.p.), 주어 + 과거시제동사
- **By the time** + 주어 + 현재시제동사, 주어 + 미래완료시제동사(will have+ p.p.)
- **By the time** + 주어 + 과거시제동사, 주어 + 과거완료시제동사 (had + p.p.)

유형 3 하나의 표현이 여러 가지 시제를 나타내는 경우 **16%**

for + 기간명사

1 A: Is your brother still single?

B: No, he (**has been married** / ~~was married~~) for five years.

A: 네 오빠는 아직 독신이니?

B: 아니, 결혼한지 5년 됐어.

2 Come the end of the year, Mr. Brown (**will have lived** / ~~will live~~) in Manila for five years.

올 연말이 되면 브라운 씨는 마닐라에서 산지 5년이 될 것이다.

since + 과거시점

3 A: Do you go to the gym every single day?

B: Of course. I (**have been working out** / ~~had worked out~~) regularly since I graduated from university.

A: 하루도 안 빠지고 운동하러 가니?

B: 물론이지. 대학 졸업 후로 규칙적으로 계속 운동해오고 있어.

4 When I returned from the business trip, I was upset to hear the vacancy in our team (**hadn't been filled** / ~~hasn't been filled~~) since I left.

출장에서 돌아왔을 때, 내가 떠난 이후로 우리 팀 결원이 충원되지 않았다는 말을 듣고 화가 났어.

---

1 「for + 기간명사」에 현재가 포함된 상태라면 현재완료시제(have/has+p.p.)가 사용된다. 5년전에 결혼해서 현재까지 그 상태가 유지되고 있는 것을 나타내야 하므로 현재완료시제인 has been married가 정답이다.

2 「for + 기간명사」가 미래의 기간을 나타내면 미래완료시제(will have+p.p.)가 사용된다. 현재를 중심으로 앞으로 연말이 되면 총 5년이 되는 것이므로 현재의 상황이 미래까지 이어지고 있음을 나타낼 수 있는 미래완료시제인 will have lived가 정답이다.

3 졸업한 시점이 과거(graduated)이고, 그 이후부터 현재까지 운동을 해오고 있는 것을 나타내야 하므로 현재완료시제 have been working out이 정답이다.

4 출장을 떠난 시점이 과거(left)이고 출장에서 돌아온 시점도 여전히 과거(returned)이므로 과거의 행위가 또 다른 과거의 특정 시점까지 계속되었음을 나타내는 과거완료시제 hadn't been filled가 정답이다.

유형 4 상식적 상황 파악을 통해 알 수 있는 시제 고르기   **12%**

> **1** A: I (**forgot** / ~~forget~~) my client's appointment.
>
> B: Not again. You shouldn't do it again.
>
> A: 고객과의 약속을 깜박했어.
>
> B: 또 그러면 안돼. 다시는 그러지마.

○ **1** 시제 관련 단서가 없지만, 우리가 뭔가를 잊었을 때는 흔히 과거시제로 표현한다는 상황적 특징이 적용되었다. 따라서 forgot이 정답이다.

유형 5 함정에 빠지기 쉬운 시제 고르기   **5%**

> **1** A: David, you look so worried.
>
> B: Oh, I (**was thinking** / ~~will be thinking~~) about tomorrow's presentation.
>
> A: 데이빗, 너무 걱정스러워 보인다.
>
> B: 아, 내일 발표에 대해 생각하고 있었어.
>
> **2** A: Have you bought the ticket for tonight's rock concert?
>
> B: Not yet, but I (**am going** / ~~will have gone~~) to the box office later this afternoon.
>
> A: 오늘 밤 록 콘서트 입장권을 구매했나요?
>
> B: 아직 안 했는데, 이따가 오후에 매표소에 갈 겁니다.

○ **1** 문장 내에 tomorrow가 있다고 해서 무턱대고 미래시제를 골라선 안된다. A의 말을 듣는 현 시점을 기준으로 방금 전에 생각한 것을 말하고 있으므로 과거진행시제인 was thinking이 정답이다.

  2 시간이나 장소가 정해진 가까운 미래를 나타낼 때 사용하는 현재진행시제인 am going이 정답이다. 미래완료시제(will have gone)는 과거나 현재에 발생한 일이 미래까지 이어지는 경우에 정답이 될 수 있으므로 이 문제에선 오답이다.

복습 사람의 성격을 나타내는 형용사를 진행형으로 쓰면 일시적인 상태를 나타낼 수 있다.

진행시제	단순시제
I was **being** stupid. 나는 잠시 미련하게 굴었어.	He **is** stupid. 그는 (항상) 아둔해.
Mr. Kim is **being** very polite today. 김 씨는 오늘따라 무척 공손하다.	She **is** very polite. 그녀는 (항상) 무척 공손해.

UNIT 01 시제   **181**

🎯 기출유형 심화학습

대화나 문장에서 시제의 단서를 찾아 시제를 결정하는 유형에서는 그 단서가 다양한 방식으로 제시된다. 특히 대화에서는 상대방의 말에 단서가 있으며, 그것이 시간부사 표현일 수도 있고, 동사 시제, 또는 형용사 표현일 수도 있다. 다양한 경우를 통해 시제 파악 개념을 확실히 익히도록 하자.

1 구문으로 정해지는 경우: It's about time + 과거시제

A: It's about time we (~~will start~~ / started) implementing a new security policy.

B: I agree. We have experienced several break-ins lately.

A: 이제 새로운 보안 정책을 실시해야 할 때가 되었어요.

B: 맞아요. 요즘 몇 차례 침입 사건이 벌어졌잖아요.

2 구문으로 정해지는 경우: 미래시제 주절 + when/if 현재시제

The architect will reflect all of your requests at once when he (~~will update~~ / updates) the blueprint next time.

건축설계사가 다음 번에 설계도를 업데이트할 때 당신의 모든 요청을 한 번에 반영할 것입니다.

3 구문으로 정해지는 경우: 완료시제 주절 + since 과거시제

A: Is your phone the latest model?

B: No way, it's been almost two years since it (~~has been released~~ / was released).

A: 당신 전화기는 최신 모델인가요?

B: 전혀요. 출시된 지 거의 2년이나 되었는 걸요.

4 상대의 말에서 동사 시제를 파악하는 경우: 과거에는 과거로 응답

A: Your cell phone was busy for an hour.

B: Sorry, I (was talking / ~~will talk~~) to my sister.

A: 네 휴대폰이 한 시간 동안 통화중이던데.

B: 미안해, 여동생이랑 통화하고 있었어.

5 시간부사로 단서를 제시하는 경우: soon → 미래시제

A: Did Mr. Raymond win the contract from Southwest Bank?

B: Yes. We (will be representing them / ~~have represented them~~) soon.

A: 레이몬드 씨가 사우스웨스트 은행으로부터 계약을 따냈나요?

B: 예. 우리가 곧 그들을 대리하게 될 것입니다.

6 시간부사로 단서를 제시하는 경우: for some time now → 현재완료시제

A: Chris seems to be fatigued with his work.

B: Yes, he (~~is considering~~ / has been considering) a new career for some time now.

A: 크리스가 일 때문에 피로가 쌓인 것 같아요.

B: 예. 얼마 전부터 새로운 직장을 찾을까 생각하고 있어요 .

⏱ 실전적응훈련

난이도 ●●◑○○

Part 2 가장 적절한 정답 고르기

A: Have you been to Mongolia?
B: Yes. In fact, I _____ there
   for nine months in 2013.

   (a) lived
   (b) have lived
   (c) have been living
   (d) live

해석   A: 몽골에 가본 적 있어요?
       B: 네. 사실, 2013년에 9개월간 그곳에
         살았어요.

💡 **풀이과정 맛보기**
① 선택지를 보고 동사의 시제 문제임을 파악한다.
② 빈칸 뒤 in 2013은 현재를 기준으로 과거시제를
    나타내는 시간표현임을 인지한다.
③ 과거시제인 (a) lived를 정답으로 고른다.

💡 **매력적인 오답**
(b) have lived
for nine months를 보고 현재완료를 고르지 않도
록 주의한다. 9개월이라는 기간은, 결국 과거시점인
2013년 안에 포함되므로 결정적 단서는 2013년이다.

어휘   in fact 사실상
정답   (a)

🔭 기출맛보기

정답 및 해설 p.39

1. The sharp decline in the prevalence of smoking over the past three decades _____
a great public health achievement.

   (a) has been
   (b) had been
   (c) was
   (d) will be

2. A: Can I talk to you about the schedule for the tour at 5:00 P.M.?
     B: I'm afraid not. I _____ a meeting then.

   (a) will have attended
   (b) am attending
   (c) have attended
   (d) attended

Part 1 가장 적절한 정답 고르기

1 A: Oh, honey. How did you get a grease spot on your suit?

B: I _____ careful enough during lunch at work.

(a) was not to be   (b) will not have been

(c) was not being   (d) am not being

2 A: Can we meet at 8 p.m. before your flight?

B: Sorry, I _____ by then. My flight's at 7 p.m. 기출

(a) leave   (b) am leaving

(c) will have left   (d) will be leaving

3 A: Is Martina still planning to move to Swafford?

B: Yes, but so far she _____ a place within her preferred price range.

(a) doesn't find   (b) hasn't found

(c) hadn't found   (d) wasn't finding

4 A: Hey, Mike. Have you eaten kimchi? It is a really fiery but delicious Korean sidedish.

B: Not yet, but I _____ it whenever I get the chance.

(a) will have   (b) have had

(c) have   (d) had

5 A: I think I left my wallet on the train.

B: Not again! You _____ your belongings.

(a) had always been losing

(b) always lost

(c) are always losing

(d) had always lost

6 A: Has your father's condition improved at all?

B: I'm afraid not. He _____ all night long lately.

(a) was coughing   (b) has been coughing

(c) coughed   (d) will be coughing

7 A: You are not allowed to take photographs here.

B: Oh, sorry. _____ that.

(a) I don't notice

(b) I hadn't noticed

(c) I haven't noticed

(d) I can't notice

8 A: Why was I not added to the list for the seminar?

B: Oh, I thought you _____ interested in coming.

(a) hadn't   (b) weren't

(c) hadn't been   (d) haven't

Part 2 가장 적절한 정답 고르기

9 Throughout history, competition for natural resources, such as water or minerals, _____ countless conflicts. 기출

(a) has caused   (b) was causing

(c) have caused   (d) were causing

10 By the time Sophia was 15, she _____ four exhibitions of her artwork.

(a) has already had

(b) had already had

(c) was already having

(d) will have already had

11 There _____ so many office disputes in previous months that Joel began to consider a new career.

(a) are
(b) will be
(c) had been
(d) have been

12 At one point, George Stephenson _____ the richest person in the UK, with an estimated net worth of £17 billion.

(a) is
(b) was
(c) is being
(d) has been

13 Gina declined the invitation to the party next Saturday because she _____ a friend from out of town that night. 기출

(a) has met
(b) is meeting
(c) will have met
(d) has been meeting

14 For some time now, Paul _____ to visit his hometown in France.

(a) had yearned
(b) has been yearning
(c) yearned
(d) will have yearned

15 There are only a few clients who _____ Penelope Lipmann well enough to attend her funeral yesterday.

(a) knows
(b) had known
(c) knowing
(d) are known

16 The professor ensures that students _____ the subject's key principles in time for the exam.

(a) learned
(b) have learned
(c) had learned
(d) will have learned

Part 3 문법 오류 문장 고르기

17 (a) A: Did you hear that Graeme has bought another new tennis racket?
(b) B: Yep, and that's the fourth brand of racket this year.
(c) A: I wonder why he had changed brands so many times.
(d) B: I'm guessing it's because he wants one that suits his playing style.

18 (a) A: Hey, Timothy. What are you doing before class tomorrow morning?
(b) B: I'm planning to check out some textbooks for a project. Why do you ask?
(c) A: I was going to see if you wanted to grab coffee and a bagel with me.
(d) B: Maybe some other time. I've really needed to go to the library before class.

19 (a) While experienced speakers may be able to speak with great volume and power, they understand that it is not always necessary to do so. (b) Good speaking depends not on the ability to speak loudly but on the ability to adjust one's volume of speech for different audiences. (c) For instance, effective speakers often raise their voice when they will address a large group of people. (d) However, they will speak at a lower volume when having an intimate conversation with a small group of peers.

20 (a) Clarence Darrow was born in Kinsman, Ohio, on April 18, 1857, and died on March 13, 1938. (b) Before he began his career in law, he has served as a teacher at a district school in a quiet community. (c) While teaching, Darrow began to study law, quickly passing the bar exam and opening his first legal firm. (d) Starting as a labor attorney, Darrow eventually shifted his focus to criminal law, and is now regarded as one of America's greatest ever criminal defense lawyers.

☑ 영어에서 한 문장의 뼈대를 구성하는 핵심 성분인 동사는 크게 자동사와 타동사로 분류되며, 세부적으로는 5개의 형식으로 구분된다.

☑ 텝스 동사 영역에서는 자/타동사의 구별, 동사의 형식이 지니는 독특한 특징, 전치사와의 결합 여부에 이르기까지 매우 세부적인 내용들이 출제되고 있다.

☑ 의미 중심으로만 접근하기보다는 동사의 종류에 따른 구체적 문법 특징들을 빠르게 파악하는 것에 중점을 두고 학습하는 것이 유리하다.

☑ 매회 1~2문제 출제되고 있다.

핵심포인트 1 동사의 형식에 따른 구조와 특징

1 1형식: 주어와 동사로 이루어진 가장 기본적인 문장

It always **works** for me. 그것은 늘 내게 효력이 있다.
주어   자동사 전치사구

The size **fits** perfectly. 크기가 딱 맞는다.
 주어 자동사   부사

➡ 일반적으로 기본 문장 성분에 포함되지 않는 부사나 전치사구와 결합한다.

2 2형식: 주어를 보충 설명하는 주격보어가 있는 문장

She **became** a lawyer. 그녀는 변호사가 되었다.
주어   자동사   주격보어(명사)

➡ 명사가 보어일 경우 "주어=주격보어"인 동격 관계이다.

The leaves **turned** red and yellow. 잎들이 빨갛고 노랗게 변했다.
   주어   자동사   주격보어(형용사)

You should **stay** alert during long distance drives. 장거리 운전 중에는 계속 경계를 하고 있어야 한다.
주어   자동사 주격보어(형용사)

➡ 명사가 형용사일 경우 주어의 상태나 성질을 설명한다.

⭐필수암기 타동사로 착각하기 쉬운 자동사

pay (off) 득이 되다(=be profitable)   **work** 효과가 있다, 통하다(=be effective)

matter 중요하다(=count, be important)   **go** ~라고 하다(=run)

⭐필수암기 「자동사 + 전치사」 기출표현

refer to ~을 참고하다(언급하다)	**consist of** ~로 구성되다	**rely on** ~에 의존하다
deal with ~을 다루다	**plan on** ~을 계획하다	**dispose of** ~을 처리하다
react to/reply to ~에 반응/응답하다	**account for** ~을 설명하다	**succeed in** ~에 성공하다
apologize to ~에게 사과하다	**complain of[about]** ~을 불평하다	**amount to** 총계가 ~에 이르다

❸ 3형식: 목적어를 가지는 타동사가 포함된 문장

I **discussed** my problems with my sister. 나는 내 문제들을 누나와 의논했다.
<u>주어</u> <u>타동사</u> <u>목적어(명사)</u>

➡ 동사의 행위가 가해지는 대상을 목적어라 하며, 목적어는 주로 명사의 형태이다.

<u>Mr. Ventura</u> **plans** <u>to visit the city</u>. 벤츄라 씨는 그 도시를 방문할 계획이다.
주어　　　타동사　　목적어(준동사)

<u>My coworkers</u> **say** <u>that the food is delicious at the new Italian restaurant around the corner</u>.
주어　　　　타동사　　　　　　　　　　　목적어(명사절)

내 동료들은 모퉁이를 돈 곳에 새로 생긴 이탈리안 레스토랑에 음식이 맛있다고 말한다.

➡ 동사에 따라 준동사(to부정사, 동명사)나 명사절을 목적어로 취하는 경우도 있다.

> ⭐**필수암기** 자동사로 착각하기 쉬운 타동사
>
> **believe** 믿다 　　　**reach** 도착하다, 이르다 　　**attend** 참석하다 　　**obey** 순응하다 　　**do** 하다
> **resemble** 닮다 　　**telephone** 전화 걸다 　　　**answer** 답변하다 　　**marry** 결혼하다 　　**discuss** 논의하다

❹ 4형식: 간접목적어(사람)와 직접목적어(사물)를 가지는 문장

대부분의 4형식 동사는 목적어의 위치를 바꾸어 3형식으로 전환 가능하며, 이때 아래와 같이 전치사가 수반된다.

I **sent** <u>you</u> <u>a text message</u> yesterday. – 4형식

➡ I **sent** <u>a text message</u> **to** <u>you</u> yesterday. – 3형식
나는 어제 너에게 문자 메시지를 보냈다.

> ⭐**필수암기** to를 쓰는 동사 – 일반적으로 직접 전달을 나타내는 동사
>
> **give** 주다 　　**hand** 건네주다 　　**pass** 넘겨주다 　　**lend** 빌려주다 　　**offer** 제공[제의]하다 　**show** 보여주다
> **tell** 말해주다 　**teach** 가르쳐주다 　**bring** 가지고오다 　**send** 보내주다 　**mail** 우편을 보내다

We are **offering** <u>returning customers</u> <u>a special deal</u>. – 4형식

➡ We are **offering** <u>a special deal</u> **for** <u>returning customers</u>. – 3형식
우리는 재방문 손님들에게 특별 서비스를 제공 중입니다.

> ⭐**필수암기** for를 쓰는 동사 – 서비스 또는 호의를 나타내는 동사
>
> **offer** 제공해 주다 　**buy** 사주다 　**make** 만들어주다 　**find** 찾아주다 　**cook** 요리해주다 　**do** 호의를 베풀다

She **asked** <u>me</u> <u>a question</u>. – 4형식

➡ She **asked** <u>a question</u> **of** <u>me</u>. – 3형식
그녀는 내게 질문을 했다.

> ⭐**필수암기** of를 쓰는 동사 – 문의, 요구, 부탁의 의미를 가진 동사
>
> **ask** 묻다 　　**inquire** 문의하다

주의 절대 4형식 동사
아래 동사들은 간접 목적어를 뒤로 이동시켜 3형식 문장으로 쓸 수 없다.

> **envy** 부러워하다 　　**forgive** 용서하다 　　**cost** (비용이) 들다

I **envy** <u>you</u> <u>your good fortune</u>. 난 너의 행운이 부러워.

5 5형식: 목적어와 목적격보어를 가지는 문장

I **thought** her <u>a riddle</u>. 나는 그녀를 수수께끼 같은 사람으로 생각했다.
    목적격보어(명사)

➡ 목적격보어가 명사일 경우 "목적어=목적격보어"인 동격 관계이다.

She **made** him <u>happy</u>. 그녀는 그를 행복하게 해주었다.
    목적격보어(형용사)

I **want** you <u>to bring</u> my coat. 나는 당신이 내 코트를 가져오기를 바란다.
    목적격보어(준동사)

She **found** her children <u>sleeping</u> in the bed. 그녀는 아이들이 침대에서 자고 있는 것을 발견했다.
    목적격보어(현재분사)

You will **find** scuba diving extremely <u>exciting</u>. – 이때 find는 '여기다, 생각하다'라는 의미
    목적격보어(형용사)

당신은 스쿠버다이빙이 매우 신난다는 것을 알게 될 것입니다.

Please **keep** all the windows <u>shut</u> because of loud music. 음악이 시끄러우므로 모든 창문들을 닫아 두세요.
    목적격보어(과거분사)

➡ 형용사를 목적격보어로 취하는 경우가 가장 흔하지만, 준동사(to부정사, 분사)를 목적격보어로 취하는 동사도 있다.

핵심포인트 2 지각동사 & 사역동사

1 지각동사: 신체 감각의 의미를 나타내는 동사

형태: 주어 + 지각동사 + 목적어 + 원형부정사/현재분사/과거분사

① 원형부정사가 오는 경우
   I **saw** him <u>cross</u> the road. – 전체적인 동작
   나는 그가 도로를 건너는 것을 보았다.

② 현재분사가 오는 경우
   I **heard** the doorbell <u>ringing</u>. – 특정 순간에 진행중인 상황
   나는 초인종이 울리는 소리를 들었다.

③ 과거분사가 오는 경우
   Have you ever **seen** the cities <u>destroyed</u> by bombing? – 목적어와의 관계가 수동이거나 동작의 완료
   당신은 도시들이 폭격으로 폭파된 것을 본적이 있습니까?

> ⭐ **필수암기** 대표적인 지각동사
> **notice** 알아차리다   **witness** 목격하다   **observe** 관찰하다   **catch** 장면을 포착하다
> **feel** 느끼다   **perceive** 감지하다   **smell** 냄새 맡다   **listen to**(=hear) 듣다
> **see**(=**watch, look at, behold**) 보다

② 사역동사: 문장의 주어가 다른 이에게 하도록 시키는 것을 나타내는 동사

형태: 주어 + 사역동사 + 목적어 + 원형부정사/과거분사

① 원형부정사가 오는 경우

She **made** her husband <u>clean</u> the house every weekend. – 목적어와의 관계가 능동
그녀는 자신의 남편에게 주말마다 집을 청소하도록 시켰다.

② 과거분사가 오는 경우

I **had** my car <u>checked</u> by the repairman. – 목적어와의 관계가 수동
나는 내 차를 수리공에 의해 점검받도록 했다.

> ⭐**필수암기** **대표적인 사역동사**
>
> **make** 강제로 ~하게 하다   **have** (강요나 요청에 의해) ~하게 하다   **let** ~하게 허락해주다   **bid** 명령하다

핵심포인트 3 준사역동사

의미와 역할은 사역동사와 비슷하나 목적격보어 자리에 원형부정사나 to부정사, 또는 과거분사를 사용한다.

① get: ~에게 …하게 하다

형태: 주어 + 준사역동사 + 목적어 + to부정사/과거분사

I **got** her <u>to sign</u> the contract. – 능동적인 동작
나는 그녀에게 그 계약서에 서명하게 했다.

We don't have enough staff to **get** the job <u>done</u>. – 수동적이거나 완료된 동작
우리는 그 일을 마칠 수 있을 만큼 직원이 충분하지 않아요.

➡ get의 목적격보어로 to부정사나 과거분사가 온다.

② help: ~가 …하는 것을 돕다

형태: 주어 + 준사역동사 + 목적어 + to부정사/원형부정사

My friend rented a new apartment, so I **helped** him <u>(to) move</u>.
내 친구가 새 아파트를 임대했기 때문에 나는 그가 이사하는 것을 도왔다.

➡ help의 목적격보어로 과거분사는 오지 않고, to부정사나 원형부정사만 온다.

> **참고** help + 목적어 + with 명사: 목적어가 (명사)하는 것을 돕다
> I will **help** you **with** your research.
> 네가 조사하는 것을 도와줄게.

🔧 기출유형정리

핵심 유형	출제 비율
유형 1 전치사와의 결합성을 이용해 자동사와 타동사 구별하기	37%
유형 2 자동사와 타동사에 따라 목적어 유무 구별하기	30%
유형 3 하나의 동사가 여러 형식으로 사용되는 경우 구별하기	23%
유형 4 지각동사와 사역동사의 어법 구별하기	10%

유형 1 전치사와의 결합성을 이용해 자동사와 타동사 구별하기 37%

1 If you do not know how to fill out the timesheet, (**ask your supervisor** / ~~ask to your supervisor~~) for assistance.

만약 근무시간 기록표 작성법을 모르면, 여러분의 상사에게 도움을 요청하시기 바랍니다.

2 Any of the bank's customers may (**access their accounts** / ~~access to their accounts~~) online by entering an account name and password.

은행의 고객은 누구나 아이디와 비밀번호를 입력함으로써 온라인으로 계좌에 접속할 수 있습니다.

3 According to the finance statistics released last year, Japan's beef imports from Europe (**amount to** / ~~amount~~) 40 billion dollars every year.

작년에 발표된 재정 통계에 따르면, 일본의 유럽산 소고기 수입량이 매년 400억달러에 달한다고 합니다.

4 A: What did you do last weekend?

B: I (**visited** / ~~visited to~~) my grandparents in the country.

A: 지난 주말에 뭐했어?

B: 시골에 계시는 조부모님을 방문했지.

5 A: I'm going to the grocery store. Would you like to come along?

B: I can't. I (**am waiting for** / ~~am waiting~~) a parcel.

A: 식료품점에 가려고 하는데. 같이 갈래?

B: 못 가. 나 지금 택배를 기다리고 있거든.

❍ **1** ask(요청하다)는 타동사로 쓰일 때 사람 명사를 목적어로 수반하므로 ask your supervisor가 정답이다.

2 access(접속하다)는 타동사로서 전치사를 수반하지 않으므로 access their accounts가 정답이다. 참고로 명사 access는 to를 동반한다.

3 amount가 동사로 사용되면 '총 합계가 ~에 이르다'란 의미로 전치사 to를 수반하게 되므로 amount to가 정답이다.

4 visit은 타동사로서 전치사를 수반하지 않으므로 visited가 정답이다.

5 동사 wait은 자동사로서 전치사를 수반해야 하므로 am waiting for가 정답이다. 참고로 의미가 같은 await은 타동사이므로 전치사를 수반하지 않는다.

유형 2 자동사와 타동사에 따라 목적어 유무 구별하기　　　30%

타동사 뒤 목적어가 있어야 하는 경우

1 A: Lucy won first prize in the science competition!

　B: Wow! How do you think she managed to (~~do~~ / **do that**)?

　A: 루시가 과학 경시대회에서 1등을 했어.

　B: 와! 너는 어떻게 그녀가 그렇게 할 수 있었다고 생각해?

2 A: How was your sister's wedding?

　B: You're not going to (**believe this** / ~~believe~~), but she was one hour late for her own wedding.

　A: 여동생 결혼식은 어땠어?

　B: 믿지 못하겠지만, 그녀는 자기 결혼식에 한 시간 지각했어.

자동사 뒤 목적어가 없어야 하는 경우

3 Neither Charlie's race nor her gender seem to (**matter** / ~~matter them~~) in this election.

　찰리의 인종도 성별도 이번 선거에서 중요한 것 같진 않아요.

4 As the story (**goes** / ~~goes it~~), Ms. Melton had plastic surgery.

　전해지는 바에 의하면, 멜톤 씨는 성형 수술을 했다고 한다.

○ 1 do(하다)는 3형식 타동사이므로 목적어가 있어야 하므로 목적어 that이 포함된 do that이 정답이다.

　2 believe(믿다)는 3형식 타동사이므로 목적어가 있어야 한다. 그러므로 believe this가 정답이다.

　3 matter(중요하다)는 1형식 자동사로 목적어를 취할 수 없다. 그러므로 목적어가 없는 matter가 정답이다.

　4 go(이야기 내용 등이 어떻게 되다)는 1형식 자동사로서 목적어를 취할 수 없기 때문에 goes가 정답이다.

think

1형식(생각해내다)

1 I want to (**think of** / ~~think~~) some ways to keep costs down this year since sales are looking to be flat in the poor economy.

경기가 좋지 않아 판매 실적이 저조할 것으로 예상되므로 올해 비용을 줄일 수 있는 몇 가지 방안을 생각해야 할 것 같습니다.

3형식(~라고 생각하다)

2 A: Lorry, what do you think of the commercial property we just saw?

B: I (**think** / ~~think of~~) that the asking price is too high.

A: 로리, 우리가 방금 본 상업용 부지에 대해 어떻게 생각하세요?

B: 제시 가격이 너무 높은 것 같아요.

5형식(~을 …라고 생각하다)

3 I think it (**inappropriate** / ~~inappropriately~~) for you to wear shorts for a job interview.

네가 면접에 반바지를 입고 가는 것은 적절하지 않다고 생각해.

make

3형식(~을 만들다)

1 She (**made** / ~~made in~~) her own leather shoes.

그녀는 자신만의 가죽 신발을 만들었다.

4형식(~에게 …를 만들어 주다)

2 My mother made me (**a birthday cake** / ~~to a birthday cake~~).

우리 엄마가 나에게 생일 케익을 만들어 주셨다.

5형식(~가 …하도록 하다)

3 A new procedure was designed to make employees (**more efficient** / ~~more efficiently~~).

직원들이 보다 효율적이 되도록 하기 위한 새로운 절차가 고안되었다.

○ **think**

1 think가 명사(some ways)를 받을 때는 of나 about이 붙어야 하며, 이때 think는 1형식 동사이다.

2 think가 that절을 목적어로 받을 때는 3형식으로 사용되며, 이럴 경우 전치사를 붙이지 않는다.

3 think가 5형식으로 사용될 경우 목적격보어 자리엔 명사나 형용사가 온다. 명사가 오면 목적격보어와 동격, 형용사가 오면 목적격보어의 상태·특징을 설명한다.

make

1 make는 3형식 타동사로 사용될 수 있다. 그래서 전치사가 수반되지 않는다.

2 make는 4형식 수여동사로 사용될 수 있다. 간접목적이 me 뒤에 바로 직접목적어가 와야 하므로 to가 없는 a birthday cake이 정답이다.

3 make가 5형식으로 사용될 경우 목적격보어 자리에는 명사나 형용사가 온다.

유형 4 지각동사와 사역동사의 어법 구별하기　　　　　　**10%**

지각동사

1 We witnessed someone (**leave** / ~~to leave~~) the building and take a taxi.

　우리는 누군가가 건물을 나와서 택시를 잡는 것을 목격했다.

2 I heard my name (~~calling~~ / **called**) on the street.

　나는 거리에서 내 이름이 불리는 소리를 들었다.

사역동사

3 Your letter made me (**think** / ~~to think~~) about many things.

　너의 편지는 나에게 많은 것을 생각하게 만들었다.

4 My boss let me (**use** / ~~to use~~) his motorcycle for the weekend.

　우리 사장님은 주말에 내가 자신의 오토바이를 쓰도록 허용했다.

5 Crowley Hardware Rental Center helps you (**get** / ~~getting~~) the job done well.

　크로울리 하드웨어 대여 센터는 당신이 업무를 잘 마무리하도록 돕습니다.

◐ **1** witness(목격하다)는 지각동사이므로 목적어와 능동 관계를 나타내면 원형부정사나 현재분사가 올 수 있다.

　someone과 leave의 관계 ➡ 능동 (leaving도 가능)

2 hear(듣다)는 지각동사이므로 목적어와 수동 관계를 나타내면 과거분사가 온다.

　my name과 called의 관계 ➡ 수동

3 make(~하도록 만들다)는 사역동사이므로 목적어와 능동 관계를 나타내면 원형부정사가 온다.

　me와 think의 관계 ➡ 능동

4 let(~하도록 내버려 두다)은 사역동사로 목적어 뒤에 원형부정사가 온다.

5 help(~가 하는 것을 돕다)는 준사역동사로 원형부정사 또는 to부정사 중의 하나를 취할 수 있다. 위 문장에서 get 대신 to get도 가능하다.

🎯 기출유형 심화학습

영어의 동사는 대체로 자동사와 타동사 둘 다로 사용되기 때문에 동사를 공부할 때에는 의미와 더불어 다양한 구문 형태를 알아 두어야 한다. 다행히도 TEPS에서는 각 유형마다 출제되는 동사들과 그 패턴이 거의 정해져 있지만, 가끔 우리가 흔히 사용하는 것과 다른 의미나 구조로 출제되는 경우도 있으므로 주의해야 한다.

1 1형식 tend

동사 tend는 1형식 자동사일 때 '집중하다'라는 의미가 있으며, 집중의 대상 앞에 전치사 to를 쓴다.
tend to부정사(~하는 경향이 있다)와 구분할 수 있어야 한다.

A: Kids with siblings tend (**to** / ~~about~~) their social relationships better than only children.

B: Right, I read it somewhere before.

A: 형제가 있는 아이들이 혼자인 아이들보다 더 사교 활동에 집중한다고 해.

B: 맞아, 전에 어디선가 그렇다고 읽었어.

2 2형식 get

동사 get이 2형식으로 사용되면 become(~이 되다)의 뜻이 되며, 보어 자리에 형용사가 온다. get going은 일상 회화에서 많이 쓰는 표현으로, '나 이제 그만 슬슬 가봐야겠어'라고 할 때 쓴다. 참고로, get to do는 '그럭저럭 ~하다'라는 뜻이다.

A: June, how about joining us for a drink?

B: I'd love to, but I have an exam tomorrow. I'm afraid I have to get (~~to go~~ / **going**).

A: 준, 우리랑 한 잔 할래?

B: 그러고 싶은데, 내일 시험이 있어. 슬슬 가봐야 할 것 같아.

3 3형식 help

동사 help가 3형식으로 쓰일 때, ① 목적어가 사람이라면 '~를 돕다', ② 목적어가 동사원형이라면 '~하는 것을 돕다' 그리고 ③ 목적어가 동명사라면 '~을 그만두다'라는 뜻이다. 특히 help 앞에 can't가 있다면 ③의 용법으로 확신하고 동명사를 정답으로 골라야 한다.

A: You've already been watching the drama for three hours.

B: It's so interesting that I can't help (~~watch~~ / **watching**) it.

A: 넌 그 드라마를 벌써 세 시간이나 보고 있어.

B: 너무 재미있어서 그만 둘 수가 없어.

4 5형식 keep

keep의 목적격보어로 상태를 나타내는 형용사와 행위의 진행을 나타내는 현재분사 중에서 선택하도록 출제된 경우이다. 잠에서 깬 상태가 지속되는 것이므로 형용사를 정답으로 골라야 한다.

A: Jason, you look really tired. What's wrong?

B: Don't ask! The neighbor's loud music has been (**keeping me awake** / ~~keeping me awakening~~) all week.

A: 제이슨, 정말 피곤해보여. 무슨 일이야?

B: 말도 마! 이웃집에서 음악을 크게 틀어서 일주일 내내 잠을 제대로 못 잤어.

실전적응훈련

Part 3 문법 오류 문장 찾기

(a) A: Would you mind letting me borrow your stapler for a minute?

(b) B: No problem, but don't you have your own?

(c) A: I do, but it has run out of staples and I can't access to the storage cupboard.

(d) B: Oh, I think Jerry has the key. He's probably out having lunch right now.

해석 (a) A: 스테이플러를 잠시만 빌릴 수 있을까요?
(b) B: 그럼요, 그런데 스테이플러가 없으세요?
(c) A: 있긴 하지만, 철침이 다 떨어졌는데 보관함을 열 수가 없어서요.
(d) B: 오, 제 생각엔 제리가 열쇠를 가지고 있는 것 같아요. 아마 지금 밖에서 점심을 먹고 있을 거예요.

풀이과정 맛보기

① 동사의 종류에 신경을 쓰며 문제를 읽어 내려간다.
② 주요 동사들의 종류와 특징을 살펴본다.
 <mind ➡ 동명사 목적어를 취하는 3형식동사>
 <let ➡ 「목적어 + 원형부정사」를 취하는 사역동사>
③ 선택지 (c)에서 can't 뒤에 위치한 동사 access는 3형식 타동사로 명사 목적어를 취한다는 사실을 인지한다. access가 명사일 때만 to와 결합한다.
④ 동사 access 뒤의 to를 제거해야 하므로 정답으로 (c)를 고른다. access는 have access to로 바꿔 쓸 수 있음을 기억하자.

어휘 **mind -ing** ~하기를 꺼리다 **borrow** 빌리다 **one's own** 자기의 **run out of** ~을 다 써버리다 **access** v. ~에 접근하다, ~을 이용하다 n. 접근, 이용 **storage** 보관, 저장 **cupboard** 찬장

정답 (c) access to ➡ access

기출맛보기

정답 및 해설 p.43

1. What _____ most in life is how money is spent, not how it is made.

(a) to matter
(b) have mattered
(c) matters
(d) is mattered

2. A: Is it true Steve stole things at the drug store?
B: Yeah. The police caught him _____ some drugs into his bag.

(a) be put
(b) to put
(c) putting
(d) being put

Part 1 가장 적절한 정답 고르기

1 A: What was that noise?
   B: I'm sure I heard someone _____ for a menu.

   (a) to shout   (b) shouted
   (c) shouting   (d) being shouted

2 A: Was Jessica ever able to track down her old college roommates?
   B: Yes, she eventually succeeded _____.

   (a) reaching them   (b) of reaching
   (c) to reach   (d) in reaching them

3 A: All the children in that class have blond hair and blue eyes.
   B: Yes, they all _____ one another.

   (a) resemble as   (b) resemble with
   (c) resemble   (d) resemble from

4 A: I heard that Eva has been accused of stealing.
   B: It's true. A store owner caught her _____ some items into her coat pocket.

   (a) put   (b) to put
   (c) putting   (d) being put

5 A: How is the milk?
   B: It seemed like the milk smelled a little _____.

   (a) bad
   (b) badly
   (c) worse
   (d) worsen

6 A: How was Randy's driving test? Did he pass?
   B: He sure did. He found _____.

   (a) it pretty easy   (b) pretty easy
   (c) easy it pretty   (d) pretty easy it

7 A: Can you _____ 40?
   B: Seriously? I thought he was much younger.

   (a) believe Vernon just turned
   (b) just believe Vernon turn to
   (c) just believe Vernon is turned
   (d) believe Vernon is turn to just

8 A: This is the first time I've seen you wear earrings.
   B: That's because I got my ears _____ just last weekend. 기출

   (a) pierce   (b) pierced
   (c) piercing   (d) to pierce

Part 2 가장 적절한 정답 고르기

9 The awards show judging panel _____ 75 individuals from the movie industry.

   (a) consist   (b) consists of
   (c) is consisted of (d) consisting

10 Earlier today, Mr. Henderson raised a few important questions, so he wants to discuss _____.

   (a) you about them   (b) them to you
   (c) them with you   (d) with you about them

11 In Western cultures, most infants do not have their ears _____.

   (a) piercing   (b) to pierce
   (c) pierced   (d) pierce

12 News Web sites make _____ for people to receive updates about current events almost instantaneously.

(a) it is possible   (b) it possible
(c) possible   (d) possible that

13 As a group therapist, try helping patients to talk openly about their problems and _____.

(a) listen sensitive to their problems
(b) listening sensitively to their problems
(c) listening sensitively their problems
(d) to listen sensitive their problems

14 The university will make every student _____ a library orientation session this month.

(a) attend   (b) to attend
(c) attending   (d) attended

15 Edward is finally thinking _____ early next year.

(a) retirement   (b) retiring
(c) for retiring   (d) of retiring

16 The technician explained _____ that we should clean the air conditioner's filter once a week.

(a) us   (b) at us
(c) to us   (d) for us

Part 3 문법 오류 문장 고르기

17 (a) A: What elective courses are you considering for next year?
(b) B: I've given a lot of thought, but I still haven't decided.
(c) A: Same here. There are too many interesting courses to choose from.
(d) B: Exactly. Perhaps we should ask for advice from our course leader.

18 (a) A: The photocopier is displaying an error message again, and I really need to copy this document.
(b) B: Have you asked to someone in the maintenance department to take a look at it?
(c) A: Yes, but they said everyone in their team is busy all day. The earliest they can deal with it is tomorrow morning.
(d) B: Well, in that case, I guess you had better ask to use the copier on the 5th floor instead.

19 (a) Most people think of people who suffer from depression are constantly sad. (b) But the reality is that depressed people can often appear completely happy and fulfilled. (c) In fact, the level of sadness experienced by a sufferer varies depending on the individual and the severity of the condition. (d) Even those with severe depression may have moments of genuine joy in between episodes of extreme sadness.

20 (a) In most European countries, parents often comfort children about the loss of a tooth by telling to them stories about the tooth fairy. (b) In the most common version of this folk tale, when a lost tooth is placed under a pillow, the tooth fairy will take it in exchange for money. (c) Some parents tell their children that the tooth fairy pays more for a healthy tooth with no sign of decay. (d) This encourages good dental habits in children, as well as providing a sense of wonder and excitement.

능동태 & 수동태

☑ 능동태란 한 문장에서 동사의 행위자를 주어로 쓰는 문장 구조를 말하며 '주어가 ~하다'로 해석한다.

☑ 수동태란 한 문장에서 동사의 목적어를 주어로 쓰는 문장 구조를 말하며 '주어가 ~하게 되다, ~해지다' 등으로 해석한다.

☑ 기본적으로 3형식 동사의 수동태 구조, 4형식 및 5형식의 능동과 수동태 구조, by 이외 특수 전치사와 결합하는 동사들, 수동태가 불가능한 동사들에 대해 출제된다.

☑ 동사의 태 유형은 시제 및 수 일치와 혼합하여 출제한다는 것을 염두에 두어야 한다.

핵심포인트 1 능동태와 수동태의 기본적 특징

구분	능동태	수동태
의미	주어가 동사의 행위를 하는 상황	주어가 동사의 행위를 받거나 당하는 상황
형태	주어 + 타동사 + 목적어	주어 + be동사 + p.p. + (by 행위자)
목적어 유무	동사 뒤에 명사 목적어 존재	동사 뒤에 목적어가 없음
특징	어떤 형식도 능동태는 가능	1형식과 2형식 자동사는 수동태 불가능

We **hired** a replacement for Ms. Ralph immediately after her resignation.
　　능동태

랄프 씨가 사직한 직후 우리는 바로 그녀의 후임자를 채용했다.

A replacement for Ms. Ralph **was hired** immediately after her resignation (by us).
　　　　　　　　　　　　　　수동태

랄프 씨가 사직한 직후 그녀의 후임자가 바로 채용되었다.

핵심포인트 2 문장 형식에 따른 수동태

▌ 3형식의 수동태

① **목적어가 일반명사인 문장의 수동태:** 목적어를 주어 자리로 이동시키고 동사를 [be동사 + p.p.]로 변환한다.

The game excited <u>the spectators</u>. 그 시합은 관중을 열광시켰다.

➡ <u>The spectators</u> **were excited** by the game.

② **목적어가 명사절인 문장의 수동태:** 명사절(that절) 주어를 가주어 it으로 대체하고 동사를 수동태로 만든다.

They **say** <u>that he is rich</u>. 그들은 그가 부유하다고 말한다.

➡ **It is** said **that** he is rich. – 형태: It is + 과거분사 + that절(목적어)

참고 　that절을 목적어로 취하는 동사들은 to부정사를 이용한 수동태 변환도 가능하다.

They **say** <u>that he is rich</u>. 그들은 그가 부유하다고 말한다.

➡ He is said **to be** rich. – 형태: 일반명사(주어) + be동사 + 과거분사 + to부정사(목적어)

필수암기 that절을 목적어로 취하는 동사

say 말하다　**think** 생각하다　**imagine** 상상하다　**believe** 믿다　**suppose** 가정하다　**expect** 기대하다
estimate 추정하다　**report** 보고하다　**advise** 조언하다, 충고하다

2 4형식의 수동태

4형식은 목적어가 두 개이므로 각 목적어를 주어로 하는 두 개의 수동태 문장이 가능하다.

① 간접목적어(사람)를 이용한 수동태가 가능한 경우

John gave **Mary a watch**. 존은 매리에게 시계를 주었다.

➡ **Mary** was given a watch by John.

② 간접목적어(사람)를 이용한 수동태가 불가능한 경우

She bought **me a present**. 그녀는 내게 선물을 사주었다.

➡ **A present** was bought (for) me by her. **O** – 직접목적어 수동태는 가능

➡ **I** was bought a present by her. **X** – 간접목적어 수동태는 불가능

아래 동사들은 간접목적어(사람)를 이용해 수동태를 만들면 동사와의 의미 관계가 어색해지므로 수동태가 불가능하다.

필수암기 간접목적어를 주어로 하는 수동태가 불가능한 동사

buy 사다　**sell** 팔다　**sing** 노래하다　**read** 읽어주다　**write** 쓰다　**get** 가져다 주다　**make** 만들어주다
bring 가져오다　**send** 보내다　**hand**(=**pass**) 건네 주다

③ 직접목적어(사물)를 이용한 수동태가 가능한 경우

John gave **Mary a watch**. 존은 매리에게 시계를 주었다.

➡ **A watch** was given to Mary by John.

④ 직접목적어(사물)를 이용한 수동태가 불가능한 경우

She kissed **me good night**. 그녀는 내게 작별 키스를 해주었다.

➡ **I** was kissed good night by her. **O** – 간접목적어 수동태는 가능

➡ **Good night** was kissed me by her. **X** – 직접목적어 수동태는 불가능

아래 동사들은 직접목적어(사물)를 이용해 수동태를 만들면 동사와의 의미 관계가 어색해지므로 수동태가 불가능하다.

필수암기 직접목적어를 주어로 하는 수동태가 불가능한 동사

kiss 입맞춤하다　**envy** 부러워하다　**deny** 부인하다　**save** 아껴두다　**forgive**(=**pardon**) 용서하다

NOTE 수동태의 동사 형태

일반 수동태	be동사 + p.p.	is/are/was/were developed
진행 수동태	be동사 + being + p.p.	is/are/was/were being developed
조동사 수동태	조동사 + be + p.p.	will be developed
완료 수동태	have동사 + been + p.p.	have/has/had been developed

③ 5형식의 수동태

① 5형식은 수동태가 되면 2형식이 된다.

We elected him a chairman. – 5형식 우리는 그를 의장으로 선출했다.

➡ He was elected a chairman (by us). – 2형식

② 지각동사 및 사역동사의 수동태는 목적격보어인 원형동사가 to부정사로 변한다.

I heard her sing in her room. 나는 그녀가 방에서 노래하는 것을 들었다.

➡ She was heard **to sing** in her room by me. – 지각동사 수동태

I made him go there. 나는 그가 거기에 가도록 했다.

➡ He was made **to go** there by me. – 사역동사 수동태

> ⭐ 필수암기 **수동태가 불가능한 동사**
>
> **happen**(=occur, arise, take place) ~이 발생하다 **appear** 나타나다
> **arrive** 도달하다 **remain** 남다 **rely on** ~에 의지하다 **serve as** ~의 역할을 하다 **go** 가다   ⎫
> **come** 오다 **matter** 중요하다 **work** 일하다 **become** ~이 되다   ⎬ 1,2형식의 자동사
> **stay**(=remain) ~한 상태로 남아있다 **expire** 만기가 되다 **amount to** (총계가) ~에 이르다   ⎭
> **have** 가지다 **possess** 소유하다 **resemble** 닮다 **cost** 비용이 들다   – 소유, 상태의 동사

핵심포인트 3 주의해야 할 수동태

동사구의 수동태: 동사구는 하나의 동사로 취급하여 「be + 과거분사 + 전치사/부사」의 형태가 된다.

■ 자동사 + 전치사 = 타동사구

Our classmates <u>laughed at</u> his idea. 우리 반 친구들은 그의 아이디어를 비웃었다.
　　　　　　　= ridicule, deride

➡ His idea **was laughed at** by our classmates.

> ⭐ 필수암기 **자동사 + 전치사**
>
> **look at** ~을 보다   **deal with** ~을 다루다   **look for** ~을 찾다
> **laugh at** ~을 비웃다   **take in** ~을 수용하다, 섭취하다   **run over** (차로) ~을 치다
> **refer to** ~을 언급하다   **speak of** ~에 대해 말하다   **send for** ~를 부르다
> **account for** ~을 설명하다   **add to** ~을 늘리다

② 타동사 + 명사 + 전치사 = 타동사구

All candidates should **pay careful attention to** the application deadline.
모든 지원자들은 지원서 마감일에 세심한 주의를 기울여야 한다.

➡ The application deadline should **be paid careful attention to** by all candidates.

> ⭐ 필수암기 **타동사 + 명사 + 전치사**
>
> **take care of** ~을 돌보다   **make fun of** ~을 비웃다   **pay attention to** ~에 주목하다
> **find fault with** ~을 비난하다   **catch sight of** ~을 발견하다   **make use of** ~을 이용하다
> **take advantage of** ~을 활용하다

3 자동사 + 부사 + 전치사 = 타동사구

He **spoke well of** his brother. 그는 자신의 남동생을 칭찬했다.

➡ His brother **was <u>well</u> spoken of** (by him).
　　　　　　부사는 과거분사 앞에 위치

> ⭐ **필수암기** 자동사 + 부사 + 전치사
>
> **look down on** ~을 얕보다 　　　　**look up to** ~을 존경하다 　　　　**come down with** ~병에 걸리다
> **put in for** ~을 신청하다 　　　　**sign up for** ~을 신청하다 　　　　**speak well of** ~를 칭찬하다
> **give in to** ~에게 굴복하다 　　　　**adjust quickly to** ~에 빠르게 적응하다

핵심포인트 4 절 수동태

It is said[believed, thought, expected] that + 주어 + 동사
= 주어(that절의 주어) is said[believed, thought, expected] + to부정사

It is said that the CEO will resign. CEO가 사임할 것이라고들 한다.

= The CEO is said to resign.

= The CEO is said to be resigning.

➡ be said to부정사(~한다고들 한다)는 숙어처럼 외워 두는 것이 좋다.

복습 수동태 문제풀이의 기본

① 주어와 동사의 관계를 따져서 주어가 동사 행위를 직접 하는 주체이면 능동태를, 주어가 동사 행위를 당하는 대상이면
　수동태를 쓴다.

② 능동태는 주어(의미상 주어)와 그에 해당하는 동사와의 관계가 「주어 + 동사」, 수동태는 「동사 + 목적어」이다.

③ 수동태 문제는 수·시제와 결합하여 잘 나오므로, 일단 수동태라는 판단이 서면 주어의 수를 확인하고 시제를 어떤 것으로 할지
　고민해야 한다.

④ 타동사가 나왔는데 뒤에 목적어가 없으면 수동태 문장이 아닐까 의심한다.

⚙ 기출유형정리

핵심 유형	출제 비율
유형 1 동사의 형식에 따른 능동태와 수동태 구별	58%
유형 2 수동태가 불가능한 동사(1, 2형식)를 이용한 태 구별	15%
유형 3 that절과 to부정사를 이용한 수동태	12%
유형 4 시제 및 수 일치를 혼합한 능동태와 수동태 구별	8%
유형 5 과거분사와 수동태 동사의 구별	7%

유형 1 동사의 형식에 따른 능동태와 수동태 구별 58%

3형식

- 능동태 + 목적어 있음

1 We (**will reach** / ~~will be reached~~) a conclusion at the next conference.
  우리는 다음 회의에서 결론에 도달할 것입니다.

- 수동태(be + p.p.) + 목적어 없음

2 Gas lamps using fuel made from coal (~~introduced~~ / **were introduced**) to the United States in 1806.
  석탄으로부터 얻어지는 연료를 사용하는 가스램프는 1806년에 미국에 도입되었다.

4형식

- 능동태 + 간접목적어(사람) + 직접목적어(사물)

3 Stewart Corporation (**sent** / ~~was sent~~) our company an attractive offer.
  스튜어트 사가 우리 회사에 매력적인 제안서를 보냈다.

- 간접목적어(사람)를 이용한 수동태 ▶ 직접목적어가 바로 뒤따른다.

4 In 1988, Toni Morrison (~~gave~~ / **was given**) the prize for literature for her acclaimed novel *Beloved*.
  1988년 토니 모리슨은 널리 인정받은 소설 'Beloved'로 문학상을 받았다.

- 직접목적어(사물)를 이용한 수동태 ▶ <전치사 + 간접목적어>가 바로 뒤따른다.

5 Uniforms (~~gave~~ / **were given**) to the waiters on their first day.
  근무 첫날 유니폼이 종업원들에게 지급되었다.

5형식

- 능동태 + 목적어 + 목적격보어(명사)

6 The management wants to (**make** / ~~be made~~) Ms. Barnes a department head.
  경영진은 반즈 씨를 부서장으로 만들기를 원한다.

- 능동태 + 목적어 + 목적격보어(형용사)

7 The new chef will (**make** / ~~be made~~) the restaurant famous.
  새로운 주방장이 식당을 유명하게 만들 것이다.

- 수동태(be동사 + p.p.) + 목적격보어(명사)

8 Roberta Nelson (~~elected~~ / **was elected**) <u>mayor</u> for the first time in 2008 and again this year.

로베르타 넬슨은 2008년에 처음으로 시장에 선출되었고 올해 재선되었다.

- 수동태(be동사 + p.p.) + 목적격보어(형용사)

9 Perishable food products should (~~keep~~ / **be kept**) <u>cold</u> at all times.

상하기 쉬운 음식은 항상 차가운 상태로 유지되어야 한다.

○ **1** reach는 3형식 타동사로서 괄호 뒤에 목적어가 있으므로 능동태인 will reach가 정답이다.

2 introduce는 3형식 타동사로서 괄호 뒤에 목적어가 없으므로 수동태인 were introduced가 정답이다.

3 send는 4형식 타동사로서 간접목적어와 직접목적어를 둘 다 가질 경우 능동태이므로 sent가 정답이다.

4 give는 4형식 타동사로서 간접목적어를 주어로 이용한 수동태일 경우 직접목적어가 동사 바로 뒤에 위치하므로 was given이 정답이다.

5 give는 4형식 타동사로서 직접목적어를 주어로 이용한 수동태일 경우 <전치사 + 간접목적어>가 동사 바로 뒤에 위치하므로 were given이 정답이다.

6, 7 make가 5형식 타동사로 사용될 경우 목적어와 목적격보어가 동격이면 명사 목적격보어를, 목적격보어가 목적어를 부연 설명하는 경우에는 형용사 목적격보어를 사용한다. 동사 뒤에 목적어와 목적격보어가 있으므로 능동태인 make가 정답이다.

8 elect는 5형식 타동사로서 수동태 뒤에 목적격보어로 명사가 오면 주어와 동격관계가 된다. 넬슨이 시장에 선출된 수동의 의미이므로 was elected가 정답이다.

9 keep이 5형식 타동사로 사용될 경우 목적격보어로 형용사가 올 수 있다. 음식이 차갑게 유지되어야 하는 수동의 의미이므로 be kept가 정답이다.

유형 2 **수동태가 불가능한 동사(1, 2형식)를 이용한 태 구별**　　**15%**

1형식

1 The audience (**consists** / ~~is consisted~~) mainly of senior citizens.

청중은 주로 노인들로 구성되어 있다.

2 The voucher for a one-way ticket (**expires** / ~~is expired~~) on December 31st.

편도 차표 할인권은 12월 31일에 사용 기한이 만료된다.

2형식

3 Arctic and Antarctic regions (**stay** / ~~are stayed~~) cold all year round.

북극과 남극 지역은 일년 내내 추위가 계속된다.

4 The technician (~~was become~~ / **became**) cautious after the accident in the laboratory.

기사는 실험실에서 발생한 사고 이후로 조심스러워졌다.

○ **1** consist는 1형식 자동사로 수동태가 불가하므로 능동태인 consists가 정답이다. consist of는 '~으로 구성되어 있다'라는 뜻이다.

2 expire는 1형식 자동사로 목적어를 가지지 않는다. 따라서 수동태가 불가하며 능동태인 expires가 정답이다.

3 stay가 2형식 자동사로 사용되면 목적어를 가지지 않는다. 따라서 수동태가 불가하며 능동태인 stay가 정답이다.

4 become은 2형식 자동사로 목적어를 가지지 않는다. 따라서 수동태가 불가하며 능동태인 became이 정답이다.

> **1** (**It is advised** / ~~You are advised~~) that you read the instructions fully before use.
> 사용 전에 설명서를 충분히 읽어보시기 바랍니다.
>
> **2** (~~It is advised~~ / **You are advised**) to read the instructions fully before use.
> 사용 전에 설명서를 충분히 읽어보시기 바랍니다.

➊ 1 say, think, advise 등 전달동사들의 수동태에서 가주어 it을 주어로 사용하면 동사 다음이 that절의 형태가 된다.
  2 say, think, advise 등 전달동사들의 수동태에서 일반주어를 사용할 경우 동사 다음은 to부정사 형태가 된다.

유형 4 **시제 및 수 일치를 혼합한 능동태와 수동태 구별** **8%**

> 시제 + 태
>
> **1** New technology (**is being developed** / ~~will be developing~~) at such an alarming rate that scientists are barely able to keep pace.
> 과학자들이 따라잡을 수 없을 만큼 놀라운 속도로 신기술이 개발되고 있다.
>
> 수 일치 + 태
>
> **2** A: Have you submitted your application yet?
> B: No, a few changes still (**need** / ~~is needed~~) to be made.
> A: 지원서를 제출했니?
> B: 아니, 몇 가지 수정할 사항들이 아직 있어.

➊ 1 타동사인 develop의 목적어가 없고 신기술과 관련된 현재의 상황을 말하고 있으므로 현재시제의 수동태 형태가 되어야 한다.
  2 to부정사를 목적어로 취하는 3형식 타동사 need 뒤에 to부정사가 있다는 것은 빈칸이 능동태 자리라는 뜻이므로 정답은 need이다.

유형 5 **과거분사와 수동태 동사의 구별** **7%**

> **1** (a) A: Do you know of any fine dining restaurants near Nebula Hotel?
> (b) B: There are a few. What's it for?
> (c) A: We have a VIP client from Singapore flying in tomorrow.
> (d) B: You (~~supposed~~ / **are supposed**) to take him to dinner, aren't you?
> (a) A: 네불라 호텔 근처에 고급 식당 아는 곳 있으세요?
> (b) B: 몇 군데 있는데, 왜요?
> (c) A: 내일 우리 VIP 고객이 싱가포르에서 비행기로 도착하실 거예요.
> (d) B: 당신이 그분께 저녁식사 대접을 하기로 했군요, 그렇죠?

➊ 1 전달동사 suppose는 <It is supposed that> 또는 <일반주어 + be supposed to 동사원형>의 형태로 쓰인다. 따라서 are supposed가 정답이다.

⏱ 실전적응훈련

난이도 ●●●○○

Part 1 가장 적절한 정답 고르기

A: You know, work of all kinds _____ hypnotic.

B: Do you really think so? I haven't thought about it like that.

(a) become
(b) becomes
(c) is become
(d) had become

해석 A: 아시다시피, 모든 일들이 홀린 듯이 되는 것 같아요.
B: 정말 그렇게 생각해요? 저는 그렇게 생각해 본 적이 없는데요.

💡 **풀이과정 맛보기**
① 선택지를 보고 동사의 수, 시제, 태를 종합적으로 구별하는 문제임을 인식한다.
② 2형식 동사 become은 자동사로 수동태가 불가하며, 주어인 work는 불가산명사로 단수동사를 사용한다. 또한 업무의 일반 성향을 말하므로 현재시제가 옳다.
③ 단수주어, 현재시제, 능동태의 조건을 모두 충족시키고 있는 (b) becomes를 정답으로 고른다.

💡 **매력적인 오답**
(c) is become
수나 시제는 옳으나 태가 잘못되었다. become이 자동사임을 인식하고 수동태가 불가하다는 사실을 알지 못할 경우 정답으로 고를 수 있으므로 주의해야 한다.

어휘 **of all kinds** 온갖 종류의 **hypnotic** 최면의, 홀린 듯한, 황홀한 **like that** 그렇게, 그런 식으로
정답 (b)

👁 기출맛보기

정답 및 해설 p.47

1. Please inform Mr. Maxwell that he _____ for the senior copywriter position he applied for last week.

   (a) has shortlisted
   (b) has been shortlisted
   (c) was shortlisting
   (d) was being shortlisted

2. By the time Charles Edgar, the American astronaut, returns to Earth next month, he _____ in space for 211 days.

   (a) has been travelling
   (b) will have been traveled
   (c) has travelled
   (d) will have been travelling

Part 1 가장 적절한 정답 고르기

1 A: May I take pictures here, sir?
   B: No, photography _____ in the exhibition hall.

   (a) prohibits   (b) is prohibited
   (c) was prohibiting (d) was prohibited

2 A: What did the film critics think of the movie?
   B: It seems like they _____ when watching it.

   (a) bewildered
   (b) have bewildered
   (c) were bewildered
   (d) have been bewildered

3 A: Can anyone sign up for the Advanced Lifesaving class?
   B: Only those who have passed a basic first aid course _____.

   (a) is allowed   (b) is allowing
   (c) are allowed   (d) are allowing

4 A: Does Max meet with clients while he's overseas?
   B: Of course. Over a third of his trips _____ spent dealing with business matters.

   (a) is   (b) are
   (c) has   (d) have

5 A: I can't believe we almost placed our advertisement with a spelling mistake in it.
   B: I know. Thankfully, the error _____ before the submission deadline.

   (a) caught   (b) catches
   (c) is caught   (d) was caught

6 A: You must be excited about having a chance to enroll at Yale.
   B: Yes! The scholarships _____ to basketball players like me total fifty thousand!

   (a) awarded   (b) awarding
   (c) are awarded (d) will be awarded

7 A: Have they finished the road resurfacing on Main Street?
   B: Yes, it _____ yesterday.

   (a) completed   (b) is completed
   (c) was completed (d) had completed

8 A: What's wrong? You seem angry.
   B: I _____ while I was on the subway.

   (a) got pickpocketed (b) was pickpocketing
   (c) am pickpocketed (d) pickpocket

Part 2 가장 적절한 정답 고르기

9 More information on our exercise classes can _____ in our brochure.

   (a) find   (b) be finding
   (c) be found   (d) have found

10 For several decades, it _____ that machines may one day make human workers obsolete.

   (a) is said   (b) has been said
   (c) says   (d) has said

11 Ever since the Renaissance era, Milan _____ the center of the European fashion industry.

   (a) remained   (b) was remained
   (c) has remained (d) has been remained

12 More effort _____ to assemble furniture when the proper tools are not provided.
(a) requires
(b) has required
(c) is required
(d) was required

13 A recent study found that a balanced diet _____ to having a longer lifespan.
(a) had decisively related
(b) have decisively related
(c) was decisively related
(d) decisively related

14 Good decision-making _____ a key skill of an effective leader.
(a) is long been considered
(b) has long considered
(c) has long been considered
(d) had long considered

15 Since the publication of *Charlie and the Chocolate Factory*, Roald Dahl, along with his illustrator Quentin Blake, _____ as a significant contributor to children's fiction.
(a) was regarded
(b) has been regarded
(c) has regarded
(d) regards

16 The Amur Leopard, found in Russia's Primorye region, is so endangered that _____ in existence.
(a) only twenty is said to be there
(b) only there is twenty to be said
(c) there only twenty is said to be
(d) there is said to be only twenty

Part 3 문법 오류 문장 고르기

17 (a) A: Have you reserved your hotel room for your trip to Barcelona?
(b) B: No, I'm not leaving for a couple of weeks, so I figure I have plenty of time.
(c) A: Well, if I were you, I wouldn't wait too long, or the hotel will fully book.
(d) B: I guess you're right. Perhaps I should check some Web sites and find a nice, affordable room.

18 (a) A: What's the food like at the restaurant we're going to, Colin?
(b) B: It supposed to be a little spicy, and bursting with exotic flavors.
(c) A: I can't wait! It'll be my first time trying Indonesian cuisine.
(d) B: I'm sure you're going to love it. Let's order a wide range of dishes so you can sample a lot of them.

19 (a) The Scottish custom of 'first-footing' inherited from the Vikings and is still practiced in many parts of Scotland today. (b) A 'first-footer' is the first person to enter a household on New Year's Day, and is thought to be a bringer of good fortune. (c) The 'first-footer' will typically enter a house just after midnight and bring several gifts for the homeowner. (d) Similar traditions exist in Greece and Georgia, although 'first-footing' is a more elaborate custom in Scotland.

20 (a) The world's first science fiction book about space battles was written around AD 175 by Lucian of Samosata. (b) The work follows a group of sailors whose ship has blown to the moon by an extremely powerful wind. (c) These sailors learn that the moon's strange inhabitants are embroiled in a war with the denizens of the sun. (d) Although the story appears fantastical, it is simply a satire of historians and philosophers in Lucian's era. 기출

수 일치

☑ 영어 문장에서는 주어에 따라 동사의 수가 결정되므로 동사의 수를 묻는 문제에서는 빠르게 주어의 수를 파악하는 것이 관건이다.
  • 복수주어 + 복수동사(동사 기본형)
  • 단수주어 + 단수동사(기본형+s/es)
☑ 특수한 구문의 수 일치에 대해 주의해야 하는데, 주어가 단위명사일 경우 복수 형태지만 단수동사에 수를 맞춘다.
☑ 주어가 상관접속사로 구성되는 경우 부사의 종류에 따라 동사의 수를 맞출 명사가 결정된다.
☑ 수 일치 단독으로 묻기보다는 시제와 태 등의 요소와 혼용해서 출제되는데, 주어의 수 파악에 혼동을 주는 함정들에 주의해야 한다.

핵심포인트 1 준동사 및 절이 주어일 경우 단수동사와 수 일치

<u>To feel</u> satisfied with your paper published in the *Journal of Medicine* <u>**is**</u> to pride yourself on it.
to부정사   단수
'저널 오브 메디신'에 실린 자신의 논문에 만족한다는 것은 그 논문에 자부심이 있다는 것이다.

<u>Subscribing</u> to a magazine <u>**is**</u> cheaper than buying it from a newsstand.
동명사   단수
잡지를 정기 구독하는 것이 가판대에서 구입하는 것보다 더 저렴하다.

<u>That the Internet connections are slow</u> <u>**is**</u> very frustrating.
               명사절   단수
인터넷 연결이 느리다는 점이 매우 불만스럽다.

➡ 준동사 및 명사절이 주어일 경우에는 '~하는 것'으로 주로 해석되며, 단수동사로 받는다.

핵심포인트 2 단위명사가 포함된 주어의 수 일치

① 단위명사(시간, 거리, 가격, 무게 등)가 양의 개념으로 사용되는 경우

<u>Twenty-four hours</u> **is** a long time for me. – Twenty-four hours는 시간 단위의 양의 개념
24시간은 내겐 긴 시간이다.

<u>Twenty dollars</u> **was** clearly a low estimate. – Twenty dollars는 금액 단위의 양의 개념
20달러면 분명 낮은 견적가였다.

➡ 복수 형태이지만 불가산 취급하여 단수동사로 받는다.

② 단위명사(시간, 거리, 가격, 무게 등)가 수의 개념으로 사용되는 경우

<u>Four years</u> **have passed** since my father died. – 아버지가 돌아가신 후 지난 year를 하나씩 센 결과값
아버지께서 돌아가신 지 4년이 흘렀다.

Every month <u>200 dollars</u> **are donated** to charities. – 기부되는 돈의 액수를 센 결과값
매달 200달러가 자선단체들에 기부된다.

➡ 복수 형태이므로 가산 취급하여 복수동사로 받는다.

핵심포인트 3 상관접속사가 포함된 주어의 수 일치

주어가 상관접속사로 구성되는 경우 아래와 같이 상관접속사의 유형에 따라 수 일치 방법이 달라진다.

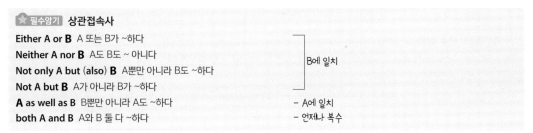

★ 필수암기 **상관접속사**

Either A or B A 또는 B가 ~하다
Neither A nor B A도 B도 ~ 아니다
Not only A but (also) B A뿐만 아니라 B도 ~하다   ⎤ B에 일치
Not A but B A가 아니라 B가 ~하다
A as well as B B뿐만 아니라 A도 ~하다   – A에 일치
both A and B A와 B 둘 다 ~하다   – 언제나 복수

① B에 일치시키는 경우

Neither you nor <u>I</u> **am** in the wrong. – I에 수 일치
너도 나도 잘못한 게 없어.

② A에 일치시키는 경우

<u>He</u> as well as you **is** diligent and passionate. – He에 수 일치
너뿐만 아니라 그도 부지런하고 열정적이다.

③ 언제나 복수인 경우

<u>Both the ceiling and the walls</u> **need** to be repainted. – both면 항상 복수
천장과 벽 모두 페인트칠을 다시 할 필요가 있다.

핵심포인트 4 관계사는 선행사에 수 일치

The committee prefers using <u>a contractor</u> who **has** extensive experience.
위원회는 풍부한 경험을 가진 계약업체를 쓰는 것을 선호한다.

Running is <u>a form</u> of exercise that **is** inexpensive as well as healthy.
달리기는 건강에 좋고 저렴한 운동 방식이다.

➡ 주격 관계대명사 뒤에 오는 동사의 수 일치는 관계대명사 앞 선행사의 수와 일치시킨다.

핵심포인트 5 주어에 of가 포함된 경우의 수 일치

① of 뒤 명사에 동사의 수를 일치

Two thirds of <u>my books</u> **are** novels. – 형태: 부분 + of + 복수명사 + 복수동사
내 책의 3분의 2는 소설이다.

Most of <u>her lecture</u> **was** difficult to understand. – 형태: 부분 + of + 단수명사 + 단수동사
그녀의 강의 대부분은 이해하기 어려웠다.

➡ of 앞에 all, most, half, part, 분수 등이 오면 of 뒤 명사에 동사의 수를 일치시킨다.

2 of 앞 대명사에 동사의 수를 일치

　① **무조건 복수 취급:** of 앞에 both, many, several, (a) few 등이 오면 무조건 복수동사가 사용된다.

　　<u>Many</u> of the books at the Jefferson County Library **are** nearly 200 years old.
　　제퍼슨 카운티 도서관 도서 중 상당수가 거의 200년 정도 된 것이다.

　② **무조건 단수 취급:** of 앞에 one, each, either, neither, much, (a) little 등이 오면 무조건 단수동사가 사용된다.

　　<u>One</u> of my colleagues **wants** to start her own business. – 형태: 부분 + of + 복수명사 + 단수동사
　　내 동료 중 한 명은 자신의 사업을 시작하고 싶어 한다.

　　<u>Much</u> of the water distribution **is** controlled by computers. – 형태: 부분 + of + 불가산명사 + 단수동사
　　급수 시스템의 많은 부분은 컴퓨터에 의해 관리된다.

3 「a number of + 주어」와 「the number of + 주어」의 동사 수 일치

　<u>A number of</u> publishers **are** interested in her novel. – 형태: a number of + 복수명사 + 복수동사
　많은 출판사들이 그녀의 소설에 관심을 갖고 있다.

　<u>The number</u> of publishers **is** decreasing. – 형태: the number of + 복수명사 + 단수동사
　출판사들의 수가 줄어들고 있다.

　➡ a number of: 많은 수의 ~ /the number of: ~의 수

핵심포인트 6 주의해야 할 수 일치

1 단수 동사를 사용하는 복수 형태의 명사

　① **-ics로 끝나는 학문명:** mathematics(수학), physics(물리학), economics(경제학), politics(정치학), ethics(윤리학), linguistics(언어학), statistics(통계학) 등

　　<u>Economics</u> **is** an important branch of social studies. 경제학은 사회학의 중요한 분야이다.

　② **기타(병명, 나라명, 단체명, 운동경기명):** the Philippines(필리핀), the United Nations(유엔), billiards(당구), measles(홍역), diabetes(당뇨병) 등

　　<u>Measles</u> **is** an infectious disease. 홍역은 전염병이다.

　　주의 statistics가 '통계학'이라는 학문명이 아니라 'statistic(통계수치)'의 복수형일 때는 복수동사를 사용한다.
　　<u>Statistics</u> **show** that our population is growing fast.
　　통계수치를 보면, 인구가 빠르게 증가하고 있다는 것을 보여준다.

2 단수/복수 구분에 주의해야 하는 명사

　① **2개가 하나의 짝을 이루는 명사:** 단독으로 쓰이면 복수동사, a[the] pair of와 함께 쓰이면 단수동사로 받는다.
　　<u>The scissors</u> **are** on the table. 가위가 탁자 위에 있다.
　　<u>A pair of</u> scissors **is** dull. 가위가 잘 들지 않는다.

　② **단수/복수 형태가 동일한 명사:** series(연속물), species(종), means(수단, 방법), headquarters(본사)

　③ **복수동사를 사용하는 집합명사:** people(사람들), personnel(직원들), staff(직원들), belongings(소지품), clothes(의복)

⚙ 기출유형정리

핵심 유형	출제 비율
유형 1 다양한 수량표현을 이용한 주어와 동사의 수 일치	46%
유형 2 복수 형태의 주어와 단수동사의 수 일치	18%
유형 3 시제와 태를 혼합한 동사의 수 일치	17%
유형 4 수식어구를 동반한 주어와 동사의 수 일치	11%
유형 5 관계사절 내 동사의 수 일치	8%

유형 1 다양한 수량표현을 이용한 주어와 동사의 수 일치   46%

of 뒤 명사에 수 일치

1 Most of the oranges (**are** / ~~is~~) rotten and most of this orange (**is** / ~~are~~) rotten, too.
그 오렌지들의 대부분은 썩었으며, 이 오렌지도 대부분이 썩었다.

2 Approximately one-fourth of a worker's income (**is** / ~~are~~) paid in taxes and social security to the government.
근로자의 임금 중 약 4분의 1이 세금과 사회보장 명목으로 정부에게 지불된다.

무조건 단수

3 Each of the workshops (**covers** / ~~cover~~) useful information concerning city parks.
각각의 워크숍은 시립공원들과 관련된 유용한 정보를 다룬다.

관사에 따라 결정

4 The number of physicians caring for the elderly (**has declined** / ~~have declined~~) in recent years, a time when this type of care is needed most.
노인들을 돌보는 의사들의 수가 이런 종류의 치료가 가장 필요한 시기인 최근 몇 년 동안 줄어들었다.

5 A number of different types of medications (~~is used~~ / **are used**) in treating severe arthritis.
다양한 종류의 많은 약물치료법이 중증 관절염을 치료하는 데 이용된다.

○ **1** all, most, some 등의 수량표현이 포함된 주어의 경우 of 뒤 명사에 동사의 수를 일치시킨다. 앞의 most는 오렌지 여러 개 가운데 다수를 나타내며 가산명사의 대명사이므로 복수이고, 뒤의 most는 오렌지 한 개 중 많은 부분을 나타내는 양의 개념인 대명사로 불가산 취급하여 단수동사로 받는다.

2 주어에 분수가 포함될 경우에는 of 뒤의 명사에 동사의 수를 일치시킨다. of 뒤에 단수명사 income이 왔으므로 단수동사 is가 정답이다.

3 Each, One, Either, Neither 등의 단수 대명사가 주어 자리에 오면 무조건 단수 취급한다. <either/neither of + 복수명사>를 구어체에서 복수동사로 받기도 하지만, 텝스에서는 무조건 단수동사가 정답이다.

4 number가 포함된 경우 앞의 관사에 따라 number의 성질이 달라진다. <a number of>는 '많은 수의'라는 의미의 형용사이므로 다음에 오는 복수명사가 주어이지만 the number는 '~의 수'라는 의미를 나타내는 단수명사이므로 단수동사로 받는다.

5 number가 포함된 경우 관사에 따라 수가 결정된다. 부정관사 a가 오면 a number of 뒤 복수명사가 주어가 되면서 복수동사로 받는다.

단위명사 (시간, 거리, 가격, 무게)

1 Five months (is / ~~are~~) too short to complete the task.
　5개월은 그 일을 끝내기엔 너무 짧다.

2 One thousand dollars (is / ~~are~~) a large sum of money.
　1000달러는 거액이다.

주의

3 Five months (~~has passed~~ / **have passed**) since I undertook the project.
　내가 그 프로젝트를 맡은 지 5개월이 지났다.

학문 및 질병

4 For several generations, it has been said that mathematics (is / ~~are~~) the only and true universal language.
　오랜 세월에 걸쳐, 수학이야말로 유일하고 진실된 보편적 언어라고 전해져 왔다.

5 Diabetes (is / ~~are~~) a medical disease in which someone has too much sugar in their blood.
　당뇨병은 혈중 당도가 지나치게 높은 내과질환이다.

기타

6 The week-long seminar series of the Alpha Law Society in Washington, D.C., (is / ~~are~~) expected to commence on November 1.
　워싱턴 D.C. 소재 알파 법률 학회의 1주일에 걸친 세미나 시리즈는 11월 1일에 시작할 것으로 예상된다.

○ **1** months는 시간단위명사인 month의 복수형이지만, 이 문장에서는 시간의 전체 양이 강조되므로 불가산 취급하여 단수동사로 받는다. 따라서 정답은 is이다.

2 dollars는 화폐단위명사인 dollar의 복수형이지만, 이 문장에서는 돈의 전체 양이 강조되므로 불가산 취급하여 단수동사로 받는다. 따라서 정답은 is이다.

3 시간, 화폐 등의 단위명사의 복수형이 양이 아니라 수로 세는 개념으로 사용되는 경우에는 앞의 수사가 강조되는 가산명사 복수형이므로 복수동사로 받는다. 여기서 동사 pass는 지나간 month를 하나씩 세는 개념이므로 months를 복수명사 취급하여 복수동사로 받는다. 따라서 정답은 have passed이다.

4 mathematics의 ics는 학문명을 뜻하는 접미사이므로 단수 취급한다. 따라서 정답은 is이다.

5 diabetes는 '당뇨병'이란 의미로서 병명에 붙은 s는 단수 취급을 원칙으로 한다. 따라서 정답은 is이다.

6 series는 단/복수 형태가 같은 가산명사 또는 불가산 집합명사로 사용되므로 문맥에 따라 동사의 수가 결정된다. 따라서 이론상 <a series of + 복수명사>는 단수동사와 복수동사를 모두 사용할 수 있지만, 사전상으론 단수동사가 원칙이고 복수동사는 용인되는 수준이다. 따라서 텝스에서 답을 골라야 한다면 명확한 정답인 단수동사를 골라야 한다. 이 문장에서는 the series가 복수임을 나타내는 지표가 없으므로 단수동사인 is가 정답이다.

유형 3 시제와 태를 혼합한 동사의 수 일치   **17%**

시제 + 수 일치

1 Since Allison graduated from college, there (**have been** / ~~is~~) plenty of difficult but exciting choices to make.

> 대학 졸업 이후, 앨리슨은 힘들지만 흥미로운 선택을 하는 상황들을 많이 겪었다.

태 + 수 일치

2 What (~~have shown~~ / **is shown**) in the movie's last scene was filmed mostly in Africa.

> 그 영화의 마지막 장면 내용은 주로 아프리카에서 촬영되었다.

○ **1** <There + be동사> 구문의 경우에 주어는 be동사 뒤에 위치하게 된다. 주어가 복수명사 choices이며 종속절이 <since + 과거>절이 므로 주절의 동사는 현재완료시제 복수형이 되어야 한다. 따라서 have been이 정답이다.

    2 타동사 show의 목적어가 없으므로 수동태임을 알 수 있다. 그리고 대명사 what은 단수 취급하므로, 단수이며 수동태 형태인 is shown 이 정답이다.

유형 4 수식어구를 동반한 주어와 동사의 수 일치   **11%**

전치사구

1 The new interns at the human resources office (**have** / ~~has~~) already received their initial assignments from the training supervisor.

> 인사팀 사무실의 신입 인턴들은 교육 담당자로부터 벌써 첫 업무를 부여받았다.

분사구

2 A notice showing today's special rates (**is** / ~~are~~) posted on our website.

> 저희 웹사이트에 오늘의 특별 요금을 알리는 공지가 게시되어 있습니다.

관계사절

3 The fundamental ideas upon which the right to equality is based primarily (~~comes~~ / **come**) from the French Revolution.

> 평등권을 기반으로 두고 있는 주요 원칙들은 주로 프랑스 혁명에서 나온다.

○ **1** 빈칸 앞 office는 주어가 아니라 The new interns를 수식하는 전치사구(at the human resources office)에 속한 명사다. 주어는 복수명사 The new interns이므로 복수동사 have가 정답이다.

    2 빈칸 앞 rates는 주어가 아니라 A notice를 수식하는 분사구(showing today's special rates)에 속한 명사이다. 주어는 단수명사 A notice이므로 단수동사 is가 정답이다.

    3 빈칸 앞 upon which the right to equality is based는 The fundamental ideas를 수식하는 관계절이며 진짜 주어는 복수명사 The fundamental ideas이다. 그러므로 복수동사 come이 정답이다.

유형 5 관계사절 내 동사의 수 일치 8%

1 People don't want to eat fast food because of the fantasies of the exotic that (~~comprises~~ / **comprise**) much of travel's appeal.

사람들은 여행이 주는 매력의 상당 부분을 차지하는 이국적인 것의 환상 때문에 패스트푸드를 먹고 싶어 하지 않는다.

2 The speakers from Atlantic Bank who (~~is~~ / **are**) presenting this morning are talented.

오늘 아침 발표를 하는 애틀랜틱 은행에서 온 강연자들은 재능이 있다.

3 I strongly recommend using Quickstart Deliveries, which (**has** / ~~have~~) earned a reputation for quality service.

저는 퀵스타트 딜리버리즈 라는 업체를 이용할 것을 강력히 추천하는데, 그 곳은 서비스가 훌륭하다는 명성을 얻었습니다.

---

1 관계대명사 that 이하의 동사 comprise의 주어는 선행사인 the fantasies of the exotic인데 여기서 of the exotic은 수식어구이고 진짜 선행사는 the fantasies이다. 그러므로 복수명사 주어에 맞추어 복수동사인 comprise가 정답이다.

2 관계대명사 who 이하의 be동사는 선행사 The speakers from Atlantic Bank를 받는 것인데, from Atlantic Bank는 수식어구이고 진짜 선행사는 The speakers이다. 그러므로 복수명사 주어에 맞추어 복수동사인 are가 정답이다.

3 주격 관계대명사 which 이하의 동사 earned의 주어는 선행사인 Quickstart Deliveries인데, 얼핏 보면 복수형인 것 같지만 사실은 고유명사인 업체명이다. 한 업체를 지칭하므로 현재완료 시제를 나타낼 have동사는 단수에 맞추어 has가 되어야 한다.

🕐 실전적응훈련

난이도 ●●○○○

Part 3 문법 오류 문장찾기

(a) A: I'm so relieved that all of the assembly information are available online!

(b) B: I bet you are! I think this desk would be impossible to build without instructions.

(c) A: Exactly. I'm still a little disappointed that my instructions were missing from the box.

(d) B: Yes, you should probably complain to the manufacturer about that.

해석 (a) A: 모든 조립정보를 온라인에서 구할 수 있어서 너무 다행이네요.
(b) B: 그러게요! 이 책상은 설명서 없이 조립하는 게 불가능할 텐데요.
(c) A: 맞아요. 그래도 설명서가 상자 안에 들어 있지 않은 점은 아직도 약간 실망스럽네요.
(d) B: 그렇죠, 그 점은 아마도 제조업체에 항의해보는 게 좋을 것 같아요.

🔍 풀이과정 맛보기

① 주로 명사와 동사의 수 일치, 또는 시제 일치 파악에 집중하며 문제를 빠르게 읽는다.
② 선택지 (a)에서 all of the assembly information are에 주목한다.
③ all of가 포함된 주어는 of 뒤의 명사에 수를 일치시키는데 of 뒤에 불가산명사 information이 나와 있다.
④ 불가산명사는 단수동사로 받으므로 is를 are로 잘못 제시한 (a)가 정답이다.

어휘 relieved 마음이 놓이는 assembly 조립 information 정보 available 구할 수 있는 I bet 장담해 impossible 불가능한 build 조립하다 instructions 설명서 Exactly. 맞아. still 아직도 a little 약간 disappointed 실망한 missing (있어야 할 곳에) 없는, 분실된 probably 아마도 complain 항의하다 manufacturer 제조업체

정답 (a) are ➡ is

🔭 기출맛보기

정답 및 해설 p.51

1. Statistics _____ that about 30% of new businesses fail in their first year.

(a) is shown
(b) are shown
(c) shows
(d) show

2. Nearly all of the wage increase _____ by higher prices.

(a) was negated
(b) negated
(c) have negated
(d) have been negated

UNIT 04 수 일치 **215**

Part 1 가장 적절한 정답 고르기

1 A: I can give you a 20 percent discount on this office chair.
B: Eighty dollars _____ still too much.

(a) is   (b) are
(c) was   (d) were

2 A: Why are you headed to Tokyo?
B: One of my cousins _____ there.

(a) live   (b) lives
(c) was living   (d) were living

3 A: Have you seen any maps for this art gallery?
B: Yes. There _____ a few over on that desk.

(a) is   (b) are
(c) has   (d) have

4 A: I'd like to study an important subject, but I'm only free in the evenings.
B: Economics _____ offered as a full-time or part-time course.

(a) is   (b) are
(c) has   (d) have

5 A: Harry Lawson is a millionaire now.
B: But twenty years ago, one thousand dollars _____ all he had in his account.

(a) was   (b) were
(c) is   (d) are

6 A: I received this bracelet for my birthday, but I'd prefer to get a refund for it.
B: Sorry, but returning unwanted gifts _____ not allowed in this store.

(a) is   (b) are
(c) has   (d) have

7 A: Who's going to be at the street parade?
B: The town mayor, along with some council members, _____.

(a) attend   (b) attends
(c) is attending   (d) are attending

8 A: Should we give Mark some extra money for working late yesterday?
B: Maybe getting a day off instead of a bonus _____ better for him.

(a) is   (b) are
(c) has been   (d) have been

Part 2 가장 적절한 정답 고르기

9 Every summer, nearly a third of the students at Gourlay University _____ the highest class of honors degree.

(a) obtain   (b) obtains
(c) obtained   (d) has obtained

10 Canada provides access to free healthcare to individuals who _____ in Canada for over three months as a permanent resident.

(a) is residing   (b) are resided
(c) had resided   (d) have resided

11 One of the issues that were discussed at the town meeting _____ where to hold this year's community fair.

(a) was   (b) were
(c) has been   (d) have been

12 Most of the individuals included in our Most Influential People list published last year _____ photographed by Selena Kane .

(a) was   (b) were
(c) was being   (d) were being

13 The company's entire stock of antique chairs _____ damaged when the water pipe burst in the warehouse.

(a) is   (b) are

(c) was   (d) were

14 Michael Steele's upcoming TV series on global warming issues _____ serious concerns about the future.

(a) raise   (b) raises

(c) was raising   (d) were raising

15 During the upcoming presidential campaign, each candidate of the political parties _____ required to participate in a weekly televised debate.

(a) is   (b) are

(c) was   (d) were

16 At least _____ the school's new policy.

(a) the third of the students opposes

(b) a third of the students oppose

(c) the third of students is opposed

(d) a third of the students has been opposed

Part 3 문법 오류 문장 고르기

17 (a) A: Okay, here are your keycards. You're in room 306.

(b) B: Thanks a lot. Can you please have someone bring our suitcases up to the room?

(c) A: No problem. Oh, and please refrain from smoking in the room.

(d) B: You don't need to worry about that. Neither of us smoke.

18 (a) A: I heard that you're cutting your shifts from 5 a week to 2.

(b) B: That's right. I just don't have enough time to study while working full-time.

(c) A: But won't it be difficult to live on such a low income?

(d) B: Well, education come first. I need to think about my future career.

19 (a) Brazilian tea culture has evolved since the Portuguese colonial period and now includes thousands of beverages. (b) Most teas are drunk in social settings, though some varieties, like ayahuasca, is consumed as part of native religious rituals. (c) This traditional drink dates back to ancient times and is notable for its hallucinogenic properties. (d) In fact, the active ingredient in ayahuasca that causes hallucinations is considered a Class A drug by US authorities.

20 (a) Studies suggest that the percentage of the population that is left-handed has remained consistent over time. (b) In fact, evidence from cave paintings show that 10% of people were left-handed even in prehistoric times. (c) Scientists believe that left-handedness is determined by genetics as the trait runs in families. (d) But as no single gene has been linked to it, it is thought to result from a cluster of genes. 기출

UNIT 05 조동사

☑ 조동사란 주동사를 도와 동사의 시제를 결정하고 화자의 의도를 나타내는 보조 장치이다.

☑ 조동사는 주동사 앞에 위치하므로 조동사 뒤에는 항상 동사원형의 형태가 와야 한다.

☑ 조동사는 종류와 어법이 상당히 많아서 체계적으로 정리해야 하는데, 주로 시제 및 가정법과 밀접한 관련을 지니고 있다. 특히 가정법에서는 조동사의 용법이 중요하다.

☑ 매회 평균 1문제 정도 출제되고 있다.

핵심포인트 1 can, could

1 능력 Leona **can** speak Spanish fluently. 레오나는 스페인어를 유창하게 말할 수 있다.

2 가능성 It **can** be pretty warm in England even in March. 영국에선 3월에조차 아주 더울 수가 있다.

3 허락, 허가 You **can** spend your prize money anyway. 네 상금을 어떤 식으로도 사용해도 된다.

4 요청 및 부탁 **Can** you help me unload my stuff from the trunk? 트렁크에서 짐 내리는 것 좀 도와주시겠어요?

5 관용표현

① cannot ~ too 아무리 ~해도 지나치지 않다

We **can't** tell our children **too** often to put their seat belts on.
아이들에게 안전벨트를 매라고 아무리 자주 말해도 지나치지 않다.

② can[could]not + 비교급 = 최상급

A: How are you doing? 어떻게 지내니?
B: (I) **couldn't be better.** 난 더할 나위 없이 좋아.

핵심포인트 2 may, might

1 가능성 I **may** be home a little late. 난 집에 좀 늦을 지도 몰라.

2 허락, 허가 You **may** use my vehicle whenever you like. 네가 원할 때면 언제든지 내 차를 써도 돼.

3 기원 **May** your wishes all come true! 바라는 모든 것이 성취되길 기원합니다!

4 관용표현

① may as well ~하는 것이 낫다

You **may as well** watch your tongue.
너는 말조심하는 것이 낫다.

② be that as it may 그러함에도 불구하고(그렇기는 하지만)

I know that you have tried hard; **be that as it may**, your work is just not good enough.
당신이 열심히 노력했다는 것을 안다. 그렇기는 하지만, 당신의 작업이 흡족할 정도로 훌륭하지는 않다.

핵심포인트 3 must

1 **의무(=have to)** You **must** wear the seat belt in your car. 차 안에선 안전벨트를 착용해야 한다.

2 **가능성** Mr. Kim **must be** tired after the long journey. 김 씨는 오랜 여행을 마친 뒤라 분명 피곤할 거야.

핵심포인트 4 will, would

1 **주어의 의지** I **will** do my best whether I fail or not. 나는 실패 여부를 떠나서 최선을 다 할 것이다.

2 **단순 미래** A seminar **will** be held next Tuesday at 7 p.m. 회의가 다음주 화요일 저녁 7시에 열릴 예정입니다.

3 **일반적 습성, 성향**

Bears **will** not attack a man unless provoked. 곰들은 자극을 받지 않으면 사람을 공격하지 않을 것이다.
Engines **won't** run without lubricants. 엔진은 윤활유가 없으면 돌아가지 않을 것이다.

4 **관용표현**

A: Ten dollars will be enough? 10달러면 되겠어?
B: Ten dollars will <u>do</u>. 10달러면 충분해.
     = be satisfactory

핵심포인트 5 should

1 **의무**

You **shouldn't** talk on your cell phone when you are with someone.
다른 사람과 함께 있을 땐 휴대폰으로 통화하면 안 돼.

2 **권유**

You **should** take some aspirin for your fever and headache.
열이 나고 두통이 있으면 아스피린을 좀 드세요.

핵심포인트 6 used to

1 **과거의 규칙적 습관 및 상태**

She **used to** play tennis when she was young. – 현재는 하지 않는 행동이나 상태
그녀는 젊었을 때 테니스를 치곤 했었다.

핵심포인트 7 ought to

1 **의무**

You **ought to** pay an overdue electricity bill. 밀린 전기세를 지불해야 합니다.

2 **강한 추측(=must, should)**

He **ought to** go to the pub again. 그는 또 술 마시러 간 것이 분명하다.

> **주의** ought to의 부정은 ought not to로 표현한다.
> You **ought not to** stay away from school. 학교 수업을 무단으로 빼먹으면 안 돼.

핵심포인트 8 | 조동사의 시제

1 조동사 + 동사원형: 현재상황

I **can't think of** anything to get Grace for her birthday.
그레이스에게 생일 선물로 줄 것이 아무것도 생각 안 나.

2 조동사 + have p.p.: 과거상황

① cannot have p.p.: ~했을 리 없다

He **cannot have told** a lie. - 과거 사실에 대한 강한 부정의 추측(명백한 증거가 있는 상황)

= It is impossible that he told a lie.

= I am sure that he didn't tell a lie. 그가 거짓말했을 리가 없다.

② must have p.p.: ~이었음에 틀림없다

She **must have been** a beauty in her day. - 과거 사실에 대한 강한 긍정의 추측(가장 강력한 추측)

= I am sure that she was very beautiful in her day. 그녀는 한창 때 미인이었음에 틀림없다.

③ may have p.p.: ~이었을지도 모른다

He **may have been** lost. - 과거 사실에 대한 막연한 추측(확신의 정도가 낮음)

= It is probable that he was lost. 그는 길을 잃었을지도 모른다.

④ should have p.p.: ~했었어야 했는데 (그러지 못했다)

You **should have come** earlier. - 과거 사실에 대한 유감, 원망, 후회

= I am sorry that you didn't come earlier. 네가 좀 더 일찍 왔어야 했는데.

핵심포인트 9 | 조동사 구문의 생략

1 조동사 + 일반동사

A: Can you describe it?
B: Of course, I **can**. - can 다음에 중복표현(describe it) 생략

A: 자세히 설명해 주겠니?
B: 물론이지.

2 조동사 + be동사

I am not as smart as I **used to be**. - used to be 다음에 중복표현(smart) 생략

나는 예전만큼 똑똑하지 않다.

3 조동사 + have p.p.

A: Did you say goodbye when Johnson left?
B: No. I suppose I really **should have**. - should have 다음에 중복표현(said goodbye when~) 생략

A: 존슨이 떠날 때 작별인사 했어?
B: 아니. 꼭 해야 했는데.

⚙️ 기출유형정리

핵심 유형	출제 비율
유형 1 가능성과 추측의 정도에 따른 조동사 구별	54%
유형 2 조동사의 시제 구별	37%
유형 3 조동사 뒤 동사의 생략 여부	9%

유형 1 가능성과 추측의 정도에 따른 조동사 구별　54%

must ~임에 틀림없다 확실한 근거와 정황을 통한 강한 추측 및 확신

1 The dog (**must** / ~~can~~) be hungry after all that running.

　그 개는 그렇게 뛰어다녔으니 분명 배가 고플 것이다.

can ~일 가능성이 있다 must보다 약하지만 충분한 가능성

2 Currently, people (**can** / ~~ought to~~) become famous by appearing on YouTube.

　요즘은 사람들이 유튜브에 등장해서 유명세를 탈 수 있다.

may ~일지 모른다 가능성이 높지 않거나 확실하지 않은 추정

3 Take an umbrella with you; it (~~should~~ / **may**) rain at any moment.

　우산 가지고 가. 언제 비가 올지 몰라.

ought to ~일 것이다 근거에 따라 미래에 일어날 것 같은 강한 추측

4 Mr. Park left for the airport at 5 p.m., so he (**ought to** / ~~might~~) arrive there at 7 p.m.

　박 씨가 오후 5시에 공항으로 출발했으니, 오후 7시쯤 거기에 도착할 거야.

➡️ **1** 피로한 근거가 after all that running(그렇게 많이 뛰어다닌 후에)으로 제시되어 있으므로 확신을 나타내는 조동사 must가 들어가야
　한다. can은 그럴 수도 있다는 추정을 나타내므로 분명한 근거를 제시하는 행위와 어울리지 않는다.

　2 유명세를 타는 것은 누가 보장해줄 수 있는 것이 아니므로 유튜브를 근거로 유명세를 탈 것이라고 강한 추정을 하는 ought to는 너무
　앞서간 것이다. 유튜브 덕분에 그럴 가능성이 있다고 하는 편이 논리적이므로 약한 가능성을 나타내는 can이 정답이다.

　3 우산을 가지고 가라고 권하는 것은 비가 올 가능성을 염두에 두고 하는 말이므로 추정을 나타내는 may가 정답이다. should는 반드시
　그럴 것이라고 확신하거나 당연성을 나타내므로 예측이 어려운 기상상황에 대해 사용하기에 적절하지 않다.

　4 5시에 공항으로 출발한 사실에 근거하여 7시에 도착할 것이라고 말하는 것은 공항에 가는데 그 정도 시간이 걸리는 것을 알고 있다는 뜻
　이다. 그러므로 강한 추측을 나타내는 ought to가 정답이다. might는 불확실한 추측을 나타내므로 5시에 출발한 근거를 제시하는
　상황에 어울리지 않는다.

> 조동사 + 동사원형

1 You (**should ask** / ~~should have asked~~) permission before you use the computer.
컴퓨터를 사용하기 전에 허가를 요청해야 한다.

> must have p.p. ~이었음에 틀림없다

2 My cellular phone isn't in my suitcase. I (~~must leave~~ / **must have left**) it at the office.
제 핸드폰이 여행가방에 없어요. 사무실에 놔두고 온 게 틀림없어요.

> cannot have p.p. ~했을리 없다

3 A: I heard that Jack got caught shoplifting yesterday afternoon.
B: He (~~can't do~~ / **can't have done**) it. He and I were at the movies all afternoon.
A: 난 어제 오후 잭이 물건을 훔치다 잡혔다는 소식을 들었어.
B: 잭이 그랬을 리 없어. 잭하고 나는 어제 오후 내내 극장에 같이 있었거든.

> may have p.p. ~이었을지도 모른다

4 My friend isn't home. He (~~may go~~ / **may have gone**) to a movie.
친구가 집에 없네. 혹시 영화 보러 갔을지도 몰라.

> should have p.p. ~했었어야 했는데 (그러지 못했다)

5 A: Did you finish Lesson 6 today?
B: Yes, but I (~~should finish~~ / **should have finished**) it last Thursday.
A: 오늘 6과 끝냈어?
B: 응, 하지만 지난 목요일에 끝냈어야 했는데. (그러지 못했어)

> need not have p.p. ~할 필요가 없었는데 (괜한 일을 했다)

6 I (~~needn't water~~ / **needn't have watered**) the flowers in the garden, for it is going to rain.
정원에 있는 꽃에 물을 줄 필요가 없었어, 비가 올 거니까.

> would rather have p.p. 차라리 ~하는 게 나았는데

7 A: It is raining now.
B: I (~~would rather go~~ / **would rather have gone**) to the theater.
A: 지금 비가 오네.
B: (비가 올 줄 알았다면) 차라리 극장에 가는 게 나았을 텐데.

○ **1** 허가를 요청해야 하는 것은 일반적인 상황인데, 일반적 사실은 현재시제로 나타내므로 should ask가 정답이다. should have asked 는 과거에 하지 않은 일에 대한 후회를 나타내므로 오답이다.
2 현재 가방에 핸드폰이 없다는 것은 이전에 핸드폰을 어딘가에 놓고 왔다는 뜻이므로 과거 상황을 나타내는 must have left가 정답이다.
3 잭이 잡혔다는 것이 과거 상황이므로 과거 상황의 발생 가능성에 대해 언급하는 can't have done이 정답이다.

4 친구가 현재 집에 없는 상황일 때 집에 없는 이유를 추측하려면 그 이전에 한 행동을 제시해야 한다. 따라서 과거 상황을 나타내는 may have gone이 정답이다.

5 last Thursday를 단서로 과거에 대한 아쉬움을 나타내고 있으므로 should have finished가 정답이다.

6 현재 비가 올 것 같은 상황을 기준으로 물을 준 것은 과거의 행위이므로 과거 상황에 대한 후회를 나타내는 needn't have watered가 정답이다. 참고로 need not have p.p.는 필요 없는 일을 한 과거 상황에 대한 후회를 나타낸다.

7 이미 다른 곳을 간 현재의 상황에서 이전에 극장을 가는 게 나았을 거라며 과거에 대한 유감을 나타내고 있으므로 would rather have gone이 정답이다. 참고로 would rather have p.p.는 과거 상황에 대한 아쉬움을 나타낸다.

유형 3 조동사 뒤 동사의 생략 여부 9%

1 A: Would you like to go for a drive with me tonight?
   B: I wish I (**could** / ~~could do~~), but I have a prior engagement.
   A: 오늘 밤 저와 함께 드라이브하러 가시겠어요?
   B: 그러고 싶지만, 선약이 있어요.

2 A: Is Ted coming to Neil's retirement party?
   B: He (~~must~~ / **must be**) since he asked me what time it starts.
   A: 테드가 닐의 은퇴 기념 파티에 오나요?
   B: 몇 시에 시작하는지 내게 물어봤기 때문에 그가 오는 게 분명해요.

3 A: For your birthday, Nina, I've brought you a basket of apples!
   B: Oh, you (~~shouldn't~~ / **shouldn't have**). It's lovely!
   A: 니나, 네 생일 선물로 사과를 한 바구니 사왔지.
   B: 와, 이럴 것까지 없었는데! 정말 맛있겠다!

1 조동사 뒤에 앞서 나온 일반동사구가 반복되는 경우, 반복되는 부분을 삭제하고 조동사로 이를 대신한다. 따라서 could 뒤에 올 go for a drive ~를 생략한 could가 정답이다.

2 조동사 뒤에 앞서 나온 be동사구가 반복되는 경우, be동사까지 남기고 반복되는 부분을 삭제한다. 따라서 must be 뒤에 올 coming to Neil's retirement party를 생략한 must be가 정답이다.

3 이미 선물로 사과를 가져온 상황을 반대로 가정해 아쉬움을 나타내며 shouldn't have brought me a basket of apples라고 대답하는 경우이다. 이렇게 조동사 뒤에 완료시제가 오는 경우에는 have까지만 쓰고 반복되는 부분은 생략하므로 정답은 shouldn't have이다.

🎯 기출유형 심화학습

조동사는 화자의 미세한 의도 차이를 결정하는 중요한 요소이므로 명확한 구분 논리가 존재해야 한다. 우리말에는 없는 용법이기 때문에 어느 것이 가능하고, 어느 것이 추정인지를 쉽게 납득하기 어려운 경우도 종종 발생한다. 문맥상 미묘한 차이를 가지는 다양한 경우를 통해 조동사의 개념을 확실히 익히도록 하자.

① 의지 vs. 의무: 의지를 물을 때는 의지 조동사로 대답, 확신의 조동사 should는 probably와 충돌한다.

A: Will you go to the new shopping mall with me tonight?

B: Well, I probably (would / ~~should~~) if not for other plans.

A: 오늘밤 저랑 새로 생긴 쇼핑몰에 가실 건가요?

B: 네. 다른 계획이 없다면, 아마도 그럴 것 같아요.

② 의무 vs. 추정: 가정법 과거완료에서 must는 의무가 아니라 단정을 나타낸다.

A: I'm sorry, but the meeting was moved to tomorrow morning.

B: You (should have let / ~~must have let~~) me know in advance.

A: 미안하지만, 회의가 내일 오전으로 미루어 졌어요.

B: 제게 미리 알려주셨어야지요.

③ 확신 vs. 가능: 있을 수 없는 일은 확신이 아니라 가능으로 표현한다.

A: Why did you make all that noise last night?

B: No, it (~~mustn't~~ / couldn't) have been me. I stayed all night at work last night.

A: 어젯밤에 왜 그렇게 시끄럽게 했어요?

B: 아니, 나였을리가 없어요. 어젯밤에 회사에서 밤을 새웠거든요

④ 권유 vs. 의지: 의지를 나타내는 would를 쓰면 상대 의사를 무시할 수 있으므로 권유의 should를 사용한다.

A: I'm so glad that we have a long Chuseok holiday next month.

B: Yeah, and we (should / ~~would~~) make the most of the weekend, too.

A: 다음달에 아주 긴 추석 연휴가 있어서 너무 기뻐요.

B: 네, 그리고 주말도 최대한 이용하는 게 좋겠지요.

⑤ 의지 vs. 확신: '하지만 일정을 확인하겠다'는 것은 어느 정도 확신하는 경우이다.

A: Will you have time for dinner on Sunday?

B: I (~~would~~ / might), but I'll have to check my schedule.

A: 일요일에 저녁식사를 할 시간이 나세요?

B: 그럴 거예요. 하지만 일정을 확인해봐야 할 겁니다.

실전적응훈련

난이도 ●●●●○

Part 3 문법 오류 문장 고르기

(a) A: How was the school play yesterday?
(b) B: It wasn't bad at all.
(c) A: Did Calvin speak loud enough in the play?
(d) B: No, he didn't. He should speak louder.

해석 (a) A: 어제 학교 연극은 어땠니?
(b) B: 나쁘진 않았어요.
(c) A: 캘빈이 연극에서 대사를 충분히 크게 말했니?
(d) B: 아뇨, 크게 말하지 않았어요. 좀 더 큰 소리로 말했어야 했어요.

풀이과정 맛보기
① 첫 A의 대사에서 yesterday를 통해 어제 있었던 과거 일에 대한 상황임을 파악한다.
② (b)와 (c)에서 과거시제가 이어지고 있음을 확인한다.
③ 문맥상으로 보아 '캘빈이 학교 연극에서 대사를 크게 하지 않았다'고 했으므로 '그는 좀 더 대사를 크게 했어야 했다'라는 의미로 과거의 사실이 실현되지 못한 데 대한 유감을 나타내는 표현이 와야 한다. 그러므로 (d)는 should have p.p. 형태가 되어야 한다.

어휘 play 연극 not ~ at all 전혀 ~ 아니다
speak loud 큰 소리로 말하다
enough 충분히
정답 (d) should speak → should have spoken

기출맛보기

정답 및 해설 p.55

1. A: Timothy missed five classes.
B: Something _____ to him.

(a) could happened
(b) might have happened
(c) may happen
(d) must be happened

2. A: I can hear the water running in the bathroom.
B: Yes, Rira _____ another shower.

(a) must take
(b) must have taken
(c) must have been taking
(d) must be taking

Part 1 가장 적절한 정답 고르기

1 A: How was the seminar?
B: A waste of time. I _____ never have attended. 기출

(a) should   (b) would
(c) could   (d) must

2 A: Dennis chats online while he's working in the office.
B: I know. He'd better _____, or his boss will fire him.

(a) stopping   (b) stopped
(c) to stop   (d) stop

3 A: Are you going to come with us to the cinema tonight?
B: I'm still not sure. I'll text you if I don't think I _____.

(a) can   (b) can't
(c) can be   (d) can't be

4 A: Do you need help moving the sofa?
B: Yeah, I _____ really use a hand. 기출

(a) will   (b) could
(c) might   (d) would

5 A: Did you see Melissa? She stopped by your office to speak to you.
B: No. I _____ have just missed her.

(a) may   (b) must
(c) should   (d) would

6 A: Is this office Richard's?
B: No, it _____ be his. He transferred to another branch last week.

(a) can not   (b) will not
(c) may not   (d) must not

7 A: Is Brad ever going to get a driver's license?
B: I think he _____ eventually.

(a) will   (b) will be
(c) will do   (d) will be doing

8 A: It's a shame that the store went out of business after only one month.
B: I agree. The owner _____ have tried harder to make it successful.

(a) would   (b) must
(c) might   (d) ought to

Part 2 가장 적절한 정답 고르기

9 Even strong swimmers _____ experience fatigue when swimming in rough water.

(a) may   (b) need
(c) may not   (d) need not

10 Dean _____ have signed up for Introduction to Marketing, since he already passed that class before.

(a) can't   (b) won't
(c) needn't   (d) didn't

11 Sally did not arrive at the concert venue early, but she realized that she _____ when she could not find any empty seats.

(a) ought   (b) ought to
(c) ought to have   (d) ought to come

12 After struggling all year in class tests, John enlisted the help of a tutor, but he still _____ not pass his final exams.

(a) should   (b) could
(c) must   (d) need

13 The restaurant owner emphasized that kitchen tools _____ be cleaned at the end of each work day, without exception.

(a) might   (b) could

(c) must   (d) may

14 James was eligible to play for the national team, but it remained unclear whether he _____ . 기출

(a) would   (b) would play it

(c) would play for   (d) would be doing

15 Maria knew she _____ skip her dentist appointment, but she missed it anyway, and went to the cinema instead.

(a) can't   (b) won't

(c) might not   (d) should not

16 The audience members were amazed to see that Sandra _____ play the piano concerto so proficiently.

(a) may   (b) need

(c) could   (d) should

Part 3 문법 오류 문장 고르기

17 (a) A: Oh, no! The wardrobe I bought is falling apart!

(b) B: Well, we had better ask the manufacturer to send out a worker.

(c) A: They already sent one to assemble it a few days ago.

(d) B: Then he should not have assembled it properly.

18 (a) A: What did you think about the French film festival last weekend?

(b) B: It was great, but I must have done without the talks by the directors.

(c) A: But the talks were the reason that the event was so interesting to cinephiles.

(d) B: I guess you're right, but some of them just seemed to drag on and on.

19 (a) When your home is affected by a flood or a hurricane, you may be overwhelmed by the damage caused to your property. (b) This should not prevent you from taking action to prevent further damage to your home and belongings. (c) Opening windows and doors would have allowed your home to dry out as a result of proper ventilation. (d) You should also consider enlisting the help of a professional to service any damaged sewage systems, which can be serious health hazards.

20 (a) Between 20 and 35 percent of people in the United States are affected by a condition known as photic sneeze reflex. (b) Those who are affected sneeze involuntarily in response to various light-related stimuli, especially when they look up at the sun. (c) Although the condition poses no direct medical problems, it can cause complications if a sufferer sneezes while undergoing a brightly-lit surgical procedure. (d) Another potential risk is that a sneezing fit should cause a driver to lose control of a vehicle, leading to a collision.

Section 2.
준동사

준동사 출제 경향

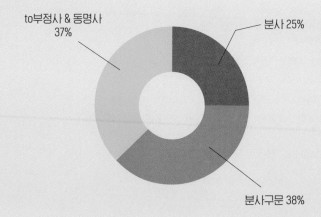

to부정사 & 동명사
37%

분사 25%

분사구문 38%

UNIT 06 분사

☑ 동사에서 파생된 –ing 혹은 –ed 형태를 분사라고 한다.
- –ing 형태(현재분사)는 be동사와 결합해 진행시제를 구성한다.
- –ed 형태(과거분사)는 have와 결합해 완료시제가 되거나, be동사와 결합해 수동태가 된다.

☑ 분사는 동사의 진행시제와 완료시제, 그리고 수동태를 구성하는 역할 외에, 명사를 수식하는 형용사 역할, 또는 문장을 수식하는 부사 역할(분사구문)을 한다.

☑ 주로 명사를 뒤에서 수식하는 분사 문제가 출제되지만, 자동사와 감정동사를 이용한 분사 문제와 고정된 형태로만 사용되는 분사 문제 등도 다양하게 출제되고 있다.

☑ 매회 평균 1문제 정도 출제되고 있다.

핵심포인트 1 분사의 역할

1 명사 수식

① 명사 앞에서 수식
- 현재분사: 수식 받는 명사가 분사의 행위 주체일 경우

  the **running** <u>car</u> 달리는 차
  running의 주어

  an **increasing** <u>number</u> of applicants 증가하는 지원자 수
  increasing의 주어

- 과거분사: 수식 받는 명사가 분사의 행위 주체가 아닐 경우

  the **driven** <u>car</u> 운전되는 차
  driven의 목적어

  newly **released** <u>product</u> 새로 출시된 제품
  released의 목적어

② 명사 뒤에서 수식
- 현재분사: 분사 뒤에 목적어가 있는 경우

  the agency **regulating** <u>the industry</u> 그 산업을 규제하는 기관
  목적어 O

  the man **leading** <u>the conference</u> 회의를 이끌고 있는 남자
  목적어 O

- 과거분사: 분사 뒤에 목적어가 없는 경우

  The branch **located** <u>in Seoul</u> has the highest sales. 서울에 위치한 지점이 가장 매출이 높다.
  목적어 X

  problems **identified** <u>by management</u> 경영진에 의해 확인된 문제들
  목적어 X

2 보어 자리

① 주격 보어: 2형식 동사 뒤는 주격 보어 자리

- 현재분사 + 목적어 있음

  The president was **making** <u>a deal</u> about selling the property. 사장은 부동산 매각에 관한 계약을 맺고 있었다.
  목적어 O

- 과거분사 + 목적어 없음

  The strategy was **developed** <u>by Patricia Field</u>. 그 전략은 패트리샤 필드에 의해 개발되었다.
  목적어 X

② 목적격 보어: 5형식 동사 뒤의 목적어 다음 자리는 목적격 보어 자리

- 현재분사 + 목적어 있음

  The sales team leader watched customers **completing** <u>the survey forms</u>.
  목적어 O

  영업팀장은 소비자들이 설문지 양식을 작성하는 것을 지켜봤다.

- 과거분사 + 목적어 없음

  The actor considered his career **destroyed** <u>after the scandal</u>.
  목적어 X

  그 배우는 추문 이후로 자신의 경력이 망가졌다고 여겼다.

> ⭐ **필수암기** **기출 5형식 동사**
>
> **make** ~하게 만들다   **find** ~하다고 깨닫다   **consider** ~하다고 여기다   **keep** ~한 상태로 유지시키다

핵심포인트 2 감정동사의 분사

1 현재분사: 감정을 유발하는 주체인 사물을 수식하는 경우

Though it doesn't pay much, Laura finds <u>her work</u> **satisfying**.
일(사물)   만족을 주는

급여가 높지는 않지만, 로라는 자신의 일을 만족스럽다고 여긴다.

They announced **<u>disappointing</u>** <u>results</u>. 그들은 실망스러운 결과를 발표했다.
실망을 주는   결과(사물)

2 과거분사: 감정을 느끼게 되는 주체인 사람을 수식하는 경우

Please be careful with your words while dealing with **disappointed** <u>customers</u>.
불만을 느끼게 되는 고객들(사람)

불만인 고객들을 상대할 때는 말을 조심하도록 하십시오.

<u>Exhausted</u> <u>drivers</u> have slow reactions. 지친 운전자들은 반응이 느리다.
지친   운전자들(사람)

핵심포인트 3 고정된 형태의 분사

1 1형식 자동사

1형식은 수동태가 되지 않기 때문에 명사를 수식할 때 현재분사 형태만 가능하다.

It is so difficult to ignore the sound of a **crying** baby.
우는 아기의 울음소리를 신경 쓰지 않기란 매우 어렵다.

2 2형식 자동사

2형식 자동사들은 현재분사 형태 단독으로 명사를 수식하지 않지만, 예외적으로 looking, tasting, appearing, smelling 등은 <보어 + 현재분사> 형태로 명사를 수식하기도 한다.

I met a very funny-**looking** man at Gregg's party last night.
나는 지난밤 그렉의 파티에서 아주 웃기게 생긴 사람을 만났다.

I experienced the most unpleasant-**tasting** food at the new restaurant.
나는 새로운 식당에서 가장 끔찍한 맛의 음식을 경험했다.

3 현재분사 형태의 형용사

Mr. Wade has **promising** prospects of promotion to marketing director.
웨이드 씨는 마케팅 이사 직으로 승진할 전망이 밝다.

The **existing** system cannot handle the volume of orders coming in.
기존 시스템은 들어오는 주문량을 처리할 수 없다.

The **remaining** employees in the office worked hard to meet the deadline.
사무실에 남아있는 직원들은 마감시한을 지키기 위해 열심히 일했다.

> ⭐ 필수암기 **현재분사 형태의 형용사**
>
> | | | | |
> |---|---|---|---|
> | **leading** 일류의 | **rewarding** 보람된 | **demanding** (일이) 요구가 많은, (사람이) 까다로운 | |
> | **challenging** 어려운 | **promising** 유망한 | **deceiving** 기만의, 속이는 | **existing** 기존의, 현재 사용되는 |
> | **shining** 빛나는 | **inspiring** 고무적인 | **missing** 사라진 | **remaining** 남아 있는, 남은 |

4 과거분사 형태의 형용사

That firm has a strict policy of hiring only **experienced** professionals.
그 회사는 노련한 전문가들만 고용한다는 엄격한 정책을 취하고 있다.

The art industry has developed many highly **sophisticated** methods of repairing damaged artworks.
미술 산업은 손상된 미술품을 복원하는 매우 정교한 방법들을 많이 개발해 왔다.

> ⭐ 필수암기 **과거분사 형태의 형용사**
>
> | | | | |
> |---|---|---|---|
> | **attached** 첨부된 | **complicated** 복잡한 | **experienced** 노련한 | **broken** 고장 난 | **detailed** 상세한 |
> | **classified** 기밀의 | **dedicated** 헌신적인 | **learned** 박식한 | **hurried** 급한 | **informed** 잘 알고있는 |

🔧 기출유형정리

핵심 유형	출제 비율
유형 1 명사를 뒤에서 수식하는 분사	48%
유형 2 감정동사의 분사	22%
유형 3 명사를 앞에서 수식하는 분사	10%
유형 4 보어 자리의 분사	10%
유형 5 고정된 형태의 분사	10%

유형 1 명사를 뒤에서 수식하는 분사   48%

분사 뒤에 명사 목적어가 있는 경우 능동의 현재분사를 사용

1 These tasks (**lacking** / ~~lacked~~) any intrinsic interest are really boring.

본질적인 흥미라는 게 전혀 없는 이 일들은 정말 지루하다.

2 Markets (**selling** / ~~sold~~) second-hand goods are known as flea markets.

중고제품을 판매하는 시장들을 벼룩시장이라고 한다.

분사 뒤에 명사 목적어가 없는 경우 수동의 과거분사를 사용

3 Only 25 percent of the laptop computers (~~testing~~ / **tested**) met the requirements of consumers.

검사 받은 노트북 컴퓨터 중 25퍼센트만이 소비자의 요구조건을 충족했다.

4 A new study (~~releasing~~ / **released**) in the U.S. by a government agency may aggravate the controversy even further.

미국에서 한 정부 기관에 의해 발표된 새로운 연구 결과가 논란을 한층 더 악화시킬 수도 있다.

5 SlimLife is a low-carbohydrate diet program (~~designing~~ / **designed**) to promote a weight loss of 2 to 5 pounds per week.

슬림라이프는 일주일에 2-5 파운드의 체중 감량을 촉진하도록 고안된 저탄수화물 다이어트 프로그램입니다.

⊙ 1 타동사 lack의 목적어 any intrinsic interest를 유지한 채 능동의 분사를 만들 경우 현재분사를 사용하므로 lacking이 정답이다.

2 타동사 sell의 목적어 second-hand goods를 유지한 채 능동의 분사를 만들 경우 현재분사를 사용하므로 selling이 정답이다.

3 타동사 test 뒤에 동사 met이 바로 나오므로 목적어가 없는 수동의 상태임을 알 수 있다. 따라서 과거분사 tested가 정답이다.

4 타동사 release의 목적어가 없이 전치사구가 뒤따르므로 수동의 과거분사 released가 정답이다.

5 타동사 design의 목적어가 없이 to부정사가 뒤따르므로 수동의 과거분사 designed가 정답이다. diet program은 design(고안하다, 설계하다)의 목적어로서 스스로 고안하는 주체가 아니라 고안되는 것이므로 수동의 의미를 지닌 과거분사가 와야 한다.

유형 2 감정동사의 분사 22%

1 A: How did you like the meal?

B: Well, it was a (**disappointing** / ~~disappointed~~) meal. I don't want to tip the chef.

A: 식사는 어떠셨어요?

B: 글쎄요, 실망스러운 식사였어요. 요리사에게 팁을 주고 싶진 않아요.

2 A: What did the audience think of the music?

B: It seems that they were (~~bewildering~~ / **bewildered**) when confronted with it.

A: 청중이 음악에 대해 어떻게 생각했어요?

B: 음악을 접했을 때 다들 당황한 것 같았어요.

○ **1** disappoint(~을 실망시키다)는 사물이 사람의 감정을 일으키는 동사이므로, 주어(the meal)가 사물일 때 능동의 의미를 지니는 현재분사를 사용한다. 따라서 정답은 disappointing이다.

2 bewilder(~을 당황시키다)는 사물이 사람에게 당황스러운 감정을 일으키는 동사이므로, 주어(audience)가 사람일 때 수동의 의미를 지니는 과거분사를 사용한다. 따라서 정답은 bewildered이다.

유형 3 명사를 앞에서 수식하는 분사 10%

수식 받는 명사가 수식하는 분사의 주어일 경우 능동의 현재분사를 사용

1 (**Hibernating** / ~~Hibernated~~) turtles are usually found in a shallow burrow.

동면하는 거북이들은 보통 얕은 굴에서 볼 수 있다.

2 (**Visiting** / ~~Visited~~) teachers will participate in the open discussion.

방문 교사들이 공개토론에 참석할 것이다.

수식 받는 명사가 수식하는 분사의 목적어일 경우 수동의 과거분사를 사용

3 I usually order some (~~freezing~~ / **frozen**) food through your website.

저는 보통 귀사의 웹사이트를 통해 냉동 식품을 주문합니다.

4 The newly (~~issuing~~ / **issued**) study is available at no charge on this website.

새롭게 발표된 그 연구 결과는 이 웹사이트에서 무료로 얻으실 수 있습니다.

○ **1** 수식을 받는 명사 turtles가 동사 hibernate의 주어이므로 능동의 현재분사 Hibernating이 정답이다.

2 수식을 받는 명사 teachers가 동사 visit의 주어이므로 능동의 현재분사 Visiting이 정답이다.

3 수식을 받는 명사 food가 동사 freeze의 목적어이므로 수동의 과거분사 frozen이 정답이다.

4 수식을 받는 명사 study가 동사 issue의 목적어이므로 수동의 과거분사 issued가 정답이다.

유형 4 **보어 자리의 분사** **10%**

2형식 동사 뒤의 주격보어 자리

1 We are (**generating** / ~~generated~~) short reports on the company's financial status.
우리는 회사의 재정 상태에 관한 간략한 보고서를 작성하고 있습니다.

2 All transactions are (~~approving~~ / **approved**) by the senior manager.
모든 거래는 부장에 의해 승인된다.

5형식 동사 뒤의 목적격보어 자리

3 You can find an application form (~~enclosing~~ / **enclosed**) with this letter.
이 편지에 지원서가 동봉된 것을 확인하실 수 있습니다.

4 The audience watched the singer (**leaving** / ~~left~~) the stage after the performance.
관중들은 가수가 공연을 마치고 무대를 떠나는 것을 지켜보았다.

5 It is important to keep the writers (~~informing~~ / **informed**) of all necessary publishing changes.
작가들이 출판과 관련한 모든 변경사항에 대해 숙지하고 있어야 한다.

○ **1** be동사는 1형식(있다) 또는 2형식(~이다)으로 사용될 수 있는데, 주로 2형식 동사로 사용된다. 이때 뒤에 주격보어로 분사가 올 수 있는데 가장 대표적인 경우가 현재진행형 또는 수동태이다. 빈칸 뒤에 generate의 목적어 short reports가 나와 있으므로 현재분사 generating이 정답이다.

2 be동사 뒤의 주격보어 자리이다. 빈칸 뒤에 목적어가 없으며, 수동태 전치사 by가 있으므로 과거분사 approved가 정답이다.

3 find가 5형식 동사로 사용되었다. 목적어 an application form(지원서)이 enclose의 목적어이므로 수동을 나타내는 과거분사가 목적격보어로 와야 한다. 따라서 enclosed가 정답이다.

4 watch는 5형식 지각동사이다. 목적어인 the singer(가수)가 leave의 주어이므로 능동을 나타내는 현재분사를 사용하게 된다. 따라서 현재분사 leaving이 정답이다.

5 「keep + 목적어 + 목적보어(~을 …한 상태로 유지하다)」 구조로, 빈칸은 목적어 writers를 설명하는 목적격보어 자리다. inform은 「inform A of B(A에게 B에 대한 정보를 주다)」의 형태로 쓰이는데, writer가 직접 inform하는 것이 아니라 all necessary publishing changes에 대한 정보를 듣는 사람이므로 빈칸에는 수동의 의미를 지니는 과거분사형 형용사 informed가 와야 한다.

1형식 자동사를 이용한 분사는 항상 현재분사

1 That (**fluttering** / ~~fluttered~~) ladybug on the branches protects itself from harmful insects by sending out a bad smell.

나뭇가지 위에서 파닥거리는 무당벌레는 악취를 발산함으로써 해충으로부터 자신을 보호한다.

2 The heavy storm was so intense for the (**faltering** / ~~faltered~~) fishing boat that it finally sank.

흔들리는 낚시배에게 폭풍우는 너무 심해서 그 배는 마침내 가라앉았다.

일반 형용사처럼 사용되는 현재분사

3 Stacy Moore is regarded as a (**promising** / ~~promised~~) employee who will rise quickly through the firm's management structure.

스테이시 무어는 회사의 경영조직에서 빠르게 성장할 유망한 직원이다.

4 I would appreciate it if you could send the (**missing** / ~~missed~~) components of the children's playhouse.

어린이용 장난감 집의 빠진 부품을 보내주시면 감사하겠습니다.

일반 형용사처럼 사용되는 과거분사

5 The scholar is (~~learning~~ / **learned**) and (~~experiencing~~ / **experienced**).

그 학자는 박식하며 경험이 풍부하다.

○ **1** flutter는 파닥거리는 모습을 나타내는 1형식 자동사로서 항상 능동의 현재분사를 사용하므로 fluttering이 정답이다.

2 falter는 흔들리는 모습을 나타내는 1형식 자동사로서 항상 능동의 현재분사를 사용하므로 faltering이 정답이다.

3 현재분사 형태인 promising은 '유망한, 촉망되는'이라는 의미의 형용사로 굳어진 표현이다.

4 missing은 '사라진, 분실한, 누락된'이라는 의미의 형용사이다. 수식 받는 명사 components가 사라진 행위의 주어이므로 능동을 나타내는 현재분사형 형용사 missing이 정답이다.

5 주어 scholar가 동사 learn의 목적어가 아니므로 수동태가 될 수 없으며, 오히려 learn이 자동사로 사용될 수 있으므로 능동의 현재분사 learning을 고르기가 쉽다. 또한 타동사 experience가 사람을 목적어로 취하지 않으므로 수동의 과거분사 experienced가 당연히 오답처럼 보인다. 하지만, 이 문제는 사람 주어의 주격보어로 사용되는 관용적 형용사를 고르는 것인데, learned는 '박식한'의 뜻이고 experienced는 '경험이 풍부한, 노련한'의 뜻으로 굳어진 분사형 형용사이다.

🕐 실전적용훈련

난이도 ●●●○○

Part 3 문법 오류 문장 고르기

(a) A: You didn't like her proposal, so Nicole was annoying.
(b) B: But I wasn't criticizing her, just the proposal.
(c) A: She took it personally though.
(d) B: I had no intention of upsetting her.

해석 (a) A: 당신이 니콜의 제안을 좋아하지 않아서 니콜이 화가 났어요.
(b) B: 하지만, 난 니콜을 비난한 게 아니라 그냥 제안을 비판한 것뿐입니다.
(c) A: 어쨌든, 니콜은 그걸 감정적으로 받아들였어요.
(d) B: 정말 니콜을 화나게 할 의도는 없었어요.

🔍 풀이과정 맛보기

① Part 3에서는 주로 동사의 태, 시제, 수 일치 등을 집중적으로 확인한다.
② (a)에서 annoy(화나게 하다)가 감정동사임을 인식한다.
③ annoy는 '사람을 화나게 하다'라는 뜻의 3형식 동사이므로 사람을 주어로 할 때는 수동인 과거분사 형태가 되는 것이 옳다.
④ 따라서 사람 주어에 맞추어 현재분사 annoying이 과거분사 annoyed로 고쳐져야 한다.

어휘 **proposal** 제안 **annoying** 화나게 하는 **criticize** 비난하다, 비판하다 **take it personally** 개인 감정으로 받아들이다 **though** 하지만 **have no intention of -ing** ~할 의도가 없다

정답 **(a)** annoying ➡ annoyed

🔭 기출맛보기

정답 및 해설 p.59

1. A: What should I do with this form?
B: Please fill in the _____ information.

(a) misses
(b) miss
(c) missed
(d) missing

2. Those _____ were carried to the nearby hospital.

(a) wound
(b) wounding
(c) wounded
(d) to be wounded

Part 1 가장 적절한 정답 고르기

1 A: Should we take Cedar Avenue?
   B: No, the rush hour traffic makes that road
      _____. Let's stick to the highway.

   (a) congest   (b) congested
   (c) to congest   (d) congesting

2 A: Are you happy with the way the meeting
      went?
   B: Yes, but all the topics _____ need to be
      reviewed at next week's meeting.

   (a) discussed   (b) discussing
   (c) to discuss   (d) to have discussed

3 A: Have you hired a new sales clerk?
   B: No, the one candidate _____ the job
      declined. 기출

   (a) offered   (b) offering
   (c) was offered   (d) having offered

4 A: Is Max watching the *History Channel*?
   B: Yes, he finds its programs _____.

   (a) interest   (b) interested
   (c) to interest   (d) interesting

5 A: Why can't I park my car in the
      underground lot?
   B: It seems as though you might have a
      _____ permit.

   (a) suspend   (b) suspending
   (c) suspended   (d) to suspend

6 A: I'm thinking of making those windows a
      lot nicer.
   B: Yeah, _____ window frames would look
      better than now.

   (a) paint   (b) to paint
   (c) painted   (d) painting

7 A: I need some A4 paper for a project I'm
      working on. Do you have some?
   B: Oh, I'm sorry. There isn't any _____.

   (a) leave   (b) leaving
   (c) to leave   (d) left

8 A: Eric seemed like he didn't know what he
      was doing at first, but his work has been
      quite impressive.
   B: Yes, looks can be _____. He's actually
      very competent and professional.

   (a) to deceive   (b) deceiving
   (c) deceived   (d) deceive

Part 2 가장 적절한 정답 고르기

9 After being unable to unlock his door, Ross
    complained to the hotel manager, and the
    keycard _____ for the room was replaced.

   (a) issued   (b) issuing
   (c) to issue   (d) was issued

10 Many of the symptoms _____ with dementia
    may remain undiagnosed for many years.

   (a) associated   (b) associating
   (c) to associate (d) are associated

11 The lights _____ along the riverside allow
    people to take a walk there even after the sun
    goes down.

   (a) shine   (b) shone
   (c) shining   (d) were shining

12 In an effort to improve security, anyone
    _____ the university must now present his
    or her identification to a guard.

   (a) enter   (b) enters
   (c) entered   (d) entering

13 Tom's athletic achievements were all the more _____ to others because he overcame a severe physical handicap.

(a) inspired
(b) inspiring
(c) to inspire
(d) to be inspired

14 A studio _____ with musical instruments and recording equipment is considered a necessity by most professional musicians.

(a) to equip
(b) equipped
(c) equipping
(d) is equipped

15 Research papers _____ references to sources used will be deemed in violation of the Research Code of Conduct. 기출

(a) lack
(b) lacked
(c) to lack
(d) lacking

16 A law _____ warning labels be attached to all cigarette packets was passed this morning.

(a) require
(b) to require
(c) requiring
(d) required

Part 3 문법 오류 문장 고르기

17 (a) A: I really loved the first episode of the new season of *Strange Dimensions*.
(b) B: To be honest, I found it quite perplexed. I couldn't figure out the story.
(c) A: The story has a lot of characters and sub-plots, but it's actually pretty straightforward.
(d) B: But I think they need to do a better job of explaining things for people who are new to the show.

18 (a) A: The new manager in my store seems to be a nice guy.
(b) B: Oh? He just started today. How do you know?
(c) A: Well, he's smart and funny, and he seems kind of educating.
(d) B: It definitely sounds like he's a good person.

19 (a) When I was young, there was a public library in my town that had a cinema attaching to its reading area. (b) So when I had some free time, I would go there to watch a wide range of foreign and independent films. (c) This early exposure to the world of cinema inspired me to pursue a career as a film critic. (d) Almost thirty years later, I am thankful for having had an opportunity in my youth to discover the magic of movies.

20 (a) Judas Iscariot remains a controversial figure among followers of Christianity. (b) According to the New Testament, Judas was one of the twelve chose disciples of Jesus. (c) He is often despised for his betrayal of Jesus in return for money, which was first described in the Gospel of Mark. (d) However, some scholars praise Judas for his actions, which eventually resulted in the crucifixion of Jesus and the salvation of humanity.

☑ 분사구문은 <접속사 + 주어 + 동사>로 되어 있는 부사절 또는 and로 연결된 등위접속사절을 분사를 사용하여 부사구의 형태로 간결하게 만든 것이다.

☑ 형용사처럼 쓰이는 분사와 달리, 분사구문은 시간, 이유, 양보, 조건 등 다양한 의미의 부사구 역할을 한다.

☑ 분사구문은 형태상 능동 및 진행의 의미를 가지는 현재분사 구문과, 수동의 의미를 가지는 과거분사 구문으로 크게 구분된다.

☑ 시제상으로는 주절과 분사구문의 시점이 같은 단순분사구문과, 분사구문의 시제가 주절보다 빠른 완료분사구문으로 구분할 수 있다.

☑ 매회 평균 1~2문제 출제되고 있다.

핵심포인트 1 분사구문의 역할

1 부사절이 문장 수식 부사구로 전환

<u>As I was surrounded by strong young men</u>, I couldn't manage to get through the crowd well.
부사절접속사(as) + 주어 + 동사

➡ **Surrounded** by strong young men, I couldn't manage to get through the crowd well.
건장한 젊은이들에게 둘러싸여 있어서, 나는 군중들 사이를 제대로 지나가지 못했다.

2 등위절이 문장 수식 부사구로 전환

The law was passed, <u>and the law generated</u> outrage from dissatisfied voters.
등위접속사(and) + 주어 + 동사

➡ The law was passed, **generating** outrage from dissatisfied voters.
법안이 통과되었고, 불만을 품은 유권자들로부터 격노를 불러일으켰다.

핵심포인트 2 분사구문의 형태

분사구문은 부사절에서 주절과 중복되는 부분을 생략하여 축약하는 것이 기본 취지이다. 그런데 이때 두 절을 연결하는 의미가 명확하다면 접속사도 생략하는데, 대체로 동시 발생을 나타내는 분사구문에서 접속사를 생략한다.

1 분사구문의 형태

When I unpacked the goods, I broke a plate.
➡ <u>**When unpacking**</u> the goods, I broke a plate. – 일반적인 분사구문 형태
➡ <u>**Unpacking**</u> the goods, I broke a plate. – 접속사를 생략한 분사구문 형태
물건을 꺼내면서, 나는 접시 하나를 깨뜨렸다.

2 분사구문 변형 과정

When I unpacked the goods, I broke a plate.
➡ ① When ① unpacked the goods, I broke a plate. – when 부사절에서 중복 주어 I 생략
➡ ② When **unpacking** the goods, I broke a plate. – 동사를 분사로 변환
➡ ③ **Unpacking** the goods, I broke a plate. – 두 행위가 동시에 발생하므로 명백한 시간 접속사 When 생략 가능

핵심포인트 3 **분사구문의 종류**

1 단순분사구문

주절과 부사절의 시제가 같을 때, 분사구문은 단순시제 형태의 분사를 사용한다.

- 현재분사구문: 능동태 → 현재분사(-ing)

When she **missed** her flight, she **went** to the ticketing counter to rebook it.

　　　　　　과거(능동태)　　　　　　　　　　과거

➡ **Missing** her flight, she went to the ticketing counter to rebook it.

비행기를 놓치자, 그녀는 항공편을 다시 예약하려고 매표소로 갔다.

- 과거분사구문: 수동태 → 과거분사(-ed 또는 불규칙 과거분사)

As they **were sorted** into groups, the books **were** ready to be put on the shelves.

　　　　　　　과거(수동태)　　　　　　　　　　　　과거

➡ **(Being) sorted** into groups, the books **were** ready to be put on the shelves.

➡ **Sorted** into groups, the books **were** ready to be put on the shelves. – Being은 일반적으로 생략

그룹별로 분류되었으므로, 책들은 서가에 진열될 준비가 다 끝났다.

2 완료분사구문

부사절이 주절보다 앞선 시제일 때, 분사구문은 완료시제(having p.p./having been p.p.) 형태의 분사를 사용한다.

As they had surpassed the monthly sales goals, the team **received** bonuses.

　　　　　　과거완료　　　　　　　　　　　　　　　　　　　　과거

➡ **Having surpassed** the monthly sales goals, the team received bonuses.

월간 매출 목표를 초과했으므로, 모든 팀원이 보너스를 받았다.

> **참고** 단순분사구문은 주절과 부사절이 동일한 시제이다.
>
> While he **briefed** them, he **pointed** to the board.
>
　　　　　　과거　　　　　　　　　과거
>
> ➡ **Briefing** them, he pointed to the board.
>
그들에게 요약 설명을 하면서, 그는 칠판을 가리켰다.

3 with + (대)명사 + 분사구문

주절과 부사절(또는 등위절)의 주어가 서로 다른 경우, 분사구문의 주어를 남겨두고 앞에 with를 붙인다. 이와 같은 것을 부대상황 분사구문이라고 하는데, 부대상황이란 주요한 상황에 부수적으로 따라붙는 상황을 말한다.

- 부사절

The room was a mess **as** papers were scattered everywhere.

➡ The room was a mess with papers scattered everywhere.

서류들이 도처에 흩어진 채로 방은 엉망이었다.

➡ ① The room was a mess as papers were scattered everywhere. – 주어가 다른 것을 확인

➡ ② The room was a mess as papers **being** scattered everywhere. – be동사를 분사로 변환

➡ ③ The room was a mess **with** papers **being** scattered everywhere. – 접속사를 with로 변환

➡ ④ The room was a mess **with** papers scattered everywhere. – 수동태의 being을 생략

- 등위절

  <u>She</u> was sitting silently, **and** <u>her eyes</u> were closed.

  ➡ She was sitting silently <u>with her eyes closed.</u>

  그녀는 눈을 감은 채로 조용히 앉아 있었다.

  ➡ ① <u>She</u> was sitting silently, and <u>her eyes</u> were closed. – 주어가 다른 것을 확인

  ➡ ② She was sitting silently, and her eyes **being** closed. – be동사를 분사로 변환

  ➡ ③ She was sitting silently, **with** her eyes **being** closed. – 접속사를 with로 변환

  ➡ ④ She was sitting silently, **with** her eyes closed. – 수동태의 being을 생략

핵심포인트 4 분사구문의 의미

분사구문은 다음과 같은 5가지의 의미를 주로 나타낸다.

1 시간

When I saw <u>him</u>, I recognized him at once. ➡ **Seeing** him, I recognized him at once.

그를 본 순간, 나는 즉시 그를 알아봤다.

2 이유

As he was <u>rich</u>, he could go abroad. ➡ **Being** rich, he could go abroad.

그는 부유해서 해외로 갈 수 있었다.

3 양보

Though I admit <u>what you say is true</u>, I still think you are in the wrong.

➡ **Admitting** what you say is true, I still think you are in the wrong.

네가 한 말이 사실이라는 것은 인정하지만, 그래도 나는 여전히 네가 틀렸다고 생각해.

4 조건

If you turn to <u>the left</u>, you will find the police box. ➡ **Turning to** the left, you will find the police box.

좌회전하시면, 파출소가 있을 거예요.

5 부대상황(부수적 상황)

분사구문은 부사절을 대신하는 경우가 대부분이지만, 다음과 같이 부사절이 아닌 등위절(and)을 대신하는 경우도 있다. 이때 분사구문은 동시 상황 또는 시간차를 가지는 순차 상황을 나타낸다.

① 동시 상황

He shook hands with me, and he smiled brightly.

➡ He shook hands with me, **smiling** brightly.

그는 환하게 웃으며 나와 악수를 했다.

② 순차 상황

The train left Seoul at 6 a.m. and (it) arrived in Busan at 1 p.m.

➡ The train left Seoul at 6 a.m., **arriving** in Busan at 1 p.m.

기차는 오전 6시에 서울을 출발하여 오후 1시에 부산에 도착했다.

분사 관련 주요 구문

① 비인칭 독립 분사구문

주절의 주어와 분사구문의 주어가 다를 때는 주어를 생략하지 않지만, 분사구문의 주어가 일반인(we, they, you, people)일 때는 주어를 생략한다. 이 분사구문 자체를 관용 표현으로 암기해 두자.

> ⭐필수암기 **분사구문 관용 표현**
>
> **Generally speaking** 일반적으로 말해서   **Frankly speaking** 솔직히 말해서
> **Strictly speaking** 엄밀히 말해서   **All things considered** 모든 것을 고려했을 때
> **Speaking of** ~에 대해 말이 나온 김에   **Judging from** ~로 판단하건대

<u>**All things considered**</u>, they decided to put their plan into practice.
= Taking everything into consideration
모든 점을 고려한 뒤, 그들은 자신들의 계획을 실행에 옮기기로 결정했다.

② 분사에서 나온 접속사와 전치사

다음 표현은 분사에서 유래한 접속사와 전치사이다. 이들은 아예 관용 표현으로 외워 두는 것이 좋다.

① 접속사: 뒤에 「주어 + 동사」의 절이 온다.

> ⭐필수암기 **분사에서 나온 접속사**
>
> **granted[granting] that**절 ~라고 하더라도   **assured that**절 ~을 확신하고
> **assuming (that)**절 ~라는 것을 가정하면   **considering (that)**절 ~라는 것을 고려하면
> **given (that)**절 ~을 고려한다면   **admitting (that)**절 ~을 인정하더라도

A: **Assuming** (that) Jane is coming, do you think you're going to come?
B: Oh, not a chance.
A: 제인이 온다고 하면, 너도 올 거야?
B: 아니, 절대 그럴 일은 없어.

② 전치사: 뒤에 명사구나 동명사가 온다.

> ⭐필수암기 **분사에서 나온 전치사**
>
> **following** ~뒤에, ~을 따라   **considering** ~을 고려할 때
> **depending on** ~에 따라   **including** ~을 포함하여
> **regarding[concerning]** ~에 관하여   **given** ~을 고려해 볼 때
> **based on** ~에 근거하여   **compared with[to]** ~와 비교하여

The Westwood Amusement Park offers 70 rides, **including** 10 roller coasters.
웨스트우드 놀이공원은 10개의 롤러코스터를 포함한 70개의 놀이기구를 제공합니다.

⚙️ 기출유형정리

핵심 유형	출제 비율
유형 1 현재분사구문과 과거분사구문의 구별	57%
유형 2 단순분사구문과 완료분사구문의 구별	23%
유형 3 분사구문과 to부정사의 구별	13%
유형 4 주절의 주어와 부사절(등위절)의 주어가 다른 경우	7%

유형 1 현재분사구문과 과거분사구문의 구별   57%

3형식 타동사

1 (**Stealing** / ~~Stolen~~) some CDs in the store, Jack was caught by the store owner.
잭은 가게에서 CD 몇 장을 훔치다가 상점주인에게 걸렸다.

2 (~~Prodding~~ / **Prodded**) by Dr. Smith's article, the FDA has issued a safety alert.
스미스 박사가 쓴 기사에 자극을 받아, 식약청은 안전 경보를 발행했다.

4형식 타동사

3 (**Granting** / ~~Granted~~) Zenith Builder Inc. permission to build on the site, the city council finalized the building contract.
제니스 빌더 사에 건축 허가를 내주면서, 시의회는 건축 계약을 마무리지었다.

4 (~~Giving~~ / **Given**) 40,000-dollar grants, scientists were able to resume their research.
4만달러의 보조금을 받았으므로, 과학자들은 연구를 재개할 수 있었다.

자동사의 분사구문

5 A: Want to go for a walk this afternoon?
B: No, sorry. (**Studying** / ~~Studied~~) as hard as I have been these days, I am so tired.
A: 오늘 오후에 산책이나 갈까?
B: 아니, 미안해. 요즘 너무 열심히 공부했더니 너무 피곤해.

❖ **1** 동사 steal이 3형식 타동사이고 뒤에 목적어가 있으므로 능동 구문이다. 그러므로 현재분사를 써야 한다. 따라서 정답은 Stealing이다.
  2 prod(~하도록 자극하다, 재촉하다)는 사람이나 단체를 목적어로 하는 3형식 타동사이다. 그런데 뒤에 목적어가 없이 by 전치사구가 나오는 것으로 보아 수동태임을 알 수 있으므로, 과거분사인 Prodded가 정답이다.
  3 grant(승인하다, 허락하다)는 목적어를 두 개 가지는 4형식 동사이다. 그런데 뒤에 Zenith Builder Inc.와 permission 두 개의 목적어가 다 있으므로 능동인 현재분사 Granting이 정답이다.
  4 give는 4형식 동사로 목적어가 두 개 필요한데, 빈칸 뒤에 목적어가 grants 하나밖에 없으므로 수동태인 것을 알 수 있다. 그러므로 수동의 의미를 나타내는 과거분사 Given이 정답이다.
  5 study는 자동사와 타동사로 모두 가능하다. 그런데 주절의 주어인 I와 study의 주어가 동일하므로, 수동태가 아니라는 것을 알 수 있다. 따라서 능동의 성격인 현재분사 Studying이 정답이다.

유형 2 단순분사구문과 완료분사구문의 구별   23%

> **1** (Having felt / **Feeling**) tired, Chuck went to bed earlier than usual.
>
> 척은 피곤해서 평소보다 잠자리에 일찍 들었다.
>
> **2** (**Having started** / Starting) out as nothing more than a search engine, Google has now become a behemoth in the Internet business.
>
> 처음에는 그저 검색엔진으로 출발했던 구글은 이제 인터넷 업계에 거물이 되었다.

➲ **1** 피곤함을 느끼는 것과 잠자리에 드는 것은 동시 상황으로 보는 것이 일반적이다. 따라서 주절의 시제와 분사구문 시제가 같은 것으로 보아 단순분사구문인 Feeling이 정답이다.

    2 구글이 설립된 시점의 상태와 현재의 상태를 비교하는 문장으로, 분사구문이 주절의 시제(has now become)보다 명백히 앞선 상황이므로 완료분사구문인 Having started가 정답이다.

유형 3 분사구문과 to부정사의 구별   13%

> **1** Not (to know / **knowing**) how to use the machine, I was forced to call the repairman.
>
> 기계 작동법을 몰라서, 수리하는 사람한테 전화를 할 수밖에 없었다.
>
> **2** (**To pass** / Passing) the bar examination, you should do your utmost.
>
> 사법고시에 합격하기 위해서 당신은 최선을 다해야 한다.

➲ **1** 알지 못한 것이 전화한 것의 원인이므로 빈칸은 주절과 시점이 같거나 앞선다. 그러므로 빈칸은 미래를 나타내는 to부정사가 올 자리가 아니다. 이유를 나타내는 분사구문이 되어야 하므로 정답은 knowing이다.

    2 사법고시를 합격하는 것은 최선을 다한 후에 발생할 결과이므로, 미래를 나타내는 to부정사가 오는 것이 타당하다. 따라서 목적을 나타내는 to부정사 To pass가 정답이다.

> **참고** 앞으로 할 일을 가리키는 to부정사는 목적(~하기 위하여)으로 해석되는 경우가 많고, 분사는 목적을 제외한 시간, 양보, 조건, 결과 등 다양한 부사절 접속사에 맞추어 해석될 수 있다. 즉, 목적으로 해석되면 to부정사, 목적이 아닌 해석은 분사로 구별하면 된다.

유형 4 **주절의 주어와 부사절(등위절)의 주어가 다른 경우**   **7%**

---

1 He was surfing the Net, (with his mom knitting beside him / ~~his mom was knitting beside him~~).

그는 인터넷 서핑을 하고 있었고, 그의 어머니는 옆에서 뜨개질을 하고 계셨다.

2 (There being / ~~There to be~~) nothing he could do, Scott just watched the spreading flames.

할 수 있는 게 아무것도 없어서, 스캇은 불길이 번지는 것을 그저 바라만 보고 있었다.

3 (~~Arriving at home~~ / When I arrived at home), my key was missing.

내가 집에 도착했을 때, 열쇠가 사라진 상태였다.

---

1 두 개의 절이 연결되면 반드시 접속사가 필요하며, 만약 접속사를 사용하지 않는다면 분사구문이 되어야 한다. 두 절을 이어주는 접속사가 보이지 않으므로 빈칸에는 분사구문이 들어가야 함을 알 수 있다. 분사구문은 보통 분사로 시작하지만 주절의 주어와 접속사절의 주어가 다를 경우, <with + 명사 + 분사구문>의 형태를 사용할 수 있다.

2 주절을 수식하는 자리에서 분사구문과 to부정사 구문 중에 선택하는 문제이다. 해석을 해서 목적을 나타내면 to부정사가 정답이고, 시간, 이유, 조건, 결과 등 다양하게 해석되면 분사구문의 자리이다. 불이 번지는 것을 보기만 한 것은 할 수 있는 일이 없어서 그런 것이므로 '이유'에 해당한다. 따라서 빈칸에는 분사구문이 들어가야 하므로 There being이 정답이다.

3 부사절이 분사구문으로 축약되는 전제조건은 주어가 같아야 한다는 것이다. 그런데 주절의 주어는 my key이고 분사구문의 주어는 I이다. 따라서 부사절 접속사와 주어가 생략되지 않고 그대로 남아 있는 when I arrived at home이 정답이다.

참고 **분사구문 주어와 주절 주어가 다를 때**

분사구문에서는 분사구문의 의미상 주어와 주절의 주어가 같은지 다른지를 주의 깊게 살펴야 한다. Part 3에서 출제 비율이 상당히 높기 때문에 고득점을 위해서는 반드시 이해해야 한다.

Being a competent manager, the board of directors hired Mr. Mills. ⊗

　– 분사 Being 앞에 주어가 따로 없기 때문에 분사구문의 주어가 곧 주절의 주어(the board of directors)인 셈인데, 이 문장대로라면 능력 있는 매니저가 the board directors라는 뜻이므로 말이 안 된다.

➡ Being a competent manager, Mr. Mills was hired by the board of directors. ◉

　– 분사구문 주어(Mr. Mills) = 주절의 주어(Mr. Mills)

밀스 씨는 능력 있는 매니저이므로 이사회에서 그를 채용하였다.

Weather permitting, we will have a picnic as planned. ◉

날씨만 허락한다면, 우리는 계획대로 피크닉을 할 것이다.

　– [분사구문 주어(weather) ≠ 주절의 주어(we)]이므로 각각의 주어를 밝혀주었다.

⏱ 실전적응훈련

난이도 ●●○○○

Part 1 가장 적절한 정답 고르기

A: _____ before in public,
I am very nervous.
B: Don't sweat it. I will keep my fingers
crossed for you.

(a) Not speaking
(b) Not having spoken
(c) Having not spoken
(d) Not to have spoken

해석 A: 전에 사람들 앞에서 말해본 적이 없어서, 너무
떨려.
B: 걱정하지 마. 행운을 빌어.

💡 풀이과정 맛보기
① 선택지가 모두 분사로 구성되어 있음을 확인한다.
② 분사구문의 시제는 과거(before), 주절의 시제는
현재이므로 to부정사를 먼저 소거한다.
③ 분사구문의 시제가 주절보다 앞서므로 분사구문은
완료시제(having p.p.)를 사용해야 한다.
④ 그리고 떨리는 것은 경험이 없기 때문이므로 부정
부사 not이 필요한데, 분사구문의 부정은 앞에
not을 위치시키므로, 이상을 모두 만족하는 (b)가
정답이다.

💡 매력적인 오답
(a)는 분사구문과 주절의 시제가 같을 때 사용된다.

어휘 **speak in public** 대중 앞에서 말하다
nervous 떨리는, 긴장된, 초초한 **sweat it**
걱정하다, 고민하다 **keep one's fingers
crossed** 행운을 빌다
정답 **(b)**

👁 기출맛보기

정답 및 해설 p.63

1. A: I am smoking more cigarettes these days. How should I give up the tobacco habit?
B: _____ to smoke, you must have strict self-discipline and a very strong will.

(a) Overcoming temptation
(b) Having overcome temptation
(c) To overcome temptation
(d) To have to overcome temptation

2. _____ no way to predict which candidate would be elected, we just watched
how the situation developed.

(a) It being
(b) Being
(c) There being
(d) There having

Part 1 가장 적절한 정답 고르기

1 A: I'd rather not tell Debra about the donuts in the staff room.

   B: _____ the way she eats, I'm not surprised.

   (a) Considering   (b) To consider
   (c) Considered   (d) Consider

2 A: How long can we keep this milk?

   B: _____ accordingly, it will still be good to drink within two months.

   (a) Preserves   (b) Preserved
   (c) Preserving   (d) To preserve

3 A: Why are you mad at Jenny?

   B: She left one of the windows open again, _____ a cold draft to come in.

   (a) allow   (b) to allow
   (c) allowing   (d) allowed

4 A: Did you look over my proposal this morning?

   B: Yes, I read it whileto the office.

   (a) walking   (b) walk
   (c) to walk   (d) being walked

5 A: Are you excited about going to Bali?

   B: No. _____ the island many times, I'm tired of it. 기출

   (a) Visited   (b) Visiting
   (c) Having visited (d) To have visited

6 A: What happened to your hand?

   B: I accidentally burned it _____ a pizza out of the oven. 기출

   (a) pull   (b) pulled
   (c) to pull   (d) pulling

7 A: Do you think this tent will hold together during the storm?

   B: Absolutely. When _____ properly, a decent tent can withstand really strong wind.

   (a) assembled   (b) assembling
   (c) to be assembled (d) having assembled

8 A: Doesn't Jamie seem a little quiet today?

   B: _____ , I don't really know her well enough to notice a change.

   (a) To have yesterday met only her
   (b) Having only met her yesterday
   (c) Yesterday having only met her
   (d) To meet her only yesterday

Part 2 가장 적절한 정답 고르기

9 _____ for over 50 years, Angus and Kathy could almost finish each other's sentences.

   (a) Getting married
   (b) Having gotten married
   (c) Having been married
   (d) Being married

10 _____ over half of its workforce, Raspail Manufacturing is struggling to meet its production targets.

   (a) Laid off   (b) Laying off
   (c) Being laid off (d) Having laid off

11 Many roads _____ blocked by the snowstorm, the mayor closed all public schools for the day. 기출

   (a) were   (b) being
   (c) had been   (d) have been

12 _____ in comparison to the output of leading technology firms, Futurax Inc.'s products are lacking in innovation.

(a) Viewed   (b) Viewing
(c) To be viewed   (d) Having viewed

13 With it _____ for several months, it came as no surprise to anyone when Solaris Software announced a new game.

(a) rumoring
(b) having rumored
(c) having been rumored
(d) to have been rumored

14 _____ the weight of her luggage after purchasing many items at reduced prices, Sheila decided to take a cab home instead of walking.

(a) Give   (b) Given
(c) Giving   (d) Having given

15 Customer survey data should be handled with the utmost care by IT staff _____ our new website.

(a) develop   (b) developing
(c) to develop   (d) developed

16 _____ the children's book to be fun and colorful, our teachers were disappointed by its black and white illustrations.

(a) Expected   (b) To expect
(c) Had expected (d) Having expected

Part 3 문법 오류 문장 고르기

17 (a) A: Colin Montague just received a promotion to assistant restaurant manager.
(b) B: So I heard. I'm surprised they chose him, to consider his history of absences.
(c) A: Good point. I think he's called in sick at least five times since the beginning of the year.
(d) B: Well, at the end of the day, I guess it helps to be good friends with the business owner.

18 (a) A: Growing up, my father spent a lot of time teaching me how to play chess.
(b) B: Oh, so did you eventually become pretty good at it?
(c) A: Yes, I even played in and won some national competitions.
(d) B: Wow! Maybe you can give me a lesson sometime. I'd love to learn how to play.

19 (a) China has experienced a period of rapid economic growth and social development since initiating market reforms in 1978. (b) Numerous other nations, envied China's growth, have attempted to follow in its footsteps. (c) While many other Asian countries boast thriving economies, none can rival China in terms of its role in the global economy. (d) Indeed, China has been noted as the greatest contributor to world growth since the global financial crisis of 2008.

20 (a) Drawing a human face, start by sketching a large circle and make a horizontal line below it for the chin. (b) Then add another horizontal line through the center of the face, and add the eyes on this line. (c) For the nose, position it in between the eyes, and a suitable distance below them. (d) Finally, add the mouth and ears to the face, as well as other features such as eyebrows and hair.

UNIT 08 to부정사 & 동명사

☑ to부정사는 <to + 동사원형>의 형태로 사용되며, 문장에서 명사, 형용사, 부사의 역할을 한다.

☑ to부정사는 동사의 성질을 물려받아서 뒤에 목적어나 수식어구가 올 수 있지만, 주동사를 대체할 수 없다.

☑ 동명사는 <동사원형 + -ing> 형태로서, 동사의 성질을 지녀서 뒤에 목적어나 수식어구를 달 수 있지만 주동사를 대체할 수는 없다.
또한 명사의 성질도 지녀서 주어, 목적어, 보어 역할을 할 수 있다.

☑ to부정사와 동명사 각각의 세부적 용법 및 공통적/차별적 성격을 구분하는 문제가 출제되며, 매회 to부정사는 평균 0~1문제, 동명사는 평균 0~1문제 출제된다.

핵심포인트 1 to부정사의 명사적 용법

1 주어

To hire new employees is a difficult task. = **It** is a difficult task **to hire new employees**.
새로운 직원들을 고용하는 것은 어려운 일이다.

2 목적어

He <u>wants</u> **to share** his ideas with the audience.
그는 자신의 생각을 청중들과 공유하고 싶어 한다.

> ⭐필수암기 to부정사를 목적어로 취하는 동사
>
> | | | | | |
> |---|---|---|---|---|
> | **hope** 바라다 | **want** 원하다 | **(would) like** ~하고 싶다 | **plan** 계획하다 | **intend** 의도하다 |
> | **agree** 동의하다 | **consent** 동의하다 | **manage** 그럭저럭 ~하다 | **decide** 결정하다 | **expect** 기대하다 |
> | **ask** 요청하다 | **refuse** 거절하다 | **promise** 약속하다 | **hesitate** 망설이다 | **fail** 실패하다 |
> | **swear** 맹세하다 | **strive** 애쓰다 | **wish** 원하다 | **arrange** 준비하다, 정하다 | **wait** 기다리다 |

3 보어

The organization's <u>goal</u> is **to provide** assistance for the homeless. – 주격보어로 사용
그 단체의 목표는 노숙자들에게 도움을 제공하는 것이다.

> ⭐필수암기 to부정사를 보어로 취하는 명사
>
> | | | | |
> |---|---|---|---|
> | **plan**(=program) 계획 | **wish** 소망 | **hope** 희망 | **object**(=objective, purpose, aim) 목적 |
> | **determination** 결의 | **decision** 결정 | **resolution** 결의, 결심 | |

4 목적격 보어

Sandy <u>persuaded</u> the committee **to approve** the plan.
샌디는 위원회가 그 계획을 승인하도록 설득했다.

> ⭐필수암기 to부정사를 목적격 보어로 취하는 동사
>
> | | | | | |
> |---|---|---|---|---|
> | **permit** 허락하다 | **tell** 지시하다 | **force** 강요하다 | **encourage** 권하다 | **persuade** 설득하다 |
> | **allow** 허락하다 | **warn** 경고하다 | **order** 명령하다 | **request** 요청하다 | **forbid** 금지하다 |
> | **expect** 기대하다 | **leave** 내버려두다 | **enable** 가능하게 하다 | | |

➡ 「동사 + 목적어 + to부정사」의 어순 문제로 잘 나온다.

핵심포인트 2 to부정사의 형용사적 용법

1 한정적 용법

to부정사가 명사를 수식하는 경우, 수식 받는 명사와 to부정사의 관계를 파악하는 것이 중요하다.

I have no <u>friend</u> **to trust**. 나는 믿을만한 친구가 없다.
　　　　　　trust의 목적어

I have no <u>pen</u> **to write with**. 나는 쓸 펜이 없다.
　　　　　　with의 목적어

2 서술적 용법(=be to 용법)

① 예정: be going to, be due to, be scheduled to, be planned to

We **are to meet** him this coming Sunday. 우리는 다가오는 이번 일요일에 그를 만날 예정이다.

② 의무: should, ought to, must, be supposed to

Children **are to obey** their parents. 어린이들은 부모님께 순종해야 한다.

③ 가능: 주로 수동태로 사용

No one **was to be seen** in the room. 방안에는 아무도 보이지 않았다.

④ 운명: be doomed to, be destined to

He **was** never **to return** again. 그는 다시는 돌아오지 못할 운명이었다.

⑤ 의도: intend to, wish to, want to

If you **are to succeed**, you must work hard. 성공하려면 열심히 일해야 한다.

핵심포인트 3 to부정사의 부사적 용법

1 목적　I've come here (in order) to have a talk with you. 나는 너와 이야기하려고 여기에 왔어.

2 결과

① only + to부정사

He worked hard <u>**only to fail**</u>. (=but failed) 그는 열심히 했지만 결국 실패했다.
　　　　　　　　역접의 결과 용법

② never + to부정사

He left home <u>**never to return**</u>. (=and he never returned) 그는 집을 떠나 돌아오지 않았다.
　　　　　　　　순접의 결과 용법

③ awake, live, grow up + to부정사

I <u>**awoke to find**</u> myself famous. 어느 날 깨어보니 내가 유명해진 걸 알았다.
　awake(=무의지 동사)

3 원인　I was **sorry to** hear the news. 그 소식을 듣고 안타까웠다.
　　　　　　감정형용사

4 이유/판단 근거　He must be a fool **to believe** such a thing. 그러한 것을 믿다니 그는 바보임에 틀림없다.

핵심포인트 4 to부정사의 의미상 주어

1 for + 의미상 주어

일반용례 「완전한 문장 + to부정사」 사이에 의미상 주어 표시

I stepped aside **for the lady** to pass. 나는 여자분이 지나가도록 비켜섰다.

I waited **for him** to appear. 나는 그가 나타나기를 기다렸다.

It is impossible **for him** to arrive on time. 그가 제시간에 도착하는 것은 불가능하다.

➡ 「for A to부정사」 구문에서 A와 to부정사의 동사는 주어-동사 관계

2 of + 의미상 주어

특수용례 「it + 형용사 + to부정사」 구문에서 형용사에 따라 의미상 주어 결정

It is <u>kind</u> **of you** to help me. 나를 도와 주시다니 당신은 친절하군요.

It was <u>careless</u> **of her** not to lock the door. 그녀가 문을 잠그지 않은 것은 부주의했다.

> ⭐ 필수암기 「of + 의미상 주어」를 쓰는 대표 성질 형용사
>
> **kind** 친절한   **nice** 친절한, 다정한   **clever** 영리한   **wise** 현명한   **brave** 용감한
>
> **careless** 부주의한   **considerate[thoughtful]** 사려깊은

핵심포인트 5 to부정사의 시제와 태

to부정사의 동작이나 행위 시점이 주동사와 다르거나, to부정사가 의미상 주어와 수동 관계일 때 to부정사의 시제와 태를 별도로 표시한다.

	단순시제	완료시제
조건	주동사의 시점과 to부정사의 시점이 같음	주동사의 시점보다 to부정사의 시점이 먼저임
능동	to do/to be -ing(진행)	to have p.p./to have been -ing(진행)
수동	to be p.p.	to have been p.p.

1 완료 to부정사

It was inconvenient for the passengers **to have waited** so long. – 불편한 느낌보다 기다린 상황이 먼저

승객들이 그렇게 오래 기다렸던 것은 불편한 일이었다.

> 참고 소망(wish, hope), 의도(intend), 기대(expect), 계획(plan), 약속(promise) 등을 나타내는 동사의 「과거형 + 완료부정사」는 「과거완료 + 단순부정사」와 같으며, 과거에 이루지 못한 사실을 나타낸다.

I <u>hoped</u> <u>to have married</u> her. = I <u>had hoped</u> <u>to marry</u> her. – 과거의 이루어지지 않은 희망
   과거   완료부정사   과거완료   단순부정사

나는 그녀와 결혼하기를 바랐다. (그러나 결혼하지 못했다.)

2 to부정사의 수동태

The suitcases need **to be unpacked** as soon as possible. – 주어 suitcases가 unpack의 목적어에 해당

여행가방들을 가능한 한 빨리 풀어야 한다.

핵심포인트 6 대부정사

to부정사로 쓰이는 동사의 반복을 피하기 위해 to만 쓰는 용법으로 다음 두 가지 형태가 있다.

1 to 다음에 일반동사가 올 경우 to만 사용

I will allow you to go there if you want **to**. – 일반동사 go의 to부정사이므로 go ~의 반복을 피하기 위해 생략
네가 원하면 난 네가 거기 가는 걸 허락할거야.

A: You can quit the job if you'd like **(to)**.
B: No, I don't want **to**.
A: 직장을 그만두고 싶으면 그만둬도 돼.
B: 아니, 그만두고 싶지 않아.

➡ want, like, try, agree 등의 경우 대부정사 to를 생략할 수 있지만 부정문에서는 to를 생략할 수 없다.

2 to 다음에 be동사가 올 경우 to be까지만 사용

I am not rich, nor do I want **to be**. – be동사의 to부정사이므로 be까지 남기고 보어 rich만 생략
나는 부자가 아니며, 그렇게 되기를 원하지도 않는다.

핵심포인트 7 동명사의 용법

1 주어

Getting this job <u>can be</u> your ticket to success.
이 직업을 얻는 것이 성공의 지름길이 될 수 있다.

2 목적어

She <u>dislikes</u> **commuting** to work on the bus.
그녀는 버스를 타고 통근하는 것을 싫어한다.

3 보어

Amy's hobby <u>is</u> **collecting** rare coins from various countries.
에이미의 취미는 여러 국가의 희귀한 동전을 수집하는 것이다.

4 전치사의 목적어

Mr. Wilson is interested <u>in</u> **improving** his public speaking skills.
윌슨 씨는 자신의 대중연설 기술을 향상시키는 데 관심이 있다.

⭐ 필수암기 동명사를 목적어로 취하는 동사

enjoy 즐기다	**appreciate** 감사하다	**dislike** 싫어하다	**mind** 꺼리다	**deny** 부정하다
resist 반대하다	**avoid** 피하다	**imagine** 상상하다	**consider** 고려하다	**suggest** 제안하다
admit 인정하다	**finish** 끝내다	**forbid** 금지하다	**postpone** 미루다	**discontinue** 중단하다
escape 모면하다	**include** 포함하다	**recommend** 추천하다	**allow/permit** 허락하다	**quit** 그만두다

핵심포인트 8 동명사의 의미상 주어

동명사의 의미상의 주어는 소유격을 사용하는 것이 원칙이지만, 구어체에서는 목적격을 사용하기도 한다.

1 소유격

He insisted on **my** going. = He insisted that I should go.
그는 내가 가야 한다고 주장했다.

2 목적격

We were worried about **his(=him)** traveling in the storm. - him을 쓸 경우 traveling은 분사에 해당
우리는 그가 폭풍우 중에 여행하는 것에 대해 걱정했다.

핵심포인트 9 동명사의 시제와 태

주동사의 시점보다 이전의 일임을 밝힐 때 동명사를 완료 형태로 표현할 수 있고, 또한 동명사의 의미상의 주어가 목적어에 해당되는 경우 동명사는 수동태가 된다.

	단순시제	완료시제
조건	주동사의 시점과 동명사의 시점이 같음	주동사의 시점보다 동명사의 시점이 먼저임
능동	doing	having p.p.
수동	being p.p.	having been p.p.

1 완료 동명사

The traveler was angry about **having missed** the train. - 화가 난 상황보다 기차를 놓친 게 먼저
그 여행객은 기차를 놓친 것에 대해 화가 났다.

2 동명사의 수동태

Mr. Cooper doesn't like **being disrupted** while working. - 주어 Mr. Cooper가 disrupt(~을 방해하다)의 목적어
쿠퍼 씨는 일하는 중에 방해받는 것을 좋아하지 않는다.

⚙ 기출유형정리

핵심 유형	출제 비율
유형 1 to부정사 & 동명사 구별	53%
유형 2 대부정사 & 동명사와 to부정사의 부정	30%
유형 3 전치사 to와 부정사 to의 구별	8%
유형 4 의미상 주어	5%
유형 5 부정사와 동명사의 시제 & 태	4%

유형 1 to부정사 & 동명사 구별   53%

주어 자리

1 (**Doubling** / ~~To double~~) Africa's health workforce would cost about $3 billion in the first year.

아프리카의 보건 인력을 2배로 증강시키는 일에, 첫 해에 약 30억 달러가 소요될 것이다.

2 It will be interesting (**to see** / ~~seeing~~) whether Microsoft can transplant some of its innovative technology into its cloud business.

마이크로소프트사가 혁신적 기술의 일부를 자사의 클라우드 사업에 이식할 수 있을지를 보는 것이 흥미로울 것이다.

목적어 자리

3 The director finished (~~to review~~ / **reviewing**) the financial report.

이사는 재무 보고서 검토를 끝냈다.

4 Christina has decided (**to go** / ~~going~~) to Chile for her vacation.

크리스티나는 휴가 때 칠레에 가기로 결정했다.

5 The mayor regrets (**making** / ~~to make~~) so many promises during the campaign because it is very difficult to fulfill all of them.

시장은 선거 기간에 너무 많은 공약을 한 것을 후회하고 있는데, 그것을 모두 이행하는 것이 너무 어렵기 때문이다.

보어 자리

6 The purpose of the housing maintenance office is (~~providing~~ / **to provide**) new home buyers with all the necessary information.

입주 관리사무소의 목적은 새 주택 구입자에게 필요한 모든 정보를 제공하는 것이다.

전치사의 목적어 자리

7 Our designers are happy to assist you in (~~to personalize~~ / **personalizing**) your website to reflect your company's unique style.

저희 디자이너들은 귀사의 독특한 스타일을 반영하기 위해 귀사의 웹사이트를 맞춤화하는 데 기꺼이 도움을 드릴 것입니다.

◐ 1 주어 자리에 to부정사와 동명사 둘 다 올 수 있으나, to부정사는 추상적(철학적)인 일을, 동명사는 현실적(일상적)인 일을 나타낸다. 또한 to부정사가 주어 자리에 오는 경우 주로 가주어 it을 사용한 문장으로 쓰인다. 보건 인력을 늘리는 것은 현실적인 일이므로 정답은 동명사 Doubling이다.

2 가주어 it이 사용될 경우에 to부정사를 진주어로 받으므로, 정답은 to see이다.

3 동사 finish는 동명사를 목적어로 취하는 동사이므로, 정답은 동명사 reviewing이다.

4 동사 decide는 to부정사를 목적어로 취하는 동사이므로, 정답은 to부정사인 to go이다.

5 regret는 to부정사와 동명사를 모두 목적어로 취할 수 있지만 의미 차이가 있다. to부정사는 앞으로 일어날 일이나 유감을 나타낼 때 사용하며(~하게 되어 유감이다), 동명사는 과거에 발생한 일에 대한 후회를 나타내는데, 여기서는 과거(during the campaign)에 발생한 일에 대한 후회를 나타내므로 동명사 making을 쓰는 것이 자연스럽다.

6 주어 자리에 목적(purpose, aim, goal, intention)이나 계획(plan)처럼 미래 지향적 명사가 올 경우, 미래 지향적인 to부정사를 보어로 취한다. 주어 자리에 purpose가 있으므로 보어 자리에 to부정사인 to provide가 알맞다.

7 to부정사와 동명사는 둘 다 명사의 기능을 수행할 수 있으나, 전치사의 목적어 자리에는 to부정사를 사용할 수 없다. 정답은 동명사인 personalizing이다.

유형 2 대부정사 & 동명사와 to부정사의 부정   **30%**

> **대부정사**
>
> **1** A: Would you give me a wake-up call at 7 tomorrow morning?
> B: I'd be happy (**to** / t̶o̶ d̶o̶), sir.
> A: 내일 아침 7시에 모닝콜 좀 해줄래요?
> B: 그렇게 해드리겠습니다, 손님.
>
> **2** A: The mayor seems to be very critical of the present school system.
> B: Well, he has sufficient reason (**to be** / t̶o̶) .
> A: 시장께서 현행 교육 시스템에 대해 매우 비판적이신 것 같아.
> B: 음, 그분은 그럴 이유가 충분해.
>
> **동명사와 to부정사의 부정**
>
> **3** Ben decided (t̶o̶ n̶o̶t̶ g̶o̶ / **not to go**) out with his friends.
> 벤은 친구들과 함께 외출하지 않기로 했다.
>
> **4** Kelly's (a̶n̶s̶w̶e̶r̶i̶n̶g̶ n̶o̶t̶ / **not answering**) his phone made Kenneth angry.
> 켈리가 전화를 받지 않은 것이 케네스를 화나게 했다.

◐ 1 상대의 말을 to부정사로 받을 때, to부정사의 동사가 일반동사라면 그 동사를 생략하고 to만 쓴다. give가 일반동사이므로 to가 정답이다.

2 상대의 말을 to부정사로 받을 때, to부정사의 동사가 be동사라면 to be만 써야 한다. 받을 내용이 to be critical이므로 정답은 to be이다.

3 to부정사의 부정은 부정어 not을 부정사 앞에 써야 하므로 정답은 not to go이다.

4 동명사의 부정은 부정어 not을 동명사 앞에 써야 하므로 정답은 not answering이다.

유형 3 전치사 to와 부정사 to의 구별　　　　　　　　　　8%

> **전치사 to**
>
> **1** He went to Japan with a view to (~~buy~~ / **buying**) a franchise business.
> 그는 프랜차이즈 업체를 매입할 목적으로 일본에 갔다.
>
> **to부정사의 to**
>
> **2** The custodian was unable to (**repair** / ~~repairing~~) the leak by himself, so he had to call a professional plumber.
> 관리인은 혼자 힘으로 물이 새는 것을 고칠 수 없어서 전문 배관기사를 불러야 했다.

◑ 1 with a view to는 '~할 목적으로'라는 의미의 숙어로, 여기서 to는 전치사이므로 뒤에 동명사가 와야 한다. 정답은 buying이다.
　2 be unable to는 '~을 할 수 없다'라는 의미로 able은 to부정사를 동반하는 형용사이다. 따라서 동사원형이 와야 하므로 정답은 repair이다.

유형 4 의미상 주어　　　　　　　　　　5%

> **1** The new light rail being constructed north of the city will make it easier for people (**to commute** / ~~commuting~~) from the suburban neighborhoods.
> 시 북부에 건설 중인 새 경전철은 사람들이 교외 지역에서 통근하기가 더 쉽게 만들 것이다.
>
> **2** The HR department is planning to hold a training session (**for** / ~~of~~) the staff to improve their skills.
> 인사부는 직원들이 자신의 능력을 높일 수 있도록 연수 과정을 개최하려고 계획 중이다.
>
> **3** It was selfish (**of** / ~~for~~) him not to invite Sandra to his birthday party.
> 그가 자신의 생일 파티에 샌드라를 초대하지 않은 것은 이기적인 일이었다.
>
> **4** (~~For her~~ / **Her**) answering the phone during the meeting was very distracting.
> 그녀가 회의 중에 전화를 받은 것은 매우 분위기를 깨는 행동이었다.

◑ 1 전치사구 for people은 to부정사의 의미상 주어를 나타낸다. 이 전치사구를 보고 빈칸에 to부정사가 필요함을 알 수 있으므로 정답은 to commute이다.
　2 to improve는 완전한 문장 뒤에 목적을 나타내는 부사구로 사용된 to부정사이다. 의미상 주어 앞에 전치사 for가 와야 하므로 정답은 for이다.
　3 「it + 형용사 + to부정사」절에서 형용사가 사람의 성격(성품) 또는 특성을 나타낼 경우, to부정사의 의미상 주어는 전치사 of로 나타낸다. selfish가 사람의 성격을 나타내므로 정답은 of이다.
　4 문장의 주어 자리에 동명사 answering이 있으므로 동명사의 의미상 주어가 그 앞에 필요하다는 것을 알 수 있다. 동명사의 의미상 주어는 소유격을 사용하므로 정답은 Her이다.

유형 5 부정사와 동명사의 시제 & 태   4%

부정사

1 The salesman said he was very glad (~~to receive~~ / **to have received**) a large order the day before.

영업사원은 그 전날에 대량 주문을 받아서 매우 기뻤다고 말했다.

2 I hoped to (~~finish~~ / **have finished**) the book by last night, but I couldn't.

어젯밤까지 그 책을 다 읽고 싶었는데, 그러지 못했다.

동명사

3 Jordan is upset at not (~~telling~~ / **having been told**) about the change at yesterday's meeting.

조던은 어제 회의에서 그 변경사항에 대해 듣지 못했다는 것에 화가 나 있다.

4 Isaac apologized today about (~~being left~~ / **having left**) in the middle of last week's meeting to answer a phone call.

아이작은 지난주 회의 도중에 전화를 받기 위해 자리를 뜬 것에 대해 오늘 사과했다.

◐ 1 the day before를 단서로 영업사원이 기뻤던 시점(was very glad)보다 그가 주문을 받은 것이 더 이전 시점인 것을 알 수 있다. 주동사보다 이전의 상황을 나타낼 경우 완료부정사(to have p.p.)를 사용하므로 정답은 to have received이다.

2 소망, 의도, 기대, 계획 등의 동사(wish, hope, intend, expect, plan, promise) 과거형과 완료부정사가 결합하면, 과거에 이루지 못한 사실을 나타낸다. but I couldn't를 통해서 원하던 바를 이루지 못했음을 알 수 있으므로 정답은 have finished이다.

3 화가 난 시점은 현재(is upset)이지만, 변경사항에 대해 듣지 못한 시점은 과거인 어제 회의 시간이므로 완료동명사(having p.p.)인 having been told가 정답이다.

4 회의장을 나간 시점(last week)이 사과한 시점(today)보다 이전이므로 완료동명사 having left가 정답이다.

🕐 실전적응훈련

🔭 기출맛보기

정답 및 해설 p.67

1. A: How was your family trip to Las Vegas?
B: Exhausting. We kept stopping _____ at every attraction along the way.

(a) look
(b) looking
(c) to look
(d) to be looking

2. A: Thanks for being so supportive to my family over the years.
B: It's nice to hear that _____ helping out is appreciated.

(a) I
(b) my
(c) myself
(d) mine

Part 1 가장 적절한 정답 고르기

1 A: Did Gareth happen _____ the
package at the reception desk?
B: I think he's opening it now.

(a) to see   (b) seeing
(c) to be seeing   (d) having seen

2 A: I don't know what more I can do about
Terry's attitude.
B: I think _____ him is the only
option left. 기출

(a) fire   (b) firing
(c) to fire   (d) having fired

3 A: Are you planning to come to the cinema
with us?
B: No, I'm too exhausted from the gym

_____.

(a) going   (b) to go
(c) gone   (d) goes

4 A: Are you interested in going to the
Mercury Band concert?
B: I'd rather not. I've never found _____
live bands very interesting.

(a) watch   (b) having watched
(c) watching   (d) to have watched

5 A: Why does it cost so much to buy
homemade maple syrup?
B: Because it is difficult and time-consuming
for the producers _____ sap from
the maple trees.

(a) extract   (b) to extract
(c) extracting   (d) extracted

6 A: Did you find out why your car was out of
gas?
B: Yeah. My son admitted to _____ it
without telling me. 기출

(a) use   (b) be using
(c) having used   (d) have been using

7 A: Can we change the resort reservation
ourselves, or do we need Mr. Tennant?
B: We won't be able to change it without

_____.

(a) being consulted him first
(b) first being consulted him
(c) him being consulted first
(d) first him being consulted

8 A: I heard Alex has two new housemates.
Are they getting on well?
B: I'm sure they are. He's used to _____
with other people.

(a) live   (b) living
(c) being lived   (d) be lived

Part 2 가장 적절한 정답 고르기

9 Derek decided to attend his ex-wife's
wedding, even though his psychotherapist
_____.

(a) urged not   (b) urged to not
(c) urged him not   (d) urged him not to

10 If you use a wheelchair and would like an
employee _____ you, please call the
stadium in advance.

(a) assisted   (b) to assist
(c) has assisted   (d) to be assisting

11 Kevin offered _____ Mina study English in return for her taking care of his dogs.

(a) help
(b) to help
(c) helping
(d) to have helped

12 Mike has wanted _____ in the military ever since he was a boy.

(a) serving
(b) to serve
(c) having served
(d) to have served

13 Many employees opposed the company's decision _____ a performance-based salary system. 기출

(a) adopted
(b) to adopt
(c) adopting
(d) having adopted

14 Since her vegetarian friend decided to join them for dinner, Betty wanted her boyfriend _____ his choice of restaurant.

(a) to change
(b) changed
(c) changes
(d) change

15 Upon arriving at the hotel, Cheryl realized that she had packed more clothes than she actually _____.

(a) needs
(b) needed to
(c) has needed to
(d) had needed

16 Public hygiene officials shut down the restaurant after _____ a detailed inspection of the kitchen.

(a) complete
(b) to complete
(c) completing
(d) completed

Part 3 문법 오류 문장 고르기

17 (a) A: Hi, Mike. I heard you sold your house and bought an apartment downtown.
(b) B: I sure did! It's a bit smaller than my previous place, but the location is so convenient for my work.
(c) A: I can imagine. And I bet you are getting used to live in an apartment building.
(d) B: Yes. All of my neighbors are very kind and they've helped me to settle in.

18 (a) A: You've reached the customer service department at Ace Telecom. How may I assist you today?
(b) B: Hi, I need to send some important files by e-mail, but my Internet connection just died. Can you send a repair worker?
(c) A: Of course. Please allow roughly one hour our getting there. A technician will call you when he's on his way.
(d) B: Thank you so much. These files should be sent within the next two hours, so I guess I'll have enough time.

19 (a) Before Joseph Lister transformed surgical practice in the 1800s, many patients would die while in hospital. (b) Most of these would succumb to post-surgery infections, which were referred to as "ward fever". (c) Lister experimented with various techniques for increasing cleanliness and reducing the rate of infection. (d) He introduced the concept of the aseptic method as well as to sterilize equipment prior to surgical procedures.

20 (a) If you've ever experienced an upset stomach and burning sensation after a meal, then you've had indigestion. (b) Symptoms of indigestion differ among sufferers, but typically include stomach discomfort, excess gas, and nausea. (c) Health professionals point out that, in most cases, the exact cause of indigestion to be unclear. (d) However, you can lower your chances of experiencing indigestion by avoiding alcohol, tobacco, caffeine, and spicy food.

Section 3.
품사

품사 출제 경향

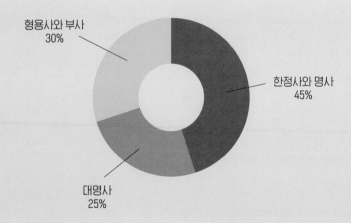

09 한정사와 명사

☑ 명사 앞에 놓여 명사의 의미를 더욱 분명하게 꾸며주는 관사, 형용사, 소유격 등을 한정사라고 한다.
☑ 명사의 가산/불가산 여부, 상황별 의미 차이, 그리고 한정사와의 정확한 결합 여부 문제로 출제된다.
☑ 한정사의 종류와 다양한 용법을 명사의 수와 연계하여 학습해야 한다.
☑ 관사와 함께 여러 한정사들을 복합적으로 출제하기 때문에 출제 범위가 넓으며, 매회 평균 2문제 정도 출제된다.

핵심포인트 1 명사의 종류

1 가산명사: 낱개로 셀 수 있는 명사로 부정관사를 동반하며 복수형이 가능

보통명사: 사람과 사물에 붙여지는 이름으로 단수와 복수의 형태가 다르다.
  예 단수 형태: boy, book / 복수 형태: boys, books

★필수암기 기출 가산명사

nuisance 골칫거리	counselor 상담사	audience 청중	offer 제안	kind 종류
frying pan 프라이팬	occasion (특별한) 일	souvenir 기념품	try 시도	diet 식사, 식습관
sandwich 샌드위치	hassle 싸움, 말다툼, 혼란	article 기사(글)	maze 미로	effort 노력
capacity 수용능력	neighborhood 인근 지역	influence 영향(력)	mistake 실수	discount 할인

2 불가산명사: 낱개로 셀 수 없는 명사로 부정관사를 동반할 수 없으며 복수형이 불가능

① **추상명사**: 구체적 형태가 없는 개념 명사를 말한다. 예 advice, information, news

② **고유명사**: 세상에서 하나뿐인 것에 붙여진 이름을 말하며, 첫 글자는 항상 대문자이다. 예 John, Seoul, Mt. Everest

③ **물질명사**: 형태가 일정하지 않은 물질에 붙여진 이름으로 재료, 기체, 액체, 고체 등을 말한다. 예 water, air, money

④ **집합명사**: 여러 개체가 모여 이룬 집합을 나타내는 명사로 가산명사와 불가산명사가 둘 다 존재한다. 가산명사의 경우 의미에 따라 단수와 복수 모두 가능하다. 예 가산명사: team, group / 불가산명사: equipment, furniture

★필수암기 기출 불가산명사

spaghetti 스파게티	weather 날씨	honey 꿀	encouragement 격려	participation 참여	work 일
merchandise 상품	spam 스팸 메일	survival 생존	furniture 가구	access 접근	

3 불가산명사의 가산명사화

셀 수 없는 명사 앞에 한정사(주로 형용사)가 오면, 하나의 사례 또는 행위로 구체화되면서 셀 수 있는 것으로 간주되어 앞에 부정관사가 오거나 끝에 −s가 붙어 복수 형태가 될 수 있다.

Please put **pressure** on the cut and maintain it until the bleeding stops.
　　　　　압박−불가산명사
베인 자리에 압박을 가하고 출혈이 멈출 때까지 압박을 유지하십시오.

These days economic **pressures** are forcing people to work longer hours.
　　　　　　　　어려움−가산명사
요즘 경제적 어려움이 사람들을 더 오랜 시간 일하게 만든다.

참고	다음 명사들은 가산/불가산의 성격을 모두 지니며, 단/복수에 따라 의미가 달라진다.	
	가산명사 의미	불가산명사 의미
engagement	약속	개입, 연루
time	기간	시간
gossip	소문, 수다	험담
pressure	어려움, 스트레스	압박
game	경기, 시합	사냥감
complication	문제(단수), 합병증(복수)	복잡한 상태

핵심포인트 2 단위명사의 수 표현

▮ 구체적인 숫자와 함께 쓰일 때: −s를 붙여 복수형으로 표기하지 않는다.

We have lost five **hundred** customers this month.
이달에 5백 명의 고객이 줄어들었다.

Two **thousand** dollars is enough to tour the whole city.
도시 전체를 여행하는 데 2천 달러면 충분하다.

▮ 막연히 많은 수를 나타낼 때: −s를 붙여 복수형으로 표기한다.

He donated **hundreds of** books to a charity.
그는 자선 단체에 수백 권의 책을 기증했다.

Thousands of people have visited the gallery.
수천 명의 관람객들이 그 미술관을 방문했다.

핵심포인트 3 한정사의 종류

▮ 부정관사의 용법

부정관사는 가산 단수명사 앞에만 사용하는 것이 원칙이며, 기본적으로 '하나'라는 의미를 가지고 있다.

① 기본적 의미

| 하나(=one) | He could see **a girl, an old man**, and two cats in the painting.
그는 그림에서 소녀 한 명, 노인 한 명, 그리고 고양이 두 마리를 볼 수 있었다.

② 다른 의미

| ~마다, ~당(=per) | Membership costs twenty dollars **a year**. 회비가 일년에 20달러 든다.
Mr. Hamilton works 8 hours **a day** at his office. 해밀턴 씨는 사무실에서 하루에 8시간 일한다.

| 어떤(=certain) | There is **a Mr. Scott** on the phone. 스캇 씨라는 어떤 분에게서 전화가 와있습니다.

| 똑같은(=the same) | We are **of an age**. 우리는 동갑이다.
Birds **of a feather** flock together. 깃털이 같은 새는 함께 모인다. (유유상종)

❷ 정관사 the의 기본 용법

정관사는 사물의 고유성에 초점을 두는 한정사이다. 부정관사와는 달리 수를 한정하지 않으므로 가산/불가산 명사 모두에 정관사를 붙일 수 있다.

① 앞에 언급된 명사가 다시 언급될 경우

I ordered <u>a pizza</u> and <u>a salad</u>. **The pizza** was nice, but **the salad** was below average.

난 피자와 샐러드를 주문했다. 피자는 괜찮았는데, 샐러드는 평균 이하였다.

② 명사의 의미를 제한하는 한정적 수식어구(전치사구, 관계절)가 붙을 경우

Serena smiled when she saw **the birthday card** <u>from Chuck</u>.

세레나는 척이 보낸 생일카드를 보고 미소를 지었다.

That's **the school** <u>that I went to</u>.

저기가 내가 다녔던 학교야.

③ the + 형용사 = 복수보통명사

The government is planning to create jobs for **the unemployed**.
=the unemployed people

정부는 실업자들을 위한 일자리 창출을 계획하고 있다.

④ 연대를 나타내는 경우

In **the 1980s**, shoes and wigs accounted for more than half of the export earnings.

1980년대에는 신발과 가발이 수출의 50% 이상을 차지했다.

❸ 정관사 the의 특수 용법

① by the + 시간, 계량 단위

Most salaries are paid **by the month** while some are paid **by the week**.
월 단위로   주 단위로

일부 급여는 주 단위로 지급되지만, 대부분의 급여는 월 단위로 지급된다.

Flour is sold **by the pound**. 밀가루는 파운드 단위로 판매된다.
파운드 단위로

The rates change **by the season**. 가격은 계절에 따라 변한다.
계절에 따라

➡ 보통 '~당, ~ 단위로, ~에 따라' 라고 해석된다.

② 동사 + (목적어) + 전치사 + the + 신체 부위

He caught me **by the hand**. 그는 내 손을 잡았다.
목적어 me의 특정 신체 부위

She patted me **on the shoulder**. 그녀는 내 어깨를 다독거렸다.
목적어 me의 특정 신체 부위

He looked her **in the face**. 그는 그녀의 얼굴을 바라보았다.
목적어 her의 특정 신체 부위

He was shot **through the leg**. 그는 다리에 관통상을 입었다.
주어 He의 특정 신체 부위

➡ 부위에 따라 전치사가 달라진다.

⚙️ 기출유형정리

핵심 유형	출제 비율
유형 1 가산명사의 특징 파악하기	35%
유형 2 한정사의 특별 용법 파악하기	28%
유형 3 불가산명사의 특징 파악하기	24%
유형 4 가산명사/불가산명사 모두 가능한 명사 특징 파악하기	13%

유형 1 가산명사의 특징 파악하기   **35%**

1 A: Are you sure that you can finish your report today?

B: If you give me (~~chance~~ / **a chance**), yes.

A: 정말로 오늘 보고서를 끝낼 수 있나요?

B: 기회를 주신다면, 가능합니다.

2 A: What have you been up to lately, Amy?

B: Actually, I started running (~~business~~ / **a business**) a year ago.

A: 에이미, 요즘 뭐하고 지내요?

B: 실은, 일년 전에 사업체를 하나 운영하기 시작했어요.

3 Jason had to leave abruptly to have (~~meeting~~ / **a meeting**) with his clients at 5 o'clock.

제이슨은 5시에 고객과 회의를 하기 위해 부랴부랴 떠나야 했다.

4 The panel of judges usually (~~consist~~ / **consists**) of 15 renowned experts from around the world.

심사위원단은 보통 세계 곳곳에서 온 15인의 저명한 전문가들로 구성된다.

⊙ 1 chance가 '기회'를 뜻하는 가산명사이므로 앞에 부정관사 a가 오거나 끝에 −s가 붙은 복수형태로 사용되어야 한다. 따라서, 부정관사가 포함된 a chance가 정답이다. 참고로, chance가 불가산명사로 쓰이면 '우연, 운'이라는 의미이다.

2 '사업체'를 뜻하는 business는 가산명사이므로 앞에 부정관사 a가 붙어야 한다. 그러므로 정답은 a business이다.

3 meeting은 가산명사이므로 앞에 부정관사 a를 동반해야 한다. 따라서 a meeting이 정답이다.

4 주어 The panel of judges에서 실제 주어는 가산명사의 복수형인 judges가 아니라 가산명사 단수형인 The panel이다. 그러므로 주어와 수를 맞춘 단수 동사인 consists가 정답이다.

1 A: How was Mongolia?

B: Great! Here, I brought you back (**a souvenir** / ~~the souvenir~~).

A: 몽골은 어땠어?

B: 훌륭했어! 자, 선물 하나 가져왔어.

2 A: Aren't you coming to the cafeteria with us?

B: No, I brought (**some spaghetti** / ~~any spaghetti~~) from home.

A: 우리와 같이 구내식당에 가지 않을래?

B: 아니, 난 집에서 스파게티를 좀 가져왔어.

3 (**Any** / ~~Every~~) cameras remaining after the liquidation sale will be donated to a local charity.

점포정리 세일 후 남은 카메라들은 모두 한 지역 자선 단체에 기부될 것이다.

4 A small business often limits its operations to (**a single** / ~~all single~~) region.

소기업은 보통 자사의 사업을 단 하나의 지역으로 국한한다.

5 There's a controversy about whether (**the terminally ill** / ~~terminally ills~~) have the right to take their own lives.

불치병 환자들이 스스로 목숨을 끊을 권리가 있는지에 대한 논란이 있다.

6 (**The milk** / ~~Milk~~) in the bottle seems to have gone sour.

그 병에 들어있는 우유는 상한 것 같다.

7 A: Excuse me. Do you have (~~time~~ / **the time**)?

B: It's two thirty.

A: 실례합니다. 지금 몇 시인가요?

B: 2시 반입니다.

---

1 souvenir는 '기념품'이란 의미의 가산명사이다. 어떤 기념품인지 앞에서 밝혀진 바 없으므로, 명확히 정해진 것에만 사용할 수 있는 정관사 the가 붙을 수 없다. 정답은 a souvenir이다.

2 음식인 spaghetti는 불가산명사이다. any는 주로 의문문과 부정문에서 사용하며, 평서문에서는 '~은 모두, 어떤 ~라도'라는 의미로 사용된다. B의 문장은 평서문이며, 의미상 '약간'이라는 양을 나타내므로 some spaghetti가 정답이다.

3 Every 뒤엔 항상 가산 단수명사가 와야 한다. 그런데 빈칸 뒤에 복수명사인 cameras가 왔으므로 every는 정답이 될 수 없다. any는 주로 의문문과 부정문에서 사용하며, 평서문에서는 '~은 모두, 어떤 ~라도'라는 의미로 사용되고, 명사의 단/복수 형태를 모두 수식할 수 있다. 이 조건을 모두 충족하므로 정답은 Any이다.

4 region은 '지역'이라는 이미의 가산명사이다. 따라서 단수일 경우 앞에 부정관사가 와야 한다. all은 가산명사 복수형을 수식하므로 all single은 오답이다. 참고로, single은 '단 하나의'라는 의미의 형용사로 뒤에 단수명사와 복수명사가 모두 올 수 있다.

5 ill은 '아픈'이란 의미의 형용사인데 「정관사 + 형용사 = 복수보통명사」로 사용된다. 즉, the terminally ill = terminally ill people과 같다. 정답은 the terminally ill이다.

6 milk는 불가산명사이다. 불가산명사도 전치사구나 여러 어구들에 의해 한정되면 정관사를 붙여야 한다. 정답은 The milk이다.

7 time은 '시간', '기간', '구체적인 시각' 등 여러 가지 의미를 가지고 있다. 그 중에서도 시각을 물을 때는 the time으로 표현한다. 참고로 Do you have time?은 '시간 있니?'라는 표현이어서 구체적인 시각으로 답변하기가 어색하다.

유형 3 불가산 명사의 특징 파악하기 24%

1 A: Our living room looks empty.
B: You're right. We need more (**furniture** / ~~furnitures~~).
A: 우리 거실이 비어 보여요.
B: 맞아요. 가구가 좀 더 필요해요.

2 Firefighters broke the door to gain (~~an access~~ / **access**) to the burning building.
소방관들은 불타고 있는 건물에 들어가기 위해 문을 부쉈다.

3 We cannot install such (~~an expensive~~ / **expensive**) equipment.
우리는 그렇게 고가의 장비를 설치할 수가 없다.

4 Addictive drugs with (**an estimated** / ~~some estimated~~) street value of £40,000 are smuggled in every year.
시가 4만 파운드로 추산되는 마약이 매년 밀반입되고 있다.

◯ 1 furniture는 '가구'라는 의미의 셀 수 없는 집합명사로, 부정관사가 앞에 오거나 복수 형태로 사용되지 않는다. 그러므로 정답은 furniture이다. 참고로, 이런 집합명사를 셀 때는 앞에 부정관사나 수사가 사용되는 것이 아니라 a piece of(~ 한 개) 등의 특수 수량 형용사를 사용한다.

2 access는 '접근'이란 의미로 불가산명사이다. 불가산명사는 부정관사와 결합할 수 없으므로 정답은 access이다.

3 equipment는 '장비'란 의미로 셀 수 없는 집합명사이다. 부정관사와 결합하지 않으므로 형용사 앞에 부정관사가 올 수 없다. 따라서 expensive가 정답이다.

4 value는 '가치'라는 뜻의 셀 수 없는 추상명사이지만, 뒤에 'of + 가격'의 수식어구가 붙어서 구체화되면 일반명사처럼 앞에 부정관사가 붙는다. 또한 추상명사 앞에 형용사 estimated가 와서 구체화되었다고 볼 수도 있다. 참고로, 이런 유형은 an estimated value of를 '~에 달하는 추산 가치'라는 숙어로 기억하는 것이 쉽고 빠른 방법이다.

유형 4 가산명사/불가산명사 모두 가능한 명사 특징 파악하기   13%

> **1** A: Why weren't you at the weekly team meeting last night?
> B: I had (~~prior engagement~~ / **a prior engagement**).
> A: 어젯밤 팀 주간 회의에 왜 오지 않았어요?
> B: 선약이 있었어요.
>
> **2** A: Are there any seats available on the bus?
> B: Sure. We've got (**room** / ~~the rooms~~) for two more passengers.
> A: 버스에 자리가 있나요?
> B: 물론이죠. 두 명 더 앉을 수 있는 공간이 있어요.
>
> **3** (**Time** / ~~A time~~) seemed to stand still as the buzzer sounded to end the test.
> 시험 종료를 알리는 버저 소리가 들리자, 시간이 멈추는 듯했다.
>
> **4** A: We don't anticipate (~~the complication~~ / **complications**) following your surgery.
> B: Thanks. That gives me some peace of mind.
> A: 수술 후 합병증은 없을 것으로 예상됩니다.
> B: 감사합니다. 그 말씀을 들으니 안심이 되네요.
>
> **5** Cezanne really had (**a strong influence** / ~~some strong influence~~) on Picasso, as well as many other artists.
> 세잔은 많은 다른 화가들이 그랬듯이, 피카소에게 정말로 강력한 영향을 주었다.
>
> **6** My grandfather has many excellent qualities, including (**a great sense** / ~~great sense~~) of humor.
> 우리 할아버지는 대단한 유머 감각을 포함해 많은 훌륭한 자질들을 지니고 계신다.

○ **1** engagement가 '약속'의 의미이면 가산명사이다. 가산명사는 반드시 수의 표현을 동반해야 하므로 앞에 '하나'를 뜻하는 부정관사를 동반한 a prior engagement가 정답이다. 참고로, engagement가 불가산명사이면 '연루, 개입'이라는 의미를 나타낸다.

2 room은 '방'이란 의미일 때 가산명사이고, '공간, 여지'란 의미일 때는 불가산명사이다. 여기서는 버스 안의 공간을 말하고 있으므로 불가산명사가 되어 복수형으로 사용될 수 없다. 그러므로 정답은 room이다.

3 time이 '시간, 세월'이라는 의미로 사용되면 불가산명사이고, '특정 기간, 시기'라는 의미로 사용되면 가산명사이다. 여기서는 '시간의 흐름이 멈춘 듯했다'라고 해석되므로 time이 불가산명사로 사용되었음을 알 수 있다. 그러므로 앞에 부정관사가 사용되지 않은 Time이 정답이다.

4 complication은 여기서 '합병증'이라는 의학 용어로 사용되었는데, 이 경우 가산명사이며 일반적으로 복수 형태로 표시한다. 그러므로 정답은 complications이다. 특정 complication을 지칭하는 것이 아니므로 정관사 the를 사용할 수 없다.

5 influence는 '영향(력)'이란 의미의 불가산명사이지만, 한정사(형용사)의 수식을 받게 되면 가산명사로 성격이 바뀌어 앞에 부정관사가 필요하다. some은 '약간의'라는 의미의 한정사로서, 복수가산명사를 수식한다. 그러므로 정답은 a strong influence이다.

6 sense가 오감 중의 하나인 '감각', 혹은 이해하거나 판단할 줄 아는 '감각'의 의미일 때는 가산명사로 사용되고, '지각, 이치'의 의미일 때는 불가산명사로 사용된다. 위 예문에선 humor라는 특정 감각을 가리키는 가산명사로 사용된 것이므로 앞에 부장관사를 동반한 a great sense가 정답이다.

실전적응훈련

난이도 ●●●○○

Part 3 문법 오류 문장 고르기

(a) A: Mike! When is the deadline for finishing the project?

(b) B: We've only got couple of weeks.

(c) A: Really? We have very little time left.

(d) B: Yeah, we have to get the job done as soon as possible.

해석 (a) A: 마이크! 프로젝트 완료 마감시한이 언제죠?
(b) B: 몇 주 안 남았어요.
(c) A: 정말요? 시간이 얼마 안 남았네요.
(d) B: 그래요. 가능한 한 빨리 일을 끝내야 해요.

풀이과정 맛보기
① Part 3에서는 주로 동사의 시제와 명사의 수 일치에 유의하며 대화를 읽는다.
② (b)에서 couple은 '몇 개의, 두어 개의'라는 복수의 의미지만, 형태는 단수 가산명사이다.
③ 단수 가산명사 앞에는 부정관사가 있어야 하므로 정답은 (c)이다.

어휘 deadline 마감일 have only got 겨우 ~뿐이다 a couple of 두어 개의 have little time left 남은 시간이 거의 없다 get the job done 일을 끝내다 as soon as possible 가능한 한

정답 (b) couple of → a couple of

기출맛보기

정답 및 해설 p.71

1. As a rule, independent contractors are hired and paid by _____.

(a) the day
(b) a day
(c) days
(d) some day

2. At this time of year, many hunters gather in this area to hunt deer and other _____.

(a) wild game
(b) a wild game
(c) the wild games
(d) any wild games

Part 1 가장 적절한 정답 고르기

1 A: Are you planning to go to the training workshop?
B: Of course! It's always such _____ event.
(a) beneficial
(b) a beneficial
(c) the beneficial
(d) every beneficial

2 A: If I use a hundred euro bill, will you have _____?
B: I'll have to get it from the safe in the back, but we should have enough.
(a) enough change
(b) an enough change
(c) the enough change
(d) enough changes

3 A: Jesse, do you want to join us for a bite to eat?
B: I'd love to, but I've got _____ that's due in an hour.
(a) work
(b) works
(c) a work
(d) the works

4 A: Let's go to the craft fair together this weekend.
B: I'm afraid I made _____ already.
(a) plan
(b) other plans
(c) another plans
(d) any other plan

5 A: How is your little brother behaving these days?
B: He is still _____ and never does what he is told.
(a) nuisance
(b) a nuisance
(c) the nuisance
(d) all nuisance

6 A: How many people can be seated in your private dining room?
B: That room has _____ of 45 diners.
(a) capacity
(b) a capacity
(c) all capacity
(d) each capacity

7 A: Do we have any mineral water left?
B: Yes, feel free to take _____ bottle.
(a) last
(b) the last
(c) any last
(d) some last

8 A: Does this bus go directly to Thorpe National Park?
B: No, you'll need to change _____ at Fernlee Terminal.
(a) bus
(b) buses
(c) the bus
(d) the buses

Part 2 가장 적절한 정답 고르기

9 Tom's part-time job over the summer did not make _____ difference to his savings.
(a) much of
(b) much the
(c) much of a
(d) much of the

10 Out of _____ shortlisted foods, Indonesian fried rice was voted the tastiest food in the world.
(a) few hundred of
(b) one hundred
(c) any hundred
(d) hundred of

11 Young people often look to their older siblings for _____ when it comes to problems in their personal lives. 기출
(a) guidance
(b) guidances
(c) a guidance
(d) many guidances

12 _____ three months, the library runs a creative writing workshop for children.

    (a) Another   (b) Other

    (c) Every   (d) Each

13 Children who do not receive recommended vaccinations are likely to experience _____.

    (a) long-term complication

    (b) long-term complications

    (c) the long-term complication

    (d) the long-term complications

14 Because of concerns about _____ product's possible side effects, consumer groups are asking for an FDA investigation of it. 기출

    (a) all   (b) the

    (c) few   (d) any

15 The majority of the committee members voted against _____ to forbid them from accepting gifts. 기출

    (a) motion   (b) motions

    (c) a motion   (d) every motions

16 Since row 25 has very limited leg room, hardly _____ passengers enjoy sitting there.

    (a) a little   (b) some

    (c) few   (d) any

Part 3 문법 오류 문장 고르기

17 (a) A: How is your brother doing after his car accident? Is he still having some difficulties?

    (b) B: I'm afraid so. He's still using crutches to get around, and it's starting to get him down.

    (c) A: Oh, I'm really sorry to hear that. Is there nothing that the doctors can do for him?

    (d) B: Well, they recommended some special exercises, so my brother is going to start seeing physiotherapist next Monday.

18 (a) A: Wow! I've never seen you wear such an elegant dress. What's an occasion?

    (b) B: I'm attending a fundraising banquet at The Savoy Hotel this evening.

    (c) A: Oh, is that the event to raise money for the orphanage's roof repairs? I hope it's a success!

    (d) B: That's right. We're aiming to raise at least $50,000 through donations and ticket proceeds.

19 (a) These days, business owners take the matter of employee harassment extremely seriously. (b) Most companies have implemented strict measures for dealing with workers who are accused of an inappropriate conduct in the workplace. (c) Punishments for harassing a coworker can include pay cuts, forfeiting of vacation days, or even dismissal. (d) In severe cases of harassment, business owners are also obligated to notify the relevant local authorities.

20 (a) While Paris attracts over 15 million tourists per year, very few of them are aware of one of the city's biggest and most intriguing secrets. (b) Beneath their feet, and housing the remains of more than six million people, are the ancient catacombs of Paris. (c) This underground tunnel network is maze of pitch black corridors and burial chambers. (d) Adventurous individuals may sign up for a tour of the catacombs, although several restricted areas are closed to the public.

UNIT 10 대명사

☑ 앞에서 언급된 명사를 대신하는 단어를 대명사라고 하며, 문장 내에서 명사의 역할을 하여 주어, 목적어, 보어로 사용된다.

☑ 대명사의 종류
- 인칭대명사: 사람과 사물을 대신하며, 명사의 인칭, 수, 성, 격, 재귀대명사 등이 출제된다.
- 부정대명사: 불특정 대상을 대신하며, 명사 앞에서 한정사 역할도 가능하다. 명사 또는 동사와의 수 일치가 출제 포인트이다.
- 지시대명사: 앞에 언급한 명사나 문장 전체를 대신하며, 수 일치에 주의해야 한다.

☑ 매회 평균 1문제 출제된다.

핵심포인트 1 인칭대명사

1 인칭대명사의 정의

인칭대명사는 사람과 사물을 대신하는 대명사로 문장에서 대신하는 명사의 인칭, 수, 성, 격에 따라 알맞은 것을 선택해야 한다.

2 인칭대명사의 격

주격 As an accountant, **you** have to be good with numbers. – 형태: 주격 + 동사
회계사로서 당신은 숫자를 잘 알아야 한다.

소유격 Workers are afraid of losing **their** jobs. – 형태: 소유격 + (부사) + (형용사) + 명사
직원들은 그들의 일자리를 잃는 것을 두려워한다.

목적격1 The management expects **us** to arrive at least fifteen minutes early every day. – 형태: 타동사 + 목적격
경영진은 우리가 매일 적어도 15분 일찍 출근하기를 기대한다.

목적격2 Most of the employees are diligent, but a few of **them** are lazy. – 형태: 전치사 + 목적격
직원들 대부분은 부지런한데, 그 중에 몇몇은 게으르다.

소유대명사 After Jack made a great profit on his motorcycle, Tom decided to sell **his**. – 형태: 소유격 + 명사
=his motorcycle
잭이 오토바이를 팔아 엄청난 이득을 남긴 후에, 톰은 자신의 것을 팔기로 결심했다.

➡ 소유대명사는 문장에서 주어, 목적어, 보어로 사용되며, '~의 것'이라고 해석한다.

> **참고** 이중 소유격: 한정사와 소유격을 함께 써야 할 때는 이중 소유격을 사용하여 of 뒤에 목적격이 아니라 소유대명사를 사용한다.
>
> **A friend of mine** is performing in a concert this weekend. – 형태: 한정사 + 명사 + of + 소유대명사
> 내 친구 중의 한 명이 이번 주말에 콘서트에서 연주를 할 것이다.

❸ 재귀대명사

① **재귀 용법:** 주어와 목적어가 같은 대상일 때 목적어 자리에 재귀대명사(-self)를 쓰며, 이때 재귀대명사는 목적어이기 때문에 생략될 수 없다. 재귀 용법은 목적격 대명사의 쓰임과 구별해야 하는데, 주어와 목적어가 동일인(물)인지 확인하면 된다.

Eric was proud of **himself** for signing the new client. – 형태: 주어 + 동사 + 재귀대명사
에릭은 신규 고객과 계약을 맺은 자신을 자랑스러워 했다.

➡ 주어(Eric)와 목적어(himself)가 동일인이다.

② **강조 용법:** 주어나 목적어를 강조할 경우 재귀대명사는 강조 용법으로 쓰인다. 재귀 용법과 달리 완전한 문장에 쓰여 부사 역할을 하기 때문에 그 위치가 자유롭고 생략도 가능하다.

Penny made all of the preparations for the party (**herself**). – 형태: 완전한 문장 + (재귀대명사)
= Penny (**herself**) made all of the preparations for the party.
페니가 (직접) 모든 파티 준비를 했다.

핵심포인트 2 부정대명사

❶ 부정대명사의 정의

부정대명사는 불특정 대상을 지칭한다. 일부 부정대명사는 명사 앞에 쓰여 부정형용사, 즉 한정사의 역할을 하기도 한다.

❷ 부정대명사의 종류

① **all:** 가산복수명사와 불가산명사를 모두 받을 수 있다.
__All of the people__ who attended the concert gave a standing ovation to the singer.
=All the people
콘서트에 참석했던 모든 사람들이 그 가수에게 기립 박수를 보냈다.

② **none:** no one의 줄임말로, 부정형용사로 사용되지 않는다.
Turbulence was expected during the flight, but there was **none**.
비행 중에 난기류가 예상되었지만, 아무 일도 없었다.

③ **most:** 가산복수명사와 불가산명사를 모두 받을 수 있다.
Most of the pollution in the city is caused by vehicles.
그 도시 내 오염의 대부분은 차량에 의해 발생된다.

④ **one / it:** one은 제시되거나 언급된 것과 같은 종류의 하나, it은 앞에서 언급한 바로 그것을 의미하며, one은 특히 다음과 같은 규칙에 주의해야 한다.

• 정관사 또는 지시형용사에 의해 한정될 수 있다.

A: __Which one__ would you like? (제시된 것 중에) 어느 것을 원하세요?
　 지시형용사 + one

B: __The one__ lying on the table. 탁자 위에 있는 것이요.
　 관사 + one

• 소유격, 서수 및 숫자 뒤에서는 one을 생략하는 것이 일반적이다.

This hat is larger than __my sister's one__. ➡ This hat is larger than __my sister's__.
이 모자는 내 여동생의 것보다 더 크다.

This film is __the first one__ I've seen this year. ➡ This film is __the first__ I've seen this year.
이 영화는 내가 올해 본 첫 영화이다.

- '하나'의 뜻이므로 가산명사만 받을 수 있다.

You should not write in red ink but in <u>blue one</u>. ✕ – ink는 불가산명사

You should not write in red ink but in <u>blue</u>. ◉

빨강이 아닌 파랑 잉크로 써야 한다.

⑤ other: 대명사일 때 다음 세 형태 중 하나로 쓰이며, 형용사로도 사용된다.

- the other

We have **two** cars; <u>one</u> is my father's and **the other** is mine. – (둘 중) 나머지 하나

우린 2대의 차가 있다. 한 대는 아버지 것이고, 다른 하나는 내 것이다.

- others

<u>Some</u> like English, and **others** like math. – (범위가 정해지지 않은 다수의 전체 중) 나머지 일부

어떤 사람들은 영어를 좋아하고, 또 다른 사람들은 수학을 좋아한다.

- the others

There are **ten** students; <u>some</u> study German, and **the others** (study) French.

– (범위가 정해진 전체 중) 나머지 전부

10명의 학생들이 있다. 일부는 독일어를 공부하고, 나머지는 프랑스어를 공부한다.

⑥ another: 'an + other'의 의미로 앞에 제시된 명사와 같은 유형 '하나'를 의미한다. 단수가산명사만 받으며, 대명사와 형용사로 모두 사용된다.

The manager didn't like the logo Bonnie made, so he asked her to create <u>another</u>.

=one more logo

부장은 보니가 만든 로고가 맘에 들지 않아서 하나 더 만들라고 지시했다.

⑦ each: '각각', '각자'라는 의미의 대명사와 '각각의, 각자의'라는 의미의 형용사 둘 다 쓰인다. 대명사일 경우 단수 취급한다.

<u>**Each**</u> of the teams has twelve players.

팀 각각은 12명의 선수들을 보유하고 있다.

⑧ one another / each other: '서로'라는 뜻으로 상호관계를 나타내며 '2개 이상의 복수 대상'을 가리킨다.

The new device will be a great help for us in communicating with **each other**.

새 기기는 우리가 서로 소통하는 데 큰 도움이 될 것이다.

People living within a community should be kind to **one another**.

같은 지역에 거주하는 주민들끼리는 서로 친절해야 한다.

⑨ either / neither: 2개의 대상을 받는 말이며, either는 긍정, neither는 부정에 사용한다. 형용사로도 사용된다. 참고로 부정하는 대상이 다수일 때는 neither가 아니라 none을 사용한다.

There is <u>a red bag</u> and <u>a blue one</u>. You can have **either**.

빨간색 가방과 파란색 가방이 있습니다. 어느 것이든 가져가세요.

Neither of <u>the two answers</u> is correct.

두 답변 중 어느 것도 정확하지 않다.

핵심포인트 3 지시대명사

1 지시대명사의 정의

앞서 언급되거나 암시된 사람, 동물, 장소 등을 가리키는 대명사를 말한다.

2 지시대명사의 종류

① that / those: 앞서 가까운 위치에 제시된 명사를 가리킬 때 쓰이며, 단수 명사는 that, 복수 명사는 those로 받는다. 비교구문에서 자주 출제되며, 종종 전치사구나 관계대명사의 수식을 받는다.

Many experts were surprised that the health of rural residents was poorer than **that** of urban residents.
=the health

많은 전문가들은 시골 거주자들의 건강이 도시 거주자들의 건강보다 더 좋지 못하다는 것에 놀랐다.

We guarantee our prices will always be lower than **those** of our competitors.
=the prices

저희 가격이 경쟁업체의 가격보다 항상 더 저렴할 것임을 보증합니다.

➡ 위 문장에서 that과 those는 모두 밑줄 친 「of + 전치사구」의 수식을 받고 있다.

> 참고 those는 일반적으로 사람들(=people)을 가리키는 대명사로도 쓰인다. those who(~하는 사람들)는 관용적으로 많이 쓰인다. 이때 who를 생략하고 동사를 분사로 바꿔 사용할 수도 있다.
>
> **Those** who load the truck must be careful. 트럭에 짐을 싣는 사람들은 조심해야 한다.
> =loading the truck
>
> We are closely monitoring **those** who come to work late. 우리는 지각하는 사람들을 면밀히 주시하고 있다.
> =coming to work late

② such: 앞에 제시된 명사를 대신 받으며, 주로 as 뒤에서 as such(그렇게, 그로서)처럼 사용된다.

He is a child and must be treated **as such**. 그는 어린아이이고, 그렇게(어린아이로) 대우받아야 한다.
=a child

③ so: 앞 절 전체나 일부 내용을 받으며, think, guess, say, tell, hope, expect, be afraid 등의 동사 뒤에 사용된다.

A: I think that it will rain tomorrow. Do you think **so**? 제 생각에는 내일 비가 올 것 같아요. 당신도 그렇게 생각하세요?
=that it will rain tomorrow

B: I don't think **so**. 저는 그렇게 생각하지 않아요.
=that it will rain tomorrow

> 참고 hope나 be afraid와 함께 앞의 내용을 부정으로 받을 때 대답 내용을 not으로 대체할 수 있다.
>
> A: I think that it will rain tomorrow. Do you think **so**?
> =that it will rain tomorrow
>
> 제 생각에는 내일 비가 올 것 같아요. 당신도 그렇게 생각하세요?
>
> B: I hope **not**. 저는 그렇지 않기를 바라요.
>
> ➡ I don't hope so. 라고 할 수 없다.

⚙️ 기출유형정리

핵심 유형	출제 비율
유형 1 부정대명사	73%
유형 2 인칭대명사	16%
유형 3 지시대명사	11%

유형 1 부정대명사   73%

> **부정대명사와 형용사의 구분**
>
> **1** In the historical district downtown, (every / **each**) of the structures conforms to a strict set of regulations set by the building committee.
> 시내의 유서 깊은 지역에서, 각 건축물은 건축위원회가 정한 일련의 엄격한 규제를 따른다.
>
> **2** Extra battery packs cost 12 dollars (**each** / every).
> 추가 배터리 팩은 각각 12달러이다.
>
> **유사한 성격의 대명사 구별**
>
> **3** A: Do you have my passport, Joe?
> B: Yes, I have (**it** / one) right here.
> A: 조, 내 여권 가지고 있니?
> B: 응, 바로 여기에 있어.
>
> **4** We have a variety of sizes. If this does not fit you, I'll show you (**another** / the other).
> 우리는 여러 사이즈를 갖추고 있어요. 이것이 맞지 않으면, 다른 걸 보여드리죠.
>
> **5** A: Are you ready to order, sir?
> B: Yes. Can I have (**some** / any) tea?
> A: 주문하시겠어요?
> B: 네. 차 좀 주시겠어요?

○ 1 each는 대명사, 한정사, 부사의 기능을 모두 갖고 있으나, every는 한정사로만 쓰인다. 즉, every가 정답이 되려면 바로 뒤에 명사가 나와야 한다. 따라서 단독으로 사용된 대명사 each가 정답이다.

2 every는 부사로 사용되지 않으므로, 단독으로 '각각, 따로따로'란 의미의 부사와 같은 역할을 하는 each가 정답이다. 주로 수량 표현 뒤에서 부사처럼 사용된다.

3 one과 it은 둘 다 가산단수명사를 대신하지만, one은 앞서 언급된 명사와 같은 종류의 것을, it은 앞서 언급한 바로 그 대상을 가리킨다. 따라서 앞에 언급된 my passport(your passport)를 받는 it이 정답이다.

4 another와 the other 모두 단수명사를 가리킨다. another는 정확히 몇 개인지 모르는 상황에서의 '또 하나'라는 의미이고, the other는 대상이 두 개일 때 '나머지 하나'라는 의미이다. 사이즈가 맞지 않는 경우에 같은 제품 중에 또 다른 하나를 보여주어야 하므로 another가 정답이다.

5 의문문이나 부정문에서는 주로 any가 쓰이지만, 예외적으로 권유나 요청을 나타내는 의문문에서는 some이 쓰인다. 차를 주문하는 요청의 상황이므로 some이 정답이다.

1 (a) A: What do the newspapers have to do with your painting your house?

(b) B: You don't do maintenance, do you?

(c) A: Why don't you just answer my question?

(d) B: Okay. I put (~~it~~ / **them**) on the floor to keep the floor from being stained.

(a) A: 신문지가 네가 집을 페인트칠하는 거랑 무슨 상관이 있어?

(b) B: 너는 집 관리를 하지 않지, 그렇지?

(c) A: 내 질문에 대답이나 해줄래?

(d) B: 알겠어. 내가 바닥에 신문을 깔아서 바닥에 얼룩이 지지 않게 하려는 거야.

재귀대명사

2 (a) A: Are you free now?

(b) B: Yes, come on in.

(c) A: What happened to your face? You should look at (~~you~~ / **yourself**) in the mirror.

(d) B: Oh my god, my daughter must have doodled on my face.

(a) A: 지금 시간 있으세요?

(b) B: 네, 들어오세요.

(c) A: 얼굴이 왜 그래요? 거울로 얼굴 좀 보세요.

(d) B: 어머나, 우리 딸이 내 얼굴에 낙서를 했나보군요.

3 If Mr. Waldron doesn't return from his business trip in time, Ms. Ramirez will have to finish the reports (~~her~~ / **herself**).

만약 월드론 씨가 출장에서 제때 돌아오지 않는다면, 라미레즈 씨가 직접 보고서 작성을 마무리해야 할 것이다.

격

4 Ms. Gonzales said she got the idea for offering marketing services online from a colleague of (~~her~~ / **hers**).

곤잘레스 씨는 온라인으로 마케팅 서비스를 제공하는 것에 대한 아이디어를 자신의 동료 중 한 명에게서 얻었다고 말했다.

생략과 중복

5 A: So how was your night out at the cinema after work on Monday?

B: I wouldn't say the movie was spectacular, but it was worth (**watching** / ~~watching it~~).

A: 그래서 월요일 퇴근 후에 밖에 영화 보러 나간 것은 어땠어?

B: 영화가 정말 괜찮았다고는 못하겠지만, 볼 만은 했어.

6 A: Did you bring your portfolio?

B: I'm afraid I (~~lost~~ / **lost it**). I was in such a hurry that I left it in a cab.

A: 작품집 가지고 오셨어요?

B: 잃어버린 것 같아요. 너무 서두르다가 택시에 놓고 왔네요.

1 가리키는 대상은 newspapers이다. 대명사가 가리키는 대상이 복수이므로 인칭대명사 복수형인 them이 정답이다.

2 동사의 주어와 목적어가 같으면 목적어 자리에 재귀대명사를 써야 하므로 정답은 yourself이다.

3 reports 부분까지 이미 구성이 완전한 문장이므로 강조 용법으로 쓰여 부사와 같은 역할을 하는 재귀대명사가 필요하다. 따라서 herself가 정답이다.

4 한정사와 소유격을 함께 써야 할 때 이중 소유격을 쓰는데 이 경우 of 뒤에 소유격이 아니라 소유대명사를 사용하므로 소유대명사인 hers가 정답이다. 소유 전치사 of와 소유대명사가 겹쳤다고 해서 이를 이중 소유격이라고 하는데, 이중 소유격(a colleague of hers)은 「소유격 + 단수명사(her colleague)」로 대체할 수 있다.

5 '~할 가치가 있다'라는 의미의 「be worth -ing」 구문인데, 동명사 watching의 목적어가 주어와 일치하면 목적어를 사용하지 않는다. 그러므로 정답은 watching이다. 단, it이 사물이나 행위를 받는 대명사가 아니라 가주어로 사용된 경우에는 동명사의 목적어를 정확히 밝혀주는 것이 원칙이다.

It is worth checking the details of the contract. [It ≠ the details of the contract]
계약서 세부 내용을 확인해 볼 가치가 있다.

6 타동사 lost 뒤에 목적어가 필요하므로 portfolio를 받는 목적어 it이 포함된 lost it이 정답이다.

유형 3 지시대명사   11%

---

that & those

1 Is the climate of Italy somewhat similar to (**that of Florida** / ~~it of Florida~~)?
이탈리아의 기후가 플로리다의 기후와 약간 비슷한가요?

2 For (~~them~~ / **those**) interested in nature, the club offers hikes and overnight camping each week during the summer.
자연에 관심이 있는 분들을 위해 클럽에서는 여름 동안 도보 여행과 1박 캠핑을 매주 제공합니다.

so & such

3 A: I think that he will come.
B: I (**don't think so** / ~~think not~~).
A: 난 그가 올 거라고 생각해요.
B: 난 그렇게 생각하지 않아요.

4 A: We're not leaving too early, are we?
B: I (~~don't hope so~~ / **hope not**).
A: 우리가 아주 일찍 떠나는 것은 아니겠죠?
B: 그렇지 않기를 바라요.

5 A: Is it too late to call Joanne?
B: I'm afraid (**so** / ~~not~~). It's already 11 p.m.
A: 조앤에게 전화하기엔 너무 늦었나요?
B: 그런 것 같아요. 벌써 밤 11시잖아요.

6 The officer of the law, (**as such** / ~~as so~~), is entitled to respect.
경찰관은 그 자체로서 존경받을 권리가 있다.

---

1 지시대명사 that은 앞에 나온 단수 명사를 받으며, 전치사구나 관계대명사 등의 수식을 받을 수 있다. 반면 it은 수식어를 동반할 수 없다. 전치사구(of Florida)의 수식을 받아야 하므로 that of Florida가 정답이다.

2 전치사의 목적어이면서 뒤에 오는 분사구문(interested in nature)의 수식을 받는 대명사가 필요하다. 그러므로 '사람들'이란 의미로 관계대명사나 분사, 전치사구 등의 수식을 받을 수 있는 대명사 those가 정답이다. them은 전치사의 목적어 자리에 올 수는 있지만 전치사구 등의 수식을 받을 수 없다.

3 think, believe 등의 목적어로 앞에 제시된 내용이 그대로 반복될 때, so를 써서 중복을 피할 수 있다. 긍정일 경우에는 I think so, 부정일 경우에는 I don't think so로 표현한다. 따라서 정답은 don't think so이다.

4 hope 또는 be afraid 등의 목적절로 앞에 제시된 내용이 반복될 때, 긍정일 경우에는 so를 사용하지만, 부정일 경우에는 반복 내용을 not으로 받는다. 따라서 정답은 hope not이다.

5 be afraid의 목적절로 앞에 제시된 내용이 반복될 때, 긍정으로 받으면 so, 부정으로 받으면 not을 사용한다. 전화할 수 없는 상황임을 나타내는 It's already 11 p.m.을 통해 상대의 말에 긍정하는 의미가 되어야 한다는 것을 유추할 수 있으므로 so가 정답이다.

6 앞에 있는 명사를 받으면서 전치사 as와 결합하는 대명사는 so가 아니라 such이므로 as such가 정답이다.

복습 **여러 가지 대명사의 쓰임새**

one each either neither	+ of + the 소유격 this[that] these[those]	복수명사	단수동사	**One of the tourists was** missing. 관광객들 중 한 명이 사라졌다.
both many (a) few		복수명사	복수동사	**Both of the cooks make** good salads. 두 요리사 모두 맛있는 샐러드를 만든다.
much (a) little		불가산 명사	단수동사	**Much of my property was** gone. 내 재산의 상당 부분이 사라졌다.
all most some any half part none		복수명사	복수동사	**None of these things were** mentioned in the report. 이것들 중 아무것도 보고서에 언급되지 않았다.
		불가산 명사	단수동사	**Some of the milk was** spilled. 우유가 좀 쏟아졌다.

🎯 기출유형 심화학습

대명사의 용법에서도 관용적으로 사용되는 구조들이 있어서, 이 유형은 문장을 해석하지 않고 정답과 관련된 키워드만 확인해도 쉽게 정답을 찾을 수 있는데, 문제는 그 상관 관계를 알지 못하면 절대 정답을 알 수 없다는 것이다. 따라서 이러한 관용적 대명사의 출제 유형을 확실히 익혀두어야 한다.

1 **one – another: '이런저런 방법'이라는 뜻으로 one 다음에는 또 하나를 의미하는 another를 사용한다.**

A: Do you think Mario's going to make up for the hours he missed?

B: I'm afraid that he would manage one way or (~~others~~ / **another**).

A: 마리오가 빠진 시간을 보충할 것 같은가요?

B: 제가 보기에 그가 어떻게든 해보려 할지 걱정이에요.

2 **one – another: one(임의의 하나)과 연결되는 '다른 것'은 another(임의의 또 다른 하나)이다.**

A: How come my diet system is different from yours?

B: A nutrition therapy perfect for one person may not work for (~~other~~ / **another**).

A: 왜 내 다이어트 시스템이 네 것이랑 다른 거지?

B: 한 사람에게 완벽한 영양 요법이 다른 사람에게는 효과가 없을 수도 있어.

3 **one – the others: one(정해진 다수의 하나)과 연결되는 '다른 것'은 the others(정해진 다수의 나머지)이다.**

A: How many children do you have?

B: I have three children: one a girl, (~~others~~ / **the others**) twin boys.

A: 자녀가 몇이세요?

B: 셋이에요. 하나는 여자아이고, 나머지는 남자 쌍둥이죠.

4 **in – another: 시간의 경과를 나타내는 전치사 in 다음엔 '더'의 뜻으로 another가 온다.**

A: How much longer will you take to prepare for the sales report?

B: I'll be finished in (~~more~~ / **another**) five minutes.

A: 매출 보고서 준비하는 데 얼마나 더 걸릴까요?

B: 5분만 더 있으면 끝날 거예요.

→ more는 more than의 형태가 되어야 한다.

5 **exchange – another: exchange(교환하다)는 같은 종류의 다른 하나로 바꾸는 행위이므로 another(또 다른 하나)와 연결된다.**

A: This pulse has a minor scratch on it. Can I exchange it for (~~other one~~ / **another one**)?

B: Sure. Here you go.

A: 이 지갑에 긁힌 자국이 조금 있네요. 다른 걸로 바꿀 수 있을까요.

B: 그럼요. 여기 있습니다.

🕐 실전적응훈련

난이도 ●●○○○

Part 2 가장 적절한 정답 고르기

ELS Corporation has three subsidiaries. One is in Seattle and _____ are in Colorado.

(a) the other
(b) another
(c) the others
(d) others

해석 ELS는 3개의 자회사가 있다. 하나는 시애틀에 있고, 나머지는 콜로라도에 있다.

💡 풀이과정 맛보기

① 선택지가 부정대명사로 구성되어 있음을 확인한다.
② 빈칸 뒤의 복수 동사 are를 보고 단수 대명사인 (a) the other와 (b) another를 소거한다.
③ 앞 문장에 three subsidiaries라고 범위가 명시되었는데, 앞 절의 주어가 One이므로 나머지 2개를 나타낼 대명사가 필요하다. 따라서 특정 범위 내에서 하나를 제외한 나머지 전부를 나타내는 (c) the others가 정답이다.

💡 매력적인 오답

(d) others
others도 복수를 가리키지만, 범위가 정해지지 않은 다수 가운데 막연한 일부를 가리킬 때 사용하므로 이 문제에서처럼 나머지 수가 명확한 경우에는 사용할 수 없다.

어휘 corporation (큰 규모의) 기업, 행사
subsidiary 자회사
정답 (c)

🔭 기출맛보기

정답 및 해설 p.75

1. A: How are you coming along with that book of _____, Ted?
B: Well, I think I am almost done with it.

(a) yours
(b) you
(c) your
(d) yourself

2. A: Honey, our refrigerator's always breaking down.
B: Be patient. We are getting a new _____ soon.

(a) them
(b) one
(c) it
(d) other

Part 1 가장 적절한 정답 고르기

1 A: Do you need my e-mail address or phone number?

B: _____ is acceptable. I just need a way to contact you.

(a) Either   (b) All

(c) Each   (d) Some

2 A: Are you a fan of Howard Swift's music?

B: Yes, _____ of his recent songs has been on my stereo constantly.

(a) such   (b) this

(c) any   (d) one

3 A: Have you met the new guy in the art department?

B: Yes, he's an old college friend of _____ .

(a) I   (b) my

(c) me   (d) mine

4 A: The Maple Inn and the Winner Hotel both have a swimming pool. Which one should we book?

B: They're fairly similar. Just choose one or _____ .

(a) another   (b) other

(c) the other   (d) the one

5 A: Are there any training sessions this month?

B: Yes, we have _____ at 10 A.M. on the 14th.

(a) it   (b) that

(c) one   (d) them

6 A: Your candles smell really nice. How much are they?

B: Thanks. They are five dollars _____ .

(a) every   (b) all

(c) each   (d) both

7 A: How about ordering some good whisky?

B: I'd rather not have _____ too strong.

(a) another   (b) other

(c) nothing   (d) anything

8 A: Did you write this article for the magazine?

B: Yes, but the story still needs to have pictures put to _____ .

(a) it   (b) one

(c) them   (d) ones

Part 2 가장 적절한 정답 고르기

9 The amenities at the modest Cadenza Resort are similar to _____ found in many five-star hotels.

(a) that   (b) them

(c) those   (d) theirs

10 We need to ascertain what measures, if _____ , could help reduce local river pollution.

(a) any   (b) some

(c) other   (d) another

11 Only one of twenty fishing vessels that had been tied at the dock remained intact, while _____ sank as a result of the storm.

(a) another   (b) other

(c) the other   (d) the others

12 The coach told the players to focus on the match rather than arguing among _____ . 기출

(a) him   (b) them
(c) himself   (d) themselves

13 Many cell phones have water-proof casings that keep _____ from malfunctioning when submerged in water.

(a) they   (b) them
(c) on their own (d) themselves

14 Zack Benson's first three movies were comedies, _____ were action films, and the last one was a romantic drama.

(a) the ones next
(b) one of the next two
(c) the next two
(d) the second one

15 Of all the restaurant's main courses, _____ came with complimentary sidedishes.

(a) little   (b) few
(c) other   (d) another

16 Many employees, even _____ in the marketing department, opposed the plan. 기출

(a) they   (b) them
(c) these   (d) those

Part 3 문법 오류 문장 고르기

17 (a) A: Does everything look nice? My boss and his wife will be arriving for dinner soon.
(b) B: Maybe we should use better glasses for the wine. These ones don't look very sophisticated.
(c) A: Good point. We have the crystal glasses your mom gave us for Christmas. It is in the cupboard under the sink.
(d) B: Great idea. And maybe we can find a better table cloth, too. This one seems a little worn.

18 (a) A: I hope the hospital serves us something tasty today.
(b) B: Do they ever bring anything good? I've been here for one week, and I can't stand the food.
(c) A: Really? Well, so far, I've been pretty impressed with a variety of meals here.
(d) B: Well, I can't see that lasting long. You're bound to get tired of eventually.

19 (a) Most people know that fresh fruit and vegetables are recommended as part of a healthy, balanced diet. (b) In fact, nutrition experts believe that adults should consume a minimum of 400 grams of fruit and vegetables every day. (c) However, there is one thing some nutritionists do advise against it when it comes to healthy eating: canned vegetables. (d) These may be convenient, but they often contain high levels of sodium as well as various potentially harmful preservatives.

20 (a) Percy Fawcett was a British explorer of South America who vanished while searching for a lost city known as "Z". (b) Local guides during Fawcett's early expeditions made his aware of the ancient city, which was supposedly hidden in the Brazilian jungle. (c) Fawcett's first attempt to find the city ended prematurely when he was forced to return due to sickness. (d) During his final expedition in search of "Z", Fawcett and his companions vanished, most likely killed by violent tribespeople.

UNIT 11 형용사와 부사

- ☑ 형용사는 문장을 구성하는 기본 요소로 명사를 수식하거나 2형식 동사의 주격보어, 5형식 동사의 목적격보어 기능을 한다.
- ☑ 부사는 문장의 보조 요소로 형용사, 부사, 동사, 또는 절을 수식한다.
- ☑ 형용사와 부사의 자리를 구별하거나, 각 단어가 다른 품사로 사용되는 경우를 구별할 수 있어야 한다.
- ☑ 형용사와 부사는 특히 문장에서 쓰이는 순서를 구분하는 어순 문제로도 나오며, 매회 평균 1~2문제 정도 출제된다.

핵심포인트 1 형용사의 기능

① 한정적 형용사

① **명사 앞에서 수식하는 경우:** 일반적으로 형용사는 수식하는 명사의 앞에 위치한다.

The **poor** performance of the national football team disappointed many fans.
축구 국가 대표팀의 저조한 성적이 많은 팬들을 실망시켰다.

② **명사 뒤에서 수식하는 경우:** –able/–ible로 끝나는 형용사들은 명사 앞뒤에 모두 위치할 수 있다.

We will do our best to use every resource **available**.
우리는 가능한 모든 자원을 이용하는 데 최선을 다할 것이다.

② 서술적 형용사

① **주격 보어로 사용되는 경우**

The factory <u>remained</u> **idle** for a long time. 그 공장은 오랫동안 가동되지 않은 상태로 남아 있었다.
　　　　　　2형식동사　형용사(주격 보어)

② **목적격 보어로 사용되는 경우**

We will <u>keep</u> <u>our customers' personal information</u> **private**. 저희는 고객들의 개인 정보를 비공개로 유지할 것입니다.
　　　　5형식 동사　　　　　목적어　　　　　　　　형용사(목적격 보어)

> **★필수암기 서술적 용법으로만 쓰이는 형용사**
>
> | | | | |
> |---|---|---|---|
> | **afraid** 두려운 | **alike** 닮은 | **alive** 살아 있는 | **ashamed** 부끄러운 |
> | **asleep** 잠든 | **awake** 깨어 있는 | **aware** 알고 있는 | **alone** 혼자의 |
> | **content** 만족한 | **worth** 할 가치가 있는 | **sorry** 유감인 | **glad** 기쁜 |
> | **unable** 할 수 없는 | | | |

He was <u>**awake**</u> all night. 그는 밤새 깨어 있었다.
　　　　보어로만 사용

핵심포인트 2 형용사의 어순

명사 앞에 오는 수식어의 어순은 다음과 같다.

① 일반 원칙

① **전치한정사 + 한정사 + 명사**

I have read **all these** books before. – these all books (x)
나는 전에 이 책들을 다 읽어보았다.

Joanne has met **both his** sons. - his both sons (x)
조앤은 그의 두 아들 모두를 만난 적이 있다.

Both the students caught cheating during the test were warned. - The both students (x)
시험 중 부정 행위로 적발된 두 학생 모두 경고를 받았다.

We offer lightly used items at **half the** price. - the half price (x)
저희는 약간 사용감이 있는 상품을 절반 가격에 판매합니다.

② 전치한정사 + 한정사 + 수사 + 형용사 + 명사

Among **all the five beautiful** girls, Lien enjoys the most popularity.
아름다운 다섯 명의 소녀들 중에서, 리엔이 가장 많은 인기를 누리고 있다.

> 참고 전치한정사와 한정사
>
> • **전치한정사:** 한정사 앞에 오는 수식어(all, both, double, half, twice 등)
> • **한정사:** 관사(정관사, 부정관사), 소유격, 지시형용사(this, that, these, those),
>   부정형용사(some, any, most, another, each, every, no, other 등)

2 형용사 세부 원칙

① 서수 + 기수 + 명사

the **first two** boys ◎   the **last four** players ◎   the **first six** months ◎
the **two first** boys ✖   the **four last** players ✖   the **six first** months ✖

② 주관적 평가 + 대소 + 신구 + 색깔 + 고유(출처 + 재료 + 용도) + 명사

a <u>nice</u> <u>old</u> <u>brown</u> <u>French</u> <u>kitchen</u> cupboard 근사하고 오래된 갈색 프랑스산 부엌 찬장
  주관 신구 색깔   출처   용도

an <u>expensive</u> <u>small</u> <u>new</u> <u>gray</u> <u>Japanese</u> <u>plastic</u> <u>personal</u> computer 고가의 작은 신형 회색 일제 플라스틱 개인 컴퓨터
   주관   대소 신구 색깔   출처   재료   용도

핵심포인트 3 주의해야 할 부사

1 mostly

명사 앞에도 쓸 수 있어서, most 와 구별하는 문제로 자주 출제된다. most가 단순히 그 수가 많다는 뜻이라면, mostly는 구체적으로 어느 한 무리의 상당수를 차지하고 있다는 느낌이 강하다.

There were about twenty people in the lobby, **mostly** women.
로비에 대략 20명 정도의 사람이 있었는데, 그 중 상당수가 여성들이었다.

2 that

부사로 사용될 경우 보통 의문문, 부정문에서 '그렇게, 그 정도로'의 의미로 사용된다. 최근 굉장히 높은 출제 비율을 보이고 있다.

There aren't **that** many people here.
여기에 사람들이 그렇게 많지는 않다.

❸ far

① 비교급 강조부사: far + 형용사/부사의 비교급

Some people are **far** <u>more concerned</u> about diabetes.
어떤 사람들은 당뇨병에 대해 훨씬 더 우려하고 있다.

② 부사 too의 강조어구: far(much) too + 형용사/부사

It would take me **far too** <u>long</u> to explain.
설명하자면 정말로 길 텐데.

❹ only / just

강조하고 싶은 말의 앞 또는 뒤에 쓰이는 부사로, 초점부사라고 한다.

① only (오직, 겨우)

Some endangered species are found **only** <u>in zoos</u>.
일부 멸종위기의 동물들은 오직 동물원에서만 볼 수 있다.

② just (정확히, 딱, 바로, 그저, 단지)

Just <u>as regular exercise slows the deterioration of our muscles</u>, anything you do with your brain exercises it.
규칙적인 운동이 근육 퇴화 속도를 늦추는 것과 꼭 같이, 뇌를 사용하는 일이라면 무엇이든 뇌를 단련시킨다.

핵심포인트 4 부사의 어순

❶ 일반동사 뒤: 양태부사(방법/부정/정도) + 장소 + 빈도 + 시간

She helped her mom <u>very</u> <u>hard</u> <u>in the kitchen</u> <u>sometimes</u> <u>last year</u>.
　　　　　　　　　　　강조　정도　　　장소　　　　빈도　　　시간
그녀는 작년에 가끔 부엌에서 어머니를 아주 열심히 도왔다.

> **참고** 빈도부사가 앞으로 이동할 경우 일반동사 바로 앞에 위치한다.
> She **sometimes** helped her Mom very hard in the kitchen last year.

❷ 장소 이동의 동사 뒤: 장소 + 양태부사(방법/부정/정도) + 빈도 + 시간

I arrived <u>here</u> <u>safely</u> <u>yesterday</u>. – 장소 이동의 동사: arrive, go, come, drive, return 등
　　　　　　장소　양태　　시간
나는 어제 무사히 여기에 왔다.

❸ 같은 종류의 부사가 연속될 경우: 작은 규모 ➡ 큰 규모

The conference was held <u>at noon on Saturday, April 8th, 2017</u>.
　　　　　　　　　　　　　　　　시간
그 회의는 2017년 4월 8일 토요일 정오에 열렸다.

I met him <u>at a hotel in the suburbs of Seoul, Korea</u>.
　　　　　　　　장소
나는 한국 서울 교외의 한 호텔에서 그를 만났다.

⚙ 기출유형정리

핵심 유형	출제 비율
유형 1 형용사와 부사의 구별	48%
유형 2 형용사의 특수 용법	25%
유형 3 부사의 특수 용법	21%
유형 4 어순	6%

유형 1 형용사와 부사의 구별   48%

수식 대상

1 The government plans to carry out a (comprehensive / ~~comprehensively~~) survey on raising the minimum wage in April.

정부는 4월에 최저임금을 인상하는 것에 대한 광범위한 설문을 실시할 계획이다.

2 Keeping the museum operational without financial support from the government is not (economically / ~~economic~~) feasible.

정부의 재정지원 없이 박물관 운영을 유지하는 것은 경제적으로 실현 불가능하다.

보어(=형용사) 자리

3 The swellfish may prove (poisonous / ~~poisonously~~) if it is not prepared by an experienced chef.

복어는 숙련된 요리사가 준비하지 않으면 독이 남아있게 될지도 모른다.

4 He will be punished immediately if they find him (guilty / ~~guiltily~~).

유죄인 것이 밝혀지면, 그는 즉시 처벌을 받게 될 것이다.

부사 자리

5 Green Toyz always takes customer comments (~~serious~~ / seriously).

그린 토이즈는 항상 고객의 의견을 진지하게 받아들인다.

○ **1** 수식 대상이 명사(survey)이므로 형용사 comprehensive가 정답이다.
　2 뒤에 위치한 형용사(feasible)를 수식하는 부사가 필요하므로 정답은 economically이다.
　3 2형식 동사 prove의 주격보어가 필요하므로 보어 역할을 할 수 있는 형용사 poisonous가 정답이다. prove의 동사 유형을 모른다면 부사를 고를 수도 있으므로 동사를 익힐 때는 뜻과 함께 항상 관련 용법을 파악해야 한다.
　4 5형식 동사 find의 목적어 뒤에 위치할 목적격보어가 필요하므로 보어 역할을 할 수 있는 형용사 guilty가 정답이다.
　5 take는 목적어만 취하는 3형식 동사로 사용될 수 있다. 이 문장에서는 동사 take를 수식해 고객의 의견을 받아들이는 태도를 나타내는 부사가 필요하므로 seriously가 정답이다. 참고로, take가 「take + 목적어 + 목적격보어(형용사)」의 5형식 구문으로 사용될 수도 있는데, 위 문장에서 형용사 serious가 쓰이면 '회사가 항상 고객의 의견들을 심각하다고 생각한다'라는 어색한 해석이 되므로 serious는 오답이다.

유형 2 형용사의 특수 용법   25%

---

1 Greg had the emotional stability of a (**ten-year-old** / ~~ten-years-old~~) child.

그렉은 열 살짜리 아이의 정서적 안정성을 가졌다.

2 Participants in the safari will have a chance to see (**live** / ~~alive~~) animals in their natural habitats.

사파리 참가자들은 살아 있는 동물들을 그들의 자연 서식지에서 볼 수 있는 기회를 갖게 될 것이다.

3 A: The exam will be on the first half of the book.

   B: That means we'll have to finish (**chapter ten** / ~~tenth chapter~~).

   A: 시험은 그 책의 전반부를 대상으로 출제될 거야.

   B: 그 말은 우리가 10장까지 공부해야 한다는 거네.

4 The southern part of the country provides (~~little~~ / **few**) opportunities for people to receive an education.

그 나라 남부 지역은 주민들이 교육을 받을 기회를 거의 제공하지 않는다.

5 The salesman told me that a good set of tires was supposed to last (~~fifty thousands kilometers~~ / **fifty thousand kilometers**).

영업사원이 내게 말하길 좋은 타이어 세트는 5만 킬로미터를 견딜 것이라고 하였다.

6 This vase has (~~same~~ / **the same**) design, but it is differently shaped from that one.

이 꽃병은 저것과 디자인이 같지만, 다른 모양을 지니고 있다.

❍ 1 수사를 포함하는 서술구가 명사를 수식하는 자리에 오면 수사를 단수로 표현하므로 정답은 ten-year-old이다.

  2 a-로 시작하는 형용사는 2형식 동사의 보어 자리에서 서술적 용법으로만 쓰이고, 명사를 수식할 수 없다. 따라서 live가 정답이다.

  3 'the + 서수 + 명사 = 무관사 명사 + 기수'이므로 정답은 chapter ten이다.

  4 뒤에 위치한 복수가산명사(opportunities)를 수식할 수 있는 형용사 few가 정답이다. 참고로 little은 불가산명사를 수식한다.

  5 수의 단위를 나타낼 때 명사 앞에 구체적인 수사(fifty)가 있을 경우, 단위 명사는 단수로 나타내야 하므로 fifty thousand kilometers 가 정답이다. 참고로, 구체적인 수사 없이 막연히 많은 것을 나타낼 때는 단위 명사를 복수형으로 사용해 thousands of kilometers(수천 킬로미터)로 표현한다.

  6 형용사 same은 정관사를 수반한 상태로 써야 하므로 정답은 the same이다. 참고로 very, only가 형용사로 쓰일 경우도 마찬가지로 the very(바로 그), the only(유일한)의 형태로 쓰인다.

유형 3 부사의 특수 용법   **21%**

1 Despite studying it for one year, he (**still** / ~~yet~~ / ~~already~~) doesn't understand Spanish.

그는 1년 동안 스페인어를 공부했음에도 불구하고, 아직도 알아듣지 못한다.

2 We realized too (**late** / ~~lately~~) that we were caught like rats in a trap.

우리가 독 안에 든 쥐와 같다는 것을 너무 늦게 깨달았다.

3 A: Let's take a walk before the math class starts.

B: Oh, I think it is (**much too hot** / ~~very too hot~~) for walking.

A: 수학 수업 시작 전에 산책이나 하자.

B: 어, 내 생각에는 산책하기에 너무 더워.

4 Dinner is ready. Let's go (**downstairs** / ~~to downstairs~~).

저녁 식사가 준비됐어. 아래층으로 내려가자.

1 부정문에서 부정어보다 앞에 쓸 수 있는 부사는 still이다. 참고로, yet은 부정어보다 뒤에 쓰며, already는 부정문에서 사용되지 않는다.

2 late와 lately는 모두 부사이지만, 의미가 다르다. late는 기준 시점보다 '늦다'는 뜻이지만, lately는 기준 시점과 아주 가까운 '과거'를 나타낸다. 여기서는 원래 알아야 할 시점보다 '늦었다'는 뜻이 되어야 하므로 정답은 late이다.

3 부사 too를 수식할 부사로는 much가 알맞으므로 정답은 much too hot이다. 유사 형태인 「much(=far) too + 형용사(몹시 ~한)」 그리고 「too much + 명사(너무도 많은 ~)」의 차이를 꼭 알아두자.

4 downstairs는 부사이므로 앞에 전치사가 올 필요가 없다. 정답은 downstairs이다.

유형 4 어순   **6%**

1 A: Which handbag belongs to your sister?

B: The (**large blue handbag** / ~~blue large handbag~~).

A: 어느 핸드백이 너의 누나 것이니?

B: 저기 커다란 파란색 핸드백이야.

2 He knew there was a space (~~enough large~~ / **large enough**) to park his car in.

그는 자신의 차를 주차시키기에 충분히 넓은 공간이 있다는 것을 알았다.

3 A: Have you ever been to the Grix Cinema?

B: Yes, I went (**there often as a child** / ~~often there as a child~~).

A: 너는 그릭스 극장에 가본 적이 있니?

B: 응, 나는 어릴 적에 거기에 자주 갔었어.

1 형용사의 어순은 「수량, 크기, 색깔」의 순서이므로 정답은 large blue handbag이다.

2 enough가 to부정사를 동반한 부사로 쓰일 경우 형용사를 뒤에서 수식하므로 정답은 large enough이다.

3 여러 개의 부사가 나열될 경우, 이동의 동사에서는 「장소부사, 일반부사, 빈도부사, 시간부사」의 순서이므로 정답은 there(장소) often(빈도) as a child(시간)이다. 참고로, 이동의 동사가 아닌 경우 「일반부사, 장소부사, 빈도부사, 시간부사」의 순으로 배치된다.

🎯 기출유형 심화학습

수식어인 부사는 명사만 수식하는 형용사와 달리, 명사, 형용사, 부사, 동사를 모두 수식할 수 있어서 가장 용법이 복잡한 품사 중 하나이다. 부사는 수식하는 대상의 성질이 정해져 있는 경우가 많은데, 특히 이런 부분이 시험에 단골로 출제되므로 확실히 익혀두도록 하자.

1 the very: 부사 the very가 최상급, first, next 외에도 same, opposite 등 동일/반대 형용사를 수식하기도 한다.

A: Why wouldn't your brother James join you to see the movie?

B: Although we are twins, he is (~~the most~~ / the very) opposite of me.

A: 왜 네 동생 제임스가 너랑 같이 영화 보러 가지 않으려는 거지?

B: 우리가 쌍둥이기는 하지만, 그는 나와 정반대야.

2 a little: '약간, 다소'라는 뜻의 부사로 쓰인다.

A: I have a splitting headache and my stomach has felt (~~little~~ / a little) upset all day.

B: You should see a doctor now.

A: 하루 종일 머리가 쪼개질 것 같고 속이 좀 울렁거려.

B: 당장 병원에 가봐.

3 부정의 부사 little의 도치: 부정어가 문장 앞에 오면 주어와 동사가 도치된다.

(~~Little Chris realized~~ / Little did Chris realize) that his paintings would make him a millionaire.

크리스는 자신의 그림들이 자신을 백만장자로 만들어줄 것이라고는 조금도 생각하지 못했다.

4 강조부사 so: 구어체에서 very를 대체한다.

A: What are you (~~quite~~ / so) excited about?

B: I just found out that I won the photo contest!

A: 뭐가 그렇게 신나?

B: 방금 알았는데, 내가 사진대회에서 우승을 했어!

5 강조부사 that(=so): 특정 대상을 염두에 두고 정도를 비교하며 강조하는 부사이다.

A: I enjoyed eating at the Chinese restaurant on the second floor.

B: Me too. I've never had sweet and sour pork (that / ~~such~~) delicious before.

A: 난 2층의 중국집에서 맛있게 먹었어

B: 나도. 이전엔 그만큼 맛있는 탕수육을 먹어본 적이 없어.

➡ such는 명사를 수식하는 형용사를 강조하는 부사이다.

난이도 ●●●●○

Part 3 문법 오류 문장 고르기

(a) A: Congratulations, I heard the surgery was very successful.
(b) B: Yes, we took this new approach for the first time in the world.
(c) A: Is there anything about the new procedure risky?
(d) B: As far as I am concerned, it's the safest way ever to do it.

해석
(a) A: 축하 드립니다. 수술이 대단히 성공적이었다고 하더군요.
(b) B: 네, 우리가 세계 최초로 이 새로운 수술법을 시행했습니다.
(c) A: 새로운 시술에 관해 무엇이든 위험한 점이 있을까요?
(d) B: 제가 아는 한, 이것이 지금까지 나온 가장 안전한 수술 방법입니다.

풀이과정 맛보기
① 명사, 동사, 형용사에 집중하며 선택지를 읽는다.
② (c)에서 명사 procedure 뒤에 형용사 risky가 온 것에 주목한다. 일반적으로 형용사는 명사를 뒤에서 수식하지 않는다.
③ 문맥상 risky는 anything을 수식하는 관계라는 것을 알 수 있으므로 anything risky가 되어야 한다. thing으로 끝나는 대명사는 형용사가 그 뒤에 위치해 수식한다.

어휘 Congratulations 축하합니다 surgery 수술 approach 방법, 접근법 for the first time 최초로 risky 위험한 procedure 절차, 과정 as far as I am concerned 내가 아는 한

정답 (c) anything about the new procedure risky → anything risky about the new procedure

---

기출맛보기

정답 및 해설 p.79

1. There was a difference in salary between men and women but, to be honest, not _____ much of a difference.

(a) that
(b) all
(c) such
(d) very

2. A: I heard you are very familiar with our final destination, Hidden Valley in Manila.
B: Yes. I've been there quite _____ times.

(a) a little
(b) a few
(c) little
(d) few

Part 1 가장 적절한 정답 고르기

1 A: I think Mr. Shapiro needs to be a lot
   stricter with his staff.
   B: I agree. He has _____ rules in his
   department.
   (a) a little   (b) a few
   (c) little   (d) few

2 A: Can we submit our report next week?
   B: No, the director was _____ that he
   needs it tomorrow. 기출
   (a) clear   (b) clearly
   (c) clearer   (d) clearest

3 A: Mary certainly likes to spend a lot of
   money on her outfits.
   B: Yeah, _____ her belt was expensive!
   (a) such   (b) yet
   (c) so   (d) even

4 A: That horror movie really frightened me.
   B: Me too. I've never seen one _____
   scary before.
   (a) yet   (b) even
   (c) that   (d) much

5 A: What kinds of books do you read?
   B: A few different kinds, but _____
   science fiction novels.
   (a) almost   (b) most
   (c) mostly   (d) much

6 A: How's the temperature outside?
   B: It's _____ higher than yesterday, so
   you won't need a jacket.
   (a) such   (b) quite
   (c) very   (d) much

7 A: I can't find any of my pens or notepads.
   B: Tidy up your desk. You have _____
   too much stuff.
   (a) such   (b) so
   (c) far   (d) very

8 A: How did you like Lee Daly's stand-up
   comedy show last night?
   B: It wasn't very funny. He's not _____
   comedian he once was.
   (a) same   (b) a same
   (c) the same   (d) each same

Part 2 가장 적절한 정답 고르기

9 The curtains of this room are _____
   long.
   (a) fourth metre   (b) four metre
   (c) fourth metres   (d) four metres

10 St. Ives Cathedral _____ by tourists to
   be the most impressive site in the city.
   (a) has always been considered
   (b) has been always considering
   (c) always has been considering
   (d) has been considered always

11 The CEO of the corporation has been linked
   to _____ politicians.
   (a) some rich Russian
   (b) some Russian rich
   (c) Russian some rich
   (d) rich Russian some

12 It is strongly recommended that all applicants send in their résumés _____ before the deadline. 기출

(a) well
(b) very
(c) such
(d) quite

13 The renovation crew arrived _____ to start painting the room.

(a) early in the morning
(b) in early the morning
(c) the early morning in
(d) in the morning early

14 The ski resort is _____ remote that it can only be reached by helicopter.

(a) such
(b) much
(c) too
(d) so

15 During _____ few weeks that it was open, Ferdinand's Restaurant received more than 500 customers per day.

(a) first
(b) a first
(c) the first
(d) several first

16 At $595,000, the painting was _____ under the expected bidding price of $600,000.

(a) so
(b) just
(c) that
(d) quite

Part 3 문법 오류 문장 고르기

17 (a) A: What topics do you plan to bring up at the city council meeting on Friday?
(b) B: Well, I think we need to finalize a budget for landscaping the park.
(c) A: Some people quoted some financial figures at the last meeting.
(d) B: That's right, but I feel the issue hasn't been thorough discussed yet.

18 (a) A: Those running shoes that I ordered just arrived. They look great!
(b) B: Oh, can I take a look? Wow, I really love the design.
(c) A: Same here. I think I'll wear them when we go to the mountains this weekend.
(d) B: Really? I'd say that they're not enough strong for hiking.

19 (a) Tinnitus is a symptom of various conditions and refers to the perception of a ringing or buzzing sound that others cannot hear. (b) Approximately one in five people will suffer from tinnitus during their lifetime, and no effective cure is known. (c) Many sufferers who do not seek treatment are driven to depression by the incessantly and annoying noise. (d) Fortunately, some medications exist that can provide temporary relief from the symptoms.

20 (a) Critics of the British government have argued that many elderly citizens do not receive the standard of care they require. (b) According to recent figures released by a leading national charity, more than one million senior residents currently receive no help at all for basic care. (c) Despite the growing elderly population, the government approved budget cuts to age old care last month. (d) This means that senior citizens who do not have the support of friends or family are left to struggle on their own.

Section 4.
전치사와 접속사

전치사와 접속사 출제 경향

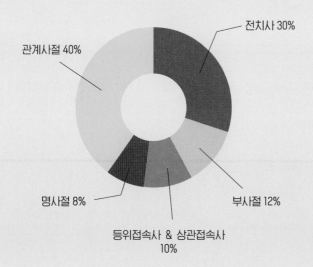

전치사 30%

관계사절 40%

부사절 12%

등위접속사 & 상관접속사
10%

명사절 8%

☑ 전치사는 명사 앞에 위치하여 시간, 장소, 이유 등 다양한 부사적 의미를 형성한다.

☑ 특히 <전치사 + 명사>는 대표적인 수식어구로서, 이를 '전명구' 또는 '부사구'라고 부른다.

☑ 기본적으로 시간, 장소, 위치, 이동, 거리, 관계 등을 나타내는 전치사에 대한 내용이 출제된다. 하지만, 전치사의 기본 의미를 묻기보다는,
특정 동사와 전치사, 특정 명사와 전치사의 결합 등 숙어형 전치사의 출제 비중이 늘어나는 추세이며, 매회 평균 1~2문제 출제된다.

핵심포인트 1 유형별 전치사

① 이유: ~때문에

① for

Alex is always blamed **for** failing to meet deadlines.
알렉스는 마감을 지키지 못하는 것 때문에 항상 비난 받는다.

② because of

Because of the fire last night, the home is severely damaged.
어젯밤 화재 때문에, 그 집은 심각하게 피해를 입은 상태이다.

③ on account of

The concert at the outdoor venue was postponed **on account of** rain.
야외 공연장에서 열릴 예정이던 콘서트가 비 때문에 연기되었다.

④ owing to

A number of stores are closing down one after another **owing to** economic slowdown.
많은 가게들이 불경기로 인해 차례로 문을 닫고 있다.

⑤ due to

Due to a scheduling conflict, the budget meeting was put off until next week.
일정 충돌 때문에, 예산 회의가 다음 주로 연기되었다.

② 목적: ~을 위해

① for

Some work **for** money, others **for** fame. 어떤 사람들은 돈을 위해 일하지만, 다른 사람들은 명성을 위해 일한다.

② on

I came here **on** business. 사업차 여기에 왔습니다.

③ after

He is always seeking **after**(= for) wealth. 그는 항상 부를 추구한다.

③ 도구(with):~을 가지고

He cut the apple **with** a knife. 그는 칼로 사과를 잘랐다.

④ 수단(by): ~로, ~을 이용해

Traveling through the downtown area **by** bus takes longer than using the subway.
버스로 도심을 통과하는 것은 지하철을 이용하는 것보다 시간이 더 걸린다.

5 양보: ~에도 불구하고

① in spite of
In spite of repeated warnings, she took the offer. 거듭된 경고에도 불구하고, 그녀는 그 제안을 수락했다.

② despite
Despite the charges, members of the suspect's family are convinced of his innocence.
혐의에도 불구하고, 용의자의 가족들은 그의 무죄를 확신하고 있다.

③ for all(=with all)
For all(=with all) her advantages, she failed to win the game.
자신의 유리함에도 불구하고, 그녀는 경기에서 이기지 못했다.

④ notwithstanding
The board approved the restructuring plan, **notwithstanding** our opposition.
우리의 반대에도 불구하고, 이사회는 구조 조정 계획을 승인했다.

6 방향

① from(~로부터) / to(~로) / toward(~ 쪽으로)
The loud music **from** the party kept me awake. 파티에서 나오는 시끄러운 음악이 나를 잠 못 들게 했다.
I have never been **to** New York. 나는 뉴욕에 가본 적이 없다.
She headed **toward** the gate. 그녀는 정문 쪽으로 향했다.

> 참고 '방향'과 비슷한 맥락으로 '대상'을 나타내는 to가 시험에 잘 나온다.
> I'm new **to** this area. 전 이 지역이 처음이에요.
> His success can be attributed **to** his own abilities. 그의 성공은 그의 능력 덕분이다.

② across(~을 건너서, 가로질러) / through(~을 통과하여)
There's a drugstore **across** the street. 길 건너에 약국이 하나 있다.
The presidential candidate pushed her way **through** the crowd. 대통령 후보자는 군중을 통과하여 앞으로 나아갔다.

③ into: ~ 안으로 / ~로 (상태의 변화) / ~에 대한
Young turtles were released **into** the sea. 어린 거북이들이 바다로 방생되었다.
The landfill site was transformed **into** a park. 쓰레기 매립지가 공원으로 바뀌었다.
Dr. Morris has a keen insight **into** human behavior. 모리스 박사는 인간 행동에 대해 예리한 통찰력을 갖고 있다.

핵심포인트 2 여러 용법을 가진 전치사

1 for

① 기간: ~동안
My father has been retired **for** <u>two years</u>. – for + 숫자 + 기간 명사
우리 아버지는 은퇴하신 지 2년이 되었다.

② 목적 및 용도: ~을 위하여
I run in the park three times a day **for** <u>my health</u>. – for + 보호/성취/목표 대상 명사
나는 건강을 위하여 하루 세 번 공원에서 달린다.

③ (행위) 원인: ~의 이유로
He dismissed one of the employees **for** <u>misconduct</u>. – for(= due to) + 명사
그는 위법 행위의 이유로 종업원 중 한 명을 해고했다.

④ 목적지: ~을 향해

The ship was <u>heading</u> **for** <u>Japan</u> when it was caught in a storm. – 이동의 동사 + for + 장소
폭풍우를 만났을 때, 그 배는 일본을 향해 운항하던 중이었다.

⑤ 찬성: ~에 찬성하여

Are you **for** or against <u>the construction project</u>? – for(= in favor of) + 의견/제안
당신은 공사 프로젝트에 찬성입니까, 반대입니까?

2 by

① 행위자: ~에 의해

The new City Hall was designed **by** a famous Danish architect. – by + 행위자
새로운 시 청사는 유명한 덴마크의 건축가에 의해 설계되었다.

② 수단: ~로, ~을 이용해

I usually travel to Chicago **by** <u>train</u>. – by + 교통수단: by bus/subway/taxi (버스/지하철/택시로)
나는 보통 시카고에 출장 갈 때 열차를 이용한다.

Please do not send classified documents **by** <u>private e-mail</u>. – by + 통신수단: by fax/mail/phone (팩스/우편/전화로)
기밀 문서를 개인 이메일로 전송하지 마십시오.

More and more people are shopping from home **by** <u>using</u> the Internet. – by + 동작/수단의 동명사
더욱 더 많은 사람들이 집에서 인터넷을 이용해 쇼핑을 하고 있다.

③ (수량) 차이: ~씩, ~만큼

All rates have been increased **by** <u>3 dollars</u>. – by + 수치 + 단위 명사
모든 요금이 3달러씩 인상되었다.

The new energy policy has cut power use **by** <u>25 percent</u>. – by + 수치 + 단위 명사
새로운 에너지 정책이 전력 사용을 25퍼센트만큼 감소시켰다.

④ 기한: ~까지

To avoid any late fees, you should return your books **by** <u>Friday</u>. – by + (마감/종료) 시점 명사
어떤 연체료도 물지 않으려면, 금요일까지 대여 도서를 반납해주십시오.

You must submit your work **by** <u>the date specified</u> on your invitation. – by + (마감/종료) 시점 명사
초대장에 명시된 날짜까지 꼭 작품을 제출하도록 하십시오.

3 with

① 도구: ~을 가지고

According to the recipe, first chop the meat **with** <u>a sharp knife</u>.
요리법에 따라, 먼저 날카로운 칼로 고기를 자르세요.

② 소유: ~을 소유한

This chart shows the difference in salary between people **with** <u>college degrees</u> and those without them.
이 도표는 대학 학위를 소유한 사람들과 그렇지 않은 사람들의 급여 차이를 보여줍니다.

③ 동반 : ~를 데리고

He goes for a walk in the park **with** <u>his dog</u> every morning.
그는 매일 아침 자신의 개를 데리고 공원에서 산책한다.

④ 분사구문(동시 상황): ~하자, ~하면서

With <u>the night coming on</u>, the snow began to blow hard. – with + 명사 + 분사구
밤이 오자, 눈발이 거세게 몰아치기 시작했다.

핵심포인트 3 분사의 형태를 지닌 전치사

① following: ~후에

Following the meeting, refreshments will be served. 회의 후에 다과가 제공될 예정입니다.

② regarding(=concerning, about, as to, as for): ~에 관하여

They have some concerns **regarding** the topic of the address. 그들은 연설의 주제에 관해 몇 가지 사항을 우려하고 있다.

③ considering(=given): ~을 고려하면, ~을 감안하면

We might have trouble finishing the work, **considering(=given)** the tight deadline.

빠듯한 마감일자를 고려할 때, 우리가 업무를 끝내는 데 문제가 있을지도 모른다.

> **참고** given은 단독으로 쓰이면 전치사이나, given that으로 쓰이면 접속사로 사용된다.
>
> **Given that** he is **51,** this is a remarkable achievement. 그가 51세라는 점을 감안할 때, 이것은 엄청난 성과다.

핵심포인트 4 기타 빈출 전치사

① like(~처럼) / unlike(~와 달리)

Don't treat me **like** a child. 나를 아이처럼 취급 마세요.

Unlike most salespersons, Henry is a rather shy man.

대부분의 영업사원들과는 달리 헨리는 수줍음을 타는 편이다.

② under: (통제, 관리, 감독) 아래, ~하에 / ~이 진행중인

under the supervision of Mr. Smith 스미스 씨의 감독 하에

under construction 공사중인

③ within (기간, 범위, 거리) ~이내에

within walking distance from the main business areas

주요 상업 지역에서 걸어갈 수 있는 거리에 있는

keep the project **within** the budget

프로젝트를 예산 내에서 진행하다

④ beyond: (범위, 한도) ~을 넘어서, ~을 할 수 없는

beyond my expectations 나의 기대를 넘어서는

beyond repair 수리가 불가능한

beyond question[doubt] 의심할 여지없이, 분명히

⑤ besides: ~외에

Do you speak any other language **besides** Chinese? 중국어 말고 또 다른 언어 할 줄 알아?

> **참고** beside의 기본 의미는 '~옆에'이시만 beside oneself는 숙어로 '제정신이 아닌, 이성을 잃고'의 뜻으로 쓰인다.

⚙ 기출유형정리

핵심 유형	출제 비율
유형 1 숙어의 일부로 사용되는 전치사	48%
유형 2 문맥으로 판단하는 전치사	29%
유형 3 논리 연결 선치사	20%
유형 4 전치사의 생략	3%

유형 1 숙어의 일부로 사용되는 전치사   48%

1 A: Did your boyfriend complete his military service?

B: Actually, he's exempt (from / ~~for~~) serving.

A: 네 남자친구는 군대에 다녀왔니?

B: 사실, 그는 군복무를 면제받았어.

2 Anyone looking for insight (~~towards~~ / into) Korean culture should stay in a Hanok, which is a Korean traditional house.

한국 문화에 대한 통찰력을 얻으려는 사람은 누구든지, 한국 전통 가옥인 한옥에서 살아봐야 한다.

3 To truly appreciate Francis Bacon's originality, we must examine him (against / ~~on~~) the background of the science of his time.

프란시스 베이컨의 독창성을 진정으로 이해하려면, 그가 살던 시대의 과학을 배경으로 그를 조사해야만 한다.

4 A: Why are you in a bad mood today?

B: Sorry. I'm (on / ~~in~~) a diet again and I'm hungry.

A: 오늘 왜 기분이 좋지 않아?

B: 미안해. 다시 다이어트를 하는 중인데, 배가 고파서.

⊙ 1 exempt from은 '~으로부터 면제된'이란 표현의 일부이다. 정답은 '제외'를 나타내는 전치사 from이다.

2 insight into는 '~에 대한 통찰력'이란 표현의 일부이다. 정답은 '침투 또는 관통'을 나타내는 전치사 into이다.

3 against는 '~에 맞서, 대항하여'라는 뜻으로 자주 쓰이지만, against the background of처럼 '~을 배경으로, ~에 의지하여'라는 의미로도 사용된다. 정답은 '배경'을 나타내는 against이다.

4 be on a diet는 '다이어트 중'이란 표현으로, 여기서 on은 '진행 중'이라는 뜻이다. 정답은 on이다.

1 A: Did many people come to the funeral?

  B: Yeah. Thousands of people filed (**past** / ~~through~~) the casket to pay their last respects.

    A: 장례식에 사람들이 많이 왔나요?

    B: 예. 수천 명이 마지막 조의를 표하려고 줄을 서서 관 옆을 지나갔어요.

2 A: Have you seen my wallet?

  B: Yes. It's (**in** / ~~on~~) the drawer where you left it.

    A: 혹시 내 지갑 봤니?

    B: 응. 네가 넣어둔 서랍 안에 있던데.

3 A: How do you like Sally's new salary proposal?

  B: I agree with it, as long as it stays (~~beyond~~ / **within**) the boundaries of our budget.

    A: 샐리가 새로 제안한 급여에 대해 어떻게 생각하세요?

    B: 거기에 동의해요. 우리 예산 범위를 넘지만 않는다면요.

4 A: Why didn't you wear your new blue jeans?

  B: I found a rip (~~into~~ / **on**) one seam.

    A: 왜 새 청바지를 안 입었어?

    B: 이음매가 터진 것을 발견했거든.

○ **1** casket은 '관'을 가리킨다. 장례식 장면을 생각해보면 사람들이 관 옆을 지나가므로 past가 정답이다. 전치사 past는 특정 대상의 옆을 지나가는 것이고, through는 가운데를 통과해서 가는 차이가 있다.

  2 drawer는 '서랍'을 가리킨다. 서랍은 보관을 목적으로 하는 내부 공간을 지닌 물건으로 지갑의 위치가 서랍 내부인 것을 문맥상 알 수 있으므로 정답은 공간의 내부를 나타내는 in이다.

  3 beyond는 '특정 영역 너머'를 가리키고, within은 '특정 영역 이내'를 가리키는 정반대의 개념이다. 지출되는 돈에 해당되는 급여가 예산 범위 안쪽에 있어야 동의할 수 있으므로 within이 정답이다.

  4 seam은 '(옷의) 이음매, 접합선'이다. rip이 이음매(seam)의 실밥이 터진 것을 가리키므로 seam과 접촉해 있는 것이다. 그러므로 '접촉'을 나타내는 on이 정답이다. into는 내부로 이동하는 개념이고 on은 표면에 접촉한 개념이다.

논리 연결 전치사 **20%**

> **1** Helen Trevino was convicted of treason in France (**for** / ~~with~~) working with Japan during the war as a radio personality.
>
> 헬렌 트레비노는 전쟁 기간에 라디오 진행자로서 일본에 부역한 혐의로 프랑스에서 반역죄로 기소되었다.
>
> **2** A: How many languages do you speak?
>
> B: (~~With~~ / **Besides**) English, I also know some Spanish and French.
>
> A: 너는 몇 개 국어를 하니?
>
> B: 영어 외에, 스페인어와 불어도 좀 알아.
>
> **3** (**In spite of** / ~~Because of~~) his cold, he came first in the marathon.
>
> 감기에 걸렸음에도 불구하고, 그는 마라톤에서 1등으로 들어왔다.

○ **1** 동사 was convicted는 기소당했다는 뜻인데, 그 원인인 혐의를 제시할 때 이유를 나타내는 전치사 for를 사용한다.

2 with는 동시 상황을 나타내고 besides는 첨가의 의미를 나타낸다. also를 통해 영어 외의 다른 언어들을 추가해서 설명하고 있으므로 첨가를 나타내는 Besides가 정답이다. 동시 상황이라면 also가 필요하지 않으므로 with는 오답이다.

3 감기에 걸린 것과 마라톤에서 1등을 한 것은 상반된 상황이다. 그러므로 양보를 나타내는 전치사구인 In spite of가 정답이다.

전치사의 생략 **3%**

> **1** At the moment, our e-mail system is having difficulty (~~in transmitting~~ / **transmitting**) messages.
>
> 현재 우리 이메일 시스템이 메시지를 전송하는 데 어려움을 겪고 있다.
>
> **2** Mr. Gunter spends his free time (**improving** / ~~in improving~~) his fishing skills.
>
> 건터 씨는 자신의 낚시 기술을 발전시키면서 자유시간을 보낸다.
>
> **3** Several homes were without electricity (~~at last night~~ / **last night**) due to a damaged power line.
>
> 손상된 전선 때문에, 어젯밤 여러 가구의 전기가 나갔다.
>
> **4** A substantial amount of property development has taken place along the White River (**over the last decade** / ~~the last decade~~).
>
> 지난 10년간 화이트 강을 따라 상당한 양의 부동산 개발이 이루어졌다.

○ **1** 「have difficulty/a hard time/trouble in/with + 명사」는 '~에 있어서 어려움을 겪다'라는 의미의 숙어이나. 그런데 이때 명사 자리에 동사의 행위가 오면 전치사를 사용하지 않으므로 정답은 transmitting이다.

2 「spend + 시간 + in/on + 명사」는 '~에 시간을 쏟다, ~하면서 시간을 보내다'라는 의미의 숙어이다. 그런데 이때 명사 자리에 행위를 나타내는 동사-ing 형태가 오면, 동사-ing 앞에 전치사를 필요로 하지 않는다. 동사-ing가 분사구문(~하면서)의 기능을 하기 때문이다. 그러므로 정답은 improving이다.

3 every, next, last, this, that 등의 한정사가 시간 명사(morning, day, time, week, month, year 등)와 결합하는 경우에는 시점을 나타내는 전치사를 생략한다. 정답은 last night이다.

4 last, past, next 등의 한정사가 기간 명사와 결합하는 경우에는 기간을 나타내는 전치사 in, over, for 등을 생략하지 않는다. 그러므로 정답은 over the last decade이다.

실전적응훈련

정답 및 해설 p.83

난이도 ●●●○○

Part 1 가장 적절한 정답 고르기

A: My brother is _____ nature
a disciplined person.

B: Ah, that's why your father trusts him.

(a) through
(b) with
(c) from
(d) by

해석 A: 우리 형은 원래 행동이 바른 사람이야.
B: 아, 그래서 너희 아버지가 네 형을 신뢰하시지.

풀이과정 맛보기

① 선택지가 전치사로 구성되어 있음을 확인하고
빈칸 앞뒤의 단어와 숙어 관계를 확인한다.

② 빈칸 뒤의 nature와 숙어를 이루는 by에 주목하고 대입해본다.

③ disciplined가 사람의 성격을 나타내므로 '원래,
천성적으로'라는 의미로 쓰이는 by nature가 문맥에 부합하는 것을 확인한다.

④ 따라서 정답은 (d) by이다.

어휘 **by nature** 원래, 선천적으로 **disciplined**
행동이 올바른, 규율을 잘 지키는 **that's why**
~ 그래서 ~하다 **trust** 신뢰하다

정답 (d)

기출맛보기

정답 및 해설 p.83

1. A: Why did you go out with him for dinner even if he's not good-looking?

B: _____ the fact that he's not so handsome, he has a good sense of humor.

(a) In spite of
(b) On behalf of
(c) Following
(d) Against

2. A: Could you show me the way to the movie theater?

B: Of course, it is right _____ the street.

(a) at
(b) on
(c) across
(d) throughout

Part 1 가장 적절한 정답 고르기

1 A: I like the new plan for the company excursion.

B: Same here. I'm all _____ it.

(a) at   (b) to

(c) for   (d) up

2 A: We should call a technician to fix our air conditioner.

B: No, let's just replace it with a new one. I think it's _____ repair.

(a) before   (b) beyond

(c) beside   (d) beneath

3 A: How often do the express buses run to Manchester?

B: Every hour _____ the hour.

(a) out   (b) in

(c) on   (d) with

4 A: That letter you got from Lisa smells nice.

B: Yes, the paper is infused _____ the fragrance of her perfume.

(a) on   (b) with

(c) of   (d) in

5 A: I don't really understand what the music critic is saying in her review.

B: _____ implication, she's disappointed that the songs on the album are too similar.

(a) On   (b) By

(c) With   (d) Upon

6 A: Does Caitlin still work in your office?

B: No, she left our company last month. She's in _____ jobs right now.

(a) on   (b) by

(c) at   (d) between

7 A: Can you tell me where the nearest ATM is?

B: Sorry, but I'm new _____ this neighborhood.

(a) from   (b) to

(c) on   (d) of

8 A: It's so unfair that your rent was increased. Your place isn't worth that much!

B: I know, but I won't hold it _____ the landlord.

(a) for   (b) against

(c) above   (d) behind

Part 2 가장 적절한 정답 고르기

9 Jazz, a musical style attributed _____ African Americans living in New Orleans in the 1800s, has grown in popularity around the world.

(a) in   (b) for

(c) to   (d) from

10 Grouping job applicants _____ similar degrees may help employers to create a list of the most suitable candidates.

(a) to   (b) on

(c) with   (d) at

11 Although her brother could watch the television _____ the dog barking in the garden, Sally found the noise very irritating.

(a) in   (b) as

(c) with   (d) about

12 Nobody came to work on the public holiday _____ Martin, who had to finish an important report.

(a) besides (b) opposite
(c) in case of (d) contrary to

13 A fever and a sore throat kept George _____ attending the residents meeting.

(a) on (b) of
(c) from (d) after

14 Seeing how many people had turned up for his surprise birthday party, Jim was _____ himself with joy.

(a) by (b) for
(c) beside (d) of

15 Police are _____ the hunt for two men suspected of robbing a bank yesterday evening. 기출

(a) at (b) on
(c) after (d) under

16 Mary Cosgrove's first novel has been transformed _____ a successful stage production.

(a) on (b) over
(c) in (d) into

Part 3 문법 오류 문장 고르기

17 (a) A: I have no idea what to get my parents' anniversary.
(b) B: How much are you hoping to spend? You should probably get them something nice.
(c) A: Yes, I'm happy to spend a lot. They're celebrating being together for 50 years.
(d) B: Then, how about a nice stay at a resort? It'd be a nice chance for them to get out of the city.

18 (a) A: Would you like to meet up tomorrow morning for coffee?
(b) B: I wish I could, but the morning isn't good to me.
(c) A: Then, how about getting together after lunch?
(d) B: That would be better. Does 1:30 work?

19 (a) The last traditional wooden three-masted ship to be built in Great Britain was the RRS Discovery. (b) The vessel was designed specifically for Antarctic research, and it carried Robert Falcon Scott on his successful expedition to Antarctica. (c) Following the expedition, the ship was remodeled and primarily used as a cargo vessel. (d) Today, it is in display at Discovery Point in the city of Dundee and open for public viewing.

20 (a) William Castle was an American film director and producer who was known for promoting horror movies with a variety of gimmicks. (b) The experience of watching a William Castle film was significantly different about that of watching films by other directors. (c) When Castle's film *House on Haunted Hill* premiered in theaters, cinema patrons were shocked by red-eyed skeletons flying overhead. (d) His marketing gimmicks proved to be effective, and at the height of his popularity, his fan club included more than 250,000 members.

UNIT 13 부사절

- ☑ 절과 절을 종속적 관계로 연결하는 접속사를 부사절 접속사라고 한다.
- ☑ 부사절의 연결 관계를 파악하려면 두 절의 해석이 필요한데, 주요 연결 관계로는 목적, 원인, 이유, 결과, 양보, 시간 등이 있다.
- ☑ 매회 평균 1~2문제 출제되는 접속사 유형은 두 절의 연결 논리에 맞는 접속사의 선택, 의미가 같은 부사절 접속사와 전치사의 구별, 그리고 분사형 접속사의 사용, 도치 등의 특수한 용법을 구분하는 문제 등이 출제된다.

핵심포인트 1 부사절의 위치

1 주절 뒤 Jenny uses a special software program **when she designs an advertisement**.
광고를 디자인할 때, 제니는 특별한 소프트웨어 프로그램을 사용한다.

2 주절 앞 **Although she didn't make an appointment**, Sharon was able to see the doctor.
비록 예약을 하지는 않았지만, 샤론은 진찰을 받을 수 있었다.

3 문장 중간 The law, **unless it is revised**, will make life more difficult.
그 법안은 개정되지 않으면 삶을 더 어렵게 만들 것이다.

핵심포인트 2 부사절 접속사의 종류

1 이유 부사절: 연결되는 두 절의 관계가 원인과 결과일 때 사용한다.

> ⭐ **필수암기** 이유 부사절 접속사
>
> **because** ~때문에   **since** ~이므로   **as** ~이니까   **now that** 이제 ~이니까   **in that** ~라는 점에서

① 이유

The newspaper's circulation is down **because** many people are getting their news online.
많은 사람들이 온라인에서 뉴스를 보고 있기 때문에 신문 판매 부수가 줄어들었다.

Since Mr. Parker is now away for a few weeks, Ms. Logan will take over as manager of the sales department.
파커 씨가 이제 몇 주 동안 자리를 비우므로, 로건 씨가 영업부장 직을 맡게 될 것이다.

As the annual vacation season is right around the corner, please check room availability before visiting us.
연례 휴가철이 코앞으로 다가옴에 따라, 저희를 방문하시기 전에 객실이 있는지 확인하시기 바랍니다.

② 판단 근거

Now that they have the same hairstyle, Josh and Fiona look like siblings.
조쉬와 피오나가 헤어스타일을 같게 하니까, 둘은 남매처럼 보인다.

This software differs from others **in that** it emphasizes stable functionality and high performance.
이 소프트웨어는 안정적 기능성과 높은 성능에 중점을 두고 있다는 점에서 다른 것들과 차별화된다.

2 양보 부사절: 양보 접속사로 연결되는 두 절은 내용이 상반된다.

> ⭐필수암기 **양보 부사절 접속사**
>
> **though**(=**although**, **even though**, **granted** (**that**), **granting** (**that**), **albeit**) ~에도 불구하고, 비록 ~이지만
> **while**(=**whereas**) ~인 반면에   **even if** 설령 ~일지라도

① 사실

Granted[Granting] (that) the building is old, I still want to buy it.
그 건물이 낡은 것이기는 하지만, 나는 여전히 그 건물을 사고 싶다.

② 대조

Jesse always wants to stay home and order in food **while** Tina likes to eat out.
티나가 외식하는 걸 좋아하는 반면, 제시는 항상 집에 있으면서 음식을 시키고 싶어한다.

③ 가정

Even if you are telling me the truth, there is nothing I can do about it.
당신 말이 사실이라 하더라도, 그에 대해 내가 해줄 수 있는 것이 없다.

> 참고 as는 시간, 이유, 방법, 양태, 비교의 부사절을 이끌지만, 양보의 뜻은 아래의 구조로만 가능하다.
>
> **Exhausted as I was** last night, I walked her home.
> – 도치형태: 형용사/분사/부사/(무관사)명사 + as + 주어 + 동사
> = Though I was exhausted last night, I walked her home.
> 나는 어젯밤 매우 피곤했지만, 그녀를 집에 바래다주었다.
>
> **Young as he may be**, he is really prudent. – 도치형태: 형용사/분사/부사/(무관사)명사 + as + 주어 + 동사
> = Though he may be young, he is really prudent.
> 그가 어릴지는 모르지만, 매우 신중하다.

3 조건 부사절: 조건 접속사로 연결되는 부사절은 '만약 ~이라면'으로 해석하며, 연결되는 두 절은 조건과 그에 따른 결과를 나타낸다.

> ⭐필수암기 **조건 부사절 접속사**
>
> **if**(=**provided** (**that**), **providing** (**that**), **supposed** (**that**), **supposing** (**that**), **on condition that**) 만일 ~라면
> **unless** 만일 ~하지 않는다면   **in case** (**that**) ~인 경우에, ~인 경우를 대비해서   **once** 일단 ~하면

① 단순가정

Businesses will suffer **if** the regulation is passed.
만약 그 규제안이 통과되면 기업들이 타격을 받을 것이다.

② 반대가정

The situation will turn out to be uncontrollable **unless** we take immediate action.
우리가 당징 조치를 취하지 않으면, 상황이 걷잡을 수 없게 될 것이다.

③ 필요성에 대한 가정

Please back up your work regularly **in case** you suddenly lose your data.
갑자기 데이터를 분실할 것에 대비해, 작업물을 정기적으로 백업하십시오.

④ 전제

Once John moves to a place near me, we will start a band.
일단 존이 우리 집 근처에 이사 오게 되면, 우리는 밴드를 시작할 것이다.

조건을 의미하는 특수 접속사: ~하는 한

- We will offer free banking service **as long as** you maintain the minimum account balance.
  귀하가 최소 잔고를 유지하는 한 무료 금융 서비스를 제공해드립니다.
- **As far as** I am concerned, everything is perfect. 내가 보기에는, 모든 것이 완벽하다.
- **In so far as** I know, he is not an adult legally. 내가 아는 한, 그는 법적으로 성인이 아니다.

4 **시간 부사절:** 시간 접속사는 동사의 시제를 중심으로 두 절을 연결하므로 각 절의 동사 시제에 유의해야 한다.

> ⭐ **필수암기** 시간 부사절 접속사
>
> | | | | |
> |---|---|---|---|
> | since ~이래로 | by the time ~할 때 쯤이면 | until ~할 때까지 | when ~할 때 |
> | before ~하기 전에 | after ~한 후에 | once(=as soon as) ~하자마자 | while ~하면서 |

① 기준점

We <u>have known</u> each other **since** we <u>met</u> in elementary school.
우리는 초등학교에서 만난 이래로 서로 알고 지내왔다.

② 동시점

John <u>lived</u> next to me **when** we first <u>met</u> in elementary school.
우리가 초등학교에서 처음 만났을 때, 존은 우리 옆집에 살았다.

John <u>lived</u> next to me **while** we <u>went</u> to the same elementary school.
우리가 같은 초등학교에 다닌 동안, 존은 우리 옆집에 살았다.

③ 이전

John <u>lived</u> in New York **before** we first <u>met</u> in elementary school.
우리가 초등학교에서 처음 만나기 전에, 존은 뉴욕에 살았다.

④ 이후

John <u>moved</u> to New York **after** we first <u>met</u> in elementary school.
우리가 초등학교에서 처음 만난 후, 존은 뉴욕으로 이사했다.

John <u>became</u> my best friend **once** we <u>started</u> attending elementary school.
우리가 초등학교를 다니기 시작하자마자, 존은 내 절친이 되었다.

시간 부사절의 시제 일치

- **주절이 과거:** 주어 + <u>과거시제</u> + [시간접속사] + 주어 + <u>과거시제</u>
  Jason <u>was</u> a graphic designer **when** he <u>worked</u> for a local broadcasting company.
  제이슨이 지역 방송사에서 일했을 때, 그는 그래픽 디자이너였다.
- **주절이 현재:** 주어 + <u>현재시제</u> + [시간접속사] + 주어 + <u>현재시제</u>
  All employees always <u>turn off</u> their cell phones **when** they <u>come</u> to work.
  모든 직원이 출근을 하면 항상 휴대폰의 전원을 끄다.
- **주절이 미래:** 주어 + <u>미래시제</u> + [시간접속사] + 주어 + <u>현재시제</u>
  I <u>will return</u> your ID **when** you <u>bring</u> back the equipment.
  장비를 다시 가져오면 신분증을 돌려드리겠습니다.

5 목적 부사절: 목적을 나타내는 접속사로 연결되는 부사절은 목적 또는 수단을 의미하며, may, can, will 등의 조동사가 자주 수반된다.

> ⭐**필수암기** **목적 부사절 접속사**
>
> **so that ~ can** ~하기 위해   **in order that ~ can** ~하기 위해
>
> **lest ~ should** ~하지 않도록   **for fear that**절 ~일까봐

① 긍정

Please fill out this form **so that** we <u>can</u> know your medical history.
저희가 당신의 의료기록을 알 수 있도록 이 양식을 작성해주세요.

In order that you <u>may</u> access all parts of the Web site, you must register.
웹사이트의 모든 곳에 접속하기 위해서는 반드시 등록을 하셔야 합니다.

I turned up the volume **so (that)** the audience in the back rows <u>could</u> hear the announcement.
나는 뒷자리의 청중들도 발표를 들을 수 있도록 볼륨을 높였다.

② 부정

I didn't turn on the light **lest** I (should) wake the baby. – 부사절에 부정어 x
= I didn't turn on the light **for fear that** I might wake the baby. – 부사절에 부정어 x
나는 아기를 깨우지 않으려고 불을 켜지 않았다.

핵심포인트 3 **부사절의 축약**

부사절 속의 「주어 + be동사」는 생략이 가능하다. 부사절 접속사 뒤에 「주어 + be동사」가 생략된 후에 남는 것이 분사이기 때문에 이를 분사구문이라고 한다. 접속사의 의미가 일반적일 때는 접속사까지 생략되기도 한다. 이때 능동(현재분사)과 수동(과거분사)을 구분할 수 있어야 한다.

1 접속사 + -ing(현재분사)

You should always wear a helmet **when** (you are) **riding** <u>a bike</u>. – 타동사의 경우 목적어를 수반
오토바이를 탈 때에는 항상 헬멧을 착용해야 한다.

When (you are) **traveling** to Japan, you should bring a 110v AC power adapter. – 자동사의 경우 무조건 ing
일본으로 여행을 갈 때는 110볼트 전원 어댑터를 가져가야 한다.

2 접속사 + p.p.(과거분사)

Once (it is) **completed**, the skyscraper will be the second tallest in the city.
일단 완성되면, 그 고층건물은 도시에서 두 번째로 높은 건물이 될 것이다.

When (they are) **faced** with increased costs, many companies cut expenses by downsizing.
늘어난 비용에 직면하여 많은 회사들이 감축을 통해 비용을 줄인다.

⚙ 기출유형정리

핵심 유형	출제 비율
유형 1 부사절 접속사 구별	69%
유형 2 부사절 접속사와 전치사의 구별	18%
유형 3 부사절 접속사의 특수 용법	9%
유형 4 부사절의 축약	4%

유형 1 부사절 접속사 구별   69%

1 (**Since** / ~~Although~~) China has plenty of human resources, its economy is extremely dynamic.
중국은 풍부한 인적자원을 가지고 있기 때문에, 경제가 극도로 활성화되어 있다.

2 (~~Although~~ / **However**) uncomfortable it may be, you must wear safety gear before entering the construction site.
아무리 불편하더라도, 건설 현장에 들어가기 전에 반드시 안전장비를 착용해야 한다.

3 I always keep candles in the house (**in case** / ~~in that~~) there is a power outage.
정전이 발생할 경우를 대비해, 나는 항상 집안에 양초를 갖춰두고 있다.

4 A: Do you suppose we'll get decent seats at the basketball game?
B: Yes, (~~in case~~ / **provided**) we get there early enough.
A: 농구 경기장에서 우리가 괜찮은 자리를 구할 것 같니?
B: 응, 경기장에 아주 일찍 도착한다면.

5 (**By the time** / ~~Since~~) you finish this course, you will have become familiar with two programming languages.
이 강좌를 마칠 무렵이면, 두 가지 프로그래밍 언어에 친숙해져 있을 것입니다.

6 Fine hair is difficult to manage (**even if** / ~~even though~~) styling products are used.
가느다란 모발은 헤어 스타일링 제품을 사용해도 관리하기가 어렵다.

7 Important (**as** / ~~although~~) salt is in a healthy diet, we shouldn't have too much of it.
소금이 건강한 식단에서 중요하긴 하지만, 그것을 과도하게 섭취하면 안된다.

➡ **1** Since는 이유 부사절, Although는 양보 부사절 접속사이다. 두 절이 원인과 결과로 연결되므로 원인을 나타내는 앞 절을 Since가 이끌어야 한다.

2 Although와 However 둘 다 양보 부사절을 이끄는데, Although 뒤에는 「주어 + 동사」가, However 뒤에는 「형용사/부사 + 주어 + 동사」가 올 수 있다. 빈칸 뒤에 '형용사'가 나온 도치구문이므로 도치형 양보절을 이끌 수 있는 However가 정답이다.

3 in case는 '~이 발생할 경우에 대비하여'라는 가정 접속사이고, in that은 '~이기 때문에'라는 의미로 판단 근거를 나타내는 접속사이다. 정전 시에 사용하기 위해 필요한 것이므로 '대비'를 나타내는 in case가 적절하다.

4 in case는 문제가 일어날 경우를 대비하여 해결책을 제시할 때 사용한다. 반면, provided는 if의 동의어로서 단순 조건을 나타낸다. 해당 예문은 일찍 가면 좋은 자리를 얻을 수 있다는 단순 조건과 결과를 나타내므로 provided가 정답이다.

5 by the time은 '~할 무렵이면'이란 의미로 현재 발생한 일이 미래의 특정 시점에도 계속될 때 사용하며 주절에 보통 미래완료시제 동사가 사용된다. Since는 '~이래로'란 의미로 과거에 발생한 일이 현재까지 지속될 때 사용하며, 주절에 보통 현재완료시제 동사가 사용된다. 주절의 동사 시제가 미래완료인 것을 보고 By the time이 정답임을 알 수 있다.

6 even if가 이끄는 절에는 발생하지 않은 가정의 내용이 나오고, even though 부사절에는 화자가 사실로 알고 있는 내용이 나온다. 그래서 even if는 '설령 ~ 일지라도', even though는 '비록 ~이긴 하지만'으로 해석한다. 헤어 스타일링 제품을 지금 사용한 것이 아니라, 제품을 사용할 때를 가정하고 말하는 것이므로 even if가 정답이다.

7 형용사가 도치된 상황에서 양보의 내용을 이끄는 부사절 접속사는 as이다. 다음 공식을 다시 한 번 기억하자.
「형용사/분사/부사/(무관사)명사 + as + 주어 + 동사(비록 ~하지만)」

유형 2 부사절 접속사와 전치사의 구별   18%

> **1** It is difficult to stop Internet fraud (**because** / ~~due to~~) there is virtually no physical evidence.
> 인터넷 사기 사건은 근절하기가 어려운데, 사실상 물증이 없기 때문이다.
>
> **2** (~~Despite~~ / **Though**) he visited numerous stores, he didn't buy anything.
> 여러 매장들을 방문하긴 했지만, 그는 아무것도 사지 않았다.
>
> **3** (**In case** / ~~In case of~~) a quarrel occurs, do not take either side.
> 싸움이 일어나는 경우에, 어느 쪽도 편들지 마라.
>
> **4** The bear at the circus was able to balance a chair on its forehead (**while** / ~~during~~) it was standing on one foot.
> 서커스에서 곰은 한 발로 서서 의자를 이마 위에 올려놓고 균형을 잡을 수 있었다.
>
> **5** I won't be satisfied (~~by~~ / **until**) I have finished my work.
> 내 일을 끝낼 때까진 만족하지 못할 거야.

1 빈칸 뒤에 <주어 + 동사>가 이어지고 있으므로 접속사가 와야 한다. because와 due to는 모두 이유를 나타내지만, because는 접속사이고 due to는 전치사이므로 접속사인 because가 정답이다.

2 Though와 Despite은 모두 '~에도 불구하고'라는 양보의 의미이지만, Though는 접속사이고 Despite은 전치사이다. 빈칸 뒤에 <주어 + 동사>가 있으므로, 절을 연결할 수 있는 접속사 Though가 정답이다.

3 빈칸 뒤에 <주어 + 동사>가 있으므로 접속사가 필요하다. In case는 부사절 접속사, in case of는 전치사이므로 정답은 In case이다.

4 while과 during은 '~하는 동안'이라는 같은 의미로 사용되지만 품사가 다르다. while은 부사절 접속사, during은 전치사이다. 빈칸 뒤에 <주어 + 동사>가 있으므로 접속사인 while이 정답이다.

5 by와 until은 '~까지'라는 의미로 쓰이지만, by는 전치사이고, until은 전치사와 접속사가 모두 가능하다. 빈칸 뒤에 <주어 + 동사>가 있으므로 접속사로도 쓰이는 until이 정답이다.

부사절 접속사의 특수 용법 **9%**

---

1 It was (**such nice weather** / ~~so nice weather~~) that we went for a walk.
날씨가 너무 좋아서, 우리는 산책을 나갔다.

2 My teacher's remark, (**strange as it may sound** / ~~however it may sound strange~~),
encouraged me.
선생님의 말씀이 이상하게 들릴 수도 있겠지만, 그것은 나에게 힘이 되었다.

3 As you treat me, (**so** / ~~like~~) will I treat you.
네가 나를 대하는 것처럼 나도 너를 대할 것이다.

4 A: Could I change this sweater for something else?
B: Of course, (**provided** / ~~unless~~) it hasn't been worn.
A: 이 스웨터를 다른 것으로 바꿀 수 있을까요?
B: 물론이죠. 입어 본 게 아니라면요.

➲ **1** so 뒤에 명사가 올 수 있는 경우는 <so + 형용사 + a + 가산단수명사>일 경우이다. weather는 불가산명사인데, 불가산명사의 경우에
는 so 구문을 사용하지 않고 such만 사용되므로 정답은 such nice weather이다.

2 도치를 이용한 양보절을 나타낼 때는 <형용사/부사 + as + 주어 + 동사>의 구문을 사용하므로 strange as it may sound가 정답이다.
도치 이전의 구조는 Though it may sound strange이다. however는 뒤에 바로 strange가 오는 어순이 되어야 한다.

3 as는 종종 so와 상관어구로서 '~처럼 …도 역시 그렇다'라는 뜻의 구문에 사용되며, 이 경우 <so + 동사 + 주어>의 도치구문이 되므로
이 도치구문을 이끌수 있는 so가 정답이다. 참고로, 도치가 아닌 <so + 주어 + 동사> 구문은 '정말 그렇다'라는 강조의 의미이다.

4 provided는 과거분사처럼 보이지만 if와 기능이 같은 조건 부사절 접속사이다. 조건절 접속사 unless도 if의 기능을 하지만 부정을
포함하기 때문에 화자가 의도하는 상황과 반대가 되므로, provided가 정답이다.

부사절의 축약 **4%**

---

1 (**Although generally** / ~~Generally it is~~) large in size, a comet is small in mass.
혜성이 일반적으로 크기가 크기는 하지만, 질량은 작다.

2 (**Unless regulated** / ~~If not regulating~~), water pollution will reach a dangerous level
in the near future.
규제되지 않으면, 수질 오염이 가까운 미래에 위험한 수준에 이를 것이다.

3 Pure naphtha is highly explosive if (~~it exposed~~ / **exposed**) to an open flame.
순수 나프타는 불길에 노출되면 폭발할 가능성이 매우 높다.

➲ **1** Although it is generally large in size에서, 주절과 동일한 <주어 + be동사>는 접속사절에서 생략할 수 있으므로 Although
generally가 정답이다.

2 water pollution이 regulate의 목적어인 관계이므로 조건 부사절은 수동태가 되어야 한다. Unless it is regulated에서, <주어 + be
동사>가 생략되고 남은 Unless regulated가 정답이다. 접속사 if를사용하면 If not regulated가 될 수 있고, 접속사까지 생략하여
Not regulated 형태로도 사용 가능하다.

3 Pure naphtha가 expose의 목적어인 대상이므로 if절은 수동태가 되어야 한다. If it is exposed to an open flame에서, 주절과
동일한 <주어 + be동사>는 생략할 수 있으므로 exposed가 정답이다.

🕐 실전적응훈련

정답 및 해설 p.87

난이도 ●●●○○

Part 1 가장 적절한 정답 고르기

A: Did you hear that Jason can remember any word after looking at it only once?

B: Yes, he can, but _____, he doesn't have a good personality.

    (a) smart as he is
    (b) he is as smart
    (c) as he is smart
    (d) as smart he is

해석 A: 너 혹시 제이슨이 어떤 단어든 딱 한 번 보고 기억할 수 있다는 얘기 들었어?
       B: 응, 그래. 하지만, 그는 똑똑한 반면에, 성격이 좋지 않아.

💡 **풀이과정 맛보기**

① 선택지를 통해 as를 포함한 어순 문제임을 확인한다.

② 접속사 as가 시간, 이유, 양태의 접속사로 쓰이므로 문장 내용을 확인하여 어떤 유형인지 파악한다.

③ 빈칸 부분이 '그가 똑똑하다'인데, 그 뒤에 '성격이 나쁘다'로 서로 상반되는 내용이므로 as는 양보 접속사로 사용되어야 한다.(= although he is smart)

④ 따라서 as가 도치구문으로 사용되면 양보 접속사가 되는 특수 용법을 적용할 수 있다.

⑤ 「형용사/부사 + as + 주어 + 동사」의 도치 원칙에 따라 형용사로 시작하는 (a)를 정답으로 고른다.

💡 **매력적인 오답**

(c) 접속사절의 어순을 제대로 갖추었지만, as를 시간, 이유, 양태의 의미로 해석해서 연결하면 뜻이 통하지 않는다.

어휘 **remember** 기억하다 **look at** ~을 보다
     only once 단 한 번만 **smart** 영리한
     personality 성격, 인격
정답 (a)

👁 기출맛보기

정답 및 해설 p.87

1. A: What's up with her? She seemed furious with me.

    B: _____ I'm concerned, you did nothing wrong.

    (a) As long as
    (b) As far as
    (c) As good as
    (d) As well as

2. Hurry up _____ the airplane.

    (a) lest you should miss
    (b) lest you should not miss
    (c) for fear that you not miss
    (d) for fear of you should miss

Part 1 가장 적절한 정답 고르기

1 A: Can you come to Jesse's party tomorrow night?

B: I'm afraid not, _____ I have to visit my parents.

(a) before   (b) until

(c) because   (d) when

2 A: I really enjoy the stories that Richard writes.

B: Me too, but _____, he can't get any of his work published.

(a) as he is talented   (b) he is talented

(c) talented as he is   (d) talented as is he

3 A: Have you and David decided how you're going to get to the concert in San Diego?

B: Yeah, he'll take his car _____ I pay for the gas.

(a) wherein   (b) whether

(c) as though   (d) provided that

4 A: Did the residents understand the new garbage collection plan?

B: They figured it out _____ I showed them the pick-up schedule.

(a) whenever   (b) although

(c) whereas   (d) once

5 A: Your cameras are very different sizes.

B: Yes, but they're similar _____ they cost a lot of money.

(a) so that   (b) in that

(c) in case   (d) unless

6 A: I'm thinking of going to the new all-you-can-eat buffet at lunchtime.

B: I wouldn't bother, _____ you have other options.

(a) if   (b) when

(c) because   (d) unless

7 A: Why are you meeting Roger this weekend?

B: _____ he is new to the area, he needs someone to show him around.

(a) Since   (b) If

(c) Once   (d) Although

8 A: When will the 73A bus arrive at this stop?

B: It comes every 15 minutes, _____ I know.

(a) as long as   (b) as far as

(c) unless   (d) if only

Part 2 가장 적절한 정답 고르기

9 Guests visiting the country club cannot enter the VIP lounge _____ accompanied by a member.

(a) if only   (b) even if

(c) as far as   (d) as long as

10 _____ the Canadian government banned polar bear hunting for sport, local people are still allowed to do it for food.

(a) Until   (b) While

(c) Before   (d) Unless

11 _____ symptoms of the flu may go away without treatment, taking medication can help manage them earlier. 기출

(a) If
(b) After
(c) When
(d) Although

12 _____ she had finished developing her wildlife photographs, Tracy submitted them to the magazine for publishing.

(a) So
(b) Once
(c) Though
(d) Whether

13 Since the flight tickets will probably increase in price the longer we wait, we should purchase them _____ they're too expensive.

(a) while
(b) once
(c) before
(d) until

14 Costa Isla will probably become a popular beach resort _____ its hotels become more modernized.

(a) when
(b) because
(c) although
(d) as if

15 _____ you have completed your voter registration form, you should sign and mail it immediately. 기출

(a) Once
(b) Until
(c) In case
(d) Even if

16 Eddie's mother stopped by his apartment _____ he was golfing, so she had to wait in the entranceway.

(a) since
(b) while
(c) once
(d) in case

17 (a) A: Bernice, what do you think of the new e-book reader I bought yesterday?

(b) B: Oh, it seems nice. But, what advantage does it have over regular books?

(c) A: Well, paper books get worn out over time, so e-book devices stay in perfect condition.

(d) B: I suppose that's true. I just feel more comfortable turning the pages by hand.

18 (a) A: I'm thinking of going to see *Runaway Train* at the movie theater this afternoon.

(b) B: Oh, you mean the new action film starring Liam Gleason?

(c) A: That's the one. You could join me unless you don't have any other plans.

(d) B: That works for me. I was just planning to stay home and watch some TV.

19 (a) There are a wide variety of hand gestures you will learn during traveling around foreign countries. (b) Each gesture you pick up may have a significantly different meaning from one country to the next. (c) For instance, the common "thumbs up" sign of approval is used as an insult in Bangladesh. (d) It is important that you quickly learn the local meanings of gestures to avoid accidently offending any local people.

20 (a) I bumped into a man the other day who was excited about his daughter had just given birth to a baby. (b) The man informed me that he was delighted to finally be a grandfather. (c) He then offered to buy all of the other customers in the coffee shop a drink of their choice. (d) Later, I found out that the man was in fact George Munro, the founder and CEO of a global social media business.

☑ 등위접속사는 문법적 성격이 동등한 요소들을 연결하는 접속사로 and, but, or, nor 등이 있다.

☑ 두 절을 연결하는 종속접속사와 달리, 등위접속사는 단어, 구, 절 등 모든 요소의 연결이 가능하다.

☑ 부사가 등위접속사와 결합하여 연결 관계를 강조하는 것을 상관접속사라고 하며, 이때 연결되는 두 요소의 문법적 성격이 같아야 한다.

☑ 등위접속사는 상관접속사에서 짝을 이루는 접속사를 고르는 문제 또는 동사의 수 일치 문제로 주로 출제되며 매회 평균 0~1문제 출제된다.

핵심포인트 1 **등위접속사의 연결 대상**

등위접속사는 절만 연결하는 종속접속사와 달리, 단어나 구, 절을 모두 연결할 수 있다.

1 단어

The satisfaction of <u>our customers</u> **and** <u>our employees</u> is our top priority.
고객 그리고 직원의 만족이 저희의 최우선 사항입니다.

2 구

His dream is <u>to build a youth center</u> **and** <u>to make it open to everyone</u>.
그의 꿈은 청소년 센터를 설립하고 그것을 모두에게 개방하는 것이다.

3 절

<u>We redesigned our logo</u>, **and** <u>the public responded positively</u>.
우리는 로고를 다시 디자인했고, 대중은 긍정적인 반응을 보였다.

<u>We redesigned our logo</u>, **and** also <u>added several new product lines</u>. – added 앞에 중복 주어 we 생략
우리는 로고를 다시 디자인했고, 또한 몇 가지 새로운 제품군을 추가했다.

핵심포인트 2 **등위접속사의 종류**

1 and

① 추가

The benefits of this job include a pension **and** many vacation days.
이 일자리의 혜택에는 연금 및 많은 휴가 일수가 포함된다.

② 조건 이행의 긍정적 결과

Please pay your bills on time, **and** we will reopen your account immediately.
= **If** you pay your bills on time, we will reopen your account immediately.
청구서를 제때 지불하시면, 귀하의 계정을 즉시 다시 열어드릴 것입니다.

You must order before 4 p.m. **and** we will ship it via overnight delivery.
= **If** you order before 4 p.m., we will ship it via overnight delivery.
오후 4시 이전에 주문하시면, 저희가 당일 배송으로 발송해 드릴 것입니다.

③ 연속 행위: go(=come) + and + 동사원형

Go and find out who is knocking on the door.

= **Go to find out** who is knocking on the door.

= **Go find out** who is knocking on the door.

누가 문을 두드리고 있는지 가봐라.

➜ 연속 행위를 나타낼 때는 and를 to로 바꾸거나 생략할 수 있다.

2 or

① 선택

You can carry your baggage with you **or** check it.

짐을 가지고 타시거나, 아니면 부치실 수 있습니다.

➜ 둘 중 하나를 선택하는 상황에서 쓰인다.

② 조건 불이행의 부정적 결과

Turn off your laptop when you are not using it, **or (else)** it will overheat.

= **Unless** you turn off your laptop when you are not using it, it will overheat.

사용중이 아니면 노트북 컴퓨터의 전원을 끄세요, 그렇지 않으면 과열됩니다.

You should hurry up, or you will be late for school.

= **Unless** you hurry up, you will be late for school.

서둘러야 해, 그렇지 않으면 학교에 지각할거야.

➜ 명령문 또는 명령/의무 조동사 should(=must)가 포함된 절에 이어지는 or는 부정적 결과를 나타낸다.

③ 동격

Out of 15 doctors responsible for overdoses, only 5, **or** 33%, were disqualified.

약물 과다투여 책임이 있는 15명의 의사 중 5명, 즉 33%만이 면허 정지 처분을 받았다.

➜ 앞 내용을 부연 설명할 때 사용하며, '즉, 다시 말해서(=namely, that is to say, in other words)'라고 해석한다.

3 but(=yet)

① 대조

There was a staff picnic planned, **but** it was cancelled due to rain.

직원 야유회가 계획되어 있었으나, 비로 인해 취소되었다.

➜ 앞서 나온 내용과 대조적인 내용을 언급할 때 사용한다.

② 제외

He was left with no other option **but** to resign as chairman.

그는 의장 직에서 물러나는 것 외에 달리 선택할 것이 남아있지 않았다.

➜ except의 의미를 나타낼 수도 있다.

③ 부사 but

He is **but** a child. 그는 꼬마에 불과하다.

Life is **but** a dream. 인생은 한낱 꿈일 뿐이다.

➜ '오직, ~만, ~뿐'을 의미하는 only와 같은 부사로 사용될 수 있다.

④ 여러 가지 관용표현

She took an oath to tell **nothing but** the truth.
그녀는 오직 진실만을 말하겠다고 선서했다.

Sexual harassment in the workplace is **anything but** new.
직장 내 성희롱은 결코 어제 오늘의 일이 아니다.

All but him agreed to participate and provided volunteer work.
그를 빼고는 모두가 참가하는 데 동의했고 봉사 활동을 했다.

Cutting expenses without reducing labor costs is **all but impossible**.
인건비를 줄이지 않고 지출을 줄이는 것은 거의 불가능하다.

NOTE **but이 포함된 관용표현 정리**

- **nothing but** 오직, 그저, ~일뿐인(= only)
- **anything but** 결코 ~이 아닌(= by no means, never)
- **all but** ~빼고 모두(= all except)
- **all but** + 형용사/부사 거의(= almost)

4 for

Not all drivers are pleased, **for** the toll-free policy is being applied only to small cars.
모든 운전자들이 만족한 것은 아닌데, 통행료 무료 정책이 소형 차량에만 적용되고 있기 때문이다.

➡ 앞 내용에 대한 원인을 설명한다.

> **주의 1** because가 이끄는 절은 문장 내 위치가 자유롭지만, for절은 문장 시작 부분에 올 수 없다.
> <u>Because I felt tired</u>, I went to bed early. ◎
> I went to bed early, <u>for I felt tired</u>. ◎
> <u>For I felt tired</u>, I went to bed early. ✕
> 피곤해서 나는 일찍 잠자리에 들었다.
>
> **주의 2** for는 다른 등위접속사와 달리 절과 절만 연결 가능하다. 즉, 단어나 구는 연결할 수 없다.

5 nor

① 도치

I will never go back to the restaurant, **nor** will I recommend it.
나는 다시는 그 식당을 찾지 않을 것이며, 그곳을 추천도 하지 않을 것이다.

➡ 부정어가 포함된 절 뒤에 nor가 이끄는 절이 쓰이며, nor 이하는 도치가 된다.

② nor = and neither

I will never go back to the restaurant, **and neither** will I recommend it.
나는 다시는 그 식당을 찾지 않을 것이며, 그곳을 추천도 하지 않을 것이다.

➡ nor는 and neither로 바꿔서 사용할 수 있다.

상관접속사의 종류

■ both A and B: A와 B 둘 다

Both you and he <u>are</u> eligible for promotion. - 주어 자리에 올 경우; 항상 복수 취급
너와 그 사람 둘 다 승진 대상이다.

■ either A or B: A와 B 둘 중 하나

Either you or he <u>has to</u> attend the meeting. - 주어 자리에 올 경우; 항상 B에 동사 수 일치
당신과 그 사람 중 하나가 회의에 참석해야 한다.

■ neither A nor B: A와 B 둘 다 아닌

Neither the vice president nor the CEO <u>wants</u> to accept the offer. - 주어 자리에 올 경우; 항상 B에 동사 수 일치
부사장도 대표이사도 둘 다 그 제안을 받아들이고 싶어하지 않는다.

■ not only A but (also) B: A뿐만 아니라 B도

Not only you but he <u>deserves</u> the blame for the outcome. - 주어 자리에 올 경우; 항상 B에 동사 수 일치
당신뿐만 아니라 그도 그 결과에 대해 비난받아 마땅하다.

He as well as you <u>deserves</u> the blame for the outcome. - B as well as A일 경우; 항상 B에 동사 수 일치
당신뿐만 아니라 그도 그 결과에 대해 비난받아 마땅하다.

➡ B as well as A로 바꿔서 사용할 수 있다.

■ not A but B: A가 아니라 B

Not you but she <u>is</u> responsible for the project. - 주어 자리에 올 경우; 항상 B에 동사 수 일치
네가 아니라 그녀가 프로젝트 담당이야.

She cares not for you but for me. = She cares for me, not you.
그녀가 좋아하는 사람은 네가 아니라 나야.

➡ B, not A로 바꿔서 사용할 수 있다.

핵심 유형	출제 비율
유형 1 등위접속사의 기본 용법	63%
유형 2 상관접속사의 용법	30%
유형 3 등위접속사의 특수 용법	7%

유형 1 등위접속사의 기본 용법   63%

1 Considering the hard work the team is doing, I'm expecting the report to be ready by Friday, (~~and~~ / or) even Thursday.

팀이 열심히 일을 하고 있는 것으로 보아, 보고서는 금요일, 빠르면 목요일까지 준비될 것으로 예상하고 있다.

2 The sales director is stuck in traffic, (~~for~~ / so) the meeting will have to be delayed.

영업부장이 교통 체증에 갇혀 있어서, 회의가 연기되어야 할 것이다.

3 The fee for the conference covers transportation and accommodation, (~~and~~ / but) it does not include meals.

회의 비용에는 교통비와 숙박비가 포함되어 있지만, 식비는 포함되어 있지 않다.

4 When I arrived, everybody was sitting around the table and (talking / ~~talked~~).

내가 도착했을 때, 모든 사람이 탁자 주위에 앉아서 이야기를 나누고 있었다.

➡ **1** 등위접속사 and는 추가, or는 선택을 나타낸다. 문장에서 Friday와 Thursday는 둘 중 하나의 요일에 준비될 선택사항으로 언급된 것이므로 or가 정답이다.

2 등위접속사 for 뒤에는 원인이 제시되고, so 뒤에는 결과가 제시된다. 참석자가 교통 체증 때문에 오지 못하는 것에 따른 결과로 회의가 연기되는 것이므로 정답은 결과를 이끄는 so이다.

3 빈칸을 중심으로 앞쪽은 회의 비용에 포함된 것, 그리고 뒤쪽은 포함되지 않은 것을 나타내는 상반된 구조를 이루므로 역접 등위접속사 but이 정답이다.

4 등위접속사는 앞뒤에 같은 요소가 배치되는 병렬구조를 이루므로, 빈칸에는 and 앞의 sitting과 같은 요소인 현재분사 talking이 들어가는 것이 옳다.

1 The question is not whether new IT companies will eat into Microsoft's market share, (~~or~~ / **but**) how much they will do so.

문제는 신생 IT 기업들이 마이크로소프트사의 시장점유율을 잠식할 것인지가 아니라, 얼마나 잠식할 것인가이다.

2 Substantial calorie reduction can not only decrease the rate of cell proliferation, (~~but also to extend~~ / **but extend**) the maximum life span of a variety of organisms.

상당한 양의 칼로리 감소가 세포의 증식 속도를 늦춰줄 뿐만 아니라, 다양한 유기체의 최대 수명을 연장시켜 줄 수도 있다.

3 The point is not that we should avoid comparing our culture with others, but (**that** / ~~because~~) we should look to other cultures in an effort to improve our own.

요점은 우리 문화를 다른 문화들과 비교하지 말아야 한다는 것이 아니라, 우리의 문화를 향상시키기 위해서는 다른 문화를 살펴보아야 한다는 것이다.

4 Employees should neither contact the media (~~or~~ / **nor**) speak with any reporter unless expressly authorized to do so by the company.

회사가 그렇게 해도 좋다고 명확히 승인하는 경우가 아니라면 직원들은 언론에 연락을 취하거나 그 어떤 기자와도 얘기를 나누어서는 안 된다.

○ **1** 부정어 not과 whether절이 이어지고 있으므로 not과 짝을 이루는 것으로서 <not A but B>의 구조를 만들어 'A가 아니라 B'를 의미할 때 사용하는 but이 정답이다. but 앞뒤로 같은 요소인 whether명사절과 how명사절이 연결되고 있다.

2 <not only A but (also) B>와 같은 상관접속사의 역할은 문장 내에서 동일한 어구나 절을 병치시키는 데 있다. not only 뒤에 동사원형이 왔으므로 but (also) 뒤에도 동사원형이 와야 한다. 따라서 but extend가 정답이다.

3 not 뒤로 that절이 이어져 있으므로 not과 짝을 이뤄 <not A but B>의 구조를 이루는 but 뒤에도 동일 요소인 that절이 이어져야 한다. 따라서 that이 정답이다.

4 상관접속사 문제로 보기에 and, nor, or 등이 있으면 문장에서 그와 함께 어울리는 짝이 있는지 먼저 살펴보는 것이 좋다. 앞에 neither가 나와 있는 것으로 보아 <neither A nor B(A도 B도 아니다)>의 구문임을 파악할 수 있으므로 nor가 정답이다.

등위접속사 nor 앞뒤로 동일한 문장 구조가 제시되어 있는 것도 눈 여겨 봐 두자.

1 We must try to protect our environment, (**or** / ~~and~~) it will be ruined for future generations.

우리의 환경을 보호하기 위해 노력해야 하는데, 그렇지 않으면 미래 세대에서는 황폐해질 것이다.

2 More people should carpool to work, (~~or~~ / **and**) the roads will be less congested.

더 많은 사람들이 승용차에 합승해 출근해야 하며, 그러면 도로 정체가 완화될 것이다.

3 My main interest is animal biology, (~~but~~ / **or**) the study of living organisms.

나의 주 관심사는 동물학, 즉 생명체들을 연구하는 학문이다.

○ **1** 주절에 명령이나 명령에 준하는 의무 조동사 must/should 등을 사용한 후 등위접속사 or로 연결하면, or는 '그렇지 않으면 (otherwise, if not, or else)'으로 해석되는 부정 조건을 나타낸다. 그러므로 or이 정답이다.

2 주절에 명령이나 명령에 준하는 의무 조동사 must/should 등을 사용한 후 등위접속사 and로 연결하면, and는 '그렇게 하면(if so)' 으로 해석되는 긍정 조건을 나타낸다. 그러므로 and가 정답이다.

3 등위접속사 or는 앞의 단어를 부연 설명하는 동격 구문을 이끌 수 있다. animal biology = the study of living organisms 관계이므로 정답은 or이다.

🕐 실전적응훈련

난이도 ●●●●●

Part 3 문법 오류 문장 고르기

(a) Surfing the Internet, I always come across something that gets on my nerves: pop-up ads. (b) You visit a website and another layer of ads pops up, which stays there forever unless you click on the 'close' button. (c) As many as four or five such eye-sores virtually plaster most websites. (d) Because we now have software available to fight off those annoying ads, but it blocks those 'benign' pop-ups I don't want to shut out as well.

해석 (a) 인터넷을 검색할 때, 항상 내 신경을 건드리는 것이 나타난다. 바로 팝업 광고이다. (b) 웹사이트를 방문하면, 또 다른 광고창이 나타나고, '닫기' 버튼을 클릭하지 않는 한 영원히 사라지지 않는다. (c) 많게는 너덧 개나 되는 이처럼 눈에 가시같은 팝업 광고들이 사실상 대부분의 웹사이트를 도배하다시피 하고 있다. (d) 이제 그런 짜증 나는 광고들을 차단하는 소프트웨어를 이용할 수 있지만, 그런 소프트웨어는 내가 닫고 싶지 않은 '선량한' 팝업들도 함께 차단한다.

💡 풀이과정 맛보기

① Part 3에서는 주로 동사 시제, 명사의 수, 접속사 등을 잘 살피며 읽는 것이 좋다.
② (d)에 접속사인 because와 but이 한 문장 내에 동시에 사용되었음을 인식한다.
③ 두 절의 내용이 '광고 차단 소프트웨어가 있다'와 '괜찮은 광고도 차단한다'로 서로 상반된다.
④ 그러므로 역접 등위접속사인 but이 남아있어야 한다.
⑤ 따라서 문장 앞에 접속사 Because가 잘못 들어간 (d)가 정답이다.

어휘 **surf the Internet** 인터넷 정보를 검색하다 **come across** 마주치다 **get on one's nerves** 신경을 거스르다 **pop-up** 튀어나오는, 팝업의 **pop up** 튀어나오다 **stay** 남아있다 **unless** ~하지 않으면 **as many as** 많게는 **eye-sore** 눈에 거슬리는 것 **virtually** 사실상 **plaster** 도배하다, 덧칠하다 **available** 이용 가능한 **fight off** 물리치다 **annoying** 짜증나는 **benign** 양성의, 선량한 **shut out** 차단하다 **as well** 마찬가지로

정답 **(d) Because we now have software available to fight off those annoying ads → Because 삭제**

🔭 기출맛보기

정답 및 해설 p.91

1. Swimming is a beneficial exercise, _____ aerobic activity and uses a number of muscle groups.

(a) not only it provides
(b) either it provides
(c) both it provides
(d) for it both provides

2. From 2007 to 2012, the foreign-born population of the United States increased by 4.9 million people to a total of 35.7 million, _____ 12.4 percent of the population.

(a) and
(b) or
(c) yet
(d) for

Part 1 가장 적절한 정답 고르기

1 A: Did Sally get the job she was interviewing
for?

B: Not only did she get it, _____ she
was offered a higher salary.

(a) also   (b) as well
(c) moreover   (d) but

2 A: Why are we getting rid of the fax
machines?

B: They are outdated _____ of no use
to us these days.

(a) and   (b) yet
(c) for   (d) or

3 A: Why is nobody buying this brand of
perfume?

B: I'm not sure, _____ perhaps it's
because it's so expensive.

(a) so   (b) as
(c) but   (d) and

4 A: Did you like the buffet at The Mayfair
Hotel?

B: Yes. I really enjoyed the food, and
_____.

(a) did so my husband
(b) my husband did so
(c) so my husband did
(d) so did my husband

5 A: Gina really wants to go to the music
festival next month.

B: I know, _____ she doesn't have
enough money for a ticket.

(a) so   (b) but
(c) while   (d) unless

6 A: When do you want to go outside and
explore Cairo?

B: I think I'll be ready after an hour
_____ so of sleep.

(a) just   (b) or
(c) and   (d) even

7 A: When is the rent due?

B: It's the 17th today, _____ you have
another three days to pay it.

(a) nor   (b) for
(c) but   (d) so

8 A: I didn't order _____.

B: My mistake. I'll swap it for the salad.

(a) a soup or a salad (b) soups and salad
(c) soup but salad   (d) soup and salad

Part 2 가장 적절한 정답 고르기

9 Mr. Carlisle won't eat any Asian food,
_____.

(a) his son neither will
(b) neither his son will
(c) nor will his son
(d) nor his son will

10 I did not need to pick up a map of the
museum, _____ I had visited there
before.

(a) yet   (b) nor
(c) but   (d) for

11 Pasta, as well as vegetarian dishes, _____
added to the restaurant's lunch menu.

(a) are   (b) have been
(c) was   (d) to have been

12 The importance of electricity cannot be underestimated, _____ without it most societies would struggle to function.

(a) and   (b) but

(c) nor   (d) for

13 The professor gave the students a choice: a group project _____ individual assignments.

(a) and   (b) or

(c) so   (d) nor

14 Three nights of my trip to Japan were spent in one of the smallest _____ most modern hotels in Osaka.

(a) yet   (b) likely

(c) otherwise   (d) one

15 The selection and appointment of the new Education Minister will be made by the city council, _____ by the voters.

(a) nevertheless   (b) instead

(c) despite   (d) not

16 _____ are the books and the journals of the library popular, but various people become members to take advantage of the DVD and CD collections.

(a) Nor that they   (b) They never

(c) Neither   (d) Not only

Part 3 문법 오류 문장 고르기

17 (a) A: I normally like sci-fi novels, but this new Giles Keith book is so slow.

(b) B: Do you think so? I think it's a lot more interesting than his previous effort.

(c) A: I haven't read that one I can't comment about it, but the plot in this one is so boring.

(d) B: Well, it does take a while to get going, but it gets pretty exciting near the end.

18 (a) A: Are there any good 5-star hotels in the downtown area?

(b) B: Yes, both The Royal York or The Ritz have first-class amenities.

(c) A: Great! Which one is nearest to the baseball stadium?

(d) B: That would be Royal York. It's just two blocks from the stadium.

19 (a) Everywhere you go in Algonquin National Park, and you are able to view wild animals in their natural habitats. (b) In total, fifty three mammal species and thirty two reptile species live within the park boundary. (c) Most visitors to the park hope to see some of the larger mammals, such as a black bear or a moose. (d) To stand a better chance of catching a glimpse of these animals, go out at dawn and take a pair of binoculars with you.

20 (a) Although plastic shopping bags are convenient for consumers, they have the potential to be extremely harmful to the environment. (b) Most supermarkets in North America still offer plastic bags to shoppers, despite the well-documented risks involved. (c) It is important to raise awareness about the issue also provide eco-friendly alternatives. (d) Reusable cloth bags and biodegradable paper bags are just as convenient as plastic ones, and pose a much lower risk to our environment.

UNIT 15 명사절

☑ 명사절은 <명사절 접속사 + 주어 + 동사>의 구조로 문장에서 주어, 목적어, 또는 보어의 역할을 한다.

☑ 대표적인 명사절 접속사는 that, whether, if, 그리고 의문사들이다.

☑ 명사절 접속사절의 구조적 차이, 의미 구별, 독특한 어법에 대해 출제되며, 특히 명사절 접속사이면서 동시에 관계사인 접속사의 구별 방법에 유의해야 한다.

☑ 매회 평균 0~1 문제가 출제되어 그 비중은 작지만 고난도로 출제되므로 정확한 학습이 필요하다.

핵심포인트 1 명사절의 구조와 역할

1 명사절의 구조: 명사절 접속사 + 주어 + 동사

2 명사절의 역할

① **Whether** <u>Douglas is suitable for the job</u> is a subject of debate among his coworkers.
　　　　　　　　　주어
더글라스가 그 일에 적합한지가 그의 동료들 사이에서 논쟁거리이다.

② The patient wondered **if** <u>the vaccination would have side effects</u>.
　　　　　　　　　　　　타동사(wonder)의 목적어
환자는 그 예방 접종에 부작용이 있는지 궁금해했다.

③ All employees were surprised by **who** <u>was elected as chairperson</u>.
　　　　　　　　　　　　　　전치사(by)의 목적어
모든 직원이 누가 의장으로 선출되었는지를 알고 놀랐다.

④ The goal of this workshop is **that** <u>participants gain confidence in public speaking</u>.
　　　　　　　　　　　　　　　보어
이 워크숍의 목표는 참여자들이 대중 연설에 대한 자신감을 얻는 것이다.

핵심포인트 2 명사절 접속사의 종류

1 명사절 접속사 that: ~라는 것

① that절을 목적어로 취하는 타동사: that절과 친한 동사를 알아 두면 쉽게 답을 고를 수 있다.

Many people <u>believe</u> **that** males work longer hours than females.
많은 사람들이 남자가 여자보나 더 많은 시간을 일하는 것으로 믿고 있다.

I <u>agree</u> **that** he will pass the test.
나는 그가 시험에 합격할 것이라는 데 동의한다.

Silva <u>hopes</u> **that** he will be reimbursed for any expenses incurred during the trip.
실바는 여행 중에 발생된 어떤 비용도 다 돌려받을 수 있기를 바란다.

> ⭐ **필수암기** that절을 목적어로 취하는 타동사 – 생각하고 말하는 유형의 동사
>
> | | | | |
> |---|---|---|---|
> | **believe** 믿다 | **assume** 추정하다 | **consider** 고려하다 | **know** 알다 |
> | **understand** 이해하다 | **announce** 알리다 | **agree** 동의하다 | **propose**(=**suggest**) 제안하다 |
> | **promise** 약속하다 | **say**(=**state**) 말하다 | **hope**(=**wish**) 바라다 | **expect** 기대하다   **think** 생각하다 |

② that절을 목적어로 취하는 형용사: that절과 친한 형용사를 알아 두면 쉽게 답을 고를 수 있다.

I'm <u>sure</u> **that** Jenny still works in this place.
난 제니가 아직도 이곳에서 근무한다고 확신해.

Residents should be <u>aware</u> **that** there will be no changes to the lease terms.
입주자들께서는 임대 조건에 변화가 없을 것이라는 점에 유의하십시오.

> ⭐ **필수암기** that절을 목적어로 취하는 형용사 – 인지, 확신, 감정, 상태를 나타내는 형용사
>
> | | | | |
> |---|---|---|---|
> | **aware** 알고 있는 | **conscious** 의식하는 | **informed** 잘 아는 | **possible** 가능한 |
> | **optimistic** 낙관하는 | **likely** ~할 것 같은 | **natural** 타고난 | **apparent**(=**clear, evident**) 명백한 |
> | **afraid**(=**anxious, concerned, worried**) 걱정하는 | | **certain**(=**confident, convinced, positive, sure**) 확신하는 | |

③ that절을 동격으로 취하는 명사: 명사 뒤에서 명사의 내용을 서술하는 동격절을 이끈다.

Realtors cannot overlook **the fact that** homebuyers have difficulty getting loans.
부동산업자들은 주택 구매자들이 대출을 받기가 어렵다는 사실을 간과할 수 없다.

The doubt that the company can survive is worrying shareholders.
그 회사가 회생할 수 있을지에 대한 의구심이 주주들을 걱정시키고 있다.

> ⭐ **필수암기** that절을 동격으로 취하는 명사 – 사실, 의견, 소식 등의 명사
>
> | | | |
> |---|---|---|
> | **the fact**(=**truth**) **that** ~라는 사실 | **the report that** ~라는 보도 | **the news that** ~라는 소식 |
> | **the opinion that** ~라는 의견 | **the rumor that** ~라는 소문 | **the idea**(=**thought**) **that** ~라는 생각 |
> | **the question that** ~라는 문제 | **the hope that** ~라는 소망 | **the doubt that** ~라는 의구심 |

④ 전치사의 목적어 자리: 전치사 뒤 목적어 자리에는 사용될 수 없다.

We are talking <u>about</u> **that** we will add a new menu next week. ❌
We are talking <u>about</u> **adding** a new menu next week. ⭕ – 전치사 뒤에는 동명사 사용
우리는 다음주에 새로운 메뉴를 추가하는 것에 대해 이야기 중이다.

2 명사절 접속사 whether: ~인지

① 아직 확인되지 않은 일을 나타내며, 주어, 목적어, 보어, 전치사의 목적어 등 모든 명사 자리에 사용할 수 있다.

형태: whether A or B / whether ~ or not
I don't know **whether** his project is feasible **or not**. – whether 명사절이 동사 know의 목적어
= I don't know **whether or not** his project is feasible. – or not의 위치가 자유로움
그의 프로젝트가 실현 가능성이 있는지 없는지 난 잘 모르겠다.

② whether절은 「whether + to부정사」 구문으로 바꿀 수 있다.

The company is now deciding **whether to import** building materials or buy them domestically.
회사는 현재 건축 자재를 수입할지 국내에서 구입할지를 결정 중이다.

> **주의** 명사절 접속사 whether VS. 부사절 접속사 whether
> whether이 명사절 접속사로 사용될 때는 '~ or not' 구조를 생략할 수 있지만, whether이 부사절 접속사로
> 사용될 때는 '~ or not' 구조는 생략할 수 없다.

3 명사절 접속사 if: ~인지

① 아직 확인되지 않은 일을 나타내며, 의미는 whether와 같지만 타동사의 목적어와 일부 형용사의 목적어 자리에만 사용 가능하다.

If it will snow or not is not certain. ❌ – 주어 자리에 사용 불가능, or not 사용 불가능
Whether it will snow or not is not certain. ⭕ – whether는 주어 자리에 사용 가능
눈이 올지 안 올지 확실하지 않다.

Mr. Smith doubts **if** anyone will remember him. ⭕ – 타동사의 목적어 자리에서 사용 가능
스미스 씨는 누구든 자신을 기억할 것이라는 데 의구심을 가진다.

I am not sure **if** he will come. ⭕ – 불확실 형용사의 목적어 자리에서 사용 가능
나는 그가 올 것인지 확신이 들지 않는다.

② 명사절 접속사 if는 뒤에 or not을 쓸 수 없다.

She didn't know **if** his apology was sincere or not. ❌
She didn't know **if** or not his apology was sincere. ❌
She didn't know **if** his apology was sincere. ⭕
그녀는 그의 사과가 진심인지 알지 못했다.

③ 명사절 접속사 if는 to부정사와 결합할 수 없다.

They are considering **if to buy** the property or not. ❌
그들은 그 부동산을 살지 말지 고민하고 있다.

핵심포인트 3 명사절을 이끄는 의문사

의문사 의문문이 평서문에 쓰이면 명사절이 되는데, 이를 간접의문문이라고 한다. 이 명사절을 이끄는 의문사는 의문대명사, 의문형용사, 의문부사 세 가지로 나뉘며, 명사절 내에서 대명사, 형용사, 부사의 역할을 한다. 형태상 관계대명사나 관계부사, 부사절 접속사와 혼동할 수 있으므로 쓰임을 정확히 알아 두어야 한다.

종류	의문사	기능
의문대명사	who(m), what, which + 불완전한 절	명사절에서 대명사의 역할
의문형용사	whose, what, which + 명사 + 불완전한 절	명사절에서 형용사의 역할
의문부사	when, where, why, how + 완전한 절	명사절에서 부사의 역할

There are several forms on the table, but Fred doesn't know **which** should be filled out. – 의문대명사
테이블 위에 몇 가지 서식이 있으나, 프레드는 어떤 것을 작성해야 할지 모른다.

Nicole is choosing **which** fabric she wants for the curtains. – 의문형용사
니콜은 커튼용으로 어떤 천이 좋을지 고르고 있는 중이다.

No one knows **why** Richard didn't come in to work. – 의문부사
리차드가 왜 회사에 오지 않았는지 아무도 모른다.

🛠 기출유형정리

핵심 유형	출제 비율
유형 1 고유의 어법으로 명사절 접속사 구별하기	47%
유형 2 완전/불완전 문장 구조로 명사절 접속사 구별하기	35%
유형 3 의미로 명사절 접속사 구별하기	18%

유형 1 고유의 어법으로 명사절 접속사 구별하기   **47%**

1 Dale was shocked by (**what** / ~~that~~) he heard from Mr. Davison.

데일은 데이비슨 씨에게서 들은 말에 충격을 받았다.

2 He hasn't decided (**whether** / ~~if~~) to take out a lease.

그는 임대계약을 맺을지 말지 아직 결정하지 않았다.

3 The clerk was unsure (**whether** / ~~if~~) or not my order was in stock.

점원은 내 주문품이 재고가 있는지 아닌지 확신하지 못했다.

4 This equipment tests (**how** / ~~that~~) durable a phone is.

이 장비는 휴대폰이 얼마나 내구력이 강한지 검사한다.

5 Genovesi's sudden rise to fame is surprising, given the fact (**that** / ~~what~~) he initially had difficulty finding galleries who were willing to exhibit his work.

제노베시 씨가 갑작스럽게 유명세를 얻은 것은, 그가 처음에는 작품을 전시해줄 미술관을 찾느라 애를 먹었던 사실에 비추어 보면 놀라운 일이다.

○ **1** 전치사 by의 목적어 역할을 할 명사절을 이끌 접속사를 찾아야 한다. what과 that 둘 다 명사절 접속사이지만, that은 전치사 뒤에 사용할 수 없으므로 정답은 what이다.

2 whether는 to부정사와 결합할 수 있지만, if는 그것이 불가능하므로 정답은 whether이다.

3 whether는 바로 뒤 또는 문장 끝에 or not이 올 수 있지만, if는 그것이 불가능하다. 바로 뒤에 or not이 있으므로 정답은 whether이다.

4 how 뒤에는 형용사/부사가 올 수 있지만, 다른 명사절 접속사 뒤에는 주어인 명사가 나와야 한다. 빈칸 뒤에 형용사 durable이 나왔으므로 how가 정답이다.

5 the fact는 동격의 that절을 취하는 명사이므로 정답은 that이다.

1 (**That** / ~~What~~) seat belts save lives has been proven in study after study.

안전벨트가 생명을 구한다는 사실은 연구마다 입증되었다.

2 (**What** / ~~That~~) is especially encouraging about this proposal is that all staff members support it enthusiastically.

이 제안에 관해 특히 고무적인 사실은, 모든 직원들이 그것을 열정적으로 지지한다는 점이다.

3 (**Why** / ~~What~~) he left school was not known.

그가 왜 학교를 떠났는지는 알려지지 않았다.

○ **1** 문장에 동사가 save와 has been proven 둘이다. 그렇다면 첫 번째 동사가 주어인 명사절의 동사이고, 두 번째 동사가 주동사가 된다. has 앞까지 문장 전체의 주어 역할을 하는 명사절이 되어야 하는데, 주어와 동사, 목적어까지 갖춘 완전한 절이므로 That 명사절이 되어야 한다. what은 주어 또는 목적어가 빠진 불완전한 절을 이끌어야 한다.

2 두 번째 동사 is 앞까지가 문장 전체의 주어로서 명사절이 되어야 하는데, 첫 번째 is 앞에 주어가 빠진 불완전한 구조이므로 정답은 What이다. That 명사절은 완전한 절로 이루어진다.

3 의문부사 why, when, where 등이 명사절을 이끌 경우에는 완전한 절이 나오지만, what, whom, which 등 의문대명사가 쓰일 경우에는 불완전한 절이 이어진다. 빈칸 뒤에 완전한 절(he left school)이 있으므로 정답은 Why이다.

1 I don't know (~~that~~ / **if**) you can recognize him from here, but the man reading the newspaper is Shane.

네가 여기서 그를 알아볼 수 있는지 모르겠지만, 신문을 읽고 있는 저 남자는 셰인이야.

2 We asked the secretary (~~that~~ / **whether**) the director would be back before five o'clock.

우리는 비서에게 이사님께서 5시 전에 돌아오실지 물어보았다.

○ **1** 명사절 접속사 that이 이끄는 절은 확실한 내용을 나타내고 if절은 불확실한 내용을 나타낸다. 빈칸 앞의 I don't know로 미루어 보아 알지 못하는 불확실한 경우이므로 접속사 if가 정답이다.

2 명사절 접속사 that은 화자가 알고 있거나 확실하다고 인식하는 내용을 이끌고, whether는 화자가 모르거나 확신하지 못하는 내용을 이끈다. 그런데 동사 asked는 알지 못해서 물어보는 경우를 나타내므로, 불확실성을 나타내는 whether가 정답이다. 참고로, ask는 <ask A B> 'A에게 B를 물어보다'를 뜻하는 4형식 동사로 쓰였으며, whether절이 B 자리에 해당되는 직접목적어이다.

난이도 ●●●○○

Part 1 가장 적절한 정답 고르기

A: Did you buy a birthday gift for
   Matthew?
B: Yeah, I got him _____
   I thought he really needed, an ultralight
   laptop.

   (a) that
   (b) who
   (c) what
   (d) whether

풀이과정 맛보기

① 동사 get은 4형식 수여동사로 buy의 의미가 있다.
② 빈칸이 4형식 동사 get의 직접목적어 자리임을 파악한다.
③ 빈칸 뒤에 타동사 needed의 목적어가 없는 불완전한 절이 있음을 확인한다. 불완전한 절을 이끌 수 있는 명사절 접속사는 who와 what뿐이다. 빈칸 뒤에 위치한 I thought은 삽입구로 문장 구조에 영향을 끼치지 않는다.
④ 주격인 who가 정답이 되려면 빈칸 뒤에 주어가 빠져야 하므로 불가하고, needed의 목적어 기능을 할 수 있는 what이 정답이다.

매력적인 오답

(b) 의문대명사 who도 불완전한 절을 이끌 수 있지만, who가 정답이 되려면 빈칸 뒤에 주어가 없는 불완전한 절이 나와야 한다.

해석 A: 매튜의 생일 선물을 샀니?
       B: 응. 그에게 정말 필요하다고 생각하는 것을
          사줬어. 바로 초경량 노트북 컴퓨터야.

어휘 **gift** 선물 **get A B**: A에게 B를 사주다
      ultralight 초경량의 **laptop** 노트북 PC
      whether ~인지 (아닌지)
정답 **(c)**

기출맛보기

정답 및 해설 p.95

1. Mr. Lee's comment illustrates _____ there is a lot of frustration among the
assembly line workers.

   (a) these
   (b) that
   (c) whose
   (d) what

2. There is currently a debate going on about _____ it is safe to install mobile
antennas in underground stations.

   (a) what
   (b) whether
   (c) that
   (d) if

Part 1 가장 적절한 정답 고르기

1 A: Do you normally eat a salad for lunch?
B: Not really, but that's _____ I'm in the mood for today.

(a) what
(b) that
(c) which
(d) where

2 A: Have you heard anything new about the music festival?
B: No, the event organizers will soon be announcing _____ will be playing.

(a) that
(b) who
(c) what
(d) which

3 A: What are you going to do this weekend?
B: I haven't decided _____ I will visit my family or meet my girlfriend.

(a) when
(b) once
(c) whether
(d) although

4 A: I heard the computer speakers you want are on sale now.
B: Do you have any idea _____?

(a) how much cost them
(b) what do they cost
(c) they cost how much
(d) what they cost

5 A: Let's stop by Eva's place and see if she wants to come for lunch.
B: Great idea. Let's go find out _____.

(a) home she is whether or not
(b) whether at home
(c) whether home she is or not
(d) whether or not she is home

6 A: You've been dating him for so long now. Do you think _____?
B: Yes, he is everything I could hope for.

(a) the one is Jeffrey
(b) that Jeffrey is the one
(c) the Jeffrey is that one
(d) that one is the Jeffrey

7 A: Can you feed my cat for me while I'm on vacation?
B: No problem. I think _____.

(a) I can manage that
(b) of managing that
(c) to manage that
(d) that can manage

8 A: _____ when I fell in the swimming pool?
B: You must have been so embarrassed.

(a) Do you think how I felt
(b) How do you think I felt
(c) How I felt you think
(d) How I felt do you think

Part 2 가장 적절한 정답 고르기

9 _____ a balanced diet can lengthen one's lifespan has been proven by scientific researchers.

(a) The
(b) That
(c) There is
(d) If

10 Not one of the manager's employees understood _____.

(a) either what he was trying to say
(b) what either he was trying to say
(c) what he was trying to say either
(d) either he was trying to say what

11 The fact _____ the concert tickets sold out within two hours is indicative of the singer's success.

(a) of　　　　　(b) that
(c) what　　　　(d) for

12 Serena needs to think about _____ or not she plans to hire a new assistant once Betty leaves.

(a) such　　　　(b) whether
(c) that　　　　(d) if

13 It remains to be seen _____ the special promotion will increase the number of shoppers who visit the store.

(a) whether　　　(b) regarding
(c) whereas　　　(d) as though

14 The building manager demanded _____ the bicycles be removed from the corridor as they were blocking the fire escape route.

(a) unless　　　　(b) so
(c) that　　　　　(d) what

15 Our hair stylist will explain _____ treatments are most effective for damaged hair.

(a) where　　　　(b) how
(c) which　　　　(d) that

16 _____ the Egyptians built the Great Sphinx of Giza is still unknown to historians.

(a) Because　　　(b) Though
(c) When　　　　(d) For

Part 3 문법 오류 문장 고르기

17 (a) A : I really wish you had stood up for me against Keith earlier.

(b) B: Sorry, I got distracted and didn't pay attention to what was he saying.

(c) A: He had the nerve to blame me for the firm's bad relationship with the client.

(d) B: I'll talk to him and ask him to think twice before speaking like that again.
기출

18 (a) A: Hi, Mark. What is that in the bag?

(b) B: I thought I would buy us some drinks and snacks before the film starts.

(c) A: Oh, great idea, and you know how I like popcorn much.

(d) B: I know, that's why I got us a large one. Let's go inside and find our seats.

19 (a) Most people assume that a dominant member of a group receives more advantages than the other group members. (b) However, dominance hierarchy theory explains what there are some benefits to being a subordinate. (c) For example, low-ranking group members typically have lower stress levels than their high-ranking peers. (d) They also tend to get into fights less frequently than dominant group members do, which means they incur fewer injuries.

20 (a) Different animals require different levels of care and attention, and this is something that people need to keep in mind when choosing a pet. (b) Low-maintenance pets such as fish or cats are more suitable for those who cannot spend a lot of time at home. (c) Dogs are considered to be high-maintenance animals, requiring regular attention and affection in addition to food and water. (d) Choosing a pet is an important decision and buyers need to consider that they should buy a high-maintenance or low-maintenance animal.

☑ 두 문장을 연결하는 접속사의 일종으로 형용사 역할을 하는 관계대명사와 부사 기능을 하는 관계부사가 있다.
☑ 선행사가 관계사절에서 명사 역할을 하면 관계대명사, 부사 역할을 하면 관계부사 자리이다.
☑ 관계대명사, 관계부사, 복합관계사, 유사관계사 등의 일반 용법과 예외적 용법이 고르게 출제되며, 매회 평균 1~2문제 출제된다.

핵심포인트 1 관계대명사의 일반 용법

	주격	소유격	목적격
역할	관계사절의 주어	<소유격 + 명사>가 관계사절의 주어 또는 목적어	관계사절의 목적어
사람 선행사	who, that	whose	who(m), that
사물, 동물 선행사	which, that	whose, of which	which, that

참고 관계대명사 목적격은 생략이 가능하다.

Steven chatted with <u>the nurse</u> **who** gave him the vaccination. – 주격: 관계사절의 주어
         사람 선행사 주격
스티븐은 자신에게 예방주사를 놓아준 간호사와 대화를 나누었다.

The manager greeted <u>the newcomer</u> **whom** he hired as his assistant. – 목적격: 관계사절의 목적어
        사람 선행사 목적격
매니저는 자신의 보조직원으로 고용한 신입사원을 맞이했다.

You should avoid <u>the Wilson Bridge</u>, one of **whose** lanes has been closed for repairs. – 소유격 + 명사: 관계사절의 주어
       사물 선행사   소유격 + 명사
보수공사로 차선 하나가 폐쇄된 윌슨 교를 피해야 한다.

핵심포인트 2 관계대명사의 특수 용법

1 **whose:** 소유격 관계대명사 whose는 사람 또는 사물 선행사를 수식하며 명사 앞에 위치한다.

 ① whose의 선행사는 사람과 사물 명사 모두 가능하다.

  It's too expensive to hire <u>a designer **whose** work</u> is widely known.
           사람 선행사 + whose + 명사
  작품이 잘 알려진 디자이너를 고용하는 것은 비용이 너무 많이 든다.

  <u>A vehicle **whose** wheel</u> is broken has been parked on the side of the road.
  사물 선행사 + whose + 명사
  길가에 바퀴가 고장 난 차량이 주차되어 있다.

 ② whose의 뒤는 관사 없는 명사로 시작해야 한다.

  Jenny, **whose** <u>sister</u> is a lawyer, also passed the exam this year. – 소유격과 관사 동시 사용 불가
  제니는 여동생이 변호사인데, 자신도 올해 사법고시에 합격했다.

2 **what:** 관계대명사 what(=the thing which)은 선행사를 포함하고 있다.

① what은 선행사를 포함하고 있으므로 선행사를 갖지 못한다.

Mr. Reed is not **what** he used to be. 리드 씨는 예전의 그가 아니다.
    =the person who

② what의 뒤에는 주어, 목적어 또는 보어가 빠진 불완전한 절이 온다.

We will continue to listen to **what** the market says about our products. – 타동사 says의 목적어 없음
우리는 우리 제품에 대해 시장이 무엇이라고 하는지 계속 귀 기울일 것이다.

③ what이 이끄는 절은 명사 기능을 한다.

I absolutely support **what** the government is saying about the economy's future.
나는 경제의 미래에 대해 정부가 하는 말을 절대적으로 지지한다.

3 **that**

① that은 선행사가 사람이든 사물이든 모두 사용할 수 있다.

The car **that** is small is mine. 저 작은 차는 내 것이다.
사물 선행사
The person **that** you are anxious to meet is my brother. 네가 만나고 싶어 안달이 난 사람은 내 동생이다.
사람 선행사

② that은 콤마(,) 또는 전치사 뒤에 쓸 수 없다.

Our new model, **that** runs on electricity, may not be affordable for most drivers. ⊗
Our new model, **which** runs on electricity, may not be affordable for most drivers. ◎
우리의 신 모델은 전기로 운행하는데, 대부분의 운전자들에게는 가격이 부담이 될 수도 있다.

4 **which:** 앞 절 전체가 선행사가 될 수 있으며, 이때 콤마(,)를 수반해야 한다.

One of the guests behaved very rudely to the speaker, **which** annoyed the audience.
손님 중 하나가 연사에게 매우 무례하게 행동했는데, 그것이 청중을 거슬리게 했다.

핵심포인트 3 관계대명사의 수량 표현

수량 표현은 수사 또는 부정대명사가 관계대명사와 함께 쓰일 경우, 아래와 같이 [수사/부정대명사 + of which(whom) + 동사]의
형태를 취한다.

복수명사(선행사) ~, one / both / some / most / many / all / neither / none + of which(whom) + 동사
수사 또는 부정대명사   관계대명사

1 **사람 선행사**

The politicians debated skillfully, **none of whom** seemed nervous.
= The politicians debated skillfully, **and none of them** seemed nervous.
정치인들은 능숙하게 논쟁을 했고, 그들 중 누구도 긴장하지 않는 것처럼 보였다.

2 **사물 선행사**

Government regulations are strict, **most of which** are not supported by business owners.
= Government regulations are strict, **and most of them** are not supported by business owners.
정부 규제는 엄격해서, 그들 중 대부분은 기업가들의 지지를 받지 못하고 있다.

핵심포인트 4 관계부사의 용법

관계부사에서는 선행사의 유형에 알맞은 관계사를 사용하는 것이 중요하다. 그리고 관계대명사와 관계부사를 혼동하기 쉬운데, 관계대명사절은 불완전한 문장, 관계부사절은 완전한 문장이라는 것이 구별 포인트이다.

1 시간 선행사 + when

He wants to visit the stadium on <u>weekends</u> **when** he is not busy.
그는 바쁘지 않은 주말에 경기장에 가고 싶어한다.

2 장소 선행사 + where

The dinner will be held at <u>the restaurant</u> **where** we met last week.
만찬은 우리가 지난 주에 만났던 그 식당에서 열릴 것이다.

3 이유 선행사 + why: the reason과 why 둘 중에 하나는 생략이 가능하다.

Seth never told her **the reason why** he arrived late for the party. ◎
Seth never told her **the reason** he arrived late for the party. ◎ – why 생략 가능
Seth never told her **why** he arrived late for the party. ◎ – the reason 생략 가능
Seth never told her **the reason that** he arrived late for the party. ◎ – why를 that으로 변경 가능
Seth never told her **the reason for which** he arrived late for the party. ◎ – why를 for which로 변경 가능
세스는 자신이 파티에 늦게 도착한 이유를 절대 그녀에게 말하지 않았다.

4 방법 선행사: the way와 how 둘 중에 하나는 반드시 생략해야 한다.

Reducing electricity use is **the way** we can cut our operational costs. ◎ – the way가 있을 때 how 생략 필수
Reducing electricity use is **how** we can cut our operational costs. ◎ – how가 있을 때 the way 생략 필수
Reducing electricity use is **the way how** can we cut our operational costs. ✗ – 선행사 the way와 how 중복 불가
Reducing electricity use is **the way that** we can cut our operational costs. ◎ – how를 that으로 변경 가능
Reducing electricity use is **the way in which** we can cut our operational costs. ◎ – how를 in which로 변경 가능
전기 사용을 줄이는 것이 우리가 운영비를 줄일 수 있는 방법이다.

핵심포인트 5 복합관계사

1 복합관계대명사

<관계대명사+ever>의 형태로 선행사를 포함하는 관계대명사이다. '어떤 ~라도, 누구든지, 무엇이든지' 등으로 해석한다.
선행사를 포함하기 때문에 복합관계대명사절은 불완전한 절이다. 복합관계대명사절은 명사절로 쓰일 경우 문장의 주어나 목적어, 보어 역할을 하고, 부사절로 쓰일 경우 '~하더라도'라는 뜻이 되는데, 이때는 주절(완벽한 절)이 따로 있다.

① 주격: whoever, whichever, whatever

   ↱ wants의 주어로 쓰였으므로 주격

Whoever wants to attend the workshop should register at least a week in advance.
복합관계대명사절: should register의 주어로 쓰였으므로 명사절

워크숍에 참가하려는 사람은 누구든지 일주일 미리 등록해야 한다.

➡ Whoever는 Anyone who로 바꿀 수 있다.

② 목적격: whomever, whichever, whatever

   ↱ choose의 목적어로 쓰였으므로 목적격

Whichever you choose among these, it's free of charge.
복합관계대명사절: 주절을 수식하므로 부사절

이중에서 무엇을 고르든지, 그것은 무료입니다.

2 복합관계부사

① whenever + 주어 + 동사: 주어가 ~할 때는 언제나, 주어가 언제 ~하든지

Whenever you need my help, call this number.
제 도움이 필요할 때면 언제든지 이 번호로 전화 주세요.

② wherever + 주어 + 동사: 주어가 ~하는 곳은 어디든, 주어가 어디서 ~하든지

I'll be with you **wherever** you are.
네가 어디에 있든지, 네 옆에 있을 거야.

③ however + 형용사/부사 + 주어 + 동사: 주어가 아무리 형용사/부사 ~해도

However hard you may try, you cannot master a foreign language in a month.
아무리 열심히 한다 해도 외국어를 한 달 안에 마스터할 순 없다.

⚙️ 기출유형정리

핵심 유형	출제 비율
유형 1 관계대명사 구별하기	38%
유형 2 관계사의 특별용법	35%
유형 3 관계부사 구별하기	20%
유형 4 관계사의 생략과 수 일치	7%

유형 1 관계대명사 구별하기   38%

> **선행사로 구별하기**
>
> **1** Anyone (**who** / ~~which~~) wishes to attend the annual banquet should submit the application form.
> 연례 연회에 참석하기를 희망하는 사람은 누구든 신청서를 제출해야 합니다.
>
> **2** We traded in our car (**that** / ~~what~~) was ten years old for a new one.
> 우리는 10년된 우리 차를 주고 보상 판매로 새 차를 구입했다.
>
> **문장 구조로 구별하기**
>
> **3** A: Have you remembered where you bought this smart phone?
> B: I have no idea. I forgot the name of the website (**that** / ~~in which~~) I visited last week.
> A: 이 스마트폰 어디서 샀는지 기억하니?
> B: 모르겠어. 지난 주 내가 접속한 웹사이트 이름을 잊어버렸어.
>
> **격으로 구별하기**
>
> **4** The woman (~~that~~ / **whose**) husband is from Italy is going to be the new CFO.
> 남편이 이태리 사람인 여자가 회사의 최고재무책임자가 될 것이다.
>
> **전치사 + 관계대명사 구별하기**
>
> **5** The excellent quality of life (**for which** / ~~at which~~) Costa Rica is known has attracted many foreign immigrants.
> 훌륭한 삶의 질로 유명한 코스타리카는 많은 해외 이민자들을 끌어들이고 있다.

➡ **1** 사람 선행사일 경우 who, 사물 선행사일 경우 which를 쓴다. Anyone은 사람 선행사이므로 정답은 who이다.

2 선행사가 있다면 that, 선행사가 없다면 what이다. 선행사 our car가 있으므로 정답은 that이다.

3 관계대명사 뒤는 주어나 목적어, 보어가 빠진 불완전한 구조의 절이 오고, <전치사 + 관계대명사>는 부사구이기 때문에 뒤에 완전한 구조의 절이 온다. 빈칸 뒤에서 타동사 visited의 목적어가 없으므로 불완전한 절을 이끄는 that이 정답이다.

4 관계대명사 that은 주격 또는 목적격으로, whose는 소유격으로 사용된다. that이 정답일 경우 빈칸 뒤에 주어나 목적어가 빠진 절이 와야 하고, whose가 정답일 경우 명사로 시작하는 문장이 온다. 빈칸 뒤에서 명사 husband로 시작되며 주어나 목적어가 빠지지 않은 완전한 절이 왔으므로, 정답은 whose이다.

5 관계대명사 앞 전치사를 구별하는 방법은 여러 가지가 있지만, 주로 <자동사 + 전치사>의 구조가 있는지를 확인하여 구별한다. <be known for(~로 유명하다)>에서 전치사 for가 없으므로 for which가 정답이다.

1 We finally hired a new sales manager, (**which** / ~~who~~) was a really long process.
우리는 마침내 새로운 영업부장을 채용했으며, 그것은 정말로 긴 과정이었다.

2 Since retirement, Mr. Collins has been doing (**what** / ~~which~~) he wanted to do for the rest of his life.
콜린스 씨는 퇴임 이후부터 죽 자신이 남은 평생 하고 싶어했던 그 일을 하고 있다.

3 Their commitment to a better environment is transforming (~~the way which~~ / **how**) developers design buildings in Tokyo.
보다 나은 환경에 대한 그들의 신념이 개발업체들이 도쿄에서 건물을 설계하는 방식에 변화를 일으키고 있다.

4 The world population has increased rapidly, (**as** / ~~that~~) has the amount of natural resources that people use.
세계 인구가 급속히 증가하고 있으며, 인간이 사용하는 천연자원의 양도 마찬가지로 증가하고 있다.

5 (**Whoever** / ~~Whenever~~) is attending the employee dinner should meet outside the office on Friday at 6 p.m. to catch the shuttle bus.
직원 만찬에 참석하는 사람은 누구든 금요일 오후 6시에 사무실 밖에 모여서 셔틀버스를 타야 한다.

6 Any patients (~~whoever~~ / **who**) do not have their insurance information on file should fill out a form before seeing the doctor.
보험 정보가 파일에 기록되지 않은 환자들은 진찰을 받기 전에 양식을 작성해야 한다.

7 (**However** / ~~Whenever~~) neatly Judy organizes the files in her office, she always seems to misplace something important.
주디가 아무리 깔끔하게 사무실의 파일들을 정리한다고 해도, 그녀는 항상 중요한 것을 놓아둔 장소를 기억하지 못하는 것 같다.

8 There are about 130 species of crows and their relatives worldwide, (~~eight that~~ / **eight of which**) have been spotted in Leicestershire.
세계적으로 까마귀와 그 친족들의 수가 약 130종에 달하는데, 그 중 8종이 레스터셔 지역에서 목격되었다.

---

1 얼핏 보면 선행사가 사람 명사(manager)인 것 같지만, 사실 선행사는 콤마 앞의 절 전체이다. 이렇듯 선행사가 절 전체일 경우 특별하게 which를 사용하며, 이때 반드시 앞에 콤마가 있어야 한다.

2 관계대명사 what은 자체에 선행사를 포함하기 때문에 앞에 선행사가 오지 않는다. 빈칸 앞에 선행사가 없으므로 정답은 what이다.

3 관계부사 how는 선행사 the way와 동시에 쓸 수 없다. the way나 how 중 하나를 택해 쓰거나 the way that(=in which) 정도로 바꾸어 주어야 한다. 정답은 how이다.

4 유사관계대명사 as는 앞 혹은 뒷문장 전체를 받을 때 사용 가능하다. 의미상 선행사가 콤마 앞 전부이므로 정답은 as이다. 참고로 that은 콤마 뒤에 사용할 수 없다.

5 복합관계대명사와 복합관계부사의 차이점은, 복합관계대명사는 불완전한 문장을 이끌고 복합관계부사가 완전한 절을 이끈다는 사실이다. 빈칸 뒤에 주어가 없는 불완전한 문장이 있으므로 정답은 복합관계대명사 Whoever이다.

6 일반 관계대명사는 선행사를 취하지만, 복합관계대명사는 선행사를 취하지 않는다. 빈칸 앞에 선행사가 있으므로 정답은 who이다.

7 복합관계부사 however는 다른 관계부사와 달리 <however + 형용사/부사 + 주어 + 동사>의 어순을 취한다. 빈칸 뒤에 부사 neatly가 주어보다 먼저 나와 있으므로 However가 정답임을 알 수 있다.

8 <수량 표현(=수사, 부정대명사) of which(whom)>의 형태를 사용하므로 정답은 eight of which이다.

유형 3 관계부사 구별하기 20%

> **관계부사 vs. 관계부사**
>
> **1** She likes autumn, (**when** / ~~where~~) the weather will be cooler.
> 그녀는 날씨가 더 선선해지는 가을을 좋아한다.
>
> **관계대명사 vs. 관계부사**
>
> **2** She vividly remembers the day (**when** / ~~which~~) she first met Paul.
> 그녀는 처음 폴을 만났던 날을 생생하게 기억한다.

➊ 1 서로 다른 관계부사들은 선행사의 성격으로 결정된다. 선행사가 시간 명사(autumn)이므로 정답은 when이다.

2 관계대명사와 관계부사의 구별은 뒤에 오는 절의 구조 파악으로 결정된다. 관계대명사 뒤는 주어나 목적어가 빠진 불완전한 문장이고, 관계부사 뒤에는 완전한 문장이 온다. 이 예문에서는 관계사 뒤에 주어와 목적어가 모두 있는 완전한 문장이 왔으므로 관계부사 when이 정답이다.

유형 4 관계사의 생략과 수 일치 7%

> **1** The speakers from Atlantic Bank that (~~is~~ / **are**) presenting this morning are all experienced financial experts.
> 오늘 아침 발표를 할 애틀랜틱 은행의 연사들은 모두 유능한 금융 전문가들이다.
>
> **2** There are three aspects of leadership (~~which~~ / **I**) want you to develop during this workshop.
> 이번 강습회를 통해 여러분이 개발하기를 바라는 것은 세 가지 지도자 덕목이다.

➊ 1 that의 선행사가 speakers인지, Atlantic Bank인지 먼저 구별해야 한다. 빈칸 뒤 presenting을 통해 연설을 할 수 있는 주체인 speakers가 선행사임을 알 수 있다. 선행사가 복수 명사이므로 복수 형태인 are가 정답이다.

2 관계사절에서 develop의 목적어가 없다는 것은 목적격 관계대명사 which가 있다는 뜻이다. 그런데 목적격 관계대명사는 생략이 가능하므로, 그 뒤에 바로 주어가 나오게 되어 정답은 I이다. 만약 which를 선택하면 관계사절의 주어가 빠지게 되므로 오답이다. 관계대명사가 생략되기 이전의 문장 형태는 There are three aspects of leadership which(=that) I want you to develop during this workshop.이다.

⏱ 실전적응훈련

난이도●●●○○

Part 3 문법 오류 문장 고르기

(a) A: I'm not sure what type of job I want.
(b) B: You have our support, whenever you do.
(c) A: Thank you for saying that.
(d) B: Don't mention it. Just don't give up and do your best.

해석 (a) A: 제가 어떤 직업을 원하는지 모르겠어요.
(b) B: 무엇을 하시던지 우리가 응원할 게요.
(c) A: 그렇게 말씀해 주시니 고맙습니다.
(d) B: 별 말씀을요. 포기하지 말고 최선을 다하세요.

🔍 풀이과정 맛보기
① 관계사에 주의하며 문제를 분석한다.
② 복합관계부사 whenever는 '언제라도'라는 의미로 완전한 절을 이끌어야 하는데 뒤에 이어지는 절에 do의 목적어가 없다.
③ 불완전한 문장을 이끄는 경우이므로 복합관계부사가 아니라 복합관계대명사가 와야 하며, 의미상 whatever(무엇이든지)가 정답이다.

어휘 sure 확신하는 support 지지 whatever you do 네가 무엇을 하든지 Don't mention it. 천만에요. give up 포기하다 do one's best 최선을 다하다

정답 (b) You have our support, whenever you do. → You have our support, whatever you do.

🔭 기출맛보기

정답 및 해설 p.99

1. Huey was late for work by half an hour again, _____ annoyed his supervisor very much.

(a) which
(b) that
(c) what
(d) in what

2. The deeper lesson of this movie is _____ a boy learns to become a unique and moral individual.

(a) how
(b) what
(c) who
(d) which

Part 1 가장 적절한 정답 고르기

1 A: Can we have dinner together at Gino's after your work?

    B: Sure. My shift finishes at 5:30, _____ is earlier than usual, so we'll have no trouble finding a table.

(a) that   (b) what

(c) when   (d) which

2 A: Did Harry take a train to get to the conference?

    B: No, he was driving in _____ looked like a rental car.

(a) that   (b) what

(c) which   (d) whose

3 A: Did you say your cell phone broke already?

    B: Yes, and after only eight months, _____ I think is very disappointing considering how much it cost.

(a) that   (b) who

(c) which   (d) whom

4 A: I am sorry that I submitted my report late.

    B: Now that you're a manager, there's more _____ for your mistake.

(a) responsibility you must take

(b) you must take responsibility

(c) responsibility take you must

(d) take responsibility you must

5 A: Do you know anything about the inspection team that is visiting us today?

    B: The inspectors, _____ they may be, will arrive at the plant at 2 P.M.

(a) who   (b) that

(c) whoever   (d) whatever

6 A: My car has been making a strange noise.

    B: I know a good shop _____ you can have it inspected. 기출

(a) that   (b) what

(c) which   (d) where

7 A: It's so hard to choose a dress for my wedding.

    B: _____ you decide on, I'm sure it will look great.

(a) What   (b) Which

(c) However   (d) Whatever

8 A: How much would a trip to Evergreen Spa cost me?

    B: That depends on the treatment _____ you choose to have.

(a) that   (b) where

(c) in what   (d) in which

Part 2 가장 적절한 정답 고르기

9 Some scientists claim that people _____ faces are perfectly symmetrical are more attractive to others.

(a) who   (b) when

(c) which   (d) whose

10 For weeks, workers have been reconstructing the storm-damaged houses, _____ not a single one of the former inhabitants has yet returned. 기출

(a) that   (b) which

(c) to that   (d) to which

11 _____ wins the bid for the museum construction project will begin work in May.

(a) Who
(b) Which
(c) What
(d) Whoever

12 Waste disposal is one area _____ some local factories fail to meet government standards.

(a) that
(b) which
(c) in that
(d) in which

13 The gift that Brian's wife bought him for Christmas was just _____ he had been hoping for. 기출

(a) that
(b) what
(c) when
(d) which

14 Rylance Motors produces ten automobile models, _____ are powered by electricity.

(a) three which
(b) which of three
(c) which three
(d) three of which

15 After all the effort his coworkers _____, Richard decided to treat them all to lunch.

(a) to settle in had given him help
(b) having given to help him settle in
(c) had given to help him settle in
(d) to help him settle in had given

16 Meadow Glen is a desirable neighborhood among homebuyers _____ living close to recreational facilities is a high priority.

(a) who
(b) what
(c) for whom
(d) which

17 (a) A: Do you see that woman over there? That's the woman that she led the seminar this morning.
(b) B: Really? She looks too young to be the leader of a seminar.
(c) A: That's what I thought, but it turns out she has a lot of experience in advertising.
(d) B: Well, it sounds like she was the best person for the job then.

18 (a) A: Excuse me, I am here to pick up the clothes what I handed in for dry cleaning. Here's my ticket.
(b) B: Ok. Hold on, please. Oh, I'm sorry to tell you this, but there's a rip in one of your shirts.
(c) A: What? I hope you plan to offer me some sort of compensation for that.
(d) B: Of course. We'll reimburse you for the full cost of the shirt. Please accept our apologies.

19 (a) Presentations are becoming increasingly important in many fields of study and business. (b) Whether you are talking to potential clients, or presenting findings to a professor or your peers, it is important to connect with your audience. (c) Make sure that your key points are clearly explained, and speak with passion about your topics. (d) If adequate preparation is carried out, what results is an engaging presentation of which is certain to capture your audience's attention.

20 (a) Children all over the world often prefer to eat sugary snacks instead of healthy foods. (b) Parents should try to make nutritious fruit more exciting and appealing to their kids. (c) One way to do this is to create frozen fruit popsicles and offer them to children as a reward for good behavior. (d) Kids whose view fruit and vegetables as tasty treats will enjoy a more balanced diet later in life.

Section 5.
어순과 구문

어순과 구문 출제 경향

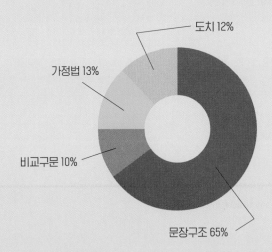

도치 12%

가정법 13%

비교구문 10%

문장구조 65%

UNIT 17 문장구조

☑ 올바른 어순을 묻는 문장구조 유형은 TEPS 문법에서 가장 어렵고, 복합적인 문법 지식을 요구하는 유형이다.
☑ 매회 평균 2~3 문항이 출제되어 단일 유형으로는 가장 출제 빈도가 높은 유형이다.
☑ 세부적인 문법 지식은 물론, 일반적인 문장구조에 대한 이해가 모두 요구된다.

핵심포인트 1 특정 단어의 어순

영어 문장에는 원칙적으로 순서가 정해져 있는 단어들도 있고, 특정한 위치에만 사용되는 단어들도 있다. 바로 이렇게 특정 위치에만 사용되는 단어들이 단골 출제 대상이다. 예를 들어, 일반적으로 부사는 동사보다 뒤쪽에 위치하지만, 빈도부사는 동사 앞에 위치한다. 또한, 조동사와 be동사, 일반동사에 따라 그 위치가 달라진다.

1 두 가지 이상의 품사로 쓰이는 단어 enough의 위치

① 형용사 enough: 명사 앞에 위치

I have already had **enough** tea today.

난 오늘 충분한 양의 차를 이미 마셨어.

② 부사 enough: 형용사/부사/동사 뒤에 위치

Mr. Jackson didn't perform well **enough** to catch up to his team members last month.

잭슨 씨는 지난달에 팀원들을 따라잡을 만큼 실적이 좋지는 않았다.

2 유형이 같은 단어들의 어순

① 동사 뒤에 서로 다른 개념의 부사가 2개 이상 나열될 경우: 「양태 – 장소 – 빈도 – 시간」의 어순

A small orchestra played **perfectly in City Hall yesterday**.
　　　　　　　　　　　　　　 양태　　　　　장소　　　　　시간
소규모 관현악단이 어제 시청에서 완벽하게 공연했다.

> 참고　양태부사란 사물이 존재하는 모습이나 형편을 뜻하는 부사로 slowly, fast, well, loudly 등 일반적인 의미를 지닌 대부분의 부사들이 해당된다.

② 동사 뒤에 동일한 개념의 부사가 2개 이상 나열될 경우: 「작은 개념 – 큰 개념」의 어순

I'll see you at the pub **at around 7** **this evening**.
　　　　　　　　　　　　　　 작은 개념　　　 큰 개념
오늘 저녁 7시경에 술집에서 만나자.

③ 접속사 as나 though가 양보의 의미를 나타낼 경우: 「형용사/분사 + as[though] + 주어 + 동사」의 어순

Unlikely as[though] it might seem, I am really tired now.
　형용사　　　양보 의미　　　주어 + 동사
아닌 것 같아 보일 수도 있지만, 나 지금 아주 피곤해.

핵심포인트 2 빈출 관용 표현

일반적인 문법 문제는 문법을 학습하고 그 지식을 적용하는 것으로 문제를 풀 수 있다. 하지만, 특정 표현을 문장 구조 문제로 출제하는 경우, 표현 자체를 알아야 정답을 고를 수 있다. 텝스 문법 파트에는 문법 문제를 특정 표현과 결합시켜 출제하는 경우가 종종 있는데, 가능한 많은 표현을 숙지하고 있어야 정답을 고르기가 수월해진다.

1 stand up to scrutiny: 정밀 조사를 통과하다

I do not believe that either allegation **stood up to scrutiny**.
나는 두 혐의 모두 정밀 조사를 통과했다는 사실이 믿기지 않는다.

2 nowhere to be found: 어디에도 없다

Fredrick was **nowhere to be found**.
어디에서도 프레드릭을 찾을 수가 없다.

3 Much to one's delight(=Much to the delight of ~): ~에게는 너무나 기쁘게도

Much to my delight, Sarah agreed with me on this issue.
너무나 기쁘게도, 새라가 이 문제에 대해서 내게 동의했다.

4 have something to do with: ~와 관련이 있다

I think it probably **has something to do with** the system failure.
나는 그것이 아마도 시스템 장애와 관련이 있을 것이라고 생각한다.

5 feel comfortable –ing: ~을 편안하게 여기다

I **feel comfortable working** with foreigners.
난 외국인들과 함께 일하는 게 편하다.

6 There will come a day when ~: 언젠가 ~할 날이 올 것이다

He said that **there would come a day when** I would figure it out.
그는 내가 언젠가 그것을 이해할 날이 올 거라고 말했다.

7 be doomed to: ~할 운명에 처하다

The project **was doomed to** fail due to financial difficulties.
그 프로젝트는 재정난으로 실패할 운명에 처했다.

8 get out of the way: 길을 비키다, 자리를 내주다

If you can't fix it, please **get out of the way** and allow others to try.
그걸 고칠 수 없다면, 다른 사람들이 시도하도록 비켜주세요.

9 be unhappy about: ~에 대해 기분이 언짢다

I did not get the impression that Charles **was unhappy about** the result.
나는 찰스가 그 결과에 대해 기분이 언짢았다는 인상은 받지 못했다.

⚙️ 기출유형정리

핵심 유형	출제 비율
유형 1 특정 단어의 고유 어법을 이용한 문장 구조	48%
유형 2 구문을 이용한 문장 구조	34%
유형 3 숙어를 이용한 문장 구조	18%

유형 1 특정 단어의 고유 어법을 이용한 문장 구조   48%

1 My friend Joe works too much, so (~~hardly we ever see him~~ / we hardly ever see him).
내 친구 조는 일을 너무 많이 해서, 우리는 좀처럼 그를 만나지 못한다.

2 The tryouts for the volleyball team will be held (at the gym at four o'clock tomorrow / ~~tomorrow at four o'clock at the gym~~).
배구팀 입단 테스트가 내일 4시에 체육관에서 열릴 것이다.

3 I can't quite put my finger on it, but there must be (something big going down / ~~going down big something~~). 딱 짚어서 말할 수는 없지만, 뭔가 큰 일이 일어나고 있는 게 분명해.

➊ **1** hardly ever는 almost never와 같은 의미로서 한 단어처럼 취급하며 빈도부사의 역할을 한다. 그렇기 때문에 일반동사 앞에 위치한다. 참고로, 조동사나 be동사가 있을 경우에 빈도부사는 조동사/be동사의 뒤에 위치한다.

2 동일한 개념의 부사가 연달아 위치할 때는 「작은 시간 – 큰 시간」의 순서로 위치한다. 또한, 시간 부사구와 장소 부사구가 동시에 있을 경우에는 일반적으로 장소 부사구가 앞에 위치한다.

3 -thing으로 끝나는 대명사를 수식하는 형용사는 해당 대명사 뒤에 위치한다. There is 구문에서 be동사 다음에 반드시 명사(또는 대명사)가 쓰여야 한다.

유형 2 구문을 이용한 문장 구조   34%

1 (It is advisable for you to write / ~~You are advisable to write~~) a career objective at the start of your résumé. 이력서가 시작되는 부분에 경력상의 목표를 적는 것이 좋다.

2 Anyone would think (it is very rude of you not to / ~~you are very rude for it not to~~) answer their text messages.
누구라도 자신의 문자 메시지에 답장을 하지 않는 것을 무례하다고 생각할 수 있다.

3 A: I heard that one of your team members was caught trying to leak confidential client information.
B: I am sorry. But I assure you (~~to happen that nothing again will like~~ / nothing like that will happen again).
A: 제가 듣기론 당신 팀원 중 한 명이 기밀 고객 정보를 유출하려다 적발되었다고 하던데요.
B: 정말 죄송합니다. 하지만 다시는 그런 일이 없을 것이라고 보장합니다.

○ 1 advisable은 「it is ~ for … to do」나 「it is ~ that절」과 같은 가주어/진주어 구문에 사용된다. 따라서 정답은 It is advisable for you to write이다.

2 사람의 성품을 나타낼 때, 「it is + 성품 형용사 + of + 명사 + to do」 또는 「사람주어 + be동사 + 성품 형용사 + to do」의 구조로 사용한다. 따라서 it is very rude of you not to가 정답이다.

3 구문과 어순을 동시에 묻는 문제이다. assure는 「assure + 사람 목적어 + that절(~에게 that절의 내용을 보장하다)」의 구조로 잘 쓰이며 이때 that은 생략이 가능하다. like that은 '그와 같은'이라는 의미로 앞서 언급된 일을 가리킬 때 사용하며, 일반적으로 명사 바로 뒤에 위치하므로 nothing like that의 어순이 되어야 한다. 따라서 nothing like that will happen again이 정답이다.

유형3 숙어를 이용한 문장 구조   18%

> **1** Most people are concerned, but I believe (his argument will stand up to scrutiny / ~~his scrutiny will stand up to argument~~) by experts.
> 대부분의 사람들이 우려하고 있지만, 난 그의 주장이 전문가들의 정밀 조사를 통과할 것이라고 생각한다.
>
> **2** (~~Much astonishment to the charity organizers~~ / Much to the astonishment of the charity organizers), more than 200 students volunteered to help at the sports event for the disabled.
> 자선 행사 주최측에 매우 놀랍게도, 200명이 넘는 학생들이 장애인 체육 행사를 돕겠다고 자원했다.
>
> **3** A: Steve's colleagues say that his job performance is excellent for someone of his age.
> B: I think age (has nothing to do with / ~~has to nothing with~~) a person's capabilities.
> A: 스티브의 동료들은 그의 업무 능력이 나이에 비해 뛰어나다고 말하고 있어요.
> B: 제 생각에 나이는 한 사람의 능력과 아무 상관이 없어요.

○ 1 stand up to scrutiny는 '정밀 조사를 통과하다'라는 의미로 쓰이는 표현이다.

2 감정을 나타내는 명사는 「To + 소유격 + 감정명사」, 「Much to + 소유격 + 감정명사」, 「Much to the 감정명사 + of + 명사」 등의 형태로 표현한다. 이 구문은 '~가 (많이) …(감정)하게도'라고 해석한다. 따라서 이 구조 중 하나에 해당하는 Much to the astonishment of the charity organizers가 정답이다.

3 숙어를 이용한 문장 구조 문제이다. have nothing to do with는 '~와 관련 없다'라는 의미로 쓰이는 표현이다.

🎯 기출유형 심화학습

어순 문제는 텝스에서 비중이 높으면서 출제포인트가 복합적으로 구성되어 가장 어려운 출제 유형이기 때문에
심화학습을 통해 출제 개념을 확실히 익히도록 하자.

❶ 형용사/부사 + as + 주어 + be동사: ~이기 때문에

(Knowledgeable as he was / ~~As knowledgeable he was~~) on the field, Johansen
did join the project although he was expected to retire soon.
요한슨이 그 분야에 해박하므로, 곧 퇴임할 것이긴 하지만, 프로젝트에 참여했다.

❷ make + 최상급 + use of: ~을 최대한 활용하다

Making a to-do list is advisable before starting a day's work in order to (make
the most efficient use of time / ~~make use of time the most efficient~~).
시간을 최대한 효율적으로 활용하기 위해 하루 일과를 시작하기 전에 할일 목록을 만들어 두는 것이 좋다.

❸ ever + 명사/형용사: 항상 ~이듯이(로서), 언제나처럼

(~~A sports fan devoted ever~~ / Ever a devoted sports fan), Jason had several
hundred signed balls in his collection.
항상 열렬한 스포츠 팬으로서 제이슨은 소장품으로 수백 개의 사인볼을 가지고 있었다.

❹ No sooner had + 주어 + p.p.: ~하자마자

(No sooner had they been / ~~Had they been no sooner~~) notified of a pay cut
than the majority of employees decided to go on a strike demanding fewer
workhours.
임금 삭감을 통보받자마자, 대다수 근로자들은 근무시간 단축을 요구하는 파업에 동참하기로 결정했다.

❺ 주절과 주어가 다른 분사구문은 주어를 유지: there 유도부사절의 분사구문

Despite (there being a fire in the building / ~~being a fire there in the building~~),
most workers were instructed to stay at their desks calmly.
건물에 화재가 발생했음에도, 대부분의 근로자들은 차분하게 자리를 지키라는 지시를 받았다.

❻ 양보조건절 whether + 주어 + be동사의 도치: 접속사 생략 + be + 주어

Generally speaking, what all employees, (~~they be permanent or otherwise~~ / be
they permanent or otherwise), seek throughout their career is financial success.
일반적으로, 정규직이든 아니든, 모든 직장인들이 직업상 추구하는 것은 경제적 성공이다.

❼ 4형식 동사의 목적어 순서: secure A B(A에게 B를 마련해주다)

Anderson's travel agent (secured him a seat on a flight / ~~secured a seat on a flight to him~~) even though the regular tickets had been sold out during the peak
of the tourist season.
앤더슨의 여행사 직원은 관광 성수기 동안 정기 항공권이 매진되었음에도 불구하고 그에게 비행기 자리를 마련해
주었다.

난이도 ●●●●○

Part 2 가장 적절한 정답 고르기

_____, people who quit smoking before age 40 are 25% less likely to get cancer than those who don't.

(a) To be equally other things
(b) Other things being equal
(c) Others things to be equal
(d) Being equal other things

해석 다른 조건이 같을 때, 40세 이전에 금연하는 사람들이 그렇지 않은 사람들보다 암에 걸릴 확률이 25퍼센트 더 낮다.

💡 풀이과정 맛보기

① 빈칸의 위치와 선택지의 구성을 먼저 살펴본다.
② 빈칸의 위치가 문장 시작 부분이며, 각 선택지가 분사구문과 to부정사로 되어 있음을 확인한다.
③ 선택지의 단어들을 바탕으로 생각해보면 When other things are equal의 의미가 되어야 알맞다.
⑤ 따라서 접속사 When을 생략하고 남은 부분을 분사구문의 구조로 바꾼 Other things being equal이 정답이다. 참고로, 이 분사구문은 굳어진 표현으로 많이 쓰이고 있으므로 미리 암기해 두면 많은 도움이 된다.

어휘 **quit -ing** ~하는 것을 그만두다 **be less likely to do** ~할 가능성이 더 적다 **cancer** 암 **those who** ~하는 사람들 **equally** 동일하게

정답 **(b)**

🔍 기출맛보기

정답 및 해설 p.103

1. Violins are made in _____ 300 years ago.

(a) much the same way as they were
(b) the much same way as they were
(c) as they were in much the same way
(d) the way as much the same they were

2. _____, which means the negotiation could continue for years to come.

(a) Nowhere is in an agreement sight
(b) Nowhere is in sight an agreement
(c) An agreement is in sight nowhere
(d) An agreement is nowhere in sight

Part 1 가장 적절한 정답 고르기

1 A: Have you worked with Scarlett before?
B: In fact, we both started here as interns, so as far back _____.

(a) as remembering I can
(b) remembering as I can
(c) as I can remember
(d) I can remember as

2 A: I just can't find a job. I've failed four interviews so far this year.
B: That's too bad. But, _____, you shouldn't give up.

(a) it may though be difficult
(b) though difficult may it be
(c) may it be difficult though
(d) difficult though it may be

3 A: Is the project plan completely effective?
B: The board members still want to check it, but I think the _____.

(a) plan will stand scrutiny up
(b) scrutiny will stand up to plan
(c) scrutiny will stand up the plan
(d) plan will stand up to scrutiny

4 A: Do we have enough time to visit the cathedral during our trip?
B: Definitely. I'm sure _____.

(a) it's within our timeframe well
(b) it's well within our timeframe
(c) our timeframe is well within it
(d) our timeframe is within it well

5 A: How's Jim doing with his newborn son?
B: He's enjoying it. He's _____ I've ever seen.

(a) a father as loving anyone as
(b) as loving a father as anyone
(c) a father loving as anyone as
(d) as loving anyone as a father

6 A: How about throwing a party at our apartment this weekend?
B: We can't normally host large gatherings without _____.

(a) the landlord giving us permission
(b) giving the permission from the landlord
(c) the landlord has given us permission
(d) permission was given from the landlord

7 A: Why did Ms. Hartson want to speak with you?
B: She stopped by to thank me for _____ her laptop.

(a) such a good job doing to fix
(b) doing a such good job to fix
(c) a such good job to do fixing
(d) doing such a good job fixing

8 A: Our boss is pretty angry with Sandra.
B: I wonder _____ to get him so upset.

(a) what she said was it
(b) it was what she said
(c) she said what was it
(d) what it was she said

Part 2 가장 적절한 정답 고르기

9 If sales of blueberry _____ have been, the ice cream shop owner might discontinue the flavor.

(a) fall continuously as to
(b) continue to fall as they
(c) are continued to fall as they
(d) fall as they are continued to

10 Timothy was _____ in the monthly sales competition.

(a) coming in last place about unhappy
(b) last place unhappy about coming in
(c) unhappy in coming last place about
(d) unhappy about coming in last place

11 Because the installation of new bookshelves was carried out overnight, the work was completed without _____ for a day.

(a) the library to need being closed
(b) needing to be closed the library
(c) the library needing to be closed
(d) need to closing down the library

12 Sandra decided to step down _____ the workers who were laid off because of the company merger. 기출

(a) to show in solidarity with
(b) in a show of solidarity with
(c) in showing with solidarity of
(d) with solidarity in a showing of

13 Dr. Seth is an eloquent speaker, but it is difficult to determine how _____.

(a) he says what much truthful is
(b) truthful he is of what much
(c) much is truthful of what he says
(d) much of what he says is truthful

14 Before embarking on a trip overseas, it is recommended to check out tourist sites online in order to _____ while traveling.

(a) use of making the most efficient time
(b) making the most efficient time of
(c) the most efficient time of making
(d) make the most efficient use of time

15 In an effort to improve our services, all feedback, _____, will be scrutinized by our customer service team.

(a) it is positive or otherwise
(b) be it positive or otherwise
(c) otherwise it is positive
(d) otherwise is it positive

16 Because he couldn't wait for its domestic launch, David _____ for his imported E-pro 5 smartphone.

(a) paid double the retail price
(b) double paid the retail price
(c) paid the retail double price
(d) the retail price paid double

Part 3 문법 오류 문장 고르기

17 (a) A: How would you like to try some of the food at my new restaurant?
(b) B: That sounds great! Is your restaurant located around somewhere here?
(c) A: Yeah, it's just two subway stops from here.
(d) B: Oh, well, I'm free right now. I'd love to stop by and have some lunch there, if that's okay with you.

18 (a) A: I don't have in my drawer any more space. There's no room for these papers.
(b) B: How come your drawer is so packed? What do you keep in there?
(c) A: The drawer is full of stationery and business cards and other stuff. I'll need to clear it out.
(d) B: Well, my drawer is basically empty. You can put some of your stuff in there.

19 (a) The majority of people who suffer from social anxiety disorder (SAD) have making friends difficulty. (b) Research indicates that people with close friends live longer and are typically healthier. (c) Those who suffer from SAD should try to build self-confidence by joining a club or social group. (d) As a member of a group, you should quickly be able to build friendships with other group members.

20 (a) The most commonly spoken language in the world is Mandarin Chinese, which is spoken by around 1.2 billion people. (b) Mandarin Chinese refers to a group of related Chinese dialects spoken across most of northern and southwestern China. (c) Recent studies showed that Mandarin speakers make about 14% of the Earth's population up. (d) The second most commonly spoken language on our planet is Spanish, with over 405 million speakers.

☑ 비교구문은 서로 다른 대상들에 대해 유사점과 차이점, 우월함과 열등함 등을 나타내는 구문의 총칭으로, 형용사와 부사만 사용 가능하다.

☑ 원급, 비교급, 최상급의 기본 형태뿐 아니라 관용적으로 사용되는 비교구문들을 암기해 두어야 하며, 비교급, 최상급을 강조하는 부사들도 자주 출제되는 요소이다.

☑ 매회 평균 0~1문제 출제된다.

핵심포인트 1 원급 비교

1 as + 형용사 + as: 주로 2형식 동사 뒤에 위치해 주어를 설명한다.

The new copy machine is **as efficient as** the previous one.
새 복사기는 이전 것만큼 효율적이다.

The second speaker was not **as confident as** the first one.
두 번째 연사는 첫 번째만큼 자신감이 있지는 않았다.

2 as + 부사 + as: 완전한 절 뒤에 위치해 동사를 수식한다.

We will send you the replacement **as quickly as** possible.
가능한 한 신속히 교체품을 보내 드릴 것입니다.

We hope Ms. Summers will run her department **as economically and as efficiently as** she can.
우리는 서머즈 씨가 가능한 한 경제적이고 효율적으로 부서를 운영하기를 바랍니다.

3 as + many[much] + 명사 + as

① 원급 비교 as ~ as 사이에 명사가 쓰일 경우 그 명사 앞에 수량 형용사를 동반한다.

This event didn't receive **as much attention as** it deserves.
이번 행사는 받아야 할 만큼 많은 관심을 받지 못했다.

You can access our website **as many times as** you wish at no extra cost.
귀하는 저희 웹사이트에 추가 요금 없이 원하시는 만큼 여러 번 접속하실 수 있습니다.

② 원급 비교 as ~ as 사이에 단수 가산명사가 쓰일 경우 그 명사 앞에 「형용사 + 관사(a)」를 동반한다.

She is **as good a negotiator as** her predecessor.
그녀는 전임자만큼이나 유능한 협상가이다.

4 배수사 + as ~ as: 배수사(half, twice, three times 등)는 as ~ as 앞에 위치한다.

She has <u>twice</u> **as much experience as** you.
그녀는 당신보다 2배 많은 경험을 지니고 있습니다.

> **참고** 배수사 뒤의 as ~ as는 「the 명사 + of」로 바꿔 쓸 수 있다.
> His new car is <u>three times</u> **as expensive as** the old one. 그의 새 차는 이전 차보다 3배나 더 비싸다.
> = His new car is <u>three times</u> **the price of** the old one. 그의 새 차는 이전 차 가격의 3배이다.

핵심포인트 2 비교급

1 형용사er[부사er] + than

The new laptop computer is **faster than** many of its competitors.
신형 노트북 컴퓨터는 여러 경쟁 제품들보다 빠르다.

These days, raw materials costs are rising **higher than** ever.
요즘, 원자재 가격이 어느 때보다도 높게 오르고 있다.

2 more[less] + 형용사[부사] + than

We believe customer satisfaction is **more important than** our profits.
우리는 수익보다 고객 만족이 더 중요하다고 믿습니다.

Don's new job has a **less rigorous** schedule **than** his old one.
돈의 새 직장은 이전 직장보다 일정이 덜 빡빡하다.

> **참고** 비교급 문장에서 비교 대상을 나타내는 than은 필수 요소이지만, 비교 대상이 애매하거나 일반적이어서 문맥상 충분히 알 수 있는 경우에는 than 이하를 생략할 수 있다.
>
> They've decided to offer discounts **more** often (than before).
> 그들은 (전보다) 더 자주 할인을 제공하기로 결정했다.

핵심포인트 3 최상급

1 the + 형용사est[부사est]

The discount store is **the newest** building <u>in this area</u>.
그 할인 매장이 이 지역에서 가장 새 건물이다.

For safety, this model received **the highest** rating <u>in its class</u>.
안전성에서, 이 모델이 동급 차종 중 최고의 평가를 받았다.

Mr. Taylor has **the best** educational background <u>of all the candidates</u>.
타일러 씨는 모든 지원자들 중에서 가장 좋은 학력을 지녔다.

He is **the smartest** student <u>that I have ever met</u>.
그는 내가 지금까지 만난 학생들 중 가장 똑똑하다.

> **참고** 최상급 뒤에 비교 대상을 표현할 때, 「장소/영역을 나타내는 전치사구」 또는 「of[among] + 복수명사(~중에서)」 로 표현하며, 관계사절을 붙이는 경우도 있다.

2 the most + 형용사[부사]

Most critics are saying "The Fate" is **the most interesting** movie <u>that they have ever seen</u>.
대부분의 비평가들은 "The Fate"이 이제까지 본 가장 흥미로운 영화라고 말하고 있다.

Everyone agrees that Emily plays the flute **most beautifully** <u>in the city</u>
모두들 에밀리가 시에서 플루트를 가장 아름답게 연주한다는 데 동의한다.

> **주의** 부사의 최상급에는 the를 붙이지 않는다.

⚙ 기출유형정리

핵심 유형	출제 비율
유형 1 비교구문 구별하기	48%
유형 2 배수사 & 강조어구	36%
유형 3 비교구문 특수 용법 & 관용표현	16%

유형 1 비교구문 구별하기 48%

1 For Jude, his family is much (**more important** / ~~as important~~) than his career.
주드에게 있어, 가족이 직업보다 훨씬 더 중요하다.

2 The interior of the house had been remodeled (~~more recent~~ / **more recently**) than the potential buyers originally thought.
그 집의 실내는 구매하려는 사람들이 원래 생각했던 것보다 더 최근에 개조되었다.

3 The television show will become (~~popularly~~ / **more popular**) now that it has a famous host.
이제 유명 사회자가 있으므로 그 텔레비전 쇼는 인기가 더 좋아질 것이다.

4 To the investors' dismay, the pharmaceutical startup has turned out to be not as (**profitable** / ~~profitably~~) as they expected it to be.
투자자들에게는 실망스럽게도, 그 신생 제약회사는 그들이 예상한 것만큼 수익이 나지 않는 것으로 드러났다.

5 The painting *The Girl with the Green Feather* is the (~~valuable~~ / **most valuable**) among all of the artwork in the museum.
'초록 깃털을 가진 소녀'라는 그림이 그 박물관에 있는 모든 작품 중에서 가장 가치가 높다.

◑ 1 뒤에 위치한 than과 함께 비교급을 구성해야 하므로 more important가 정답이다.

2 뒤에 than이 있고 둘 다 비교급의 형태이지만, 품사가 다르다. 빈칸 앞에 위치한 일반동사를 수식할 부사가 쓰여야 알맞으므로 more recently가 정답이다.

3 become은 형용사와 함께 사용하는 동사이므로 비교급 형용사의 형태인 more popular가 정답이다. 문장에 than이 있다면 그 앞에 반드시 비교급이 있어야 하지만, 비교급이 있다고 해서 반드시 뒤에 than이 쓰이는 것은 아니다. 비교 대상이 명확할 경우에는 「than + 비교 대상」을 생략할 수 있다.

4 as ~ as 사이에 쓰일 형용사와 부사의 구별 방법은, 앞쪽 as를 가린 상태에서 구조적으로 어울리는 것을 찾으면 된다. 빈칸 앞에 2형식 동사 be가 있으므로 형용사 보어가 필요하다. 따라서 profitable이 정답이다.

5 「the + 형용사 최상급 + among + 복수명사」는 대표적인 최상급 구문이다. 정관사 the와 「of/among + 복수명사」 사이에 빈칸이 있으면 최상급 자리임을 직감해야 한다. 따라서 most valuable이 정답이다.

1 Commuting by car costs almost (**twice as much as** / ~~as twice as much~~) commuting by train.

차량으로 통근하는 것이 열차로 통근하는 것보다 거의 두 배나 비용이 더 든다.

2 Traveling to the commercial district by bus takes (~~very~~ / **even**) longer than using the subway due to traffic jams.

교통체증 때문에 버스를 타고 상업지구로 가는 것이 지하철을 이용하는 것보다 훨씬 더 오래 걸린다.

3 The third-person perspective is (**by far the most common point of view** / ~~the most by far common point of view~~) in academic writing.

3인칭 시점은 학술 논문에서 단연 가장 보편적인 시점이다.

4 We only use (~~very the best~~ / **the very best**) ingredients produced locally.

저희는 오직 지역에서 기른 최고의 재료만을 사용합니다.

○ **1** twice는 배수사이므로 비교급 앞에 위치해야 한다. 따라서 twice as much as가 정답이다.
　2 비교급 형용사를 강조할 수 있는 부사는 even이다. very는 원급 형용사를 수식하거나 형용사 최상급 앞에 쓰여 강조의 뜻을 나타낸다.
　3 by far(단연)는 최상급 강조어구로 항상 최상급 앞에 오는 것이 원칙이므로 by far the most common point of view가 정답이다.
　4 강조부사 very는 일반적으로 형용사와 부사의 원급을 수식하며, 최상급에서는 형용사만 수식한다. 이때 정관사 the의 앞이 아니라 the 뒤에, 즉 강조하는 형용사의 바로 앞에 위치하므로 the very best가 정답이다. 「the very + 형용사 최상급」으로 암기해 두자.

1 The higher the waves are, (**the more dangerous** / ~~more dangerous~~) the surfing is.

파도가 높을수록, 서핑은 더욱 위험하다.

2 The more experienced one is, the more (**prudent** / ~~prudently~~) he or she becomes.

사람은 경험이 많을수록 더 신중해진다.

3 Jordan is (**the more intelligent** / ~~the most intelligent~~) of the two boys.

조던이 두 소년들 중에서 더 영특한 아이다.

4 The price is not (**so important a factor** / ~~as an important factor~~) in determining the value of electronic devices as performance and power consumption.

가격은 전자기기의 가치를 결정하는 데 있어 성능이나 전력 소모만큼 중요한 요소가 아니다.

5 No one would ask me to work late, (**still less** / ~~much more~~) force me to do that.

누구도 내게 늦게까지 일하도록 강요하는 것은 고사하고, 그렇게 요청하지도 않을 것이다.

○ **1** 「the + 비교급, the + 비교급(~할수록 …하다)」과 같은 이중 비교급의 구조가 되어야 알맞으므로 the more dangerous가 정답이다.
　2 이중 비교급 문장에서는 동사 뒤에 있던 형용사나 부사가 앞으로 이동한다. 2형식 동사 becomes와 어울려야 하므로 비교급 형용사가 되어야 한다. 따라서 prudent가 정답이다.
　3 「of the two ~」로 비교 대상이 딱 두 가지로 한정되어 나타나 있으면 「the + 비교급」을 써야 하므로 the more intelligent가 정답이다.
　4 「as ~ as」 사이에 단수 가산명사가 올 경우 「as(so) + 형용사 + a + 명사 + as」의 어순이 되므로 so important a factor가 정답이다.
　5 앞 절이 부정문이고 '~은 말할 것도 없고'라는 의미를 나타낼 때 much/still less를 사용한다. 앞 문장이 긍정문일 경우에는 much/still more를 쓴다.

🎯 기출유형 심화학습

다음은 비교급 문제로 자주 출제되는 구문들이다. 이 유형은 문법으로 접근하여 문장 구조를 분석하기보다는 기본 뼈대를 빠르게 확인하여 옳은 구문을 단번에 골라내는 방식으로 접근하는 것이 시간을 줄이고 정답률을 훨씬 높일 수 있다.

1 as long as: ~하는 한

You will be welcome at any of our locations **as long as** you can present our membership card.

우리 회원카드를 보여주시는 한 여러분은 우리 매장 어디서든 환영 받으실 것입니다.

2 as far as ~ is concerned: ~에 관한 한

As far as the cost is concerned, your suggestion is not really a viable solution.

비용에 관한 한, 당신의 제안은 그다지 실현 가능한 해결책이 아닙니다.

3 The + 비교급, the + 비교급: ~할수록 더 ~하다

The lower the popularity, **the more important** it is that you increase your effort to communicate with prospective customers.

인기가 낮을수록, 잠재고객들과 소통하려는 노력을 늘리는 것이 더욱 중요하다.

The more often you skip meals, **the more likely** you are to get out of shape.

식사를 자주 거를수록, 건강이 더 상하기 쉽다.

4 much simpler than: ~보다 훨씬 간단한

The new security system is **much simpler than** the old one.

새로운 보안 시스템은 이전 것보다 훨씬 더 간단하다.

5 less of a hassle than -ing: ~보다 덜 귀찮다

Online banking is fast and **less of a hassle than visiting** the bank.

온라인 뱅킹은 빠르고 은행을 방문하는 것보다 덜 귀찮다.

6 in much the same way as it does: 아주 꼭 같은 방식으로

Research found that the brain responds to exercise **in much the same way as it does** to narcotics.

연구에 의하면 두뇌는 마약에 반응하는 것과 아주 꼭 같은 방식으로 운동에 반응한다.

7 no better than: ~와 다름없는

Despite months of our robust marketing campaign, our market share is **no better than** that of our major competitors.

수 개월의 활발한 마케팅 활동에도 불구하고, 우리 시장 점유율은 주요 경쟁자들과 다를 바 없다.

실전적응훈련

Part 2 가장 적절한 정답 고르기

Dependent people tend not to be good at thinking logically, _____ thinking on their own.

(a) nor
(b) still less
(c) not mentioning
(d) much more

해석 의존적인 사람들은 논리적 사고에 능숙하지 못한 경향이 있으며, 스스로 사고하는 능력은 말할 것도 없다.

풀이과정 맛보기

① 빈칸 앞에 위치한 주절이 부정문임을 확인한다.
② 빈칸 앞뒤로 thinking이 이끄는 구가 동일하게 위치해 있으므로 이 둘이 비교 대상임을 알 수 있다.
③ 앞 절이 부정문이고 '~은 말할 것도 없고'라는 의미를 나타낼 때 still less를 사용하므로 (b)가 정답이다.

참고 긍정문, much/still more 더더욱 ~하다
부정문, much/still less 더더욱 ~하다

어휘 dependent 의존적인 tend (not) to do ~하는(하지 않는) 경향이 있다 be good at ~에 능숙하다, ~을 잘 하다 logically 논리적으로 on one's own 혼자서, 단독으로

정답 (b)

기출맛보기

정답 및 해설 p.108

1. The business is picking up as _____ as it was a few years ago.

(a) rapid
(b) rapidly
(c) rapider
(d) rapidest

2. Calvin spent twice as much as he originally planned during his travel through Asia, and it also took _____.

(a) twice as long
(b) as twice as long
(c) twice as long as
(d) as long twice as

Part 1 가장 적절한 정답 고르기

1 A: This store brand ketchup tastes just as good as the expensive ones.
B: I'd go so far as to say it's superior _____ the most popular brands.

(a) to   (b) than
(c) with   (d) above

2 A: How was your Spanish class last night?
B: Oh, I had a great time last week, but this week, it was even _____.

(a) enjoyable   (b) more enjoyable
(c) much enjoyable   (d) the most enjoyable

3 A: Let's get a room at the Savoy on Sunday.
B: I can barely afford to stay in a hostel, _____ on the last night of our trip.

(a) a hotel less than
(b) much less a hotel
(c) much less of a hotel
(d) a hotel much less than

4 A: You've not been complaining so much in the office these days.
B: Well, I have _____ work tasks than I used to have.

(a) easy   (b) easily
(c) easier   (d) easiest

5 A: Have you ever eaten at the All-American 50s Diner?
B: Sure. Its food is as _____ as Montana Grill's.

(a) great   (b) greatly
(c) greater   (d) greatest

6 A: I could hardly hear what the seminar speaker was saying.
B: I didn't mind his quietness _____ his lack of knowledge.

(a) so much as   (b) rather than
(c) as   (d) than

7 A: Why don't you like the new encyclopedia?
B: This one is _____ informative than the previous edition.

(a) fewer   (b) more much
(c) less   (d) a little

8 A: I don't think I have a chance of going to Maitland University.
B: Come on, now. Other students _____ have been accepted.

(a) as smarter not like you
(b) smarter not than you
(c) not smarter like you
(d) no smarter than you

Part 2 가장 적절한 정답 고르기

9 A new study shows that men watch television _____ women do.

(a) as twice as much   (b) twice as much as
(c) as much as twice   (d) much as twice as

10 James followed the business plan suggested by Dean because it was _____ one, far better than any other proposal.

(a) sensible   (b) sensibly
(c) more sensible   (d) the most sensible

11 The lower one's expectations are, _____ one will be able to enjoy an experience.

(a) the more likely it is that
(b) the more it is likely that
(c) that it is the more likely
(d) that the more it is likely

12 The debater made such a strong point that she left her opponent even _____ than he already was. 기출

(a) speechless   (b) speechlessly
(c) more speechless (d) more speechlessly

13 There aren't many apartment buildings in this area, making it that _____ harder to find affordable housing.

(a) so   (b) too
(c) much   (d) very

14 The community centre is becoming _____ of a sports facility than a meeting venue these days.

(a) many   (b) much
(c) more   (d) most

15 The wines produced in this valley possess _____ best in taste.

(a) the very   (b) by far
(c) quite   (d) very

16 Of the two employees eligible for promotion to management, I think _____.

(a) Sara Wong is best suited
(b) Sara Wong is suited best
(c) Sara Wong is the better suited
(d) that is the better suited of them

Part 3 문법 오류 문장 고르기

17 (a) A: I wonder if people will stop eating things like burgers and fries in the future.
(b) B: Actually, studies show people now eat much fast food than ever.
(c) A: Really? I thought that people were generally adopting healthier eating habits.
(d) B: Some are, but many others have busy schedules and need to grab something quick to eat.

18 (a) A: Are you seriously going to allow your daughter to date that gym instructor?
(b) B: Well, I've met him, and I think he's a perfect gentleman.
(c) A: Perhaps, but he is almost as twice old as she is!
(d) B: That doesn't bother me, as long as he treats her with kindness and respect.

19 (a) Up until 2016, the Tianhe-2 supercomputer in Guangzhou, China, held the record as the world's most powerful computer. (b) In July of that year, the record was beaten by the Sunway TaihuLight, a computer with a much fast processing speed. (c) The TaihuLight currently operates at the National Supercomputing Center in the city of Wuxi, west of Shanghai. (d) It is used in various fields of research, from climate and weather systems modeling to advanced manufacturing.

20 (a) The Danum Valley in Borneo is a hot, humid region that boasts the tallest tropical rainforest in the world. (b) The trees serve as a lush habitat for a wide variety of apes, such as orangutans and gibbons. (c) The valley even contains some incredibly rare and endangered species such as the Sumatran rhino and clouded leopard. (d) According to some experts, the Danum Valley is home to most wildlife than any other region on Earth.

UNIT 19 가정법

☑ 가정법은 특정 조건에 종속되어 발생하기를 상상하거나 희망하는 것을 나타내는 표현법으로 이미 발생한 사실을 전달하는 직설법과 대조적이다.

☑ 가정법은 if 접속사를 사용하는 조건절과 결과를 나타내는 주절로 구성되며, 주로 주절의 조동사나 동사 시제에 대해 묻는 문제로 출제된다.

☑ if 접속사를 사용하지 않는 I wish 가정법과 같은 다양한 관용표현들과, if 접속사의 생략과 도치에 대해서도 출제되어 복잡한 듯 보이지만 실제 출제되는 패턴이 공식처럼 정해져 있으므로 어려운 영역은 아니다.

☑ 여러 영어시험들 중 텝스에서 특히 출제 비중이 높은 영역으로 매회 평균 1~2문제 출제된다.

핵심포인트 1 가정법 과거

if절에 과거시제 동사를 사용하며, be동사가 쓰일 경우에는 인칭과 수에 상관없이 were를 사용한다.
주절의 동사는 「조동사의 과거형 + 동사원형」의 형태가 된다.

공식 | **현재 사실에 반대되거나 발생 가능성이 없는 일을 가정할 때**

> if + 주어 + **과거동사(또는 were)**, 주어 + **would/should/could/might + 동사원형**
>
> If he **applied** for the position, he **would** easily **get** it. – 현재 지원하지 않은 상태
> 그가 그 자리에 지원한다면, 쉽게 붙을 텐데.

핵심포인트 2 가정법 과거완료

if절에 과거완료시제 동사만 사용되며, be동사가 쓰일 경우에는 인칭과 수에 상관없이 had been을 사용한다.
주절의 동사는 「조동사의 과거형 + have p.p.」의 형태가 된다.

공식 | **과거 사실에 반대되는 일을 가정하거나 상상할 때**

> if + 주어 + **과거완료동사(또는 had been)**, 주어 + **would/should/could/might + have p.p.**
>
> If Mr. Jackson **had canceled** the flight, he **could have avoided** the accident. – 과거 시점에 취소하지 않은 것
> 잭슨 씨가 비행편을 취소했다면, 그 사고를 피할 수 있었을 텐데.

핵심포인트 3 가정법 미래

if절에 should가 포함된다. 주절의 동사로 조동사의 과거형 혹은 현재형을 사용하며, 명령문이 오는 경우도 있다.

공식 1 | **미래에 관한 강한 의구심을 나타낼 때**

> ① if + 주어 + should + 동사원형, 주어 + would/should/could/might/will/can/may + 동사원형
>
> If I **should fail** again, what **should** I **do**?
> 또 실패하면, 대체 무엇을 해야 할까?
>
> ② if + 주어 + should + 동사원형, (please) 명령문
>
> If you **should have** trouble finding the venue, **please call** David.
> = Should you have trouble finding the venue, please call David.
> 그 장소를 찾는 데 어려움이 있다면, 데이빗에게 전화하세요.

공식 2 실현 가능성이 거의 없는 경우를 나타낼 때

if + 주어 + **were to** + 동사원형, 주어 + **would/should/could/might/will/can/may** + 동사원형

If the sun **were to rise** in the west, I **would change** my mind. – 마음을 바꾸는 일은 절대 없다는 것
= I will never change my mind no matter what.
해가 서쪽에서 뜬다면, 내 마음을 바꾸겠다.

핵심포인트 4 혼합 가정법

「if절(가정법 과거완료) + 주절(가정법 과거)」의 구조로 주절에 포함되는 현재 시점 부사 today, now 등을 통해 혼합 가정법임을 판단할 수 있다.

공식 과거에 발생한 사건의 결과가 현재까지 미치는 영향과 관련된 가정을 나타낼 때

if + 주어 + **과거완료동사(had + p.p.)**, 주어 + **would/should/could/might** + 동사원형

If it **had** not **rained** last night, the road **wouldn't be** muddy now.
지난밤에 비가 오지 않았더라면, 지금 길이 진흙탕이 되지 않았을 텐데.

핵심포인트 5 I wish + 가정법

'~라면 좋을 텐데'라는 소망을 나타낼 때 사용하며, I wish 뒤에 과거 또는 과거완료 동사가 이어지는 구조로 쓰인다.
I wish 다음에 위치하는 접속사 that은 보통 생략하며, I wish와 같은 의미를 나타내기 위해 I would rather, If only, Would that 이 쓰이기도 한다.

공식 1 현재 사실에 반대되는 소망을 표현할 때(가정법 과거)

I wish (that) 주어 + **과거동사**

I wish she **were** by my side <u>now</u>. – 지금 내 곁에 없다는 것
　　　　　　　　　　　현재 시점 부사 사용
그녀가 지금 내 곁에 있다면 좋을 텐데.

공식 2 과거 사실에 반대되는 소망을 표현할 때(가정법 과거완료)

I wish (that) 주어 + **과거완료동사(had + p.p.)**

I wish I **had been** in New York <u>at that time</u>. – 당시 뉴욕에 없었다는 것
　　　　　　　　　　　　　　　과거 시점 부사 사용
내가 그때 뉴욕에 있었더라면 좋았을 텐데.

핵심포인트 6 It is time + 가정법

It is time 다음에 that은 생략 가능하며, that절의 동사는 무조건 과거시제로 쓰인다.

공식 예정된 시점에 이뤄져야 할 행위를 당장 하도록 재촉하는 의미를 나타낼 때

It is time (that) 주어 + **과거동사(또는 should + 동사원형)**

It is (high) time you **fed** your kitten. = It is (high) time you (**should**) **feed** your kitten.
고양이한테 먹이를 줄 때야.

➡ 강조의 의미로 time 앞에 high를 사용하기도 한다.

⚙ 기출유형정리

핵심 유형	출제 비율
유형 1 시제별 가정법 구별	62%
유형 2 if 생략과 도치	27%
유형 3 if 없는 가정법	11%

유형 1 시제별 가정법 구별   62%

> **1** If we moved the convenience store downtown, we (**would attract** / ~~would have attracted~~) more customers.
> 우리가 시내로 편의점을 옮긴다면, 더 많은 고객을 끌어들일 수 있을 텐데.
>
> **2** If the pilot hadn't made a sharp turn at the end of the runway, the plane (**would have crashed** / ~~would crash~~) into a neighborhood.
> 조종사가 활주로 끝 부분에서 급커브를 틀지 않았다면, 비행기가 인근 마을을 덮쳤을 텐데.
>
> **3** If you (**should want** / ~~might want~~) to know more about court proceedings, please visit our website.
> 재판 절차에 관해 자세히 알고 싶으시면, 저희 웹사이트를 방문해 주시기 바랍니다.
>
> **4** If Ted had taken my advice, he (~~wouldn't have been~~ / **wouldn't be**) in trouble with his boss now.
> 테드가 내 충고를 받아들였다면, 지금 그의 사장과 문제가 있지 않을 텐데.

➊ **1** if절의 동사가 과거 시제(moved)이므로 가정법 과거임을 알 수 있다. 따라서 주절의 동사는 「조동사 과거형 + 동사원형」이 되어야 하므로 would attract가 정답이다.

  2 if절의 동사가 과거완료 시제(hadn't made)이므로 가정법 과거완료임을 알 수 있다. 따라서 주절의 동사는 「조동사 과거형 + have p.p.」가 되어야 하므로 would have crashed가 정답이다.

  3 if절에 should가 포함되어 있고 주절이 명령문일 경우에는 정중한 요청의 의미가 된다.

  4 if절의 동사가 과거완료 시제이지만 주절의 마지막에 현재 시점을 나타내는 부사 now가 있으므로 wouldn't have been이 주절의 동사로 사용될 수 없다. now와 시제 관계가 어울릴 수 있도록 가정법 과거의 주절과 같은 동사 형태가 사용되어야 하므로 wouldn't be가 정답이다. 과거에 충고를 듣지 않았던 것의 결과로 인해 현재 사장과 불편한 관계임을 의미하는 혼합 가정법이다.

유형 2 if 생략과 도치   27%

> **1** (~~If~~ / **Should**) this copier run into any trouble, please report to the supplies department.
> 이 복사기가 고장이 난다면, 용품 관리 부서로 알려 주시기 바랍니다.
>
> **2** (**Had you seen Mr. Solomon** / ~~Should you see Mr. Solomon~~) solve math problems, you would have thought he was a genius.
> 솔로몬 씨가 수학 문제 푸는 것을 봤다면, 그가 천재라고 생각했을 것이다.

1 if절의 구조를 파악해야 하는 문제이다. 단수 주어가 쓰였음에도 불구하고 동사가 원형이므로 조동사가 포함된 구조여야 한다는 것을 알 수 있다. 따라서 If this copier should run into any trouble에서 If가 생략되고 조동사 should가 도치된 구조로 된 가정법 문장이 되어야 알맞으므로 Should가 정답이다.

2 주절의 동사가 would have thought인 것으로 보아 가정법 과거완료 문장임을 알 수 있다. 따라서, 「If + 주어 + had p.p.」에서 If가 생략되고 had가 도치된 구조로 가정법 과거완료 문장을 만드는 Had you seen Mr. Solomon이 정답이다.

유형 3 if 없는 가정법   11%

> **1** I wish I (~~were not~~ / **had not been**) idle when I was young.
> 내가 젊었을 때 게으름을 피우지 않았다면 좋았을 걸.
>
> **2** It is time we (**left** / ~~will leave~~) for the airport.
> 이제 우리가 공항으로 출발해야 할 시간이다.
>
> **3** I would rather you (**didn't do** / ~~hadn't done~~) anything for the time being.
> 네가 당분간 아무것도 하지 않는 게 좋겠다.
>
> **4** A: Why didn't you help him?
> B: I didn't have money; otherwise, I (**would have helped him** / ~~I would help him~~).
> A: 왜 그를 돕지 않았니?
> B: 돈이 없었어. 그렇지 않았다면 그를 도왔을 거야.
>
> **5** At the party last night, she looked at me as if she (**had never met** / ~~never met~~) me before.
> 어젯밤 파티에서, 그녀는 마치 이전에 날 본 적이 없었던 것처럼 바라보았다.
>
> **6** A: You finally made it, didn't you?
> B: Yes, (**but for** / ~~with~~) your help, I would not have succeeded.
> A: 마침내 해냈군요, 그렇죠?
> B: 네, 당신의 도움이 아니었다면, 성공하지 못했을 거예요.
>
> **7** Doctors strongly recommend that fathers (**be** / ~~are~~) present at their baby's birth.
> 의사들은 아빠들에게 아기가 태어날 때 자리에 있도록 강력히 권고한다.

1 과거(when I was young)에 대한 가정을 나타낼 수 있도록 「I wish + 가정법 과거완료」가 되어야 하므로 had not been이 정답이다.

2 「It is time + 가정법 과거」의 문장 구조가 되어야 하므로 과거 시제인 left가 정답이다.

3 would rather와 함께 for the time being(당분간)이라는 현재 시점 표현이 쓰였으므로 가정법 과거인 didn't do가 정답이다.

4 otherwise는 반대 가정을 이끄는 접속부사이다. 앞쪽에 언급된 과거 시점의 일에 대한 가정을 나타내야 하므로 가정법 과거완료의 주절과 같은 동사 형태가 되어야 한다. 따라서 would have helped him이 정답이다.

5 as if 가정법은 주절의 동사를 기준으로 주절과 같은 시점의 일이면 as if절에 가정법 과거를, 주절보다 이전의 일이면 as if절에 가정법 과거완료를 사용한다. before를 통해 주절보다 이전에 발생한 일임을 알 수 있으므로 가정법 과거완료인 had never met이 정답이다.

6 「would not have p.p.」와 어울리는 가정이 되어야 하므로 '~가 아니었다면'이라는 뜻으로 if 가정법을 대신하는 but for가 정답이다.

7 recommend와 같이 추천/주장/제안 등을 나타내는 동사의 목적어로 쓰이는 that절에는 동사원형이 쓰이므로 be가 정답이다.

🎯 기출유형 심화학습

가정법 문제는 접속사 if만 확인하면 시제 공식을 정확히 따르므로 정답 고르기가 쉬운 편이다. 그런데 문제는 if가 드러나지 않는 고난도 유형들이다. 다음 몇 가지 고난도 유형을 통해 가정법의 시제의 개념을 확실히 익히도록 하자.

1 if not for: '~가 아니라면[없다면]'이라는 의미인 if not for는 가정법 과거와 가정법 과거완료에 모두 쓰여서 주변 문맥에 따라 시제를 결정해야 한다.

A: Will you go skiing this weekend?

B: Well, I probably (**would**, ~~would have~~) if not for a special task I'm doing now.

A: 주말에 스키 타러 가실 건가요?

B: 음. 지금 하고 있는 특수 과제만 아니라면 그럴 텐데요.

2 Were it not for: '~가 없다면'이라는 의미인 if it were not for의 도치 형태로서, 주절에 과거 시제가 쓰인다.

A: I hope you enjoy your stay here.

B: Were it not for the crowd at the beach, I (**would like**, ~~would have liked~~) it a lot better.

A: 이곳에서 즐거운 시간 보내시길 바랍니다.

B: 해변을 꽉 메운 사람들만 없다면, 훨씬 더 좋을 것 같습니다.

3 Had it not been for: '~가 없었다면'이라는 의미인 if it had not been for의 도치 형태로서, 주절에 과거완료 시제가 쓰인다.

A: (~~Were it not for~~, **Had it not been for**) your hard work, we would never have come this far.

B: Don't mention it. You are the one who managed all this.

A: 당신의 노고가 없었다면, 절대 이 정도 수준에 이를 수 없었을 겁니다.

B: 그런 말씀 마세요. 당신이야말로 이 모든 걸 다 처리했잖아요.

4 제안(suggest), 권유(recommend), 명령(order), 요청(ask, demand, require) 동사의 that목적절: 주절의 동사 수와 시제에 상관없이 무조건 동사원형이 온다.

A: Susan is going to the airport to pick up our client.

B: I suggest we (~~will be~~, **be**) there to welcome him, too.

A: 수잔이 고객을 마중하기 위해 공항으로 갈 겁니다.

B: 제 생각에, 우리도 가서 그분을 환영해야 할 것 같습니다.

5 I would rather (that) ~: 제3자에 대한 희망을 나타내는 'I would rather (that)절'에서 that절은 가정법 과거가 적용되어 과거시제 동사가 쓰인다.

A: Mom, would you mind if I borrow your car?

B: Well, I'd rather (~~you don't~~, **you didn't**).

A: 엄마, 제가 차를 좀 빌려도 될까요?

B: 글쎄다, 그러지 않으면 좋겠구나.

🕐 실전적응훈련

Part 3 문법 오류 문장 찾기

(a) A: I am going backpacking through Europe with my brother.

(b) B: Wow, that's great. Do you have any plans?

(c) A: We are making out a detailed itinerary. Why don't you join us?

(d) B: I really would if I don't have a part-time job.

해석	(a) A: 난 형과 함께 유럽을 도는 배낭 여행을 갈 생각이야.
	(b) B: 와, 좋겠다. 계획은 있어?
	(c) A: 세부 일정을 짜고 있어. 너도 같이 갈래?
	(d) B: 아르바이트만 아니면 정말로 같이 가고 싶은데.

💡 풀이과정 맛보기

① 가정법에 유의하여 각 문장을 읽어 내려간다.

② (d)의 주절에 쓰인 조동사 would(동사는 반복을 피하기 위해 생략)와 if절을 통해서 가정법 과거임을 확인한다.

③ 가정법 과거에서 if절의 동사는 과거 시제가 되어야 하므로 don't이 didn't으로 바뀌어야 한다.

참고 **가정법 과거 공식**
If + 주어 + **과거동사(be 동사는 were)**, 주어 + **would/should/could/might + 동사원형**

어휘 **backpack** v. 배낭 여행을 가다 **through** (장소) ~을 두루, ~ 여기저기 **make out a plan** 계획을 짜다 **Why don't you ~?** ~하는 게 어때? **join** ~와 함께 하다, 합류하다

정답 **(d) don't → didn't**

👁 기출맛보기

정답 및 해설 p.112

1. A: The road is heavily congested. We are not going to make it on time at this rate.

B: If we _____ the subway instead, we would already be at our destination by now.

(a) had taken

(b) took

(c) take

(d) should have taken

2. ___ _____ a famous chef, we would be sure to attract more customers.

(a) If we hired

(b) Hired we

(c) Had we hired

(d) If we had hired

Part 1 가장 적절한 정답 고르기

1 A: Why didn't you come to the seminar yesterday?

B: I _____ if I had known about it beforehand. 기출

(a) had attended

(b) would attend

(c) would be attending

(d) would have attended

2 A: You're meeting me outside the cinema at 7, right?

B: That's right. Give me a call _____ you be delayed.

(a) could   (b) might

(c) would   (d) should

3 A: Why didn't you have something to eat while you waited for me?

B: I had a stomachache. Otherwise, I _____.

(a) ate   (b) would eat

(c) was eating   (d) would have eaten

4 A: That's lucky for you that Peter told you about that vacant apartment.

B: Yeah, if it weren't _____ his advice, I would still be living with my parents.

(a) without   (b) from

(c) after   (d) for

5 A: What did the doctor say about your son's condition?

B: She recommended that he _____ in bed for a week. 기출

(a) stay   (b) stays

(c) stayed   (d) will stay

6 A: Can you join us for a meal at the Radisson Hotel tonight?

B: Unfortunately, I can't afford it. If I had money, I definitely _____.

(a) will come   (b) will have come

(c) would come   (d) would have come

7 A: Did Maggie order new work uniforms for those of us who asked for them?

B: No. I wish she _____.

(a) has ordered   (b) had so

(c) had   (d) order

8 A: Thanks for fixing my laptop, Fred.

B: No problem. And _____ you experience any other problems, just call me.

(a) were to   (b) had

(c) did   (d) should

Part 2 가장 적절한 정답 고르기

9 The horrified expression on Jane's face made it seem as though she _____ a spider before.

(a) has never seen   (b) was never seeing

(c) had never seen   (d) were never seeing

10 If Ben had not checked the weather forecast before going out for a walk, he _____ soaked by the rain.

(a) was   (b) could be

(c) had been   (d) could have been

11 If they had invested more in infrastructure in the 2000s, the subway system and buildings in the city today _____ so run down.

(a) wouldn't be   (b) hadn't been

(c) haven't been   (d) won't have been

12 _____ self-checkout stations instead of hiring skilled workers, Grace Supermarket's sales would not have dropped.

(a) It had not installed
(b) Not had installed it
(c) Had it not installed
(d) It not had installed

13 Lily must have won a massive sum of money playing the lottery; otherwise, she _____ that much property.

(a) didn't purchase
(b) wouldn't purchase
(c) won't purchase
(d) wouldn't have purchased

14 It has been one whole year since Sally graduated, so it's about time she _____ herself a job and earned some money.

(a) had found   (b) finds
(c) should find   (d) found

15 I'd rather he _____ any rash decisions about it for the time being.

(a) make   (b) didn't make
(c) doesn't   (d) didn't

16 _____ we known about the defect, we would have recalled the products immediately.

(a) If   (b) Had
(c) Should   (d) Would

Part 3 문법 오류 문장 고르기

17 (a) A: I'm so glad that our exams are over and it's finally time for summer vacation.
(b) B: Me too! Are you planning to go overseas again this year?
(c) A: Yes, I'm going to go to France with my family for a sightseeing trip.
(d) B: I'm so jealous! If I could visit just one country in my lifetime, that would have been it.

18 (a) A: My sister is in town for the weekend, so we have a lot of fun activities planned.
(b) B: Good for you. I think I'll be grading my students' papers all weekend.
(c) A: Well, we'll probably go somewhere nice for dinner on Sunday night. Would you like to join us?
(d) B: I definitely would if I don't have so much work to do.

19 (a) During the American Civil War, President Abraham Lincoln strived to preserve the Union, which consisted of 20 free states. (b) He used his political skill to build coalitions between various warring factions. (c) He also developed an effective strategy for fighting the war, and appointed generals who would follow his orders precisely. (d) As such, had it not been for Lincoln's active management of military affairs, the war would turn out very differently, and we would now see a more divided United States.

20 (a) Hong Kong has quickly evolved into the number one tourist destination in the world, receiving even more annual visitors than cities such as Bangkok and Singapore. (b) The majority of tourists come primarily to shop, as Hong Kong is home to an almost countless number of high-end malls and fashion boutiques. (c) As if that wasn't a good enough reason to visit Hong Kong, the city also boasts a wide range of award-winning restaurants. (d) After a busy day of shopping and eating, many tourists choose to relax at Victoria Harbor, where they can enjoy a spectacular view of Hong Kong's skyline.

☑ 도치란 영어의 기본 단어 배치 규칙에서 벗어나 단어의 앞뒤 순서를 서로 바꾸는 것을 말하며, 특히 강조하기 위해 주어와 동사의 순서를 바꾸는 방식이 가장 일반적이다.

☑ 기본적인 도치 구조는 부정을 나타내는 부사어구가 문장 앞으로 나오면서 주어와 (조)동사가 자리를 바꾸는 경우이며, 다음으로 가정법 접속사 if가 생략되면서 조동사가 문장 앞으로 나오는 경우가 있다.

☑ 도치는 매회 평균 0~1문제 출제된다.

핵심포인트 1 부정어 도치

준부정어나 부정어구가 포함된 부사구가 문장 맨 앞에 위치할 때는 주어와 동사(또는 조동사)의 순서가 바뀌는 도치가 발생하여 다음과 같이 「(준)부정어 + have/be동사/조동사(will, may, can) + 주어」의 구조가 된다.

Rarely <u>had such a young worker been</u> promoted so quickly.
젊은 직원이 그렇게 빨리 승진했던 적이 거의 없었다.

Not until he heard the full report <u>did he realize</u> the severity of the situation.
모든 보고를 듣고 나서야 그는 상황의 심각성을 깨달았다.

> ⭐ **필수암기** 도치가 가능한 (준)부정어
>
> **hardly[seldom, rarely, scarcely, little]** 거의 ~ 않다　　**not until** ~할 때까지 …않다[~ 후에야 …하다]
> **never** 결코 ~ 않다　　**no + 명사** 어떤 ~도 …않다

핵심포인트 2 only의 도치

Only를 포함한 부사구나 절이 문두에 올 경우에 주절에서 주어의 종류에 상관없이 도치가 일어난다.

Only during intermission <u>can audience members use</u> a cell phone.
청중들은 중간 휴식 시간 중에만 휴대 전화를 사용할 수 있다.

Only recently <u>has the company allowed</u> the use of laser beam pointers during presentations due to safety reasons.
회사는 안전 이유 때문에 최근에야 발표 중에 레이저 포인터를 사용하도록 허용했다.

핵심포인트 3 hardly와 scarcely를 이용한 도치

hardly와 scarcely가 문두에 오고 접속사 before나 when이 결합될 때 '~하자마자 …하다'라는 의미로 쓰인다. 이때 hardly와 scarcely 뒤에서 주어의 종류에 상관없이 도치가 일어난다.

I had **hardly** entered the building <u>when(= before)</u> it began to rain.
= **Hardly** <u>had I entered</u> the building <u>when(= before)</u> it began to rain.
= **As soon as** <u>I entered</u> the building, it began to rain.
내가 그 건물로 들어서자마자 비가 내리기 시작했다.

핵심포인트 4 so + 조동사 + 주어

긍정을 나타내는 절을 so로 받아 '~도 그렇다, 마찬가지이다'와 같은 의미를 나타낸다. 주어의 종류에 상관없이 so 뒤에서는 도치가 발생되며, 일반적으로 so 뒤의 주어가 주절의 주어와 다른 사람이다.

Martin complained about the new schedule and **so** <u>did Carl</u>.
마틴은 새로운 일정에 대해 불평했고, 칼도 마찬가지였다.

Just as accountants must be good with numbers, **so** <u>must sales representatives be</u> good with people.
회계사들이 반드시 숫자에 능숙해야 하는 것처럼 영업직원들도 반드시 사람들에게 능숙해야 한다.

참고 앞의 내용을 so로 받을 때 so 뒤에 도치가 일어나지 않으면 '정말로(It is true that ~)'처럼 강조의 의미가 된다.
이때는 일반적으로 so 뒤의 주어가 주절의 주어와 동일인이다.
A: I am not familiar with this area. 난 이 지역이 익숙하지 않아.
B: So you are. (= It is true that you are not familiar with this area.) 넌 정말로 그래.

핵심포인트 5 neither[nor] + 조동사 + 주어

부정을 나타내는 절을 neither[nor]로 받아 '~도 그렇지 않다'라는 뜻을 나타내며, 이 경우에도 도치가 일어난다.

The lead actress of the film didn't win an award, and **neither** <u>did the director</u>.
그 영화의 주연 여배우는 상을 받지 못했고, 감독도 마찬가지였다.

The team manager didn't like the design, **nor** <u>did the rest of the staff</u>.
팀장은 그 디자인을 좋아하지 않았고, 나머지 직원들도 마찬가지였다.

➡ 위의 첫 예시 문장에서 neither는 부사이므로 접속사 and가 필요하지만, 두 번째 문장에서 nor는 접속사이므로 바로 절과 절을 연결한다.

핵심포인트 6 부사구 + 1형식 동사 + 주어

의미의 강조를 위해 장소나 방향을 나타내는 부사구가 문두에 올 경우에 도치가 일어난다.

From the back of the auditorium <u>came a small voice</u>.
강당 뒤편에서 작은 목소리가 들려왔다.

Among the topics <u>was the privacy policy of the company</u>.
주제들 중에 회사의 개인 정보 보호 정책도 있었다.

On top of the high hill <u>stands a majestic mansion called Camelot</u>.
높은 언덕 꼭대기에 카멜롯이라 불리는 웅장한 저택이 서 있다.

핵심포인트 7 보어[형용사/분사] + 2형식 동사 + 주어

보어가 문장 맨 앞에 위치할 경우에 주어와 동사의 어순이 바뀐다.

Attached <u>is a copy</u> of the service agreement.
첨부해 드린 것은 서비스 약관 사본입니다.

Enclosed <u>are the materials</u> needed for the upcoming workshop.
동봉해 드린 것은 다가오는 워크숍에 필요한 자료들입니다.

핵심포인트 8 비교급 + than + do + 주어

My new television costs much less than the old one (costs). ◎
나의 새 TV는 지난 번 것보다 값이 훨씬 덜 나간다.

➡ 공통 성분은 생략 가능

My new television costs much less than the old one does. ◎

➡ 일반동사의 경우 대동사 do를 사용하여 앞에 있는 동사를 대신할 수 있다.

My new television costs much less than does the old one. ◎

➡ than 이하의 주어와 동사의 어순이 바뀔 수 있다.

My new television costs much less than does it. ⊗

➡ 구어체에서는 주어와 do[does]가 도치되지 않으며, 주어가 대명사일 경우도 도치되지 않는다.

⚙️ 기출유형정리

핵심 유형	출제 비율
유형 1 무조건 도치가 일어나는 경우	58%
유형 2 조건에 따라 도치가 일어나는 경우	30%
유형 3 도치와 수/시제/태 일치	12%

유형 1 무조건 도치가 일어나는 경우　　　　　　58%

> **1** Never before (~~I have seen~~ / **have I seen**) him.
>
>　난 전에 그를 본 적이 전혀 없다.
>
> **2** Only then (**did he tell** / ~~he told~~) his wife about the accident.
>
>　그제서야 그는 부인에게 그 사건에 대해 털어 놓았다.

➊ **1** 문두에 부정어나 준부정어가 위치할 경우에는 주어가 명사이든 대명사이든 상관없이 무조건 도치가 일어나므로 have I seen이 정답이다.

　2 문두에 only를 포함한 부사구나 절이 있을 경우에는 주어가 명사이든 대명사이든 상관없이 무조건 도치가 일어나므로 did he tell이 정답이다.

유형 2 조건에 따라 도치가 일어나는 경우　　　　　30%

> **1** On the northern shore of Lake Erie (**lies Cleveland** / ~~Cleveland lies~~), the greatest metropolitan area in Ohio.
>
>　이리 호 북쪽 연안에는 오하이오주에서 가장 큰 대도시인 클리블랜드가 위치하고 있다.
>
> **2** Toward the government offices (**they marched** / ~~marched they~~) chanting slogans.
>
>　그들은 구호를 외치면서 정부 청사 쪽으로 행진했다.
>
> **3** Really long (**was our discussion** / ~~our discussion was~~) last night.
>
>　어젯밤 우리의 토론은 정말로 길었다.
>
> **4** Here in New Jersey (~~is it~~ / **it is**) the heart of winter now.
>
>　이곳 뉴저지는 지금 한겨울입니다.
>
> **5** Solar heat penetrates more deeply into water than (~~does it~~ / **it does**) into soil.
>
>　태양열은 토양보다 수중으로 더 깊이 침투한다.
>
> **6** A: What did you think of the movie last night?
>
>　 B: Don't even talk about it. Only after (**the film started** / ~~did the film start~~), did I realize that I had seen it before.
>
>　A: 어젯밤에 본 영화가 어땠나요?
>
>　B: 말도 마세요. 영화가 시작되고 나서야, 예전에 본 영화인 걸 알았다니까요.

○ **1** 장소 부사구가 문두에 있고 주어가 명사일 경우에 도치가 일어나므로 lies Cleveland가 정답이다.

2 장소 부사구가 문두에 있어도 주어가 대명사일 경우에는 도치가 일어나지 않으므로 they marched가 정답이다.

3 보어가 문두에 있고, 주어가 명사일 경우에는 도치가 일어나므로 was our discussion이 정답이다.

4 here나 there가 이끄는 부사구 뒤의 주어가 명사이면 도치가 일어나며, 대명사이면 도치가 일어나지 않으므로 it is가 정답이다.

5 비교를 나타내는 as나 than 뒤에 대명사가 쓰이면 도치가 일어나지 않으므로 it does가 정답이다.

6 only가 부사구나 부사절과 함께 문두에 쓰이면 도치가 일어나는데, 이는 주절에 해당되는 사항이다. 즉 after절은 「주어 + 동사」의 어순이고, 주절은 도치되어 「조동사 + 주어 + 동사」의 어순이어야 하므로 the film started가 정답이다.

유형 3 도치와 수/시제/태 일치   12%

> **1** Outside the theater (**were a lot of people** / ~~is a lot of people~~) waiting in line to buy the tickets for the concert.
>
> 수많은 사람들이 콘서트 표를 구매하기 위해서 공연장 밖에서 줄을 서서 기다리고 있었다.
>
> **2** Not until 2005 (~~were hybrid vehicles reached~~ / **did hybrid vehicles reach**) commercialization.
>
> 2005년이 되어서야 하이브리드 차량들이 상용화 단계에 이르렀다.

○ **1** 장소 부사구가 문두에 있으므로 도치가 일어나는데, 주어가 복수명사 a lot of people이므로 복수형 동사 were가 포함된 were a lot of people이 정답이다.

2 부정어 Not을 포함한 부사구가 문두에 있으므로 도치가 일어난다. 빈칸 뒤에 목적어 commercialization이 있으므로 능동태 동사가 필요하다. 따라서 능동태 동사가 포함된 도치 구조인 did hybrid vehicles reach가 정답이다.

실전적응훈련

난이도 ●●●●○

Part 2 가장 적절한 정답 고르기

_____ to any child's academic success and progress that the school system always tries to develop effective reading programs.

(a) Imperative reading is
(b) Imperative is so reading
(c) So imperative reading is
(d) So imperative is reading

해석 아동의 학습과 관련한 성공과 발전에 있어서 독서의 역할이 매우 중요하기 때문에 교육 당국은 항상 효율적인 독서 프로그램을 개발하려고 노력한다.

풀이과정 맛보기

① 문장의 시작 부분이 빈칸이고 선택지마다 동사가 포함된 구조가 들어가 있으므로 주어와 동사의 어순과 관련된 문장 구조 문제임을 인식한다.
② (a)가 빈칸에 쓰이면 be동사 is 뒤에 보어가 빠진 구조가 되므로 오답이다.
③ (b)의 경우, 부사 so가 명사 또는 현재분사인 reading을 수식할 수 없으므로 오답이다.
④ So가 형용사 imperative를 수식하는 강조어구가 앞에 위치하면서 주어와 동사 is가 도치된 구조에 해당되는 (d)가 정답이다.

어휘 academic 학문적인 progress 발전 so A that B: 너무 A해서 B하다 try to do ~하도록 노력하다 develop 개발하다 effective 효과적인 imperative 중요한, 필수적인

정답 (d)

기출맛보기

정답 및 해설 p.116

1. Never before _____ anxious about being in front of an audience.

(a) has looked Eden
(b) Eden has been looked
(c) Eden has looked
(d) has Eden looked

2. Alvin was a little upset about the delay, and _____.

(a) so was I
(b) so did I
(c) neither was I
(d) nor I was

Part 1 가장 적절한 정답 고르기

1 A: I can't believe the discounts on clothing in this store.

B: I know! _____ such low prices for designer brands.

(a) I have seen never (b) Have I never seen
(c) Never have I seen (d) Never I have seen

2 A: Aren't you angry at Leeanne for her hard tackle during the game?

B: In no way _____. She didn't mean to hurt me.

(a) do I blame her (b) I do blame her
(c) do her I blame (d) her I do blame

3 A: Did you lose all of your project files when your computer suddenly broke down?

B: Yes, and among the files I lost _____ one that I was so close to finishing!

(a) was (b) were
(c) has been (d) have been

4 A: I'm so excited that the CEO of Microdyne Systems is taking part in the seminar next week.

B: I agree. _____ a chance to listen to someone with so much expertise.

(a) Do we have rarely (b) We do have rarely
(c) Rarely do we have (d) Rarely we do have

5 A: Have you tried that new hot sauce called "Dragon Fire"?

B: Of course. _____ than at the pizza place on Tenth Avenue.

(a) Nowhere has it been more popular
(b) Nowhere it has been more popular
(c) It has nowhere been more popular
(d) More popular nowhere has it been

6 A: Is it true that a famous pop star will be at the opening of the new mall?

B: _____.

(a) So they say (b) So do they
(c) Nor do they (d) Neither they say

7 A: Have you seen the magazine that I was reading earlier?

B: _____.

(a) There it is (b) There the magazine is
(c) There is it (d) Is the magazine there

8 A: It seems as though the new Korean drama, "My Sweet Angel" has become a big hit here.

B: True. _____, that everyone in my work talks about it non-stop.

(a) Such is the popularity of it
(b) Such the popularity of it is
(c) So is the popularity of them
(d) So the popularity of them is

Part 2 가장 적절한 정답 고르기

9 Patricia could not figure out how to use the new air purifier and _____.
(a) neither could her husband
(b) her husband could neither
(c) her husband neither could
(d) could neither her husband

10 _____ of playing with her hair that some members of the audience began to laugh.
(a) So ridiculous the speaker's habit was
(b) So ridiculous was the speaker's habit
(c) The speaker's habit was so ridiculous
(d) Was the speaker's habit so ridiculous

11 _____ informed about the pay cuts than employees decided to walk out.

(a) They no sooner had been
(b) They had been no sooner
(c) No sooner they had been
(d) No sooner had they been

12 Only on specific holidays _____ to bring a non-member guest into the country club.

(a) members permitted
(b) permitted are members
(c) are members permitted
(d) are permitted members

13 Lack of relevant experience is not important, _____ that a job candidate is unworthy.

(a) nor it indicates
(b) nor does it indicate
(c) doesn't it indicate
(d) it doesn't indicate

14 At the root of Rick's skill in business management _____.

(a) lies his potential to succeed
(b) lies to succeed his potential
(c) does his potential lie to succeed
(d) does to succeed lie his potential

15 Only at the end of their probationary period _____ based on their performance.

(a) will employees at Jumbo Burger be evaluated
(b) employees at Jumbo Burger will be evaluated
(c) will employees at Jumbo Burger evaluate
(d) employees will be evaluated Jumbo Burger

16 _____ here are vacant apartments that are available for less than $600 per month.

(a) Listed   (b) List
(c) Listing   (d) To list

Part 3 문법 오류 문장 고르기

17 (a) A: What did you think of the meal we had at Holly Bistro?
(b) B: It was pretty tasty, but I didn't think it was particularly amazing.
(c) A: So did I. Honestly, I expected much more.
(d) B: I guess the reviews we read were a little exaggerated.

18 (a) A: David, I heard that you had to fire the intern that I recommended to you.
(b) B: Yes, I'm afraid I caught him stealing company property.
(c) A: Sorry. Little I knew that he couldn't be trusted.
(d) B: Don't blame yourself; it came as a huge surprise to me, too.

19 (a) The Great Depression was an economic crisis that began in the United States in 1929 and eventually affected many countries around the world. (b) Between 1929 and 1932, worldwide GDP fell by approximately 15 percent, and international trade fell by more than 50 percent. (c) Rarely the economy had been in such a disastrous state, and the negative effects lasted until the beginning of World War II. (d) Even after the end of the Great Depression, the United States recorded a high unemployment rate of around 15 percent.

20 (a) Large African cities such as Lagos and Kinshasa are experiencing unprecedented levels of urbanization and population growth. (b) This rapid change presents many challenges, as the majority of cities are not equipped to handle so many inhabitants. (c) Not only many African cities lack basic infrastructure such as extensive road networks, but local governments do not have adequate funding to make the necessary improvements. (d) As a result, African governments are turning to foreign companies in search of investment and hiring experienced urban planning professionals from overseas.

시원스쿨 텝스
어휘·문법
실전 모의고사

VOCABULARY & GRAMMAR

DIRECTIONS

These two sections test your vocabulary and grammar knowledge. You will have 25 minutes to complete a total of 60 questions: 30 from the Vocabulary section and 30 from the Grammar section. Be sure to follow the directions given by the proctor.

● 시원스쿨랩 홈페이지(lab.siwonschool.com)에서 Answer Sheet 를 다운로드 받아 사용하세요.

Choose the best option that best completes each sentence.

1. A: Lisa, you're in great shape these days!
   B: Thanks! I _____ two stones in three months.

   (a) found
   (b) lost
   (c) freed
   (d) left

2. A: Make sure none of the rain comes in the room.
   B: It'll be okay. The window's closed pretty _____.

   (a) tight
   (b) locked
   (c) strict
   (d) narrow

3. A: Do you have a phone charger? I need to top up my battery.
   B: Sure. I can _____ you mine during lunch.

   (a) call
   (b) lend
   (c) show
   (d) borrow

4. A: You don't look well, Ben.
   B: I have a(n) _____ stomach.

   (a) slim
   (b) upset
   (c) sad
   (d) open

5. A: I've been looking for a job for months now!
   B: Someone with your _____ will eventually find one.

   (a) example
   (b) durability
   (c) persistence
   (d) responsibility

6. A: Let's go for some food at noon.
   B: I can't. Geena said she'd _____ me to lunch.

   (a) propose
   (b) order
   (c) offer
   (d) treat

7. A: Where are you going to meet your friends?
   B: People are coming from various countries, but they're all _____ in Japan.

   (a) approaching
   (b) encompassing
   (c) converging
   (d) prolonging

8. A: Is it true that John and Bernie _____ each other over a rugby match?
   B: Yeah, they support rival teams.

   (a) took turns with
   (b) put up with
   (c) fell out with
   (d) held out for

9. A: I thought that movie was never going to end!
   B: I know! It was _____.

   (a) concurrent
   (b) progressive
   (c) intrinsic
   (d) interminable

10. A: This grapefruit juice is too sour.
    B: Yeah, I usually _____ it with some water.

    (a) dilute
    (b) eat
    (c) interact
    (d) separate

Choose the option that best completes each sentence.

11. Anyone who _____ a coworker of misusing company property should inform the office manager immediately.

    (a) suspects
    (b) opposes
    (c) regards
    (d) assists

12. Venezuela and Saudi Arabia _____ larger oil reserves than any other country.

    (a) benefit
    (b) review
    (c) believe
    (d) possess

13. The new Firenze Solo sports car can _____ from zero to 60 miles per hour in just 2.8 seconds.

    (a) expel
    (b) exhaust
    (c) accelerate
    (d) accessorize

14. Seagulls have such _____ eyesight that they can spot fish swimming in the sea far below them.

    (a) avid
    (b) shiny
    (c) keen
    (d) attractive

15. Alex has taken his law exam a couple of times but hasn't managed to _____ yet.

    (a) apply
    (b) pass
    (c) attend
    (d) get

16. We enjoyed ourselves so much at the beauty and massage spa that we decided to _____ our session by one hour.

    (a) lighten
    (b) soften
    (c) withdraw
    (d) lengthen

17. After the witness had testified, the judge decided to _____ for a refreshment break and resume the court hearing in one hour

    (a) conserve
    (b) ascertain
    (c) adjourn
    (d) withhold

18. The documentary was _____ using a vintage camera from the 1940s.

    (a) applauded
    (b) shot
    (c) received
    (d) pitched

19. The demand for qualified teachers is _____ as the number of children at schooling age is increasing around the world.

    (a) exploding
    (b) announcing
    (c) assembling
    (d) charging

20. Despite industry experts' _____ that the firm would close and file for bankruptcy this year, it is actually expanding and hiring new staff.

    (a) projections
    (b) proportions
    (c) prerogatives
    (d) protrusions

21. All information contained in patient case histories is strictly _____ and should not be shared with anyone.

(a) reserved
(b) enforceable
(c) inconsequential
(d) confidential

22. An inspection of a popular Turkish restaurant found the kitchen to be _____, and it was ordered to close until proper cleaning was carried out.

(a) advanced
(b) rampant
(c) filthy
(d) vacated

23. Once fruit _____, it should be placed in the trash can.

(a) prepares
(b) gathers
(c) wastes
(d) spoils

24. People who spend a lot of time working on construction sites are more _____ to head injuries caused by falling objects.

(a) harsh
(b) prolific
(c) subtle
(d) prone

25. The government agreed to send troops overseas, but political analysts struggled to determine what exactly _____ the decision to join the war.

(a) considered
(b) induced
(c) limited
(d) reacted

26. Gold and silver are highly _____, so jewelry of many different styles and shapes can be easily crafted from them.

(a) permeable
(b) malleable
(c) consumable
(d) countable

27. Disliking all candidates is one of the most common reasons members of the public _____ for choosing not to vote.

(a) refrain
(b) sustain
(c) assess
(d) cite

28. By getting the MMR vaccine, children will be _____ to mumps, measles and rubella.

(a) contagious
(b) acute
(c) immune
(d) healthy

29. Squirrels gather and store _____ amounts of nuts in autumn so that they have enough food to subsist on throughout the winter months.

(a) copious
(b) measly
(c) serene
(d) hasty

30. Fine dining restaurants in the city are usually _____ by Chinese tourists, who prefer to eat food that they are accustomed to at Chinese restaurants.

(a) consumed
(b) shunned
(c) restrained
(d) removed

You have finished the Vocabulary questions. Please continue on to the Grammar questions.

Choose the option that best completes each dialogue.

1. A: Do you want to borrow this book when
       I'm done with it?
    B: Sure, I'd _____. It seems
       interesting.

    (a) love
    (b) love to
    (c) love to it
    (d) love reading

2. A: Is your new cat as lazy as your other
       ones?
    B: No! She is much _____ than my
       other cats.

    (a) friskiest
    (b) friskier
    (c) friskily
    (d) frisky

3. A: Karen isn't coming with us to the
       concert tonight.
    B: That's a pity. I wonder what made her
       _____ to stay home.

    (a) decide
    (b) decided
    (c) deciding
    (d) to decide

4. A: How long have you been in charge
       here?
    B: Well, next Friday, I _____ manager
       for 6 months.

    (a) am going to be
    (b) will have been
    (c) had been
    (d) will be

5. A: Lisa, something seems different about
       your hair.
    B: I got _____ highlights, so there
       are some red streaks in it.

    (a) to color
    (b) colored
    (c) coloring
    (d) had colored

6. A: Can I lock up my bicycle at the bottom
       of the stairs?
    B: That's fine, _____ it doesn't block
       the fire exit.

    (a) provided
    (b) whereas
    (c) even if
    (d) in that

7. A: Oh! The waiting room looks so different
       now!
    B: Yes, it _____ while you were on
       maternity leave.

    (a) refurbished
    (b) is refurbished
    (c) had refurbished
    (d) was refurbished

8. A: How did all of the fish in your pond die?
    B: I accidently dropped some pesticide
       in the pond, so they died _____
       exposure to poison.

    (a) at
    (b) of
    (c) for
    (d) with

9. A: Don't you ever order salad when you
       eat out?
    B: Only on one occasion _____
       it was my only option.

    (a) what
    (b) where
    (c) for that
    (d) for which

10. A: How was the hike at the national park?
    B: If I'd known it was going to rain,
       I wouldn't _____.

    (a) be gone
    (b) have gone
    (c) have been gone
    (d) have been going

Choose the option that best completes each sentence.

G

11. Despite being wrapped in several layers of protective packaging, the framed photograph somehow _____ on the way to its destination.

    (a) will be breaking
    (b) was breaking
    (c) breaks
    (d) broke

12. Not many people believed Iris _____ be able to reach the final of the tennis championship, but now she is victoriously lifting the trophy.

    (a) should
    (b) would
    (c) must
    (d) can

13. The seminar leader realized that he didn't set up _____, so some attendees stood along the edges of the room.

    (a) enough sitting seats for everyone
    (b) seats enough sitting for everyone
    (c) enough seats for everyone to sit
    (d) seats for everyone to sit enough

14. Baseball star Clarke Sears is _____ having problems hitting a home run after returning to the sport following his arm injury.

    (a) yet
    (b) still
    (c) once
    (d) since

15. By applying _____ to various parts of the body, we can relieve pain, nausea, and more.

    (a) pressure
    (b) pressures
    (c) a pressure
    (d) the pressures

16. Royal Sub's manager claims that his new menu of 35 different sandwiches _____ far more vegetarian options than the old menu.

    (a) is
    (b) are
    (c) has
    (d) have

17. Robb has trouble _____ on time for school after he has spent most of the night studying.

    (a) get up
    (b) to get up
    (c) getting up
    (d) having gotten up

18. Very seldom _____ attend a football match, as he preferred to watch from the comfort of his own home.

    (a) Scott did ever actually
    (b) did Scott ever actually
    (c) ever actually did Scott
    (d) Scott actually did ever

19. Even though she lives on the west coast of the island, the woman gasped in astonishment as though she _____ a beautiful sunset before.

    (a) has never seen
    (b) had never seen
    (c) would never see
    (d) was never seeing

20. A magazine article _____ that the President is in ill health has been sharply rebuked by a White House spokesperson.

    (a) implies
    (b) implied
    (c) to imply
    (d) implying

21. The wildfires have just reached the township of Burbank, _____ fields of crops and forested areas are burning rapidly.

(a) that
(b) when
(c) which
(d) whose

22. With property prices in Edgemont _____ to their lowest level in a decade, Harry decided to purchase a 4-bedroom house in the area.

(a) fell
(b) fallen
(c) was falling
(d) having fallen

23. Jimmy called the Italian restaurant to ask about the pizza _____ to his workplace, which he had been waiting on for over two hours.

(a) having been delivered
(b) having delivered
(c) being delivered
(d) delivering

24. Also on _____ right now, there are lots of conspiracy theories related to the recent plane crash in India.

(a) an Internet
(b) the Internet
(c) some Internet
(d) much Internet

25. I think the manner in which Raymond spoke with our potential business partners at the meeting was _____ professional.

(a) well below what qualifies as
(b) below what well qualifies as
(c) what qualifies well as below
(d) as below what well qualifies

G

Read each dialogue or passage carefully and identify the option that contains a grammatical error.

26. (a) A: Jinny, I heard you got a job at the amusement park that'll be opening soon.
    (b) B: I did! I even got a quick look at all the amazing rides during a tour of the park.
    (c) A: Lucky you! People are so excited to attend the opening day. I bet the rides have been popular.
    (d) B: I'm sure you're right. I hope you and our other friends come along to try them out.

27. (a) A: I'm frustrated with how my work team operates. The members are so competitive each other.
    (b) B: That must be really annoying for you. You all need to work together to get the best results.
    (c) A: I know. Do you have any ideas for how I can get them to collaborate more productively?
    (d) B: Well, you could call a meeting and raise the issue of teamwork with them.

28. (a) A double entendre is an expression, either written or uttered, that is worded so as to have a double meaning. (b) Typically, one of the meanings is very common and literal, whereas the other one might require deeper thought. (c) Double entendres are often employed in a humorous manner to convey a message that is socially awkward or sexually suggestive. (d) The humor is derived from the difference between the literal expressions and those secondary meaning.

29. (a) Scientists analyzing historical climate conditions can find valuable information in the polar ice caps. (b) Volcanic ash, sea salt, dust, and air bubbles become trapped in glacial ice over hundreds of thousands of years. (c) By extraction deep cores of ice and analyzing the particles contained within, scientists can determine changes in the climate over several millennia. (d) This research subsequently allows scientists to predict future changes and potentially catastrophic environmental events.

30. (a) There is little doubt that the Alps offer some of the most breathtaking scenery on the planet. (b) Having spanned eight countries, the Alps are the highest and most extensive mountain range that lies entirely in Europe. (c) Throughout the Alpine region, visitors can see countless picturesque villages as well as an abundance of stunning lakes and valleys. (d) One of the most popular activities is to take a ride on the Bernina Express, a railway that runs from Davos to Tirano and passes through many scenic regions.

● 실전 모의고사의 정답 및 해설은 시원스쿨랩 홈페이지(lab.siwonschool.com)에서 확인하실 수 있습니다.

VOCABULARY & GRAMMAR

DIRECTIONS

These two sections test your vocabulary and grammar knowledge. You will have 25 minutes to complete a total of 60 questions: 30 from the Vocabulary section and 30 from the Grammar section. Be sure to follow the directions given by the proctor.

● 시원스쿨랩 홈페이지(lab.siwonschool.com)에서 Answer Sheet 를 다운로드 받아 사용하세요.

Choose the best option that best completes each sentence.

1. A: I'm flying to Spain on Saturday.
   B: Lucky you! It has _____ weather at this time of year.

   (a) delighted
   (b) lovely
   (c) early
   (d) complete

2. A: Joe is always worrying about speaking at our meetings.
   B: Yes, he does get _____ about his presentations these days.

   (a) anxious
   (b) satisfied
   (c) prolonged
   (d) curious

3. A: This necklace must be very old.
   B: It's an antique. It _____ back to the Victorian Era.

   (a) brings
   (b) visits
   (c) dates
   (d) sells

4. A: I'd like to see the dentist sometime on Wednesday morning.
   B: Sorry, but he's not _____ then. How about Thursday?

   (a) available
   (b) possible
   (c) vacant
   (d) optional

5. A: I'm not sure which version of the software to install.
   B: Don't make any _____ decisions until you do some research.

   (a) wary
   (b) timid
   (c) lengthy
   (d) rash

6. A: Did your team win the football match last night?
   B: Unfortunately not. The game finished as a _____.

   (a) draw
   (b) time
   (c) point
   (d) goal

7. A: Ray has told everyone at the party about his yearly earnings.
   B: Yeah, I wish he'd stop _____ about his success.

   (a) enticing
   (b) inquiring
   (c) bragging
   (d) striving

8. A: Diana is crying because her dog died this morning.
   B: That's terrible. We should try to _____ her.

   (a) convince
   (b) console
   (c) prefer
   (d) protect

9. A: I'm very upset about the way one of your workers spoke to me.
   B: Please go to Customer Services if you wish to _____ a complaint.

   (a) display
   (b) file
   (c) adjust
   (d) take

10. A: Who's _____ for the awards show preparations?
    B: Clarence Smith is handling that.

    (a) taking the biscuit
    (b) sitting on the fence
    (c) calling the shots
    (d) pulling your leg

11. After reading an informative textbook, Terry was able to _____ the basics of computer programming.

    (a) master
    (b) excel
    (c) remind
    (d) designate

12. Visitors to the scientific research facility must be _____ by a member of the security team at all times.

    (a) accompanied
    (b) supplemented
    (c) complemented
    (d) accommodated

13. People should make reading the news a daily _____ in order to stay up-to-date on current events.

    (a) habit
    (b) character
    (c) fashion
    (d) manner

14. Some companies have _____ employees from accessing Internet chat programs during office hours.

    (a) deleted
    (b) declared
    (c) concealed
    (d) prohibited

15. Lionel felt _____ after it was announced that he had won this year's Turner Award for Architecture.

    (a) infatuated
    (b) enveloped
    (c) incongruous
    (d) exhilarated

16. Now that he has lost his job, Todd is trying to _____ money for his rent and bills.

    (a) sell
    (b) refute
    (c) conserve
    (d) tidy

17. Health clinic staff are instructed not to _____ any of our patients' personal information.

    (a) oppose
    (b) conspire
    (c) disclose
    (d) undertake

18. A fault found in the braking system of the Tupelo SR has _____ a recall of more than 500,000 vehicles.

    (a) internalized
    (b) nominated
    (c) implicated
    (d) necessitated

19. Severe flooding _____ many guests at the Manila Hotel for three straight days.

    (a) stored
    (b) stranded
    (c) stimulated
    (d) surrendered

20. Dentists often remind their patients that sugar is _____ to the condition of one's teeth.

    (a) considerable
    (b) incidental
    (c) vulnerable
    (d) detrimental

21. These discount coupons only apply to main courses on our menu and can be _____ at any of our branches.

(a) ascertained
(b) redeemed
(c) removed
(d) accumulated

22. Many of the points raised by the speaker are _____ to the main issue and therefore not relevant to the discussion.

(a) peripheral
(b) vicarious
(c) abrupt
(d) durable

23. Language experts study not only literal definitions, but also the _____ meanings of phrases.

(a) reminiscent
(b) turgid
(c) connotative
(d) generous

24. By not drinking water during a hike, you leave yourself more _____ to dehydration.

(a) sustainable
(b) susceptible
(c) accessible
(d) attainable

25. If a person accumulates ten points within an 18-month period, his or her driver's license will be _____ for one year.

(a) expired
(b) repulsed
(c) forwarded
(d) suspended

26. The storm _____ several trees in the park, but fortunately nobody was seriously injured.

(a) planted
(b) toppled
(c) mingled
(d) cajoled

27. Tiger Air passengers who collect 3,000 air miles are _____ for a seat upgrade on any international flight.

(a) suitable
(b) liable
(c) adequate
(d) eligible

28. Seminar attendees who listened to Professor Gladwyn's talk were impressed with the highly _____ manner in which he presented his viewpoints.

(a) attainable
(b) reputable
(c) articulate
(d) obstinate

29. In 1863, approximately 3 million people of African origin were _____ from slavery in the United States.

(a) polarized
(b) admonished
(c) incarcerated
(d) emancipated

30. Rapeseed oil and palm oil can be used to _____ the moving components of machines and eliminate the need for harmful synthetic chemicals.

(a) alleviate
(b) correlate
(c) lubricate
(d) incubate

You have finished the Vocabulary questions. Please continue on to the Grammar questions.

Choose the option that best completes each dialogue.

1. A: I heard that the CEO is here today.
   B: Yes, l _____ him in the cafeteria during lunch.

   (a) saw
   (b) have seen
   (c) was seeing
   (d) had been seeing

2. A: Was the meeting with the board productive?
   B: Yes. What we discussed most _____ hiring more employees.

   (a) was
   (b) were
   (c) has been
   (d) have been

3. A: Why did you leave your car at the auto shop? Were the repairs taking a while?
   B: _____ three hours, I decided to walk home and pick it up tomorrow.

   (a) Waited
   (b) To wait
   (c) Having waited
   (d) To have waited

4. A: Frances has a unique style when playing the cello.
   B: I know. Hardly _____ holds the bow like she does.

   (a) anyone
   (b) nobody
   (c) everyone
   (d) somebody

5. A: Oliver slipped on the ice during lunchtime.
   B: I saw that. If he _____ more careful, it wouldn't have happened.

   (a) has been
   (b) had been
   (c) should be
   (d) is being

6. A: I heard you're having a dinner party this Friday.
   B: That's right, and I'd like you and your wife _____.

   (a) are coming
   (b) to come
   (c) coming
   (d) come

7. A: Would you mind if I borrowed your bike this afternoon?
   B: Not at all, _____ you look after it properly.

   (a) in that
   (b) in case
   (c) as long as
   (d) as much as

8. A: Does Tina have experience scheduling interviews?
   B: Yes, she _____ that responsibility last month.

   (a) assigns
   (b) assigned
   (c) is assigned
   (d) was assigned

9. A: Did you ask whether you can get off work early for the baseball game?
   B: Yeah, the boss gave me _____ to leave at 4.

   (a) permission
   (b) permissions
   (c) a permission
   (d) the permissions

10. A: Why did you tell me about the staff layoffs?
    B: It's going to be announced at the meeting, _____ from me first.

    (a) as you might hear it as well
    (b) as well as you might hear it
    (c) so you might hear it as well
    (d) so you might as well hear it

Part II **Questions 11~25**

Choose the option that best completes each sentence.

11. Psychological research strongly indicates that _____ is often caused by depression.

    (a) overeat
    (b) to overeat
    (c) overeating
    (d) having overeaten

12. Diana is known as the person who always shares her food _____ she has some, so she is very popular with her classmates.

    (a) whose
    (b) which
    (c) whom
    (d) when

13. The information desk is situated _____ in the middle of the museum's entrance hall, so visitors cannot miss it.

    (a) ever
    (b) right
    (c) quite
    (d) really

14. By the time we bought our popcorn and found our seats, the movie _____.

    (a) has already started
    (b) had already started
    (c) will be already starting
    (d) will have already started

15. The time required to prepare nine courses for formal banquets _____ on the complexity of the dishes.

    (a) depend
    (b) depends
    (c) was depending
    (d) were depending

16. I knocked on Ryan's door but nobody answered, so he _____ not have been at home.

    (a) should
    (b) would
    (c) might
    (d) need

17. Brian suggested that Nancy _____ Andrew to invite him to the party.

    (a) call
    (b) calls
    (c) called
    (d) would call

18. Government agents _____ to be businessmen exposed corruption in one of America's largest investment banking companies.

    (a) pretended
    (b) to pretend
    (c) pretending
    (d) were pretending

19. These days, it appears that most people _____ time by frequently checking their social media pages and uploading pictures.

    (a) had wasted
    (b) are wasting
    (c) were wasting
    (d) will have wasted

20. _____ by the speaker's main message that she waited to speak with him in more depth after the seminar.

    (a) So was touched the woman
    (b) So touched was the woman
    (c) Was the woman so touched
    (d) Touched so the woman was

21. After Roger claimed that his department manager was stealing company funds, he was invited to discuss _____ with the board of directors.

(a) accusation
(b) an accusation
(c) the accusation
(d) any accusation

22. _____ with his landlord for an extension to his lease, Steven offered to pay an extra 100 dollars per month.

(a) Pleaded
(b) Pleading
(c) Being pleaded
(d) To have pleaded

23. Those applying for Canadian citizenship can expect to _____ about their family and employment history.

(a) question
(b) be questioned
(c) have questioned
(d) have been questioned

24. Subscribers to the sports magazine have almost doubled _____ the past six months.

(a) over
(b) for
(c) on
(d) to

25. Flooding in the downtown area is likely to make it difficult _____ impossible for many commuters to reach their workplace.

(a) if not downright
(b) to downright not
(c) if not it is downright
(d) to downright it is not

G

Read each dialogue or passage carefully and identify the option that contains a grammatical error.

26. (a) A: I was considering holding this year's summer concert in Wilson Park.
    (b) B: That would be a nice location, but we can't be sure that it won't rain.
    (c) A: I guess you're right. It won't be a very fun event if the crowd gets soaked.
    (d) B: Let's just stick to the original plan and hold the concert at indoors like last year.

27. (a) A: I'm so exhausted, but my personal trainer wants me to go back to the gym today.
    (b) B: Again? But you've been working out for the past four days. Shouldn't you take a rest?
    (c) A: I know, but unlikely most fitness trainers, Mike prioritizes consistency over intensity.
    (d) B: Well, I suppose that makes sense if you're not exercising too hard during each session.

28. (a) In the United States, the term "open carry" refers to the practice of openly carrying a firearm in public. (b) While this practice has seen an increase in recent years, it is still firmly opposed in a handful of states. (c) Lawmakers in Florida, for example, passed legislation that strictly prohibits the practice of open carry in public areas. (d) This legislation prevents all gun owners from carrying firearms in public, except for those whose need to carry them for their profession.

29. (a) Kowloon Walled City was a densely populated settlement in Hong Kong that became notorious for its high crime rate and unsanitary conditions. (b) In 1987, the British and Chinese governments announced a mutual decision to tear down the city and develop the land on which it stood. (c) Their reasoning was not only that they deemed the Walled City intolerably, but also that the area could benefit from more green spaces. (d) Accordingly, residents were evicted and the settlement was demolished to make way for the 330,000-square-foot Kowloon Walled City Park.

30. (a) Recruiting skilled workers is a vital part of running any successful business. (b) These days, employers are able to reach a larger number of potential job applicants by advertising vacancies online. (c) However, some companies opt to only advertise job vacancies internally and have existing employees promoting to management positions. (d) One advantage of internal recruitment is that it allows workers to develop skills and strive to progress within a company, which can improve the morale and productivity of a workforce.

● 실전 모의고사의 정답 및 해설은 시원스쿨랩 홈페이지(lab.siwonschool.com)에서 확인하실 수 있습니다.

시원스쿨LAB 강사 라인업

20년 노하우의 토익/텝스/토스/오픽/지텔프/아이엘츠/토플/SPA/듀오링고
기출 빅데이터 심층 연구로 빠르고 효율적인 목표 점수 달성을 보장합니다.

시험영어 전문 연구 조직

시원스쿨어학연구소

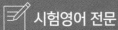 **시험영어 전문**

TOEIC/TEPS/OPIc/
TOEIC Speaking/G-TELP/
TOEFL/SPA/Duolingo
공인 영어시험 콘텐츠 개발 경력
20년 이상의 국내외 연구원들이 포진한
전문적인 연구 조직입니다.

 기출 빅데이터

본 연구소 연구원들은
매월 각 전문 분야의 시험에 응시해
시험에 나온 모든 문제를 철저하게
해부하고, 시험별 기출문제 빅데이터
분석을 통해 단기 고득점을 위한
학습 솔루션을 개발 중입니다.

 264,000시간

각 분야 연구원들의 연구시간
모두 합쳐 264,000시간
이 모든 시간이 쌓여
시원스쿨어학연구소가
탄생했습니다.

시원스쿨 텝스 라인업

Lineup

베스트셀러 **1위**

|-- 입문서 --|-- 기본서 --|-- 실전서 --|

입문

시원스쿨 텝스 Basic

텝스 기본기 완성에 필수적인
모든 것을 단 한 권에 집약
<청해+어휘+문법+독해>의
기초부터 실전까지 학습

기본

시원스쿨 텝스 청해

텝스 청해 30일 완성!
뉴텝스 최신경향 반영
기초부터 실전까지 한 권으로
텝스 청해 완성

기본

시원스쿨 텝스 어휘·문법

텝스 기출 빅데이터로
기출 유형 및 출제 비중 공개
실전 적응 훈련으로
출제 원리 이해

기본

시원스쿨 텝스 독해

어려워진 텝스 독해 출제경향 반영
오직 독해만을 다루는 독해 특화 교재
실전과 유사한 최신 기출
변형 문제 다수 수록

실전

뉴텝스 서울대 공식 기출문제집

출간하자마자 텝스 베스트셀러 1위
서울대 TEPS 관리위원회에서 제공한, 뉴텝스 공식 기출문제집
뉴텝스 공식 기출문제 4회분 + 전 문항 해설 수록
뉴텝스를 준비하는 가장 확실한 방법

• [베스트셀러 1위] 교보 국내도서 > 외국어 > 수험영어 > 텝스 > 베스트셀러(22년 1월 2주)

서울대 뉴텝스 **공식 기출문제 강의**와 함께할

압도적 강의력
스타강사진

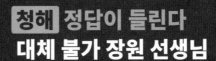

청해 정답이 들린다
대체 불가 장원 선생님

현) 시원스쿨랩 텝스 강의

전) H사 강남, 챔프스터디 텝스 강의

문제를 만드는 원리를 이해하면 정답을 예측할 수 있다!
실질적인 청취능력과 정답률을 올리는
스타강사의 대체 불가한 압도적 강의력을 보여드립니다.

독해 텝스 독해 완전정복의 지름길
논리 독해 하승연 선생님

현) 시원스쿨랩 텝스 강의

서울대 학사/법학전문대학원 졸업 (학사 최우등 졸업 최우수졸업논문상 수상)

유형별 최적의 문제풀이 방식을
습득 및 체화하는 노하우 전수로
텝스 독해 완전정복의 지름길을 알려 드립니다.

어휘·문법 원조 텝스 베테랑
텝스 마스터 조국현 선생님

현) 시원스쿨랩 텝스 강의

전) 이익훈 어학원 강의, 텝스강사 양성 프로그램 서울대 초빙교수

텝스 강의 경력만 20년,
100여 차례 텝스를 응시하고 분석했다!
시험에 꼭 나오는 핵심 어휘, 문법만 콕 집어 드립니다.

50%
응시만 인증하면
수강료 현금 환급

\+

300%
출석X, 성적만 달성해도
수강료 현금 환급

\+

365일
환급 대신 목표 달성을 위한
수강 기간 연장

출제 경향 완벽 반영
텝스 교재 최대 5권 포함

뉴텝스
핵심기출 VOCA 무료

뉴텝스
문법 족보 무료

조앤박쌤의 영어 면접/발음
강의 무료

시원스쿨 텝스
오답노트 무료

정상쌤의 토익 인강
강의 무료

여러분도 할 수 있습니다.
뉴텝스 환급반
100% 실제 후기

검증된 텝스 전문가이신 선생님들의
강의를 들어봤는데 확실히 경력도
많아서 그런지 노하우와 접근법을 알려
주셔서 좋았습니다.

-네이버 블로그 girl***글에서 발췌-

교재와 강의 내에 공부 방법 및 순서 등
커리큘럼이 체계적이라 어떻게
공부를 해야 할 지 막막한 사람을 구원해
주는 것 같아요

-수강생 김*채 수강후기에서 발췌-

히트브랜드 토익·토스·오픽 인강 1위

시원스쿨LAB 교재 라인업

*2020-2024 5년 연속 히트브랜드대상 1위 토익·토스·오픽 인강

시원스쿨 토익 교재 시리즈

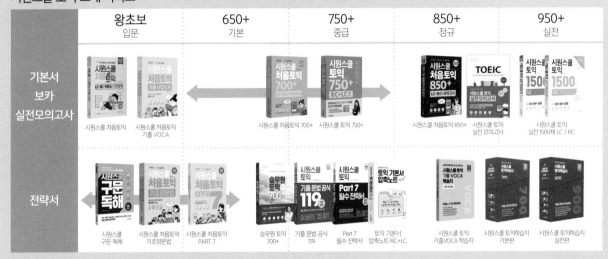

	왕초보 입문	650+ 기본	750+ 중급	850+ 정규	950+ 실전
기본서 보카 실전모의고사	시원스쿨 처음토익 / 시원스쿨 처음토익 기출 VOCA		시원스쿨 처음토익 700+ / 시원스쿨 토익 750+	시원스쿨 처음토익 850+ / 시원스쿨 토익 실전 모의고사	시원스쿨 토익 실전 1500제 LC / RC
전략서	시원스쿨 구문 독해 / 시원스쿨 처음토익 기초영문법 / 시원스쿨 처음토익 PART 7		승무원 토익 700+ / 기출 문법 공식 119 / Part 7 필수 전략서 / 토익 기본서 압축노트 RC+LC	시원스쿨 토익 기출VOCA 학습지 / 시원스쿨 토익학습지 기본편 / 시원스쿨 토익학습지 실전편	

시원스쿨 토익스피킹, 듀오링고, 오픽, SPA 교재 시리즈

10가지 문법으로 시작하는 토익스피킹 기초영문법 · 28시간에 끝내는 토익스피킹 START · 5일 만에 끝내는 토익스피킹 · 15개 템플릿으로 끝내는 토익스피킹 · 시원스쿨 토익스피킹 IM - AL · 시원스쿨 토익스피킹 실전 모의고사 · 시원스쿨 토익스피킹 학습지 · Duolingo English Test 개정판 · Duolingo English Test 실전모의고사 · Duolingo English Test 영원판 · Duolingo English Test 기출 보카

시원스쿨 빅오픽 START · 시원스쿨 빅오픽 IM-IH · 시원스쿨 오픽 IM-AL · 시원스쿨 오픽 실전 모의고사 · 멀티캠퍼스X시원스쿨 오픽 진짜학습지 IM 실전 · 멀티캠퍼스X시원스쿨 오픽 진짜학습 IH 실전 · 멀티캠퍼스X시원스쿨 오픽 진짜학습지 AL 실전 · 시원스쿨 오픽학습지 실전약편 IH-AL · OPIc All in one PACKAGE IM-AL · 시원스쿨 SPA · 시원스쿨 SPA 실전 모의고사

시원스쿨 아이엘츠 교재 시리즈

IELTS Study Pack · 아이엘츠 MASTER · 아이엘츠 기출 VOCA

시원스쿨 토플 교재 시리즈

시원스쿨 TOEFL Basic · 시원스쿨 TOEFL Intermediate · 시원스쿨 TOEFL Actual Tests · 시원스쿨 TOEFL 기출 VOCA · 시원스쿨 TOEFL Speaking · 시원스쿨 TOEFL Writing · 시원스쿨 TOEFL Listening · 시원스쿨 TOEFL Reading

시원스쿨 지텔프 교재 시리즈

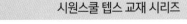

지텔프 기출문제집 공식 기출 7회분 · 지텔프 기출문법 · 지텔프 기출VOCA · 지텔프 기출독해 · 지텔프 기출청취 · 시원스쿨 지텔프 최신 기출 유형 문법 모의고사 · 시원스쿨 지텔프 32-50 · 시원스쿨 지텔프 65+

시원스쿨 텝스 교재 시리즈

시원스쿨 텝스 Basic · 시원스쿨 텝스 청해 · 시원스쿨 텝스 어휘·문법 · 시원스쿨 텝스 독해 · 뉴텝스 서울대 공식 기출문제집

시원스쿨 NEW TEPS
어휘·문법

정답 및 해설

시원스쿨 LAB

시원스쿨
NEW TEPS

어휘·문법

정답 및 해설

시원스쿨 텝스 어휘

기출 Check-up TEST
본문 p. 34

Part 1	**1**. (c)	**2**. (a)	**3**. (b)	**4**. (a)	**5**. (d)
	6. (a)	**7**. (b)	**8**. (a)		
Part 2	**9**. (c)	**10**. (a)	**11**. (b)	**12**. (a)	**13**. (c)
	14. (a)	**15**. (b)	**16**. (d)	**17**. (d)	**18**. (c)
	19. (a)	**20**. (c)			

[Part 1]

1.

> A: 그 연극에 왜 그렇게 실망한 거야?
> B: 내가 온라인에서 읽은 그 연극에 관한 모든 좋은 평가를 받을 가치가 없다는 생각이 들었거든.

[해설]
연극에 실망한 이유와 관련해, all the good reviews를 목적어로 취해 온라인에서 읽은 좋은 평가에 대한 자신의 의견을 나타낼 수 있는 동사가 필요하므로 '~을 받을 가치가 있다'라는 의미로 쓰이는 (c) merited가 정답이다.

[어휘]
be disappointed with ~에 실망하다 **play** n.연극 **review** n. 평가, 후기, 의견 **online** 온라인에서, 온라인으로 **perform** 공연하다, 연주하다, 실행하다, 수행하다 **precede** ~보다 먼저 일어나다, ~에 선행하다 **merit** v. ~을 받을 가치가 있다 **fabricate** ~을 날조하다, 조작하다, 제작하다

[정답] (c)

2.

> A: 옴니테크 사에서 여름 동안 근무하는 일자리를 얻었다니 정말 잘됐어.
> B: 고마워. 이게 모두 날 격려해 주신 교수님 덕분이야.

[해설]
빈칸 뒤의 내용으로 보아 격려를 해 준 교수님 덕분이라는 말이 되어야 적절하므로 바로 뒤에 위치한 'A to B'의 구조와 함께 'A가 B의 덕분이다'라는 의미를 구성할 때 사용하는 (a) owe가 정답이다.

[어휘]
Well done on -ing ~했다니 잘 됐다, 잘 했어 **owe A to B**: A가 B의 덕분이다, A를 B에게 신세 지다 **encourage** ~을 격려하다, ~에게 권하다 **deliver** 배달하다

[정답] (a)

3.

> A: 아이들이 버릇없이 굴면 어떻게 혼내세요?
> B: 저는 보통 TV 시청권을 없애요.

[해설]
벌을 주는(punish) 방법으로 TV를 볼 권리를 '빼앗을' 것이 적절하다. 그러므로 '~을 취소하다, 철회하다'라는 의미인 (b) revoke가 정답이다.

[어휘]
punish ~를 혼내다, 처벌하다 **kid** 아이 **misbehave** 버릇없이 행동하다 **usually** 보통, 일반적으로 **privilege** 특혜, 특권 **disband** (조직 등) ~을 해체하다 **revoke** ~을 취소하다, 철회하다 **thwart** (계획 등) ~을 좌절시키다, 물리치다 **expel** ~을 쫓아내다, 제명하다

[정답] (b)

4.

> A: 제 생각에 제가 이 3D 프린터에 뭔가 잘못한 것이 틀림없어요. 켜지지가 않네요.
> B: 제가 새 기기에 함부로 손대지 말라고 말씀 드렸잖아요.

[해설]
'tell 사람 not to do'의 구조에서 to부정사로 쓰일 동사를 찾아야 하므로 하지 말아야 하는 일을 나타낼 동사가 필요하다. 전치사 with와 함께 '~에 함부로 손대다, 만지작거리다'라는 의미를 구성할 때 사용하는 자동사 (a) tamper가 정답이다.

[어휘]
must have p.p. ~한 것이 틀림 없다 **turn on** (기계 등이) 켜지다 **tell A (not) to do**: A에게 ~하라고(하지 말라고) 말하다 **device** 기기, 장치 **tamper with** ~에 함부로 손대다, 만지작거리다 **ponder (over)** (~을) 숙고하다, 곰곰이 생각하다 **mumble** 웅얼거리다, 중얼거리다 **hassle** ~을 재촉하다, 들볶다

[정답] (a)

5.

> A: 너희들 모두 시골에 있는 우리 오두막에 와서 머물러도 돼.
> B: 우리 모두를 수용할 수 있는 게 확실해?

[해설]
빈칸에 쓰일 동사의 주어인 it은 앞서 언급된 my cottage를 가리키므로 장소와 인원 규모(all of us) 사이의 관계를 나타낼 동사로 '(장소나 건물 등이) ~을 수용하다'라는 의미로 쓰이는 (d) accommodate이 정답이다.

[어휘]
cottage 오두막 **countryside** 시골 **value** v. ~을 소중하게 생각하다 **station** v. ~을 배치하다, 주둔시키다 **incorporate** ~을 포함하다, 통합하다 **accommodate** (장소 등이) ~을 수용하다

[정답] (d)

6.

> A: 기후 변화와 관련된 그 다큐멘터리는 다 본 거야?
> B: 응. 많은 깨달음을 주는 작품이라고 생각했어. 상황이 그렇게 심각한지 몰랐거든.

해설

'find + 목적어 + 빈칸'의 구조이므로 빈칸은 목적어를 설명하는 목적격 보어 자리임을 알 수 있다. 따라서 it이 지칭하는 다큐멘터리의 특성을 나타낼 형용사가 필요한데, 심각한 상황임을 인지할 수 있게 해준 작품이라는 말이 있으므로 '깨달음을 주는, 일깨워 주는'이라는 의미로 쓰이는 (a) enlightening이 정답이다.

어휘

climate change 기후 변화 find + A + 형용사: A를 ~하다고 생각하다 situation 상황 enlightening 깨달음을 주는, 일깨워 주는 glean (정보 등) ~을 여기저기서 모으다 assuming (that) 가령 ~라면 tempting 솔깃한, 구미가 당기는

정답 (a)

7.

> A: 오전 9시 이후에 출근하는 직원들에게 벌금을 부과하는 게 어때요?
> B: 네, 동의해요. 늦게 도착하는 직원들에게 벌을 내려야 해요.

해설

9시 이후에 출근하는 직원들에게 벌금을 부과하는 일에 동의한다고 답변했으므로 그 대상이 되는 직원들에게 할 수 있는 행위를 나타낼 동사로 '~에게 벌을 내리다, ~을 훈육하다'라는 의미로 쓰이는 (b) discipline이 정답이다.

어휘

impose ~을 부과하다 fine n. 벌금 agree 동의하다 arrive 도착하다 domesticate ~을 길들이다, 사육하다 discipline ~에게 벌을 내리다, ~을 훈육하다 endorse ~을 지지하다, (유명인이) ~을 보증하다 entice ~을 유인하다

정답 (b)

8.

> A: 연극에서 주인공을 맡게 된 것을 축하 드려요!
> B: 감사합니다만, 원래 맡으셨던 배우가 질병으로 인해 중간에 빠지셨기 때문에 저는 운이 좋다고 생각해요.

해설

빈칸 뒤에 '목적어 + 형용사'가 이어져 있으므로 목적어와 목적격 보어의 구조임을 알 수 있다. 따라서 이와 같은 구조와 함께 쓰이는 동사로 '~을 …하다고 여기다, 간주하다'라는 의미를 구성할 때 사용하는 (a) count가 정답이다.

어휘

main role 주인공 play n. 연극 count A B: A를 B하다고 여기다,

간주하다 fortunate 운이 좋은 as ~ 때문에 original 원래의, 애초의 drop out 중간에 빠지다, 손을 떼다 due to ~로 인해 illness 질병 propose ~을 제안하다 deserve ~을 받을 만하다, 누릴 자격이 있다 admire ~을 존경하다, 감탄하며 바라보다

정답 (a)

[Part 2]

9.

> 이번 주는 기온이 오르내리며 몹시 추운 기온부터 쾌적하게 포근한 기온까지 다양하게 나타나겠습니다.

해설

몹시 추운 날씨부터 쾌적하게 포근한 날씨에 이르는 변화를 나타낼 동사가 필요하므로 '오르내리다'라는 의미인 (c) fluctuate가 정답이다.

어휘

temperature 기온 range from A to B: A에서부터 B까지 다양하다 extremely 대단히, 매우 pleasantly 쾌적하게, 즐겁게 mild 온화한, 포근한, 순한 flicker (빛, 희망 등) 깜박이다, (잎, 깃발 등) 나부끼다 conform (규칙, 관습 등) 따르다, 순응하다, 일치시키다 fluctuate 오르내리다, 요동치다 contradict 모순되다, 반박하다

정답 (c)

10.

> 중립적인 녹색당에 투표함으로써, 많은 사람들이 현 정부에 보복 행위를 하고 있다.

해설

빈칸 뒤에 위치한 전치사 against와 어울리는 자동사가 필요하므로 against와 함께 '~에게 보복하다'라는 의미를 구성할 때 사용하는 자동사 (a) retaliating이 정답이다.

어휘

by (방법) ~함으로써 vote for ~에게 투표하다 neutral 중립적인 retaliate against ~에게 보복하다 current 현재의 adjudicate (on) (~에) 판결을 내리다 dispute 논쟁하다, ~에 반박하다, 이의를 제기하다 justify ~을 정당화하다, ~의 정당성을 증명하다

정답 (a)

11.

> 로저는 자신의 회사를 실리콘 밸리에 본사를 두고 있는 한 소프트웨어 개발 업체와 합병할 계획이다.

해설

빈칸 뒤에 두 개의 업체를 나타내는 명사구가 'A with B'의 구조로 쓰여 있다. 따라서 이와 같은 구조와 어울리면서 회사들 사이에 일어나는 일을 나타낼 동사가 필요하므로 '~을 …와 합병하다'라는 의미를 구성할 때 사용하는 동사인 (b) amalgamate이 정답이다.

amalgamate A with B: A를 B와 합병하다 developer 개발 업체
based in ~에 본사를 둔, ~에 기반을 둔 conserve ~을 아껴 쓰다,
보호하다 accumulate 모이다, ~을 모으다, 축적시키다 conform
(규칙 등이) 따르다, 순응하다, ~을 따르게 하다, 일치시키다

정답 (b)

12.

매그니 사의 대표 이사는 사기 혐의로 기소되었으며, 재판정에서
재판을 받을 것이다.

해설
재판정에서 사기 혐의로 기소된 사람에 대해 하는 일을 나타낼 동사의
과거분사가 필요하므로 '~을 재판하다'라는 의미로 쓰이는 try의 과거
분사인 (a) tried가 정답이다.

어휘
be charged with ~에 대한 혐의로 기소되다 fraud 사기 court
of law 재판정 try ~을 재판하다, 심문하다 excuse (실수 등) ~을
봐 주다, ~에 대한 변명이 되다 decide ~을 결정하다 pronounce
~을 발음하다

정답 (a)

13.

신입 직원들이 우리의 업무 문화에 적응하는 데 때때로 시간이 좀
걸린다.

해설
빈칸 뒤에 위치한 전치사 to와 어울리는 동사의 과거분사로 신입 직원
들이 회사 문화에 대해 시간이 걸리는 일과 관련되어야 하므로 '~에 적
응한'이라는 의미를 나타낼 때 사용하는 (c) acclimated가 정답이다.

어휘
take A for B to do: B가 ~하는 데 A의 시간이 걸리다 become
+ 형용사: ~한 상태가 되다 acclimated to ~에 적응한
approved 승인된, 인가된 traversed 반대된, 반박된 tentative
잠정적인

정답 (c)

14.

주기적인 세척을 실시하는 것은 산악 자전거의 수명을 크게 연장
하고 안전성을 향상시킬 수 있다.

해설
주어와 목적어로 쓰인 '주기적인 세척'과 '자전거의 수명' 사이의 관계
를 나타낼 동사가 쓰여야 하므로 '~을 연장하다'라는 의미를 나타내는
(a) prolong이 정답이다.

어휘
perform ~을 실시하다, 수행하다 routine 주기적인, 일상적인

cleaning 세척 improve ~을 향상시키다, 개선하다 prolong ~
을 연장하다 repeat ~을 반복하다 postpone ~을 연기하다, 미루
다 attach ~을 첨부하다, 붙이다

정답 (a)

15.

두 인턴 직원이 회의 중에 서로 소곤거리며 얘기하다 걸려서 질책
을 받았다.

해설
빈칸 뒤에 during이 이끄는 전치사구가 있으므로 자동사의 -ing
형이 쓰여야 한다는 것으로 알 수 있으며, 질책을 받은 원인과 관련
해 회의 중에 하지 말아야 하는 일을 나타낼 동사가 필요하다. 따라
서 '소곤거리다'라는 의미로 쓰이는 자동사 whisper의 -ing형인 (b)
whispering이 정답이다.

어휘
reprimand ~을 질책하다, 꾸짖다 be seen -ing ~하다 걸리다
during ~ 중에, ~ 동안 confound ~을 어리둥절하게 만들다, ~을
혼동하다 whisper 소곤거리다 transfer ~을 이송하다, 옮기다, 전
근시키다 permit ~을 허용하다, 허락하다

정답 (b)

16.

많은 나라들이 지뢰를 규탄하고 있는데, 이 무기가 군사적 충돌이
중단된 후에도 오랫동안 민간인들을 위협하기 때문이다.

해설
이유를 나타내는 as절에서 민간인들을 위협한다는 말이 있으므로 많
은 나라들이 지뢰에 대해 부정적인 입장임을 알 수 있다. 그러므로 '~
을 비난하다, 규탄하다'라는 뜻으로 쓰이는 (d) condemn이 정답이
다.

어휘
landmine 지뢰 weapon 무기 threaten ~을 위협하다 civilian
민간인 long after ~후에도 오랫동안 conflict (물리적) 충돌,
갈등, 분쟁 secede 분리 독립하다, 탈퇴하다 ostracize ~을 외면
하다, 배척하다 extradite (범죄자를) 본국에 인도하다 condemn
~을 비난하다, 규탄하다

정답 (d)

17.

설문 조사 결과에 따르면 자연적으로 사육된 돼지에서 나온 고기
가 인공적인 환경에 갇혀 있는 돼지의 고기보다 맛이 더 좋은 것으
로 나타나 있다.

해설
동물을 명사 pigs를 수식할 과거분사가 필요하므로 '~을 사육하다'라
는 의미로 쓰이는 동사 rear의 과거분사인 (d) reared가 정답이다.

(c) fostered는 사람에 대해 사용한다.

어휘
survey 설문 조사 **result** 결과 **indicate that** ~라고 나타나다, ~임을 가리키다 **artificial** 인공적인 **environment** 환경 **erect** ~을 건립하다, 세우다 **fabricate** ~을 날조하다, 조작하다, 제작하다 **foster** ~을 조성하다, 발전시키다, (아이) ~을 양육하다 **rear** (동물) ~을 사육하다, 재배하다

정답 (d)

18.

> 지방 정부는 교육적인 프로그램을 더 많이 제공함으로써 시카고 지역 내에서의 마약 사용을 방지하기 위해 싸우고 있다.

해설
빈칸 뒤에 위치한 by 전치사구에 교육적인 프로그램을 더 많이 제공한다는 말이 있는데, 이는 마약 사용(drug usage)을 막기 위한 조치에 해당된다. 따라서 '~을 방지하기 위해 싸우다'라는 의미로 쓰이는 (c) combating이 정답이다.

어휘
usage 사용 **by** (방법) ~함으로써 **provide** ~을 제공하다 **educational** 교육적인 **wage** (전투, 투쟁 등) ~을 계속 벌이다, 수행하다 **inform** ~에게 알리다 **combat** ~을 방지하기 위해 싸우다 **commit** ~을 저지르다, 범하다

정답 (c)

19.

> 자동 화기의 판매를 억제하는 것이 미국의 일부 주에서 주요 관심사가 되었다.

해설
빈칸 뒤에 위치한 명사구 the sale of automatic weapons는 '자동 화기의 판매(량)'를 의미하므로 이와 관련된 행위를 나타낼 동사로 '~을 억제하다' 등의 의미로 쓰이는 타동사 curb의 동명사인 (a) Curbing이 정답이다.

어휘
sale 판매(량), 매출 **automatic weapon** 자동 화기 **major** 주요한 **concern** 관심사, 중요한 일, 우려 **curb** ~을 억제하다, 제한하다 **compile** (자료 등을 모아) ~을 정리하다, 편집하다 **embark** 탑승하다, (일 등에) 착수하다 **evacuate** ~을 대피시키다, (집 등) ~을 비우다

정답 (a)

20.

> 시장은 거리 폭력과 기물 파손 행위를 줄이기 위해 17세 이하의 청소년에 대한 통금 제도를 도입했다.

해설
빈칸이 속한 in order to do 구는 통금 제도를 도입한 목적을 나타

내야 한다. 따라서 빈칸 뒤에 위치한 명사구 street violence and vandalism과 관련된 조치에 해당되는 동사로 '~을 줄이다, 축소하다' 등을 의미하는 (c) curtail이 정답이다.

어휘
mayor 시장 **impose** ~을 도입하다, 시행하다 **curfew** 통금 **those** (수식어구와 함께) ~한 사람들 **in order to do** ~하기 위해 **violence** 폭력 **vandalism** 기물 파손 **endorse** ~을 지지하다, (유명인이) ~을 보증하다 **authorize** ~을 재가하다, 인가하다 **curtail** ~을 줄이다, 축소하다, 감축하다 **broadcast** ~을 방송하다

정답 (c)

UNIT 02 최빈출 명사

기출 Check-up TEST   본문 p. 48

Part 1	**1**. (a)	**2**. (b)	**3**. (c)	**4**. (d)	**5**. (c)
	6. (a)	**7**. (d)	**8**. (a)		
Part 2	**9**. (c)	**10**. (c)	**11**. (a)	**12**. (d)	**13**. (a)
	14. (a)	**15**. (d)	**16**. (d)	**17**. (d)	**18**. (d)
	19. (c)	**20**. (a)			

[Part 1]

1.

> A: 토니가 매주 그 스포츠 프로그램을 보는 게 지겨워.
> B: 걱정하지마. 마지막 회가 지난 금요일에 방송됐으니까.

해설
앞서 언급된 스포츠 프로그램의 방송분과 관련된 의미를 나타낼 명사가 필요하므로 '1회 방송분'이라는 의미로 쓰이는 (a) episode가 정답이다. (b) sequel은 '속편'을 나타내므로 빈칸 앞 last와 의미가 어울리지 않는다.

어휘
be sick of ~가 지겹다, 싫증이 나다 **air** v. ~을 방송하다 **episode** 1회 방송분 **sequel** 속편 **period** 기간 **chapter** 챕터, (책의) 장

정답 (a)

2.

> A: 오늘 아침에 존 씨의 몸에서 냄새가 난다는 걸 알아 채셨어요?
> B: 네, 그분은 개인 위생에 더 신경 쓰셔야 할 것 같아요.

해설
심한 체취와 관련해 신경 써야 하는 것으로 personal과 함께 '개인 위생'이라는 의미를 구성할 때 사용하는 (b) hygiene이 정답이다.

어휘 notice ~을 알아 차리다 **odor** (좋지 않은) 냄새, 악취 **focus more on** ~에 더 집중하다, 초점을 맞추다 **hygiene** (사람의) 위생 **clearance** 정리 처분 (세일), 정돈, 통과 **sanitation** 위생 시설 (관리)

정답 (b)

3.

> A: 난 잠깐 쉬어야겠어. 팔에 쥐가 나고 있어.
> B: 좋아. 이따가 또 수영할 수 있으니까.

해설 수영하는 중간에 휴식해야 하는 이유와 관련해, 신체적 문제에 해당되는 것을 나타낼 명사가 필요하므로 '근육의 쥐, 경련'을 의미하는 (c) cramp가 정답이다.

어휘 take a break 잠깐 휴식하다, 쉬다 **crack** (갈라져서 생긴) 금, 타격, (깨지는 듯한) 쾅 소리 **crease** (옷, 종이 등의) 주름, 구김살 **cramp** (근육의) 쥐, 경련

정답 (c)

4.

> A: 이 쿠폰들이 애피타이저에 적용되나요?
> B: 주 요리도 주문하실 경우에만요.

해설 쿠폰과 제품 사이에 관련된 일을 나타낼 동사가 필요하므로 '적용되다, 해당되다'라는 의미로 쓰이는 (d) apply가 정답이다.

어휘 towards (목표, 방향 등) ~에, ~을 위해, ~쪽으로 **only if** 오직 ~할 경우에만 **main meal** 주 요리 **affect** ~에 영향을 미치다 **direct** v. ~을 지휘하다, 감독하다, (길 등) ~에게 안내하다, (질문 등) ~을 보내다, 돌리다 **tilt** 기울다, ~을 기울이다 **apply** 적용되다, 해당되다

정답 (d)

5.

> A: 뉴스 보도에 우리 대표 이사님께서 사라지셨다고 나오던데요.
> B: 네, 체포 영장이 발부되었을 때 외국으로 도망치셨어요.

해설 범인 등을 체포할 때 발부되는 것을 나타낼 명사가 필요하므로 '영장'을 의미하는 (c) warrant가 정답이다.

어휘 vanish 사라지다 **flee** ~에서 도망가다, 달아나다 **issue** v. ~을 발부하다, 발급하다 **arrest** n. 체포 **sentence** 형벌(의 선고) **verdict** 평결, 판결 **warrant** (체포 등을 위한) 영장 **prosecution** 기소, 고발, 검찰측

정답 (c)

6.

> A: 한 가지 복잡한 문제에 관해 얘기를 좀 했으면 하는데, 듣고 싶지 않으실 수도 있어요.
> B: 어서 해 봐요, 바로 본론으로 들어가시죠.

해설 cut to the와 어울리는 명사로 상대방이 뜸들여 말하는 것과 관련된 표현으로 '바로 본론으로 들어가다'라는 의미를 구성할 때 사용하는 (a) chase가 정답이다.

어휘 complicated 복잡한 **issue** n. 문제, 사안 **cut to the chase** 바로 본론으로 들어가다 **base** 맨 아래 부분, 기초, 토대, 본부 **dashboard** (자동차 실내 앞쪽의) 대시보드, 계기판 **benchmark** 기준(점)

정답 (a)

7.

> A: 아버지는 지금 어떠셔? 급히 병원으로 이송되셔야 했다고 들었는데.
> B: 의사와 얘기를 해 봤는데, 치료 경과에 대한 예상이 아주 좋지 않아.

해설 병원으로 급히 옮겨진 사람과 관련해 '아주 좋지 않다'는 특징으로 설명될 수 있는 일을 나타낼 명사가 필요하므로 '치료 경과에 대한 예상'이라는 의미로 쓰이는 (d) prognosis가 정답이다.

어휘 How is A doing?: A는 좀 어때?, A는 어떻게 지내? **rush** ~을 급히 보내다 **preliminary** 예비 단계, 예비 행위 **predilection** 매우 좋아함 **prescription** 처방전, 처방된 약 **prognosis** 치료 경과에 대한 예상

정답 (d)

8.

> A: 요즘 잠을 자는 데 정말 큰 어려움을 겪고 있어.
> B: 아마 커피 같은 각성제를 피하도록 해야 할 것 같아.

해설 잠을 자는 데 어려움을 겪는 상황과 관련해 그 원인의 하나로 언급된 coffee와 같은 음식물이 속할 수 있는 범주를 나타낼 명사가 필요하므로 '각성제, 흥분제' 등을 뜻하는 (a) stimulants가 정답이다.

어휘 have difficulty -ing ~하는 데 어려움을 겪다 **try to do** ~하도록 하다 **avoid** ~을 피하다 **stimulant** 각성제, 흥분제 **hormone** 호르몬 **mineral** 무기물, 광물 **irritant** (피부 등에 대한) 자극물

정답 (a)

[Part 2]

9.

> 많은 공장 사고들은 지루해 하고 동기 부여가 되지 않은 직원들의 무사 안일주의로 인한 결과이다.

해설
사고의 원인이 될 수 있는 것을 나타낼 명사로 지루해 하고 동기 부여가 되지 않은 직원들의 마음가짐이나 상태와 관련되어야 하므로 '무사 안일주의, 현실 안주'라는 의미로 쓰이는 (c) complacency가 정답이다.

어휘
accident 사고 result 결과 bored 지루해 하는 unmotivated 동기가 없는 infusion 투입, 주입 modification 수정, 변경, 개조 complacency 무사 안일주의, 현실 안주 cohesion 화합, 결속

정답 (c)

10.

> 매장 멤버십에는 지역 레스토랑에 대한 할인이나 저희 전용 주차장 이용과 같은 일부 부가 혜택들이 포함되어 있습니다.

해설
benefits와 복합 명사를 이뤄 회원들이 누릴 수 있는 혜택의 특성을 나타낼 또 다른 명사가 필요하므로 '부가 혜택'이라는 의미를 구성할 때 사용하는 (c) fringe가 정답이다.

어휘
include ~을 포함하다 fringe benefit 부가 혜택 local 지역의, 현지의 private 전용의, 개인 소유의 experienced 경험 많은 obtuse 둔감한, 무딘 spare 남는, 여분의

정답 (c)

11.

> 그 대학의 수학과는 500년이나 된 수학 이론을 푸는 데 도움이 될 수 있는 정부 보조금을 받았다.

해설
government와 복합 명사를 이룰 명사로 연구 등의 목적으로 정부로부터 받을 수 있는 깃을 나타내야 하므로 '보조금'을 뜻하는 (a) grant가 정답이다.

어휘
math 수학 department 학과 help A do: A가 ~하는 데 도움이 되다 solve ~을 풀다, 해결하다 mathematical 수학의 theory 이론 grant 보조금 tuition 수업료, 대학 등록금 admission 입장(료) pension 연금

정답 (a)

12.

> 그 남녀는 서로간의 융화 문제로 인해 헤어지는 것이 각자에게 득이 된다고 결정을 내렸다.

해설
헤어지기로 결정한 사람들이 겪은 문제점의 특징과 관련된 명사가 필요하므로 '융화, 적합, 양립' 등의 의미로 쓰이는 (d) compatibility가 정답이다.

어휘
decide (that) ~라고 결정을 내리다 in one's best interests ~에게 이득이 되는 break up 헤어지다 due to ~로 인해 culpability 과오, 책임 consistency 일관성, 한결같음 capability 능력, 역량 compatibility 융화, 적합, 양립, 호환

정답 (d)

13.

> 리사 워터스 씨가 2021년 1월부터 3년 임기의 사서 협회장으로 선출되었다.

해설
빈칸에는 3년의 기간과 관련된 명사가 필요하다. 그런데 상황이 직책에 선출된 것이므로 임기를 나타내는 (a) term이 정답이다.

어휘
be elected to + 직책: ~직에 선출되다 president 회장, 사장, 대표 term 임기, 학기, 회기 interval 간격, 사이, 막간 휴식시간 duration 지속 기간

정답 (a)

14.

> 벤추라 사는 사법 개혁을 위해 집단적으로 로비활동을 할 수 있는 뜻이 맞는 여섯 개의 단체들과 연합체를 구성할 예정이다.

해설
구성원의 유형이 organizations(조직, 단체)이므로 이들의 구성체를 가리키는 단어로는 세력의 연합체를 나타내는 (a) coalition이 정답이다.

어휘
form v. ~을 구성하다, 형성하다 like-minded 뜻이 맞는, 생각이 같은 organization 단체, 기관 lobby v. 의원에게 압력을 가하다, 로비 활동을 하다 collectively 집단적으로 legal 법률의, 합법적인 reform 개선, 개혁 coalition 연합(체), 동맹 synthesis 합성, 종합 composite 합성물, 복합물 monopoly 독점(권), 전매

정답 (a)

15.

> 그 발명가는 자신이 조립한 새 장치에 대한 특허를 신청했다.

해설

새로 만들어 낸 장치나 기구 등과 관련해 신청하는 것을 나타낼 명사가 필요하므로 특허를 의미하는 (d) patent가 정답이다.

어휘

inventor 발명가 **apply for** ~을 신청하다 **gadget** 장치, 기구 **construct** ~을 조립하다 **particle** 입자, 미립자 **niche** (시장에서 수익성이 높은) 틈새 **implication** 암시, 연루, 영향 **patent** 특허

정답 (d)

16.

> 감기에 대해 한 가지 인기 있는 민간 요법이 레몬과 꿀을 넣은 뜨거운 차를 마시는 것이다.

해설

home과 복합 명사를 이룰 수 있는 또 다른 명사로서 감기 치료를 위해 집에서 차를 만들어 먹는 일과 관련되어야 하므로 '민간 요법'이라는 의미를 구성할 때 사용하는 (d) remedy가 정답이다.

어휘

cold n. 감기 **resource** 자원, 재원, 재료 **entertainment** 오락(물), 유흥, 공연 **concentration** (정신) 집중 **remedy** 치료(법)

정답 (d)

17.

> 초대장에는 약혼식 파티에 참석하는 손님들이 오후 5시 이전에 도착해야 한다고 쓰여 있다.

해설

동사 says의 주어로서 파티 참석과 관련된 정보를 확인할 수 있는 것을 나타낼 명사가 필요하므로 '초대장'을 의미하는 (d) invitation이 정답이다.

어휘

arrive 도착하다 **engagement** 약혼(식) **gift** 선물, 재능, 재주 **expectation** 예상, 기대 **decision** 결정, 판단, 결단력 **invitation** 초대(장)

정답 (d)

18.

> 수천 명의 지역 주민들이 정부가 그 극장을 철거하지 못하게 막기 위한 탄원서에 서명했다.

해설

주민들이 정부를 대상으로 특정 조치를 막기 위해 서명하는 것을 나타낼 명사가 필요하므로 '탄원(서)' 등의 의미로 쓰이는 (d) petition이

정답이다.

어휘

thousands of 수천의 **local** 지역의, 현지의 **resident** 주민 **stop A from -ing**: A가 ~하지 못하게 막다 **demolish** ~을 철거하다, 허물다 **application** 지원(서), 신청(서) **contract** 계약(서) **deal** n. 거래(서), 합의(서) **petition** 탄원(서), 청원(서)

정답 (d)

19.

> 베네수엘라가 세계에서 가장 규모가 큰 유전을 보유하고 있음에도 불구하고 경제가 취약하다는 사실은 역설적인 일이다.

해설

It/that절로 구성된 가주어/진주어 문장에서 진주어인 that절의 보어 역할이 가능한 명사가 필요하므로 '~라는 것이 역설적인 일이다'라는 의미를 구성할 때 사용하는 (c) paradox가 정답이다.

어휘

It is a paradox that ~라는 점은 역설적인 일이다 **weak** 약한 **despite** ~에도 불구하고 **reserve of oil** 유전 **controversy** 논란 **denunciation** 맹비난, 규탄 **skepticism** 회의론

정답 (c)

20.

> 그 총리는 두 번째 임기에 대해 당선된 이후에 권력의 정점에 있었다.

해설

전치사 at의 목적어로 쓰일 수 있는 명사로 두 번째 임기에 대해 당선된 총리가 지닌 권력의 수준과 관련된 의미를 나타낼 수 있어야 하므로 '정점, 절정'을 의미하는 (a) acme가 정답이다.

어휘

prime minister 총리, 수상 **be elected for** ~에 대해 당선되다 **term** 임기 **acme** 정점, 절정 **ambivalence** 모순, 양면성 **alliance** 동맹, 연합 **amendment** (법 등의) 개정, 수정

정답 (a)

기출 Check-up TEST   본문 p. 64

Part 1	**1.** (b)	**2.** (a)	**3.** (a)	**4.** (b)	**5.** (c)
	6. (d)	**7.** (d)	**8.** (a)		
Part 2	**9.** (a)	**10.** (c)	**11.** (a)	**12.** (d)	**13.** (a)
	14. (c)	**15.** (c)	**16.** (b)	**17.** (d)	**18.** (b)
	19. (a)	**20.** (d)			

[Part 1]

1.

A: 언젠가 무대에서 공연하고 싶으세요?
B: 당연하죠. 사실, 저는 장차 음악가가 되려는 사람입니다.

해설
사람 명사 musician을 수식할 수 있는 형용사로서 언젠가 무대에서 공연할 가능성이 있는 사람과 관련된 의미를 나타내야 하므로 '장차 ~가 되려는'을 뜻하는 (b) aspiring이 정답이다.

어휘
Would you like to do? ~하고 싶으세요?, ~하시겠어요? **perform** 공연하다, 연주하다 **one day** 언젠가 **Definitely** (강한 긍정, 동의) 당연하죠, 물론이죠 **in fact** 사실, 실은 **limited** 제한된, 한정된 **aspiring** 장차 ~가 되려는 **extended** 연장된, 길어진, 늘어난 **devouring** 게걸스럽게 먹는

정답 (b)

2.

A: 콜린이 관리자 직책을 부여 받았다는 얘기 들었어요?
B: 그게, 잠정적인 일입니다. 시험 기간 중에 잘 수행해 내야 합니다.

해설
빈칸 뒤에 시험 기간 중에 잘 해내야 한다는 말이 있는데, 이는 관리자 직책을 부여 받는 것과 관련된 조건에 해당된다. 따라서 Colin이 관리자의 역할을 하는 것은 잠정적으로 수행하는 일임을 알 수 있으므로 '잠정적으로, 일시적으로'를 의미하는 (a) provisionally가 정답이다.

어휘
management role 관리자 직책, 책임자 직책 **perform** 수행하다, 실행하다 **during** ~ 동안, ~ 중에 **trial period** 시험 기간, 수습 기간 **provisionally** 잠정적으로, 일시적으로 **briefly** 간단히, 짧시 **suddenly** 갑자기 **fleetingly** 순식간에, 덧없이

정답 (a)

3.

A: 그거 알아? 나 컨버터블 한 대 구입했어.
B: 아, 그래? 지붕을 내린 채로 드라이브하러 가서 바람 좀 쐬고 오자.

해설
지붕을 내린 채로 드라이브 할 수 있다는 특징이 제시되어 있으므로 이와 같은 방식으로 된 차량을 지칭하는 명사에 해당되는 (a) convertible이 정답이다. 참고로 convertible은 -ible로 끝나는 형태 때문에 형용사로만 생각하기 쉽지만 명사로도 사용된다는 것을 기억한다.

어휘
purchase ~을 구입하다 **with + A + 형용사**: A를 ~한 채로 **top** (자동차) 지붕, 덮개 **convertible** n. (지붕을 접을 수 있는 자동차) 컨버터블 a. (형태를) 바꿀 수 있는 **portable** n. 휴대용 제품 **essential** n. 필수적인 것, 본질적 요소 **licensed** (판매 등의) 허가를 받은

정답 (a)

4.

A: 신입 안내 담당 직원이 너무 별나요.
B: 네, 분명 약간 이상해 보이기는 한데, 일은 잘해요.

해설
신입 안내 담당 직원의 특성을 나타내는 a little odd와 유사한 의미를 지닌 형용사가 빈칸에 쓰여야 알맞으므로 '별난, 이상한' 등을 뜻하는 (b) weird가 정답이다.

어휘
receptionist 안내 직원, 접수 직원 **seem + 형용사**: ~하게 보이다 **a little** 약간, 조금 **odd** 이상한 **be good at** ~을 잘하다 **solicitous** 세심히 배려하는, 염려하는 **weird** 별난, 이상한, 기이한 **prudent** 신중한 **conscientious** 양심적인, 성실한

정답 (b)

5.

A: 왜 그렇게 많은 경비원들이 근무를 서고 있는 거죠?
B: 일부 우리의 새 전시품들이 매우 귀중하기 때문에 보안이 엄격해졌어요.

해설
많은 경비원들이 근무를 서는 이유와 관련해, 명사 security를 수식해 건물 보안 수준을 나타낼 과거분사가 필요하므로 '~을 더 엄격하게 하다'라는 의미로 쓰이는 tighten의 과거분사인 (c) tightened가 정답이다.

어휘
on duty 근무 중인 **security** 보안 **exhibit** 전시(품) **valuable** 귀중한, 가치가 큰 **analyze** ~을 분석하다 **tighten** ~을 더 엄격하게 하다, 더 팽팽하게 하다 **fix** ~을 고치다, 바로 잡다

정답 (c)

6.

A: 앤디는 왜 모든 사람들을 모욕적으로 대하는 거죠?
B: 저도 모르기는 하지만, 그의 행동은 절대 용납될 수 없어요.

다른 사람들을 모욕적으로 대하는 행위와 관련된 의견을 나타낼
형용사가 필요하므로 '용납될 수 없는'이라는 의미로 쓰이는 (d)
inexcusable이 정답이다.

insulting 모욕적인 **behavior** 행동, 행위 **totally** 절대로, 완전히,
전적으로 **ineligible** 자격이 없는, 부적격의 **uncoordinated** 통
제되지 않은, 움직임이 둔한 **accessible** 이용 가능한, 접근 가능한
inexcusable 용납될 수 없는

(d)

7.

> A: 네 블로그에서 한 번이라도 심한 댓글이 달린 적이 있어?
> B: 간혹 불쾌한 글이 올라오기도 해.

빈칸 뒤에 위치한 remark를 수식할 형용사로 A의 질문에 제시된
harsh(가혹한, 혹독한)와 유사한 의미를 나타낼 수 있는 것이 필요하
므로 '불쾌한, 공격적인'을 뜻하는 (d) offensive가 정답이다.

ever 한 번이라도, 이제껏 **harsh** 가혹한, 혹독한 **comment** 의견,
댓글 **once in a while** 간혹, 가끔 **remark** 언급, 의견 **sturdy** 견
고한, 튼튼한 **anxious** 불안해 하는, 염려하는 **stubborn** 고집스러
운, 완고한 **offensive** 불쾌한, 공격적인

(d)

8.

> A: 이 커튼을 우리 거실에 설치하면 아주 멋질 것 같아요.
> B: 제게는 조금 칙칙해 보여요. 저는 조금 더 색이 들어간 것으로 했
> 으면 좋겠어요.

상대방이 언급한 커튼에 대해 더 색이 많이 들어간 것으로 했으면 좋
겠다고 했으므로 이와 대비되는 특성을 나타낼 형용사로 '칙칙한' 등
의 의미로 쓰이는 (a) dull이 정답이다.

look + 형용사: ~하게 보이다 **a little** 조금, 약간(= a bit) **would
prefer** ~을 더 좋아하다, ~로 하고 싶다 **dull** 칙칙한, 흐릿한, 따분
한, 재미 없는 **dense** 밀집된, 빽빽한 **hazy** (시야, 기억 등이) 흐릿
한, 모호한 **shady** 그늘이 진

(a)

[Part 2]

9.

> 일부 사람들은 진정한 사랑이 일시적인 것이며 영원히 지속되지 않
> 는다고 주장한다.

빈칸 뒤에 쓰인 '영원히 지속되지 않는다'는 말과 의미가 통하는 형용
사가 빈칸에 쓰여야 알맞으므로 '일시적인, 순간적인'을 의미하는 (a)
transient가 정답이다.

claim that ~라고 주장하다 **last** v. 지속되다 **transient** 일시적인,
순간적인 **conspicuous** 눈에 잘 띄는, 튀는 **auspicious** 상서로운,
길한 **transparent** 투명한

(a)

10.

> 대통령이 세금을 올릴 것을 제안했을 때 일부 청중은 광분했다.

빈칸은 동사 go와 함께 쓰이는 보어로서 주어로 쓰인 사람(audience
members)의 감정이나 상태 변화와 관련된 의미를 나타내야 하므로
'미쳐 날뛰는, 길길이 뛰는' 등을 뜻하는 (c) berserk가 정답이다.

audience members 청중, 관객 **go + 형용사**: ~한 상태로 변
하다 **suggest -ing** ~하도록 제안하다 **raise** ~을 올리다, 인상
하다 **tax** 세금 **astray** 길을 잃은 **faulty** 결함이 있는, 흠이 있는
berserk 미쳐 날뛰는, 길길이 뛰는 **afar** 멀리, 아득히

(c)

11.

> 데일리 선 지에 소속된 사진 기자가 그 상원의원과 유명 팝 가수의
> 은밀한 만남을 포착했다.

명사 meeting을 수식해 상원의원이 팝 가수와 만나는 방식을 나타
낼 형용사가 필요하므로 '은밀한, 비밀리의'라는 의미로 쓰이는 (a)
clandestine이 정답이다.

photographer 사진 기자, 사진가 **capture** (사진 등으로) ~을 포
착하다 **clandestine** 은밀한, 비밀리의 **monstrous** 도저히 말도
안 되는, 가공할 만한, 거대한 **insoluble** (문제 등이) 풀 수 없는, 용
해되지 않는 **abstruse** 난해한

(a)

12.

> 처음에는 말수가 적어 보였지만, 스티브는 외향적이고 거침없이
> 말하는 것으로 드러났다.

상반 관계를 나타내는 전치사 Despite를 보고 빈칸에 extroverted
(외향적인)나 outspoken(거침없이 말하는)과 대조되는 형용사가 와
야 함을 알 수 있다. 그러므로 '말수가 적은, 과묵한' 등을 뜻하는 (d)

reticent가 정답이다.

어휘

despite ~에도 불구하고 **initially** 처음에 **seem + 형용사:** ~한 것 같다, ~하게 보이다 **turn out to be + 형용사:** ~한 것으로 드러나다, 판명되다 **extroverted** 외향적인 **outspoken** 거침없이 말하는 **ornery** 성질이 고약한, 고집 센 **prosaic** 평범한, 재미없는, 지루한 **languid** 나른한, 활기 없는 **reticent** 말수가 적은, 과묵한

정답 (d)

13.

에드워드는 의사로부터 종양이 양성이며 어떠한 건강상의 위험도 초래할 가능성이 없다는 말을 듣고 안도했다.

해설

빈칸에 쓰일 형용사는 that절의 주어인 the tumor의 보어로서 그 특징을 나타낼 수 있어야 하는데, 위험할 가능성이 없다는 말과 의미가 통해야 하므로 '양성의'라는 뜻으로 쓰이는 (a) benign이 정답이다.

어휘

be relieved to do ~해서 안도하다 **tumor** 종양 **unlikely to do** ~할 가능성이 없는, ~할 것 같지 않은 **cause** ~을 초래하다, 야기하다 **risk** 위험 **benign** (의학) 양성의 **beneficial** 유익한, 이로운 **malignant** 악의에 찬, (의학) 악성의 **salacious** 외설스러운

정답 (a)

14.

우리 집에 우글거리는 바퀴벌레들은 너무나 끈질겨서 그것들을 제거하기 위해 전문 해충 구제 업자에게 전화해야 했다.

해설

제거하기 위해 전문 해충 구제 업자에게 연락할 정도로 우글거리는 바퀴벌레를 설명할 형용사가 빈칸에 쓰여야 하므로 '끈질긴, 집요한'이라는 의미로 쓰이는 (c) tenacious가 정답이다.

어휘

cockroach 바퀴벌레 **infest** ~에 우글거리다, 들끓다 **professional** 전문적인 **exterminator** 해충 구제 업자 **get rid of** ~을 제거하다, 없애다 **tenable** 쉽게 방어될 수 있는, (특정 기간에) 유지되는 **forthcoming** 다가오는, 곧 있을 **tenacious** 끈질긴, 집요한 **flirtatious** 추파를 던지는

정답 (c)

15.

그 여배우는 기자들이 관심 없는 질문을 던질 때마다 무관심한 듯 어깨를 으쓱거렸다.

해설

어깨를 으쓱하는 모습을 나타내는 shrug를 수식할 수 있는 형용사가 필요하므로 '무관심한 듯 어깨를 으쓱하다'라는 의미를 구성할 때 사

용하는 (c) nonchalant가 정답이다.

어휘

give a nonchalant shrug 무관심한 듯 어깨를 으쓱하다, 아무렇지도 않은 듯 어깨를 으쓱하다 **whenever** ~할 때마다 **interest** v. ~의 관심을 끌다 **experienced** 경험 많은 **invaluable** 매우 귀중한, 매우 유용한 **dilapidated** (건물 등이) 다 쓰러져 가는

정답 (c)

16.

모든 세포들은 특정한 형태와 기능을 갖추기 전에 일련의 중간 단계를 거친다.

해설

명사 stages를 수식해 세포들이 형태와 기능을 갖추기 전에 거치는 단계의 특징을 나타낼 형용사가 필요하므로 '중간의, 중간에 일어나는'이라는 의미로 쓰이는 (b) intermediate이 정답이다.

어휘

go through ~을 거치다 **a series of** 일련의 **acquire** ~을 얻다, 획득하다 **specific** 특정한, 구체적인 **form** 형태 **function** 기능 **absentee** 부재의 **intermediate** 중간의, 중간에 일어나는 **reluctant** 꺼리는, 마지 못해 하는 **belligerent** 적대적인, 공격적인

정답 (b)

17.

폴이 낸시가 일자리를 찾는 데 도움을 준 후, 그녀는 폴에게 보답하기 위해 고급 레스토랑에서 화려한 식사로 한턱 냈다.

해설

식사가 제공되는 장소가 high-end(고급)이므로 그런 곳에서 나오는 식사에 대한 수식어도 '고급'이라는 의미를 가져야 한다. 그러므로 '비싼, 화려한'을 뜻하는 (d) sumptuous가 정답이다.

어휘

help A do: ~하도록 A를 돕다 **treat A to B:** A에게 B로 한턱 내다 **meal** 식사 **high-end** 고급의 **repay** ~에게 보답하다 **tenacious** 집요한, 완강한 **vehement** 격렬한, 극렬한 **bombastic** 과장된, 허풍 떠는 **sumptuous** 비싼, 화려한

정답 (d)

18.

저희 동물 보호소는 버려지거나 과거에 학대하는 주인들 곁에 있었던 많은 애완 동물들에게 머물 곳을 제공하고 있습니다.

해설

동물 보호소에 있는 애완 동물들의 특징과 관련해 owners를 수식해 과거의 주인들이 지닌 문제점을 나타낼 형용사가 필요하므로 '학대하는, 폭력적인'이라는 의미로 쓰이는 (b) abusive가 정답이다.

19.

> 잡지사에 함께 근무하는 모든 동료 직원들의 말에 따르면, 필립은 흠 잡을 데 없는 작문 실력을 보유하고 있다.

해설
복합명사 writing skills를 수식해 작문 실력의 수준을 나타낼 형용사가 필요하므로 '흠 잡을 데 없는'이라는 의미로 쓰이는 (a) impeccable이 정답이다.

어휘
according to ~에 따르면 colleague 동료 직원 skill 능력, 기술 impeccable 흠 잡을 데 없는 disconsolate 암담한, 참담한 gullible 남을 잘 믿는, 잘 속는 abrasive 연마재의, 거친, 거슬리는

정답 (a)

20.

> 일자리에서 은퇴한 후, 크레이그는 노숙자 보호소에서 자원 봉사를 하는 것과 같이 자선 목적의 활동에 집중하고 있다.

해설
'(사회적) 운동, 대의' 등을 뜻하는 명사 causes를 수식해 그 특징을 나타낼 형용사가 필요한데, 예시로 언급된 자원 봉사와 관련되어야 하므로 '자선의, 박애의'라는 의미로 쓰이는 (d) philanthropic이 정답이다.

어휘
retire from ~에서 은퇴하다 focus on ~에 집중하다, 초점을 맞추다 cause n. (사회적) 운동, 대의 volunteer 자원 봉사하다 shelter 보호소 phonetic 음성의, 발음에 따른 athletic (운동) 경기의, 체육의 malicious 악의적인 philanthropic 자선의, 박애의

정답 (d)

UNIT 04 콜로케이션(연어)1_동사

기출 Check-up TEST   본문 p. 76

Part 1	**1.** (b)	**2.** (c)	**3.** (a)	**4.** (a)	**5.** (b)
	6. (a)	**7.** (c)			
Part 2	**8.** (a)	**9.** (b)	**10.** (a)	**11.** (d)	**12.** (c)
	13. (a)	**14.** (b)	**15.** (a)	**16.** (b)	**17.** (d)
	18. (c)	**19.** (a)	**20.** (a)		

[Part 1]

1.

> A: 이 우유는 며칠 전에 유통 기한이 끝났어. 이미 상해 버렸네.
> B: 아, 그럼 시장에서 다른 것으로 한 통 구입해 올게.

해설
off와 어울려 음식의 상태 변화를 나타낼 수 있는 동사의 과거분사가 필요하므로 '상하다, 질이 떨어지다' 등의 의미를 구성할 때 사용하는 go의 과거분사인 (b) gone이 정답이다.

어휘
expire (기한 등이) 만료되다 go off 상하다, 질이 떨어지다 pick up ~을 구입해 오다, 가져 오다, 찾아 오다 carton 통, 갑, 상자 then 그럼, 그렇다면

정답 (b)

2.

> A: 어디서 이 처방전 약을 조제 받을 수 있는지 아시나요?
> B: 길 바로 건너편에 약국이 하나 있습니다.

해설
빈칸은 목적격 보어의 역할을 할 과거분사 자리이며, '처방전'을 뜻하는 prescription과 관련된 행위를 나타낼 수 있어야 하므로 '처방전대로 약을 조제하다'라는 의미를 구성할 때 사용하는 fill의 과거분사인 (c) filled가 정답이다.

어휘
get + A + p.p.: A가 ~되게 하다 fill a prescription 처방전대로 약을 조제하다 pharmacy 약국 right across ~ 바로 건너편에 complete v. ~을 완료하다, 완수하다 treat ~을 다루다, 대하다, 치료하다 issue v. ~을 발부하다, 발급하다

정답 (c)

3.

> A: 내일 일찍 일어날 거야?
> B: 응, 벌써 알람을 6시 30분으로 맞춰 놓았어.

해설
시계의 시간을 맞추는 것처럼 기기를 특정 상태로 조정하는 것을 나타

내는 동사를 골라야 하므로, '~을 설정하다' 라는 의미인 (a) set가 정답이다.

어휘

get up 일어나다, 기상하다 early 일찍 already 이미, 벌써 set ~을 맞추다, 설정하다 put ~을 놓다, 부과하다 hold ~을 잡다, 보유하다, 수용하다, (행사를) 개최하다

정답 (a)

4.

A: 넌 머리 감을 때 보통 컨디셔너를 바르니?
B: 응, 그렇게 하지 않으면 머리를 빗을 때 훨씬 더 뻣뻣해지거든.

해설

conditioner를 목적어로 취해 컨디셔너로 머리에 하는 행위를 나타낼 동사가 필요하므로 '~을 바르다'라는 의미로 쓰이는 (a) apply가 정답이다.

어휘

normally 보통, 일반적으로 wash one's hair 머리를 감다 much (비교급 수식) 훨씬 brush ~에 빗질하다 apply A to B: A를 B에 바르다, 적용하다 install ~을 설치하다 stand 일어서다 acquire ~을 얻다, 획득하다

정답 (a)

5.

A: 왜 마지막 순간에 연설자가 교체된 거죠?
B: 해로우 씨가 후두염에 걸리시는 바람에 목소리를 내실 수 없어서요.

해설

후두염(throat infection)에 걸린 것에 따른 결과로 목소리 상태와 관련된 의미를 나타낼 동사가 필요하므로 '~을 잃다, 분실하다' 등의 의미로 쓰이는 (b) lost가 정답이다.

어휘

at the last minute 최종 순간에, 마지막 순간에 throat infection 후두염 voice 목소리 miss ~을 놓치다, 지나치다 lose ~을 잃다, 분실하다 set ~을 놓다, 설정하다, 정하다 turn 돌다, 변하다, 바뀌다

정답 (b)

6.

A: 그 책에 너무 많은 허점들이 있다고 생각하지 않아?
B: 응, 줄거리에 빈틈이 너무 많고, 인물들은 잘 만들어지지 않았어.

해설

weak의 수식을 받아 책의 내용과 관련된 부정적인 특성을 나타낼 명사가 필요하므로 '허점, 약점' 등의 의미를 구성할 때 사용하는 (a) points가 정답이다.

어휘

weak point 허점, 약점, 맹점 hole 빈틈, 허점 character 인물 develop ~을 만들어 내다, 개발하다, 발전시키다 opinion 의견 place 장소, 자리, 부분, 위치 loss 손실, 손해

정답 (a)

7.

A: 캐롤라인이 릭과 데이트하기 시작했다는 게 여전히 믿기지 않아.
B: 우리 그 얘기는 그만하고 걔를 지지하도록 해 봐야 할 것 같아.

해설

the subject를 목적어로 취할 수 있는 동사가 필요한데, 의견을 지지해야 한다는 말은 앞서 언급된 얘기를 더 이상 할 필요가 없음을 뜻하는 것이므로 '그 얘기를 그만 집어 치우다'라는 의미를 구성할 때 사용하는 (c) drop이 정답이다.

어휘

date v. ~와 데이트하다 drop the subject (주제에 관한) 논의를 중단하다 try to do ~하려 노력하다 support ~을 지지하다 kick 차다, 득점하다 omit ~을 생략하다 erase ~을 지우다, 없애다

정답 (c)

[Part 2]

8.

해리엇은 운동 선수 같은 몸을 지니고 있어서 아주 다양한 스포츠를 할 수 있다.

해설

sports를 목적어로 취해 스포츠와 관련된 행위를 나타낼 동사가 필요하므로 '스포츠를 하다, 운동하다'라는 의미를 구성할 때 사용하는 (a) play가 정답이다.

어휘

so A that B: 너무 A해서 B하다 athletic (몸이) 운동 선수 같은, 운동 경기의 a wide range of 아주 다양한 act v. 행동하다, 연기하다, 역할을 하다 view v. ~을 보다

정답 (a)

9.

주택을 매각하는 일은 복잡한 과정이기 때문에 여러 예기치 못한 지출 비용을 발생시킬 가능성이 있다.

해설

'지출 비용'을 뜻하는 expenses를 목적어로 취할 수 있는 동사로서 주택 매각 과정에 일어날 수 있는 일을 나타내야 하므로 '~을 발생시키다'라는 의미로 쓰이는 (b) incur가 정답이다.

어휘

complicated 복잡한 process 과정 be likely to do ~할 가능

성이 있다, ~할 것 같다 **several** 여럿의, 몇몇의 **unexpected** 예기치 못한 **expense** 지출 비용 **provide** ~을 제공하다 **incur** ~을, 초래하다, (비용) ~을 발생시키다 **presume** ~라고 추정하다, 여기다 **instill** ~을 서서히 주입하다, 스며들게 하다

정답 (b)

10.

나는 다이어트를 하는 중에, 음식 일지를 작성하고 내가 소비한 모든 칼로리를 계산했다.

해설

diary를 목적어로 취할 수 있는 동사로서 '일지를 작성하다, 일기를 쓰다' 등의 의미를 구성할 때 사용하는 keep의 과거형인 (a) kept가 정답이다.

어휘

keep a diary 일지를 작성하다, 일기를 쓰다 **count** ~을 세다 **consume** ~을 소비하다, 먹다 **cook** v. 요리하다, (밥을) 짓다 **visit** 방문하다 **report** ~을 보고하다, 보도하다

정답 (a)

11.

관할 구역에 있는 모든 경찰관들이 항상 법을 유지하겠다고 맹세했다.

해설

take의 목적어로 쓰일 수 있으면서 동격에 해당되는 that절의 수식을 받을 수 있는 명사가 필요하므로 '맹세하다, 선서하다'라는 의미를 구성할 때 사용하는 (d) oaths가 정답이다.

어휘

precinct 관할 구역 **take an oath** 맹세하다, 선서하다 **uphold** (법, 원칙 등) ~을 유지하다, 지키다 **affirmation** 확언, 단언 **promise** 약속, 전망, 가망 **prayer** 기도(문)

정답 (d)

12.

광고 담당 임원들은 소비자들의 관심을 끄는 방법을 잘 아는 전문가들이다.

해설

the attention of consumers를 목적어로 취해 광고 전문가들이 소비자들의 관심과 관련해 할 수 있는 행위를 나타낼 동사가 필요하므로 '~을 끌어 들이다'라는 의미로 쓰이는 (c) draw가 정답이다.

어휘

advertising 광고 (활동) **executive** 임원 **expert** 전문가 **how to do** ~하는 법 **draw the attention of** ~의 관심을 끌다, 이목을 끌다 **conceal** ~을 숨기다, 감추다 **commit** ~을 저지르다, 범하다

정답 (c)

13.

모든 면접 대상자들이 팀장 직책에 대해 명시된 자격 요건을 충족했기 때문에, 인사부장에게 있어 어려운 선택이었다.

해설

requirements를 목적어로 취할 수 있는 동사로 특정 요건과 관련해 면접 대상자들이 할 수 있는 일을 나타낼 동사가 필요하므로 '~을 충족하다'라는 의미로 쓰이는 meet의 과거형인 (a) met이 정답이다.

어휘

interviewee 면접 대상자 **state** ~을 명시하다, 설명하다 **requirements** 자격 요건, 필요 조건 **position** 직책 **HR manager** 인사부장 **meet** (기준 등) ~을 충족하다 **apply** 지원하다, 신청하다, ~을 적용하다 **lead** ~을 이끌다, 진행하다

정답 (a)

14.

연설 중에, 대통령은 전사한 우리 장병들에 대해 경의를 표할 것이다.

해설

tribute을 목적어로 취할 수 있는 동사로 '경의를 표하다'라는 의미를 구성할 때 사용하는 (b) pay가 정답이다.

어휘

speech 연설 **pay tribute to** ~에게 경의를 표하다 **fall in battle** 전사하다 **raise** ~을 들어 올리다, (양, 수준 등) ~을 올리다, 인상하다, (문제 등) ~을 제기하다, (아이 등) ~을 키우다

정답 (b)

15.

그 영화 제작자들은 한 온라인 재생 서비스 업체를 상대로 공식 항의를 제기했다.

해설

complaint를 목적어로 취해 불만 사항이나 항의와 관련된 행위를 나타낼 동사가 필요하므로 '항의를 제기하다'라는 의미를 구성할 때 사용하는 file의 과거형인 (a) filed가 정답이다.

어휘

file an official complaint against ~을 상대로 공식 항의를 제기하다 **streaming** (동영상 등의) 재생, 스트리밍 **fill** ~을 충원하다, 채우다

정답 (a)

16.

의회 회의에서, 시장님은 적절한 쓰레기 처리에 대해 시 전역에 적용되는 규제를 정했다.

해설

regulations를 목적어로 취할 수 있는 동사로 의회 회의 중에 규제나 규정과 관련해 할 수 있는 일을 나타낼 수 있어야 하므로 '규제를 정하다'라는 의미를 구성할 때 사용하는 (b) set이 정답이다.

어휘

council 의회 **mayor** 시장 **citywide** 시 전역의 **set regulations** 규제를 정하다, 규정을 세우다 **proper** 적절한, 제대로 된 **disposal of** ~의 처리, 처분 **garbage** 쓰레기

정답 (b)

17.

르그랜드 교수는 독특한 방식의 최면술을 활용해 흡연자들이 담배를 끊도록 도움을 줄 수 있다.

해설

the habit을 목적어로 취할 수 있는 동사로 흡연 습관과 관련된 행위를 나타낼 동사가 필요하므로 '끊다, 습관을 버리다'라는 의미를 구성할 때 사용하는 (d) kick이 정답이다.

어휘

kick the habit 끊다, 습관을 버리다 **unique** 독특한, 특별한 **form** 방식, 형태, 유형 **hypnosis** 최면(술) **store** v. ~을 보관하다, 저장하다

정답 (d)

18.

매주 지속적으로 카지노에 간다면, 아마 많은 돈을 잃게 될 것이다.

해설

money를 목적어로 취할 수 있는 동사로 카지노에 계속 다니는 것에 따른 결과와 관련된 동사가 필요하므로 '~을 잃다'라는 의미로 쓰이는 (c) lose가 정답이다.

어휘

keep -ing 계속 ~하다 **lose a lot of money** 많은 돈을 잃다 **erase** ~을 지우다, 없애다 **relieve** ~을 경감시키다, 완화하다, 덜어주다 **lighten** (일, 부담, 무게 등) ~을 가볍게 해 주다, 덜어 주다

정답 (c)

19.

강의를 이해하지 못할 경우에, 그저 말없이 괴로워하는 대신 교수에게 설명해 달라고 요청하세요.

해설

전치사 in과 어울리는 명사로 이해하지 못하는 내용에 대해 괴로워하는 방식을 나타내야 하므로 '말없이, 침묵하여'라는 의미를 구성할 때 사용하는 (a) silence가 정답이다.

어휘

ask A to do: A에게 ~하도록 요청하다, 부탁하다 **explain** 설명하다 **rather than** ~하는 대신, ~하지 않고 **suffer** 괴로워하다, 고민하다, 고통을 겪다 **in silence** 말없이, 침묵하여 **comfort** 편안함, 안락함 **joy** 기쁨, 즐거움 **absence** 결근, 결석, 부재

정답 (a)

20.

동호회 총무는 테니스 연습일을 토요일에서 일요일로 옮기자는 의견에 찬성했다.

해설

동사 second의 목적어로 쓰일 수 있는 명사로 '~하자는 의견에 찬성하다'라는 의미를 구성할 때 사용하는 (a) motion이 정답이다.

어휘

secretary 총무, 서기, 비서 **second the motion to do** ~하자는 의견에 찬성하다 **practice** 연습 **conflict** 상충, 갈등, 의견 충돌 **result** 결과 **logistics** 물류 (관리)

정답 (a)

UNIT 05 콜로케이션 2_명사/형용사/부사

기출 Check-up TEST
본문 p. 88

Part 1	**1.** (c)	**2.** (d)	**3.** (c)	**4.** (a)	**5.** (b)
	6. (b)	**7.** (a)	**8.** (b)		
Part 2	**9.** (c)	**10.** (d)	**11.** (d)	**12.** (a)	**13.** (c)
	14. (a)	**15.** (a)	**16.** (a)	**17.** (d)	**18.** (c)
	19. (b)	**20.** (a)			

[Part 1]

1.

A: 사무실에서 야간 근무를 하실 때 안전하다는 느낌이 드세요?
B: 그럼요. 건물 아래쪽 로비에 경비원이 있잖아요.

해설

사람 명사 guard와 어울려 '경비원'이라는 의미를 구성하는 (c) security가 정답이다.

어휘

overnight 야간에, 하룻밤 사이에 **security guard** 경비원, 보안

직원 **regular** 정규의, 주기적인, 일반의 **defensive** 방어의, 수비의 **salvation** 구제, 구조

정답 (c)

2.

> A: 넌 보통 통로쪽 좌석과 창문쪽 좌석 중에 어느 것을 요청해?
> B: 난 창문을 통해 멋진 경관을 보는 걸 선호해.

해설
seat과 복합 명사를 구성해 좌석의 특징을 나타낼 때 사용할 명사가 필요하므로 '통로쪽 좌석'이라는 의미를 구성할 때 사용하는 (d) aisle이 정답이다.

어휘
normally 보통, 일반적으로 **ask for** ~을 요청하다 **aisle seat** 통로쪽 좌석 **window seat** 창문쪽 좌석 **prefer to do** ~하는 것을 선호하다 **view** 경관, 전망 **row** 줄, 열

정답 (d)

3.

> A: 방해해서 죄송합니다. 잠깐 시간 있으세요?
> B: 네, 좋아요. 딱 좋은 타이밍에 저를 발견하셨네요.

해설
time을 수식할 형용사로 시점과 관련된 특성을 나타낼 수 있어야 하므로 '적당한 때'라는 의미를 구성할 때 사용하는 (c) right이 정답이다.

어휘
interrupt 방해하다 **have a moment** 잠깐 시간이 나다 **catch** ~을 때마침 만나다, 발견하다 **at the right time** 꼭 적당한 때에 **hasty** 성급한, 서두르는 **particular** 특정한, 특별한

정답 (c)

4.

> A: 퍼시 씨는 왜 일찍 퇴근하신 건가요?
> B: 폭설을 걱정하시더니 오후에 쉬기로 결정하셨어요.

해설
snow를 수식해 눈이 얼마만큼 왔는지를 나타낼 형용사가 필요하므로 '많이 내린 눈'이라는 의미를 구성할 때 사용하는 (a) heavy가 정답이다.

어휘
leave work 퇴근하다 **take A off**: A 동안 쉬다, 휴무하다 **heavy** (정도가) 심한, 많은, 무거운, 강력한 **hard** 단단한, 어려운, 힘든, (술이) 독한 **long** (길이가) 긴, (시간상으로) 오랜, (심리적으로 느끼는) 긴, 바쁜, 힘든 **wide** (폭이) 넓은

정답 (a)

5.

> A: 배달 기사 자리에 대한 자격 요건이라도 있나요?
> B: 네, 운전 면허증이 있으셔야 하고, 전과 기록이 없으셔야 합니다.

해설
criminal record를 수식해 취업 시에 필요한 전과 기록의 특성을 나타낼 형용사가 필요하므로 '깨끗한'이라는 의미로 쓰이는 (b) clean이 정답이다.

어휘
requirements 자격 요건, 필수 조건 **position** 직책, 일자리 **driver's license** 운전 면허증 **criminal record** 전과 기록 **basic** 기초의, 기본의 **clean** 깨끗한 **normal** 보통의, 일반의 **serious** 심각한, 진지한, 진심인

정답 (b)

6.

> A: 티모시와 덩컨이 여전히 최고의 마케팅 전략에 관해 논쟁 중이에요.
> B: 알아요. 두 분이 뭔가 공통된 견해를 찾으셔야 해요.

해설
논쟁 중인 사람들이 찾아야 하는 대상을 나타낼 명사로 common과 함께 '공통된 견해'라는 의미를 나타낼 때 사용하는 (b) ground가 정답이다.

어휘
argue 논쟁하다, 말다툼하다 **strategy** 전략 **common ground** 공통된 견해 **backup** 지원, 예비(품), 백업 (파일) **portion** 부분, 일부, 몫, 1인분 **location** 위치, 지점

정답 (b)

7.

> A: 샘이 너무 피곤해서 네가 여는 파티에 올 수 없다고 내게 말해 줬어.
> B: 나한텐 좀 어설픈 변명 같이 들리는데. 내가 얘기해 봐야겠어.

해설
excuse를 수식해 변명의 수준이나 특징 등을 나타낼 형용사가 필요하므로 '어설픈 변명'이라는 의미를 구성할 때 사용하는 (a) weak가 정답이다.

어휘
seem like ~인 것 같다 **weak excuse** 어설픈 변명

정답 (a)

8.

> A: 제 아파트를 매각하고 한국으로 이주하는 것을 고려 중이에요.
> B: 반드시 진지하게 생각해 보도록 하세요, 중요한 결정이니까요.

빈칸에 쓰일 명사는 앞서 언급한 다른 나라로 이주하는 일을 대신할 수 있어야 하므로 big과 함께 '중요한 결정'이라는 의미를 나타낼 때 사용하는 (b) decision이 정답이다.

어휘

consider -ing ~하는 것을 고려하다 **move to** ~로 이주하다, 이사하다 **make sure (that)** 반드시 ~하도록 하다 **give A a serious thought**: A에 대해 진지하게 생각해 보다 **as** ~ 때문에 **big decision** 중요한 결정 **suggestion** 의견, 제안 **result** 결과 **opinion** 의견

정답 (b)

[Part 2]

9.

> 우리 프리랜서 작업자들은 매달 말일에 계좌 이체를 통해 급여를 받는다.

해설

wire와 함께 전치사 via의 목적어 역할을 할 복합 명사를 이뤄 돈을 지급 받는 방식을 나타낼 수 있어야 하므로 '계좌 이체'라는 의미를 구성할 때 사용하는 (c) transfer가 정답이다.

어휘

freelance 프리랜서의 **receive** ~을 받다 **wage** 급여, 임금 **wire transfer** 계좌 이체 **receipt** 영수증, 수령 **contact** 접촉, 연락 **postage** 우송료, 우편 요금

정답 (c)

10.

> 여러 잠재 고객들이 우리의 새 제조 시설을 견학할 수 있도록 초청되었다.

해설

clients를 수식해 견학을 하러 오는 고객의 특성을 나타낼 형용사가 필요하므로 '잠재적 고객, 장래의 고객'이라는 의미를 구성할 때 사용하는 (d) prospective가 정답이다.

어휘

several 여럿의, 몇몇의 **be invited to do** ~할 수 있도록 초청되다, ~하도록 요청 받다 **take a tour of** ~을 견학하다 **manufacturing facility** 제조 시설 **terminal** 말기의, 불치의 **transitory** 일시적인, 덧없는 **prodigious** 엄청난, 굉장한 **prospective** 잠재적인, 장래의

정답 (d)

11.

> 그 헤어 드라이어는 기기가 물과 접촉하게 되더라도 감전될 위험 없이 작동될 수 있도록 고안되었다.

해설

electric의 수식을 받아 기기에 물이 닿을 경우에 발생되는 위험 요인을 나타낼 명사가 필요하므로 '감전, 전기 충격'이라는 의미를 구성할 때 사용하는 (d) shock이 정답이다. 참고로 electric power는 '전력'이란 의미이므로 (c)는 오답이다.

어휘

be designed to do ~하도록 고안되다 **operate** 작동되다, 가동되다 **risk** 위험(성) **electric shock** 감전, 전기 충격 **electric power** 전력 **device** 기기, 장치 **come into contact with** ~와 접촉하게 되다 **hit** 강타, 타격, 명중, 히트(작) **blow** 강타, 세게 때림, (슬픔 등을 주는) 충격

정답 (d)

12.

> 설문 양식 윗부분에 제공된 공간에 귀하의 성함 전체를 작성해 주시기 바랍니다.

해설

name을 수식해 양식에 성명을 작성하는 방식과 관련된 의미를 나타내야 하므로 '모든, 완전한' 등을 뜻하는 (a) full이 정답이다.

어휘

provide ~을 제공하다 **on the top of** ~의 위쪽에 **survey** 설문 조사 **form** 양식, 서식 **broad** 폭넓은, 광범위한, 대체적인 **absolute** 완전한, 확실한, 절대적인 **thorough** 철저한, 빈틈 없는

정답 (a)

13.

> 세계 경제에 관한 그 교수의 강의는 알기 쉽고 단순해서 모든 이들이 그 강의를 통해 많은 것을 배웠다.

해설

빈칸 뒤에 and로 연결된 simple과 마찬가지로 강의의 특징을 나타낼 형용사가 필요하므로 '알기 쉬운, 명료한' 등의 의미로 쓰이는 (c) plain이 정답이다.

어휘

global economics 세계 경제 **learn A from B**: B를 통해 A를 배우다 **uneven** 평평하지 않은, 고르지 않은 **wealthy** 부유한, 풍부한 **plain** 알기 쉬운, 명료한, 분명한 **strained** 긴장한, 팽팽한, 억지의

정답 (c)

14.

> 톰은 이번 달에 매일 초과 근무를 하고 있기 때문에, 그의 운동 일과는 우선 순위가 낮은 일이 되었다.

해설

priority를 수식해 우선 순위와 관련된 중요도를 나타낼 형용사가 필요하므로 '낮은 우선 순위'라는 의미를 구성할 때 사용하는 (a) low가

정답이다.

어휘
work overtime 초과 근무를 하다, 야근하다 **exercise routine** 운동 일과 **priority** 우선 사항 **short** 짧은, 키가 작은 **thin** 얇은, 가는, 마른, 묽은, 옅은, 희미한 **light** 가벼운, 적은, 약한, (작업 등이) 수월한

정답 (a)

15.

> 그 슈퍼마켓은 1만 달러가 넘는 돈을 훔친 직원 한 명을 상대로 형사 고발 조치를 취했다.

해설
동사 press, 명사 criminal과 어울리는 표현을 구성할 수 있는 또 다른 명사로 '형사 고발하다'하는 의미를 나타낼 때 사용하는 (a) charges가 정답이다.

어휘
press criminal charges against ~을 상대로 형사 고발하다 **over** ~가 넘는 **responsibility** 책임, 책무 **sue** ~을 고소하다, ~에게 소송을 제기하다 **lawsuit** 소송, 고소

정답 (a)

16.

> 악기를 연주하는 방법을 배우기 위해 시도할 때는 잘 통솔된 접근 방식이 필요하다.

해설
approach를 수식해 악기 연주법을 배울 때 필요한 접근 방식의 특징을 나타낼 형용사가 필요하므로 '잘 통솔된, 절제된' 등의 의미로 쓰이는 (a) disciplined가 정답이다.

어휘
approach 접근(법) **required** 필요한, 필수인 **attempt to do** ~하기 위해 시도하다 **how to do** ~하는 법 **musical instrument** 악기 **disciplined** 잘 통솔된, 절제된 **tame** 길들여진, 온순한, 활기 없는 **occasional** 가끔 하는, 이따금씩 발생되는 **elongated** 가늘고 긴, 길게 늘어진

정답 (a)

17.

> 샐리는 콘서트에서 자신이 가장 좋아하는 가수를 볼 수 있는 VIP 티켓을 분실했을 때 일생의 단 한 번뿐인 기회를 놓쳤다.

해설
once-in-a-lifetime의 수식을 받아 VIP 티켓을 분실한 일에 따른 결과와 관련된 의미를 나타낼 명사가 필요하므로 '일생의 단 한 번뿐인 기회'라는 표현을 구성할 때 사용하는 (d) opportunity가 정답이다.

어휘
miss ~을 놓치다, 지나치다 **once-in-a-lifetime** 일생의 단 한 번뿐인 **favorite** 가장 좋아하는 **happening** (우연하거나 계획에 없던) 일, 사건 **circumstance** 환경, 상황, 형편 **overture** 제의, 제안, (오페라 등의) 서곡 **opportunity** 기회

정답 (d)

18.

> 적당히 건강한 사람이라면 누구든지 손쉽게 정상에 접근할 수 있도록 만들기 위해 아덴 산에 여러 계단이 설치되었다.

해설
accessible을 수식해 이용 또는 접근 가능성의 수준과 관련된 의미를 나타낼 부사가 필요하므로 '손쉽게'라는 뜻으로 쓰이는 (c) readily가 정답이다.

어휘
several 여럿의, 몇몇의 **stairways** 계단 **construct** ~을 짓다, 세우다 **make + A + 형용사**: A를 ~하게 만들다 **summit** 정상 **accessible** 접근 가능한, 이용 가능한 **moderately** 적당히, 중간 정도의 **fit** (몸이) 건강한, 튼튼한 **cheaply** 저렴하게 **hurriedly** 황급히, 다급하게 **readily** 손쉽게, 선뜻, 즉시 **strongly** 튼튼하게, 강하게

정답 (c)

19.

> 그 재계 거물은 불치병에 걸린 아이들을 데리고 전 세계 곳곳으로 흥미로운 여행을 떠나는 것으로 알려져 있다.

해설
ill을 수식해 몸이 아픈 정도나 방식 등을 나타낼 부사가 필요하므로 '불치병에 걸린, 말기의' 등의 의미를 구성할 때 사용하는 (b) terminally가 정답이다.

어휘
business tycoon 재계의 거물 **be known for** ~로 잘 알려지다 **take A on a trip**: A를 데리고 여행 가다 **terminally ill** 불치병에 걸린, 말기의 **vigorously** 발랄하게, 힘차게 **determinedly** 단호히, 결연히 **irrationally** 비이성적으로, 분별 없이

정답 (b)

20.

> 알려진 바에 의하면 HeadEx는 현재 시중에 나와 있는 다른 어떤 것들보다 더 빠르게 작용하고 더 오래 지속되는 알약 진통제이다.

해설
lasting을 수식해 지속 길이를 강조할 부사가 필요하므로 '더 오래'라는 의미를 나타내는 (a) longer가 정답이다.

어휘 reportedly 알려진 바에 의하면, 전하는 바에 의하면 **fast acting** 빠르게 작용하는 **long lasting** 오래 지속되는 **pain relief pill** 알약 진통제 **currently** 현재 **on the market** 시중에 나와 있는 **farther** ad. 더 멀리 a. 더 먼

정답 (a)

UNIT 06 구어체 표현

기출 Check-up TEST   본문 p. 98

1. (a)	**2.** (a)	**3.** (c)	**4.** (a)	**5.** (d)	**6.** (c)
7. (a)	**8.** (b)	**9.** (d)	**10.** (b)	**11.** (b)	**12.** (a)
13. (c)	**14.** (b)	**15.** (a)	**16.** (c)	**17.** (a)	**18.** (d)
19. (b)	**20.** (d)				

1.

A: 많은 사람들 앞에서 발표를 하는 게 어렵지 않은가요?
B: 미리 준비를 잘 해 두시면, 아무 것도 아닙니다.

해설
빈칸이 속한 절은 발표 준비를 미리 잘 해 두는 것에 따른 긍정적인 결과를 나타내야 하므로 there's, to it과 함께 '아무 것도 아니다, 아주 쉽다' 등의 의미를 구성할 때 사용하는 (a) nothing이 정답이다.

어휘
give a presentation 발표하다 crowd 사람들, 군중 prepare 준비하다 in advance 미리, 사전에 there's nothing to it 아무 것도 아니다, 아주 쉽다

정답 (a)

2.

A: 제가 쓴 기사에 문제가 있나요?
B: 네, 하지만 제가 뭐라고 딱 꼬집어 말씀 드릴 수가 없네요.

해설
긍정을 뜻하는 Yes 뒤에 이어지는 but절은 부정적인 의미로서 문제점과 관련해 할 수 없는 일을 나타내야 하므로 put my, on it과 함께 '그것을 딱 꼬집어 말할 수 없다'라는 표현을 구성하는 (a) finger가 정답이다.

어휘
article (신문 등의) 기사 put one's finger on ~을 딱 꼬집어 말하다, 지적하다

정답 (a)

3.

A: 구내 식당에서 점심 식사를 하는 게 진저리가 나요.
B: 저도요. 근처의 레스토랑에 한 번 가 봐요.

해설
빈칸이 속한 문장은 근처에 있는 레스토랑에 가 보자는 대안을 제시하게 만든 원인과 관련되어야 한다. 따라서 '구내 식당에서 식사하는 것이 싫다'는 의미가 되어야 알맞으므로 be동사, up with와 함께 '~에 진저리가 나다'라는 표현을 구성할 때 사용하는 (c) fed가 정답이다.

어휘
be fed up with ~에 대해 진저리가 나다 cafeteria 구내 식당 try ~에 한 번 가 보다, ~을 한 번 해 보다 nearby 근처의 tired 피곤한, 지친 (tired of ~에 싫증난) upset 화가 난, 속상한

정답 (c)

4.

A: 마커스 씨에게 설계도 추가 사본을 보내 주셨나요?
B: 아, 이런! 완전히 깜빡 잊고 있었어요.

해설
설계도 사본을 보냈는지를 확인하는 질문에 대해 'Oh, no!'와 같이 반응하는 것은 그렇게 하지 못했음을 뜻한다. 따라서 그 원인에 해당되는 것으로서 my mind와 함께 '깜빡 잊다'라는 의미를 구성할 때 사용하는 (a) slipped가 정답이다.

어휘
extra 추가의, 별도의 copy 사본, 1부, 1장 blueprint 설계도 totally 완전히, 전적으로 slip one's mind 깜빡 잊다, 잊어 버리다 lose ~을 잃어 버리다, 분실하다 drop ~을 떨어 뜨리다, 갖다 놓다, 내려 주다, 중단하다, 빠뜨리다, 줄이다 tick ~에 체크 표시를 하다, ~을 똑딱거리며 알리다

정답 (a)

5.

A: 왜 그렇게 창백해 보이시는 거죠? 괜찮으세요?
B: 어젯밤에 한숨도 못 잤어요. 그게 전부예요.

해설
부정어 not, 동사 sleep과 함께 잠을 제대로 자지 못했음을 의미하는 답변이 되어야 알맞으므로 '한숨도 자지 못하다'라는 표현을 구성할 때 사용하는 (d) wink가 정답이다.

어휘
pale 창백한, 핼쑥한 not sleep a wink 한숨도 자지 못하다 rest 휴식, 쉼, 수면, 나머지 blink 깜짝거림, 반짝임, 일순간 nap 낮잠, 잠깐 잠

정답 (d)

6.

> A: 예반이 늦었다는 얘기를 왜 다른 직원들이 당신에게 하지 않았죠?
> B: 아무도 털어 놓기를 원하지 않았어요.

해설
빈칸에 쓰일 표현은 다른 직원들이 특정 사실을 말하지 않은 상황을 대신 나타낼 수 있는 것이어야 하므로 '(비밀 등을) 털어 놓다, 누설하다' 등의 의미로 쓰이는 (c) spill the beans가 정답이다.

어휘
tell A that: A에게 ~라고 말하다 **ring a bell** 들어 본 것 같다 **retrace one's steps** 온 길을 되돌아 가다 **spill the beans** (비밀 등을) 털어 놓다, 누설하다 **follow in one's footsteps** ~의 선례를 다르다, ~을 본받다

정답 (c)

7.

> A: 당신에게 모히토 한 잔 만들어 드릴게요.
> B: 고마워요, 그런데 알코올이 많이 들어 가지 않게 해 주세요.

해설
빈칸이 속한 but절은 알코올이 포함되는 양과 관련된 의미를 나타내야 하므로 easy on과 함께 '~을 많이 넣지 않다'라는 의미를 구성할 때 사용하는 (a) go가 정답이다.

어휘
go easy on A: A를 많이 넣지 않다

정답 (a)

8.

> A: 이번 여름에 해외에 가는 것에 대해 어떻게 생각해요?
> B: 제 생각엔, 우린 정말로 휴가를 즐길 여유가 없어요.

해설
해외로 휴가를 가는 것과 관련해 그럴 여유가 없다는 말이 빈칸 뒤에 이어지고 있는데, 이는 자신의 의견을 밝히는 것에 해당된다. 따라서 The, I see it과 함께 '내 생각에는, 내가 보기엔'이라는 의미를 나타내는 표현을 구성할 때 사용하는 (b) way가 정답이다.

어휘
overseas 해외에, 해외로 **The way I see it** 내 생각에는, 내가 보기엔 **can't afford A**: A할 여유가 없다 **view** 관점, 시각, 경관, 전망 **case** 경우, 사실, 사례, 사건 **sense** 감각, 의식, 느낌

정답 (b)

9.

> A: 수상 후보로 지명되지 않은 것에 대해 여전히 속상하세요?
> B: 이제 다 지나간 일이니까 잊을 수 있어요.

해설
빈칸이 속한 because절은 자신이 수상 후보로 지명되지 않아 속상했던 일을 잊을 수 있는 이유에 해당되어야 하므로 '과거의 일'이라는 의미를 나타낼 때 사용하는 (d) history가 정답이다.

어휘
upset 화가 난, 속상한 **be nominated for** ~에 대한 후보로 지명되다 **award** 상 **forget about** ~에 대해 잊다 **occasion** 때, 기회, 경우, 행사 **unreality** 비현실(성) **history** 지나간 일, 과거의 일

정답 (d)

10.

> A: 함께 얘기할 수 있어서 즐거웠어.
> B: 응, 나도. 네 어머니께 안부 좀 전해 드려.

해설
헤어질 때 말하는 인사에 대한 답변으로 상대방의 어머니에게 안부를 전해 달라는 말이 되어야 알맞으므로 give my, to와 함께 '~에게 안부 전해 주세요'라는 의미를 나타내는 표현을 구성할 때 사용하는 (b) best가 정답이다. hello는 동사 say와 함께 'say hello to A'의 구조로 쓰므로 오답이다.

어휘
Give my best to A: A에게 안부 전해 주세요

정답 (b)

11.

> A: 오늘 오후에 쉐릴과 얘기하신 적 있으세요?
> B: 아뇨. 사실, 그러고 보니까, 그녀는 종일 사무실에서 보지 못한 것 같아요.

해설
빈칸은 바로 뒤에 위치한 to think of it과 결합해 종일 사무실에서 보지 못했다는 사실을 인식하게 된 근거를 나타내야 하므로 '그러고 보니까, 생각해 보니까' 등의 의미를 나타내는 표현을 구성할 때 사용하는 (b) come이 정답이다.

어휘
actually 사실, 실은 **come to think of it** 그러고 보니까, 생각해 보니까 **all day** 하루 종일

정답 (b)

12.

> A: 제가 배탈이 나서 야유회를 건너 뛰어야 할 것 같아요.
> B: 아, 정말 안됐네요. 얼른 나으시길 바랄게요.

해설
빈칸이 속한 문장은 몸이 좋지 않은 사람에게 할 수 있는 격려의 말이 되어야 하므로 get과 함께 '병이 낫다, 건강을 회복하다'라는 의미를 나타낼 때 사용하는 (a) well이 정답이다.

skip ~을 건너 뛰다 stomach bug 배탈, 위염 that's a shame 정말 안됐네요, 참 아쉽네요 get well 병이 낫다, 건강을 회복하다 hopeful 기대하는, 희망에 찬 talented 재능이 있는

(a)

13.

> A: 하버드와 예일 대학교 중에 어디로 갈지 결정을 내릴 수가 없어.
> B: 음, 아마 깊이 생각해 봐야 할 것 같아.

한 가지로 결정을 내리지 못하는 상대방에게 해 줄 수 있는 조언으로서 '깊이 생각해 보라'는 말이 되어야 적절하므로 동사 give, 목적어와 함께 이와 같은 의미를 나타낼 때 사용하는 (c) thought이 정답이다.

decide ~을 결정하다 whether to do A or B: A를 할지 B를 할지 give A a thought: A에 대해 생각해 보다 mentality 사고 방식, 심리 (상태) qualification 자격(증)

(c)

14.

> A: 제 소개를 하겠습니다. 저는 마크 버튼입니다.
> B: 알고 있어요. 지난 번 파티에서 만났는데, 그때 꽤 취해 있으셨어요.

빈칸이 속한 문장은 자신을 소개할 때 하는 인사의 말이 되어야 알맞으므로 Please, me to introduce myself와 함께 '제 소개를 하겠습니다'라는 의미를 나타내는 표현을 구성할 때 사용하는 (b) allow가 정답이다.

Please allow me to introduce myself. 제 소개를 하겠습니다. pretty 꽤, 아주, 매우 drunk 술에 취한 at that point 그때, 당시에 pardon ~을 봐주다, 용서하다

(b)

15.

> A: 극장 안으로 개를 데려 오도록 허용할 거라고 네가 생각했다니 믿을 수가 없어.
> B: 네 밀이 맞아. 정말로 분별력이 있었어야 했는데.

should have p.p.는 과거에 하지 못한 일에 대한 후회를 나타낸다. 따라서 극장 안으로 개를 데려 오도록 허용할 것이라고 생각한 일과 관련해 자신이 하지 못한 일을 나타내야 알맞으므로 better와 함께 '더 잘 알고 있었어야 했다, 분별력이 있었어야 했다' 등의 의미를 나타낼 수 있는 (a) known이 정답이다.

let A do: A에게 ~하게 하다 bring A into B: A를 B 안으로 들여오다 should have p.p. ~했었어야 했다 know better 더 잘 알다, 분별력이 있다

(a)

16.

> A: 실례합니다, 이글 스포츠 경기장을 찾을 수 있게 저 좀 도와 주시겠어요?
> B: 물론이죠. 이 거리를 계속 따라 다섯 블록을 지나 가기만 하시면 됩니다. 쉽게 찾으실 거예요.

빈칸이 속한 문장은 특정 장소를 찾아 가는 방법을 알려 주는 상황에서 그곳을 쉽게 찾을 수 있다는 강조의 표현이 되어야 적절하므로 You can't, it과 함께 '쉽게 찾으실 수 있어요'라는 의미를 나타낼 때 사용하는 (c) miss가 정답이다.

find ~을 찾다 keep -ing 계속 ~하다 down (길 등) ~을 따라 You can't miss it 쉽게 찾으실 수 있어요, 금방 찾으실 거예요 disregard ~을 무시하다, 묵살하다

(c)

17.

> A: 공원에 있는 오래된 기념비를 철거했다니 믿을 수가 없어요.
> B: 맞아요. 하지만 대부분의 사람들은 그게 아주 흉물스럽다고 생각했어요.

빈칸이 속한 문장은 기념비가 철거된 이유와 관련해 사람들이 생각하는 바를 나타내야 하므로 '흉물스러운 것, 보기 흉한 것'이라는 의미로 쓰이는 (a) eyesore가 정답이다.

demolish ~을 철거하다, 허물다 monument 기념비 eyesore 흉물스러운 것, 보기 흉한 것 vision 시력, 시야 boon 요긴한 것, 혜택, 이득 incentive 인센티브, 장려금, 우대 조치

(a)

18.

> A: 고객 한 분이 방금 전화하셨는데, 책임자와 얘기하고 싶어 하세요. 지금 받으실 수 있으세요?
> B: 네, 제 내선 전화로 연결시켜 드리세요.

첫 문장을 통해 걸려 온 전화를 다른 사람에게 돌려 주는 상황임을 알 수 있고, 내선 번호로 연결하라는 답변을 통해 빈칸이 속한 질문이 그 전화(it)를 받을 수 있는지 묻는 내용이 되어야 한다는 것을 알 수 있

다. 따라서 '~을 받다, 잡다, 집다' 등의 의미로 쓰이는 동사 (d) take 가 정답이다.

어휘
put A through to B: (전화상에서) A를 B에게 연결해 주다
extension 내선 전화 (번호)

정답 (d)

19.

A: 앤지가 제게 아주 좋은 일자리를 제안해 주셨어요. 이 기회를 날려 버리지 않았으면 좋겠어요.
B: 잘 해 내실 거예요. 조금 더 자신감을 갖기만 하시면 됩니다.

해설
빈칸이 속한 문장은 좋은 일자리를 제안 받은 것과 관련해 하지 않기를 바라는 일을 나타내야 하므로 '(기회 등) ~을 날려 버리다'라는 의미를 나타낼 때 사용하는 동사 (b) blow가 정답이다.

어휘
offer A B: A에게 B를 제안하다, 제공하다 **do fine** 잘 해 내다
All you need is A: A만 있으면 됩니다 **a little** 조금, 약간
confidence 자신감 **blow** (기회 등) ~을 날려 버리다 **choose** ~을 선택하다, 고르다

정답 (b)

20.

A: 저는 부장님께서 제안하신 급여 삭감 문제와 관련해서 그분께 불만을 제기하고 싶어요.
B: 별 소용 없으니 잠자코 계세요. 생각을 바꾸시지 않을 거예요.

해설
상사에게 불만을 제기하는 일과 관련해 빈칸 뒤에 그 사람이 생각을 바꾸지 않을 것이라는 말이 있으므로 빈칸이 속한 문장은 그렇게 하지 말라는 의미가 되어야 적절하다. 따라서 Save your와 함께 '(별 소용 없으니) 잠자코 계세요, 그냥 가만히 계세요'라는 뜻으로 쓰이는 표현을 구성할 때 사용하는 (d) breath가 정답이다.

어휘
complain to ~에게 불만을 제기하다, 항의하다 **pay cut** 급여 삭감
propose ~을 제안하다 **Save your breath** (별 소용 없으니) 잠자코 계세요, 그냥 가만히 계세요 **change one's mind** 생각을 바꾸다

정답 (d)

UNIT 07 숙어 및 관용구

기출 Check-up TEST   본문 p. 110

Part 1	**1.** (b)	**2.** (a)	**3.** (d)	**4.** (c)	**5.** (d)
	6. (d)	**7.** (b)	**8.** (d)		
Part 2	**9.** (a)	**10.** (d)	**11.** (b)	**12.** (c)	**13.** (d)
	14. (b)	**15.** (d)	**16.** (d)	**17.** (a)	**18.** (c)
	19. (d)	**20.** (d)			

[Part 1]

1.

A: 19번 채널 뉴스에서 부통령이 사임할 거라고 주장했는데, 아직 그런 일은 생기지 않았어요.
B: 네, 그 뉴스 프로그램은 종종 심하게 성급한 경우가 있어요.

해설
한 뉴스에서 부통령이 사임한다고 말했지만 실제로 그런 일이 생기지 않았다고 했으므로 이와 같은 상황과 관련해 해당 뉴스 프로그램의 특성을 나타낼 표현으로 '성급하게 행동하다, 너무 서두르다' 등을 의미하는 (b) jumps the gun이 정답이다.

어휘
claim that ~라고 주장하다 **vice president** 부통령, 부회장, 부사장 **quit** 사임하다, 그만 두다 **kick the bucket** 죽다 **jump the gun** 성급하게 행동하다, 너무 서두르다 **take the lead** 솔선수범하다, 앞장 서다 **rake it in** 한 밑천 잡다

정답 (b)

2.

A: 런던에 새로 얻은 일자리는 어때요?
B: 잘 되어 가고 있긴 한데, 여전히 도시 생활에 적응하는 중이에요.

해설
빈칸이 속한 but절은 새로운 곳에서의 생활과 관련해 계속하고 있는 일을 나타내야 하므로 getting into the와 of 사이에 위치해 '~에 익숙해지다' 등의 의미를 구성할 때 사용하는 (a) swing이 정답이다.

어휘
go well 잘 되어 가다 **get into the swing of** ~에 익숙해지다, 능숙해지다 **sling** n. (어깨에 매는) 팔걸이 붕대, (가방 등의) 멜빵, 내던지기

정답 (a)

3.

A: 머무르셨던 호텔 침대가 편하셨나요?
B: 아, 아주 편안했어요. 밤새 세상 모르고 잤어요.

해설
호텔 침대의 편안함으로 인한 영향과 관련해 '밤새 푹 잤다'라는 말이

되어야 적절하므로 sleep like a 뒤에 위치해 '세상 모르고 자다'라는 의미를 구성할 때 사용하는 (d) log가 정답이다.

어휘

comfortable 편한 luxurious 아주 편안한, 호화로운 sleep like a log 세상 모르고 자다 leaf 잎, 나뭇잎 ground n. 땅, 지면, 공터 branch 나뭇가지, 지사, 분점

정답 (d)

4.

A: 어린 아들을 정말 좋아하시는 게 보여요.
B: 네, 정말로 눈에 넣어도 아프지 않을 정도죠.

해설

아들을 정말로 좋아하는 것을 대신할 수 있는 표현이 되어야 알맞으므로 of my eye와 함께 '눈에 넣어도 아프지 않을 존재'라는 의미를 나타낼 때 사용하는 (c) apple이 정답이다.

어휘

I can tell that ~인 것이 보이다 adore ~을 아주 좋아하다 apple of one's eye 눈에 넣어도 아프지 않을 존재 treasure 보물 jewelry 보석(류) grape 포도

정답 (c)

5.

A: 이번 주에 만나서 점심 식사할 여유가 있을지 모르겠어요.
B: 걱정하지 마세요. 이번에는 제가 낼게요.

해설

빈칸이 속한 문장은 식사를 하는 상황에서 the check과 관련해 할 수 있는 일을 나타내야 하므로 the check과 함께 '음식 값을 내다, 비용을 부담하다' 등의 의미를 구성할 때 사용하는 (d) pick up이 정답이다.

어휘

can afford to do ~할 여유가 있다 worry about ~에 대해 걱정하다 pick up the check 음식 값을 내다, 비용을 부담하다 let down ~을 실망시키다, ~의 격을 떨어뜨리다, ~을 아래로 내리다 give out 바닥 나다, ~을 나눠 주다, ~을 발산하다 carry on ~을 계속 하다, 진행시키다, 계속 가다

정답 (d)

6.

A: 내 사촌은 너무 많은 도로 사고에서 살아 남아서 그 횟수조차 잊어 버렸어.
B: 와우! 그는 마치 고양이처럼 목숨이 아홉 개인 것이 분명해.

해설

빈칸이 속한 문장은 많은 도로 사고에서 살아 남은 사람을 비유적으로 나타낼 수 있는 말이 되어야 하므로 have nine과 함께 '목숨이 아홉

개다'라는 의미를 나타낼 때 사용하는 (d) lives가 정답이다.

어휘

survive ~에서 살아 남다, ~을 견뎌 내다 road accident 도로 사고 lose count 횟수를 잊다, 수를 세다가 잊어 버리다 have nine lives 목숨이 아홉 개다, 쉽게 죽지 않는다, 탈출 능력이 있다

정답 (d)

7.

A: 새로 나온 에이미 데커 영화 볼 생각이야?
B: 그럴 거 같지 않아. 로맨틱 코미디는 내 스타일이 아니라서.

해설

상대방이 언급하는 특정 영화와 관련해 부정적으로 답변하고 있으므로 빈칸이 속한 문장은 '로맨틱 코미디가 내 스타일이 아니다'와 같은 뜻이 되어야 알맞다. 따라서 '성향에 맞는 것, 기호에 맞는 것' 등을 의미하는 (b) cup of tea가 정답이다.

어휘

I doubt it (앞서 언급된 것에 대해) 그렇지 않을 거야, 아닐 거야 cup of tea 성향에 맞는 것, 기호에 맞는 것 sale of the century 세기의 세일 행사 order of the day 시대의 풍조, 유행, 의사 일정

정답 (b)

8.

A: 당신 상사는 너무 엄격해 보이세요.
B: 아, 그분은 종이 호랑이 같은 분이세요. 사실 밑에서 일하기 아주 즐거운 분이에요.

해설

상사가 엄격해 보인다는 말과 관련해, 빈칸 뒤에 이어지는 '일하기 즐거운 사람'이라는 말과 의미가 통해야 하므로 빈칸이 속한 문장은 그 사람이 엄하지 않다는 의미가 되어야 한다. 따라서 tiger와 결합해 '종이 호랑이'라는 뜻을 나타낼 때 사용하는 (d) paper가 정답이다.

어휘

seem + 형용사: ~한 것 같아 보이다 strict 엄격한 paper tiger 종이 호랑이, 허세가 있는 사람 actually 사실, 실은 work for ~ 밑에서 일하다, (회사 등) ~에서 근무하다 cloth 천, 직물

정답 (d)

[Part 2]

9.

스테이시는 자신의 전 남자 친구가 새 여자 친구와 함께 걸어 가는 것을 보고 나서 몹시 질투를 했다.

해설

과거의 남자 친구가 새 여자 친구와 함께 걸어 가는 것을 본 후의 반응이나 감정 상태 등을 나타낼 수 있는 표현이 빈칸에 쓰여야 하므로 '몹시

질투하는, 샘을 내는' 등을 뜻하는 (a) green with envy가 정답이다.

어휘
green with envy 몹시 질투하는, 샘을 내는 **ex-boyfriend** 전 남자 친구 **up in smoke** 연기 속에 사라진, 물거품이 된 **off the cuff** 사전 준비 없이, 즉흥적으로 **light as a feather** 깃털처럼 가벼운

정답 (a)

10.

재무팀은 당신의 출장 지출 비용을 충당해 줄 정도로 마음껏 사용할 수 있는 자금을 보유하고 있지 않습니다.

해설
빈칸이 속한 at 전치사구는 자금을 보유하고 있지 않다는(does not have the funds) 말을 강조하거나 구체적으로 설명하는 역할을 해야 알맞으므로 빈칸 앞의 at its와 함께 '마음껏 사용할 수 있게'라는 의미를 구성할 때 사용하는 (d) disposal이 정답이다.

어휘
finance department 재무팀 **fund** 자금 **at one's disposal** 마음껏 사용할 수 있게 **cover** (비용 등) ~을 충당하다 **travel expenses** 출장 지출 비용 **occurrence** 발생(되는 일) **appliance** (가전) 기기 **disbursement** 지출(금), 지급(금)

정답 (d)

11.

가짜로 만들어진 의류에 대한 비용을 지불한 고객들이 거리낌 없이 큰 소리로 항의했다.

해설
큰 소리로 항의했다는(loudly complained) 말과 어울려야 하므로 without과 함께 '거리낌 없이'라는 의미를 나타낼 때 사용하는 (b) reserve가 정답이다.

어휘
pay for ~에 대한 비용을 지불하다 **fake** 가짜의, 모조품의 **garment of clothing** 의복, 의류, 옷 **loudly** 큰 소리로 **complain** 항의하다, 불만을 제기하다 **without reserve** 거리낌 없이, 대놓고 **rehabilitation** 재활, 복구, 갱생 **reduction** 감소, 축소, 할인 **reference** 언급(한 것), 참고 (자료), 추천서, 추천인

정답 (b)

12.

새 노트북 컴퓨터 제품의 생산비가 데스크톱 컴퓨터에 드는 비용과 대략적으로 같다.

해설
빈칸 앞뒤에 각각 위치한 주어 '노트북 컴퓨터 생산비'와 '데스크톱 컴퓨터 비용' 사이의 비교와 관련된 의미를 나타낼 표현이 필요하므로 '~와 같은, 대등한'이라는 뜻으로 쓰이는 (c) on par with가 정답이다.

어휘
production cost 생산비 **roughly** 대략적으로 **in terms of** ~에 관해서, ~라는 점에서 **with regard to** ~와 관련해 **on par with** ~와 같은, 대등한, 동등한 **by way of** ~을 거쳐, 경유해서

정답 (c)

13.

그 회사에 첫 발을 들여 놓을 수 있는 가장 좋은 방법은 인턴 자리에 지원하는 것이다.

해설
빈칸은 문장의 주어 부분에 속해 있으며, 인턴 자리에 지원하는 일을 통해 달성 가능한 목표와 관련된 일을 나타내야 하므로 get a foot in the와 함께 '첫 발을 들여 놓다'라는 의미를 구성할 때 사용하는 (d) door가 정답이다.

어휘
way to do ~하는 방법 **get a foot in the door** 첫 발을 들여 놓다 **apply for** ~에 지원하다, ~을 신청하다 **position** 직책, 일자리, 입장, 처지, 자세, 태도

정답 (d)

14.

5주 동안 기타 레슨을 받은 끝에, 나는 마침내 그 요령을 알아 가고 있다.

해설
빈칸이 속한 주절은 5주 동안의 레슨을 받은 후에 발생 가능한 일을 나타내야 하므로 get the, of와 함께 '~의 요령을 알다' 등을 의미하는 표현을 구성할 때 사용하는 (b) hang이 정답이다.

어휘
get the hang of ~의 요령을 알다, ~을 이해하다 **pluck** 잡아 뜯기, 용기, 결단 **pull** 끌기, 끌어 당기기, 매력, 빨아 들임 **whole** 전체, 완전체

정답 (b)

15.

나라면, 등산 중에 갑자기 기온이 떨어질 경우에 대비해 따뜻한 재킷을 가져 갈 것이다.

해설
빈칸이 속한 If절은 가정을 나타내어 '나라면, 내가 당신이라면'이라는 의미가 되어야 알맞으므로 If I were in your와 함께 이와 같은 뜻을 나타낼 때 사용하는 (d) shoes가 정답이다.

어휘
If I were in your shoes 나라면, 내가 당신이라면 **take** ~을 가져 가다 **in case (that)** ~할 경우에 (대비해) **temperature** 기온 **suddenly** 갑자기 **drop** 떨어지다, 하락하다 **hike** 등산, 하이킹

정답 (d)

16.

지난 몇 달 동안에 걸쳐, 우리는 간신히 버텨 올 수 있었지만, 살아 남기를 원한다면 우리의 수익 수준을 개선해야 한다.

해설
빈칸 앞에 위치한 keep one's head above와 결합된 표현을 구성할 수 있는 명사로 '간신히 버티다, 간신히 꾸려 나가다'라는 의미를 나타낼 때 사용하는 (d) water가 정답이다.

어휘
over ~ 동안에 걸쳐 be able to do ~할 수 있다 keep one's head above water 간신히 버티다, 간신히 꾸려 나가다 improve ~을 개선하다 profit 수익, 이윤 survive 살아 남다, 생존하다 waist 허리

정답 (d)

17.

사진 기자들은 그 유명 배우가 도착하기를 기다리는 동안 로비에서 오래 대기하고 있어야 했다.

해설
유명 배우가 도착하기를 기다리는 동안 사진 기자들이 할 수 있는 일을 나타내는 표현이 구성되어야 하므로 빈칸 뒤에 위치한 their heels와 함께 '오래 대기하다, 오래 기다리다'라는 의미를 나타낼 때 사용하는 (a) cool이 정답이다.

어휘
photographer 사진 기자, 사진사 cool one's heels 오래 대기하다, 오래 기다리다 while ~하는 동안 wait for A to do: A가 ~하기를 기다리다 arrive 도착하다 swallow ~을 삼키다, ~을 무턱대고 받아 들이다, (감정 등) ~을 억누르다

정답 (a)

18.

지사장은 회사의 창립자가 느닷없이 들렀을 때 매우 놀라워했다.

해설
빈칸이 속한 when절은 지사장이 매우 놀란 이유를 나타내야 하며, 그 이유와 관련해 회사의 창립자가 들른 방식을 의미할 수 있는 표현이 필요하므로 '느닷없이, 난데없이'라는 뜻으로 쓰이는 (c) out of the blue가 정답이다.

어휘
branch manager 지사장, 지점장 founder 창립자, 설립자 drop by 들르다 in the red 적자 상태인 under a cloud 의심을 받는, 눈 밖에 난 out of the blue 느닷없이, 난데없이 at the wheel 운전 중인, 핸들을 잡은

정답 (c)

19.

연설자가 말한 의견들은 대부분 청중의 의견과 잘 맞아 떨어졌다.

해설
전치사 in, with와 결합해 연설자가 말한 의견과 청중이 생각하는 의견 사이의 관계를 나타낼 표현이 구성되어야 하므로 '~와 잘 맞는, 조화되는' 등의 의미를 나타낼 때 사용하는 (d) tune이 정답이다.

어휘
point 의견, 주장, 요점 mostly 대부분 in tune with ~와 잘 맞는, 조화되는 audience members 청중, 관객 opinion 의견 note 메모, 편지, 기록 molody 멜로디, 선율, 노래 pace (움직임, 진행 등의) 속도(감)

정답 (d)

20.

나는 이 화병이 동전 한 푼의 가치도 없다고 골동품 판매상이 알려 준 사실에 실망했다.

해설
빈칸이 속한 that절은 화병의 가치와 관련해 실망한 이유를 나타내야 하므로 red와 함께 '동전 한 푼, 땡전 한 푼' 등의 의미를 구성할 때 사용하는 (d) cent가 정답이다.

어휘
be disappointed that ~에 실망하다 antique 골동품 dealer 판매상, 판매 대리점 inform A that: A에게 ~라고 알리다 vase 화병, 꽃병 worth + 명사: ~의 가치가 있는 red cent 동전 한 푼, 땡전 한 푼 collar (옷의) 깃, 칼라 belly (사람의) 배, 복부, (사물의) 불룩한 부분

정답 (d)

UNIT 08 구동사

기출 Check-up TEST

본문 p. 124

Part 1	**1.** (d)	**2.** (c)	**3.** (a)	**4.** (d)	**5.** (c)
	6. (b)	**7.** (b)	**8.** (c)	**9.** (a)	**10.** (b)
Part 2	**11.** (c)	**12.** (c)	**13.** (a)	**14.** (c)	**15.** (b)
	16. (b)	**17.** (a)	**18.** (b)	**19.** (d)	**20.** (a)

[Part 1]

1.

A: 교통 체증 문제에 관해 시장님께 말씀 드리셨나요?
B: 아뇨, 대화를 나누는 중에 언급되지 않았어요.

해설
교통 체증 문제에 관해 시장님께 말씀 드렸는지 확인하는 질문에 대해 부정을 뜻하는 No로 대답하고 있으므로 그 얘기를 하지 않았다는 말이 되어야 알맞다. 따라서 '언급되다'라는 뜻으로 쓰이는 (d) come up이 정답이다.

어휘
mayor 시장 **traffic congestion** 교통 체증, 교통 혼잡 **chat** 대화, 담소 **rush into** 급하게 ~하다 **put off** ~을 미루다, 연기하다 **give out** 바닥 나다, ~을 나눠 주다, ~을 발산하다 **come up** 언급되다, 발생되다, (때가) 다가 오다

정답 (d)

2.

A: 에드워드 씨, 오늘 아침에 당신 알람 시계가 울리지 않았나요?
B: 아뇨, 그러지 않았어요, 그리고 지각해서 진심으로 죄송합니다.

해설
알람 시계를 뜻하는 your alarm의 작동 여부와 관련된 의미가 되어야 하므로 동사 go와 함께 '(시계나 경보기 등이) 울리다'라는 뜻을 나타낼 때 사용하는 (c) off가 정답이다.

어휘
go off (시계, 경보기 등이) 울리다 **late** adj. 늦은

정답 (c)

3.

A: 회사의 연금과 의료 혜택에 관해 저희에게 말씀해 주시겠어요?
B: 그 내용은 오리엔테이션의 '직원 혜택' 시간에 다뤄질 것이기 때문에 나중에 상세히 설명해 드리겠습니다.

해설
빈칸이 속한 so절은 오리엔테이션 시간에 다뤄진다는 사실에 따른 결과에 해당되어야 하므로 나중에 설명해 주겠다는 의미가 되어야 알맞다. 따라서 빈칸 앞뒤에 위치한 go, detail과 함께 '상세히 설명하다'

라는 의미를 구성할 때 사용하는 (a) into가 정답이다.

어휘
pension 연금 **medical coverage** 의료 혜택 **discuss** ~을 이야기하다, 논의하다 **benefit** 혜택 **go into detail** 상세히 설명하다

정답 (a)

4.

A: 시장이 스캔들 때문에 사임할 수도 있겠네.
B: 응, 그는 심한 사퇴 압박에 시달리고 있어.

해설
A가 시장이 사임할(resign) 가능성을 이야기하는 것에 동의하였으므로 빈칸의 동사는 resign과 같은 맥락의 단어가 쓰여야 한다. 그러므로 '사퇴하다, 물러나다'를 뜻하는 (d) step down이 정답이다.

어휘
mayor 시장 **resign** 사임하다 **over** (이유, 대상) ~ 때문에, ~을 두고 **under** (영향 등) ~에 처한, ~하는 상태인 **pressure** 압박(감) **kick off** 시작하다 **back up** ~을 지원하다, 돕다, (자료 등) ~을 백업하다 **stand out** 눈에 띄다, 두드러지다 **step down** 사퇴하다, 물러나다

정답 (d)

5.

A: 당신 변호사가 어떤 결정적인 증거라도 찾았나요?
B: 아뇨, 하지만 그는 여전히 사건과 관련된 모든 서류를 살펴보고 있어요.

해설
증거를 찾기 위해 관련 서류를 대상으로 할 수 있는 행위를 나타낼 동사 표현이 필요하므로 '~을 살펴보다, 검토하다' 등을 의미하는 (c) going through가 정답이다.

어휘
lawyer 변호사 **decisive** 결정적인 **evidence** 증거(물) **case-related** 사건과 관련된 **patch up** ~을 수선하다, ~을 수습하다, ~을 치료하다 **jot down** ~을 간단히 적다 **go through** ~을 살펴보다, 검토하다, 거치다, 겪다 **account for** ~을 설명하다, ~의 이유가 되다, (비율 등) ~을 차지하다

정답 (c)

6.

A: 체스 잘 두시나요?
B: 아뇨, 아직이요. 지난 달에야 배우기 시작했어요.

해설
체스를 잘 두지 못하는 이유와 관련해 지난 달이라는 가까운 과거 시점에 발생 가능한 일을 나타내야 하므로 '그것을 배우기 시작했다'라는 의미를 나타내는 (b) took it up이 정답이다.

come down with (병 등이) 들다, 걸리다 take A up: (재미로) ~을 배우기 시작하다 go away with ~와 함께 사라지다, ~을 갖고 도망치다 have A out: (신체) A를 잘라내다, 제거하다

(b)

7.

> A: 제가 이렇게 끼어 들어서 죄송하지만, 계산하신 내용이 잘못되어 보여서요.
> B: 아, 그래요? 제가 뭘 부정확하게 합산했나요?

상대방의 일에 대해 조언을 해 주기에 앞서 사과의 말을 하는 상황에 어울려야 하므로 in과 함께 '(대화 등에) 끼어 들다'라는 의미를 구성할 때 사용하는 (b) chip이 정답이다.

chip in (대화 등에) 끼어 들다 calculation 계산 seem + 형용사: ~한 것 같아 보이다 add up 합산하다 incorrectly 부정확하게 participate 참여하다, 참가하다

(b)

8.

> A: 가장 최신 의류 제품 라인을 창문 쪽에 놓아 두어야 합니다. 그럼 더 많은 쇼핑객들을 끌어 들일 거예요.
> B: 네, 창문 쪽에 더 잘 진열해 놓으면 분명 더 매력적인 매장 전면 공간이 마련될 겁니다.

빈칸에 쓰일 동사 표현은 주어인 '창문 쪽에 더 잘 진열하는 일'과 '더 매력적인 매장 전면 공간' 사이의 관계와 관련된 의미를 나타내야 하므로 '~가 마련되다, ~을 위해 준비하다' 등을 뜻하는 (c) make for가 정답이다.

put A in B: A를 B에 놓다, 두다 line 제품 라인, 제품 종류 clothing 의류 attract ~을 끌어 들이다 display n. 진열 (품), 전시(품) definitely 분명히, 확실히 attractive 매력적인 storefront 매장 전면 공간 figure out ~을 알아 내다, 확인하다 pass over ~을 제외시키다, 무시하다 make for ~가 마련되다, ~을 위해 준비하다 look out ~을 찾아 보다, (경고의 말) 조심해

(c)

9.

> A: 줄리, 요즘 몸매가 너무 좋아 보여! 비결이 뭐야?
> B: 알아 봐 줘서 고마워! 그게, 드디어 체육관에 등록할 시간이 생겼거든.

빈칸이 속한 문장은 몸매가 좋아 보이는 원인이 되어야 하는데, 체육관에 등록하는 일과 관련된 행위를 나타내야 하므로 get과 함께 '~할 시간이 나다, 짬이 나다' 등의 의미를 구성할 때 사용하는 (a) around to가 정답이다.

look + 형용사: ~하게 보이다 fit 몸매가 좋은, 몸이 탄탄한 notice 알아 차리다 finally 드디어, 마침내 get around to -ing ~할 시간이 나다, 짬이 나다 join ~에 가입하다, 참가하다, 합류하다 gym 체육관

(a)

10.

> A: 대학교에 지원한 게 거절되어서 제임스가 여전히 정말로 속상해 하는 것 같아요.
> B: 맞아요. 그는 거절된 것 때문에 정말로 실망했거든요.

be disappointed와 결합하는 to부정사는 실망한 원인을 나타내야 하는데, 앞서 대학교에 지원한 것이 거절되었다는(was rejected) 말이 쓰여 있으므로 이와 유사한 의미를 나타내는 (b) turned down이 정답이다.

look + 형용사: ~하게 보이다 upset 속상한, 화가 난 application 지원(서), 신청(서) reject ~을 거절하다, 거부하다 (= turn down) be disappointed to do ~해서 실망하다 look over ~을 살펴 보다, 훑어 보다 run down (건전지 등이) 다 되다, 다 떨어지다, (기계 등이) 멈추다, (규모 등이) 줄다 pull up 멈춰서다, 중단하다, ~을 당기다, 뽑다, ~을 비난하다

(b)

[Part 2]

11.

> 행사 주최측에서 셸비 연주회장이 재즈 페스티벌을 열기에 적합한 행사 장소인지 조사하고 있어요.

행사 개최 장소로서의 적합성과 관련해 주최측에서 할 수 있는 행위를 나타내야 하므로 전치사 into와 함께 '~을 조사하다'라는 의미를 구성할 때 사용하는 (c) looking이 정답이다.

organizer 주최자, 조직자 look into ~을 조사하다 whether ~인지 (아닌지) suitable 적합한 venue 행사 장소

(c)

12.

일부 의료 전문가들은 비타민 C가 일반 감기 및 기타 많은 질병들을 막아 줄 수 있다고 주장한다.

해설
that절의 동사 자리인 빈칸은 이 절의 주어인 vitamin C가 질병에 대해 할 수 있는 역할과 관련된 의미를 나타내야 하므로 '~을 막다'라는 뜻으로 쓰이는 (c) fend off가 정답이다.

어휘
professional 전문가 **claim that** ~라고 주장하다 **common** 일반의, 흔한 **cold** 감기 **illness** 질병 **take back** ~을 취소하다, 철회하다, 반품하다, 되찾아 오다 **back down** 후퇴하다, 양보하다, 철회하다, 포기하다 **fend off** ~을 막다, ~의 공격을 막다 **make up** ~을 구성하다, ~을 지어 내다, ~에 대해 보충하다, 화해하다, 화장하다

정답 (c)

13.

투어 그룹 구성원들은 여러 유명 명소들을 돌아 보면서 베이징 시에서 하루를 보낼 것이다.

해설
빈칸 이하 부분은 분사구문으로서 관광객들이 베이징 시내에서 여러 유명 명소를 대상으로 할 수 있는 일을 나타내야 한다. 따라서 전치사 in과 결합해 '~을 보다, 보러 가다' 등의 의미를 구성할 때 사용하는 (a) taking이 정답이다.

어휘
take in ~을 보다, 보러 가다 **landmark** 명소, 인기 장소

정답 (a)

14.

사무실 벽에 전기 코드가 꽂혀 있는 방향제가 기분 좋은 향기를 내뿜고 있다.

해설
빈칸 뒤에 위치한 명사구 a pleasant fragrance는 '기분 좋은 향기'를 뜻하며, 이는 방향제에서 나오는 것에 해당된다. 따라서 give와 함께 '~을 내뿜다, 발산하다'라는 의미를 나타낼 때 사용하는 (c) off가 정답이다.

어휘
air freshener 방향제 **plugged into** ~에 전기 코드가 꽂혀 있는 **give off** ~을 내뿜다, 발산하다 **pleasant** 기분 좋은, 쾌적한, 즐거운 **fragrance** 향, 향기

정답 (c)

15.

단 한 명의 의원도 올해의 거리 퍼레이드 행사를 취소하는 것에 대한 타당한 이유를 제시할 수 없었다.

해설
빈칸 뒤에 위치한 명사구 a good reason은 '타당한 이유'를 의미하며, 이는 행사 취소와 관련해 의회에서 말하는 이유여야 하므로 '~을 제시하다, 내놓다'라는 의미로 쓰이는 (b) come up with가 정답이다.

어휘
Not a single 단 하나의 ~도 아니다 **council member** (의회) 의원 **good reason** 타당한 이유 **cancel** ~을 취소하다 **put up with** ~을 참고 견디다, 감수하다 **come up with** (아이디어 등) ~을 제시하다, 내놓다 **get down to** ~을 시작하다, ~에 착수하다 **do away with** ~을 버리다, 처분하다, ~을 그만 두다

정답 (b)

16.

몇몇 수감자들이 감옥 내 환경에 대해 항의하기 위해 며칠 동안 단식하기로 결정했다.

해설
빈칸 뒤에 위치한 without food과 결합해 '음식 없이 지내다'라는 말이 되어야 알맞으므로 이와 같은 의미를 나타낼 때 사용하는 동사인 (b) go가 정답이다.

어휘
several 몇몇의, 여럿의 **inmate** 수감자, 재소자 **decide to do** ~하기로 결정하다 **go without** ~없이 지내다, 견디다 **protest against** ~에 항의하다 **conditions** 주변 환경, 상태, 상황

정답 (b)

17.

직원들은 절대로 회사의 자산을 훔쳐 무사히 빠져 나갈 수 없을 것이라는 점을 알고 있다.

해설
회사의 자산을 훔치는 일과 관련해 직원들이 절대로 할 수 없는 일을 나타내야 하므로 전치사 with와 결합해 '(벌 등) ~을 모면하다, ~에서 빠져 나가다' 등의 의미를 나타낼 때 사용하는 (a) get away가 정답이다.

어휘
get away with (벌 등) ~을 모면하다, ~에서 빠져 나가다 **property** 자산, 재산 **put up with** ~을 참고 견디다, 감수하다 **get along with** ~와 사이 좋게 지내다, 잘 어울리다, 잘 해 나가다 **come up with** (아이디어 등) ~을 제시하다, 내놓다

정답 (a)

18.

> 저희 생명 보험 보장 상품은 고객께서 사망하신 후에 사랑하시는 분들께서 재정적으로 지원 받으실 수 있도록 보장해 드립니다.

해설
빈칸이 속한 after절은 사랑하는 사람들이 생명 보험의 혜택을 누리기 위한 조건과 관련된 의미를 나타내야 하므로 부사 away와 결합해 '사망하다, 돌아 가시다' 등의 의미를 구성할 수 있는 (b) pass가 정답이다.

어휘
life insurance 생명 보험 **coverage** (보험 등의) 보장 혜택
guarantee that ~임을 보장하다 **loved one** 사랑하는 사람
financially 재정적으로 **support** ~을 지원하다, 후원하다 **pass away** 사망하다, 돌아 가시다

정답 (b)

19.

> 가족 운영 중심의 한 작은 편의점으로 시작되었던 곳이 대형 슈퍼마켓으로 탈바꿈되었다.

해설
빈칸에 쓰일 전치사는 동사 turn과 결합해 대형 슈퍼마켓으로의 변화와 관련된 의미를 나타내야 하므로 turn과 함께 '~로 바뀌다, 변하다'라는 의미를 나타낼 때 사용하는 전치사 (d) into가 정답이다.

어휘
family-run 가족 운영의 **convenience store** 편의점 **turn up** 나타나다 **turn over** 뒤집다 **turn to** ~에 의지하다 **turn into** ~로 바뀌다, 변하다

정답 (d)

20.

> 퍼시는 여행을 하던 중간에 용돈을 모두 써 버리는 바람에 아버지에게 추가로 송금해 달라고 부탁해야 했다.

해설
and절에 추가로 돈을 부쳐 달라고 부탁해야 했다는 말이 있으므로 빈칸에는 all of his spending money와 함께 그 원인을 나타낼 수 있는 동사 표현이 필요하다는 것을 알 수 있다. 따라서 '~을 다 써 버리다, 낭비하다'라는 뜻으로 쓰이는 (a) ran through가 정답이다.

어휘
spending money 용돈 **halfway through** ~하는 중간에 **ask A to do**: A에게 ~하도록 부탁하다, 요청하다 **wire A B**: A에게 B를 송금하다 **run through** ~을 다 써 버리다, 낭비하다 **keep up** (진도, 속도 등) ~을 따라 가다, 따라 잡다, (물가, 수준 등) ~을 내려가지 않게 하다, ~을 계속하다 **catch on** 이해하다, 파악하다, 유행하다, 인기를 얻다 **get along** 꾸려 나가다, 해 나가다, 사이 좋게 지내다, (일이) 진척되다

정답 (a)

UNIT 09 유사 어휘

기출 Check-up TEST   본문 p. 152

Part 1	**1**. (b)	**2**. (b)	**3**. (a)	**4**. (a)	**5**. (d)
	6. (d)	**7**. (c)	**8**. (a)	**9**. (b)	**10**. (c)
	11. (c)				
Part 2	**12**. (d)	**13**. (b)	**14**. (d)	**15**. (c)	**16**. (d)
	17. (a)	**18**. (a)	**19**. (a)	**20**. (a)	

[Part 1]

1.

> A: 세레나 씨가 안내 데스크에서 누구와 얘기하고 있는 거죠?
> B: 아, 저분은 신임 영업부장이신 닐이에요. 어제 고용되신 분이세요.

해설
신임 영업부장(new sales manager)이라는 말과 관련해 어제 발생될 수 있었던 일을 나타낼 동사의 과거분사가 쓰여야 알맞으므로 '고용되다'라는 의미를 구성할 수 있는 (b) hired가 정답이다.

어휘
reception desk 안내 데스크, 접수 데스크 **sales** 영업, 판매(량), 매출 **embrace** ~을 받아 들이다, 수용하다, 껴안다 **hire** ~을 고용하다 **treat** ~을 대하다, 다루다, 취급하다, 치료하다 **affect** ~에 영향을 미치다

정답 (b)

2.

> A: 제가 자기 소개서를 잘 쓸 수 있게 좀 도와 주세요.
> B: 그게 당신에게 어떤 가치가 있는 거죠? 제게 점심이라도 사 주실 건가요?

해설
A가 언급한 자기 소개서(cover letter)와 관련해 물을 수 있는 것으로, '그것이 어떤 가치가 있는지'라는 의미가 되어야 하므로 명사와 결합 가능한 형용사로서 'worth + 명사'의 구조로 쓰이는 (b) worth가 정답이다. 빈칸이 속한 문장은 'It is worth + 명사 + to you'에서 worth와 결합하는 명사가 What이 되어 의문문으로 바뀐 구조이다. 빈칸에는 형용사가 와야 하므로 (a)는 오답이다.

어휘
cover letter 자기 소개서 **treat A to B**: A에게 B를 대접하다 **value** 가치, 값어치 **worth + 명사**: ~의 가치가 있는 **beneficial** 유익한, 이로운 **grateful** 감사하는, 고마워하는

정답 (b)

3.

> A: 안녕하세요. 무엇을 도와 드릴까요?
> B: 안녕하세요. 수선을 좀 해 주셨으면 해요. 이 정장 재킷의 소매를 줄이고 싶습니다.

해설
빈칸 뒤에 정장 재킷의 소매를 줄이고 싶다는 말이 있으므로 이와 같은 일을 하나로 나타낼 수 있는 명사로 '수선, 개조' 등의 의미로 쓰이는 (a) alterations가 정답이다.

어휘
need A to do: A가 ~해 주기를 원하다 **would like A p.p.**: A가 ~되기를 원하다 **sleeve** (옷의) 소매 **suit** 정장 **shorten** ~을 줄이다, 짧게 하다 **alteration** 수선, 개조, 변경 **reservation** 예약, 지정(석), 지정 구역 **conversion** 전환, 개조, 개정 **substitution** 대리(인), 대용(품), 교체, 대체

정답 (a)

4.

> A: 그 프로그램의 주연 배우가 왜 은퇴한 건가요?
> B: 제가 듣기로는 연예계를 떠난 후에 여행을 하고 싶어한다고 하더라고요.

해설
두 번째 문장에 언급된 '연예계를 떠나는 일'과 의미가 통하는 행위를 나타낼 동사가 쓰여야 알맞으므로 '은퇴하다'라는 뜻으로 쓰이는 (a) retired가 정답이다.

어휘
lead actor 주연 배우 **leave** ~을 떠나다, ~을 그만 두다 **entertainment industry** 연예계 **retire** 은퇴하다, 퇴직하다 **dismiss** ~을 묵살하다, 해고하다, 해산시키다 **recruit** ~을 모집하다 **dispatch** ~을 파견하다, 급파하다, 발송하다

정답 (a)

5.

> A: 올해 예산에서 우리의 할당액이 얼마인지 아세요?
> B: 우리 부서가 거의 50퍼센트를 받게 될 것 같아요.

해설
빈칸에 쓰일 명사는 바로 뒤에 위치한 of this year's budget의 수식을 받아야 하므로 예산의 일부분과 관련된 의미를 지니는 명사가 쓰여야 한다. 따라서 '할당액, 할당량' 등을 뜻하는 (d) allotment가 정답이다.

어휘
budget 예산 **department** 부서 **receive** ~을 받다 **sector** 부문, 분야, 영역, 지구 **category** 범주, 부문 **dividend** (이익) 배당금 **allotment** 할당(액), 할당량

정답 (d)

6.

> A: 환율이 다시 계속 오르고 있나요?
> B: 네, 지금 파운드당 겨우 1.13유로로 밖에 받지 못해요.

해설
두 번째 문장에 서로 다른 화폐에 대한 교환 가치가 언급되어 있으므로 이에 해당되는 비율과 관련해 rate과 복합 명사를 이뤄 '환율'이라는 의미를 구성할 때 사용하는 (d) exchange가 정답이다.

어휘
exchange rate 환율 **go up** 오르다, 증가하다 **transition** 과도(기), 이행, 변화, 변천 **acceleration** 가속(도)

정답 (d)

7.

> A: 레이에게 프린터를 고치라고 계속 들볶지 마셨어야 했어요. 그는 이미 꽤 스트레스를 받은 상태예요.
> B: 네, 그가 기분이 좋지 않다는 걸 금방 알아 차렸어요.

해설
각 보기가 동사인데 빈칸 뒤에 주어와 동사가 포함된 절이 이어져 있으므로 동사의 목적어 역할을 하는 that절(that은 생략)임을 알 수 있다. 따라서 that절을 목적어로 취할 수 있는 동사인 (c) realized가 정답이다. (b) taught의 경우, 'teach + 목적어 + that절'의 구조로 쓰인다.

어휘
should(n't) have p.p. ~했어야(하지 말았어야) 했다 **keep -ing** 계속 ~하다 **nag A to do**: A를 들볶아 ~하게 만들다, A에게 계속 잔소리를 해서 ~하게 만들다 **fix** ~을 고치다, 바로 잡다 **pretty** 꽤, 아주, 매우 **stressed** 스트레스를 받은 **in a bad mood** 기분이 좋지 않은 **acquire** ~을 얻다, 획득하다 **realize (that)** ~임을 알아차리다, 인식하다

정답 (c)

8.

> A: 제니는 더 높은 연봉을 받는 일자리를 꼭 찾아 보도록 해야 해.
> B: 맞아. 방세를 충분히 충당할 수 있을 정도의 돈을 거의 벌지 못하니까.

해설
동사 cover는 비용과 관련해 '~을 충당하다'라는 의미로 쓰이는데, 그 목적어에 해당되는 명사는 비용 지출과 관련된 구체적인 목적이 내포된 것이어야 한다. 따라서 '방세, 집세' 등의 의미를 나타내는 (a) rent가 정답이다.

어휘
try to do ~하도록 노력하다 **salary** 연봉 **barely** 거의 ~ 않다 **make enough to do** ~할 만큼 충분히 벌다 **cover** ~을 충당하다 **rent** 방세, 집세 **position** 직책, 일자리, 입장, 태도, 처지, 자세

9.

> A: 더 이상 집에 유선 전화를 갖고 있는 사람이 거의 없어.
> B: 휴대 전화 때문에 더 이상 쓸모 없게 되었지.

해설
빈칸은 them(= 유선 전화)의 현재 상태를 나타내는 형용사 자리이다. A가 유선 전화를 갖고 있는 사람이 거의 없다고 말한 것을 볼 때 '더 이상 쓸모 없는, 구식인'을 뜻하는 (b) obsolete이 정답이다.

어휘
Hardly anyone ~: ~하는 사람이 거의 없다 **anymore** (부정문에서) 더 이상, 이제는 **make A 형용사**: A를 ~하게 만들다 **evasive** 얼버무리는, 회피하는 **obsolete** 더 이상 쓸모 없는, 구식의 **spurious** 가짜의, 거짓된, 비논리적인 **divergent** (길 등이) 나뉘는, 갈라지는, (의견 등이) 다른, 일치하지 않는

정답 (b)

10.

> A: 독점 금지법이 무엇을 위한 건지 아시나요?
> B: 저, 가격을 정하기 위해 공조할 수도 있는 업체들 사이의 담합을 방지하는 것이에요.

해설
동사 prevent의 목적어로서 빈칸에 쓰일 명사는 회사들이 서로 합심해 가격을 정하는 것과 관련해 방지되어야 하는 일이어야 하므로 '담합, 공모, 결탁' 등의 의미로 쓰이는 (c) collusion이 정답이다.

어휘
antitrust laws 독점 금지법 **prevent** ~을 방지하다, 막다 **between + 복수명사**: ~ 사이에 **work together** 공조하다, 합심하다, 공동 작업하다 **fix prices** 가격을 정하다 **collision** 충돌, 부딪힘 **conclusion** 결론, 결말 **collusion** 담합, 공모, 결탁 **correlation** 상관 관계, 연관성

정답 (c)

11.

> A: 4층에 있는 더 넓은 사무실을 요청하셨다고 들었어요.
> B: 맞습니다. 제가 지금 쓰고 있는 사무실이 너무 작아서 그곳에 갇혀 있는 느낌이 좀 들어서요.

해설
빈칸에 쓰일 형용사는 더 넓은 사무실을 요청한 이유와 관련해 현재 사용 중인 사무실의 특징을 나타내야 하므로 '갇힌, 비좁은, 사방이 막힌' 등의 의미로 쓰이는 (c) confined가 정답이다.

어휘
request ~을 요청하다 **current** 현재의 **tiny** 아주 작은 **rather** 좀, 약간, 다소 **deterred** 단념한 **delayed** 지연된, 지체된

confined 갇힌, 비좁은, 사방이 막힌 **protracted** 오래 계속된, 오래 끈

정답 (c)

[Part 2]

12.

> 1988년에, 영국 정부는 살모넬라 박테리아가 계란을 통해 사람에게 전염될 수 있다고 경고했다.

해설
빈칸에 쓰일 과거분사는 박테리아와 사람 사이의 관계와 관련된 것이어야 하므로 '사람에게 전염되다'라는 의미를 구성할 수 있는 (d) transmitted가 정답이다.

어휘
warn that ~라고 경고하다 **through** ~을 통해 **transmute** (성질, 형상 등) ~을 변화시키다, 바꾸다 **translate** ~을 번역하다, 통역하다 **transport** ~을 운송하다, 수송하다 **transmit** ~을 전염시키다

정답 (d)

13.

> 마르크 메르켈이 설립한 소프트웨어 회사가 설립 첫 해에 상당한 액수의 수입과 이익을 공시했다.

해설
빈칸에 쓰일 명사는 동사 posted의 목적어로서 and로 연결된 profits와 마찬가지로 회사측에서 기업 활동을 통해 거둬 들이는 돈에 해당되는 것이어야 하므로 '수입, 세입' 등의 의미로 쓰이는 (b) revenue가 정답이다.

어휘
found ~을 설립하다, 창립하다 **post** ~을 공시하다, 게시하다 **sizable** 상당한 액수의, 상당한 규모의 **profit** 이익, 이윤 **charge** 청구액, 부과액 **revenue** 수입, 세입 **interest** 이자(액) **expense** 지출(액)

정답 (b)

14.

> 누구든 폭력적인 언쟁에 자주 연루되는 수감자는 며칠 동안 독방에 감금될 것이다.

해설
solitary의 수식을 받아 수감자에게 적용되는 제재 조치를 나타낼 명사가 쓰여야 알맞으므로 '독방 감금'이라는 의미를 구성할 때 사용하는 (d) confinement가 정답이다.

어휘
prisoner 수감자, 죄수 **frequently** 자주, 빈번히 **be involved**

in ~에 관련되다, 연루되다 **violent** 폭력적인, 난폭한 **altercation** 언쟁, 논쟁 **be placed in solitary confinement** 독방에 감금되다 **restraint** 규제, 통제, 제한 **constraint** 제약, 제한, 통제 **restriction** 제한, 규제, 제약

정답 (d)

15.

> 손에 화상을 입을 경우에, 찬물에 손을 담그면 피부를 진정시키고 물집이 생기는 것을 줄일 수 있다.

해설

데인 손을 찬물에 담글 경우에 발생 가능한 긍정적인 결과를 나타낼 동사가 필요한데, the skin은 손상이나 피해를 입은 부위에 해당되므로 이와 같은 목적어를 취해 '~을 진정시키다'라는 뜻으로 쓰이는 (c) soothe가 정답이다. 유사한 의미로 쓰이는 (d) alleviate은 고통이나 문제점 자체에 해당되는 명사를 목적어로 취한다.

어휘

burn ~에 화상을 입히다, 데이게 하다 **run A under cold water**: A를 찬물에 담그다 **reduce** ~을 줄이다, 감소시키다 **blister** 물집이 생기다 **mitigate** (감정 등) ~을 가라앉히다, (형벌 등) ~을 가볍게 하다 **prevent** ~을 방지하다, 막다 **soothe** (고통, 기분 등) ~을 진정시키다, 덜어 주다 **alleviate** (고통 등) ~을 덜다, 완화하다

정답 (c)

16.

> 경계선 성격 장애를 지닌 사람들은 갑작스러운 기분 변화를 보이면서 변덕스러워지는 경향이 있다.

해설

갑작스러운 기분 변화를 보이는 것을 묘사할 수 있는 형용사가 필요하므로 '변덕스러운'을 뜻하는 (d) capricious가 정답이다.

어휘

borderline personality disorder (감정 및 대인 관계 등이 충동적인) 경계선 성격 장애 **tend to do** ~하는 경향이 있다 **sudden** 갑작스러운 **mood** 기분 **tedious** 지루한, 싫증나는 **apathetic** 무관심한 **irresolute** 우유부단한, 결단력 없는 **capricious** 변덕스러운

정답 (d)

17.

> 그 극장 오디션에서 탈락한 지원자는 자신이 몸집 때문에 차별을 당했다고 느꼈다.

해설

빈칸에 쓰일 과거분사는 바로 뒤에 위치한 전치사 against와 결합될 수 있는 것이어야 하므로 against와 함께 '차별을 당하다'라는 의미를 구성할 때 사용하는 (a) discriminated가 정답이다. 참고로, 이 표현

은 '자동사 + 전치사'에 해당되는 discriminate against가 그대로 수동태로 바뀐 구조이다.

어휘

unsuccessful 성공하지 못한, 실패한 **candidate** 지원자, 후보자 **be discriminated against** 차별을 당하다(discriminate against ~을 차별하다) **because of** ~ 때문에 **size** 몸집 **distinguish** ~을 구별하다, 식별하다, 분류하다 **classify** ~을 분류하다, 구분하다 **recognize** ~을 알아 보다, 인식하다, 인정하다

정답 (a)

18.

> 와이오밍 두꺼비의 멸종이 임박한 것일 수도 있는데, 현재 약 200마리가 갇힌 채 생존하고 있으며 야생에는 한 마리도 남아있지 않다.

해설

약 200마리만 생존하고 있다면 멸종이 가까움을 예상할 수 있다. 따라서 곧 발생할 상황을 나타낼 형용사가 필요하므로 '임박한'을 뜻하는 (a) imminent가 정답이다.

어휘

extinction 멸종 **toad** 두꺼비 **with A -ing**: A가 ~인 가운데 **about** 약, 대략 **exist** 존재하다 **in captivity** (우리에) 갇혀서 **imminent** 임박한 **paramount** 최고의, 가장 중요한 **inadvertent** 의도하지 않은, 부주의한 **compulsory** 의무인, 강제인

정답 (a)

19.

> 우리는 직원들의 자기 계발을 억제하는 것을 원치 않기 때문에 직원들에게 능력 개발 워크숍에 참석하도록 권장합니다.

해설

빈칸이 속한 as절은 직원들에게 능력 개발 워크숍에 참석하도록 권하는 이유에 해당되어야 하는데, 빈칸 앞에 '회사측에서 원하지 않는다'는 말이 있으므로 직원 능력 개발과 관련된 것으로서 부정적인 의미를 지니는 동사가 빈칸에 필요하다. 따라서 '~을 억제하다, 제약하다' 등의 의미로 쓰이는 (a) constrain이 정답이다.

어휘

encourage A to do: A에게 ~하도록 권하다, 장려하다 **attend** ~에 참석하다 **skills workshop** 능력 개발 워크숍 **as** ~ 때문에 **development** 개발, 계발, 발전 **constrain** ~을 억제하다, 제약하다 **decline** 쇠퇴하다, 하락하다, ~을 거절하다 **hurdle** ~을 뛰어 넘다, 극복하다 **exhibit** ~을 전시하다, 진열하다, 나타내 보이다

정답 (a)

20.

> 최근의 연구 내용에 따르면, 아프리카 지역에서 교육 기회의 부족으로 인해 성인 문맹률이 증가세에 있다.

해설

빈칸에 쓰일 명사는 adult와 복합 명사를 이뤄 부족한 교육 기회로 인해 증가하는 것을 나타내야 하므로 '성인 문맹률'이라는 의미를 구성할 때 사용하는 (a) illiteracy가 정답이다.

어휘

according to ~에 따르면 recent 최근의 study 연구, 조사 on the rise 증가세에 있는 due to ~로 인해 lack of ~의 부족 opportunity 기회 illiteracy 문맹 proficiency 숙련, 숙달, 능숙 immaturity 미성숙, 미숙 propensity 경향, 성향

정답 (a)

UNIT 10 고급 어휘

기출 Check-up TEST 본문 p. 166

Part 1 **1.** (d) **2.** (a) **3.** (c) **4.** (a) **5.** (a)
         6. (c) **7.** (a)
Part 2 **8.** (c) **9.** (d) **10.** (d) **11.** (d) **12.** (a)
         13. (b) **14.** (d) **15.** (a) **16.** (b) **17.** (d)
         18. (b) **19.** (a) **20.** (b)

[Part 1]

1.

A: 네 말이 맞았던 것 같아. 두 번째 캠프장을 지난 다음에 좌회전했어야 했어.
B: 내 말을 들었다면, 이렇게 곤경에 처해 있지 않았을 거야.

해설

전치사 in의 목적어 자리인 빈칸에 쓰일 명사는 길을 찾아 가는 과정에서 자신의 말을 듣지 않았던 것에 따라 발생된 부정적인 상황과 관련되어야 하므로 '곤경, 궁지' 등을 의미하는 (d) predicament가 정답이다.

어휘

should have p.p. ~했어야 했다 turn left 좌회전하다 campsite 캠프장 retraction 철회, 취소 corruption 부패, 타락 solution 해결책, 용액 predicament 곤경, 궁지

정답 (d)

2.

A: 내 언어적 장애 때문에 사람들 앞에서 말하는 것에 대해 정말로 걱정돼.
B: 그 마음 이해할 수 있어. 내가 10대였을 때 사람들 무리에 속해 큰 소리로 말하는 게 싫어서 말을 더듬었거든.

해설

빈칸이 속한 문장은 앞선 사람이 말한 언어적 장애(speech impediment)와 관련해 자신의 과거 경험을 말하는 내용이므로 그와 같은 문제점과 유사한 의미를 지닌 명사로 '말을 더듬음'이라는 뜻으로 쓰이는 (a) stutter가 정답이다.

어휘

get + 형용사: ~한 상태가 되다 anxious about ~에 대해 걱정하는, 염려하는 public speaking 사람들 앞에서 말하기 impediment 장애(물), 저해, 걸림돌 have a stutter 말을 더듬다 hate to do ~하기를 싫어 하다 speak up 크게 말하다 shimmer 희미한 빛, 일렁임 shudder 전율, 몸서리 slumber 잠, 수면

정답 (a)

3.

A: 의회가 공공 수영장 입장 요금을 인상한다는 사실이 믿기지 않아.
B: 알아. 터무니 없는 조치야, 그 요금이 이미 높다는 점을 감안해 보면.

해설

앞서 언급된 공공 수영장 입장료 인상과 관련해, 빈칸 뒤에 이미 그 요금이 높다는 사실이 언급되어 있으므로 그와 같은 조치가 필요치 않거나 말이 되지 않는다는 식의 의미가 되어야 한다. 따라서 '터무니 없는, 말도 안 되는'이라는 뜻으로 쓰이는 (c) preposterous가 정답이다.

어휘

council 의회 raise ~을 올리다, 인상하다 move n. 조치 considering that ~임을 감안하면, 고려하면 rate 요금 whimsical 엉뚱한, 기발한, 변덕스러운 eponymous (작품 속 인물이) 작품명과 동일한 이름의 preposterous 터무니 없는, 말도 안 되는 auspicious 상서로운, 길조의

정답 (c)

4.

A: 콜린은 어렸을 때 장난감이 하나도 없었다고 나한테 말하던데. 정말 안타까워!
B: 사실이야. 자랄 때 아버지께서 실직하셨기 때문에 가족이 무일푼이었거든.

해설

장난감을 가져 본 적이 없다는 점과 아버지가 실직했다는 점 등을 통해 알 수 있는 집안 형편을 나타낼 형용사가 빈칸에 쓰여야 알맞으므로 '무일푼의'라는 뜻으로 쓰이는 (a) impecunious가 정답이다.

어휘

What a shame 정말 안됐다, 진짜 아쉽다, 너무 안타깝다 indeed 사실, 실은, 정말로, 참으로 grow up 자라다 out of work 실직한 impecunious 무일푼의 impeccable 흠 잡을 데 없는 controversial 논란이 많은 disagreeable 불쾌한, 무례한, 사귀기 힘든

정답 (a)

5.

> A: 무엇 때문에 이렇게 오래 걸린 거야? 콘서트 시작 부분을 거의 놓칠 뻔 했잖아.
> B: 미안해. 보안 직원들이 내 배낭 속을 확인해 보고 싶어하는 바람에 날 붙들고 있었거든.

해설
보안 직원들이 가방 속을 확인하려는 목적으로 할 수 있는 행동과 관련된 동사가 빈칸에 쓰여야 하므로 '(어디 가지 못하게) ~을 붙들고 있다' 등의 의미로 쓰이는 (a) detained가 정답이다.

어휘
What kept you so long? 무엇 때문에 이렇게 오래 걸렸어?, 왜 이렇게 늦은 거야? **miss** ~을 놓치다, 지나치다 **look in** ~을 들여다 보다 **detain** (어디 가지 못하게) ~을 붙들고 있다, ~을 구금하다 **objectify** ~을 객관화하다, 대상화하다 **revoke** ~을 폐지하다, 취소하다, 철회하다 **appraise** ~을 평가하다, 감정하다

정답 (a)

6.

> A: 오후 3시에 만나서 올해 예산을 논의할 수 있을까요?
> B: 그럼요, 하지만 뭔가 일이 생길 수도 있으니 그 계획을 일단 보류해 둡시다.

해설
미팅 요청에 B가 Sure라고 승낙했지만, 무언가 발생할 것을 염려하는 (in case something else comes up) 것에서 미팅 일정이 변동할 수 있는 것임을 알 수 있다. 그러므로 '임시의, 불확실한'이라는 의미로 변동 가능성을 나타내는 (c) tentative가 정답이다.

어휘
budget 예산 **keep A 형용사**: A를 ~한 상태로 유지하다 **in case (that)** ~할 경우에 (대비해) **come up** 발생하다 **obscure** (사물) 모호한, 흐릿한 **hesitant** (사람) 주저하는, 망설이는 **tentative** (사물) 임시의, 불확실한 **indecisive** (사물) 불명확한, (사람) 우유부단한

정답 (c)

7.

> A: 질 씨는 회의 중에 계속 주제에서 벗어나요.
> B: 네. 그녀는 우리 논의사항들과 관련이 있는 문제들에 집중해야 해요.

해설
질의 이야기가 off topic이라고 하는 말에 B가 동의하므로, B는 질이 토론 주제들과 관련된 문제에 집중해야 한다고 생각한다. 그러므로 빈칸에는 '관련이 있는'을 뜻하는 (a) germane이 정답이다.

어휘
keep -ing 계속 ~하다 **go off topic** 주제에서 벗어나다 **stick to** ~을 고수하다, 지키다, 계속하다 **issue** 사안, 문제 **discussion** 논의, 토론 **germane to** ~와 관련이 있는 **peripheral** 주변의, 지엽적인 **extraneous** 관련 없는 **convergent** 수렴하는, 몰려드는

정답 (a)

[Part 2]

8.

> 일부 관객들이 너무 말이 많아서 연주가가 그들에게 조용히 해 달라고 요청해야 했다.

해설
조용히 해 달라고 요청한 것의 원인과 관련된 형용사가 빈칸에 쓰여야 하므로 '말이 많은, 수다스러운'을 의미하는 (c) garrulous가 정답이다.

어휘
audience 관객, 청중 **so A that B**: 너무 A해서 B하다 **performer** 연주자, 공연자 **ask A to do**: A에게 ~하도록 요청하다 **eccentric** 기이한, 괴짜인, 별난 **colloquial** 구어의, 회화체의 **garrulous** 말이 많은, 수다스러운 **residual** 남은, 잔여의

정답 (c)

9.

> 알코올이 적당히 소비되기만 한다면 우리의 건강에 유익한 영향을 미칠 수 있다는 주장이 최근에 제기되었다.

해설
알코올을 적당히 소비하는 것에 따른 긍정적인 결과를 나타내야 자연스러우므로 '~에 유익한 영향을 미치다'라는 의미를 구성할 때 사용하는 (d) salutary가 정답이다.

어휘
It has recently been claimed that ~라는 주장이 최근에 제기되었다 **consume** ~을 소비하다, 먹다, 마시다 **in moderation** 적당히, 알맞게 **have salutary effects on** ~에 유익한 영향을 미치다 **willful** 고의의, 의도적인 **statutory** 법에 명시된, 법으로 정한 **mindful** 유념하는, 의식하는, 염두에 둔

정답 (d)

10.

> 전 세계의 바다에 유해한 플라스틱이 축적되는 것으로 인해, 해양 생물의 개체수가 빠르게 줄어 들고 있다.

해설
바다에 유해한 플라스틱이 축적되는 것에 따른 해양 생물 개체수의 변화를 나타낼 동사가 쓰여야 자연스러우므로 '줄어 들다, 감소하다'를

의미하는 (d) dwindling이 정답이다.

due to ~로 인해 **buildup** 축적, 쌓임 **harmful** 유해한 **population** (동물의) 개체수 **marine creature** 해양 생물 **rapidly** 빠르게 **desecrate** ~을 훼손하다 **denigrate** ~을 폄하하다 **denounce** ~을 맹렬히 비난하다, 고발하다 **dwindle** 줄어들다, 감소하다

정답 (d)

11.

산업 자동화 및 로봇 공학의 급성장으로 인해, 실업 문제가 공장 근로자들에게 발생 가능한 곤란함이 되었다.

해설
빈칸에 쓰일 명사는 주어 unemployment의 보어로서 동격에 해당되어야 한다. 따라서 실업이라는 문제를 대신 표현할 수 있는 의미를 지닌 명사로 '곤란, 곤경' 등을 뜻하는 (d) plight이 정답이다.

어휘
with (원인) ~로 인해 **rapid rise** 급성장 **automation** 산업 자동화 **robotics** 로봇 공학 **unemployment** 실업(률) **likely** 가능성 있는, ~할 것 같은 **avarice** 탐욕, 과욕 **ambition** 야망, 포부 **qualification** 자격(증) **plight** 곤란, 곤경

정답 (d)

12.

이 인터뷰에서, 히친스 씨가 우리 세대의 특권 의식에 관해 잔인하리만치 솔직한 소견을 밝혀 주실 것입니다.

해설
빈칸에 쓰일 부사는 바로 뒤에 위치한 형용사 honest를 수식해 강조하는 역할을 해야 하므로 '잔인하리만치 솔직한'이라는 의미를 구성할 때 사용하는 (a) brutally가 정답이다.

어휘
make observations about ~에 관한 의견을 말하다, 논평하다 **brutally honest** 잔인하리만치 솔직한 **generation** 세대 **sense of entitlement** 특권 의식 **timidly** 소심하게, 수줍게 **firstly** 첫째로, 맨 먼저 **inanely** 얼빠진 듯이, 어리석게

정답 (a)

13.

많은 스포츠 중계자들은 그 팀이 한 경기도 지지 않고 챔피언 결정전에서 우승했을 때 천하무적이라고 선언했다.

해설
빈칸은 'declare + 목적어 + 목적격보어'의 구조에서 목적어를 설명하는 보어 자리이다. 따라서 한 경기도 지지 않고 우승을 차지한 팀을 설명할 형용사가 필요하므로 '천하무적의'라는 의미로 쓰이는 (b)

invincible이 정답이다.

어휘
declare + A + 형용사: A가 ~하다고 선언하다, 단언하다 **win the championship** 챔피언 결정전에서 우승하다 **without** ~하지 않고 **gratuitous** 불필요한, 쓸데 없는 **invincible** 천하무적의, 아무도 꺾을 수 없는 **complacent** 현실에 안주하는, 자기 만족적인 **considerable** 상당한, 많은

정답 (b)

14.

비록 두 단어가 유사한 의미를 지니고 있기는 하지만, "인색한"은 부정적인 어감을 지닌 반면에 "절약하는"은 긍정적인 어감이 있다.

해설
뜻이 비슷한 두 단어가 지니는 어감 차이를 보여주는 문장이므로 '어감, 함축, 내포' 등을 뜻하는 (d) connotation이 정답이다.

어휘
similar 유사한, 비슷한 **stingy** 인색한 **negative** 부정적인 **thrifty** 절약하는 **positive** 긍정적인 **deduction** 공제(액), 추론, 연역 **derivation** (단어 등의) 어원 **conviction** 유죄 판결, 확신, 신념 **connotation** 어감, 함축, 내포

정답 (d)

15.

그 건설 회사는 몇몇 사람들이 무단 출입하다 붙잡히자 건물 부지 내의 보안을 강화할 계획이다.

해설
사람들이 무단 출입하다 붙잡힌 일과 관련된 보안 조치에 해당되는 의미를 나타낼 동사가 필요하므로 '~을 강화하다'라는 뜻으로 쓰이는 (a) bolster가 정답이다.

어휘
intend to do ~할 계획이다, 작정이다 **security** 보안 **site** 부지, 현장 **several** 여럿의, 몇몇의 **individual** 사람, 개인 **be caught -ing** ~하다 붙잡히다 **trespass** 무단 출입하다 **bolster** ~을 강화하다 **detain** (어디 가지 못하게) ~을 붙들고 있다, 구금하다 **endorse** ~을 지지하다, 보증하다, (유명인이 상품 등을) 홍보하다 **ventilate** ~을 환기시키다

정답 (a)

16.

뉴올리언스 시장은 시 경계 내에 위치한 모든 유형의 레스토랑에서 흡연을 금지하는 법령을 제안했다.

해설
모든 레스토랑에서 흡연을 금지하는 일과 관련해 시장이 제안할 수 있는 것을 나타낼 명사가 빈칸에 쓰여야 알맞으므로 '법령, 조례' 등의 의

미로 쓰이는 (b) ordinance가 정답이다.

mayor 시장 **propose** ~을 제안하다 **ban** ~을 금지하다 **within**
~ 이내에 **city limits** 시 경계 **accolade** 포상, 표창 **ordinance**
법령, 조례 **umbrage** 분개, 불쾌(감) **epitome** 전형, 본보기

정답 (b)

17.

> 4주 동안에 걸친 그 연극의 초연은 공연 평론가들로부터 수많은 격
> 찬을 받은 끝에 3주 더 연장되었다.

해설
빈칸에 쓰일 명사는 연극 공연 기간이 연장된 원인으로서 평론가들의
의견과 관련된 것이어야 하므로 '칭찬, 찬성' 등의 의미로 쓰이는 (d)
approbations가 정답이다.

어휘
initial 처음의, 초기의 **run** (연극, 영화 등의) 상연, 상영 **extend**
~을 연장하다 **by** (차이, 정도) ~만큼 **numerous** 수많은 **critic**
평론가 **permutation** 치환, 교환, 변경 **scintillation** 섬광, 번쩍
임, (재치 등의) 번득임 **incantation** (마술 등의) 주문, 주문 외우기
approbation 칭찬, 승인, 찬성

정답 (d)

18.

> 의회는 퍼니 가의 도로 확장 프로젝트에 대한 우려를 잠재우기 위해
> 공개 토론회를 개최했다.

해설
공개 토론회를 개최하는 목적으로서 사람들의 우려와 관련된 행위를
나타낼 동사가 필요하므로 '~을 누그러뜨리다, 가라앉히다'라는 의미
로 쓰이는 (b) allay가 정답이다.

어휘
council 의회 **public forum** 공개 토론회 **in order to do** ~하기
위해 **concern** 우려, 걱정 **road widening** 도로 확장 **suppose**
~라고 생각하다, 추정하다 **allay** ~을 누그러뜨리다, 가라앉히다
entitle ~에게 자격을 주다, 권리를 주다 **restrict** ~을 제한하다, 한
정하다

정답 (b)

19.

> 그 기업의 소유주는 세금 사기 의혹을 받고 있는 사건에 대해 계속
> 진행 중인 범죄 수사를 방해한 혐의로 체포되었다.

해설
체포된 이유를 나타내는 전치사 for의 목적어로서 범죄 수사와 관
련된 잘못된 행위를 의미할 수 있는 동사의 동명사가 쓰여야 하므
로 '~을 방해하다'라는 뜻으로 쓰이는 obstruct의 동명사인 (a)

obstructing이 정답이다.

어휘
owner 소유주 **corporation** 기업, 법인 **be arrested for** ~로
체포되다 **ongoing** 계속되는 **criminal investigation** 범죄 수사
alleged 의혹이 있는, 전해지는, 주장된 **tax fraud** 세금 사기
obstruct ~을 방해하다 **align** ~을 조정하다, 가지런히 만들다
extract ~을 추출하다, 발췌하다 **absolve** ~에게 무죄를 선언하다

정답 (a)

20.

> 아이작 뉴턴은 그의 이론이 지닌 독창성으로 인해 역사상 가장 위
> 대한 과학자들 중의 한 명으로 여겨지고 있다.

해설
아이작 뉴턴이 역사상 가장 위대한 과학자들 중의 한 명으로 여겨지는
이유로서 그의 이론이 지니는 특징과 관련된 명사가 쓰여야 알맞으므
로 '독창성'을 의미하는 (b) ingenuity가 정답이다.

어휘
be regarded as ~로 여겨지다 **ever** (최상급과 함께) 역사
상, 지금까지 중에서, 그 어느 때보다 **on account of** ~ 때문에
theory 이론 **conformity** 순응, 따름 **ingenuity** 독창성, 기발함
exploitation 착취, 개발, 이용 **dissonance** 불협화음, 불화

정답 (b)

시원스쿨 텝스 문법

UNIT 01 시제

기출맛보기   본문 p.183
1. (a)   **2.** (b)

1.

> 지난 30년간 만연했던 흡연의 급격한 감소는 엄청난 공중 보건상의 업적이다.

해설
<정관사 + past/last + 기간명사>가 올 경우 현재완료시제가 사용된다. 'over the past three decades'를 단서로 현재완료시제인 (a) has been이 정답이다.

어휘
sharp 급격한 **prevalence** 만연, 유행 **decade** 10년 **public health** 공중 보건 **achievement** 업적

정답 (a)

2.

> A: 오후 5시에 여행 일정에 관해 이야기를 나눌 수 있을까요?
> B: 안될 것 같아요. 그 시간엔 회의에 참석할 예정이에요.

해설
A가 대화를 요청하는 상황이므로 오후 5시는 미래 시점을 나타낸다. B의 말에서 then은 미래 시점의 오후 5시를 나타내므로 미래 시점을 나타낼 수 있는 현재진행시제인 (b) am attending이 정답이다. 현재진행시제는 일정이 정해진 가까운 미래의 일을 나타낼 수 있다.

어휘
tour 여행, 견학 **I am afraid not.** 안될 것 같아요. **attend** 참석하다

정답 (b)

기출 Check-up TEST   본문 p.184

Part 1	**1.** (c)	**2.** (c)	**3.** (b)	**4.** (a)	**5.** (c)
	6. (b)	**7.** (b)	**8.** (b)		
Part 2	**9.** (a)	**10.** (b)	**11.** (c)	**12.** (b)	**13.** (b)
	14. (b)	**15.** (b)	**16.** (d)		
Part 3	**17.** (c)	**18.** (d)	**19.** (c)	**20.** (b)	

[Part 1]

1.

> A: 아, 여보. 어떻게 정장에 기름 자국을 묻힌 거예요?
> B: 회사에서 점심식사 중에 충분히 조심하지 않았어요.

해설
질문에 쓰인 did와 마찬가지로 과거에 발생한 일의 원인을 나타내야 하므로 과거시제 동사가 필요하며, 일시적인 상태를 나타낼 때는 진행형 동사가 쓰이므로 과거진행시제인 (c) was not being이 정답이다.

어휘
grease spot 기름 자국, 기름 얼룩 **careful** 조심하는, 주의하는 **enough** (형용사 뒤에서) 충분히 **at work** 회사에서, 직장에서

정답 (c)

2.

> A: 네가 비행기를 타기 전에 오후 8시에 만날 수 있어?
> B: 미안하지만, 그때 쯤이면 출발해 있을 거야. 비행기가 오후 7시에 있거든.

해설
빈칸 뒤에 위치한 by then은 미래의 출발 시점인 7 p.m.보다 더 나중의 시점인 8 p.m.을 가리킨다. 따라서 특정 미래 시점에 완료된 상태를 나타낼 때 사용하는 미래완료시제 (c) will have left가 정답이다.

어휘
leave 출발하다, 떠나다 **by then** 그때쯤이면 **flight** 비행편

정답 (c)

3.

> A: 마르티나 씨가 여전히 스와포드로 이사하실 계획인가요?
> B: 네, 하지만 지금까지 선호하는 가격 범위 이내의 집을 찾지 못하셨어요.

해설
'지금까지'라는 의미로 쓰이는 so far와 어울려야 하므로 과거에서 현재까지 지속되어 온 일을 나타낼 때 사용하는 현재완료시제인 (b) hasn't found가 정답이다.

어휘
plan to do ~할 계획이다 **move to** ~로 이사하다 **so far** 지금까지 **within** ~ 이내에 **preferred** 선호하는 **range** 범위

정답 (b)

4.

> A: 있잖아, 마이크. 김치 먹어본 적 있어? 진짜 입안이 얼얼할 정도지만 아주 맛있는 한국 반찬이야.
> B: 아직, 그런데 기회만 있으면 먹어볼 거야.

해설
when 또는 whenever가 이끄는 절에 현재시제 동사가 사용되면 주절에는 미래시제 동사가 짝을 이뤄 쓰이므로 (a) will have가 정답이다.

정답 (b)

8.

> A: 왜 저는 세미나 참가자 명단에 추가되지 않은 거죠?
> B: 아, 오시는 데 관심이 없으신 줄 알았어요.

해설
질문에 쓰인 과거시제 was, 빈칸 앞에 쓰인 thought과 마찬가지로 과거 시점에 관심이 없었던 상태를 나타내야 알맞으므로 과거시제인 (b) weren't이 정답이다.

어휘
add A to B: A를 B에 추가하다 **be interested in** ~에 관심이 있다

정답 (b)

[Part 2]

9.

> 역사 전반에 걸쳐, 물 또는 광물 같은 천연자원을 차지하려는 경쟁이 수많은 갈등을 야기해 왔다.

해설
문장 시작 부분의 Throughout history는 과거에서 현재까지 죽 이어진 긴 기간을 나타내므로 현재완료 시제가 빈칸에 필요하다. 또한, 주어 competition이 3인칭 단수이므로 (a) has caused가 정답이다.

어휘
throughout ~ 전반에 걸쳐, ~ 내내 **competition** 경쟁 **resource** 자원, 재원 **such as** ~와 같은, 예를 들면 **mineral** 광물 **countless** 수많은 **conflict** 갈등, 충돌 **cause** ~을 야기하다, 초래하다

정답 (a)

10.

> 소피아가 15살이 되었을 쯤에, 이미 네 번이나 자신의 미술 작품 전시회를 열었다.

해설
By the time절에 과거시제 동사가 쓰이면 주절에는 과거완료시제 동사가 쓰이므로 (b) had already had가 정답이다. 참고로, By the time절에 현재시제 동사가 쓰이면 주절에 미래완료시제 동사가 쓰인다.

어휘
by the time ~할 때쯤에 **exhibition** 전시(회)

정답 (b)

어휘
fiery (음식 등) 입안이 얼얼한 **sidedish** 반찬 **Not yet** 아직 아니다 **whenever** ~할 때는 언제든지

정답 (a)

5.

> A: 기차에 지갑을 두고 내린 것 같아.
> B: 또 그랬다구! 넌 항상 네 소지품을 잘 잃어버려.

해설
항상 반복적으로 물건을 잘 잃어버린다는 것을 의미해야 하므로 빈도부사 always와 현재진행시제를 함께 쓴 (c) are always losing이 정답이다. be always doing은 '~하기 일쑤이다'라는 표현으로 좋지 않은 행동들을 반복적으로 할 때 사용한다. 반복적인 행동을 나타내는 빈도부사 always는 단순현재시제와 함께 쓰여야 하므로 과거시제와 함께 쓰인 (b)는 정답이 될 수 없다.

어휘
leave A on B: A를 B에 놓아 두다 **belongings** 소지품 **lose** ~을 잃어 버리다, 분실하다 **be always doing**: ~하기 일쑤이다, 허구헌날 ~하다

정답 (c)

6.

> A: 네 아버지는 상태가 조금이라도 나아 지셨어?
> B: 그러신 것 같지 않아. 최근에 밤새 계속 기침을 하셔.

해설
'최근에'를 의미하는 lately와 어울려야 하므로 과거에서 현재까지 지속되어 온 일이 계속 진행 중임을 나타낼 때 사용하는 현재완료진행시제인 (b) has been coughing이 정답이다.

어휘
condition 모양, 형편, 몸의 상태[컨디션] **improve** 좋아지다, 개선되다 **cough** 기침하다, 헛기침하다 **lately** 최근에 **all night** 밤새

정답 (b)

7.

> A: 여기서 사진 촬영을 하시면 안됩니다.
> B: 아, 죄송합니다. 몰랐습니다.

해설
지금 상대방의 말을 통해 사진 촬영을 하면 안된다는 사실을 알게 된 것이므로 과거 시점에 알지 못했다는 의미(조금 전까지 몰랐지만 이제 안다는 의미)를 나타내는 (b) I hadn't noticed가 정답이다. 현재완료 시제인 (c)는 현재까지 지속되는 것을 나타내어 현재도 알지 못한다는 의미가 포함되어 있으므로 대화 상황에 맞지 않아 정답이 될 수 없다.

어휘
be allowed to do ~하도록 허용되다 **take a photograph** 사진

11.

> 지난 수 개월 동안 사무실에서 너무 많은 논란이 있었기 때문에 조엘은 새로운 일자리를 고려해 보기 시작했다.

해설
원인과 결과를 나타내는 so ~ that절에서, 결과에 해당되는 that절에 과거시제 동사 began이 있으므로 원인을 나타내는 주절에 쓰인 in previous months는 그보다 더 이전의 과거 기간에 해당된다. 따라서 논란이 많았던 것은 과거에만 지속된 일이어야 하므로 과거완료시제 (c) had been이 정답이다. 현재완료시제는 현재와도 관련되어 있으므로 (d) have been은 오답이다.

어휘
dispute 논란, 논쟁 **previous** 이전의, 과거의 **so A that B**: 너무 A해서 B하다 **begin to do** ~하기 시작하다 **consider** ~을 고려하다 **career** 직장 생활, 직업 경력

정답 (c)

12.

> 한때, 조지 스티븐슨 씨는 170억 파운드 상당의 추정 순자산을 지닌 영국에서 가장 부유한 사람이었다.

해설
과거 시점을 나타내는 At one point(한때)와 의미가 어울려야 하므로 과거시제 동사인 (b) was가 정답이다.

어휘
at one point 한때 **with** ~을 지닌, ~을 가진 **estimated** 추정의, 추산의 **net** 순자산, 순이익 **worth of** ~ 상당의 가치를 지닌 **billion** 10억

정답 (b)

13.

> 지나는 다음 주 토요일에 열릴 파티 초대를 거절했는데, 그날 밤에 타지에서 방문하는 친구 한 명을 만날 것이기 때문이다.

해설
that night이 next Saturday를 가리키므로 만나는 시점은 미래이다. 그런데 약속이나 일정에 의해 정해진 가까운 미래의 일에 대해서는 현재진행시제로 미래를 대신할 수 있다. 그러므로 (b) is meeting이 정답이다. 미래완료시제인 (c) will have met은 현재 진행 중인 일이 미래의 특정 시점까지 계속되는 것을 나타낼 때 사용하므로 미래 특점 시점에 발생하는 일을 나타내는 빈칸의 시제에 맞지 않는다.

어휘
decline ~을 거절하다 **invitation to** ~에 대한 초대 **from out of town** 타지에서 방문하는

정답 (b)

14.

> 지금까지 한동안, 폴은 프랑스에 있는 고향에 갈 수 있기를 계속 갈망해 오고 있다.

해설
현재까지의 기간을 나타내는 For some time now와 어울려야 하므로 과거에서 현재까지 지속되어 오고 있는 일을 나타낼 때 사용하는 현재완료진행 시제 (b) has been yearning이 정답이다. 과거완료시제인 (a)는 과거 기간에 한정된 의미를 나타내며, 미래완료시제인 (d)는 미래 시점에 완료되는 일을 나타낸다.

어휘
for some time now 지금까지 한동안 **yearn to do** ~하기를 갈망하다, 소원하다

정답 (b)

15.

> 어제 열린 페넬로페 리프먼의 장례식에 참석할 정도로 그녀를 잘 알았던 고객들은 불과 몇 명 밖에 없었다.

해설
장례식이 열린 시점이 과거(yesterday)이므로 사망한 사람과 알고 지낸 기간은 그보다 더 이전의 과거 기간이어야 한다. 따라서 과거보다 더 이전의 과거를 나타낼 때 사용하는 과거완료시제 (b) had known이 정답이다.

어휘
well enough to do ~할 정도로 충분히 잘 **attend** ~에 참석하다 **funeral** 장례식

정답 (b)

16.

> 그 교수는 학생들이 시험 기간에 맞춰 반드시 해당 과목의 핵심 원리를 배우게 될 것임을 보장한다.

해설
주절의 동사가 현재시제(ensures)이므로 that절에 시험을 보는 시점으로 언급된 in time for the exam은 미래를 나타내야 알맞다. 따라서 시험을 보는 미래의 시점까지 핵심 원리를 배우는 일이 완료되는 것이므로 미래완료시제 (d) will have learned가 정답이다.

어휘
ensure that ~임을 보장하다, ~임을 확실히 해 두다 **subject** 과목 **principle** 원리, 원칙 **in time for** ~하는 때에 맞춰 **exam** 시험 **learn** ~을 배우다

정답 (d)

[Part 3]

17.

> (a) A: 그레임이 새로운 테니스 라켓을 하나 또 구입했다는 얘기 들었어?
> (b) B: 응, 그리고 그게 올해 구입한 네 번째 라켓 브랜드야.
> (c) A: 난 그가 왜 그렇게 많이 브랜드를 바꾼건지 궁금해.
> (d) B: 내 짐작엔 자신의 경기 스타일에 맞는 것을 원하기 때문인 것 같아.

해설

그레임에 관해 말하는 첫 문장에 현재완료시제 has bought를 사용해 현재까지의 경험을 말하고 있으므로 동일한 일을 다시 언급하는 세 번째 문장도 현재까지의 경험을 의미해야 알맞다. 따라서 과거의 기간에만 한정된 의미를 나타내는 과거완료시제(had changed) 대신 현재완료시제 has changed가 쓰여야 하므로 (c)가 정답이다.

어휘

hear that ~라는 얘기를 듣다 **another** 또 다른 하나의 **wonder why** 왜 ~인지 궁금하다 **suit** ~에 알맞다, 적합하다

정답 (c) why he had changed → why he has changed

18.

> (a) A: 저, 티모시. 내일 아침 수업 전에 뭐 할 거야?
> (b) B: 프로젝트에 필요한 교재들을 좀 확인해 볼 계획이야. 왜 물어 보는 건데?
> (c) A: 나랑 커피와 베이글을 먹으러 가고 싶은지 알고 싶었거든.
> (d) B: 아마 다음에 가야 할 것 같아. 내일 수업 전에 꼭 도서관에 가 봐야 하거든.

해설

두 번째 문장에서 현재진행시제인 I'm planning을 통해 말한 미래의 계획이 마지막 문장에서는 도서관에 가는 일로 바뀌어 표현되었다. 따라서 마지막 문장의 동사로 과거에서 현재까지의 일과 관련된 현재완료시제(I've really needed)는 어울리지 않으므로 (d)가 정답이다. 이 동사는 미래와 관련된 시제로 바꿔야 하는데, 도서관에 갈 필요성을 느끼는 것은 현재의 일이기도 하므로 I really need와 같이 쓰여야 알맞다.

어휘

plan to do ~할 계획이다 **check out** ~을 확인해 보다 **textbook** 교재 **see if** ~인지 알아 보다 **grab** ~을 잠깐 하다, 먹다 **some other time** 다음에 언젠가

정답 (d) I've really needed → I really need

19.

> (a) 경험 많은 연설가들이 큰 소리로 힘을 주어 연설할 수도 있지만, 그들은 그렇게 하는 것이 항상 필요하지는 않다는 점을 알고 있다.
> (b) 좋은 연설은 크게 말하는 능력에 달려 있는 것이 아니라, 다양한 청중들을 대상으로 소리의 크기를 조절할 줄 아는 능력에 달려 있다.
> (c) 예를 들어, 유능한 연설가들은 흔히 대규모 그룹의 사람들에게 연설할 때 목소리를 높인다.
> (d) 하지만, 그들은 소규모 그룹의 동등한 지위를 지닌 사람들과 친밀한 대화를 나눌 경우에는 더 작은 목소리로 이야기한다.

해설

세 번째 문장의 주절은 빈도부사 often과 현재시제 동사 raise를 통해 일반적으로 반복되는 일을 나타내고 있다. 따라서 그 뒤에 위치한 when절도 일반적인 조건을 나타낼 수 있도록 미래시제 will address가 아닌 현재시제 address가 쓰여야 알맞으므로 (c)가 정답이다.

어휘

while ~이기는 하지만, ~인 반면 **experienced** 경험 많은 **be able to do** ~할 수 있다 **volume** 목소리, 음량 **necessary** 필요한, 필수의 **depend on** ~에 달려 있다, ~에 따라 다르다 **ability to do** ~할 수 있는 능력 **adjust** ~을 조절하다 **audience** 청중, 관객 **for instance** 예를 들어 **effective** (사람이) 유능한 **raise** ~을 높이다, 증가시키다 **address** v.~에게 연설하다 **however** 하지만 **intimate** 친밀한, 친근한 **peer** 동등한 지위를 지닌 사람, 또래

정답 (c) when they will address → when they address

20.

> (a) 클라렌스 다로우는 1857년 4월 18일에 오하이오 주의 킨스맨에서 태어났으며, 1938년 3월 13일에 사망했다.
> (b) 그가 법조계에서 일을 시작하기 전에는, 한 조용한 지역사회의 한 공립학교에서 교사로 재직했다.
> (c) 교사로 근무하던 중에, 다로우는 법학 공부를 시작했으며, 빠르게 사법고시에 합격해 자신의 첫 법률 회사를 차렸다.
> (d) 노무 전문 변호사로 시작한 다로우는 마침내 형법으로 방향을 틀었으며, 현재 미국 역사상 가장 뛰어난 형사 전문 변호사들 중의 하나로 여겨지고 있다.

해설

두 번째 문장의 Before절에 과거시제 동사(began)가 쓰여 있으므로 주절은 그 이전의 과거를 나타내야 한다. 그런데 주절의 동사로 쓰인 현재완료시제 has served는 현재와도 관련 있는 시제이므로 Before절과 시제 관계가 맞지 않는다. 따라서 과거보다 더 이전의 과거를 나타낼 때 사용하는 과거완료시제 had served로 바뀌어야 하므로 (b)가 정답이다.

어휘

serve as ~로 재직하다, ~로서의 역할을 하다 **district school** 공립학교 **community** 지역 사회, 공동체 **while** ~하는 동안 **pass the bar exam** 사법고시에 합격하다 **legal firm** 법률 회사 **labor**

attorney 노무 전문 변호사 eventually 마침내, 결국 shift one's focus to (관심, 분야 등) ~로 방향을 틀다, 초점을 옮기다 criminal law 형법 be regarded as ~로 여겨지다 criminal defense lawyer 형사 전문 변호사

정답 (b) he has served → he had served

UNIT 02 동사의 종류

기출맛보기
본문 p.195
1. (c) **2.** (c)

1.

인생에서 가장 중요한 것은 돈을 어떻게 버느냐가 아니라, 어떻게 쓰느냐이다.

해설
matter가 동사로 쓰이면 1형식 동사로 'be important'의 뜻을 나타낸다. 1형식 동사는 목적어를 수반하지 않으며 수동의 형태로 쓰지 않으므로 (d) is mattered는 답이 될 수 없으며, 일반적인 사실을 말하고 있으므로 단순 현재시제를 나타내는 (c) matters가 정답이다.

어휘
matter 중요하다 **spend money** 돈을 쓰다 **make money** 돈을 벌다

정답 (c)

2.

A: 스티브가 약국에서 물건을 훔쳤다는 것이 사실이야?
B: 응. 경찰이 그가 약을 가방에 넣는 장면을 목격했어.

해설
catch가 '(현장이나 장면을) 잡다, 목격하다'라는 지각동사로 사용되었으므로 목적격보어 자리에 원형부정사나 현재분사가 가능한데, 넣는 순간을 강조하고 있으므로 현재분사 (c) putting이 정답이다.

어휘
steal 훔치다 **drug store** 약국 **drug** 약

정답 (c)

기출 Check-up TEST
본문 p.196

Part 1	**1.** (c)	**2.** (d)	**3.** (c)	**4.** (c)	**5.** (a)
	6. (a)	**7.** (a)	**8.** (b)		
Part 2	**9.** (b)	**10.** (c)	**11.** (c)	**12.** (b)	**13.** (b)
	14. (a)	**15.** (d)	**16.** (c)		
Part 3	**17.** (b)	**18.** (b)	**19.** (a)	**20.** (a)	

[Part 1]

1.

A: 저게 무슨 소리지?
B: 분명 누군가가 메뉴 달라고 소리치는 걸 들었어.

해설
빈칸 앞에 쓰인 동사 hear는 대표적인 지각동사 중 하나로 'hear + 목적어 + 원형부정사/현재분사(-ing)/과거분사(p.p.)'의 구조로 쓰일 수 있다. 선택지에 원형부정사는 없으며, 목적어(someone)와의 관계가 소리를 치는 능동의 관계이므로 (c) shouting이 정답이다.

어휘
noise 소리, 소음, 잡음 **hear A -ing**: A가 ~하는 것을 듣다 **shout** 소리치다

정답 (c)

2.

A: 제시카가 옛날 대학 룸메이트들을 한 명이라도 찾아낼 수 있었대?
B: 응, 결국 그 사람들에게 연락이 닿는 데 성공했대.

해설
빈칸 앞에 위치한 동사 succeed는 전치사 in과 어울려 '~하는 데 성공하다'라는 의미를 구성하므로 (d) in reaching them이 정답이다.

어휘
be able to do ~할 수 있다 **ever** (의문문에서) 한 번이라도 **track down** (추적해서) ~을 찾아 내다 **eventually** 결국, 마침내 **succeed in** ~하는 데 성공하다 **reach** ~에게 연락이 닿다

정답 (d)

3.

A: 그 교실의 모든 아이는 금발 머리에 푸른 눈을 갖고 있어요.
B: 네, 그 아이들은 전부 서로 닮았어요.

해설
동사 resemble은 자동사로 착각하기 쉬운 타동사 중 하나로 전치사를 수반하지 않는다. 따라서 전치사 없이 동사만 쓰여 있는 (c) resemble이 정답이다.

어휘
blond 금발의 **one another** 서로 **resemble** ~을 닮다

정답 (c)

4.

A: 듣기로는 에바가 절도로 고소당했다고 하던데요.
B: 사실이에요. 상점 주인이 그녀가 코트 주머니에 몇몇 물품을 넣는 걸 붙잡았어요.

해설

빈칸 앞에 쓰인 동사 caught는 catch의 과거이며, 이 동사는 'catch + 목적어 + -ing'의 구조로 쓰이므로 (c)와 (d) 중에서 하나를 골라야 한다. 그런데 목적어인 her가 물건을 주머니에 넣는 행위의 주체이므로 능동태인 (c) putting이 정답이다.

어휘

be accused of ~로 고소되다, 기소되다 **stealing** 절도 **owner** 주인, 소유주 **catch A -ing**: A가 ~하는 것을 붙잡다 **put A into B**: A를 B 안에 넣다

정답 (c)

5.

A: 우유 어때?
B: 좀 상한 냄새가 난 것 같아.

해설

빈칸 앞에 쓰인 동사 smell은 형용사 보어와 함께 사용하며(a little은 부사), 상한 냄새가 났다는 의미가 되어야 하므로 (a) bad가 정답이다. 비교급인 (c) worse의 경우, 더 좋지 않은 비교의 상대가 제시되지 않았으므로 대화 상황에 맞지 않는다.

어휘

It seems like ~한 것 같다 **smell + 형용사**: ~한 냄새가 나다 **a little** 조금, 약간 **worse** 더 나쁜, 더 좋지 않은 **worsen** ~을 악화시키다, 악화되다

정답 (a)

6.

A: 랜디의 운전면허 시험은 어떻게 됐어? 합격했대?
B: 당연히 했지. 꽤 쉬웠대.

해설

빈칸 앞에 쓰인 동사 found(find의 과거)는 'find + 목적어 + 형용사'의 구조로 쓰이므로 '목적어 + 형용사'의 순서로 된 (a) it pretty easy가 정답이다.

어휘

driving test 운전면허 시험 **pass** 합격하다, 통과하다 **find + A + 형용사**: A를 ~하다고 생각하다 **pretty** 꽤, 아주, 매우

정답 (a)

7.

A: 버논 씨가 막 40살이 되셨다는 게 믿기세요?
B: 정말로요? 저는 그보다 훨씬 더 젊으시다고 생각했어요.

해설

보기에 나온 동사 turn을 이용해 나이의 변화를 말할 때는 2형식으로 'turn + 숫자'와 같이 쓰이므로 40 앞에 turned가 위치할 수 있는 구조로 된 (a) believe Vernon just turned가 정답이다.

어휘

turn + 숫자: ~살이 되다 **Seriously?** 정말로요?, 진짜로요? **much** (비교급 수식) 훨씬

정답 (a)

8.

A: 네가 귀걸이를 한 걸 본 게 이번이 처음이야.
B: 그 이유는 바로 지난 주말에 귀를 뚫었기 때문이야.

해설

「get + 목적어 + 목적보어」에서 목적어와 목적보어로 사용될 동사의 관계에 따라, 목적보어로 과거분사, 현재분사, 그리고 to부정사가 쓰일 수 있다. 귀(my ears)는 사람에 의해 뚫리는 행위 대상이므로 수동의 의미를 나타낼 때 사용하는 과거분사 (b) pierced가 정답이다. 능동 관계라면 현재분사, 앞으로 할 일을 나타낸다면 to부정사가 목적보어로 사용된다.

어휘

get A p.p.: A를 ~되게 하다 **get A to do**: A에게 ~하게 하다 **pierce** ~을 뚫다, 찌르다

정답 (b)

[Part 2]

9.

그 시상식 심사위원단은 영화업계에 속한 75명의 사람들로 구성되어 있다.

해설

빈칸이 목적어 앞의 동사 자리라면 타동사 또는 '자동사 + 전치사' 구조가 정답이다. 그러므로 '~로 구성되다'라는 의미인 (b) consists of가 정답이다. (a)는 자동사로서 목적어를 바로 가질 수 없으므로 오답이며, (c)는 자동사이기 때문에 수동태로 사용되지 않으므로 오답, (d)는 동사 형태가 아니므로 오답이다.

어휘

award show 시상식 **judging panel** 심사위원단 **consist of** ~로 구성되다 **individual** 사람, 개인 **industry** 업계, 분야

정답 (b)

10.

> 오늘 앞서, 핸더슨 씨께서 몇몇 중요한 의문점들을 제기하셨기 때문에, 그것들을 당신과 논의하고 싶어 하십니다.

해설
동사 discuss 뒤에는 논의 대상에 해당되는 목적어가 쓰여야 하며, 함께 논의하는 사람을 나타낼 때는 전치사 with를 사용하므로 이와 같은 구조를 만들 수 있는 (c) them with you가 정답이다.

어휘
raise a question 의문을 제기하다 **discuss** ~을 논의하다, 이야기하다

정답 (c)

11.

> 서양 문화에서는, 대부분의 유아들에게 귀를 뚫게 하지 않는다.

해설
빈칸 앞에 쓰인 동사 have는 'have + 목적어 + 동사원형' 또는 'have + 목적어 + 과거분사'의 구조로 쓰이는데, 목적어인 ears는 구멍이 뚫리는 대상이므로 수동의 의미를 나타낼 수 있는 과거분사 (c) pierced가 정답이다.

어휘
infant 유아 **have A p.p.**: A가 ~되게 하다 **pierce** ~을 뚫다

정답 (c)

12.

> 뉴스 웹사이트들은 사람들이 시사와 관련된 새로운 소식을 거의 즉각적으로 받아 볼 수 있게 해 준다.

해설
빈칸 앞에 쓰인 동사 make는 'make + 목적어 + 목적격보어'의 구조로 쓰이므로 이와 같은 구조를 만들 수 있는 (b) it possible이 정답이다.

어휘
make it possible for A to do: A가 ~하는 것을 가능하게 하다 **receive** ~을 받다 **update** n. 새로운 소식 **current events** 시사 **instantaneously** 즉각적으로

정답 (b)

13.

> 집단 치료사로서, 환자들이 문제점을 터놓고 이야기할 수 있게 도움을 주시면서 그 문제점을 신경 써서 들어보시기 바랍니다.

해설
문제점을 듣는 일은 helping과 마찬가지로 상대방에게 치료사로서 하도록 권하는 일의 하나가 되어야 알맞다. 따라서 helping과 동일한

형태가 and로 연결되어야 알맞은 구조 및 의미를 나타낼 수 있으며, listen은 전치사 to와 함께 사용하는 자동사이므로 이 모든 조건들을 만족하는 구조인 (b) listening sensitively to their problems가 정답이다.

어휘
group therapist 집단 치료사 **try -ing** 한 번 ~해 보다 **help A to do**: A가 ~하도록 돕다 **patient** 환자 **talk openly** 터놓고 이야기하다 **sensitively** 신경 써서, 예민하게

정답 (b)

14.

> 그 대학교는 이번 달에 모든 학생이 도서관 오리엔테이션 시간에 참석하게 할 것이다.

해설
빈칸 앞에 쓰인 동사 make는 'make + 목적어 + 동사원형' 또는 'make + 목적어 + 과거분사'의 구조로 쓰이는데, 목적어인 student가 참석하는 행위의 주체에 해당되므로 동사원형인 (a) attend가 정답이다.

어휘
make A do: A가 ~하게 하다, 만들다 **session** (특정 활동을 위한) 시간 **attend** ~에 참석하다

정답 (a)

15.

> 에드워드는 마침내 내년 초에 은퇴하는 것을 생각하고 있다.

해설
빈칸 앞에 위치한 동사 think가 명사를 받을 때는 전치사 of 또는 about과 함께 쓰여야 하므로 이 둘 중 하나에 해당되는 (d) of retiring이 정답이다.

어휘
finally 마침내, 결국 **think of** ~을 생각하다 **retirement** 은퇴, 퇴직 **retire** 은퇴하다, 퇴직하다

정답 (d)

16.

> 그 기술자는 우리가 에어컨 필터를 일주일에 한 번씩 세척해야 한다고 설명해 주었다.

해설
빈칸 앞에 쓰인 동사 explain은 설명 내용에 해당되는 목적어가 바로 뒤에 이어지는 타동사이므로 설명을 듣는 사람을 나타내려면 전치사구의 형태가 되어야 한다. 이때 사용하는 전치사가 to이므로 (c) to us가 정답이다. 참고로, 이 문장은 목적어인 that절이 너무 길어 to 전치사구와 위치를 바꾼 구조에 해당된다.

explain to A that: A에게 ~라고 설명하다 **air conditioner** 에
어컨 **once a week** 일주일에 한 번 **technician** 기술자

(c)

[Part 3]

17.

(a) A: 넌 내년에 무슨 선택 과목들을 들을 생각이야?
(b) B: 생각을 많이 해 보기는 했는데, 아직 결정하지 못했어.
(c) A: 나도 그래. 선택할 수 있는 흥미로운 과목들이 너무 많아.
(d) B: 맞아. 아마 지도 교수님께 조언을 부탁 드려야 할 것 같아.

동사 give는 4형식 수여동사이다. 두 번째 문장에 쓰인 have given
a lot of thought은 앞선 문장에 언급된 일에 대해 생각해 본 것을 의
미한다. 따라서 그 일을 가리키는 목적어가 하나 더 쓰여 have given
it a lot of thought과 같은 구조가 되어야 알맞으므로 (b)가 정답이
다.

elective course 선택 과목 **consider** ~을 고려하다 **give it a
lot of thought** 그것에 관해 많이 생각해 보다 **decide** 결정하다
choose from (범위 내에서) 결정하다 **ask for** ~을 부탁하다,
요청하다 **course leader** 지도 교수

(b) have given → have given it

18.

(a) A: 복사기에 또 에러 메시지가 나타나고 있는데, 제가 이 문서
를 꼭 복사해야 해요.
(b) B: 시설 관리부 사람에게 한 번 확인해 달라고 요청해 보셨어
요?
(c) A: 네, 하지만 그 팀의 모든 사람이 종일 바쁘다고 하더라고
요. 가장 빨리 처리해 줄 수 있는 게 내일 아침이래요.
(d) B: 저, 그러시면, 대신 5층에 있는 복사기를 사용할 수 있는지
물어 보시는 게 나을 것 같아요.

두 번째 문장에서 요청을 나타내는 동사 ask는 'ask + 목적어 + to
do'의 구조로 쓰이므로, someone이 이끄는 목적어 명사구의 앞에
위치한 to가 빠져야 옳은 구조가 된다. 따라서 (b)가 정답이다.

photocopier 복사기(= copier) **display** (화면 등에) ~을 나타내
다, 표시하다 **copy** ~을 복사하다 **ask A to do**: A에게 ~하도록 요
청하다 **maintenance department** 시설 관리부 **take a look
at** ~을 한 번 보다 **deal with** ~을 처리하다, 다루다 **in that case**
그렇다면, 그런 경우라면 **had better + 동사원형**: ~하는 게 낫다
ask to do ~하도록 요청하다 **instead** 대신

(b) asked to someone → asked someone

19.

(a) 대부분의 사람들은 우울증을 앓는 사람들이 지속적으로 슬픈
상태라고 생각한다.
(b) 하지만 현실적으로는 우울증을 겪는 사람들도 완전히 기쁘거
나 성취감을 느낀 모습을 자주 보일 수 있다.
(c) 실제로, 우울증 환자가 겪는 슬픔의 정도는 개인에 따라, 그리
고 증상의 심각성에 따라 다양하다.
(d) 심지어 중증 우울증을 겪는 사람들조차도 극도의 슬픔이 발생
되는 사이사이에 진정한 기쁨의 순간을 맞이할 수 있다.

첫 번째 문장에서 think of 뒤에는 명사(구)나 동명사가 쓰여야 하는
데, people 이하 부분은 '주어 + 동사(are)'가 포함된 하나의 절이
다. 따라서 '~라고 생각하다'라는 의미가 되려면 전치사 of 대신 명사
절 접속사 that이 쓰여 Most people think that ~의 구조가 되어야
(that은 생략 가능) 올바르므로 (a)가 정답이다.

suffer from ~을 앓다 **depression** 우울증 **constantly** 지속적
으로 **the reality is that** 현실적으로는 ~이다 **depressed** 우울
증을 앓는 **appear + 형용사**: ~하게 보이다 **fulfilled** 성취감을 느
낀 **in fact** 실제로, 사실 **experienced by** ~가 겪는 **sufferer**
환자 **vary** 다양하다 **depending on** ~에 따라, ~에 달려 있는
individual 개인, 사람 **severity** 심각(성) **even** 심지어 (~도)
severe 중증의, 극심한 **genuine** 진정한, 진짜의 **between** 복수
명사: ~ 사이에 **episode** (증상의) 발생 **extreme** 극도의

(a) think of → think (that)

20.

(a) 대부분의 유럽 국가에서, 부모들은 흔히 아이들에게 이빨 요
정에 관한 이야기를 해 주는 것으로 이빨이 빠진 아이들을 위
로해 준다.
(b) 이 전래 동화의 가장 흔한 버전을 보면, 빠진 이를 베개 밑에
놓아 두면, 이빨 요정이 돈을 내고 그것을 가져 간다고 한다.
(c) 일부 부모들은 이빨 요정이 썩을 기미가 없어 보이는 튼튼한
이에 대해서는 더 많은 돈을 낸다고 아이들에게 이야기한다.
(d) 이는 아이들에게 치아와 관련된 좋은 습관을 장려하는 것일
뿐만 아니라, 경이감과 흥분감을 갖게 해 주는 일이기도 하다.

첫 번째 문장에서 전치사 by의 목적어로서 동명사의 형태로 쓰인
동사 tell은 'tell + 간접 목적어 + 직접 목적어'의 구조로 쓰이므로
telling 뒤에 위치한 전치사 to가 빠져야 알맞은 구조가 된다. 따라서
(a)가 정답이다.

comfort ~을 위로하다 **loss** 상실, 손실 **by** (방법) ~함으로써
fairy 요정 **common** 흔한, 일반적인 **folk tale** 전래 동화, 설
화 **place A under B**: A를 B 밑에 놓아 두다 **pillow** 베개 **in
exchange for** ~와 교환해 **with no sign of** ~의 기미가 없는,
징조가 없는 **decay** 썩음, 부패, 부식 **encourage** ~을 장려하다

dental 치아의 as well as ~뿐만 아니라 a sense of wonder 경
이감 excitement 흥분, 들뜸

정답 (a) telling to them → telling them

UNIT 03 능동태 & 수동태

기출맛보기   본문 p. 205

1. (b)   **2.** (d)

1.

> 맥스웰 씨에게 지난주에 지원했던 선임 카피라이터 자리의 최종
> 후보자 명단에 올랐다고 전해주십시오.

해설
shortlist는 '최종 명단에 넣다'라는 의미의 3형식 타동사로 빈칸 뒤
목적어가 없으므로 수동태여야 하며, 지원했던 시점은 지난주이고, 후
보자 명단에 오른 것은 그 이후이므로 과거에서 현재까지의 기간에 관
한 시제인 현재완료시제가 와야 한다. 따라서, 정답은 (b)이다.

어휘
inform 알리다 shortlist 최종 명단에 넣다 senior 선임의
copywriter 광고 문안 작성자 apply for 지원하다

정답 (b)

2.

> 미국 우주 비행사 찰스 에드가가 다음 달 지구로 돌아올 때쯤이면
> 그는 211일 동안 우주를 이동하게 되는 셈이다.

해설
'by the time 주어 + 현재동사'가 사용되면, 주절엔 미래완료시제가
오며, 동사 travel은 1형식 자동사로 수동태가 불가하므로 (b)가 정답
이 될 수 없다. 따라서, 정답은 (d)이다.

어휘
return 돌아오다, 복귀하다 travel 이동하다, 여행하다

정답 (d)

기출 Check-up TEST   본문 p. 206

Part 1	**1.** (b)	**2.** (c)	**3.** (c)	**4.** (b)	**5.** (d)
	6. (a)	**7.** (c)	**8.** (a)		
Part 2	**9.** (c)	**10.** (b)	**11.** (c)	**12.** (c)	**13.** (c)
	14. (c)	**15.** (b)	**16.** (d)		
Part 3	**17.** (c)	**18.** (b)	**19.** (a)	**20.** (b)	

[Part 1]

1.

> A: 여기서 사진을 찍어도 될까요?
> B: 아뇨, 전시실 내에서 사진 촬영은 금지되어 있습니다.

해설
사진 촬영(photography)은 사람에 의해 금지되는 일에 해당되므로
동사 prohibit이 수동태로 쓰여야 하며, 규칙으로 금지되는 일에 해당
되어 현재시제가 되어야 하므로 (b) is prohibited가 정답이다. 과거
시제 수동태인 (d)는 과거에 금지되었던 사례를 나타내므로 현재 상
황과는 아무런 연관성이 없다.

어휘
take a picture 사진을 찍다 photography 사진 촬영
exhibition 전시(회) prohibit ~을 금지하다

정답 (b)

2.

> A: 영화 평론가들은 그 영화가 어떻다고 하던가요?
> B: 보면서 당혹스러워했던 것 같아요.

해설
they(critics)가 당혹스러운 느낌을 받은 것이므로 동사 bewilder가
수동태로 쓰여야 하며, when이 가리키는 특정 시점의 일이어야 하므
로 단일 시점을 의미하는 과거시제 (c) were bewildered가 정답이
다. 현재완료시제인 (b)와 (d)는 과거에서 현재까지의 연속성을 나타
내므로 하나의 특정 시점을 나타내는 접속사 when과 맞지 않는다.

어휘
critic 평론가, 비평가 It seems like ~인 것 같다 bewilder ~을
당혹스럽게 만들다 bewildered 당혹스러워하는, 당황한

정답 (c)

3.

> A: 아무나 고급 인명구조 강좌를 신청할 수 있나요?
> B: 기본 응급처치 강좌를 이수하신 분들만 허용됩니다.

해설
who절의 수식을 받는 복수 대명사 those가 문장의 주어이므로 복수
동사가 빈칸에 필요하며, those가 지칭하는 사람들은 강좌를 듣도록
허용되는 입장이므로 동사 allow가 수동태로 쓰여야 한다. 따라서 수
동태이면서 복수 주어와 수 일치가 되는 형태인 (c) are allowed가
정답이다.

어휘
sign up for ~을 신청하다, ~에 등록하다 advanced 고급의, 상급
의 lifesaving 인명구조 those who ~하는 사람들 pass ~을 통
과하다, ~에 합격하다 first aid 응급처치 allow ~을 허용하다

정답 (c)

4.

> A: 맥스 씨가 해외에 나가 계신 동안 고객들과 만나시는 건가요?
> B: 물론입니다. 그분 출장의 3분의 1이 넘는 시간이 사업 문제를 처리하는 데 쓰입니다.

해설
동사 spend의 주체는 사람이어야 하는데 빈칸 앞에 사물 주어 Over a third of his trips가 쓰여 있으므로 수동태 동사가 쓰여야 한다는 것을 알 수 있다. 주어 자리에 <분수 + of + 명사>가 오면 of 뒤의 명사의 수에 따라 동사가 결정된다. a third of 뒤에 복수명사 his trips가 왔으므로 his trips에 수를 맞춘 복수동사 (b) are가 정답이다.

어휘
meet with (약속하고) ~와 만나다 client 고객 while ~하는 동안 overseas 해외에 있는, 해외에서 over ~가 넘는 a third 3분의 1 spend A -ing: ~하는 데 A만큼(의 시간)을 쓰다 deal with ~을 처리하다, 다루다

정답 (b)

5.

> A: 철자 오류 하나가 포함된 채로 광고를 낼 뻔했다는 게 믿기지가 않아요.
> B: 그러게요. 그 오류가 제출 마감 시한 전에 발견되어 다행입니다.

해설
발견하거나 잡아내는 일의 주체는 사람이어야 하는데 빈칸 앞에 쓰인 주어 the error는 사물 주어이므로 동사 catch가 수동태로 쓰여야 한다는 것을 알 수 있다. 그런데 앞선 문장에 과거시제로 쓰인 동사 placed에서 알 수 있듯이 과거 시점에 광고를 내려고 했고, 제출하기 전에 오류가 발견된 것이어야 하므로 동일한 과거시제로 된 (d) was caught이 정답이다.

어휘
almost 거의 ~할 뻔하다 place one's advertisement 광고를 내다 with ~한 채로 spelling mistake 철자 오류 thankfully 다행히도, 고맙게도 submission 제출 deadline 마감 시한 catch ~을 발견하다, 잡아내다

정답 (d)

6.

> A: 네가 예일에 입학할 기회를 얻어서 분명 흥분될 것 같아.
> B: 응! 나같은 농구선수들에게 주어지는 장학금이 전부 합쳐서 5만 달러나 돼!

해설
빈칸 뒤쪽에 문장의 동사인 total이 있으므로 빈칸이 동사 자리가 아님을 알 수 있다 그러므로 동사 award가 분사의 형태가 되어야 하는데, scholarships는 사람에 의해 주어지는 것이므로 수동의 의미를 나타내는 과거분사 (a) awarded가 정답이다.

어휘
must ~하는 것이 분명하다, 틀림없다 have a chance to do ~할 기회를 얻다 enroll at ~에 입학하다 scholarship 장학금 total v. 총 ~가 되다 award A to B: A를 B에게 주다, 수여하다

정답 (a)

7.

> A: 메인 가의 도로 재포장 작업을 마치셨나요?
> B: 네, 어제 완료되었습니다.

해설
it은 앞 문장의 road resurfacing을 가리키며, 이 작업은 사람에 의해 완료되는 것이므로 수동의 의미를 나타낼 수 있도록 동사 complete이 수동태로 쓰여야 한다. 또한 과거 시점을 나타내는 yesterday와 어울려야 하므로 과거시제 수동태인 (c) was completed가 정답이다.

어휘
road resurfacing 도로 재포장 complete v. ~을 완료하다

정답 (c)

8.

> A: 무슨 일이야? 화가 난 것 같은데.
> B: 지하철을 타고 오는 중에 소매치기를 당했어.

해설
while절에 쓰인 과거시제 동사 was와 시제 관계가 맞아야 하므로 과거시제 동사가 빈칸에 필요한데, 주어인 I가 소매치기를 당한 입장이어야 하므로 수동의 의미를 나타낼 수 있는 (a) got pickpocketed가 정답이다.

어휘
seem + 형용사: ~한 것 같아 보이다 while ~하는 동안 get p.p.: ~ 당하다 pickpocket ~을 소매치기하다

정답 (a)

[Part 2]

9.

> 저희 운동 강좌에 관한 추가 정보는 안내 책자에서 찾아 보실 수 있습니다.

해설
조동사 can 다음은 동사원형이 쓰여야 하는 자리이며, 주어인 information은 사람에 의해 찾아지는 대상에 해당되므로 동사 find가 수동태로 쓰여야 한다. 따라서 수동태인 (c) be found가 정답이다.

어휘
exercise 운동 brochure 안내 책자, 소책자

정답 (c)

10.

> 수십 년 동안, 기계들이 언젠가 사람의 노동력을 무용지물로 만들 수 있다는 얘기가 있어 왔다.

해설
가주어 it, 진주어 that절과 함께 '~라는 얘기가 있다'라는 의미를 나타내야 하므로 say가 수동태로 쓰여야 하는데, 과거에서 현재까지의 기간을 나타내는 For several decades와 어울려야 하므로 현재완료시제인 (b) has been said가 정답이다.

어휘
several 여럿의, 몇몇의 **decade** 10년 **it has been said that** ~라는 얘기가 있어 왔다 **make + A + 형용사**: A를 ~하게 만들다 **obsolete** 더 이상 쓸모없는, 한물간

정답 (b)

11.

> 르네상스 시대 이후로 줄곧, 밀라노는 유럽 패션업계의 중심 역할을 해 왔다.

해설
'~이후로 줄곧'을 의미하는 Ever since와 어울리는 동사 시제는 현재완료시제인데, remain은 자동사여서 수동태로 쓰일 수 없으므로 능동태이며 현재완료시제인 (c) has remained가 정답이다.

어휘
ever since ~ 이후로 줄곧 **the Renaissance era** 르네상스 시대 **industry** 업계, 분야 **remain + 명사**: ~로 유지되다, ~로 남아 있다

정답 (c)

12.

> 제대로 된 공구들이 제공되지 않을 경우에 가구를 조립하는 데 더 많은 노력이 요구된다.

해설
빈칸 앞에 쓰인 주어 effort는 요구되는 사물 명사이므로 동사 require가 수동태로 쓰여야 한다. 그런데 when절의 동사 are provided가 일반적인 상황을 나타내는 현재시제이므로 동일한 현재시제인 (c) is required가 정답이다.

어휘
effort 노력 **assemble** ~을 조립하다 **proper** 제대로 된, 적절한 **tool** 공구, 도구 **provide** ~을 제공하다 **require** ~을 요구하다, 필요로 하다

정답 (c)

13.

> 최근 한 연구에 따르면, 균형 잡힌 식습관이 더 긴 수명을 갖는 것과 결정적으로 관련되어 있었다는 점을 발견하였다.

해설
동사 relate은 '~을 관련시키다'라는 의미로 목적어를 필요로 하는 타동사인데, 빈칸 뒤에 목적어가 아닌 전치사 to만 있으므로 수동태로 쓰여야 한다. 따라서 유일한 수동태 보기인 (c) was decisively related가 정답이다. be related to를 하나의 표현으로 기억해 두는 것이 좋다.

어휘
A recent study found that 최근 한 연구에 따르면 ~라는 점을 발견하였다 **balanced** 균형 잡힌 **diet** 식습관 **lifespan** 수명 **decisively** 결정적으로 **be related to** ~와 관련되어 있다

정답 (c)

14.

> 뛰어난 의사 결정은 유능한 리더의 핵심 능력이라고 오랫동안 여겨 왔다.

해설
빈칸 앞에 쓰인 주어 decision-making은 고려되는 사물 명사이므로 동사 consider가 수동태로 쓰여야 한다. 또한 오랜 기간을 의미하는 부사 long과 어울려야 하므로 과거에서 현재까지의 기간을 바탕으로 하는 현재완료시제 (c) has long been considered가 정답이다.

어휘
decision-making 의사 결정 **skill** 능력, 기술 **effective** (사람이) 유능한 **be considered + A**: A로 여겨지다

정답 (c)

15.

> '찰리와 초콜릿 공장'의 출간 이후로, 로알드 달 씨는 자신의 일러스트레이터인 퀸틴 블레이크 씨와 함께 아동 소설 분야의 중요한 공헌자로 여겨져 왔다.

해설
빈칸 뒤에 위치한 as와 결합해 '~로 여겨지다'라는 의미를 나타낼 때는 be regarded as와 같이 수동태를 사용하는데, 과거의 시작점을 나타내는 since와 어울려 '~ 이후로 …해 왔다'라는 의미를 나타낼 수 있도록 현재완료시제가 되어야 알맞으므로 (b) has been regarded가 정답이다.

어휘
since ~ 이후로 **publication** 출간(물) **along with** ~와 함께 **be regarded as** ~로 여겨지다 **significant** 중요한, 상당한 **contributor** 기여자, 공헌자

정답 (b)

16.

> 러시아의 프리모리에 지역에서 발견된 아무르 표범은 심각한 멸종 위기에 처해 있어서 겨우 20마리만 생존해 있는 것으로 알려져 있다.

해설

전달동사 say는 수동태 문장에서 <일반주어 + be동사 + p.p. + to 부정사> 또는 <가주어 It + be동사 + p.p. + that절>의 형태로 쓸 수 있으므로 이와 같은 구조로된 (d) there is said to be only twenty가 정답이다.

어휘

so A that: 너무 A해서 ~하다 **endangered** 멸종 위기에 처한 **in existence** 생존하는, 존재하는 **there is said to be A**: A가 있는 것으로 알려지다

정답 (d)

[Part 3]

17.

(a) A: 바르셀로나 출장에 필요한 호텔 방을 예약해 두셨나요?
(b) B: 아뇨, 2주 후에나 떠날 예정이기 때문에, 시간이 충분하다고 생각해요.
(c) A: 그게, 저라면 오래 기다리지 않을 거예요, 그러면 호텔 예약이 완전히 다 찰 거든요.
(d) B: 맞는 말씀인 것 같아요. 아마 몇몇 웹사이트들을 확인해 보고 훌륭하면서도 가격이 적당한 방을 찾아 봐야겠어요.

해설

세 번째 문장 끝부분에 쓰인 the hotel은 이 대화 상황에서 사람에 의해 예약되는 것이어야 하므로 동사 book의 주체가 될 수 없다. 따라서 book이 수동태로 쓰여 will be fully booked와 같이 바뀌어야 알맞으므로 (c)가 정답이다.

어휘

reserve ~을 예약하다 **leave** 떠나다, 출발하다 **figure (that)** ~라고 생각하다, 판단하다 **have plenty of time** 시간이 충분하다 **if I were you, I woudn't ~** 나라면 ~하지 않을 거야 **wait too long** 너무 오래 기다리다 **or** (긍정의 충고나 경고 뒤에서) 안 그러면 **fully booked** 예약이 다 찬 **perhaps** 아마도 **affordable** 가격이 적절한, 합리적인

정답 (c) will fully book → will be fully booked

18.

(a) A: 우리가 가려는 레스토랑의 음식은 어떤가요, 콜린?
(b) B: 보통 약간 매운 것으로 생각되는데, 이국적인 맛으로 입안이 가득해질 거예요.
(c) A: 빨리 가 보고 싶어요! 처음으로 인도네시아 요리를 먹어 보는 것이거든요.
(d) B: 분명 아주 좋아하시게 될 거예요. 여러 가지를 맛 보실 수 있도록 아주 다양한 음식을 주문합시다.

해설

두 번째 문장에 쓰인 동사 suppose는 '가정, 추정, 생각' 등의 의미를 나타내므로 그 주체가 사람이어야 한다. 따라서, It이 주어로 쓰이려면

수동의 의미가 되도록 It is supposed와 같이 수동태로 바뀌어야 하므로 (b)가 정답이다.

어휘

What's A like?: A는 어떤가요? **be supposed to do** (흔히) ~한 것으로 여겨지다, ~하기로 되어 있다 **a little** 약간, 조금 **bursting** 가득해지는 **exotic** 이국적인 **flavor** 맛, 풍미 **try** ~을 한 번 먹어 보다, 해 보다 **cuisine** 요리 **a wide range of** 아주 다양한 **dish** 음식, 요리 **sample** ~을 맛보다

정답 (b) It supposed → It is supposed

19.

(a) 스코틀랜드의 풍습인 '새해 첫 방문 손님 되기'는 바이킹으로부터 유래되었으며, 오늘날 여전히 스코틀랜드의 여러 지역에서 행해지고 있다.
(b) '새해 첫 방문 손님'이란 새해 첫 날 집에 들어서는 첫 번째 사람을 뜻하며, 행운을 가져 오는 사람으로 여겨진다.
(c) '새해 첫 방문 손님'은 일반적으로 자정 직후에 집에 들어서며, 집주인에게 줄 여러 선물을 가져 온다.
(d) 유사한 전통이 그리스와 그루지야에도 존재하지만, '새해 첫 방문 손님 되기'는 스코틀랜드에서 더욱 공을 들여 행해지는 풍습이다.

해설

첫 문장에 쓰인 동사 inherit은 '~을 물려 받다, 이어 받다'라는 의미를 나타내는 타동사로서 그 주체가 사람이어야 하므로 사물 주어 Scottish custom과 어울리려면 수동태가 되어야 한다. inherited가 was inherited로 바뀌어야 하므로 (a)가 정답이다.

어휘

custom 풍습, 관습 **first-footing** (집에) 새해 첫 손님이 되는 것 **be inherited from** ~로부터 유래하다, 전해져 내려 오다 **practice** v. ~을 행하다, 실시하다 **household** 가정 **be thought to be A**: A로 여겨지다 **bringer** 가져 오는 사람 **good fortune** 행운 **typically** 일반적으로 **just after** ~ 직후에 **several** 여럿의, 몇몇의 **similar** 유사한 **tradition** 전통 **exist** 존재하다 **although** (비록) ~이기는 하지만 **elaborate** 공들인, 정성을 들인

정답 (a) inherited from → was inherited from

20.

(a) 우주 전쟁에 관한 세계 최초의 공상과학 소설은 서기 175년 경에 사모사타의 루치안에 의해 쓰여졌다.
(b) 이 작품은 매우 강력한 바람에 의해 배가 달까지 날아간 선원들을 따라 이야기가 전개된다.
(c) 이 선원들은 달에 사는 이상한 거주자들이 태양에 사는 사람들과 전쟁에 휘말려 있다는 것을 알게 된다.
(d) 비록 이 이야기가 허황되어 보이지만, 이것은 그저 루치안 시대의 역사가들과 철학자들에 대한 풍자일 뿐이다.

해설

문장에서 관계대명사 whose절의 주어 ship은 바람에 날리는 대상이

므로 능동태가 수동태로 바뀌어야 한다. 따라서, (b)가 정답이다.

어휘

science fiction 공상과학 소설 **around** ~경에, 약, 대략 **work** 작품 **follow** ~을 따르다, 뒤쫓다 **sailor** 선원 **blow** ~을 날려버리다 **extremely** 대단히, 매우 **inhabitant** 거주자, 주민 **embroil** ~을 휘말리게 하다 **denizen** 사람, 주민 **although** 비록 ~이지만 **appear + 형용사**: ~하게 보이다 **fantastical** 공상적인, 허황된 **simply** 그저, 단지 **satire** 풍자 **historian** 역사가 **philosopher** 철학자 **era** 시대

정답 (b) has blown → was blown

UNIT 04 수 일치

기출맛보기 본문 p.215

1. (d)   **2.** (a)

1.

통계 수치들을 보면, 신규 사업체의 대략 30% 정도가 사업을 시작한지 1년 안에 도산한다는 것을 보여준다.

해설

statistics는 여기서 단수 취급되는 통계학을 가리키는 학문 명사가 아니라 statistic(통계 수치)의 복수형 명사로 쓰인 것이다. 그리고 목적어인 that절이 있으므로 수동태는 답이 될 수 없다. 따라서, 복수동사인 (d) show가 정답이다.

어휘

statistics 통계학 cf. statistic 통계 수치 **about** 대략 **fail** 실패하다

정답 (d)

2.

인상된 물가로 임금 인상 효과의 거의 대부분이 상쇄되었다.

해설

주어 자리에 all이 있을 경우 of 뒤의 명사에 수 일치를 시켜야 한다. of 뒤의 명사는 단수인 increase이므로 단수동사가 필요하며, 빈칸 뒤에 목적어가 없으므로 수동태인 (a) was negated가 정답이다.

어휘

nearly 거의 **wage** 임금 **increase** n. 인상, 증가 **negate** ~을 무효로 하다, 취소하다

정답 (a)

Part 1	**1.** (a)	**2.** (b)	**3.** (b)	**4.** (a)	**5.** (a)
	6. (a)	**7.** (c)	**8.** (a)		
Part 2	**9.** (a)	**10.** (d)	**11.** (a)	**12.** (b)	**13.** (c)
	14. (b)	**15.** (a)	**16.** (b)		
Part 3	**17.** (d)	**18.** (d)	**19.** (b)	**20.** (b)	

[Part 1]

1.

A: 이 사무용 의자에 대해 20퍼센트 할인해 드릴 수 있습니다.
B: 그래도 80달러면 아직도 너무 비싸요.

해설

Eighty dollars는 형태상으로는 복수이지만 '80달러'라는 하나의 가격을 나타내는 것이므로 단수동사와 함께 사용한다. 그런데 앞 문장의 동사 can give에서 알 수 있듯이 현재의 가격 수준을 나타내는 의미가 되어야 적절하므로 현재시제인 (a) is가 정답이다.

어휘

give A a discount on B: A에게 B를 할인해 주다 **still** 그럼에도 불구하고, 여전히

정답 (a)

2.

A: 도쿄에 왜 가시는 건가요?
B: 제 사촌들 중의 하나가 거기에 살고 있어요.

해설

'one of + 복수명사' 표현이 주어로 쓰이면 one에 맞춰 동사와 수 일치를 하며, 앞 문장의 동사 are에서 알 수 있듯이 현재 도쿄에 살고 있는 사촌을 만나러 가는 것이므로 단수주어와 수 일치가 되는 현재시제 동사인 (b) lives가 정답이다.

어휘

be headed to ~로 가다, 향하다 **cousin** 사촌

정답 (b)

3.

A: 이 미술관 안내도를 혹시 보신 적이 있으세요?
B: 네. 저기 저 책상에 몇 개 있습니다.

해설

존재를 나타내야 하므로 'There + be동사'의 구조가 되어야 하며, 이 때 be동사 뒤에 이어지는 명사에 맞춰 수 일치를 시킨다. 빈칸 뒤에 위치한 a few는 복수 대명사이므로 (b) are가 정답이다.

어휘

over 저기, 저쪽에

정답 (b)

4.

> A: 중요한 과목을 공부하고 싶은데, 저녁에만 시간이 나.
> B: 경제학이 정규 강좌 또는 시간제 강좌로 제공되고 있어.

해설

'경제학'이라는 뜻의 주어 Economics가 제공되는 대상물이므로 수동의 의미를 나타낼 수 있도록 be동사가 offered와 결합해 수동태를 구성해야 한다. 또한 과목명을 나타내는 Economics는 단수 취급하는 학문 명사이므로 단수주어와 함께 사용하는 be동사인 (a) is가 정답이다.

어휘

subject 과목 **free** 여유 시간이 있는 **economics** 경제학 **offer** v. ~을 제공하다 **as** (자격, 기능 등) ~로서

정답 (a)

5.

> A: 해리 로슨은 지금 굉장한 부자야.
> B: 하지만 20년 전에는 1천 달러가 그의 계좌에 있던 전부였어.

해설

one thousand dollars는 해리가 가진 액수를 나타내므로 단수 취급하며, twenty years ago라는 과거 시점과 어울려야 하므로 과거시제 단수동사인 (a) was가 정답이다.

어휘

millionaire 굉장한 부자, 백만장자 **account** 계좌

정답 (a)

6.

> A: 제가 이 팔찌를 생일 선물로 받았는데, 환불을 받고 싶습니다.
> B: 죄송하지만, 원치 않는 선물을 반품하시는 건 저희 매장에서 허용되지 않습니다.

해설

but절의 주어인 동명사구 returning unwanted gifts는 단수 취급하며, 사람에 의해 허용되는 일에 해당되므로 수동의 의미를 나타낼 수 있도록 allowed와 결합해 수동태를 구성할 be동사가 필요하다. 따라서 단수주어와 수 일치가 되는 be 동사인 (a) is가 정답이다.

어휘

receive ~을 받다 **bracelet** 팔찌 **I'd prefer to do** ~하고 싶다 **get a refund for** ~에 대해 환불 받다 **return** ~을 반품하다, 반납하다 **unwanted** 원치 않는 **allow** ~을 허용하다.

정답 (a)

7.

> A: 가두행렬에 누가 오는 건가요?
> B: 시장님께서 몇몇 시 의원들과 함께 참석하실 겁니다.

해설

빈칸이 속한 문장의 주어가 town mayor이므로 빈칸에 단수동사가 필요하며, 앞 문장에 언급된 is going to do와 시제 관계가 어울릴 수 있도록 미래시제가 되어야 알맞다. 따라서 단수주어와 수 일치가 되면서 미래시제를 대신하는 형태인 (c) is attending이 정답이다.

어휘

mayor 시장 **along with** ~와 함께 **council** 시 의회 **attend** 참석하다

정답 (c)

8.

> A: 마크 씨에게 어제 늦게까지 근무한 것에 대해 추가 비용을 지급해야 할까요?
> B: 아마 보너스 대신에 하루 휴가를 받는 것이 그에게 더 나을 겁니다.

해설

빈칸이 속한 문장의 주어 getting a day off와 같은 동명사는 단수 취급을 하므로 빈칸에 단수동사가 필요하다. 또한 Should를 사용해 제안을 나타내는 앞 문장은 현재 또는 미래의 일과 관련된 것이므로 이 둘 중 하나에 해당되는 현재시제 (a) is가 정답이다.

어휘

extra 추가의, 별도의 **get a day off** 하루 휴가를 받다 **instead of** ~ 대신에

정답 (a)

[Part 2]

9.

> 매년 여름, 거의 3분의 1에 달하는 굴레이 대학교 학생들이 우등 학사 학위를 받는다.

해설

매년 반복되는 일을 나타내는 Every summer와 어울리려면 현재시제 동사가 빈칸에 쓰여야 하며, 'of + 복수명사'와 결합한 nearly a third는 복수 취급하므로 복수주어와 함께 사용하는 현재시제인 (a) obtain이 정답이다.

어휘

nearly 거의 **highest class of honors degree** 우등 학사 학위 **obtain** ~을 받다, 획득하다

정답 (a)

10.

> 캐나다는 영주권자로서 3개월 이상 캐나다에 거주한 사람들에게 무상 의료 서비스 이용 권한을 준다.

해설
who의 선행사인 individuals가 복수이므로 복수동사가 와야 하고, 기간을 나타내는 for over three months와 어울려야 하므로 현재완료 또는 과거완료시제 중에서 하나를 골라야 한다. 무상 혜택을 위한 조건을 나타내는 who절의 동사는 주절에 현재시제로 쓰인 provides와 시제 관계가 맞아야 하므로 현재의 의미가 포함되어 있는 현재완료시제 (d) have resided가 정답이다.

어휘
access to n. ~에 대한 이용 (권한), 접근 (권한) **free** 무료의 **healthcare** 의료 서비스 **individual** 사람, 개인 **over** ~가 넘는 **as** (자격, 기능) ~로서 **permanent resident** 영주권자 **reside in** ~에 거주하다

정답 (d)

11.

> 주민 회의에서 논의되었던 사안들 중의 하나는 올해의 지역 축제 마당을 개최하는 장소였다.

해설
주어가 'One of + 복수명사'의 형태일 때 One에 맞춰 수 일치를 하므로 단수동사가 필요하며, 이 주어를 수식하는 that절에 쓰인 과거시제 동사 were discussed와 시제 관계가 맞아야 하므로 과거시제인 (a) was가 정답이다.

어휘
issue n. 사안, 문제 **discuss** ~을 논의하다 **town meeting** 주민 회의 **where to do** ~하는 곳 **hold** ~을 개최하다, 열다 **community** 지역사회, 공동체 **fair** 축제 마당, 박람회

정답 (a)

12.

> 작년에 발표된 우리의 '가장 영향력 있는 인물' 목록에 포함된 사람들 대부분은 셀레나 케인 씨에 의해 사진 촬영되었다.

해설
주어가 'Most of + 복수명사'의 형태일 때 Most는 복수 취급하므로 복수동사가 필요하며, 과거의 특정 시점을 나타내는 last year와 어울려야 하므로 단순과거시제인 (b) were가 정답이다. 과거진행형에 해당되는 (d) were being은 특정 시점이 아니라 일정 기간을 나타내는 표현과 함께 사용한다.

어휘
individual 사람, 개인 **include** ~을 포함하다 **influential** 영향력 있는 **publish** ~을 공개하다, 발간하다, 출판하다 **photograph** ~을 사진 촬영하다

정답 (b)

13.

> 창고에서 수도관이 파열되었을 때 회사가 보유한 고풍 의자 제품들이 모두 손상되었다.

해설
빈칸 앞에 쓰인 명사구에서 단수명사 stock이 주어이므로 단수동사가 필요하다. 또한 when절의 주어 the water pipe가 단수임에도 동사의 형태가 burst인 것은 과거시제임을 의미한다. 따라서 when절에 쓰인 과거시제 동사와 시제 관계가 맞으려면 주절에도 과거시제 동사가 쓰여야 하므로 (c) was가 정답이다.

어휘
entire 전체의, 모든 **stock** 재고(품) **antique** 고풍의, 골동품의 **damaged** 손상된, 손해를 입은 **burst** 파열되다 **warehouse** 창고

정답 (c)

14.

> 지구 온난화 문제와 관련해 곧 시작될 미카엘 스틸의 TV 시리즈는 미래에 관해 심각한 우려를 제기할 것이다.

해설
미래 시점과 관련된 upcoming과 어울려야 하므로 미래를 대신하는 현재시제 동사가 빈칸에 쓰여야 하는데, 주어인 series는 단복수 형태가 같지만 단수 취급하는 것이 일반적이므로 단수주어와 수 일치가 되는 형태인 (b) raises가 정답이다. 참고로, 이미 정해진 일정이나 계획에 의해 틀림없이 일어날 일은 현재시제로 나타내기도 한다.

어휘
upcoming 곧 있을, 다가오는 **global warming** 지구 온난화 **issue** n. 사안, 문제 **serious** 심각한 **raise** ~을 제기하다, 언급하다 **concern** n. 우려, 걱정, 관심사

정답 (b)

15.

> 다가오는 대통령 선거운동 기간 중에, 각 정당 후보는 매주 열리는 텔레비전 방송 토론회에 참가해야 한다.

해설
미래 시점과 관련된 upcoming과 어울려야 하므로 미래를 대신하는 현재시제 동사가 빈칸에 쓰여야 하는데, 주어인 each candidate는 단수이므로 (a) is가 정답이다. 참고로, 이미 정해진 일정이나 계획에 의해 틀림없이 일어날 일은 현재시제로 나타내기도 한다.

어휘
during ~ 중에 **upcoming** 다가오는, 곧 있을 **presidential campaign** 대통령 선거운동 **candidate** 후보자 **political party** 정당 **be required to do** ~해야 하다, ~할 필요가 있다 **participate in** ~에 참여하다, 참가하다 **televised** 텔레비전으로 중계되는 **debate** 토론(회)

정답 (a)

16.

> 적어도 3분의 1에 해당되는 학생들이 학교의 새로운 방침에 반대하고 있다.

해설
'~의 3분의 1'은 a third of로 표기하며, 'a third of + 복수명사'에서 a third는 복수이므로 복수동사와 함께 사용한다. 또한 동사 oppose는 목적어를 취하는 타동사인데, 빈칸 뒤에 목적어에 해당하는 명사가 나와 있으므로 능동태로 쓰여야 한다. 따라서 이 모든 조건들을 만족하는 구조인 (b) a third of the students oppose가 정답이다.

어휘
at least 적어도, 최소한 **policy** 방침, 정책 **a third of** ~의 3분의 1 **oppose** 반대하다

정답 (b)

[Part 3]

17.

> (a) A: 자, 카드 키 받으세요. 306호실입니다.
> (b) B: 정말 감사합니다. 누군가에게 얘기하셔서 저희 여행 가방을 객실까지 올려다 주시겠어요?
> (c) A: 알겠습니다. 아, 그리고 객실 내에서는 흡연을 삼가해 주시기 바랍니다.
> (d) B: 그건 걱정하지 않으셔도 됩니다. 저희 둘 모두 흡연하지 않거든요.

해설
마지막 문장에 쓰인 'Neither of + 복수명사'에서는 단수 대명사 Neither에 맞춰 동사를 수 일치시키므로 smoke가 smokes로 바뀌어야 알맞다. 따라서 (d)가 정답이다.

어휘
have A do: A에게 ~하게 하다, 시키다 **bring A up to B**: A를 B로 갖고 올라 가다 **suitcase** 여행 가방 **refrain from -ing** ~하는 것을 삼가다 **worry about** ~을 걱정하다 **neither** 둘 모두 ~ 않다

정답 (d) smoke → smokes

18.

> (a) A: 세가 듣기로는 근무 시간을 일주일에 5일에서 2일로 줄이신다던데요.
> (b) B: 맞습니다. 정규직으로 일하면 공부할 시간이 충분하지 않아서요.
> (c) A: 하지만 그렇게 적은 수입으로 생활하시는 게 어렵지 않을까요?
> (d) B: 그게, 학업이 먼저라서요. 앞으로의 제 경력을 생각해야 하거든요.

해설
마지막 줄의 첫 문장에서 주어 education은 단수명사이므로 수 일치를 위해 동사 come이 comes로 바뀌어야 알맞다. 따라서 (d)가 정답이다.

어휘
cut ~을 줄이다 **shift** 교대 근무(조) **have enough time to do** ~할 시간이 충분하다 **while** ~하는 동안 **work full-time** 정규직으로 일하다 **live on** ~로 생활하다 **income** 수입, 소득 **A comes first**: A가 우선이다

정답 (d) come → comes

19.

> (a) 브라질의 차 문화는 포르투갈 식민지 시대 이후로 발전되어 왔으며, 현재 수천 가지의 음료를 포함하고 있다.
> (b) 대부분의 차는 사교적인 배경에서 마시기는 하지만, 아야와스카와 같은 몇몇 종류는 토착 종교 의식의 일환으로 소비되고 있다.
> (c) 이 전통 음료의 유래는 고대까지 거슬러 올라가며, 환각을 유발하는 특성으로 잘 알려져 있다.
> (d) 실제로, 환각 상태를 유발하는 아야와스카의 유효 성분이 미국 당국에 의해 A급 마약으로 여겨지고 있다.

해설
두 번째 문장을 보면, though절의 주어는 some varieties이므로 복수동사가 와야 한다. like ayahuasca는 부연 설명을 위한 삽입구이므로 though 절의 동사 수 일치와는 관계가 없다. 이 절의 동사 is consumed를 복수 형태인 are consumed로 바꾸어야 한다. 따라서 (b)가 정답이다.

어휘
evolve 발전되다, 진화하다 **since** ~ 이후로 **colonial period** 식민지 시대 **include** ~을 포함하다 **beverage** 음료(수) **setting** 배경, 환경 **though** (비록) ~이지만 **variety** 한 종류, 품종 **consume** ~을 소비하다, 먹다, 마시다 **as part of** ~의 일환으로 **native** 토착의 **religious** 종교의 **ritual** 의식 **traditional** 전통적인 **date back to** ~로 거슬러 올라가다 **ancient** 고대의 **be notable for** ~로 잘 알려져 있다 **hallucinogenic** 환각을 유발하는 **property** 특성 **in fact** 실제로, 사실은 **active ingredient** 유효 성분 **cause** ~을 유발하다 **hallucination** 환각 **be considered A**: A로 여겨지다 **Class A** A급의 **authorities** 당국

정답 (b) is consumed → are consumed

20.

> (a) 연구에 따르면, 왼손잡이인 사람들의 비율이 시간이 흘러도 한결같은 상태로 유지되고 있다.
> (b) 실제로, 동굴 벽화에서 나온 증거에 따르면, 심지어 선사 시대에도 사람들의 10퍼센트가 왼손잡이었다.
> (c) 과학자들은 왼손잡이가 유전에 의해 결정되며, 그 특성이 가족 대대로 이어진다고 생각하고 있다.
> (d) 하지만 왼손잡이에 연계된 특정 유전자가 없으므로, 그것이 유전자들의 집합에 의해 발생되는 것으로 여겨지고 있다.

[해설]

문장의 주어인 evidence가 셀 수 없는 명사로서 단수 형태로 제시되었으므로 동사도 단수 형태인 shows가 되어야 한다. 따라서 (b)가 정답이다.

[어휘]

suggest that ~임을 나타내다, 보여주다 **population** 사람들, 인구 **left-handed** 왼손잡이인 **remain + 형용사**: ~한 상태로 유지되다, 계속 ~한 상태이다 **consistent** 한결같은, 일관된 **over time** 시간이 흐를수록 **in fact** 실제로, 사실은 **evidence** 증거 **cave painting** 동굴 벽화 **prehistoric times** 선사 시대 **left-handedness** 왼손잡이임 **determine** ~을 결정하다 **genetics** 유전(학) **trait** 특성 **run in families** 가족 대대로 이어지다, 전해지다 **gene** 유전자 **be linked to** ~와 연관되다 **it is thought to do** ~하는 것으로 여겨지다 **result from** ~로부터 발생되다, ~이 원인이다 **a cluster of** 집합적인, 무리를 이룬

[정답] (b) show → shows

UNIT 05 조동사

기출맛보기
본문 p. 225
1. (b) **2.** (d)

1.

> A: 티모시가 5번이나 수업을 빠졌어.
> B: 그에게 무슨 일이 있었던 것 같아.

[해설]

'그에게 무슨 일이 일어났던 것 같다'라며 과거의 일을 추측하는 상황이므로 '조동사 + have + p.p.'를 써야 한다. 이를 충족시키는 답은 (b) might have happened이다. 참고로 happen은 1형식 자동사로서 수동태가 불가능하므로 (d)는 오답이며, 조동사 뒤에 동사원형을 쓰지 않은 (a)도 오답이다.

[어휘]

miss 놓치다, 빠지다 **happen** 일이 발생하다

[정답] (b)

2.

> A: 화장실에서 물 흐르는 소리가 나는데요.
> B: 그래요. 리라가 또 샤워를 하고 있는 것이 분명해요.

[해설]

강한 추측을 나타내는 조동사 must의 사용과 시제 활용을 묻는 문제이다. A의 대사로 볼 때, 현재 물 흐르는 소리가 들리고 있으므로 샤워가 진행 중일 가능성이 높다. 따라서 (d) must be taking이 정답이다.

[어휘]

run (액체가) 흐르다 **bathroom** 화장실 **take a shower** 샤워를 하다

[정답] (d)

기출 Check-up TEST
본문 p. 226

Part 1	**1.** (a)	**2.** (d)	**3.** (a)	**4.** (b)	**5.** (b)
	6. (a)	**7.** (a)	**8.** (d)		
Part 2	**9.** (a)	**10.** (c)	**11.** (c)	**12.** (b)	**13.** (c)
	14. (a)	**15.** (d)	**16.** (c)		
Part 3	**17.** (d)	**18.** (b)	**19.** (c)	**20.** (d)	

[Part 1]

1.

> A: 세미나는 어땠어요?
> B: 시간 낭비였어요. 절대 참석하지 말았어야 했어요.

[해설]

시간 낭비였다고 대답한 뒤에는 '참석하지 말 걸'이라는 후회의 어감으로 대답하는 적절하므로 never와 함께 쓰여 과거에 하지 말았어야 하는 일에 대한 후회를 나타내는 (a) should가 정답이다.

[어휘]

a waste of time 시간 낭비 **attend** 참석하다 **should have p.p.** ~했어야 했다 (한 것에 대한 후회) **would have p.p.** ~했을 것이다 (안 한 일에 대한 추정) **could have p.p.** ~할 수 있었을 것이다 (안 한 일에 대한 가능성) **must have p.p.** ~한 것이 틀림없다 (과거의 일에 대한 확신)

[정답] (a)

2.

> A: 근무 중에 데니스 씨가 온라인으로 채팅을 합니다.
> B: 알고 있어요. 그만두어야 할 텐데요. 그렇지 않으면 사장님께서 그를 해고하실 거예요.

해설

빈칸 앞에 쓰인 He'd better는 He had better를 줄인 것이며, had better는 동사원형과 결합하므로 (d) stop이 정답이다.

어휘

while ~하는 동안 had better + 동사원형: ~하는 게 더 좋다 or (충고의 뒤에서) 그렇지 않으면 fire ~를 해고하다

정답 (d)

3.

> A: 오늘밤에 저희와 함께 영화 보러 가시는 건가요?
> B: 아직 잘 모르겠어요. 제가 갈 수 없다고 생각되면 문자 메시지를 보낼게요.

해설

'갈 수 없다고 생각되면'이라는 의미가 되어야 자연스러운데, don't think에 이미 부정어가 사용되었으므로 think 뒤에 이어지는 절은 긍정이 되어야 한다. 또한 앞서 언급된 come에 대한 의견이어야 하는데, can come에서 come을 반복하지 않고 생략한 구조가 되어야 알맞으므로 (a) can이 정답이다.

어휘

text v. ~에게 문자 메시지를 보내다

정답 (a)

4.

> A: 소파 옮기는 데 도움이 필요하니?
> B: 응, 정말 도움이 필요해.

해설

A의 도움 제안에 대해 B가 이를 수락하는 상황이다. 영어에서는 정중하게 요청하는 경우 조동사 could를 함께 사용하므로 (b) could가 정답이다. 참고로, I could use ~는 다양한 상황에서 '~하고/가지고 싶다'는 희망을 나타내는 표현이다.

어휘

need help -ing ~하는 데 도움이 필요하다 could use A: A가 필요하다, A를 가지고 싶다 hand 도움(의 손길)

정답 (b)

5.

> A: 멜리사 보셨어요? 당신과 얘기하려고 우리 사무실에 들렀었는데.
> B: 아뇨. 제가 막 그분을 놓친 게 분명하네요.

해설

멜리사 씨를 보지 못했다는 의미로 No라고 대답했으므로 '그분을 놓친 게 틀림없다'와 같은 강한 추정을 나타내야 알맞다. 따라서 '~했음이 틀림없다'라는 의미를 나타낼 때 사용하는 'must have p.p.'의 구조를 형성하는 (b) must가 정답이다. 'should have p.p.(~했어

야 했다)'는 하지 못한 일에 대한 후회를 나타내므로 (c)는 오답이다.

어휘

stop by ~에 들르다 must have p.p. ~했음이 틀림없다 miss ~을 놓치다, 지나치다

정답 (b)

6.

> A: 여기가 리차드 씨 사무실인가요?
> B: 아뇨, 그분 사무실일 리가 없죠. 지난 주에 다른 지사로 전근하셨거든요.

해설

리차드 씨 사무실이 아니라는 의미를 나타내는 No와 함께 다른 곳으로 전근했다는 말이 덧붙여져 있으므로 '그 사람의 사무실(his)일 리가 없다'와 같은 의미가 되어야 적절하다. 따라서 '~일 리가 없다'라며 강하게 부정할 때 사용하는 (a) can not이 정답이다.

어휘

transfer to ~로 전근하다 branch 지사, 지점

정답 (a)

7.

> A: 브래드가 언젠가 운전면허를 딸까요?
> B: 결국엔 그렇게 될 것 같은데요.

해설

운전면허를 따는 일에 대한 답변으로 will get a driver's license에서 동일한 부분의 반복을 피하기 위해 생략하고 조동사만 남은 형태로 대답해야 알맞으므로 (a) will이 정답이다.

어휘

ever (의문문에서) 언젠가 driver's license 운전면허(증) eventually 결국, 마침내

정답 (a)

8.

> A: 그 매장이 고작 한 달만에 폐업했다는 게 아쉬워요.
> B: 저도요. 그곳 주인이 성공하기 위해 더 열심히 노력했어야 했어요.

해설

빨리 문을 닫은 매장과 관련해 소유주가 더 노력했어야 했다는 의미로 답변해야 알맞으므로 'ought to have p.p.'의 구조로 '~했어야 했다'라는 의무의 뜻을 나타낼 때 사용하는 (d) ought to가 정답이다. must have p.p.는 '~했음이 틀림없다'라는 의미로 강한 추정을 나타내므로 오답이다.

어휘

It's a shame that ~해서 아쉽다, 안타깝다 go out of business

폐업하다 **agree** 동의하다 **owner** 소유주 **ought to have p.p.**: ~했어야 했다 **try hard** 열심히 노력하다 **make + A + 형용사**: A를 ~하게 만들다 **successful** 성공적인

정답 (d)

[Part 2]

9.

> 심지어 수영을 아주 잘 하는 사람들도 거친 물살에서 수영할 때 피로를 겪을 수 있다.

해설
양보 부사 Even을 통해 '수영을 잘 하는 사람도 피로를 겪을 수 있다'와 같은 의미가 적절하다는 것을 알 수 있으므로, '~일 수도 있다'라는 의미로 가능성을 나타낼 때 사용하는 (a) may가 정답이다. need는 필요성을 나타내므로 명사 fatigue와 어울리지 않는다.

어휘
even 심지어 (~도) **experience** ~을 겪다, 경험하다 **fatigue** 피로 **rough** 거친

정답 (a)

10.

> 딘은 마케팅 개론 수업을 신청할 필요가 없었는데, 전에 이미 그 수업을 이수했기 때문이다.

해설
since절에 이미 해당 수업을 이수했다는 말이 있으므로 신청할 필요가 없었다는 의미를 나타내야 한다. 따라서 'needn't have p.p.(~할 필요가 없었다)'를 구성할 때 사용하는 (c) needn't가 정답이다.

어휘
needn't have p.p. ~할 필요가 없었다 **sign up for** ~을 신청하다, ~에 등록하다 **introduction** 개론, 입문 **since** ~이므로 **pass** ~을 통과하다, ~에 합격하다

정답 (c)

11.

> 샐리는 콘서트 행사장에 일찍 도착하지 않았는데, 비어 있는 자리를 하나도 찾을 수 없었을 때, 그랬어야 했다는 것을 깨달았다.

해설
주절에 언급된 arrive와 관련해 '일찍 도착했어야 했다'는 의미를 나타내야 하므로 ought to have arrived가 빈칸에 쓰여야 하는데, 이미 한 번 제시된 arrive는 반복할 필요가 없으므로 이 부분만 생략된 형태인 (c) ought to have가 정답이다.

어휘
arrive at ~에 도착하다 **venue** 행사장, 개최 장소 **realize that**

~임을 알게 되다, 깨닫다 **ought to have p.p.** ~했어야 했다

정답 (c)

12.

> 일년 내내 학교 시험에서 어려움을 겪은 끝에, 존은 개인 교사의 도움을 받았지만, 여전히 기말 시험을 통과할 수 없었다.

해설
'도움을 받았음에도 여전히 ~할 수 없었다'와 같은 의미가 되어야 하므로 not과 함께 불가능함을 나타낼 때 사용하는 (b) could가 정답이다. (a)와 (c)는 not과 함께 사용되면 하지 말아야 하는 일을 나타내며, (d)는 not과 함께 사용되면 불필요함을 의미한다.

어휘
struggle 큰 어려움을 겪다, 발버둥을 치다 **all year** 일년 내내 **enlist** (도움, 협조 등) ~을 얻다, 요청하다 **tutor** 개인 교사 **pass** ~을 통과하다, ~에 합격하다

정답 (b)

13.

> 레스토랑 사장은 매일 업무 종료 시에 주방 도구를 세척해야 하며 어떤 예외도 있을 수 없다고 강조하셨다.

해설
that절은 동사 emphasized의 목적어로서 강조되는 사항을 말하는 것이므로 '꼭 ~해야 한다'라는 의미로 의무적인 일을 나타내야 한다. 따라서 '반드시 ~해야 한다'라는 의미를 나타낼 때 사용하는 (c) must가 정답이다.

어휘
emphasize that ~임을 강조하다 **tool** 도구, 공구 **at the end of** ~가 끝날 때 **without** ~ 없이 **exception** 예외

정답 (c)

14.

> 제임스는 국가대표팀 소속으로 시합에 나갈 자격이 있었지만, 그가 그렇게 할지는 여전히 불확실했다.

해설
앞에 나온 것과 동일한 동사구가 반복되는 경우, 일반동사라면 대동사 do/did를 사용하고, 조동사를 포함하고 있다면 조동사만 남기고 동사 이하는 생략하므로 (a) would가 정답이다.

어휘
be eligible to do ~할 자격이 있다 **remain + 형용사**: 여전히 ~한 상태이다 **unclear** 불확실한 **whether** ~인지 (아닌지)

정답 (a)

15.

> 마리아는 자신의 치과 예약을 건너 뛰지 말아야 한다는 것을 알고 있었지만, 어쨌든 빼먹고 대신 극장에 갔다.

해설
'치과 예약을 건너 뛰지 말아야 한다'와 같은 의미가 되어야 알맞으므로 당연히 하지 말아야 하는 일을 나타낼 때 사용하는 (d) should not이 정답이다.

어휘
skip ~을 건너 뛰다 **dentist appointment** 치과 예약 **miss** ~을 지나치다, 놓치다 **anyway** 어쨌든, 하여간 **instead** 대신

정답 (d)

16.

> 관객들은 산드라 씨가 피아노 협주곡을 아주 능숙하게 연주할 수 있다는 것을 보고 대단히 놀라워 했다.

해설
that절은 사람들이 놀란 원인에 해당되므로 피아노 협주곡을 잘 연주할 줄 안다는 의미로 사람의 능력을 나타내야 하며, 주절의 동사 were와 시제 관계도 맞아야 한다 따라서 '~할 수 있었다'라는 의미로 과거 시점의 능력을 나타낼 때 사용하는 (c) could가 정답이다.

어휘
audience members 청중, 관객 **be amazed to do** ~해서 대단히 놀라다 **concerto** 협주곡 **proficiently** 능숙하게

정답 (c)

[Part 3]

17.

> (a) A: 아, 이런! 제가 구입한 옷장이 곧 망가질 것 같아요!
> (b) B: 음, 제조사에 직원을 보내 달라고 요청하는 게 낫겠어요.
> (c) A: 이미 며칠 전에 조립 작업 때문에 한 명을 보냈었어요.
> (d) B: 그럼 그 사람이 제대로 조립하지 않은 게 분명하군요.

해설
세 번째 문장에 이미 며칠 전에 사람이 와서 조립 작업을 했다고 했으므로 네 번째 문장은 그 사람이 제대로 조립하지 않았다고 강력히 추정하는 응답을 하는 것이 자연스럽다. 따라서 '~하지 않았음이 틀림 없다'라는 뜻을 나타낼 수 있도록 must not have assembled로 바뀌어야 하므로 (d)가 정답이다. 'should not have p.p.'는 '~하지 말아야 했다'라는 의미로 과거의 일에 대한 후회를 나타내므로 어울리지 않는다.

어휘
wardrobe 옷장 **fall apart** 망가지다, 부서지다 **had better + 동사원형**: ~하는 게 더 좋다 **ask A to do**: A에게 ~하도록 요청하다 **manufacturer** 제조사 **send out** ~을 보내다, 발송하다 **assemble** ~을 조립하다 **then** 그럼, 그렇다면 **should (not)**

have p.p. ~했어야(~하지 말았어야) 했다 **properly** 제대로, 적절히

정답 (d) should not → must not

18.

> (a) A: 지난 주말에 열린 프랑스 영화제 어땠어?
> (b) B: 아주 좋기는 했지만, 감독들의 이야기 시간은 없어도 되었던 것 같아.
> (c) A: 하지만 바로 그 이야기 시간이 열성 영화팬들이 이 행사를 아주 흥미롭게 느낀 이유였어.
> (d) B: 네 말이 맞는 것 같긴 한데, 일부 감독들은 너무 장황했어.

해설
(b)에서 역접 접속사 but 앞에 행사가 대단했다는 소감을 말한 뒤에 나올 수 있는 의견은 일부 부정적인 요소를 슬쩍 밝히는 것이다. 그러므로 확신을 나타내는 must have done보다는 감독들의 연설이 없어도 좋을 뻔했다고 추정하는 could have done이 더 논리적이다. 따라서 (b)가 정답이다.

어휘
What did you think about ~? ~는 어땠나요? **could have p.p.** ~할 수도 있었다 **do without** ~없이 견디다, ~가 없어도 된다 **director** (영화) 감독 **interesting to** ~에게 흥미롭게 느껴지는 **cinephile** 영화광 **seem to do** ~하는 것 같다 **drag on and on** 계속 질질 끌다

정답 (b) must have done → could have done

19.

> (a) 거주하시는 주택이 홍수나 허리케인의 영향을 받을 때, 건물에 발생한 피해 규모에 넋을 잃을 수도 있습니다.
> (b) 그렇다고 해서 여러분의 주택이나 소유물에 대한 추가 피해를 방지하는 조치를 취하지 못하게 되면 안됩니다.
> (c) 창문과 문을 열어 두면 적절한 환기로 인해 주택이 건조되도록 할 수 있습니다.
> (d) 또한 심각한 건강상의 위험 요소가 될 수 있는 손상된 하수 시설 등을 정비할 수 있도록 전문가의 도움을 받는 것도 고려해 보셔야 합니다.

해설
이 지문은 전체적으로 자연 재해와 관련된 조언으로서, 앞으로 할 수 있는 조치를 말하고 있다. 그런데 세 번째 문장의 동사 would have allowed는 과거의 일에 대한 후회를 나타내므로 어울리지 않는다. 따라서 would allow로 바꿔서 '~할 수 있다'처럼 미래의 가능성을 나타내는 의미가 되어야 석절하므로 (c)가 정답이다.

어휘
be affected by ~의 영향을 받다 **flood** 홍수 **be overwhelmed by** ~에 의해 압도되다, 넋을 잃다 **damage** 피해, 손상 **caused to** ~에 초래된, 유발된 **property** 건물, 부동산 **prevent A from -ing**: A가 ~하지 못하게 하다, ~하는 것을 막다 **take action** 조치를 취하다 **further** 추가의, 한층 더 한 **belongings** 소유물, 소지품 **allow A to do**: A가 ~할 수 있게 하

다 **dry out** 건조되다 **as a result of** ~의 결과로 **proper** 적절한 **ventilation** 환기 **consider -ing** ~하는 것을 고려하다 **enlist** (도움 등) ~을 받다, 요청하다 **professional** 전문가 **service** v. ~을 정비하다, 점검하다 **sewage system** 하수 시스템 **health hazard** 건강상의 위험

정답 (c) would have allowed → would allow

20.

(a) 미국에서 20~35퍼센트 사이에 해당되는 사람들이 광반사 재채기라고 알려진 질환에 시달리고 있다.
(b) 이 병에 걸린 사람들은 빛과 관련된 다양한 자극에 대한 반응으로 자신도 모르게 재채기를 하는데, 특히 태양을 올려다 볼 때 그렇게 된다.
(c) 이 질환이 직접적인 의료 문제를 야기하는 것은 아니지만, 환자가 밝은 빛이 있는 환경에서 수술을 받는 도중에 재채기를 하면 합병증을 초래할 수 있다.
(d) 또 다른 잠재 위험 요소는 갑작스런 재채기의 발생이 운전자가 차량을 제어하지 못하게 만들어 충돌 사고로 이어질 수 있다는 점이다.

해설
마지막 문장의 that절은 차량 운전자의 갑작스런 재채기로 인해 발생 가능한(potential) 일을 나타내야 하므로 확신을 나타내는 should 대신 가능성을 나타내는 could, can, might 등의 조동사가 쓰여야 알맞다. 따라서 (d)가 정답이다.

어휘
affect ~에게 영향을 미치다 **condition** 질환, 상태 **known as** ~라고 알려진 **photic sneeze reflex** 광반사 재채기 **involuntarily** 자기도 모르게 **in response to** ~에 대한 반응으로 **various** 다양한 **light-related** 빛과 관련된 **stimuli** 자극 (단수는 stimulus) **look up at** ~을 올려다 보다 **pose a problem** 문제를 일으키다 **cause** ~을 야기하다 **complication** 합병증 **sufferer** 환자 **undergo** ~을 거치다, 겪다 **brightly-lit** 밝게 비춰진 **surgical** 수술의 **procedure** 절차 **potential** 잠재적인 **fit** 발작 **cause A to do**: A가 ~하게 만들다, ~하도록 유발하다 **lose control of** ~를 제어하지 못하다 **vehicle** 차량 **lead to** ~로 이어지다 **collision** 충돌

정답 (d) should cause → could/can/might cause

UNIT 06 분사

기출맛보기   본문 p.237
1. (d)   **2.** (c)

1.

A: 이 양식에 제가 뭘 하면 되죠?
B: 빠진 정보를 기입해주세요.

해설
'비어있는, 빠진'이라는 의미의 형용사는 missing이다. 수식 받는 명사 information이 비어있는 행위의 주어이므로 능동을 나타내는 현재분사형 형용사 (d) missing이 정답이다.

어휘
miss 잃어버리다, 놓치다, 빠지다 **form** 문서, 양식 **fill in** 적어 넣다, 기입하다 **information** 정보, 사항

정답 (d)

2.

부상자들은 인근 병원으로 옮겨졌다.

해설
Those는 '사람들'이란 의미의 주어이고 동사는 were이므로 빈칸은 those를 후치 수식하는 자리이다. 타동사 wound는 '부상을 입히다'라는 의미의 타동사로서 뒤에 목적어가 없는 상태에서는 수동태의 과거분사를 사용한다. 현재분사인 (b)가 정답이 되려면 목적어가 있어야 하며, to부정사인 (d)는 앞으로의 행위를 의미하므로 이미 부상을 당한 과거의 상황은 to부정사로 수식할 수 없다. 따라서 (c) wounded가 정답이다.

어휘
those ~하는 사람들 **carry** 옮기다 **nearby** 인근의

정답 (c)

기출 Check-up TEST			본문 p.238	
Part 1	**1.** (b)	**2.** (a)	**3.** (a)	**4.** (d)	**5.** (c)
	6. (c)	**7.** (d)	**8.** (b)		
Part 2	**9.** (a)	**10.** (a)	**11.** (c)	**12.** (d)	**13.** (b)
	14. (b)	**15.** (d)	**16.** (c)		
Part 3	**17.** (b)	**18.** (c)	**19.** (a)	**20.** (b)	

[Part 1]

1.

A: 시더가로 가야 하나요?
B: 아뇨, 혼잡 시간대의 차량들로 인해 그쪽 도로가 징체되고 있어요. 계속 고속도로로 갑시다.

해설
'make + 목적어 + 목적격보어'의 구조로 특정 도로(that road)에 미치는 영향을 나타내야 하는데, 많은 차량들로 인해 도로가 정체되는 것이므로 수동의 의미를 나타낼 수 있는 과거분사 (b) congested가 정답이다.

take (교통) ~을 이용하다, 타다 **rush hour** 혼잡 시간대 **traffic** 차량들, 교통(량) **make A p.p.**: A를 ~로 만들다 **stick to** ~을 고수하다 **congest** ~을 혼잡하게 만들다, 정체시키다

정답 (b)

2.

> A: 회의 진행 방식에 만족하세요?
> B: 네, 하지만 논의된 모든 주제들이 다음 주에 있을 회의에서 검토될 필요가 있어요.

해설

빈칸 뒤에 문장의 주동사 need가 있으므로 빈칸의 동사 discuss는 준동사의 형태로써 주어 all the topics를 수식하는 구조가 되어야 한다. all the topics는 사람에 의해 논의되는 것이므로 수동의 의미를 나타내는 과거분사 형태인 (a) discussed가 정답이다. discuss는 타동사이므로 (c)나 (d)와 같이 to부정사로 쓰이려면 뒤에 목적어가 동반되어야 한다.

어휘

be happy with ~에 만족하다, 기뻐하다 **the way (that)** ~하는 방식 **go** 진행되다, 계속되다 **review** ~을 검토하다 **discuss** ~을 논의하다

정답 (a)

3.

> A: 판매사원을 새로 채용하셨나요?
> B: 아뇨, 한 명인 지원자가 일자리를 제안받고 거절했어요.

해설

문장의 주동사 declined가 있으므로 offer는 준동사 형태가 되어야 한다. 동사 offer는 4형식 동사로 '사람 + 사물'의 이중 목적어를 취하는데, 그 중 사람 목적어인 candidate가 앞에 있으므로 수동태가 되어야 한다. 그러므로 두 가지를 모두 충족하는 과거분사 (a) offered가 정답이다.

어휘

hire ~을 채용하다 **sales clerk** 판매사원, 영업사원 **candidate** 지원자, 후보자 **decline** 거절하다 **offer A B**: A에게 B를 제안하다, 제공하다

정답 (a)

4.

> A: 맥스가 '역사 채널'을 보고 있는 거야?
> B: 응, 그는 거기 프로그램들에 흥미를 느끼고 있어.

해설

동사 find는 'find + 목적어 + 목적격보어'의 구조로 쓰이므로 목적격보어에 해당되는 형용사가 빈칸에 필요한데, 목적어인 programs가 사람들의 흥미를 유발하는 주체에 해당되므로 '흥미롭게 만드는'을 뜻하는

(d) interesting이 정답이다. (b)는 사람이 흥미를 느낄 때 사용한다.

어휘

find + A + 형용사: A가 ~하다고 생각하다 **interest** ~의 흥미를 끌다 **interested** (사람이) 흥미를 느낀 **interesting** 흥미롭게 만드는

정답 (d)

5.

> A: 제 차를 왜 지하 주차장에 주차할 수 없는 거죠?
> B: 사용 정지된 주차증을 갖고 계신 것 같습니다.

해설

부정관사 a와 명사 permit 사이에 위치한 빈칸은 이 명사를 수식할 형용사 자리이며, 형용사가 없을 경우에 대신 사용할 수 있는 분사를 찾아야 한다. 주차증은 사람에 의해 사용 정지 조치 되는 것이므로 수동의 의미를 나타내는 과거분사 (c) suspended가 정답이다.

어휘

park v. 주차하다 **lot** 주차장 **It seems as though** (마치) ~한 것처럼 보이다 **permit** 허가증 **suspend** ~을 일시 정지시키다, 유예하다, 보류하다

정답 (c)

6.

> A: 저 창문들을 훨씬 더 멋져 보이게 만들려고 생각 중이에요.
> B: 네, 페인트칠 된 창틀이 지금보다 더 나아 보일 수 있어요.

해설

동사 would look이 있으므로 빈칸은 동사 자리가 아니라 window frames를 수식하는 준동사 자리이다. 그런데 동사가 look better이므로 주어는 사물이 되어야 한다. 따라서 행위를 나타내는 to부정사와 동명사는 주어가 될 수 없다. 빈칸은 페인트칠이 완료된 상태를 나타내는 과거분사가 올 자리이므로 (c) painted가 정답이다.

어휘

make + A + 형용사: A를 ~하게 만들다 **a lot** (비교급 수식) 훨씬 **window frame** 창틀 **look + 형용사**: ~하게 보이다 **than now** 지금보다

정답 (c)

7.

> A: 제가 작업중인 프로젝트 때문에 A4 용지가 좀 필요합니다. 갖고 계신 게 있나요?
> B: 아, 죄송합니다. 남은 것이 하나도 없어요.

해설

빈칸 앞에 이미 문장의 동사 isn't가 있으므로 동사 leave는 빈칸에 준동사의 형태로 쓰여 대명사 any를 수식하는 역할을 해야 한다. A4 paper를 대신하는 any는 사용되고 남겨진 것을 의미하므로 수동의

의미를 나타낼 수 있는 과거분사 (d) left가 정답이다.

어휘

work on ~에 대한 작업을 하다 **There is A left**: A가 남아 있다
leave ~을 남기다

정답 (d)

8.

> A: 에릭은 처음엔 자신이 뭘 하고 있는지 알지 못한 것 같았는데,
>   그의 작업물은 상당히 인상적입니다.
> B: 네, 겉으로 보이는 것에 속을 수도 있죠. 그는 사실 매우 유능
>   하고 전문적인 솜씨를 지녔어요.

해설

빈칸 앞에 위치한 be동사와 결합 가능한 형태가 되어야 하는데, looks
(겉모습)가 사람을 속이는 주체에 해당되므로 능동태를 구성하는 현재
분사 (b) deceiving이 정답이다.

어휘

(It) seems like ~한 것 같다 **at first** 처음에 **work** n. 작업(물),
작품 **quite** 상당히, 꽤 **impressive** 인상적인 **looks** 겉모습, 외모
actually 사실, 실은 **competent** 유능한 **professional** 전문적인
deceive 속이다, 현혹하다 **deceiving** 속이는, 현혹하는

정답 (b)

[Part 2]

9.

> 문을 열 수 없게 되자, 로스 씨는 호텔 매니저에게 불만을 제기했
> 으며, 해당 객실용으로 발급된 카드 키가 교체되었다.

해설

빈칸이 속한 and절에 이미 동사 was replaced가 있으므로 또 다른
동사 issue는 준동사로서 주어 keycard를 수식하는 역할을 해야 한
다. keycard는 사람에 의해 발급되는 것이므로 수동의 의미를 나타내
는 과거분사 (a) issued가 정답이다.

어휘

be unable to do ~할 수 없다 **unlock** ~을 열다, 잠금 해제하다
complain to ~에게 불만을 제기하다 **replace** ~을 교체하다, 대체
하다 **issue** v. ~을 발급하다

정답 (a)

10.

> 치매와 관련된 다수의 증상들은 여러 해 동안 진단 미확정 상태로
> 남아 있을 수 있다.

해설

문장에 이미 동사 may remain이 있으므로 또 다른 동사 associate

은 준동사로 쓰여 주어 Many of the symptoms를 수식하는 역할을
해야 한다. symptoms가 사람에 의해 관련지어지는 대상이므로 수동
을 나타낼 수 있는 과거분사 (a) associated가 정답이다.

어휘

symptom 증상 **associated with** ~와 관련된 **dementia** 치매
remain + 형용사: ~한 상태로 유지되다, 남아 있다 **undiagnosed**
진단 미확정의

정답 (a)

11.

> 강가를 따라 비추고 있는 빛들은 심지어 해가 진 이후에도 그곳에
> 서 사람들이 산책할 수 있게 해 준다.

해설

문장에 이미 동사 allow가 있으므로 또 다른 동사 shine은 준동사로
쓰여 주어 lights를 수식하는 역할을 해야 한다. lights는 스스로 빛나
는 것이므로 능동의 의미를 나타낼 수 있는 현재분사 (c) shining이
정답이다.

어휘

along (길 등) ~을 따라 **allow A to do**: A가 ~할 수 있게 하다
take a walk 산책하다 **shine** (빛을) 비추다, 빛나다

정답 (c)

12.

> 보안을 향상시키기 위한 노력의 일환으로, 그 대학교에 출입하는
> 사람은 누구든지 경비원에게 자신의 신분증을 제시해야 한다.

해설

문장에 이미 동사 must present가 있으므로 또 다른 동사 enter는
준동사로 쓰여 주어 anyone을 수식하는 역할을 해야 한다. 사람을
가리키는 anyone이 출입 행위를 하는 주체이므로 능동의 의미를 나
타낼 수 있는 현재분사 (d) entering이 정답이다.

어휘

in an effort to do ~하기 위한 노력의 일환으로 **improve** ~을 향
상시키다, 개선하다 **security** 보안 **present** ~을 제시하다, 보여주
다 **identification** 신분증

정답 (d)

13.

> 운동과 관련한 톰의 업적은 사람들에게 더욱 더 영감을 주는 것이
> 었는데, 그가 심각한 신체 장애를 극복했기 때문이었다.

해설

강조부사구 all the more의 수식을 받아야 하므로 과거분사 (a)
inspired 또는 현재분사 (b) inspiring 중의 하나가 쓰여야 하는데,
Tom's athletic achievements가 영감을 주는 주체에 해당되므로
능동의 의미를 나타낼 수 있는 현재분사 (b) inspiring이 정답이다.

어휘

athletic 운동의 **achievement** 업적, 성과 **all the more** 더욱 더 **others** 다른 사람들 **overcome** ~을 극복하다 **severe** 심각한, 중증의 **physical** 신체적인 **handicap** 장애 **inspire** ~에게 영감을 주다, 자극이 되다

정답 (b)

14.

> 대부분의 전문 음악인들은 악기와 녹음 장비를 갖추고 있는 스튜디오를 필수적인 것으로 여긴다.

해설

문장에 이미 동사 is considered가 있으므로 또 다른 동사 equip은 준동사로 쓰여 주어 A studio를 수식하는 역할을 해야 한다. A studio는 사람에 의해 물품이 갖춰지는 대상이므로 수동의 의미를 나타낼 수 있는 과거분사 (b) equipped가 정답이다.

어휘

equipped with ~을 갖추고 있는, ~가 장착된 **musical instrument** 악기 **equipment** 장비 **be considered A**: A로 여겨지다 **necessity** 필수(적인 것) **equip** ~을 갖춰 주다

정답 (b)

15.

> 활용된 참고 문헌에 대한 출처 표기가 없는 연구 논문은 연구 행동 규약 위반으로 간주될 것입니다.

해설

문장에 이미 주동사 will be deemed가 있으므로 빈칸은 준동사 형태가 되어야 하며, 타동사 lack 뒤에 목적어 references를 동반하고 있으므로 능동의 현재분사 형태가 되어야 한다. 그러므로 현재분사 형태인 (d) lacking이 정답이다. 참고로, to부정사도 명사를 후치 수식할 수 있지만, 미래의 목적 또는 용도를 나타내므로 현재의 상태를 나타내는 빈칸에 올 수 없다.

어휘

research paper 연구 논문 **lack** v. ~이 없다, ~이 부족하다 **reference** 참고 문헌 **source** 출처 **deem A B**: A를 B로 간주하다, 여기다 **in violation of** ~을 위반하여 **code of conduct** 행동 규범

정답 (d)

16.

> 모든 담배갑에 경고 문구가 부착되도록 요구하는 법안이 오늘 아침에 통과되었다.

해설

문장의 주 동사는 was passed이다. 그러므로 또 다른 동사 require는 주어 A law를 수식하는 준동사 형태가 되어야 한다. A law가 warning labels를 요구하는 주체이므로 능동의 의미인 현재분사 (c)

requiring이 정답이다. 참고로 빈칸 뒤는 명령, 요청, 충고, 제안 동사의 that목적절에서 (should)동사원형이 사용되는 가정법 구문이다.

어휘

warning 경고 **attach A to B**: A를 B에 부착하다 **cigarette packet** 담뱃갑 **pass** 통과시키다 **require** ~하도록 요구하다

정답 (c)

[Part 3]

17.

> (a) A: '스트레인지 디멘션즈' 새 시즌의 첫회가 정말로 마음에 들었어.
> (b) B: 솔직히, 난 꽤 당혹스럽다고 생각했어. 도무지 줄거리를 이해할 수가 없었어.
> (c) A: 줄거리에 많은 등장인물과 부차적인 이야기들이 들어 있기는 하지만, 사실 꽤 단순해.
> (d) B: 하지만 난 그 프로그램을 처음 보는 사람들을 위해 상황 설명을 더 잘 해줘야 한다고 생각해.

해설

두 번째 문장의 I found it quite perplexed에 목적격보어로 쓰인 perplexed(당황한)는 사람에 대해서만 사용하므로 it(TV 프로그램)의 특성을 나타낼 목적격보어로 어울리지 않는다. 이 프로그램이 사람들을 당황하게 만드는 주체이므로 능동을 나타내는 현재분사 perplexing으로 바뀌야 알맞다. 따라서 (b)가 정답이다.

어휘

episode (방송 등의) 1회분 **to be honest** 솔직히 **find + A + 형용사**: A가 ~하다고 생각하다 **quite** 꽤, 상당히 **perplexed** (사람이) 당혹스러운, 당황한 **figure out** ~을 이해하다, 알아내다 **sub-plot** 부차적인 이야기, 작은 줄거리 **actually** 사실은 **pretty** 꽤, 아주 **straightforward** 단순한, 간단한 **do a better job of -ing** 더욱 제대로 ~하다 **explain** ~을 설명하다

정답 (b) perplexed → perplexing

18.

> (a) A: 내가 일하는 매장의 신임 매니저는 좋은 분 같아.
> (b) B: 그래? 오늘 막 근무를 시작하셨는데. 그걸 어떻게 알아?
> (c) A: 그게, 똑똑하고 재미있으신데다, 교양도 갖추신 것 같아.
> (d) B: 듣고 보니 정말로 좋은 분이신 것 같구나.

해설

(c)에서 교육을 받아서 교양을 갖춘 상태를 educating이라고 표현했다. 그런데 동사 educate는 타동사이므로 목적어가 주어일 때 수동태가 되어야 한다. 그러므로 현재분사 educating을 과거분사 educated로 바꿔야 한다. 따라서 (c)가 정답이다.

어휘

seem to be ~인 것 같다(=look like, sound like) **kind of** 약간, 다소 **educated** 교양을 지닌, 교육받은 **definitely** 분명히, 확실히

정답 (c) educating → educated

19.

(a) 어렸을 때, 내가 살던 마을에는 독서 공간에 영화관이 딸려 있던 공공 도서관이 있었다.

(b) 그래서 시간 여유가 날 때, 난 그곳에 가서 아주 다양한 외국 영화와 독립 영화를 보곤 했다.

(c) 영화의 세계에 이렇게 일찍 노출되면서 영감을 받은 나는 영화 평론가로서의 경력을 추구하게 되었다.

(d) 거의 30년이 지난 지금, 나는 어린 시절에 영화가 지닌 마술을 발견할 기회를 갖게 된 것을 감사하게 여기고 있다.

해설

첫 번째 문장에서 a cinema는 사람에 의해 추가되는 대상에 해당되므로 이를 수식하는 현재분사 attaching이 수동의 의미를 나타낼 수 있도록 과거분사 attached로 바뀌어야 한다. 따라서 (a)가 정답이다.

어휘

attached to ~에 딸려 있는 would (과거에) ~하곤 했다 a wide range of 아주 다양한 independent 독립적인 exposure to ~에 대한 노출 inspire A to do: A에게 ~하도록 영감을 주다 pursue ~을 추구하다 critic 평론가 be thankful for ~에 대해 감사하다 opportunity to do ~할 기회 discover ~을 발견하다

정답 (a) attaching → attached

20.

(a) 가룟 유다는 기독교 신자들 사이에서 논란이 많은 인물로 남아 있다.

(b) 신약 성서에 따르면, 유다는 예수에게서 선택 받은 12명의 제자들 중 한 명이었다.

(c) 그는 흔히 돈을 댓가로 예수를 배신한 것에 대해 멸시받고, 이는 마가복음에 처음으로 묘사되었다.

(d) 하지만 일부 학자들은 결국 예수의 십자가 처형과 인류의 구원이라는 결과를 가져 온 유다의 행동을 칭찬하고 있다.

해설

두 번째 문장에 이미 문장의 동사 was가 있으므로 보아 one of the twelve 뒤에 또 다른 동사 chose가 쓰일 수 없다. 이 동사는 disciples of Jesus를 수식하는 분사의 형태로 바뀌어야 하는데, 예수에 의해 선택된 사람들을 뜻하므로 수동의 의미인 과거분사 chosen으로 바꿔야 알맞다. 따라서 (b)가 정답이다.

어휘

remain + A: A로 남아 있다, A로 유지되다 controversial 논란이 많은 figure 인물 among ~사이에서 follower 추종자, 신도 Christianity 기독교 according to ~에 따르면 New Testament 신약 성서 chosen 선택된 disciple 제자 be despised for ~로 멸시받다 betrayal 배신 in return for ~을 댓가로 describe ~을 묘사하다, 설명하다 Gospel of Mark 마가복음 however 하지만 scholar 학자 praise A for B: B에 대해 A를 칭찬하다 eventually 결국 result in ~의 결과를 낳다 crucifixion 십자가 처형 salvation 구원 humanity 인류

정답 (b) chose → chosen

UNIT 07 분사구문

기출맛보기 본문 p. 247

1. (c) **2.** (c)

1.

A: 요즘 부쩍 담배를 많이 피네요. 담배를 끊을 방법이 없을까요?

B: 흡연에 대한 유혹을 극복하기 위해선, 철저한 자기수양과 매우 강한 의지가 있어야만 해요.

해설

주절 앞 빈칸 자리에 들어갈 분사구문이나 부정사를 선택하는 가장 좋은 방법은 해석이다. 분사구문은 '시간, 조건, 양보, 원인' 등 다양한 해석을 가지고, to부정사가 문두에 위치할 경우 목적으로 해석된다. 이 문장에서는 빈칸의 내용이 흡연 유혹을 이겨내는 목적을 나타내므로 to부정사를 사용해야 하며, 주절과 같은 시점을 나타내므로 완료부정사가 아니라 단순부정사를 사용해야 한다. 따라서 정답은 (c)이다.

어휘

cigarette 담배 give up ~을 포기하다 overcome ~을 극복하다 temptation 유혹 strict 철저한, 엄격한 self-discipline 단련, 수련 will n. 의지

정답 (c)

2.

어느 후보가 당선될지 예측할 방법이 없어서, 우리는 그저 상황의 추이를 지켜보고 있었다.

해설

일반적으로 명사 앞에 some, any, no, many 등 수량 표현이 오면 there is 구문을 사용한다. no way라는 단서를 통해 원래 there is 구문이었다는 것을 알 수 있고, 이것을 분사구문으로 전환하면, there being이 된다. 따라서, 정답은 (c)이다. there가 생략되지 않는 것에 유의한다.

어휘

predict ~을 예측하다 candidate 후보자 elect 선출하다 situation 상황

정답 (c)

기출 Check-up TEST 본문 p. 248

Part 1	**1.** (a)	**2.** (b)	**3.** (c)	**4.** (a)	**5.** (c)
	6. (d)	**7.** (a)	**8.** (b)		
Part 2	**9.** (c)	**10.** (d)	**11.** (b)	**12.** (a)	**13.** (c)
	14. (b)	**15.** (b)	**16.** (d)		
Part 3	**17.** (b)	**18.** (a)	**19.** (b)	**20.** (a)	

1.

> A: 데브라에게 직원 휴게실에 있는 도넛에 대해 얘기하지 않는게 낫겠어요.
> B: 그녀의 식습관을 고려하면, 그게 당연하지요.

해설
빈칸 뒤에 위치한 the way she eats는 관계부사절로서 접속사 없이 주절과 연결되려면 명사인 the way 앞에 전치사 또는 to부정사가 필요하다. 그런데 '그녀의 식습관'이 놀라지 않는 근거가 되므로 '~을 감안하면, ~을 고려하면'이라는 뜻으로 사용하는 전치사 (a) Considering이 정답이다. to부정사인 (b)는 '~하기 위해'라는 목적의 의미이므로 연결이 자연스럽지 않다.

어휘
would rather not do ~하지 않는 게 좋겠다 **staff room** 직원 휴게실 **the way + 주어 + 동사**: ~하는 방식 **I'm not surprised** 당연하다, 놀랍지도 않다 **considering** 고려하면, ~을 감안하면 **consider** ~을 고려하다

정답 (a)

2.

> A: 이 우유를 얼마나 오래 보관할 수 있죠?
> B: 적절히 보관되면, 두 달까지는 마시는 데 문제가 없을 겁니다.

해설
동사 preserve는 목적어를 필요로 하는 타동사인데, 빈칸 뒤에 목적어가 없으므로 수동태가 되어야 하고, 이미 문장의 동사 will be가 있으므로 준동사 형태가 되어야 한다. 따라서, 과거분사의 형태로 분사구문의 기능을 하는 (b) Preserved가 정답이다.

어휘
accordingly 적절하게, (기준 등에) 알맞게 **good to drink** 마셔도 되는 **within** ~ 이내에 **preserve** ~을 보존하다, 관리하다

정답 (b)

3.

> A: 왜 제니한테 화가 난 거예요?
> B: 창문 중의 하나를 또 열어 놓는 바람에 외풍이 들어 오게 만들었거든요.

해설
이미 문장의 동사 left가 있는 상태에서 접속사와 주어 없이 또 다른 동사 allow가 쓰이려면 분사의 형태가 되어야 한다. 또한, 동사 allow는 'allow + 목적어 + to do'의 구조로 쓰이는데, 빈칸 뒤에 이 구조가 존재하므로 능동태인 현재분사 (c) allowing이 정답이다.

어휘
be mad at ~에게 화가 나다 **leave + A + 형용사**: A를 ~한 상태로 만들다, 남기다 **allow A to do**: A가 ~하게 하다, 만들다 **cold**

draft 외풍, 찬바람

정답 (c)

4.

> A: 오늘 아침에 제 제안서를 검토해 보셨어요?
> B: 네, 사무실로 걸어 오면서 읽었어요.

해설
주어가 없는 상태에서 접속사 while과 동사가 바로 결합하려면 분사의 형태가 되어야 하며, 이때 주절의 주어와 능/수동 관계를 확인해야 한다. 동사 walk가 자동사로 사용되었으므로 능동태 현재분사인 (a) walking이 정답이다.

어휘
look over ~을 검토하다, 살펴 보다 **proposal** 제안(서) **while** ~하는 동안

정답 (a)

5.

> A: 발리에 가는 게 신나니?
> B: 아니. 난 그 섬을 여러 번 방문해봐서 지겨워.

해설
many times가 과거에 계속된 경험을 나타내므로 주절과 명백한 시점 차이가 존재하여 분사구문의 시제는 단순시제보다 앞선 완료시제 형태가 되어야 한다. 그리고 뒤에 목적어를 동반하므로 빈칸은 능동태이다. 두 가지를 종합하면 완료분사 구문인 (c) Having visited가 정답이다.

어휘
be excited about ~ 때문에 신이 나다, 흥분되다 **be tired of** ~에 싫증나다, 지겹다

정답 (c)

6.

> A: 손은 왜 그렇게 된 거야?
> B: 오븐에서 피자를 꺼내다가 실수로 데었어.

해설
빈칸 앞에 이미 주동사 burned가 있으므로 접속사 없이 연결되는 또 다른 동사 pull은 준동사의 형태가 되어야 한다. 따라서 손을 데인 것과 피자를 꺼내는 순간이 동시이므로 현재분사인 (d) pulling이 정답이다.

어휘
What happened to ~? ~은 왜 그런 거야?, ~에 무슨 일이 있었어? **accidentally** 실수로, 우연히 **burn** ~을 태우다 **pull A out of B**: B에서 A를 꺼내다

정답 (d)

7.

A: 이 텐트가 폭풍이 몰아쳐도 잘 버틸 것 같은가요?
B: 그럼요. 괜찮은 텐트는, 제대로 조립될 때, 정말 강한 바람도 견뎌낼 수 있어요.

해설
주어가 없는 상태에서 접속사 When과 동사가 바로 결합하려면 분사의 형태가 되어야 하며, 이때 주절의 주어와 능/수동 관계를 확인해야 한다. 사물 명사인 a decent tent는 사람에 의해 조립되는 대상이므로 수동의 의미를 나타내는 과거분사 (a) assembled가 정답이다.

어휘
hold together 온전하게 유지되다 Absolutely (강한 긍정이나 동의) 그럼요, 물론이죠 properly 제대로, 적절히 decent 괜찮은, 준수한 withstand ~을 견디다 assemble ~을 조립하다

정답 (a)

8.

A: 제이미가 오늘 조금 조용한 것 같지 않아?
B: 어제 처음 만나서, 변화를 알 만큼 그녀를 잘 알지는 못해.

해설
절을 수식하는 준동사구로는 목적을 나타내는 to부정사구와 이유, 시간 등을 나타내는 분사구문이 있다. 그런데 어제 처음 만난 것은 잘 알지 못하는 이유라고 할 수 있으므로, 분사구문이 빈칸에 와야 한다. 따라서, 분사구문의 형태를 지닌 (b) Having only met her yesterday가 정답이다.

어휘
seem + 형용사: ~한 것처럼 보이다 a little 조금, 약간 well enough to do ~할 만큼 충분히 잘 notice v. ~을 알아 차리다, 의식하다

정답 (b)

[Part 2]

9.

50년 넘게 결혼 생활을 해 왔기 때문에, 앵거스와 케시는 이심전심으로 서로를 거의 잘 알 수 있다.

해설
기간을 나타내는 for over 50 years와 어울려 결혼한 상태가 유지되어 온 것을 나타내야 하므로, 타동사 marry가 수동태 형태가 되어야 한다. 그런데 결혼한 것은 과거이고 주절은 가능성을 나타낼 때 사용되는 could를 사용하여 현재의 상황을 나타내고 있으므로 완료시제 분사구문이 되어야 한다. for over 50 years만 보고도 완료시제임을 직감해야 한다. 동사 get을 사용한 (b)와 be동사를 사용한 (c) 중에서 상태를 나타내는 be동사를 포함한 (c) Having been married가 정답이다. get married는 결혼하는 행위를 나타내므로 장기간의 시

간 부사와 논리적으로 어울리지 않는다.

어휘
over ~가 넘는 finish each other's sentences 이심전심으로 잘 통하다 get married 결혼하다

정답 (c)

10.

절반이 넘는 인력을 해고한 라스파일 제조사는 생산 목표를 달성하는 데 큰 어려움을 겪고 있다.

해설
문장의 동사 is struggling을 통해 현재 어려움을 겪고 있음을 알 수 있는데, 이는 직원을 해고한 것에 따른 결과이므로, 해고 시점은 과거가 되어야 한다. 따라서 주절의 동사보다 이전의 시점을 나타내는 완료시제가 결합된 분사구문이 쓰여야 하므로 이 형태에 해당되는 (d) Having laid off가 정답이다.

어휘
over ~가 넘는 struggle to do ~하는 데 큰 어려움을 겪다, ~하기 위해 발버둥치다 meet ~을 충족하다, 달성하다 production 생산 lay off ~을 해고하다

정답 (d)

11.

많은 도로가 눈보라에 의해 막히자, 시장은 모든 공립학교를 그날 하루 동안 폐쇄했다.

해설
문장에 접속사가 사용되지 않으므로 주동사 closed 외의 동사는 준동사가 되어야 한다. 따라서 빈칸의 동사는 준동사가 되어야 하므로 현재분사 형태인 (b) being이 정답이다. 참고로, 분사구문에서 분사구문의 주어가 주절의 주어와 다른 경우에 분사구문의 주어를 생략하지 않고 이 문제처럼 분사 앞에 남겨놓는다.

어휘
block ~을 막다, 차단하다 snowstorm 눈보라 mayor 시장 close ~을 폐쇄하다, 문을 닫다 public school 공립학교 for the day 당일 하루

정답 (b)

12.

선도적인 기술 회사들의 생산품과 비교해 볼 때, 퓨처랙스 사의 제품들은 혁신성이 부족하다.

해설
빈칸에서 콤마까지는 주절에서 말하는 혁신성 부족의 근거가 되어야 알맞으므로 목적을 나타내는 to부정사가 아닌, 원인을 나타내는 분사구문이 되어야 한다. 이때 주절의 주어와 능/수동 관계를 확인해야 하는데, 사물 명사인 products는 사람에 의해 검토되는 대상이므로 수

동의 의미를 나타내는 과거분사 (a) Viewed가 정답이다.

어휘
in comparison to ~와 비교해, ~에 비해 **output** 생산(품), 생산량 **leading** 선도하는, 앞서가는 **firm** 회사 **lack in** ~면에서 부족하다 **innovation** 혁신(성) **view** ~을 보다, ~라고 여기다

정답 (a)

13.

> 수 개월 동안 소문이 돈 상태에서, 솔라리스 소프트웨어 사가 새로운 게임을 발표했을 때 누구도 놀랍게 느끼지 않았다.

해설
전치사 with는 'with + 사물 목적어 + 과거분사'의 구조로 쓰여 '~가 …된 채로, ~가 …되면서'처럼 원인이나 동시 상황 등을 나타낸다. 그런데 소문이 돈 것은 게임을 발표한 것보다 이전에 시작된 일이므로, 분사구문의 시제가 주절의 시제보다 앞서는 과거분사 형태가 되어야 한다. 따라서 (c) having been rumored가 정답이다.

어휘
with A p.p.: A가 ~되는 가운데 **for several months** 수 개월 동안 **it comes as no surprise to A** ~은 A에게 놀라운 일이 아니다 **announce** ~을 발표하다 **be rumored** 소문이 돌다

정답 (c)

14.

> 할인 가격으로 많은 물건을 구입한 뒤에 짐의 무게를 감안해, 쉴라는 걸어 가지 않고 택시를 타고 귀가하기로 결정했다.

해설
주절 앞에 위치한 콤마 부분까지 '명사 + 수식어구'로 구성된 하나의 명사구 구조를 이루고 있으므로 이 명사구를 목적어로 취하는 전치사 (b) Given이 정답이다. Given이 분사구문에서 유래하여 전치사 또는 접속사로 쓰인다는 점을 꼭 기억해 두자.

어휘
weight 무게 **luggage** 짐, 수하물 **purchase** ~을 구입하다 **at reduced prices** 할인된 가격에 **decide to do** ~하기로 결정하다 **take a cab home** 택시를 타고 집에 가다 **instead of** ~하는 대신 **given** ~을 감안해, ~을 고려하여

정답 (b)

15.

> 우리의 새로운 웹사이트를 개발중인 기술부 직원들은 최대한 주의를 기울여 고객 설문 자료를 다루어야 합니다.

해설
이미 문장의 동사 should be handled가 있는 상태에서 접속사와 주어 없이 또 다른 동사 develop이 쓰이려면 준동사의 형태가 되어야 한다. 그런데 빈칸 이하 부분은 기술부 직원들이 웹사이트를 개발한다

는 의미를 나타내므로 능동을 나타내는 현재분사 (b) developing이 정답이다.

어휘
customer 고객 **survey** 설문조사 **handle** ~을 다루다 **with the utmost care** 최대한 주의하여 **IT** 인터넷 기술 **staff** 직원 **develop** ~을 개발하다

정답 (b)

16.

> 그 아동 도서가 재미있고 다채로울 것으로 기대했던 우리 교사들은 그 책의 흑백 삽화에 실망스러워 했다.

해설
이미 문장의 동사 were disappointed가 있는 상태에서 접속사와 주어 없이 또 다른 동사 expect가 쓰이려면 준동사의 형태가 되어야 한다. 기대를 한 일이 실망한 일(were disappointed)보다 이전 시점이므로 목적을 나타내는 to부정사가 아니라 이미 발생했거나 현재 발생하는 일을 나타내는 분사구문이 와야 한다. 또한, 기대하는 일이 명백히 먼저 발생한 일이므로 완료시제 분사구문이 되어야 한다. 따라서 (d) Having expected가 정답이다.

어휘
expect A to do: A가 ~할 것으로 기대하다, 예상하다 **colorful** 다채로운, 화려한 **be disappointed by** ~에 실망하다 **black and white** 흑백 **illustration** 삽화

정답 (d)

[Part 3]

17.

> (a) A: 콜린 몬타규 씨가 막 레스토랑 부지배인으로 승진되셨어요.
> (b) B: 저도 그렇게 들었어요. 그분을 선택했다는 게 놀라워요, 그분의 결근 기록을 감안하면요.
> (c) A: 좋은 지적이에요. 제 생각엔 올해에 들어서만 최소한 다섯 번은 전화로 병가를 내신 것 같아요.
> (d) B: 뭐, 결국은 사장님과 친분을 유지하는 게 도움이 되는 것 같아요.

해설
두 번째 문장에서 his history of absences가 놀랍다고 생각한 근거가 되어야 알맞다. to consider를 '~을 감안하면, 고려하면'이라는 의미로 판단 기준을 나타낼 때 사용하는 전치사 considering으로 바꿔야 알맞다. 따라서 (b)가 정답이다.

어휘
receive a promotion 승진되다 **So I heard** 나도 그렇게 들었다 **be surprised (that)** ~에 놀라다 **choose** ~을 선택하다 **considering** ~을 감안하면, 고려하면 **absence** 결근, 결석 **call in sick** 전화로 병가를 내다 **at least** 최소한, 적어도 **since** ~ 이후로 **at the end of the day** 결국은, 요점은 **it helps to do** ~하는 게 좋다

18.

> (a) A: 내가 자랄 때, 아버지께서는 많은 시간을 들여서 내게 체스 두는 방법을 가르쳐 주셨어.
> (b) B: 아, 결국 그 게임의 도사가 된 거야?
> (c) A: 응, 심지어 몇몇 전국 대회에 참가해서 우승도 해 봤어.
> (d) B: 와! 언젠가 나한테 가르쳐 줄 수도 있겠다. 나도 꼭 배워 보고 싶거든.

해설

분사구문의 주어는 주절의 주어와 일치해야 한다. 그런데, 첫 문장에서 Growing up의 주어는 화자이고, 주절의 주어는 my father이다. 따라서 분사구문을 When I was growing up처럼 접속사절로 풀어서 주어를 밝혀 주어야 하므로 (a)가 정답이다.

어휘

grow up 자라다 **spend a lot of time −ing** ~하는 데 많은 시간을 소비하다 **teach A how to do**: A에게 ~하는 법을 가르치다 **eventually** 결국, 마침내 **become good at** ~을 잘 하게 되다 **even** 심지어 (~도) **competition** 경기 대회, 경연 대회

정답 (a) Growing up → When I was growing up

19.

> (a) 중국은 1978년에 시장 개혁을 시작한 이후로 빠른 경제 성장 및 사회 발전의 시기를 경험했다.
> (b) 중국의 성장을 부러워한 다른 많은 국가들은 중국의 선례를 따르려고 시도해왔다.
> (c) 다른 여러 아시아 국가들이 경제 번영을 자랑하고 있지만, 세계 경제에서의 역할에 있어서 중국과 맞설 수 있는 나라는 없다.
> (d) 실제로, 중국은 2008년의 세계 금융 위기 이후로 세계 경제 성장에 가장 큰 기여를 한 국가로 잘 알려져 왔다.

해설

두 번째 문장에서, 주어 Numerous other nations가 중국의 성장을 부러워한 주체이며 타동사 envy의 목적어가 뒤에 나오므로 수동의 envied를 능동의 현재분사 envying으로 바꿔야 한다. 따라서 (b)가 정답이다.

어휘

experience ~을 겪다, 경험하다 **economic growth** 경제 성장 **development** 발전, 개발 **since** ~ 이후로 **initiate** ~을 시작하다 **reform** 개혁 **numerous** 수많은 **attempt to do** ~하려 시도하다 **follow in** ~을 따르다 **while** ~이기는 하지만, ~인 반면 **boast** ~을 자랑하다 **thriving** 번성하는, 번영하는 **rival** v. ~에 맞서다, 필적하다 **in terms of** ~와 관련해, ~의 측면에서 **indeed** 실제로, 사실 **be noted as** ~로서 잘 알려지다 **contributor** 기여자, 공헌자 **financial crisis** 금융 위기

정답 (b) envied → envying

20.

> (a) 사람 얼굴을 그리려면, 큰 원을 스케치하는 것으로 시작해 그 밑에 턱을 그릴 수 있는 가로선을 그리십시오.
> (b) 그런 다음에 얼굴의 중앙 부분을 통과하는 가로선을 하니 더 추가한 후, 이 선 위에 눈을 추가하시면 됩니다.
> (c) 코를 그리기 위해서는, 두 눈 사이로 아래쪽에 적당한 거리를 두고 위치시키십시오.
> (d) 마지막으로, 눈썹과 머리카락 같은 다른 특징들을 비롯해 입과 두 귀를 얼굴에 추가하시면 됩니다.

해설

첫 번째 문장에서 스케치를 하고 선을 긋는 것은 얼굴 그리기의 첫 단계이다. 그러므로 동시 상황을 나타내는 분사구문 Drawing a human face(사람 얼굴을 그리면서)가 아닌 목적을 나타내는 to부정사 구문 To draw a human face(사람 얼굴을 그리려면)가 되어야 알맞다. 따라서 (a)가 정답이다.

어휘

draw ~을 그리다 **start by** ~함으로써 시작하다 **horizontal** 가로의, 수평의 **below** ~ 아래에 **chin** 턱 **then** 그 다음, 그 후에 **add (A to B)** (A를 B에) 추가하다 **through** ~을 통과해 **position** v. ~을 위치시키다 **in between** ~ 중간에, ~ 사이에 **suitable** 적절한, 적합한 **distance** 거리 **finally** 마지막으로 **as well as** ~을 비롯해, ~뿐만 아니라 **feature** n. 특징 **such as** 예를 들면 **eyebrow** 눈썹

정답 (a) Drawing → To draw

UNIT 08 to부정사 & 동명사

기출맛보기   본문 p. 259

1. (c)   **2.** (b)

1.

> A: 라스베이거스로 떠난 가족 여행은 어땠어?
> B: 진이 다 빠놓을 정도였어. 여행 중에 명소마다 다 멈춰서 구경을 했거든.

해설

여행 중에 멈춘 것은 관광명소를 보려는 목적이므로 목적을 나타내는 to부정사가 와야 하므로 (c) to look이 정답이다. 참고로, 'stop + 동명사'는 '~하던 것을 멈추다'라는 뜻이다.

어휘

family trip 가족 여행 **exhausting** 진을 빼는 **keep −ing** 계속해서 ~하다 **attraction** 관광명소 **along the way** ~하는 과정에 **look at** ~을 보다

정답 (c)

2.

> A: 오랫동안 저희 가족을 잘 도와 주셔서 감사 드립니다.
> B: 제 도움이 인정을 받으니 좋네요.

해설
동명사의 의미상 주어는 소유격을 쓰는 것이 원칙이므로 (b) my가 정답이다.

어휘
supportive 도와주는, 지지하는 **over the years** 수년 간 **help out** 돕다 **appreciate** ~을 인정하다, 평가하다, 감사하다

정답 (b)

기출 Check-up TEST   본문 p. 260

Part 1	**1.** (a)	**2.** (b)	**3.** (b)	**4.** (c)	**5.** (b)
	6. (c)	**7.** (c)	**8.** (b)		
Part 2	**9.** (d)	**10.** (b)	**11.** (b)	**12.** (b)	**13.** (b)
	14. (a)	**15.** (b)	**16.** (c)		
Part 3	**17.** (c)	**18.** (c)	**19.** (d)	**20.** (c)	

[Part 1]

1.

> A: 개리스가 혹시 안내 데스크에 있는 배송품을 찾았나요?
> B: 지금 그걸 개봉하고 있는 것 같아요.

해설
빈칸 앞에 위치한 동사 happen은 to부정사와 결합해 '혹시 ~하다' 라는 의미를 나타내므로 (a) to see가 정답이다.

어휘
happen to do 혹시 ~하다 **package** 배송품, 소포 **reception desk** 안내 데스크, 접수 데스크

정답 (a)

2.

> A: 테리 씨의 태도에 대해 제가 뭘 더 할 수 있을지 모르겠어요.
> B: 그를 해고하는 게 유일하게 남아 있는 선택지인 것 같네요.

해설
동사 think의 목적어 역할을 하는 명사절에서 주어 자리에 들어갈 동사 형태를 묻는 문제이다. to부정사와 동명사 모두 주어 역할이 가능하지만, to부정사는 추상적(철학적)인 일을, 동명사는 현실적(일상적)인 일을 나타낸다. 이 문장에서는 현실적으로 해고하는 일을 나타내야 하므로 동명사 (b) firing이 정답이다.

어휘
attitude 태도 **fire** v. ~를 해고하다 **left** 남아 있는

정답 (b)

3.

> A: 우리와 함께 극장에 갈 계획이야?
> B: 아니, 체육관에서 너무 지쳐서 갈 수가 없어.

해설
빈칸 앞의 'too + 형용사'와 어울리는 구조가 되어야 하므로 '~하기에 너무 …한'이라는 부정적 의미를 나타내는 (b) to go가 정답이다.

어휘
plan to do ~할 계획이다 **too A to do**: ~하기에 너무 A한, 너무 A해서 ~할 수 없는 **exhausted** 녹초가 된, 너무 지친

정답 (b)

4.

> A: 머큐리 밴드 콘서트에 갈 생각이 있어?
> B: 아니. 난 라이브 밴드를 구경하는 게 그렇게 흥미롭다고 생각한 적이 전혀 없어.

해설
동사 find(여기서 found는 과거분사)는 'find + 목적어 + 목적격보어'의 구조로 쓰이는데, 준동사를 목적어로 취할 때 동명사 형태만 가능하다. 완료시제인 (b)와 일반시제인 (c) 중에서, B가 언급한 라이브 밴드 구경은 과거의 사건이 아니라 일반적인 경험을 가리키므로, 현재완료시제가 아닌, 일반시제 동명사 (c) watching이 정답이다.

어휘
be interested in ~에 관심이 있다 **would rather not** ~하고 싶지 않다 **find + A + 형용사**: A가 ~하다고 생각하다 **interesting** 흥미롭게 만드는, 흥미를 주는

정답 (c)

5.

> A: 집에서 만든 메이플 시럽이 왜 그렇게 비싼 거야?
> B: 생산자들이 단풍나무에서 수액을 추출하는 게 어렵고 시간이 많이 걸리기 때문이야.

해설
'it is difficult and time-consuming for + 사람' 구조를 보면 가주어/진주어 구문임을 알 수 있다. 따라서, 진주어 기능을 하는 (b) to extract가 정답이다.

어휘
cost much 비용이 꽤 들다 **homemade** 집에서 만든 **maple** 단풍나무 **it is difficult for A to do**: A가 ~하는 것이 어렵다 **time-consuming** 시간이 많이 드는 **producer** 생산자 **sap** 수액 **extract** ~을 추출하다

정답 (b)

6.

> A: 왜 차 기름이 다 떨어졌는지 알아냈어요?
> B: 네. 제 아들이 말도 없이 차를 썼다고 자백했어요.

해설

'잘못을 시인하다'라는 의미인 동사 admit는 잘못한 행위 앞에 전치사 to를 사용한다. 이때 전치사 to 뒤에 동명사가 위치해야 하므로 (c) having used가 정답이다. 그런데, 동사 admit을 want처럼 to부정사를 취하는 동사로 착각하고 동사원형을 고르게 되면 (a), (c), (d) 중에서 시제를 따지는 함정에 빠지게 되므로 주의해야 한다.

어휘

find out ~을 알아내다, 파악하다 **out of** ~이 떨어진, ~을 다 쓴 **admit to** ~했다고 시인하다 **without -ing** ~하지 않고

정답 (c)

7.

> A: 우리가 직접 리조트 예약을 변경할 수 있나요, 아니면 테넌트 씨가 필요한가요?
> B: 그와 먼저 상의하지 않고는 변경할 수 없을 거예요.

해설

전치사 with와 마찬가지로 without도 'without + 목적어 + 분사'의 구조로 쓰인다. 테넌트 씨가 동사 consult의 목적어이므로 분사는 수동을 나타내는 과거분사 형태가 되어야 하므로, 이 구조에 해당되는 (c) him being consulted first가 정답이다.

어휘

reservation 예약 **oneself** (부사적으로) 직접, 스스로 **be able to do** ~할 수 있다 **without A p.p.**: A가 ~되지 않은 상태로 **consult** ~와 상의하다

정답 (c)

8.

> A: 내가 듣기로는 알렉스 집에 두 사람이 새로 들어 와서 살고 있다던데. 모두 사이 좋게 잘 지내나요?
> B: 분명 그런 것 같아요. 그는 다른 사람들과 같이 생활하는 것에 익숙하거든요.

해설

be used to는 동명사와 결합해 '~하는 데 익숙하다'라는 의미를 나타내므로 (b) living이 정답이다. '과거에 ~하곤 했다'라는 의미를 나타내는 used to do와 혼동하지 않도록 주의해야 한다.

어휘

housemate 동거인, (가족이 아닌) 한 집에 같이 사는 사람 **get on well** 사이 좋게 잘 지내다 **be used to -ing** ~하는 데 익숙하다

정답 (b)

[Part 2]

9.

> 데릭은 자신의 심리치료사가 가지 말라고 강력히 권했음에도 불구하고, 전처의 결혼식에 참석하기로 결정했다.

해설

동사 urge는 'urge + 목적어 + to do'의 구조로 쓰이며, to do 부분을 부정하는 의미를 나타낼 때는 to 앞에 not을 붙인다. 따라서 이와 같은 구조로 된 (d) urged him not to가 정답이다. 참고로 to 뒤에 앞선 문장에서 언급된 attend를 반복하지 않기 위해 생략했다.

어휘

decide to do ~하기로 결정하다 **ex-wife** 전처 **even though** ~에도 불구하고, 비록 ~이기는 하지만 **psychotherapist** 심리치료사 **urge A (not) to do**: A에게 ~하도록(하지 않도록) 강력히 권고하다

정답 (d)

10.

> 휠체어를 사용하고 계시기 때문에 직원이 도와 드리기를 원하신다면, 미리 경기장에 전화 주시기 바랍니다.

해설

would like는 'would like to do' 또는 'would like + 목적어 + to do'의 구조로 쓰이며, 이 문장은 두 번째의 경우에 해당되므로 (b) to assist가 정답이다. (d)는 '직원이 도와 주는 중이길 원한다면'이라는 어색한 의미가 되므로 오답이다.

어휘

would like A to do: A가 ~하기를 원하다 **in advance** 미리, 사전에 **assist** ~을 돕다

정답 (b)

11.

> 케빈은 미나가 그의 개를 돌봐주는 대가로 그녀가 영어 공부하는 것을 돕겠다고 제안했다.

해설

동사 offer는 3형식으로 사용될 때 'offer + 명사/to부정사' 또는 4형식으로 사용될 때 'offer + 사람(간접목적어) + 사물(직접목적어)'의 형태로 사용된다. 이 문장은 offer 뒤에 동사의 형태를 고르는 형태이므로 3형식으로 사용되었다. 따라서 to부정사인 (b) to help가 정답이다.

어휘

offer to do ~하겠다고 제안하다 **in return for** ~의 대가로 **take care of** ~을 돌보다

정답 (b)

12.

> 마이크는 어렸을 때부터 줄곧 군 복무를 원했었다.

해설
동사 want는 3형식으로 사용될 때 'want + 명사/to부정사' 또는 4형식으로 사용될 때는 'want + 사람(간접목적어) + to부정사'의 형태로 사용된다. 이 문장은 want 뒤에 동사의 형태를 고르는 형태이므로 3형식으로 사용된 것이다. 따라서 to부정사 (b)와 (d) 둘 중에 골라야 한다. to부정사는 앞으로 할 일을 나타내는 미래의 의미로 현재완료인 has wanted 이후의 시점이 되어야 하므로 (b) to serve가 정답이다.

어휘
serve in the military 군에서 복무하다 **ever since** ~한 이래로 줄곧

정답 (b)

13.

> 많은 직원들이 성과 기반의 급여 체계를 채택하겠다는 회사의 결정에 반대했다.

해설
빈칸 앞에 위치한 명사 decision은 to부정사와 결합하므로 (b) to adopt가 정답이다.

어휘
oppose ~에 반대하다 **decision to do** ~하겠다는 결정 **performance** 성과, 실적, (수행) 능력 **A-based**: A 기반의, A 중심의 **salary** 급여 **adopt** ~을 채택하다

정답 (b)

14.

> 채식주의자인 친구가 함께 저녁식사를 하기로 결정했기 때문에, 베티는 남자친구가 그가 선택한 식당을 변경하기를 바랐다.

해설
동사 want는 'want + 목적어 + to do'의 구조로 목적어가 하기를 바라는 것을 나타내므로, 목적어 뒤에는 to부정사 형태인 (a) to change가 정답이다. 이외에도, 동사 want는 'want + 목적어 + 형용사'의 구조나 'want + 목적어 + 분사(-ed/-ing)'의 구조로도 잘 쓰인다.

어휘
vegetarian 채식주의자 **decide to do** ~하기로 결정하다 **come for** ~하러 가다, 오다 **want A to do**: A가 ~하기를 원하다

정답 (a)

15.

> 호텔에 도착하자마자, 셰릴 씨는 실제로 챙겨야 했던 것보다 더 많은 옷가지를 챙겼다는 것을 알게 되었다.

해설
빈칸이 속한 than절은 비교 대상의 의미로서 '실제로 챙겨야 했던 것보다'라는 뜻이 되어야 알맞다. 따라서 needed to pack clothes에서 이미 언급된 pack clothes를 반복하지 않기 위해 생략한 형태에 해당되는 (b) needed to가 정답이다. (c)는 현재 시점과 관련된 현재완료시제이므로 주절의 동사가 과거인 이 문장에 맞지 않는다.

어휘
upon -ing ~하자마자 **arrive at** ~에 도착하다 **realize that** ~임을 알게 되다 **pack** (짐 등) ~을 꾸리다, 챙기다 **actually** 실제로

정답 (b)

16.

> 공중 위생 관리들은 주방에 대한 상세한 점검을 완료한 끝에 그 레스토랑을 폐쇄시켰다.

해설
전치사 또는 접속사로 쓰이는 after 뒤에 동사가 없으므로 after가 전치사로 쓰였음을 알 수 있다. 빈칸 뒤의 명사구를 목적어로 취해야 하므로 동명사의 형태인 (c) completing이 정답이다.

어휘
public hygiene 공중 위생 **official** 당국자, 관계자, 공무원 **shut down** ~을 폐쇄하다 **detailed** 상세한 **inspection** 점검, 조사 **complete** ~을 완료하다

정답 (c)

[Part 3]

17.

> (a) A: 안녕, 마이크. 내가 듣기로는 네가 집을 팔아서 시내의 아파트를 구입했다고 하던데.
> (b) B: 진짜로 그랬어! 전에 살던 집보다 약간 더 작긴 하지만, 회사 다니기에 위치가 너무 편리해.
> (c) A: 그럴 것 같아. 그리고 아파트에서 생활하는 데 익숙해질 거라고 생각해.
> (d) B: 응. 이웃이 모두 아주 친절하고, 내가 잘 적응하도록 도와주었어.

해설
세 번째 문장에 쓰인 get used to는 동명사와 결합해 '~하는 데 익숙해지다'라는 의미를 나타내므로 live를 living으로 바꿔야 알맞다. 따라서 (c)가 정답이다.

어휘
sell ~을 팔다(과거형 sold) **a bit** 약간, 조금 **previous** 이전의, 과

거의 **location** 위치, 지점 **convenient** 편리한 **imagine** 이해하다 **I bet (that)** ~라고 생각하다 **get used to -ing** ~하는 데 익숙해지다 **neighbor** 이웃 **settle in** 적응하다, 자리를 잡다

정답 (c) getting used to live → getting used to living

18.

(a) A: 에이스 텔레콤의 고객 서비스부에 연결되셨습니다. 어떻게 도와 드릴까요?
(b) B: 안녕하세요, 제가 이메일로 중요한 파일을 보내야 하는데, 인터넷 연결이 끊겼어요. 수리 담당자를 보내 주시겠어요?
(c) A: 물론입니다. 저희가 그곳에 도착할 때까지 약 1시간 정도 감안해 주십시오. 기술자가 가는 도중에 전화를 드릴 겁니다.
(d) B: 정말 감사합니다. 이 파일이 앞으로 2시간 이내에 발송되어야 하는데, 시간이 충분할 것 같네요.

해설
세 번째 문장에 쓰인 동사 allow는 'allow + 사람 목적어 + to do' 또는 'allow + 목적어 + for 사람 + to do'의 구조로 쓰인다. 이 문장에서는 행위 주체가 포함된 구조가 되어야 알맞으므로, 두 번째 표현 구조에 해당되는 Please allow roughly one hour for us to get으로 바꿔야 한다. 따라서 (c)가 정답이다.

어휘
reach ~에게 연락이 닿다, ~에 연락하다 **assist** ~을 돕다 **connection** 연결 **repair** 수리 **allow** ~을 감안하다 **roughly** 약, 대략 **get there** 그곳으로 가다 **on one's way** 가는 도중에, 오는 도중에 **within** ~ 이내에

정답 (c) our getting there → for us to get there

19.

(a) 1800년대에 조지프 리스터가 수술 관행을 바꾸기 전까지, 많은 환자들이 입원해 있는 동안 사망하곤 했다.
(b) 대부분의 사망 환자들은 수술 후 감염으로 쓰러지곤 했는데, 이것을 '병동 열병'이라고 불렀다.
(c) 리스터는 청결도를 높이고 감염률을 낮추는 데 필요한 다양한 기법들을 실험했다.
(d) 그는 무균 수술 방식이라는 개념뿐만 아니라 수술 절차에 앞서 장비를 살균하는 과정까지 도입했다.

해설
마지막 문장에 쓰인 as well as는 앞의 the concept of에 연결되는 두 요소를 이어주는 등위접속사이며 연결되는 두 요소가 같은 유형이라야 한다. 그런데 to부정사는 전치사의 목적어로 사용되지 않으므로 to sterilize를 sterilizing으로 바꿔야 한다. 따라서 (d)가 정답이다.

어휘
transform ~을 바꾸다 **surgical** 수술의 **practice** 관행 **patient** 환자 **would** ~하곤 했다 **while** ~ 동안 **succumb to** ~로 쓰러지다, ~에 굴복하다 **post-surgery** 수술 후의 **infection** 감염 **be referred to as** ~라고 불리다 **ward** 병동 **fever** 열(병) **experiment with** ~을 실험하다 **various** 다양한 **technique**

기술, 기교 **cleanliness** 청결(도) **reduce** ~을 줄이다, 낮추다 **rate** 비율 **introduce** ~을 도입하다 **aseptic** 무균의 **method** 방식 **as well as** ~뿐만 아니라 **sterilize** ~을 살균하다, 소독하다 **equipment** 장비 **prior to** ~에 앞서, ~ 전에 **procedure** 절차

정답 (d) to sterilize → sterilizing

20.

(a) 식사 후에 배탈이 나거나 타는 듯한 느낌을 경험해 본 적이 있으시다면, 소화 불량을 겪는 것이다.
(b) 소화 불량의 증상은 환자들 사이에서 다양하게 나타나지만, 일반적으로 가벼운 위통, 과도한 가스, 그리고 메스꺼움이 포함된다.
(c) 의료 전문가들은 대부분의 경우에 소화 불량의 정확한 원인이 불분명하다는 점을 지적한다.
(d) 하지만 술과 담배, 카페인, 그리고 매운 음식을 피함으로써 소화 불량을 겪을 가능성을 낮출 수 있다.

해설
세 번째 문장에서 동사 point out의 목적어 역할을 하는 that절의 서술부가 to부정사로 제시되었고 동사가 빠져 있으므로, to be unclear를 is unclear로 바꿔야 알맞다. 따라서 (c)가 정답이다.

어휘
experience ~을 경험하다, 겪다 **upset stomach** 배탈 **burning sensation** 타는 듯한 느낌 **indigestion** 소화 불량 **symptom** 증상 **differ** 다르다, 차이가 나다 **among** ~ 사이에서 **sufferer** 환자 **typically** 일반적으로 **include** ~을 포함하다 **discomfort** 가벼운 통증 **excess** 과도한 **nausea** 메스꺼움 **professional** 전문가 **point out that** ~라는 점을 지적하다 **in most cases** 대부분의 경우에 **exact** 정확한 **cause** 원인 **however** 하지만 **lower** v. ~을 낮추다, 내리다 **by** (방법) ~함으로써 **avoid** ~을 피하다 **tobacco** 담배 **caffeine** 카페인 **spicy** 매운

정답 (c) to be unclear → is unclear

UNIT 09 한정사와 명사

기출맛보기   본문 p. 271
1. (a)   **2**. (a)

1.

규정에 따르면, 독립 하도급 업자들은 고용되어 일급으로 급여를 받는다.

해설
단위를 나타낼 때, 관용적으로 'by the + 단위 명사'를 사용한다. 따라서 정답은 (a)이다.

as a rule 규정상 **independent** 독립된 **contractor** 하도급 업자 **by the day** 일급으로, 일당으로

(a)

2.

> 연중 이맘때, 많은 사냥꾼들이 사슴과 기타 야생 사냥감을 잡기 위해 이 지역에 모입니다.

이 문장에서 game은 '놀이, 경기, 시합'의 뜻이 아니라 wild(야생의)와 어울려 '사냥감'이란 뜻으로 사용되었다. game이 '사냥감'이란 뜻으로 쓰이면 불가산 집합명사가 된다. 불가산명사는 (b)처럼 부정관사 a가 앞에 오거나 (c)와 (d)처럼 복수형 어미 s가 뒤에 붙지 않는다. 따라서 정답은 (a)이다.

at this time of year 연중 이맘때 **hunter** 사냥꾼 **gather** 모이다 **hunt** 사냥하다 **deer** 사슴 **wild game** 야생 사냥감

(a)

기출 Check-up TEST   본문 p. 272

Part 1	**1.** (b)	**2.** (a)	**3.** (a)	**4.** (b)	**5.** (b)
	6. (b)	**7.** (b)	**8.** (b)		
Part 2	**9.** (c)	**10.** (b)	**11.** (a)	**12.** (c)	**13.** (b)
	14. (b)	**15.** (c)	**16.** (d)		
Part 3	**17.** (d)	**18.** (a)	**19.** (b)	**20.** (c)	

[Part 1]

1.

> A: 교육 워크숍에 가실 계획이신가요?
> B: 물론이죠! 언제나 매우 유익한 행사잖아요.

빈칸 앞에 위치한 such는 'such + a(n) + 형용사 + 명사'의 구조로 사용되므로 이 구조를 만들 수 있는 (b) a beneficial이 정답이다.

plan to do ~할 계획이다 **training** 교육 **such + a(n) + 형용사**: 너무 ~한 **beneficial** 유익한, 이로운

(b)

2.

> A: 제가 100유로 지폐를 사용해도, 잔돈이 충분히 있으신가요?
> B: 뒤쪽 금고에서 잔돈을 가져와야 합니다만, 충분할 겁니다.

'잔돈, 거스름돈'을 의미하는 명사 change는 불가산명사로서 부

정관사 a를 쓸 수 없고, 복수형으로도 쓸 수 없으므로 (a) enough change가 정답이다. 어떤 특정한 잔돈을 의미하는 것이 아니므로 정관사 the도 올 수 없다.

bill 지폐 **safe** 금고 **in the back** 뒤쪽에

(a)

3.

> A: 제시, 저희와 함께 간단히 뭐 좀 먹으러 가실래요?
> B: 정말 그러고는 싶지만, 한 시간 후에 마감인 일이 있어요.

명사 work가 노동, 노력, 연구, 업무 등 불특정한 일을 나타낼 때는 불가산명사이고, 작품처럼 일의 결과물을 나타내면 가산명사이다. 빈칸은 불특정 업무를 가리키므로 불가산명사인 (a) work가 정답이다.

join ~와 함께 하다, ~에 합류하다 **a bite to eat** 간단한 식사 **due + 시점**: 마감시한이 ~인 **in an hour** 한 시간 후에

(a)

4.

> A: 이번 주말에 열리는 공예품 박람회에 함께 가자.
> B: 미안하지만, 난 이미 다른 계획을 세워 뒀어.

거절의 뜻으로 '다른 계획'이 있다고 말할 때는 other plans를 사용하므로 (b)가 정답이다. (c)의 another는 단수명사를 수식하므로 옳지 않으며 (d)의 any other는 의문문 또는 조건문에 사용하는 표현이므로 빈칸에 맞지 않는다.

craft 공예(품) **fair** 박람회, 축제 **together** 함께 **make a plan** 계획을 세우다

(b)

5.

> A: 네 남동생은 요즘 행동하는 게 어때?
> B: 여전히 골칫거리인데, 절대로 하라는 대로 하지 않아.

nuisance가 '골칫거리, 성가신 사람(일)'의 의미로 사용 될 때는 가산명사로 사용되므로 (b) a nuisance가 정답이다.

behave 행동하다, 처신하다 **nuisance** 골칫거리, 성가신 사람(일)

(b)

6.

A: 개별 식사 공간에는 얼마나 많은 사람들이 앉을 수 있나요?
B: 그 방은 수용 인원이 45인입니다.

'수용 인원, 수용 규모, 수용력, 정원' 등을 의미하는 불가산명사 capacity 뒤에 'of + 수용 인원'의 동격 전치사구가 사용되면 가산명사가 되어 have a capacity of의 구조로 쓰인다. 따라서 (b) a capacity가 정답이다.

be seated 자리에 앉다, 착석하다 **private** 개별의, 개인의, 사적인 **have a capacity of** 수용 인원이 ~이다, 정원이 ~이다

(b)

7.

A: 남아 있는 생수가 있나요?
B: 네, 언제든지 마지막 병을 가져 가세요.

마지막 남은 특정한 하나를 가리켜야 하므로 정관사 the가 포함된 (b) the last가 정답이다.

have A left: A가 남아 있다 **mineral water** 생수 **feel free to do** 언제든지 ~하세요, 마음껏 ~하세요

(b)

8.

A: 이 버스가 토르프 국립공원으로 곧장 가나요?
B: 아뇨, 페른리 터미널에서 버스를 갈아 타셔야 할 겁니다.

동사 change의 목적어 자리에 가산명사 bus의 적절한 형태가 와야 하므로 복수명사인 (b) buses가 정답이다. 임의의 버스를 나타내므로 특정한 것을 가리키는 정관사 the를 사용하지 않는다.

go directly to ~로 곧장 가다 **will need to do** ~해야 할 것이다

(b)

[Part 2]

9.

여름에 톰이 했던 시간제 일자리가 그의 저축 액수에 큰 변화를 주지는 못했다.

'~을 변화시키다, 차이를 만들다'라는 의미를 나타낼 때는 make a difference와 같이 부정관사 a와 함께 사용하며, 강조의 의미를 나타내는 much of가 추가될 때는 관사 앞에 사용하므로 이와 같은 구조를 만들 수 있는 (c) much of a가 정답이다.

over ~ 동안에 걸쳐 **make much of a difference to** ~에 큰 변화를 주다, ~를 크게 변화시키다 **savings** 저축액

(c)

10.

최종 결선에 오른 100가지 음식들 중에서, 인도네시아 볶음밥이 전 세계에서 가장 맛있는 음식으로 선정되었다.

'100'을 의미하는 hundred는 단수 취급하는 명사이며, a나 one 등의 수사를 붙여 사용하므로 (b) one hundred가 정답이다. '수백 명의, 수백 개의'처럼 막연히 많은 것을 가리킬 때는 hundreds of처럼 복수형으로 사용한다.

out of ~ 중에서 **shortlist** ~을 최종 목록에 올리다 **be voted A**: A로 선정되다 **tasty** 맛있는

(b)

11.

젊은이들은 사생활 문제에 관한 한, 종종 손위 형제들이 조언을 줄 것이라고 기대한다.

선택지에 제시된 명사 guidance는 advice와 마찬가지로 셀 수 없는 명사이므로 복수형으로 사용하거나 부정관사 a를 앞에 붙일 수 없다. 따라서 (a) guidance가 정답이다.

look to ~에게 기대다, 의지하다 **sibling** 형제 **guidance** 조언, 지도, 안내 **when it comes to** ~와 관련해서, ~에 관한 한

(a)

12.

도서관은 3개월마다 한 번씩 아이들을 위한 창작 글짓기 워크숍을 진행한다.

주기적인 일을 나타낼 때는 'every + 기간명사'의 표현을 사용하는데, 주의할 점은 기간명사가 복수 형태라도 every를 사용한다는 사실이다. 그러므로 '~마다 한 번씩'처럼 행사 개최 주기를 나타낼 수 있는 (c) Every가 정답이다.

어휘
run ~을 진행하다, 운영하다 **creative writing** 창작 글짓기

정답 (c)

13.

권장된 예방 주사를 맞지 않는 아이들은 장기간의 합병증을 겪을 가능성이 있다.

해설
'합병증'을 의미하는 complication은 가산명사이며, 이 문장에서는 불특정한 합병증을 나타내므로 정관사 the가 포함되지 않은 (b) long-term complications가 정답이다.

어휘
receive a vaccination 예방 주사를 맞다 **recommended** 권장된, 추천되는 **be likely to do** ~할 가능성이 있다 **long-term** 장기간의 **complication** (복수형) 합병증, (단수형) 문제

정답 (b)

14.

그 제품의 부작용 발생 가능성에 대한 우려 때문에, 소비자 그룹들이 그것에 대한 FDA 조사를 요청하고 있다.

해설
문장 마지막에 이 제품을 지칭하는 대명사 it이 사용된 것을 보고 product가 특정한 한 가지 제품임을 알 수 있다. 따라서, 특정 대상을 나타내는 정관사 (b) the가 정답이다. (a) all과 (c) few는 복수명사를 수식하며, (d) any는 불특정 대상을 가리키므로 it과 어울리지 않는다.

어휘
because of ~때문에 **concern** 우려, 걱정 **product** 제품 **possible** 가능한 **side effect** 부작용 **consumer group** 소비자 단체 **ask for** ~을 요청하다 **investigation** 조사

정답 (b)

15.

위원회 구성원들의 대다수는 자신들이 선물을 받지 못하도록 하는 제안에 반대하는 투표를 했다.

해설
'동의, 세안' 등을 뜻하는 명사 motion은 셀 수 있는 명사이므로 앞에 부정관사 a가 붙은 (c) a motion이 정답이다. 투표는 각각의 제안에 대해 이뤄지므로 복수형인 (b)는 적절하지 않다.

어휘
the majority of ~의 대부분, 대다수 **committee** 위원회 **vote against** ~에 반대하는 투표를 하다 **forbid A from -ing**: A가 ~하지 못하게 하다 **accept** ~을 받아들이다 **motion** 동의, 제안

정답 (c)

16.

25열은 다리를 뻗을 수 있는 공간이 매우 제한되어 있기 때문에, 그곳에 앉는 것을 좋아하는 승객이 거의 없다.

해설
'거의 ~않다, 거의 ~없다'라는 의미로 부정을 나타내는 부사 hardly는 any와 결합해 사용하므로 (d) any가 정답이다.

어휘
since ~ 때문에 **row** 열, 줄 **limited** 제한된, 한정된 **leg room** 다리를 뻗을 수 있는 공간 **hardly any + 명사**: ~가 거의 없다 **passenger** 승객

정답 (d)

[Part 3]

17.

(a) A: 남동생은 자동차 사고 이후에 잘 지내고 있는 거야? 여전히 어려움을 겪고 있어?
(b) B: 그런 것 같아. 아직도 목발을 짚고 다니는데, 그래서 우울해 지기 시작했어.
(c) A: 아, 그 얘기를 들으니까 정말 안됐다. 의사들이 그를 위해 해 줄 수 있는 게 없대?
(d) B: 그게, 의사들이 특수 운동을 추천해 줘서 내 남동생은 다음 주 월요일부터 물리 치료를 받기 시작할 예정이야.

해설
마지막 문장에 사용된 사람 명사 physiotherapist는 가산명사이므로 부정관사 a와 함께 사용해야 한다. 따라서 (d)가 정답이다.

어휘
How is A doing?: A는 어떻게 지내고 있어? **accident** 사고 **crutch** 목발 **get around** 돌아 다니다 **get A down**: A를 우울하게 만들다 **recommend** ~을 추천하다 **exercise** n. 운동 **physiotherapist** 물리 치료사

정답 (d) physiotherapist→ a physiotherapist

18.

(a) A: 와! 당신이 그렇게 우아한 옷을 입은 걸 한 번도 본 적이 없어요. 무슨 일 있어요?
(b) B: 오늘 저녁에 사보이 호텔에서 열리는 모금 연회에 참석할 예정이에요.
(c) A: 아, 고아원 지붕 수리 작업을 위해 모금을 한다는 그 행사인가요? 성공적이면 좋겠어요!
(d) B: 맞아요. 기부금과 입장권 수익을 통해서 최소한 5만 달러를 모금하는 것이 목표예요.

해설
첫 줄에 '무슨 일이야?, 어쩐 일이야?' 등의 의미를 나타내기 위해 사용된 What's an occasion?은 an이 아니라 정관사 the와 함께

What's the occasion?이라고 해야 하므로 (a)가 정답이다.

어휘
see A do: A가 ~하는 것을 보다 **elegant** 우아한, 고급스러운 **occasion** 일, 경우, 때, 행사 **attend** ~에 참석하다 **fundraising** 모금, 기금 마련 **banquet** 연회 **raise money** 모금하다, 기금을 마련하다 **orphanage** 고아원 **repair** n. 수리 **success** n. 성공 **aim to do** ~하는 것을 목표로 하다 **at least** 최소한, 적어도 **through** ~을 통해 **donation** 기부(금) **proceeds** 수익(금)

정답 (a) an occasion → the occasion

19.

(a) 요즘, 사업주들은 직원 괴롭힘 문제를 매우 심각하게 받아 들이고 있다.
(b) 대부분의 회사들이 직장에서 부적절한 행실로 비난 받는 직원들을 다루기 위해 엄격한 조치를 시행해 오고 있다.
(c) 동료 직원을 괴롭히는 것에 대한 처벌에는 감봉이나 휴가 박탈, 또는 심지어 해고 조치까지 포함될 수 있다.
(d) 심각한 괴롭힘의 경우에는, 사업주들이 지역 내 관련 당국에 알리도록 의무화되어 있기도 하다.

해설
두 번째 문장에 쓰인 conduct는 명사로 '행실, 품행, 행동' 등을 의미하는 불가산명사이다. 따라서, an inappropriate conduct에서 부정관사 an이 빠져야 하므로 (b)가 정답이다.

어휘
take A seriously: A를 심각하게 여기다 **harassment** 괴롭힘, 추행 **extremely** 매우, 대단히 **implement** ~을 시행하다 **strict** 엄격한 **measures** 조치 **deal with** ~을 다루다, 처리하다 **be accused of** ~로 비난 받다 **inappropriate** 부적절한 **conduct** n. 행실, 품행 **punishment** 처벌, 벌칙 **harass** ~을 괴롭히다 **coworker** 동료 직원 **include** ~을 포함하다 **pay cut** 감봉 **forfeit** ~을 박탈하다, 몰수하다 **dismissal** 해고 **severe** 심각한 **case** 경우, 사례 **be obligated to do** ~하는 것이 의무이다 **notify** ~에게 알리다 **relevant** 관련된 **authorities** 당국

정답 (b) an inappropriate conduct → inappropriate conduct

20.

(a) 파리가 매년 1,500만 명 이상의 관광객들을 끌어 들이고는 있지만, 그 중 극소수만이 그 도시에서 가장 크고 가장 흥미로운 비밀들 중의 하나를 알고 있다.
(b) 그들의 발 아래에, 600만 명이 넘는 사람들의 유해가 보관되어 있는 고대 파리의 지하 묘지가 있다.
(c) 이 지하터널 망은 칠흑 같은 통로와 묘실들로 이뤄진 미로이다.
(d) 여러 제한 구역들이 대중이 이용할 수 없도록 폐쇄되어 있지만, 모험가들은 이 지하 묘지의 투어 신청을 할 수 있다.

해설
세 번째 문장에 있는 명사 maze는 '미로'를 의미하는 가산명사이므로

부정관사 a와 함께 사용해야 한다. 따라서 (c)가 정답이다.

어휘
attract ~을 끌어 들이다, 유치하다 **over** ~이상의 **million** 100만 **very few of** ~의 극소수 **be aware of** ~을 알다, 인식하다 **intriguing** 아주 흥미로운 **beneath** ~ 아래에, 밑에 **house** v. ~을 보관하다, 수용하다 **remains** 유해, 유물 **more than** ~가 넘는 **ancient** 고대의 **catacomb** 지하 묘소 **network** (그물처럼 얽힌) 망, 시스템 **maze** 미로 **pitch black** 칠흑 같은 **corridor** 통로, 복도 **burial chamber** 묘실, 매장 공간 **adventurous** 모험심 많은 **individual** 사람, 개인 **sign up for** ~을 신청하다, ~에 등록하다 **although** 비록 ~이지만 **several** 여럿의 **restricted** 제한된 **be closed to** ~가 들어 갈 수 없게 폐쇄되다 **the public** 일반 대중

정답 (c) maze → a maze

UNIT 10 대명사

기출맛보기 본문 p. 283
1. (a) **2.** (b)

1.

A: 테드, 지난 번에 언급했던 당신의 그 책은 잘 되어 가나요?
B: 음, 거의 다 끝나가는 것 같아요.

해설
이중 소유격에 관한 문제이다. 명사 앞에 지시사(this, that), 관사 등의 한정사가 있으면 소유격을 쓰지 못한다. 이럴 경우 'of + 소유대명사'의 형태로 명사 뒤쪽에서 소유격의 의미를 표시하는 방법을 이중 소유격이라 한다. 명사 book 앞에 지시사 that 이 있으므로 명사 뒤에서 of yours로 써야 한다. 따라서 정답은 (a)이다.

어휘
come along (원하는 대로) 되어 가다 **be done with** ~을 끝내다, 처리하다 **almost** 거의

정답 (a)

2.

A: 여보, 우리 냉장고가 매번 고장이야.
B: 조금만 기다려봐. 곧 새 것으로 살 거니까.

해설
대명사 구별 문제이다. it과 one은 둘 다 가산단수명사를 대신하지만, one은 앞서 언급된 것과 같은 종류의 것을, it은 앞서 언급한 바로 그 대상을 가리킨다. 고장난 냉장고를 가리키는 것이 아니라 냉장고 하나를 의미하므로 정답은 (b)이다.

어휘
refrigerator 냉장고 **break down** 고장이 나다 **be patient** 인내심을 가지다

정답 (b)

기출 Check-up TEST   본문 p. 284

Part 1	**1.** (a)	**2.** (d)	**3.** (d)	**4.** (c)	**5.** (c)
	6. (c)	**7.** (d)	**8.** (a)		
Part 2	**9.** (c)	**10.** (a)	**11.** (d)	**12.** (d)	**13.** (b)
	14. (c)	**15.** (b)	**16.** (d)		
Part 3	**17.** (c)	**18.** (d)	**19.** (c)	**20.** (b)	

[Part 1]

1.

A: 제 이메일 주소가 필요하세요, 아니면 전화번호가 필요하세요?
B: 둘 중 아무 거나 좋습니다. 전 그저 연락 드릴 수 있는 방법만 알면 됩니다.

해설
두 가지 연락 방법을 제시하는 선택 의문문에 대한 답변으로 단수동사로 받을 수 있는 '둘 중 어느 것이든지 상관없다'라는 생각을 나타낼 때 사용하는 대명사 (a) Either가 정답이다. (c) each도 단수동사로 받을 수 있지만, 상호 관계를 나타내므로 선택을 나타내는 빈칸에 적합하지 않다.

어휘
acceptable 수용 가능한, 받아 들여지는 **a way to do** ~하는 방법 **contact** ~에게 연락하다 **either** 둘 중 어느 것이든

정답 (a)

2.

A: 당신은 하워드 스위프트의 음악 팬인가요?
B: 네, 그가 최근에 낸 노래 중의 하나를 제 오디오에서 계속 듣고 있어요.

해설
빈칸 뒤에 위치한 'of + 복수명사'의 수식을 받을 수 있는 (c) any와 (d) one 중에서 하나를 골라야 하는데, 긍정문이므로 (d) one이 정답이다. (c)는 의문문이나 부정문에서 양보적 의미를 나타내므로 빈칸에 어울리지 않는다.

어휘
recent 최근의 **stereo** 오디오 기기 **constantly** 계속, 지속적으로

정답 (d)

3.

A: 미술부에 새로 오신 남자분을 만나 보셨어요?
B: 네, 제 오랜 대학 친구입니다.

해설
이중 소유격 문제로, '내 친구 중의 한 명'을 뜻할 때 a friend of 뒤에 소유대명사를 사용하므로 (d) mine이 정답이다.

어휘
department 부서 **a friend of mine** 내 친구 중의 하나

정답 (d)

4.

A: 메이플 호텔과 위너 호텔은 둘 모두 수영장이 있어요. 어느 쪽으로 예약할까요?
B: 아주 비슷하네요. 둘 중 아무 거나 선택하세요.

해설
두 가지 선택 대상 중에서 하나를 선택하는 상황인데, one or 뒤에 위치한 빈칸은 하나를 제외한 나머지 하나를 가리키므로 (c) the other가 정답이다. (a)는 불특정한 또 하나를 가리키며, (b)는 단독으로 대명사로 사용되지 않는다.

어휘
both 둘 모두 **book** v. ~을 예약하다 **fairly** 꽤, 상당히 **similar** 유사한 **choose** ~을 선택하다 **one or the other** 둘 중 아무 거나

정답 (c)

5.

A: 이번 달에 교육 과정이 좀 있나요?
B: 네, 14일 오전 10시에 하나 있습니다.

해설
질문에 언급된 training session과 같은 종류의 하나를 가리켜야 알맞으므로 (c) one이 정답이다. (a)와 (b)는 앞서 언급된 특정한 것을 그대로 지칭하는데, 질문에 단수명사로 언급된 것이 없으므로 맞지 않는다. (d)도 앞서 언급된 특정한 것을 지칭하는데, 질문에 쓰인 any training sessions는 불특정하므로 them으로 받을 수 없다.

어휘
training 교육 **session** (특정 활동을 위한) 시간

정답 (c)

6.

A: 양초에서 정말 좋은 냄새가 나네요. 얼마인가요?
B: 감사합니다. 각각 5달러입니다.

해설
숫자 표현 뒤에 위치할 수 있는 것이 빈칸에 쓰여야 하므로 '각각'을 뜻하는 부사 (c) each가 정답이다.

어휘
smell + 형용사: ~한 냄새가 나다 **each** (명사 뒤에서) 각각 **both** 둘 모두

정답 (c)

7.

> A: 좋은 위스키를 좀 주문하는 게 어때요?
> B: 전 너무 강한 것은 마시고 싶지 않아요.

해설

뒤에서 수식하는 형용사의 수식을 받을 자리이므로 thing으로 끝나는 (c) nothing과 (d) anything 중에서 하나를 골라야 하는데, 앞에 부정을 나타내는 not이 이미 있는 부정문이므로 (d) anything이 정답이다.

어휘

How about ~? ~하는 게 어때요? **order** ~을 주문하다 **I'd rather not do** ~하고 싶지 않다

정답 (d)

8.

> A: 잡지의 이 기사를 당신이 쓰셨나요?
> B: 네, 하지만 그 기사에는 아직 사진들이 추가되어야 합니다.

해설

빈칸에 쓰일 대명사는 앞서 단수명사로 언급된 this article을 그대로 가리켜야 하므로 (a) it이 정답이다. (b)는 같은 종류의 불특정한 하나를 가리킨다.

어휘

article (잡지 등의) 기사 **have A p.p.**: A가 ~되게 하다

정답 (a)

[Part 2]

9.

> 수수한 카덴자 리조트의 편의시설들은 여러 5성급 호텔에서 찾아볼 수 있는 것과 유사하다.

해설

앞의 복수명사 amenities를 받으면서 뒤따라오는 수식어구의 수식을 받을 수 있는 지시대명사는 (c) those이다.

어휘

amenities 편의시설 **modest** 수수한, 평범한, 보통의 **similar to** ~와 유사한

정답 (c)

10.

> 만일 뭔가 있다면, 어떤 조치가 지역 강물 오염을 줄이는 데 도움이 될 수 있는지 알아내야 합니다.

해설

접속사 if와 결합될 수 있는 대명사가 빈칸에 필요하므로 '만일 뭔가 있다면'이라는 의미를 나타내는 (a) any가 정답이다. 의문문, 조건문, 부정문에서는 any에 우선권이 있다고 기억해 두자.

어휘

ascertain ~을 알아내다, 확인하다 **measure** 조치 **if any** 만일 뭔가 있다면 **help do** ~하는 데 도움이 되다 **reduce** ~을 줄이다 **local** 지역의, 현지의 **pollution** 오염

정답 (a)

11.

> 나머지 어선들이 폭풍우로 인해 모두 가라 앉은 반면에, 부두에 정박되어 있던 스무 대의 어선들 중에서 한 대만이 온전한 상태로 남아 있었다.

해설

다수의 사물 가운데 하나(Only one)를 제외한 나머지 전체를 가리킬 대명사가 빈칸에 쓰여야 하므로 (d) the others가 정답이다. (c)는 전체가 둘일 때 하나를 제외한 나머지 하나를 가리킨다.

어휘

fishing vessel 어선 **be tied at** ~에 정박되다 **dock** 부두 **remain + 형용사**: ~한 상태로 남아 있다 **intact** 온전한 **while** ~인 반면 **sink** 가라 앉다 **as a result of** ~의 결과로

정답 (d)

12.

> 코치는 선수들에게 서로 언쟁하는 대신 경기에 집중하라고 말했다.

해설

동사 arguing의 의미상 주어가 the players이며 '~ 사이에서, ~ 중에서'를 뜻하는 전치사 among의 목적어도 the players를 가리킨다. 즉 arguing 행위 대상이 자신들인 경우이므로 재귀대명사인 (d) themselves가 정답이다.

어휘

tell A to do: A에게 ~하라고 말하다 **focus on** ~에 집중하다, 초점을 맞추다 **rather than** ~ 대신, ~가 아니라 **argue** 언쟁하다 **among** ~ 사이에서, ~ 중에서

정답 (d)

13.

> 많은 휴대 전화기들이 물에 잠겼을 때 오작동을 막아 주는 방수 케이스로 되어 있다.

해설

빈칸은 동사 keep의 목적어 자리이므로 목적어 자리에 쓰일 수 있는 (b) them과 (d) themselves 중에서 하나를 골라야 한다. 재귀대명사는 주어와 목적어가 동일할 때 사용하는데, 이 문장에서 keep의

주어는 water-proof casings인 반면, 목적어는 cell phones이므로 재귀대명사가 쓰일 수 없다. 따라서 cell phones를 대신하는 (b) them이 정답이다.

water-proof 방수의 **casing** (겉면을 구성하는) 케이스 **keep A from -ing**: A가 ~하는 것을 막다 **malfunction** 오작동하다 **submerge** ~을 침수시키다 **on one's own** 자기 자신의

정답 (b)

14.

> 잭 벤슨의 첫 세 영화는 코미디였고, 그 다음 두 작품은 액션 영화였으며, 마지막 작품은 로맨틱 드라마였다.

해설

첫 세 개의 다음 순서에 해당되는 특정한 것을 가리킬 대명사가 빈칸에 필요한데, 빈칸 뒤에 복수동사 were와 수 일치가 되어야 해서 복수대명사가 쓰여야 한다는 것을 알 수 있다. 따라서, 순서를 나타내는 the next와 대명사 역할을 하는 two가 결합된 (c) the next two가 정답이다. (a)는 형용사 next의 위치가 잘못되었으며, (b)와 (d)는 단수 주어인 one이 복수동사와 수가 일치하지 않기 때문에 오답이다.

어휘

first three 첫 세 개의 **the last one** 마지막 것

정답 (c)

15.

> 그 레스토랑의 모든 주 요리들 중에서, 무료 반찬이 포함된 것은 거의 없었다.

해설

'Of + 복수명사' 구에서 말하는 특정 범위의 일부에 대한 선택을 나타내야 하는데, 셀 수 있는 명사 main courses를 대신해야 하므로 셀 수 있는 명사를 부정으로 받은 (b) few가 정답이다. (a)는 셀 수 없는 명사를 부정으로 받을 때 사용하므로 오답이다.

어휘

main course 주 요리 **come with** ~을 포함하다, ~가 딸려 있다 **complimentary** 무료의 **sidedish** 곁들임 요리, 반찬 **little** (셀 수 없는 명사를 대신해) 거의 없는 **few** (셀 수 있는 명사를 대신해) 거의 없는

정답 (b)

16.

> 심지어 마케팅부에 근무하는 사람들까지 포함한 많은 직원들이 그 계획에 반대했다.

해설

막연한 다수의 사람들을 가리키는 부정대명사 those는 뒤에 형용사구, 전치사구 또는 관계대명사절의 후치 수식을 받는다. 그러므로 '~

하는 사람들'이라는 의미로 쓰이는 (d) those가 정답이다.

어휘

employee 고용인, 직원 **even** 심지어 (~도) **department** 부서 **oppose** ~에 반대하다 **those** (후치 수식어구와 함께) ~하는 사람들

정답 (d)

[Part 3]

17.

> (a) A: 모든 것이 괜찮아 보이나요? 우리 사장님과 사모님께서 곧 저녁식사를 하러 도착하실 거예요.
> (b) B: 아마 와인용으로 더 좋은 유리잔을 사용해야 할 것 같아요. 이것들은 그렇게 세련되어 보이지 않네요.
> (c) A: 좋은 지적이군요. 당신 어머니께서 크리스마스 선물로 우리에게 주신 크리스탈 유리잔이 있잖아요. 싱크대 밑의 찬장에 있어요.
> (d) B: 아주 좋은 생각이에요. 그리고 아마 더 좋은 테이블보도 찾아봐야 할 거예요. 이건 좀 낡은 것 같아요.

해설

(c)에서 앞서 언급된 복수명사 the crystal glasses를 가리켜 It is로 받았는데, 복수주어와 복수동사인 They are로 바꿔야 한다. 따라서, (c)가 정답이다.

어휘

look + 형용사: ~한 것처럼 보이다 **arrive** 도착하다 **sophisticated** 세련된 **cupboard** 찬장, 장식장 **sink** 싱크대 **table cloth** 테이블보 **seem + 형용사**: ~한 것 같다 **a little** 약간, 조금 **worn** 낡은, 닳은, 해진

정답 (c) It is → They are

18.

> (a) A: 오늘은 병원에서 맛있는 음식을 주면 좋겠어요.
> (b) B: 언젠가 맛있는 것을 주기는 할까요? 제가 이곳에 입원한지 일주일째인데, 음식 맛을 견딜 수가 없어요.
> (c) A: 그래요? 실은, 저는 지금까지 이곳의 다양한 식사에 대해 꽤 좋은 인상을 받았는데요.
> (d) B: 음, 오래 가지 않을 거예요. 결국엔 반드시 그것들이 지겨워질 거예요.

해설

마지막 문장의 get tired of 뒤에는 전치사 of의 목적어로서 지겨워하는 대상을 나타낼 단어가 필요한데, 여기서 지겹다고 말하는 것은 앞 줄에 언급된 meals이므로, 이를 대신하는 복수대명사 them이 of 뒤에 추가되어야 한다. 따라서 (d)가 정답이다.

어휘

serve A B: (음식 등) A에게 B를 제공하다, 내오다 **tasty** 맛이 좋은 **stand** ~을 견디다, 참다 **so far** 지금까지 **pretty** 꽤, 아주, 매

우 **be impressed with** ~에 좋은 인상을 받다 **a variety of** 매우 다양한 ~ **see A -ing**: A가 ~하는 것을 보다 **last** v. 지속되다 **be bound to do** 반드시 ~하게 되다 **get tired of** ~가 지겨워지다 **eventually** 결국, 마침내

정답 (d) get tired of → get tired of them

19.

> (a) 대부분의 사람들은 신선한 과일과 채소가 건강을 위한 균형 잡힌 식습관의 일환으로 권장되는 것으로 알고 있다.
> (b) 사실, 영양 전문가들은 성인들이 매일 최소 400그램의 과일과 채소를 섭취해야 한다고 생각한다.
> (c) 하지만, 건강에 좋은 식사와 관련해 일부 영양 전문가들이 분명하게 반대하는 것이 하나 있는데, 바로 채소 통조림이다.
> (d) 이는 편리할 수 있지만, 흔히 높은 수준의 나트륨뿐만 아니라, 잠재적으로 유해한 여러 방부제를 포함하고 있다.

해설
(c)에서 some nutritionists do advise against it은 선행사인 one thing을 수식하는 목적격 관계절이다. 목적격 관계절에서는 목적어가 없어야 하므로 against의 목적어인 it이 빠져야 옳다. 따라서, (c)가 정답이다.

어휘
recommend ~을 권하다, 추천하다 **as part of** ~의 일환으로 **balanced** 균형 잡힌 **in fact** 사실, 실제로 **nutrition** 영양 **expert** 전문가 **consume** ~을 소비하다 **a minimum of** 최소한의 **however** 하지만 **nutritionist** 영양 전문가 **advise against** ~에 반대 의견을 제시하다 **when it comes to** ~와 관련해, ~에 관해서라면 **canned** 통조림으로 된 **convenient** 편리한 **contain** ~을 포함하다, 담고 있다 **sodium** 나트륨 **as well as** ~뿐만 아니라 **various** 여러 가지의, 다양한 **potentially** 잠재적으로 **harmful** 유해한 **preservative** 방부제

정답 (c) advise against it → advise against

20.

> (a) 퍼시 포셋은 영국 출신의 남미 탐험가로서, "Z"라고 알려진 사라진 도시를 찾아 다니다가 실종되었다.
> (b) 포셋은 초기 탐사 기간 중에 지역 가이드들에 의해 그 고대 도시를 알게 되었는데, 그것은 브라질의 정글에 숨겨져 있는 것으로 추정되었다.
> (c) 이 도시를 찾기 위한 포셋의 첫 시도는 그가 병에 걸려 어쩔 수 없이 일찍 돌아가는 것으로 끝났다.
> (d) "Z"를 찾기 위한 마지막 탐사 중에, 포셋과 그의 동료들은 실종되었는데, 난폭한 종족에 의해 살해되었을 가능성이 가장 크다.

해설
(b)에서 동사 made 뒤에는 목적어가 쓰여야 하는데 소유격 his가 있으므로 이를 목적격인 him으로 바꿔야 한다. 참고로 make가 5형식 동사일 때는 'make + 목적어 + 목적격보어'의 형태로 사용된다.

어휘
explorer 탐험가 **vanish** 실종되다, 사라지다 **while** ~하는 동안 **search for** ~을 찾다 **known as** ~라고 알려진 **local** 지역의, 현지의 **expedition** 탐사, 원정 **make + A + 형용사**: A를 ~한 상태로 만들다, ~하게 만들다 **aware of** ~을 아는, 인식하는 **ancient** 고대의 **supposedly** 추정되어 **hidden** 숨겨진 **attempt to do** ~하려는 시도 **prematurely** 이르게, 성급하게 **be forced to do** 어쩔 수 없이 ~하다 **return** 돌아 가다 **due to** ~로 인해 **in search of** ~을 찾아서 **companion** 동료, 동행자 **most likely** ~일 수 있는, 아마도 **violent** 난폭한, 폭력적인 **tribespeople** 종족

정답 (b) made his aware of → made him aware of

UNIT 11 형용사와 부사

기출맛보기 본문 p. 293
1. (a) **2.** (b)

1.

> 솔직히 남녀 간의 급여 차이가 있긴 했지만, 그렇게 많이 차이 나는 것은 아니었다.

해설
not much of는 '대단한 ~은 아닌'이라는 의미를 지니는 형용사구이며 이 구문을 강조할 때는 '그렇게, 그토록'이라는 의미로 형용사나 부사의 정도를 강조하는 부사 (a) that을 사용한다. (d) very가 동사를 강조하는 부사 much를 수식할수는 있지만, not much of 구문 앞에 사용되지는 않는다.

어휘
salary 급여 **to be honest** 솔직히 말하자면 **not much of a + 명사** 대단한 ~은 아닌 **difference** 차이

정답 (a)

2.

> A: 우리 여행의 최종 목적지인 마닐라의 히든 밸리에 대해서 잘 안다고 들었어요.
> B: 예, 그곳에 꽤 여러 번 가본 적이 있거든요.

해설
횟수를 나타내는 time은 복수가산명사이므로 불가산명사를 수식하는 little 과 a little은 오답이다. 가산명사를 수식할 수 있는 a few(약간의)와 few(거의 없는) 중에서, 잘 안다는 것은 많이 가보았다는 의미로 이해할 수 있으므로 (b) a few가 정답이다.

어휘
be familiar with ~에 대해 잘 알다 **destination** 목적지

기출 Check-up TEST　　　　　　　본문 p. 294

Part 1　**1.** (d)　**2.** (a)　**3.** (d)　**4.** (c)　**5.** (c)
　　　　　6. (d)　**7.** (c)　**8.** (c)

Part 2　**9.** (d)　**10.** (a)　**11.** (a)　**12.** (a)　**13.** (a)
　　　　　14. (d)　**15.** (c)　**16.** (b)

Part 3　**17.** (d)　**18.** (d)　**19.** (c)　**20.** (c)

[Part 1]

1.

A: 샤피로 씨는 그의 직원들에 대해서 훨씬 더 엄격하실 필요가 있는 것 같아요.
B: 동의합니다. 그분의 부서는 규율이 거의 없어요.

해설
복수명사 rules를 수식해야 하므로 이 역할이 가능한 (b) a few와 (d) few 중에서 하나를 골라야 한다. 그런데 더 엄격해야 한다는 앞 문장과 의미가 어울리려면 현재에는 '규칙이 거의 없다'와 같이 부정적인 상태가 되어야 하므로 희소함을 나타내는 (d) few가 정답이다.

어휘
a lot (비교급 수식) 훨씬 더　**strict** 엄격한　**agree** 동의하다
department 부서　**a little** (불가산명사 수식) 조금, 약간　**a few** (가산명사 수식) 조금, 약간　**little** (불가산명사 수식) 거의 없는　**few** (가산명사 수식) 거의 없는

정답 (d)

2.

A: 보고서를 다음 주에 제출해도 되나요?
B: 아뇨, 부장님께서 내일 그걸 필요로 하시는 게 분명했어요.

해설
be동사 was 뒤에 위치한 빈칸은 보어 역할을 할 형용사 자리이며, 비교 표현이 없어 원급 형용사가 쓰여야 하므로 (a) clear가 정답이다.

어휘
submit ~을 제출하다　**director** 부장, 이사, 소장　**need** ~을 필요로 하다　**clear** 분명한, 확실한　**clearly** 분명히, 확실히

정답 (a)

3.

A: 매리는 옷에 많은 돈을 쓰는 걸 좋아하는 게 분명해.
B: 응, 심지어 벨트도 비쌌다니까!

해설
주어 her belt 앞에 위치해 이를 수식하는 역할이 가능한 것을 찾아야 하는데, '옷 외에 벨트까지도 그렇다'라는 의미가 되어야 하므로 '심지

어 (~도)'라는 의미로 명사를 강조할 수 있는 부사 (d) even이 정답이다. 부사 even은 only처럼 명사, 형용사, 동사, 구, 절 등 강조하려는 모든 요소 앞에 사용할 수 있는 부사이다. (a)는 명사 앞에 형용사가 있을 경우에 사용하는 부사이므로 빈칸에 어울리지 않는다.

어휘
certainly 분명히, 확실히　**spend money on A**: A에 돈을 쓰다
outfit 옷, 의류　**even** 심지어 (~도)

정답 (d)

4.

A: 이 공포영화는 정말로 무서웠어.
B: 나도. 이렇게 무서운 건 전에 한 번도 본 적이 없어.

해설
대명사를 뒤에서 수식하는 형용사 scary를 수식할 부사가 필요한데, 영화에서 느끼는 무서운 정도를 가리켜야 하므로 '그렇게, 그만큼'을 뜻하는 부사 (c) that이 정답이다. much가 형용사를 수식할 때에는 비교급을 강조한다.

어휘
frighten ~을 겁주다　**scary** 무서운, 겁나는　**that** ad. 그렇게, 그만큼

정답 (c)

5.

A: 무슨 종류의 책을 읽고 있어?
B: 몇 가지 다른 종류들인데, 주로 공상과학 소설이야.

해설
빈칸 뒤에 위치한 science fiction novels는 읽고 있는 책들의 일부에 해당하는 것이므로 그 비중을 나타낼 수 있는 부사로 '주로, 대체로'를 뜻하는 (c) mostly가 빈칸에 가장 알맞다. mostly는 부사이지만 only나 even처럼 명사를 수식할 수 있다.

어휘
a few 몇 개의, 몇몇의　**science fiction novel** 공상과학 소설
mostly 주로, 대체로, 대부분

정답 (c)

6.

A: 밖에 기온이 어때?
B: 어제보다 훨씬 더 높아서 재킷이 필요 없을 거야.

해설
비교급 형용사 higher를 강조하는 부사가 필요하므로, '훨씬'이라는 의미로 쓰이는 강조부사 (d) much가 정답이다.

어휘
temperature 기온, 온도　**quite** 꽤, 상당히　**much** (비교급 수식) 훨씬

정답 (d)

7.

> A: 내 펜이나 메모지가 하나도 안 보여.
> B: 책상 좀 정리해 봐. 물건이 너무 많아.

해설
명사를 수식하는 too much를 앞에서 강조할 수 있는 부사가 필요하므로 (c) far가 정답이다. far는 형용사/부사의 비교급 또는 'too + 형용사/부사' 구조를 앞에서 수식한다.

어휘
notepad 메모지 **tidy up** ~을 말끔히 정리하다 **far too much** 너무 많은 **stuff** 물건, 물품

정답 (c)

8.

> A: 어젯밤에 열린 리 달리 씨의 코미디 쇼가 어땠나요?
> B: 그렇게 재미있진 않았어요. 그는 이제 예전과 같은 코미디언이 아니에요.

해설
코미디언의 이전의 모습(he once was)과 어제 본 모습의 유사성을 비교하는 the same 비교급 구문이므로 (c) the same이 정답이다. the same 뒤의 비교 대상이 주어와 같은 종류이면 관계대명사 as를 사용하고, 동일한 것이면 관계대명사 that을 사용한다. 이 경우는 다른 시간대의 동일한 사람이므로 that이 사용되었으며, 보격 관계대명사는 목적격 관계대명사와 마찬가지로 일반적으로 생략된다.

어휘
How did you like ~? ~가 어땠어요?, 재미있었어요? **stand-up comedy** (서서 하는) 1인 코미디 쇼 **the same** 동일한 동종의 **once** (과거) 한 때, 이전에

정답 (c)

[Part 2]

9.

> 이 방의 커튼은 4미터 길이이다.

해설
long과 결합해 길이를 나타낼 때는 '숫자 + metres + long'과 같은 어순으로 사용하므로 이 구조를 만들 수 있는 (d) four metres가 정답이다.

정답 (d)

10.

> 세인트아이브스 성당은 관광객들에 의해 항상 이 도시에서 가장 인상적인 장소로 여겨지는 곳이다.

해설
빈도부사 always는 조동사 뒤에 사용하므로 (a) has always been considered가 정답이다. 성당이 가장 이상적인 장소로 여겨진다는 의미이므로 능동태는 올 수 없다.

어휘
cathedral 대성당 **be considered to be A**: A라고 여겨지다 **impressive** 인상적인 **site** 장소, 부지, 현장

정답 (a)

11.

> 그 기업의 대표이사는 부유한 러시아 정치인들 일부와 연관되어 있다.

해설
명사 앞에 한정사와 형용사가 함께 오면 한정사를 먼저 써야 하고, 의견을 나타내는 형용사가 출처를 나타내는 형용사보다 앞에 와야 한다. 따라서 <한정사 + 주관 + 출처>의 순서로 된 (a) some rich Russian이 정답이다.

어휘
corporation 기업 **be linked to** ~와 연관되다, 관련되다 **politician** 정치인

정답 (a)

12.

> 모든 지원자들께 마감기한보다 훨씬 더 이전에 이력서를 제출하시도록 강력히 권고합니다.

해설
빈칸 뒤에는 시간 전치구가 제시되어 있으므로 먼저 전치사구를 수식할 수 있는 부사를 골라야 한다. (a) well은 전치사구를 수식하며 양을 강조하므로 정답이다.

어휘
It is strongly recommended that ~하도록 강력히 권고하다 **applicant** 지원자, 신청자 **send in** ~을 제출하다 **résumé** 이력서 **deadline** 마감기한 **well** 훨씬, 아주 **such** 그만큼 ~한, 아주 ~한 **quite** 꽤, 상당히

정답 (a)

13.

> 보수공사 팀이 방에 페인트칠을 시작하기 위해 아침 일찍 도착했다.

해설

'아침 일찍'이라는 의미를 나타내는 부사구를 구성할 때 부사 early 가 in the morning 앞에 쓰이므로 이와 같은 구조로 된 (a) early in the morning이 정답이다.

어휘

renovation 보수, 개조 crew (함께 일하는) 팀, 반, 조 arrive 도 착하다 start -ing ~하기 시작하다

정답 (a)

14.

그 스키 리조트는 너무 외진 곳에 떨어져 있어서 헬리콥터로만 갈 수 있다.

해설

형용사 remote를 수식할 강조부사가 필요한데, 결과를 나타내는 that절과도 어울리는 구조를 만들어야 하므로 이와 같은 역할이 가능 한 (d) so가 정답이다.

어휘

so A that B: 너무 A해서 B하다 remote 멀리 떨어진, 외딴 곳에 있는 reach ~에 도달하다, 이르다

정답 (d)

15.

개업 후 첫 몇 주 동안, 페르디난드 식당은 매일 500명이 넘는 손 님들을 받았다.

해설

식당이 개업을 한(that it was open) 첫 몇 주는 특정 기간에 해당되 므로 정관사 the가 포함된 (c) the first가 정답이다.

어휘

during ~ 중에, ~ 동안 receive ~을 받다 more than ~가 넘는 per day 매일, 날마다 several 여럿의, 몇몇의

정답 (c)

16.

59만 5천 달러로, 그 그림은 예상 입찰가인 60만 달러에 아주 조 금 미치지 못했다.

해설

전치사구를 앞에서 수식하는 기능은 명사, 동사, 형용사, 구, 절 등 어 떤 문장 요소도 강조할 수 있는 just, only, even 등의 초점부사만 가 능한 일이다. 그러므로 (b) just가 정답이다.

어휘

painting 그림 just under ~에 약간 못 미치는 expected 예상 된 bidding price 입찰가

정답 (b)

[Part 3]

17.

(a) A: 금요일에 열릴 시 의회 회의에서 어떤 주제를 제기하실 생 각이신가요?
(b) B: 저, 제 생각에는 공원 조경 작업에 필요한 예산을 최종 확 정해야 할 것 같아요.
(c) A: 몇몇 분들이 지난 번 회의에서 재무 수치를 제시하셨어요.
(d) B: 그렇긴 하지만, 저는 그 문제가 아직 철저하게 논의되지 않 았다고 생각합니다.

해설

(d)의 현재완료시제 동사 hasn't been thorough discussed에 서 discussed는 부사의 수식을 받아야 하는데 앞에 형용사 형태의 thorough가 나와 있으므로 thorough를 thoroughly로 바꾸어야 한다. 따라서 (d)가 정답이다.

어휘

plan to do ~할 계획이다 bring up (화제 등) ~을 제기하다, 상 정하다 the city council 시 의회 finalize ~을 최종 확정하다 budget 예산 landscaping 조경 (작업) quote (가격, 시세를) 제시하다 financial 재무의, 재정의 figure 수치, 숫자 issue n. 사안, 문제 thoroughly 철저하게 discuss ~을 논의하다

정답 (d) thorough → thoroughly

18.

(a) A: 내가 주문한 운동화가 막 도착했어. 아주 멋진 것 같아!
(b) B: 아, 나도 한 번 볼 수 있어? 와우, 디자인이 정말 마음에 든다.
(c) A: 나도. 우리가 이번 주말에 등산갈 때 신고 갈 생각이야.
(d) B: 정말로? 등산용으로는 충분히 튼튼한 것 같지 않은데.

해설

마지막 문장에 쓰인 enough는 부사일 때 형용사를 뒤에서 수식해야 하므로 enough strong이 아닌 strong enough의 순서가 되어야 알맞다. 따라서 (d)가 정답이다.

어휘

order ~을 주문하다 arrive 도착하다 look + 형용사: ~한 것 같 다, ~하게 보이다 take a look 한 번 보다 Same here. (동의) 나 도 마찬가지다. wear 신다, 입다, 착용하다 형용사 + enough: 충 분히 ~한 I'd say that ~라고 생각하다, ~라고 말하고 싶다

정답 (d) enough strong → strong enough

19.

(a) 이명증은 다양한 상태로 나타나는 증상이며, 타인이 들을 수 없는 울림 또는 윙윙거리는 소리를 감지하는 것을 가리킨다.
(b) 대략 5명 중의 1명 꼴로 평생 이명증으로 고생하게 되는데, 효과적인 치료법이 없다.
(c) 치료를 받지 않는 많은 환자들이 끊임없이 들리는 짜증나는 소리로 인해 우울증에 빠지게 된다.
(d) 다행히도, 일시적으로 증상을 완화시켜 줄 수 있는 약품이 몇 가지 존재한다.

해설

(c)에서 by의 목적어인 noise를 수식하는 incessantly and annoying은 각각 부사와 형용사로서 등위접속사 and로 연결될 수 없으며, 부사 incessantly는 명사를 수식할 수 없다. 따라서, 명사를 수식할 수 있도록 부사 incessantly를 형용사 incessant로 고쳐야 한다. 따라서 (c)가 정답이다.

어휘

tinnitus 이명증, 귀 울림증 symptom 증상 various 다양한 condition 상태, 병 refer to ~을 가리키다, 나타내다 perception 감지, 지각, 인지 ringing 울리는 buzzing 윙윙거리는 approximately 대략, 약 one in five people 5명 중의 1명 suffer from ~로 고생하다 effective 효과적인 cure n. 치유(법) sufferer 환자 seek ~을 찾다, 구하다 treatment 치료(약) be driven to ~한 상태에 빠지다 depression 우울증 incessant 끊임 없는 annoying 짜증나는 fortunately 다행히도 medication 의약(품) exist 존재하다 provide ~을 제공하다 temporary 일시적인 relief 완화, 경감

정답 (c) incessantly → incessant

20.

(a) 영국 정부를 비판하는 사람들은 많은 노령 인구가 그들에게 필요한 수준의 복지 혜택을 받지 못하고 있다고 주장하고 있다.
(b) 전국적인 규모의 한 선도적 자선단체가 공개한 최근의 수치에 따르면, 백만 명이 넘는 노인들이 현재 기본적인 복지 지원을 전혀 받지 못하고 있다.
(c) 점점 증가하는 노령 인구에도 불구하고, 정부는 지난 달에 노인 복지에 대한 예산 감축을 승인했다.
(d) 이는 친구나 가족의 지원을 받지 못하는 노령의 시민들이 스스로 힘겹게 살아가도록 방치된다는 것을 의미한다.

해설

세 번째 문장에서 전치사 to의 목적어로 쓰인 age old care가 '노인 복지'라는 의미를 나타내야 하는데, '노년, 노령'을 뜻할 때는 old age의 순서가 되어야 하므로 old age care로 바뀌어야 한다. 따라서 (c)가 정답이다.

어휘

critic 비난자, 비평가 argue that ~라고 주장하다 elderly 노령의, 노인의 receive ~을 받다 standard 수준, 표준 care 돌봄, 보살핌, 보호, 관리 require ~을 필요로 하다 according to ~에 따르면 recent 최근의 figure 수치, 숫자 release ~을 발표하다, 공개하다 leading 선도적인, 앞서가는 charity 자선단체 more than ~가 넘는 resident 주민 currently 현재 despite ~에도 불구하고 growing 점점 증가하는 population 인구 approve ~을 승인하다 budget cut 예산 감축 support 지원, 후원 be left to do ~하도록 남겨지다 struggle on one's own 혼자 발버둥치다

정답 (c) age old care → old age care

UNIT 12 전치사

기출맛보기 본문 p. 305
1. (a) **2.** (c)

1.

A: 그가 잘 생긴 것도 아닌데, 넌 어째서 그와 데이트를 하려는 거야?
B: 그가 잘 생긴 것은 아니지만, 유머 감각이 풍부하거든.

해설

미남이 아니라는 사실과 유머 감각이 풍부한 것은 각각 사람의 단점과 장점을 나타내므로 대립 구도이다. 그러므로 양보 전치사인 (a) in spite of가 정답이다.

어휘

date ~와 데이트하다 even if ~에도 불구하고 good-looking 잘 생긴 sense of humor 유머 감각 in spite of ~에도 불구하고 on behalf of ~을 대신하여, 대표하여 following ~후에 against ~에 반대하여

정답 (a)

2.

A: 극장 가는 길 좀 가르쳐 주시겠어요?
B: 물론이죠, 극장은 바로 길 건너편에 있어요.

해설

street를 기준으로 위치를 나타낼 때는 across(맞은편에), along(죽 따라서), down(저쪽에, 아래쪽에), on(위에) 등과 함께 쓴다. 도로 위에 극장이 위치하는 것은 논리적이지 않으므로 정답은 (c) across 이다.

어휘

movie theater 극장 Of course 물론이에요 right ad. 바로 throughout + 장소: ~도처에

정답 (c)

Part 1　**1**. (c)　**2**. (b)　**3**. (c)　**4**. (b)　**5**. (b)
　　　　6. (d)　**7**. (b)　**8**. (b)

Part 2　**9**. (c)　**10**. (c)　**11**. (c)　**12**. (a)　**13**. (c)
　　　　14. (c)　**15**. (b)　**16**. (d)

Part 3　**17**. (a)　**18**. (b)　**19**. (d)　**20**. (b)

[Part 1]

1.

> A: 회사 야유회에 대한 새로운 계획이 마음에 들어요.
> B: 저도요. 저는 대찬성이에요.

해설
빈칸 앞에 동의를 나타내는 Same here가 있으므로 이와 유사한 의미로 '~에 찬성하는, ~을 지지하는'이라는 뜻을 지닌 (c) for가 정답이다.

어휘
excursion 야유회, 단체여행　all for ~에 대찬성인

정답 (c)

2.

> A: 기술자를 불러서 에어컨을 고쳐야 해요.
> B: 아뇨, 그냥 새것으로 바꿔요. 제 생각엔, 수리가 불가능해요.

해설
빈칸 앞 문장에 새것으로 바꾸자는 말이 있는데, 이는 수리를 하지 않는 방법에 해당된다. 따라서, 그 이유를 나타내는 빈칸에는 repair와 함께 '수리가 불가능한'이라는 의미를 구성할 수 있는 (b) beyond가 와야 한다.

어휘
fix ~을 고치다, 바로잡다　replace A with B: A를 B로 대체하다　beyond repair 수리가 불가능한　beside ~ 옆에, ~에 비해　beneath ~ 아래에, 밑에

정답 (b)

3.

> A: 맨체스터 행 고속버스는 얼마나 자주 운행되나요?
> B: 매시 정각에 있습니다.

해설
운행 주기와 관련하여 Every hour라고 하면 '매시간'이라는 의미이다. 그런데 그 뒤에 연결되는 the hour는 좀 더 구체적인 시각을 나타내어 '정각에'라는 의미가 되어야 한다. 이렇게 정각을 나타내는 표현에는 전치사 on을 사용하여 Every hour on the hour라고 하므로 (c) on이 정답이다.

어휘
run 운행하다　every hour on the hour 매시 정각에

정답 (c)

4.

> A: 네가 리사에게서 받은 편지는 좋은 향이 나.
> B: 응, 편지지에 그녀의 향수에서 나는 향이 담겨 있어.

해설
빈칸 앞에 위치한 be infused는 전치사 with와 함께 '~가 담겨 있다, 함유되어 있다'라는 의미를 나타내므로 (b) with가 정답이다.

어휘
smell + 형용사: ~한 냄새가 나다　be infused with ~가 담겨 있다, 함유되어 있다　fragrance 향, 향기　perfume 향수

정답 (b)

5.

> A: 난 그 음악 평론가가 자신의 평론에서 도대체 무슨 말을 하는 건지 모르겠어.
> B: 그 앨범에 담긴 노래들이 너무 비슷한 것에 실망했다는 것을 넌지시 말하는 거야.

해설
빈칸 뒤에 위치한 명사 implication과 어울리는 전치사가 필요한데, '함축적으로, 넌지시'라는 의미가 되어야 하므로 (b) By가 정답이다.

어휘
critic 평론가, 비평가　review 평론, 평가, 후기　by implication 함축적으로, 넌지시　be disappointed that ~해서 실망하다　similar 비슷한, 유사한

정답 (b)

6.

> A: 케이틀린 씨가 아직도 당신 사무실에서 일하고 있나요?
> B: 아뇨, 그분은 지난 달에 저희 회사를 그만 두셨어요. 지금은 구직 중이세요.

해설
빈칸 앞뒤에 각각 위치한 전치사 in, 명사 jobs와 어울려 회사를 그만 둔 사람의 상황을 나타낼 때 이전 일자리와 새로운 일자리 사이에 있는 것에 빗대어 in between jobs라고 표현하는데, '구직 중인, 취업 준비 중인'이라는 의미이다. 따라서, 빈칸에 들어갈 전치사로 (d) between이 정답이다.

어휘
leave a company 회사를 그만 두다　in between jobs 구직 중인, 취업 준비 중인

정답 (d)

7.

> A: 가장 가까운 현금자동입출금기가 어디 있는지 좀 알려 주시겠어요?
> B: 죄송하지만, 저도 이 지역이 처음입니다.

해설
어떤 지역에 처음 와서 지리가 낯설다는 것을 나타낼 때 'new to + 지역'과 같이 표현하므로 (b) to가 정답이다.

어휘
near 가까운 **ATM** 현금자동입출금기 **new to** ~에 처음인 **neighborhood** 지역, 인근, 동네

정답 (b)

8.

> A: 네 방세가 오른 건 너무 불공평해. 그 집은 그 정도 가치가 있는 게 아니잖아!
> B: 나도 알아, 하지만 그것을 집주인 탓이라고 할 수는 없어.

해설
'hold + 사물 명사 + 빈칸 + 사람 명사'의 순서이므로 이와 같은 구조에 어울리는 전치사로 '~을 …의 탓으로 돌리다'라는 의미를 나타낼 때 사용하는 (b) against가 정답이다.

어휘
unfair 불공평한 **rent** 방세, 집세 **increase** ~을 인상하다, 증가시키다 **worth + 명사**: ~의 가치가 있는 **hold A against B**: A를 B의 탓으로 돌리다

정답 (b)

[Part 2]

9.

> 재즈는 1800년대에 뉴올리언스에 살던 미국 흑인들로부터 유래한 음악 스타일로, 세계 곳곳에서 점점 더 많은 인기를 얻어 왔다.

해설
원인을 지적할 때 사용하는 동사 attribute는 전치사 to로 원인을 가리키므로 (c) to가 정답이다. 이 문장에서 attributed는 명사를 후치 수식하는 분사구로 사용되었다.

어휘
attributed to ~에 기인하는, ~ 덕분인 **grow in popularity** 점점 더 인기가 많아지다

정답 (c)

10.

> 유사한 학위로 구직 지원자들로 분류하는 것이 고용주들이 가장 적합한 후보자 명단을 만드는 데 도움이 될 수 있다.

해설
사람을 분류하는 방법으로 similar degrees(유사한 학위)가 사용되는 것이므로 수단을 나타내는 전치사 (c) with가 정답이다.

어휘
group v. ~을 분류하다, 나누다 **job applicant** 구직 지원자 **similar** 유사한 **degree** 학위 **employer** 고용주 **create** ~을 만들어 내다 **suitable** 적합한 **candidate** 후보자

정답 (c)

11.

> 남동생은 정원에서 개가 짖는 와중에도 텔레비전을 볼 수 있었지만, 샐리는 그 소리가 매우 거슬린다고 생각했다.

해설
'목적어 + -ing' 구조인 the dog barking과 결합 가능한 전치사가 필요하므로 '~가 …하는 채로, ~가 …하면서'라는 의미의 동시 상황을 나타낼 때 사용하는 (c) with가 정답이다.

어휘
although (비록) ~이기는 하지만 **with A -ing**: A가 ~하는 중에, A가 ~하는 채로 **find + A + 형용사**: A가 ~하다고 생각하다 **irritating** 거슬리는, 짜증나게 하는

정답 (c)

12.

> 중요한 보고서를 끝내야 했던 마틴 외에, 아무도 공휴일에 출근하지 않았다.

해설
빈칸 앞에 아무도 출근하지 않았다는 말이 있는데, 마틴을 수식하는 관계절은 그가 중요한 보고서를 끝내야 했다는 내용으로, 그가 회사에 출근한 것으로 판단할 수 있다. 즉 출근한 사람이 마틴 혼자이므로 'Martin 외에 아무도'라는 의미가 될 수 있도록 '~ 외에'라는 뜻으로 사용되는 (a) besides가 정답이다.

어휘
public holiday 공휴일 **besides** ~외에 **opposite** ~의 건너편에, 맞은편에 **in case of** ~의 경우에 (대비해) **contrary to** ~에 반하여, ~와 달리

정답 (a)

13.

> 열이 나고 목이 아파서 조지는 주민 회의에 참석하지 못했다.

해설
동사 keep은 'keep + 목적어 + from -ing'의 구조로 '~가 …하는 것을 막다, ~하지 못하게 하다'라는 의미를 나타내므로 (c) from이 정답이다.

fever 열 **sore throat** 목이 아픈 것 **keep A from −ing:** A가 ~하는 것을 막다, ~하지 못하게 하다 **attend** ~에 참석하다 **resident** 주민

(c)

14.

> 자신의 깜짝 생일 파티에 얼마나 많은 사람들이 찾아 왔는지를 확인한 짐은 어쩔 줄 모르고 기뻐했다.

깜짝 파티에 많은 사람이 온 것에 따른 결과를 나타내는 was with joy(기뻤다)라는 서술부가 있으므로 빈칸은 재귀대명사와 함께 부사구를 구성하여 기쁜 모습을 나타내야 한다. 따라서, 너무 기뻐서 어쩔 줄 모른다는 의미를 나타내는 숙어 beside oneself를 구성하는 (c) beside가 정답이다. by oneself는 '혼자, 홀로'라는 뜻이며, for oneself는 '혼자 힘으로' 그리고 of oneself는 '저절로, 스스로'라는 뜻으로 모두 기뻐하는 모습을 설명하기에 적절하지 않다.

turn up (장소에) 나타나다 **suprprise party** 깜짝 파티 **beside oneself** 흥분하여, 어쩔 줄 모르는 **with joy** 기쁜, 기뻐서

(c)

15.

> 경찰이 어제 저녁 은행에서 강도 행각을 벌인 혐의를 받고 있는 두 남성을 수색 중이다.

빈칸 뒤의 the hunt for는 전치사 on과 결합하여 '~을 수색하여'라는 의미를 가지므로 (b) on이 정답이다.

on the hunt for ~을 추적하여, 추구하여 **suspected of** ~의 혐의를 받고 있는 **rob** ~에서 강도 짓을 하다, ~을 털다

(b)

16.

> 메리 코스그로브의 첫 번째 소설이 성공적인 연극 작품으로 탈바꿈되었다.

빈칸 앞에 위치한 동사 has been transformed는 성질의 변화와 관련된 동사이므로, 그 변화의 결과물을 나타내는 명사 stage production 앞에는 전치사 into를 사용한다. (d) into가 정답이다.

novel 소설 **be transformed into** ~로 탈바꿈되다, 변모되다 **successful** 성공적인 **stage production** 연극 작품

(d)

[Part 3]

17.

> (a) A: 부모님 결혼 기념일을 위해 뭘 사야 할지 모르겠어.
> (b) B: 얼마나 지출하려고 하는데? 뭔가 근사한 걸 사드려야 할 것 같아.
> (c) A: 응, 많이 쓸 거야. 부모님은 50년 동안 함께 하신 걸 기념하실 예정이시거든.
> (d) B: 그럼 리조트에서 멋진 시간을 보내시도록 해 드리는 건 어때? 두 분이 도시를 벗어나실 수 있는 멋진 기회가 될 수 있을 것 같은데.

(a)에서 동사 get은 뭔가를 구입한다는 뜻인데 my parents' anniversary는 구입 대상이 아니라, 뭔가를 구입하려는 목적에 해당하므로, 그 앞에 목적의 전치사 for를 넣어서 for my parents' anniversary라고 해야 옳다. 따라서 (a)가 정답이다.

what to do 무엇을 해야 할지 **anniversary** 연례 기념일 **spend** (돈, 시간 등을) 소비하다 **probably** 아마, 어쩌면 **get A B:** A에게 B를 사 주다, 구해 주다 **spend a lot** 큰 돈을 지출하다 **celebrate −ing** ~을 기념하다, 축하하다 **then** 그럼, 그렇다면 **how about ~?** ~는 어때? **stay at** ~에서의 숙박, 체류 **resort** 리조트, 휴양지 **chance** 기회 **get out of** ~에서 벗어나다

(a) get my parents' anniversary → get for my parents' anniversary

18.

> (a) A: 내일 아침에 만나서 커피 한 잔 하시겠어요?
> (b) B: 그랬으면 좋겠지만, 저는 아침 시간이 좋지 않아요.
> (c) A: 그럼, 점심식사 후에 만나는 건 어떠세요?
> (d) B: 그게 더 좋겠어요. 1시 30분 괜찮으세요?

(b)에서 '특정 시간대가 나에게 적합하다, 편리하다' 등의 의미를 나타내려면 good to me가 아닌 good for me로 바뀌어야 하므로 (b)가 정답이다. good to me는 ' 나에게 도움이 되다, 나에게 친절하다' 등을 의미할 때 사용한다.

meet up 만나다 **then** 그럼, 그렇다면 **how about ~?** ~는 어때요? **get together** 만나다, 모이다 **work** (시간 등이) 알맞다, 적당하다, 도움이 되다, 효과가 있다

(b) good to me → good for me

19.

(a) 대영제국에서 최후로 제작된 전통적 3본 마스트 목선은 해군 탐험선 디스커버리호였다.
(b) 이 선박은 남극지역 탐사용으로 특별히 설계되었으며, 로버트 팰콘 스코트를 태우고 성공적인 남극 항해를 마쳤다.
(c) 남극 항해를 마친 후에는 리모델링되어 주로 화물용 선박으로 사용되었다.
(d) 현재 이 선박은 던디 시에 있는 디스커버리 포인트에 전시되어 있으며, 일반인이 관람할 수 있도록 개방되어 있다.

해설
(d)에서 '전시 중인, 진열 중인'이라는 의미를 나타내려면 in display 가 아니라 on display와 같이 쓰여야 하므로 (d)가 정답이다.

어휘
traditional 전통적인 **wooden** 목재로 된 **three-masted** 돛대가 셋인 **vessel** 배, 선박 **specifically** 특히, 특별히 **be designed for** ~을 위해 고안되다 **Antarctic** 남극 지역 **carry** ~을 실어 나르다 **successful** 성공적인 **expedition** 항해, 탐험, 원정 **following** ~ 후에 **primarily** 주로 **cargo** 화물 **on display** 전시되어 있는 **public viewing** 일반 대중의 관람

정답 (d) in display → on display

20.

(a) 윌리엄 캐슬은 미국 영화 감독이자 제작자였으며, 다양한 상술로 공포영화를 홍보하는 것으로 유명했다.
(b) 윌리엄 캐슬의 영화를 보는 경험은 다른 감독들의 영화를 보는 경험과 상당히 달랐다.
(c) 캐슬의 영화인 *House on Haunted Hill*이 극장에서 시사회를 했을 때, 관객들은 머리 위로 날아 다니는 빨간 눈을 한 해골에 큰 충격을 받았다.
(d) 마케팅을 위한 그의 상술은 효과적인 것으로 드러났으며, 그의 인기가 절정이었을 때, 그의 팬 클럽은 25만 명이 넘는 회원들을 거느리고 있었다.

해설
두 번째 문장에서 형용사 different와 함께 '~와 다른, 차이가 나는'이라는 의미가 되어야 자연스러운데, 이와 같은 뜻을 나타낼 때는 different from과 같이 표현하므로 about을 from으로 바꿔야 한다. 따라서 (b)가 정답이다.

어휘
producer 제작자, 프로듀서 **be known for** ~로 잘 알려지다 **promote** ~을 홍보하다, 판촉하다 **a variety of** 다양한 **gimmick** 상술, 술책 **significantly** 상당히, 많이 **different from** ~와 다른, 차이가 나는 **premiere** 시사회를 하다 **patron** 손님 **red-eyed** 눈이 빨간 **skeleton** 해골 **overhead** 머리 위로 **prove to be A**: A한 것으로 드러나다, 판명되다 **at the height of** ~의 절정에서, ~가 한창일 때 **popularity** 인기 **include** ~을 포함하다 **more than** ~가 넘는

정답 (b) different about → different from

UNIT 13 부사절

기출맛보기
본문 p. 315
1. (b)   **2**. (a)

1.

A: 그녀가 왜 그러지? 나한테 화가 난 것처럼 보여.
B: 내 생각인데, 넌 잘못한 거 아무것도 없어.

해설
As far as는 견해나 생각을 나타낼 때 쓰는 접속사로 '~하는 한'으로 해석된다. as far as I am concerned는 관용적인 표현으로 사용된다.

어휘
seem + 형용사: ~인 것처럼 보이다 **furious** 화가난 **as far as I'm concerned** 내 생각인데, 내가 아는 한

정답 (b)

2.

비행기를 놓치지 않도록 서둘러라.

해설
lest A should B와 for fear that 모두 부정의 목적을 나타낼 때 사용하는 접속사이나 부정어를 쓰지 않아야 하며, for fear of는 전치사구로 절을 이끌지 못한다. 이 조건들을 모두 만족하는 (a) lest you should miss가 정답이다.

어휘
hurry up 서두르다 **lest A should B**: A가 B하지 않도록

정답 (a)

기출 Check-up TEST
본문 p. 316

Part 1	**1**. (c)	**2**. (c)	**3**. (d)	**4**. (d)	**5**. (b)
	6. (a)	**7**. (a)	**8**. (b)		
Part 2	**9**. (b)	**10**. (b)	**11**. (d)	**12**. (b)	**13**. (c)
	14. (a)	**15**. (a)	**16**. (b)		
Part 3	**17**. (c)	**18**. (c)	**19**. (a)	**20**. (a)	

[Part 1]

1.

A: 내일 밤에 제시가 여는 파티에 올 수 있어?
B: 갈 수 없을 것 같아, 부모님을 뵈러 가야 하거든.

해설
빈칸 뒤에 위치한 절(부모님을 뵈러 가는 일)이 파티에 갈 수 없는 이유에 해당되므로 이유 접속사인 (c) because가 정답이다.

I'm afraid not (앞서 언급된 말에 대해) 그럴 수 없을 것 같다
until (지속) ~할 때까지

정답 (c)

2.

> A: 난 리차드가 쓰고 있는 이야기를 정말 즐겁게 읽고 있어.
> B: 나도, 그런데 그가 재능이 있긴 하지만, 자신의 작품 어느 것도 출판하지 못 하고 있어.

해설
빈칸 부분이 '그가 재능이 있긴 하지만'과 같은 양보의 의미가 되어야 자연스러운데, 접속사 as와 함께 이와 같은 의미를 나타낼 때는 '형용사 + as + 주어 + 동사'의 구조가 되어야 하므로 이에 해당되는 (c) talented as he is가 정답이다.

어휘
talented 재능 있는 **get A p.p.**: A가 ~되게 하다 **work** n. (글, 노래, 그림 등의) 작품, 작업물 **publish** ~을 출판하다

정답 (c)

3.

> A: 너랑 데이비드는 샌 디에고에서 열리는 콘서트에 어떻게 갈 생각인지 결정한 거야?
> B: 응, 내가 연료비를 내면 그가 자신의 차를 가져갈 거야.

해설
빈칸 뒤에 위치한 절(연료비를 내는 일)이 David이 자신의 차를 가져가는 조건으로 판단할 수 있으므로 '(만일) ~라면'이라는 의미로 쓰이는 조건 접속사 (d) provided that이 정답이다.

어휘
decide ~을 결정하다 **get to** ~로 가다 **take** ~을 가져 가다 **pay for** ~에 대한 돈을 지불하다 **wherein** 어디에, 어떤 점에서 **whether** ~인지 아닌지, ~에 상관 없이 **as though** 마치 ~인 것처럼 **provided that** (만일) ~라면

정답 (d)

4.

> A: 주민들이 새로운 쓰레기 수거 계획을 이해하셨나요?
> B: 제가 수거 일정을 알려 드리자마자 알아 들으셨습니다.

해설
빈칸 앞뒤에 각각 위치한 절의 동사들(figured, showed)이 동일 시제로 되어 있어 일정을 알려준 시점에 사람들이 알아 들었다는 의미가 되어야 자연스러우므로 '~하자마자, 일단 ~하는 대로'라는 의미로 때나 전제 조건을 나타낼 때 사용하는 접속사 (d) once가 정답이다.

어휘
resident 주민 **garbage** 쓰레기 **collection** 수거, 수집 **figure**

A out: A를 알아 듣다, 이해하다, 알아내다 **show A B**: A에게 B를 알려 주다, 보여 주다 **pick-up** 수거, 가져 가기, 집어 들기 **whenever** ~할 때는 언제든지 **although** 비록 ~이긴 하지만, ~라 하더라도 **whereas** ~인 반면 **once** ~하자마자, 일단 ~하는 대로

정답 (d)

5.

> A: 보유하고 계신 카메라들이 크기가 매우 다양하네요.
> B: 네, 하지만 모두 많은 돈이 든다는 점에서 유사합니다.

해설
빈칸 뒤에 위치한 절(많은 돈이 드는 것)이 유사한 제품들이라는 사실의 근거에 해당되므로 '~라는 점에서, ~이므로'라는 의미로 특정 사실을 근거로 언급할 때 사용하는 접속사 (b) in that이 정답이다.

어휘
similar 유사한 **cost** v. ~의 비용이 들다 **so that** (결과) 그러므로, 그래서 (목적) ~할 수 있도록 **in that** ~라는 점에서, ~이므로 **in case (that)** ~할 경우에 (대비해) **unless** ~가 아니라면, ~하지 않는다면

정답 (b)

6.

> A: 저는 점심 시간에 새로 생긴 마음껏 먹을 수 있는 뷔페에 갈 생각이에요.
> B: 저는 굳이 가진 않을래요. 혹시 당신에게 다른 대안이 있다면요.

해설
빈칸 앞의 절은 그 뷔페에 굳이 가고 싶지는 않다는 거부의 표시인데, 그 뷔페에 가지 않으려면 다른 대안이 있어야 하므로, 조건을 나타내는 접속사 (a) if가 정답이다. (d) unless도 조건을 나타내지만 부정의 의미를 포함하므로 화자의 의도와 정반대가 되어 맞지 않는다.

어휘
all-you-can-eat 마음껏 먹을 수 있는 **wouldn't bother** 일부러 하지는 않겠다 **option** 선택사항 **unless** ~가 아니라면, ~하지 않는다면

정답 (a)

7.

> A: 이번 주말에 왜 로저를 만나는 거죠?
> B: 이 지역에 처음 오시기 때문에, 누군가 안내해 줄 사람이 필요하거든요.

해설
빈칸이 속한 절에 Roger가 해당 지역에 처음 방문한다고 쓰여 있는데, 이는 그 지역을 안내해 줄 사람이 필요한 이유에 해당되므로 '~ 때문에'라는 뜻의 이유 접속사 (a) Since가 정답이다.

어휘

be new to (장소 등) ~에 처음 가 보다, 와 보다 **show A around**: A에게 둘러 보게 해 주다 **since** ~ 때문에, ~한 이후로 **once** ~하자 마자, 일단 ~하는 대로 **although** 비록 ~이긴 하지만, ~라 하더라도

정답 (a)

8.

> A: 이 정류장에 73A 버스가 언제 도착하죠?
> B: 15분마다 한 번씩 와요, 제가 알기로는요.

해설

버스가 15분마다 한 번씩 온다는 사실과 관련해 자신이 알고 있는 정보 범위의 한도를 나타내는 말이 되어야 자연스러우므로 I know와 함께 '내가 아는 한'이라는 의미로 쓰이는 접속사 (b) as far as가 정답이다. (a) as long as는 조건을 나타낼 때 사용하므로 빈칸에 맞지 않는다.

어휘

arrive at ~에 도착하다 **every 15 minutes** 15분마다 한 번씩 **as far as I know** 내가 알기로는, 내가 아는 한 **as long as** (조건) ~하는 한, ~하기만 하면 **unless** ~가 아니라면, ~하지 않는다면 **if only** (소망을 나타내어) ~이면 좋을 텐데, ~였다면 좋았을 텐데

정답 (b)

[Part 2]

9.

> 그 컨트리 클럽을 방문하는 손님들은 설사 회원을 동반한다고 하더라도 VIP 라운지에 출입할 수 없다.

해설

빈칸 앞에 방문 손님들이 VIP 라운지에 출입할 수 없다고 쓰여 있으므로 빈칸 이하 부분은 '회원을 동반한다 하더라도'와 같은 양보의 의미가 되어야 한다. 따라서 '설사 ~라 하더라도'라는 뜻으로 쓰이는 양보 접속사 (b) even if가 정답이다.

어휘

accompanied by ~을 동반한 **if only** (소망을 나타내어) ~이면 좋을 텐데, ~였다면 좋았을 텐데 **even if** 설사 ~라 하더라도 **as far as** ~하는 한 **as long as** (조건) ~하는 한, ~하기만 하면

정답 (b)

10.

> 캐나다 정부가 스포츠로 하는 북극곰 사냥을 금지한 반면, 지역 주민들에게 식량을 위해 사냥하는 것이 여전히 허용되고 있다.

해설

문장 중간에 위치한 콤마 앞뒤에 쓰여있는 두 개의 절은 '사냥을 금지했다'와 '사냥이 허용된다'라는 대조적인 내용을 담고 있으므로 '~인

반면'이라는 의미로 쓰이는 대조 접속사 (b) While이 정답이다.

어휘

ban ~을 금지하다 **polar bear** 북극곰 **be allowed to do** ~하도록 허용되다 **until** (지속) ~할 때까지 **while** ~인 반면, ~하는 동안 **unless** ~가 아니라면, ~하지 않는다면

정답 (b)

11.

> 독감 증상이 치료를 받지 않고 사라지기도 하지만, 약을 먹는 것이 증상을 조기에 치료하는 데 도움이 될 수 있다.

해설

선택지가 모두 접속사이므로 두 절의 연결 관계를 파악해야 한다. '치료 없이 사라질 수 있다'는 내용과 '약을 먹는 것이 도움이 될 수 있다'라는 상반된 내용이 연결되므로 역접 접속사인 (d) Although가 정답이다.

어휘

symptom 증상 **flu** 독감 **go away** 사라지다 **treatment** 치료, 처치 **take medication** 약을 먹다 **help do** ~하는 데 도움이 되다 **manage** ~을 관리하다, 처리하다 **earlier** 더 일찍, 조기에 **although** 비록 ~이지만 (상반된 내용을 양보 관계로 연결)

정답 (d)

12.

> 자신이 찍은 야생 동물 사진 현상 작업을 끝마치자마자, 트레이시는 출판을 위해 그 사진들을 잡지사에 제출했다.

해설

'사진 현상을 끝마치자마자' 그 사진들을 잡지사에 제출했다는 의미가 되어야 알맞으므로 '~하자마자, 일단 ~하면'이라는 의미로 때나 전제 조건을 나타낼 때 사용하는 접속사 (b) Once가 정답이다.

어휘

finish -ing ~하는 것을 끝마치다 **develop** (사진) ~을 현상하다 **wildlife** 야생 동물 **photograph** 사진 **submit** ~을 제출하다 **publishing** 출판, 발행 **so** 따라서, 그러므로 **once** ~하자마자, 일단 ~하면 **though** 비록 ~이긴 하지만, ~라 하더라도 **whether** ~인지 아닌지, ~에 상관 없이

정답 (b)

13.

> 우리가 더 오래 기다릴수록 아마도 항공권 가격이 오를 것이므로, 더 비싸지기 전에 구입해야 한다.

해설

빈칸 뒤에 위치한 절은 '그것들(항공권)이 더 비싸다'라는 의미인데, 가격이 더 비싸지기 전에 구매가 이뤄져야 하므로 '~ 전에'라는 의미로 쓰이는 시간 접속사 (c) before가 정답이다.

어휘

since ~ 때문에, ~한 이후로 increase in price 가격이 오르다
the longer 더 오래 ~할 수록 purchase ~을 구입하다 while ~
하는 동안 once ~하자마자, 일단 ~하면 until ~까지

정답 (c)

14.

> 코스타 이슬라는 자사의 호텔들이 더욱 현대화된다면 아마도 인
> 기 있는 해변 리조트가 될 것이다.

해설

빈칸 뒤에 위치한 절(호텔이 더 현대화되는 것)은 인기 있는 리조트가
되기 위한 조건에 해당된다. 따라서 '~하면, ~할 경우에'라는 의미로
조건을 나타낼 때 사용하는 접속사 (a) when이 정답이다.

어휘

become + 형용사: ~한 상태가 되다 modernized 현대화된
although 비록 ~이긴 하지만, ~라 하더라도 as if 마치 ~인 것처럼

정답 (a)

15.

> 일단 선거인 등록 양식의 작성을 완료하시면, 그것에 서명하셔서 즉
> 시 우송해 주시기 바랍니다.

해설

양식을 작성하는 것과 서명을 하고 발송하는 것은 순차적인 행위이
다. 그러므로 앞의 행위가 먼저 발생하는 것을 전제로 하는 접속사 (a)
Once가 정답이다.

어휘

complete ~을 완료하다 voter 유권자 registration 등록 form
양식, 서식 sign ~에 서명하다 mail ~을 우송하다 immediately
즉시 once 일단 ~하면, ~하자마자 until ~할 때까지 (지속) in
case (that) ~할 경우에 (대비해) even if 설령 ~이더라도 (가정
법) cf. even though 비록 ~일지라도 (직설법)

정답 (a)

16.

> 에디의 어머니께서는 그가 골프를 치러 간 동안에 그의 아파트에
> 들르셨기 때문에, 입구에서 기다리셔야 했다.

해설

빈칸 앞에 위치한 절에는 과거시제 동사 stopped가, 빈칸이 이끄는
절에는 과거진행형 동사 was golfing이 쓰여 있으므로 '골프를 치는
동안에 어머니께서 방문했다'와 같은 의미가 되어야 알맞다. 따라서
'~하는 동안'이라는 뜻으로 동시 상황을 나타낼 때 사용하는 접속사
(b) while이 정답이다.

어휘

stop by ~에 들르다 golf v. 골프를 치다 had to do ~해야 했다

entranceway 입구 since ~ 때문에, ~한 이후로 while ~하는 동
안, ~인 반면 once ~하자마자, 일단 ~하면 in case (that) ~할
경우에 (대비해)

정답 (b)

[Part 3]

17.

> (a) A: 버니스, 내가 어제 구입한 새 전자책 리더기에 대해서 어떻
>   게 생각해?
> (b) B: 아, 아주 좋아 보이던데. 그런데 일반 책들에 비해서 무슨
>   장점이 있는 거야?
> (c) A: 그게, 종이로 된 책들은 시간이 지나면 닳게 되는 반면에,
>   전자책 기기들은 완벽한 상태로 계속 유지되거든.
> (d) B: 맞는 말 같기는 해. 난 그저 손으로 페이지를 넘기는 게 더
>   편한 느낌이야.

해설

(c)에서 콤마를 기준으로 앞뒤의 절들은 종이 책의 단점과 전자책 기
기의 장점을 언급하는 대조적인 내용이다. 따라서 결과를 나타내는 접
속사 so 대신에 대조를 나타내는 접속사 while 또는 whereas가 쓰
여야 알맞으므로 (c)가 정답이다.

어휘

e-book reader 전자책 리더기 seem + 형용사: ~한 것처럼 보이
다 advantage 장점, 이점 over (비교) ~에 비해, ~보다 get +
형용사: ~한 상태가 되다 worn out 닳은, 낡은 over time 시간이
지날 수록 device 기기, 장치 stay in perfect condition 완벽한
상태로 유지되다 suppose (that) ~한 것 같다 comfortable 편
한, 편안한 turn the pages 페이지를 넘기다 by hand 손으로

정답 (c) so → while/whereas

18.

> (a) A: 난 오늘 오후에 극장에 '런웨이 트레인'을 보러 가려고 생
>   각 중이야.
> (b) B: 아, 리암 글리슨이 주인공인 새 액션 영화 말이지?
> (c) A: 그 영화 맞아. 별 다른 계획이 없으면 나랑 함께 가도 괜찮아.
> (d) B: 나도 좋아. 난 그저 집에서 TV나 좀 볼 계획이었거든.

해설

(c)에서 접속사 unless는 '~가 아니라면, ~하지 않는다면'과 같이 부
정의 의미를 포함하므로, 같이 갈 수 있는 조건과 오히려 반대가 된다.
따라서 unless를 if로 바꿔야 하므로 (c)가 정답이다.

어휘

star v. ~에게 주연을 맡기다 join ~와 함께 하다 That works for
me. (날짜, 계획 등이) 나도 좋다, 괜찮다 plan to do ~할 계획이다

정답 (c) unless → if

19.

> (a) 외국을 돌아 다니면서 여행을 하는 중에 배우게 되는 아주 다양한 손 동작들이 있다.
> (b) 당신이 배우는 각 동작은 국가마다 상당히 다른 의미를 지닐 수 있다.
> (c) 예를 들어, 찬성의 의미로 흔히 쓰이는 "엄지 손가락 들기"는 방글라데시에서는 모욕적인 행동으로 사용된다.
> (d) 실수로 어떠한 현지인이든 불쾌하게 만드는 것을 피할 수 있도록 동작들이 그 지역에서 지니는 의미를 빠르게 익혀 두는 것이 중요하다.

해설

첫 번째 문장에 사용된 전치사 during은 기간의 의미가 내포된 명사(구)와 함께 사용하는데, traveling around foreign countries는 기간이 아닌 행위를 나타내는 분사구문에 해당한다. 따라서 전치사 during 대신에 분사구문과 결합 가능한 접속사인 while로 바꿔야 알맞은 구조가 되므로 (a)가 정답이다.

어휘

a wide variety of 아주 다양한 **gesture** 동작, 제스처 **travel around** ~을 돌아 다니며 여행하다 **pick up** ~을 배우다, 익히다 **significantly** 상당히 **meaning** 의미 **from one country to the next** 국가마다 **for instance** 예를 들어 **common** 흔한, 일반적인 **thumbs up** 엄지 손가락 들기 **approval** 찬성, 승인 **insult** 모욕(적인 행동, 말) **local** 지역의, 현지의 **avoid -ing** ~하는 것을 피하다 **accidently** 실수로, 우연히 **offend** ~을 불쾌하게 만들다

정답 (a) during → while

20.

> (a) 나는 일전에 한 남성과 우연히 만났는데, 그는 자신의 딸이 막 아기를 낳아 들떠 있었다.
> (b) 그 남성은 마침내 할아버지가 되어 기뻤다고 내게 알려 주었다.
> (c) 그리고 커피 매장에 있는 다른 모든 손님들에게 각자 원하는 음료를 사겠다고 제안했다.
> (d) 나중에, 나는 사실 그 남성이 세계적인 소셜미디어 업체의 설립자이자 대표이사인 조지 먼로였다는 것을 알게 되었다.

해설

첫 문장에 쓰인 전치사 about 뒤로 명사 his daughter와 동사 had given이 이어지는 절이 쓰여 있으므로 전치사 about 대신 이 절을 이끌 접속사가 쓰여야 한다. 딸이 아기를 낳은 것은 기분이 들뜬 이유에 해당되므로 이유 접속사인 because 또는 be excited that의 구조를 만드는 that이 쓰여야 알맞다. 따라서 (a)가 정답이다.

어휘

bump into ~와 우연히 만나다, 마주치다 **the other day** 일전에 **give birth to** ~을 낳다, 출산하다 **inform A that**: A에게 ~라고 알리다 **be delighted to do** ~해서 기쁘다 **finally** 마침내, 드디어 **then** 그런 다음에, 그 후에 **offer to do** ~하겠다고 제안하다 **of one's choice** ~가 원하는, ~가 고른 **find out that** ~임을 알게 되다 **in fact** 사실, 실은 **founder** 설립자, 창립자

정답 (a) about → because/that

UNIT 14 등위접속사 & 상관접속사

기출맛보기
본문 p. 325
1. (d)   **2.** (b)

1.

> 수영은 유산소 활동을 제공하고 수많은 근육을 사용하기 때문에 몸에 유익한 운동이다.

해설

콤마 앞 주절이 나왔으니 빈칸의 첫 시작은 접속사가 있어야 한다. 원인을 나타내는 등위접속사 for로 시작하며 빈칸 뒤 and와 연결되는 both까지 포함하고 있는 (d)가 정답이다. (a)는 but (also)가 없고, (b)의 경우 either의 짝이 되는 or가 없고, (c)의 경우 both는 있지만, 절과 절을 연결할 수 있는 접속사가 없으므로 오답이다.

어휘

beneficial 유익한 **exercise** 운동 **aerobic** 유산소 운동의 **activity** 활동 **muscle group** 근육

정답 (d)

2.

> 2007년부터 2012년까지, 미국의 외국인 출생 인구는 490만 명 증가하여 총 3,570만명으로, 이는 인구의 12.4%이다.

해설

or는 앞서 언급한 것과 동격의 관계를 나타낼 때 사용될 수 있다. 3,570만 명과 12.4%는 동일한 수치를 말하고 있으므로 정답은 (b) or이다.

어휘

foreign-born 외국인 출생의 **population** 인구 **increase** v. 증가하다 **million** 100만 **total** 총, 전체의

정답 (b)

기출 Check-up TEST
본문 p. 326

Part 1	**1.** (d)	**2.** (a)	**3.** (c)	**4.** (d)	**5.** (b)
	6. (b)	**7.** (d)	**8.** (c)		
Part 2	**9.** (c)	**10.** (d)	**11.** (c)	**12.** (d)	**13.** (b)
	14. (a)	**15.** (d)	**16.** (d)		
Part 3	**17.** (c)	**18.** (b)	**19.** (a)	**20.** (c)	

[Part 1]

1.

> A: 샐리가 면접 본 일자리를 구한 거야?
> B: 그랬을 뿐만 아니라 더 높은 연봉을 제안 받기도 했어.

해설
빈칸 앞에 위치한 절에 사용된 Not only는 but (also)와 짝을 이뤄 '~뿐만 아니라 …도'라는 의미를 나타내는 상관접속사를 구성하므로 (d) but이 정답이다.

어휘
interview for ~에 대해 면접 보다 **not only A but (also) B**: A 뿐만 아니라 B도 **offer A B**: A에게 B를 제안하다, 제공하다 **as well** ~도, 마찬가지로 **moreover** 더욱이, 게다가

정답 (d)

2.

> A: 왜 팩스 기계들을 치우는 건가요?
> B: 낡은데다가 요즘 우리에게 쓸모가 없어서요.

해설
빈칸 뒤에 위치한 of no use는 형용사와 같은 역할을 하며, 빈칸 앞에 위치한 형용사 outdated와 함께 팩스 기계의 특성을 나타낸다. 따라서 추가적인 특성을 언급하는 구조임을 알 수 있으므로 '그리고'라는 의미로 추가 사항을 말할 때 사용하는 등위접속사 (a) and가 정답이다.

어휘
get rid of ~을 치우다, 없애다 **outdated** 낡은, 구식의 **of no use** 쓸모 없는, 무용지물인

정답 (a)

3.

> A: 왜 아무도 이 브랜드의 향수를 구입하지 않는 거죠?
> B: 저도 확실치는 않지만, 아마 너무 비싸서 그런 것 같아요.

해설
빈칸 앞에는 잘 모르겠다는 말이, 빈칸 뒤에는 한 가지 이유가 언급되는 대조적인 내용이므로 '하지만, 그러나' 등의 의미로 대조적인 절을 연결할 때 사용하는 접속사 (c) but이 정답이다.

어휘
perfume 향수 **perhaps** 아마

정답 (c)

4.

> A: 메이페어 호텔의 뷔페가 마음에 드셨나요?
> B: 네. 음식을 정말 맛있게 먹었어요, 그리고 제 남편도 그랬고요.

해설
'~도 그렇다'와 같은 의미를 나타낼 때는 'so + 조동사 + 주어'의 구조가 되어야 알맞으므로 이에 해당되는 (d) so did my husband가 정답이다.

어휘
buffet 뷔페 **enjoy the food** 음식을 맛있게 먹다

정답 (d)

5.

> A: 지나가 다음 달에 열리는 음악 축제에 정말로 가 보고 싶어해.
> B: 알아, 하지만 그녀는 표를 살 만한 돈이 충분히 있지 않잖아.

해설
빈칸 앞에 위치한 I know는 동의를 나타내므로 지나가 음악 축제에 가고 싶어 한다는 말을 대신하는 것과 같다. 그런데 빈칸 뒤에는 갈 수 없는 이유를 언급하는 대조적인 내용이 이어지고 있으므로 대조를 나타낼 때 사용하는 (b) but이 정답이다. (c) while도 대조를 나타낼 수 있지만 콤마 뒤에는 사용하지 않는다.

어휘
have enough money for ~할 만한 돈이 충분히 있다 **while** ~하는 동안, ~인 반면 **unless** ~가 아니라면, ~하지 않는다면

정답 (b)

6.

> A: 언제 밖으로 나가서 카이로를 둘러 보고 싶으세요?
> B: 1시간 정도 잠 좀 자고 나서 준비할 수 있을 것 같아요.

해설
수량 표현 뒤에 빈칸과 so가 이어지는 구조인데, 이렇게 수량 표현 뒤에 사용되는 so와 결합 가능한 것은 '~ 정도, ~ 쯤'이라는 의미를 나타낼 때 사용하는 or이므로 (b) or가 정답이다.

어휘
explore ~을 둘러 보다, 탐방하다, 탐험하다 **or so** (숫자 표현 뒤에서) ~ 정도, ~ 쯤

정답 (b)

7.

> A: 방세를 내는 기한이 언제죠?
> B: 오늘이 17일이기 때문에 지불하기까지 앞으로 3일 더 남았어요.

해설
오늘이 17일이라는 말이 아직 지불 기한이 3일 남았음을 알 수 있는 근거에 해당되므로 빈칸 앞뒤의 절들이 원인과 결과 관계임을 알 수 있다. 따라서 '그래서, 그러므로' 등의 의미로 결과를 나타내는 절을 이끄는 (d) so가 정답이다.

어휘

rent 방세, 집세 due (날짜 등과 함께) ~가 기한인 another (기간 표현 앞에서) 앞으로 ~만큼 더 nor (neither나 not 등과 함께) ~도 아니다

정답 (d)

8.

> A: 제가 주문한 것은 수프가 아니라 샐러드였어요.
> B: 제 실수입니다. 샐러드로 바꿔 드리겠습니다.

해설

두 번째 문장에 '샐러드로 바꿔 주겠다'는 말이 있는 것으로 보아 주문한 음식이 샐러드임을 알 수 있으므로 'not A but B'의 구조를 이뤄 'A가 아니라 B다'라는 의미로 샐러드가 주문 사항임을 나타내는 (c) soup but salad가 정답이다.

어휘

order ~을 주문하다 swap A for B: A를 B로 바꾸다

정답 (c)

[Part 2]

9.

> 칼라일 씨는 어떤 아시아 음식도 먹지 않으며, 그의 아들 또한 먹지 않는다.

해설

빈칸 앞에 위치한 부정어 not과 짝을 이룰 수 있는 것은 nor이며, nor와 함께 '~도 아니다'라는 의미를 나타낼 때 'nor + 조동사 + 주어'의 구조가 되어야 하므로 이에 해당되는 (c) nor will his son이 정답이다.

어휘

not A nor B: A도 아니고 B도 아니다

정답 (c)

10.

> 나는 그 박물관 안내도를 받아 갈 필요가 없었는데, 전에 그곳을 방문했었기 때문이다.

해설

빈칸 뒤에 위치한 절(전에 방문했었다)은 안내도를 가져 갈 필요가 없는 이유에 해당되므로 이유 접속사 (d) for가 정답이다.

어휘

pick up ~을 받아 가다, 가져 가다, 집어 들다 nor (neither나 not 등과 함께) ~도 아니다 for (왜냐하면) ~하기 때문이다

정답 (d)

11.

> 채식주의자들을 위한 음식들뿐만 아니라 파스타도 그 레스토랑의 점심 식사 메뉴에 추가되었다.

해설

우선 빈칸 뒤에 위치한 added와 결합해 수동태의 형태로 문장의 동사를 구성해야 하므로 to부정사인 (d) to have been은 오답이며, 단수 주어인 Pasta와 수 일치가 되어야 하므로 단수 주어와 함께 사용하는 (c) was가 정답이다. 'A as well as B'가 주어로 쓰일 때는 A에 해당되는 명사에 따라 동사의 수를 일치한다.

어휘

A as well as B: B뿐만 아니라 A도 vegetarian 채식주의자 dish 요리, 음식 add A to B: A를 B에 추가하다

정답 (c)

12.

> 전기의 중요성은 과소평가되지 말아야 하는데, 전기 없이는 대부분의 사회가 기능을 하는 데 큰 어려움을 겪을 것이기 때문이다.

해설

빈칸 뒤에 이어지는 절(전기가 없으면 어려움을 겪는 것)이 전기의 중요성이 과소평가되지 말아야 하는 이유에 해당되므로 이유 접속사 (d) for가 정답이다.

어휘

importance 중요(성) electricity 전기 underestimated 과소평가된 society 사회 struggle to do ~하는 데 큰 어려움을 겪다, ~하기 위해 발버둥치다 function v. 기능하다, 작용하다

정답 (d)

13.

> 그 교수는 학생들에게 선택권을 주었는데, 그룹 프로젝트 또는 개인별 과제가 그것이었다.

해설

빈칸 앞에 교수가 선택권(a choice)을 주었다는 말이 있으므로 빈칸 앞뒤에 제시된 명사구들이 그 선택권에 해당된다는 것을 알 수 있다. 따라서 '또는'의 의미로 선택 대상을 나열할 때 사용하는 접속사 (b) or가 정답이다.

어휘

give A a choice: A에게 선택권을 주다 individual 개인의, 개개의 assignment (할당) 과제 nor (neither나 not 등과 함께) ~도 아니다

정답 (b)

14.

> 일본으로 떠난 내 여행 중의 3박은 오사카에 있는 가장 규모가 작지만 가장 현대적인 호텔들 중의 한 곳에서 보냈다.

해설

빈칸 앞뒤를 보면 명사 hotels를 수식하는 두 가지 형용사 the smallest 와 most modern이 쓰여 있으므로 이 둘을 연결할 수 있는 접속사 (a) yet이 정답이다. (b) likely는 형용사, (c) otherwise는 부사이고, (d) one은 대명사이므로 오답이다.

어휘

spend (시간, 돈 등) ~을 쓰다, 소비하다 **A yet B**: A하지만 B한, A 하면서도 B한 **likely** 가능성 있는, ~할 것 같은 **otherwise** 그렇지 않으면, 그 외에는, 달리

정답 (a)

15.

> 신임 교육부 장관의 선정과 임명은 유권자들이 아닌 시 의회에 의해 이뤄질 것이다.

해설

빈칸 앞뒤에 by가 이끄는 두 개의 전치사구가 위치해 있는데, 이렇게 동일한 성질을 지닌 요소를 연결하는 역할이 가능한 (d) not이 정답이다. 접속 부사로 쓰이는 (a) nevertheless와 (b) instead는 단순히 의미 관계만을 나타내는 역할을 하며, (c) despite은 전치사이므로 뒤에 명사(구)가 목적어로 쓰여야 한다.

어휘

selection 선정, 선발 **appointment** 임명, 선임 **council** 의회 **voter** 유권자 **nevertheless** 그럼에도 불구하고 **instead** 대신에 **despite** ~에도 불구하고

정답 (d)

16.

> 그 도서관의 도서와 저널들이 인기 있을 뿐만 아니라 다양한 사람들이 그곳의 DVD와 CD 소장품을 이용하기 위해 회원이 된다.

해설

문장 중간에 위치한 콤마 뒤에 but이 쓰여 있으므로 함께 짝을 이뤄 상관접속사를 구성하는 (d) Not only가 정답이다. (c) Neither는 nor와 짝을 이룬다.

어휘

not only A but (also) B: A뿐만 아니라 B도 **journal** 저널, 잡지, 학술지 **popular** 인기 있는 **various** 다양한 **take advantage of** ~을 이용하다 **collection** 소장품, 수집품 **neither (A nor B)**: (A도 아니고 B도) 아니다

정답 (d)

[Part 3]

17.

> (a) A: 난 보통 공상과학 소설을 좋아하지만, 새로 나온 이 자일즈 키스의 책은 전개가 너무 더뎌.
> (b) B: 그렇게 생각해? 난 그의 이전 작품보다 훨씬 더 흥미롭다고 생각하는데.
> (c) A: 내가 그걸 읽어 보지 못해서 뭐라고 말할 수는 없지만, 이 책의 줄거리는 너무 지루해.
> (d) B: 음, 분명 이야기가 진행되는 데 시간이 좀 걸리긴 하지만, 거의 결말에 이를 때 아주 흥미로워지거든.

해설

A의 두 번째 말에 두 개의 절이 접속사 없이 이어지고 있으므로 적절한 의미를 지닌 접속사가 필요하다. I can't 이하 부분이 특정 책을 읽어 보지 못한 것의 결과에 해당되므로 '그래서, 그러므로' 등을 뜻하는 결과 접속사 so가 쓰여 so I can't ~의 구조가 되어야 한다. 따라서 (c)가 정답이다.

어휘

normally 보통, 일반적인 **sci-fi novel** 공상 과학 소설 **a lot** (비교급 수식) 훨씬 **previous** 이전의, 과거의 **effort** 작품 **comment about** ~에 대한 의견을 말하다 **plot** 줄거리 **boring** 지루하게 만드는 **take a while** 시간이 좀 걸리다 **get going** 진행되다, 계속 나아 가다 **get + 형용사**: ~한 상태가 되다, ~하게 되다 **pretty** 아주, 매우, 꽤 **near** 거의 ~에 이르러, ~ 가까이에

정답 (c) that one I can't → that one, so I can't

18.

> (a) A: 시내 지역에 좋은 5성급 호텔이 있나요?
> (b) B: 네, 로얄 요크와 리츠 두 곳 모두 1급 편의 시설을 갖추고 있습니다.
> (c) A: 잘됐네요! 어느 곳이 야구 경기장과 더 가깝죠?
> (d) B: 로얄 요크일 겁니다. 경기장에서 두 블록 밖에 되지 않거든요.

해설

B의 첫 번째 말에서 '둘 모두'를 뜻하는 both는 'both A and B'의 구조로 쓰이므로 The Royal York or The Ritz가 아니라 The Royal York and The Ritz가 되어야 한다. 따라서 (b)가 정답이다.

어휘

downtown 시내 **both A and B**: A와 B 둘 모두 **amenities** 편의 시설 **near to** ~와 가까운 **be two blocks from** ~에서 두 블록 떨어져 있다 **stadium** 경기장

정답 (b) or → and

19.

> (a) 앨공퀸 국립공원 내의 어느 곳을 가시든, 자연 서식지에 살고 있는 야생 동물들을 보실 수 있습니다.
> (b) 모두 합쳐, 53가지 포유류 동물 종과 32가지 파충류 동물 종이 공원 경계 내에서 살고 있습니다.
> (c) 공원을 찾으시는 대부분의 방문객들께서는 흑곰이나 무스와 같이 일부 더 큰 포유류를 볼 수 있기를 바라고 계십니다.
> (d) 이 동물들을 얼핏 볼 수 있는 가능성을 더 높이시려면, 새벽에 쌍안경을 챙겨서 나가 보시기 바랍니다.

해설

첫 문장의 Everywhere는 '어디에서 ~해도'라는 의미로 접속사의 역할을 하므로 콤마 뒤에 위치한 접속사 and가 삭제되어야 두 개의 절과 하나의 접속사로 구성된 알맞은 구조가 된다. 따라서 (a)가 정답이다.

어휘

everywhere 어디에서 ~해도 be able to do ~할 수 있다 view ~을 보다 habitat 서식지 in total 모두 합쳐, 총 mammal 포유류 species (동식물의) 종 reptile 파충류 within ~ 이내에 boundary 경계 such as ~와 같은 stand a better chance of -ing ~할 가능성을 더 높이다, ~할 가능성이 더 많다 catch a glimpse of ~을 얼핏 보다 at dawn 새벽에 binoculars 쌍안경

정답 (a) and you are → you are

20.

> (a) 비록 소비자들에게 쇼핑용 비닐 봉지가 편리하기는 하지만, 환경에 매우 유해할 잠재성이 있다.
> (b) 북미 지역에 있는 대부분의 슈퍼마켓에서는 그와 같이 관련 증거가 많은 위험성에도 불구하고 여전히 쇼핑객들에게 비닐 봉지를 제공하고 있다.
> (c) 이 사안에 대한 의식을 드높이는 것뿐만 아니라 친환경적인 대안을 제공하는 것도 중요하다.
> (d) 재활용 가능한 직물 가방과 자연 분해가 가능한 종이 봉지는 비닐 봉지만큼 편리하기도 하면서 우리의 환경에 훨씬 더 적은 유해 요소가 된다.

해설

세 번째 문장에서, to부정사구 to raise awareness about the issue 뒤로 부사 also와 함께 곧바로 또 다른 동사 provide가 이어져 있어 알맞은 구조가 될 수 없다. 따라서 and also와 같이 접속사가 쓰여 두 개의 to부정사구가(provide 앞에는 to 생략) 연결되어야 알맞은 구조가 되므로 (c)가 정답이다.

어휘

although 비록 ~이지만 convenient 편리한 consumer 소비자 have the potential to do ~할 잠재성이 있다 extremely 매우, 대단히, 극도로 harmful to ~에 유해한 despite ~에도 불구하고 well-documented 증거 자료가 많은 risk 위험(성), 유해 (요소) involved 관련된 raise awareness 의식을 높이다 issue 사안, 문제 eco-friendly 친환경적인 alternative 대안, 대책

reusable 재활용 가능한 biodegradable 자연 분해가 가능한 as A as B: B만큼 A한 pose (위험 등) ~을 가하다, 제기하다

정답 (c) also → and also

UNIT 15 명사절

기출맛보기 본문 p. 333

1. (b)　　**2.** (b)

1.

> 리 씨가 언급한 사항들은 조립 라인 작업자들 사이에 많은 불만이 있다는 것을 보여준다.

해설

동사(illustrates)의 목적어인 빈칸 뒤의 완전한 절을 이끌 수 있는 것은 (b)이다. (d) what은 명사절 접속사이지만 불완전한 절을 이끌며 (c) whose는 의문형용사로 빈칸 뒤 명사가 와야 정답이 가능하다.

어휘

comment 논평, 언급 illustrate 보여주다 frustration 불만, 좌절감 assembly line 조립 라인

정답 (b)

2.

> 지하 역에 모바일 안테나를 설치하는 것이 안전한 지에 대한 논의가 현재 있다.

해설

전치사 뒤 that과 if는 사용할 수 없다. what은 불완전 문장을, whether는 완전한 문장을 이끈다. 전치사 뒤에 오면서 완전한 문장이므로 정답은 (b) whether이다.

어휘

currently 현재, 지금 debate 토의, 논의 install 설치하다 antenna 안테나 underground 지하의 station 역

정답 (b)

기출 Check-up TEST 본문 p. 334

Part 1	**1.** (a)	**2.** (b)	**3.** (c)	**4.** (d)	**5.** (d)
	6. (b)	**7.** (a)	**8.** (b)		
Part 2	**9.** (b)	**10.** (c)	**11.** (b)	**12.** (b)	**13.** (a)
	14. (c)	**15.** (c)	**16.** (c)		
Part 3	**17.** (b)	**18.** (c)	**19.** (b)	**20.** (d)	

UNIT 15 명사절 **95**

1.

> A: 보통 점심식사로 샐러드를 드시나요?
> B: 꼭 그렇지는 않은데, 그게 제가 오늘 먹고 싶은 생각이 드는 것이에요.

해설
동사 is 뒤에 위치한 빈칸 이하 부분은 but절의 주어 that과 동격을 이루는 명사절이 되어야 하므로 명사절 접속사가 빈칸에 필요하다. 그런데 이 절은 전치사 for의 목적어가 빠진 불완전한 구조이므로 불완전한 명사절을 이끄는 접속사인 (a) what이 정답이다. (b) that도 명사절 접속사이지만 완전한 절을 이끈다.

어휘
normally 보통, 일반적으로 **Not really** 꼭 그렇지는 않다 **in the mood for** ~하고 싶은 생각이 드는, 기분이 드는

정답 (a)

2.

> A: 음악 축제에 관해 새로운 소식이라도 들은 것이 있으세요?
> B: 아뇨, 행사 주최측에서 누가 연주할지 곧 발표할 예정이에요.

해설
타동사 announce 뒤에 빈칸과 또 다른 동사가 바로 이어져 있으므로 빈칸 이하 부분이 announce의 목적어 역할을 하는 명사절이 되어야 알맞은 구조가 된다는 것을 알 수 있다. 그런데 이 절은 주어가 빠진 불완전한 구조인데다 사람이 be playing의 주체가 되어야 하므로 사람을 가리킴과 동시에 불완전한 명사절을 이끄는 접속사인 (b) who가 정답이다.

어휘
hear A about B: B에 관해 A를 듣다 **event organizer** 행사 주최자, 주최 담당자 **announce** ~을 발표하다, 공지하다

정답 (b)

3.

> A: 이번 주말에 뭐 할 생각이야?
> B: 가족을 보러 갈지 아니면 여자 친구를 만날지 결정하지 않았어.

해설
타동사 decide 뒤에 빈칸이 있고 그 뒤로 또 다른 주어와 동사가 포함된 절이 있으므로 빈칸 이하 부분이 decide의 목적어 역할을 하는 명사절이 되어야 한다. 그런데 빈칸 뒤에 위치한 'A or B'의 구조와 어울려야 하므로 이 구조와 함께 사용하는 명사절 접속사 (c) whether가 정답이다.

어휘
decide ~을 결정하다 **whether A or B**: A인지 B인지 **once** ~하자마자, 일단 ~하면 **although** 비록 ~이기는 하지만

정답 (c)

정답 (c)

4.

> A: 네가 갖고 싶어 하는 컴퓨터용 스피커가 지금 할인 중이라는 얘기를 들었어.
> B: 가격이 얼마인지 혹시 알고 있어?

해설
idea와 동격에 해당되는 명사절로서 '가격이 얼마인지'라는 의미를 나타낼 때는 'what + 주어 + cost'와 같은 형태로 사용하므로 이에 해당되는 (d) what they cost가 정답이다.

어휘
hear (that) ~라는 얘기를 듣다, 소식을 듣다 **on sale** 세일 중인, 할인 중인 **cost** ~의 비용이 들다

정답 (d)

5.

> A: 에바의 집에 들러서 함께 점심 먹으러 갈 수 있는지 알아 보자.
> B: 좋은 생각이야. 걔가 집에 있는지 확인해 보러 가자.

해설
빈칸은 find out의 목적어 역할을 하는 명사절 자리인데, whether가 이끄는 명사절은 'whether or not + 주어 + 동사' 또는 'whether + 주어 + 동사 + or not'과 같은 구조로 사용되므로 이 둘 중 하나에 해당되는 (d) whether or not she is home이 정답이다.

어휘
stop by ~에 들르다 **see if** ~인지 알아 보다 **find out** ~을 확인해 보다, 알아내다 **whether or not** ~인지 아닌지

정답 (d)

6.

> A: 넌 지금 아주 오래 그와 데이트를 해 오고 있잖아. 제프리가 바로 네가 원하는 사람이라고 생각해?
> B: 응, 그는 내가 바랄 수 있는 전부야.

해설
빈칸 앞에 위치한 think는 that절을 목적어로 취하는 동사이므로 that과 앞서 언급된 him에 해당되는 Jeffrey, 그리고 be동사 is와 보어 the one으로 이어지는 구조에 해당되는 (b) that Jeffrey is the one이 정답이다. that이 생략된 구조로 볼 수 있는 (a) the one is Jeffrey가 쓰이면 the one이 지칭하는 대상이 앞서 제시되어야 하지만 빈칸 앞 문장에 그 대상이 나타나 있지 않으므로 맞지 않는다.

어휘
date v. ~와 데이트하다 **for so long** 아주 오랫동안 **hope for** ~을 바라다

정답 (b)

7.

> A: 내가 휴가 가 있는 동안 내 대신 고양이 밥 좀 줄 수 있어?
> B: 물론이지. 내가 해 줄 수 있을 것 같아.

해설
상대방의 요청에 대한 답변이 되어야 하므로 빈칸 앞의 think는 that 절을 목적어로 취해 자신의 의견을 밝히는 의미가 되어야 한다. 따라서 주어와 동사가 포함된 절이 쓰여야 하므로 이에 해당되는 (a) I can manage that이 정답이다. (d)의 경우, 접속사 that이 생략되고 앞서 언급된 일을 가리키는 대명사 that이 주어로 쓰인 구조로 볼 수 있는데, 이때 manage는 수동태로 쓰여야 알맞다.

어휘
feed ~에게 먹이를 주다 while ~하는 동안 on vacation 휴가 중인 manage ~을 해 내다, 감당하다, 관리하다

정답 (a)

8.

> A: 내가 수영장에 빠졌을 때 어떤 기분이었을 것 같아?
> B: 틀림 없이 정말 창피했었을 거야.

해설
의문사 의문문에 상대방의 의견을 묻는 내용이 포함될 때는 '의문사 + do you think + 주어 + 동사'의 구조로 사용하므로 이에 해당되는 (b) How do you think I felt가 정답이다.

어휘
fall in ~ 속으로 빠지다, 떨어지다 must have p.p. 틀림 없이 ~했었을 것이다 embarrassed 창피한, 민망한, 당황스러운

정답 (b)

[Part 2]

9.

> 균형 잡힌 식단이 사람의 수명을 연장시킬 수 있다는 점이 과학 연구자들에 의해 입증되었다.

해설
빈칸 뒤에 두 개의 동사 lengthen과 has been proven이 쓰여 있고 둘 사이에 위치한 one's lifespan은 has been proven의 주어 역할을 할 수 없다. 따라서 빈칸부터 lifespan까지가 has been proven의 주어 역할을 하는 명사절이 되어야 알맞은 구조가 되므로 명사절 접속사인 (b) That이 정답이다.

어휘
balanced 균형 잡힌 lengthen ~을 연장시키다, 늘이다 lifespan 수명 prove ~을 입증하다, 증명하다 researcher 연구자, 조사자

정답 (b)

10.

> 그 책임자의 부하 직원들 중 한 명도 그가 말하려고 했던 것을 이해하지 못했다.

해설
타동사 understood의 목적어 역할을 하는 명사절이 필요하며, 명사절 접속사 what 뒤로 '주어 + 동사'의 구조가 이어져야 하므로 이에 해당되는 (c) what he was trying to say either가 정답이다. 여기서 either는 긍정문의 too와 같이 '~도'라는 의미로 부정문에 쓰이는 부사이다.

어휘
try to do ~하려고 하다

정답 (c)

11.

> 두 시간 만에 그 콘서트 입장권이 매진되었다는 사실은 그 가수의 성공을 나타내는 부분이다.

해설
빈칸 앞에 위치한 명사구 The fact는 동격을 나타내는 that절과 함께 '~라는 사실'이라는 의미로 쓰이므로 (b) that이 정답이다.

어휘
the fact that ~라는 사실 sell out 매진되다, 품절되다 within ~ 이내에 be indicative of ~을 나타내다, 보여주다 success 성공

정답 (b)

12.

> 세레나는 베티가 그만두는 대로 새로운 보조 직원을 고용할 계획을 세울 것인지에 대해 생각해 봐야 한다.

해설
빈칸 이하 부분은 전치사 about의 목적어 역할을 하는 명사절이 되어야 하며, 바로 뒤에 위치한 or not과 결합할 수 있는 명사절 접속사가 필요하므로 이와 같은 역할이 가능한 (b) whether가 정답이다.

어휘
whether or not ~인지 아닌지 plan to do ~할 계획이다 hire ~을 고용하다 assistant 보조, 조수 once 일단 ~하는 대로, ~하자마자 leave (회사 등을) 그만두다, 떠나다

정답 (b)

13.

> 특별 판촉 행사가 매장을 방문하는 쇼핑객들의 수를 증가시킬 것인지는 두고 봐야 한다.

해설
빈칸 앞에 위치한 It remains to be seen은 whether절과 결합

해 '~인지 (아닌지) 두고 봐야 한다'라는 의미를 나타내므로 (a) whether가 정답이다.

어휘

It remains to be seen whether ~인지 (아닌지) 두고 봐야 한다 **promotion** 판촉 행사, 홍보 행사 **increase** ~을 증가시키다 **the number of** ~의 수, 숫자 **regarding** ~에 관해 **whereas** ~인 반면 **as though** 마치 ~인 것처럼

정답 (a)

14.

> 화재 대피 경로를 막고 있었기 때문에 건물 관리자는 자전거를 복도에서 치우도록 요구했다.

해설

빈칸 앞에 위치한 동사 demand는 that절을 목적어로 취하는 동사이므로 (c) that이 정답이다.

어휘

demand that ~하도록 요구하다 **remove A from B**: A를 B에서 치우다, 없애다 **corridor** 복도 **block** ~을 막다, 차단하다 **fire escape route** 화재 대피 경로 **unless** ~가 아니라면, ~하지 않는다면

정답 (c)

15.

> 저희 헤어 스타일리스트가 손상된 머리카락에 어느 트리트먼트 제품이 가장 효과적인지 설명해 드릴 것입니다.

해설

빈칸 이하 부분은 타동사 explain의 목적어 역할을 하는 명사절이 되어야 하며, 빈칸 바로 뒤에 위치한 명사 treatments를 수식할 수 있는 접속사가 필요하므로 이와 같은 역할이 가능한 (c) which가 정답이다.

어휘

explain ~을 설명하다 **treatment** 트리트먼트, 치료(약), 처리 **effective** 효과적인 **damaged** 손상된

정답 (c)

16.

> 이집트인들이 기자의 대스핑크스를 건설한 시기는 역사가들에게 여전히 알려져 있지 않다.

해설

빈칸 뒤로 두 개의 동사 built와 is가 쓰여 있는데, 그 사이에 위치한 the Great Sphinx of Giza가 is의 주어가 될 수 없으므로 빈칸부터 Giza까지가 is의 주어 역할을 하는 명사절이 되어야 알맞은 구조가 된다. 따라서 명사절 접속사인 (c) When이 정답이다. 나머지 접속사들은 모두 부사절 접속사이다.

어휘

unknown to ~에게 알려져 있지 않은 **historian** 역사가, 역사학자 **though** 비록 ~이기는 하지만, ~라 하더라도

정답 (c)

[Part 3]

17.

> (a) A: 아까 키스 씨의 반대편에 서서 저를 지지해 주셨으면 정말 좋았을 텐데요.
> (b) B: 미안해요, 제가 산만해져서 그분이 하는 이야기에 주의를 기울이지 못했어요.
> (c) A: 그 고객과 회사의 관계가 좋지 못한 것에 대해 그분이 감히 저를 비난했어요.
> (d) B: 제가 그분께 이야기해서 그런 식으로 말하기 전에 다시 생각해 보도록 요청하겠습니다.

해설

문장에서 전치사 to에 이어지는 what 간접의문문의 주어-동사 어순이 잘못되었으므로 (b)가 정답이다. 간접의문문은 주어-동사의 순서가 되어야 하므로 what he was saying의 어순이 되어야 한다.

어휘

stand up for ~을 지지하다, ~의 편을 들다 **against** ~에 반대하여, 맞서 **distracted** 주의가 산만해진, (다른 생각으로) 정신이 팔린 **pay attention to** ~에 주의를 기울이다 **have the nerve to do** 감히 ~하다 **blame A for B**: B에 대해 A를 비난하다 **firm** 회사 **relationship with** ~와의 관계 **client** 고객 **ask A to do**: A에게 ~ 하도록 요청하다

정답 (b) what was he saying → what he was saying

18.

> (a) A: 안녕, 마크. 그 봉지에 들어 있는 건 뭐야?
> (b) B: 영화가 시작되기 전에 음료랑 간식을 좀 사야겠다고 생각했거든.
> (c) A: 아, 좋은 생각이야, 그리고 내가 팝콘을 얼마나 좋아하는지 알잖아.
> (d) B: 알지, 그래서 라지 사이즈로 샀어. 안으로 들어가서 자리를 찾아 보자.

해설

A의 두 번째 말에서 how 이하 부분은 동사 know의 목적이 역할을 하는 명사절에 해당되며, how 명사절이 정도를 나타낼 때는 'how + 형용사/부사 + 주어 + 동사'의 구조가 되어야 하므로 'how much I like popcorn'으로 변경되어야 한다. 따라서 (c)가 정답이다.

어휘

buy A B: A에게 B를 사 주다(= get A B) **go inside** 안으로 들어가다

정답 (c) how I like popcorn much → how much I like popcorn

19.

> (a) 대부분의 사람들은 그룹 내에서 지배적인 입장에 있는 구성원이 다른 구성원들보다 더 많은 혜택을 본다고 생각한다.
> (b) 하지만 지배 계급 이론에서는 하급자가 되는 것에 몇몇 이점이 있다고 설명한다.
> (c) 예를 들어, 하위 구성원들이 일반적으로 고위의 동료 구성원들보다 받는 스트레스의 수준이 더 낮다.
> (d) 또한 지배적인 입장의 구성원들보다 싸움에 덜 휘말리게 되는 경향이 있는데, 이는 부상을 초래할 확률이 더 적다는 것을 의미한다.

해설

두 번째 문장에서, 주절의 동사 explain은 that절을 목적어로 취하는 동사이므로 그 뒤에 위치한 what이 that으로 바뀌어야 한다. 따라서 (b)가 정답이다.

어휘

assume that ~라고 생각하다, 추정하다 **dominant** 지배적인, 우세한 **receive** ~을 받다 **advantage** 혜택, 장점, 이점 **however** 하지만 **dominance hierarchy** 지배 계급 **theory** 이론 **explain that** ~라고 설명하다 **benefit** 혜택, 이점 **subordinate** n. 하급자, 부하 **for example** 예를 들어 **low-ranking** 하위의 **typically** 일반적으로, 통상적으로 **peer** 동등한 사람, 동료, 또래 **tend to do** ~하는 경향이 있다 **get into** ~에 휘말리다, ~하게 되다 **frequently** 자주, 빈번히 **mean (that)** ~임을 의미하다 **incur** ~을 초래하다, 발생시키다 **fewer** 더 적은 **injury** 부상

정답 (b) what → that

20.

> (a) 각각 다른 동물들은 다른 수준의 보살핌과 관심을 필요로 하는데, 이는 사람들이 애완 동물을 선택할 때 명심해야 하는 점이다.
> (b) 물고기나 고양이처럼 손이 많이 안 가는 애완 동물들은 집에서 많은 시간을 보낼 수 없는 사람들에게 더욱 적합하다.
> (c) 개는 손이 많이 가는 동물들로 여겨지는데, 먹을 것과 물을 주는 것 외에도 주기적인 관심과 애정을 필요로 하기 때문이다.
> (d) 애완 동물을 선택하는 일은 중요한 결정이므로 구입하는 사람들은 손이 많이 가는 동물을 살 것인지 아니면 그렇지 않은 동물을 살 것인지를 고려해 봐야 한다.

해설

마지막 문장에 to부정사로 쓰인 동사 consider의 목적어 역할을 하는 명사절에 'A or B'의 구조가 포함되어 있어 'A인지 B인지'와 같은 선택적인 의미가 되어야 하므로 이와 같은 뜻으로 쓰이는 명사절 접속사 whether가 that 대신 쓰여야 한다. 따라서 (d)가 정답이다.

어휘

require ~을 필요로 하다 **care** 보살핌, 돌봄, 조심, 주의 **attention** 관심, 주목, 주의 **keep A in mind**: A를 명심하다, 염두에 두다 **choose** ~을 선택하다 **low-maintenance** 손이 많이 안 가는, 관리가 덜 필요한 **be suitable for** ~에 적합하다, 어울리다 **be considered to A**: A로 여겨지다 **regular** 주기적인

affection 애정, 애착 **in addition to** ~ 외에도, ~뿐만 아니라 **decision** 결정 **consider** ~을 고려하다 **whether A or B**: A인지 B인지

정답 (d) that → whether

UNIT 16 관계사절

기출맛보기
본문 p. 343

1. (a)   **2.** (a)

1.

> 휘이는 직장에 30분 또 지각을 했고, 이는 그의 상사를 짜증나게 했다.

해설

앞 문장 전체를 선행사로 받을 때는 콤마(,) which를 사용한다. 따라서 정답은 (a) which 이다.

어휘

late 늦은 **half an hour** 30분 **annoy** 짜증나게 하다 **supervisor** 상사, 관리자, 감독관

정답 (a)

2.

> 이 영화를 통해 얻을 수 있는 보다 심오한 교훈은 한 소년이 개성 있고, 도덕적인 인간이 되는 것을 배워가는 방식이다.

해설

관계사 중 선행사를 취하지 않아도 되는 관계사는 what이다. 또한 how는 the way how 중 the way를 생략하고 how만 쓸 수 있다. how 뒤에는 완전한 구조의 문장이 오는 반면, what 뒤에는 불완전한 문장이 온다. 문제에 주어진 문장은 빠진 것 없이 완벽한 문장 구조를 가지고 있으므로 정답은 (a) how이다.

어휘

deeper 더 심오한 **lesson** 교훈 **learn** 배우다 **unique** 개성 있는, 독특한 **moral** 도덕적인 **individual** 개인, 사람

정답 (a)

기출 Check-up TEST
본문 p. 344

Part 1	**1.** (d)	**2.** (b)	**3.** (c)	**4.** (a)	**5.** (c)
	6. (d)	**7.** (d)	**8.** (a)		
Part 2	**9.** (d)	**10.** (d)	**11.** (d)	**12.** (d)	**13.** (b)
	14. (d)	**15.** (c)	**16.** (c)		
Part 3	**17.** (a)	**18.** (a)	**19.** (d)	**20.** (d)	

[Part 1]

1.

> A: 퇴근하신 후에 지노스에서 함께 저녁식사 하시겠어요?
> B: 그래요. 제 근무가 5시 30분에 끝나는데, 평소보다 이른 시간이기 때문에, 자리를 찾는 데 문제가 없을 거예요.

해설
빈칸은 주절과 so절 사이에 콤마와 함께 삽입된 절에 속해 있으며, 이때 빈칸에 쓰일 접속사는 바로 앞에 위치한 시간 표현 5:30를 지칭함과 동시에 빈칸 뒤에 위치한 동사 is의 주어 역할을 할 수 있어야 한다. 따라서 삽입절을 이끌면서 주어 역할이 가능한 주격 관계대명사 (d) which가 정답이다. (a) that과 (b) what은 삽입절을 이끌지 못하며, (c) when은 주어의 역할을 하지 못한다.

어휘
shift 교대 근무(조) than usual 평소보다, 여느 때보다 have no trouble -ing ~하는 데 문제가 없다, 어려움이 없다

정답 (d)

2.

> A: 해리 씨가 기차를 타고 컨퍼런스 행사장으로 가셨나요?
> B: 아뇨, 렌터카처럼 보이는 것을 타고 운전하고 계셨어요.

해설
빈칸 이하 부분은 전치사 in의 목적어 역할을 하는 명사절이 되어야 하며, 빈칸은 동사 looked의 주어 자리이기도 하다. 빈칸 앞에 선행사가 없으므로 선행사를 포함한 관계대명사 (b) what이 정답이다. (a) that과 (c) which는 선행사가 필요하므로 정답이 될 수 없다.

어휘
take (이동 수단) ~을 타다, 이용하다 get to ~로 가다 look like ~처럼 보이다 rental car 렌터카

정답 (b)

3.

> A: 네 휴대폰이 벌써 망가졌다고 그랬지?
> B: 응, 그리고 고작 8개월 쓰고 나서 그렇게 됐는데, 비용을 들인 것을 감안하면 너무 실망스러워.

해설
콤마 뒤에 위치한 빈칸 이하의 절은 앞에 언급된 after only eight months라는 기간에 대한 생각을 나타내는 내용을 담고 있다. 따라서 after only eight months라는 전치사구 전체를 지칭함과 동시에 콤마 뒤에 위치해 그에 대한 부연 설명을 나타내는 절을 이끌 수 있는 접속사인 (c) which가 정답이다. (a) that은 콤마 뒤에 추가되는 절을 이끌 수 없다.

어휘
break 망가지다, 고장 나다 disappointing 실망시키는 considering ~을 감안하면, 고려하면 cost v. ~의 비용이 들다

정답 (c)

4.

> A: 제 보고서를 늦게 제출해서 죄송합니다.
> B: 이제 당신은 관리자이므로 실수에 대해 더 많은 책임을 져야 합니다.

해설
빈칸 앞에 위치한 more의 수식을 받을 명사가 바로 뒤에 이어져야 하며, 이 명사를 수식하는 관계사절(관계사는 생략)이 그 뒤에 위치한 구조인 (a) responsibility you must take가 정답이다.

어휘
submit ~을 제출하다 late ad. 늦게 now that (이제) ~이므로 take responsibility for ~에 대해 책임지다

정답 (a)

5.

> A: 오늘 우리를 방문하는 점검팀에 관해 아는 거라도 있으세요?
> B: 그들이 누구든 간에, 점검 담당자들은 오후 2시에 공장에 도착할 거예요.

해설
빈칸은 문장의 주어 The inspectors와 동사 will arrive 사이에 콤마와 함께 삽입된 절에 속해 있으며, 동사 뒤에 보어가 빠진 불완전한 구조이므로 양보적 복합관계대명사절이다. 그런데 선행사가 사람이므로 (c) whoever가 정답이다. (a) who는 주어의 역할을 해야 하며, (b) that은 삽입절을 이끌 수 없다.

어휘
inspection 점검, 검사, 조사 inspector 점검 담당자, 조사관 arrive 도착하다 plant 공장 whoever ~하는 누구든지 whatever ~하는 무엇이든, 어떤 ~라도

정답 (c)

6.

> A: 내 차에서 계속 이상한 소음이 나.
> B: 차를 점검받아 볼 좋은 정비소를 하나 알고 있어.

해설
빈칸 이하 부분이 주어와 동사, 목적어, 그리고 목적보어로 구성된 완전한 절이므로 완전한 절을 이끄는 관계부사 (d) where가 정답이다. 관계대명사 (a) that과 (c) which는 불완전한 절을 이끌며, (b) what은 앞에 명사(선행사)를 필요로 하지 않는다.

어휘
make a noise 소음을 내다 have A p.p.: (남을 시켜) A가 ~되게 하다 inspect ~을 점검하다, 검사하다

정답 (d)

7.

> A: 내 결혼식에 입을 드레스를 선택하기가 너무 어려워.
> B: 네가 무엇을 결정하든, 분명 아주 보기 좋을 거야.

해설
주절 앞에 콤마와 함께 삽입된 부사절을 이끌어야 하는데, 전치사 on 의 목적어가 빠진 불완전한 절이므로 이와 같은 절을 이끄는 역할이 가능한 복합관계대명사 (d) Whatever가 정답이다. (c) However도 부사절을 이끌 수 있지만 완전한 구조로 된 절을 이끌어야 한다.

어휘
be hard to do ~하기 어렵다 **choose** ~을 선택하다 **decide on** ~을 결정하다 **look + 형용사**: ~하게 보이다 **however** 아무리 ~ 해도 **whatever** ~하는 무엇이든, 어떤 ~라도

정답 (d)

8.

> A: 에버그린 스파에 가는 데 비용이 얼마나 들까?
> B: 그건 네가 받기로 결정하는 트리트먼트 서비스에 따라 달라.

해설
빈칸 이하 부분은 바로 앞에 위치한 the treatment에 대한 부연 설명이 되어야 하며, 빈칸 뒤에 to부정사로 쓰인 타동사 have의 목적어가 빠진 불완전한 절이 있으므로 이와 같은 절을 이끌어 treatment를 수식하는 역할이 가능한 (a) that이 정답이다.

어휘
trip to ~로의 이동, 여행 **cost A B**: A에게 B의 비용이 들게 하다 **depend on** ~에 따라 다르다, ~에 달려 있다 **treatment** 트리트먼트, 치료, 처치 **choose to do** ~하기로 결정하다

정답 (a)

[Part 2]

9.

> 일부 과학자들은 얼굴이 완벽하게 대칭인 사람들이 남들이 보기에 더 매력적으로 느껴진다고 주장한다.

해설
빈칸 이하 부분은 바로 앞에 위치한 사람 명사 people에 대한 부연 설명이 되어야 하며, 빈칸 바로 뒤에 위치한 faces는 people의 소유 대상에 해당되므로 사람을 수식하는 소유격 관계대명사인 (d) whose가 정답이다.

어휘
claim that ~라고 주장하다 **perfectly** 완벽하게 **symmetrical** 대칭적인 **attractive to** ~에게 매력적인

정답 (d)

10.

> 몇 주 동안 작업자들이 폭풍으로 파손된 주택들을 복구하고 있지만, 거기에 살던 주민들 중 단 한 명도 아직 집으로 돌아가지 못했다.

해설
관계사절의 동사에 전치사가 동반될 경우, 이 전치사는 관계사절 맨 뒤에 위치하거나 관계대명사 앞에 위치한다. 관계사절의 동사 return 이 장소를 나타내는 경우 자동사이므로 뒤에 전치사 to가 필요한데 관계사절의 return 뒤에 전치사가 보이지 않는다. 따라서, 관계대명사 앞에 전치사 to가 필요하므로 동사 return과 함께 쓰이는 to가 앞으로 이동해 관계대명사 which와 결합된 형태인 (d) to which가 정답이다.

어휘
reconstruct ~을 복구하다, 재건하다 **storm-damaged** 폭풍우로 파손된 **former** 이전의, 과거의 **inhabitant** 거주민 **return to** ~로 돌아가다

정답 (d)

11.

> 박물관 공사 프로젝트 입찰에서 성공을 거두는 업체가 누구든지 5월에 공사를 시작할 것이다.

해설
빈칸 뒤에 위치한 동사 win의 주체는 사람이어야 하므로(또는 사람이 운영하는 업체) 사람을 수식하는 관계사인 (a) Who와 (d) Whoever 중에서 하나를 골라야 하는데, (a) Who는 평서문 맨 앞에 위치할 수 없으므로 (d) Whoever가 정답이다. 여기서 Whoever는 문장 전체의 동사 will begin의 주어 역할을 하는 명사절(빈칸에서 project까지)을 이끄는 역할을 한다.

어휘
win ~을 얻다, 획득하다, 따다, 타다 **bid** 입찰(가) **construction** 공사, 건설 **whoever** ~하는 사람은 누구든지, 누가 ~하든지

정답 (d)

12.

> 폐기물 처리는 일부 지역 공장들이 정부의 기준을 충족하지 못하는 한 가지 부문이다.

해설
빈칸 이하 부분은 앞에 위치한 사물 명사 area에 대한 부연 설명이 되어야 하는데, 빈칸 뒤에 주어와 동사, to부정사구로 구성된 완전한 절이 있으므로 이와 같은 경우에 사용하는 '전치사 which'의 구조인 (d) in which가 정답이다. (a) that이나 (b) which가 쓰이려면 뒤에 불완전한 절이 이어져야 하며, (c) in that은 부사절 접속사로서 선행사를 수식하는 관계사가 아니다.

정답 (c)

어휘

waste 폐기물, 쓰레기 **disposal** 처리, 처분 **area** 부문, 부분, 영역, 분야 **local** 지역의, 현지의 **fail to do** ~하지 못하다 **meet** ~을 충족하다 **standard** 기준, 표준

정답 (d)

13.

브라이언의 아내가 그에게 크리스마스 기념으로 사 준 선물은 바로 그가 계속 갖기를 바랐던 것이었다.

해설

빈칸 뒤에 불완전한 절이 있으므로 빈칸은 관계대명사가 들어갈 자리이다. 그런데 빈칸 앞에 선행사인 명사가 없으므로 선행사를 포함한 관계대명사 (b) what이 정답이다.

어휘

gift 선물, 재능 **buy A B**: A에게 B를 사 주다 **hope for** ~을 가지기를 바라다

정답 (b)

14.

라일런스 모터스는 열 가지 자동차 모델을 생산하고 있으며, 이들 중 세 가지는 전기로 동력을 얻는다.

해설

앞서 언급된 복수명사의 일부를 가리킬 때는 '수량 표현 + of which'의 구조로 사용하므로 이에 해당되는 (d) three of which가 정답이다.

어휘

produce ~을 생산하다 **automobile** 자동차 **be powered by** ~로 동력을 얻다 **electricity** 전기

정답 (d)

15.

그의 동료들이 그가 적응하는 것을 돕기 위해 온갖 노력을 기울인 끝에, 리차드는 그들 모두에게 점심 식사를 대접하기로 결정했다.

해설

빈칸 앞에 두 명사구 all the effort와 his coworkers가 아무런 연결 고리 없이 나란히 위치해 있는데, 이 둘의 관계로 보아 '동료들의 노력'이라는 의미가 되어야 한다는 것을 알 수 있다. 따라서 his coworkers와 빈칸이 all the effort를 수식하는 관계사절이 되어야 알맞으므로 이 절의 주어 his coworkers 뒤에 이어질 수 있는 동사로 시작되는 (c) had given to help him settle in이 정답이다.

어휘

effort 노력 **coworker** 동료 직원 **decide to do** ~하기로 결정하다 **treat A to B**: A에게 B를 대접하다, 한턱 내다 **help A do**: A가 ~하도록 돕다 **settle in** 적응하다, 자리 잡다

16.

메도우 글렌은 여가 시설과 가까운 곳에서 생활하는 것이 최우선 사항인 주택 구매자들 사이에서 선호되는 지역이다.

해설

빈칸 이하 부분은 그 앞에 위치한 사람 명사 homebuyers를 수식해 부연 설명하는 내용이 되어야 하므로 사람을 수식할 수 있는 (a) who와 (c) for whom 중의 하나를 골라야 한다. 그런데 빈칸 이하의 절이 주어와 동사, 보어로 구성된 완전한 절이므로 이와 같은 경우에 사용하는 '전치사 + whom'의 구조인 (c) for whom이 정답이다. (a) who는 주격 관계대명사이므로 동사가 바로 뒤에 이어져야 한다.

어휘

desirable 선호되는, 바람직한 **neighborhood** 지역, 인근 **among** ~ 사이에서 **close to** ~와 가까이 **recreational facilities** 여가 시설 **high priority** 최우선 사항, 최우선 순위

정답 (c)

[Part 3]

17.

(a) A: 저기 저쪽에 있는 여자분 보이세요? 저분이 오늘 아침에 세미나를 진행하셨던 바로 그분이에요.
(b) B: 그래요? 세미나 진행자라고 하기엔 너무 젊어 보이시는데요.
(c) A: 저도 그렇게 생각했었는데, 광고 분야에서 많은 경력을 지니신 분인 것으로 밝혀졌어요.
(d) B: 음, 그럼 세미나 진행자 자리에 가장 적합한 분이셨던 것 같네요.

해설

A의 첫 번째 말에서 두 번째 문장의 that절은 바로 앞에 위치한 사람 명사 the woman을 수식하는 역할을 하는데, 이때 that절은 불완전한 구조여야 한다. the woman이 led의 주어나 마찬가지이므로 중복 사용된 대명사 she가 생략되어야 알맞다. 따라서 (a)가 정답이다.

어휘

over there 저기 저쪽에 **lead** ~을 진행하다, 이끌다 **look + 형용사**: ~한 것 같아 보이다 **too A to do**: ~하기에 너무 A한 **it turns out (that)** ~한 것으로 밝혀지다, 드러나다 **advertising** 광고 (활동) **it sounds like** ~한 것 같다 **then** 그럼, 그렇다면

정답 (a) that she → that

18.

> (a) A: 실례합니다, 드라이 클리닝을 하기 위해 맡긴 옷을 찾으러 왔습니다. 여기 제가 받은 표입니다.
> (b) B: 알겠습니다. 잠시만 기다려 주세요. 아, 말씀 드리기 죄송합니다만, 셔츠 중의 하나에 찢어진 곳이 있습니다.
> (c) A: 뭐라고요? 그에 대해 제게 뭔가 보상을 해 주실 계획이셨으면 좋겠네요.
> (d) B: 물론입니다. 그 셔츠에 대한 비용 전액을 변상해 드리겠습니다. 사과의 말씀 드립니다.

해설

첫 번째 문장에서 what 이하 부분은 clothes를 수식해 부연 설명하는 역할을 하는 절이어야 하므로 선행사를 수식할 수 없는 what 대신에 which나 that이 쓰여야 알맞다. 따라서 (a)가 정답이다.

어휘

pick up ~을 가져 가다, 가져 오다 hand in ~을 내다, 제출하다 Hold on 잠시만요 rip 찢어진 자국, 찢어진 곳 plan to do ~할 계획이다 offer A B: A에게 B를 제공하다, 주다 some sort of 무슨 ~ 같은 것이라도, 일종의 compensation 보상 reimburse A for B: A에게 B에 대해 변상해 주다 accept ~을 받아 들이다, 수락하다 apology 사과(의 말)

정답 (a) what → which/that

19.

> (a) 학업과 비즈니스의 많은 분야에서 발표가 점점 더 중요한 것이 되어 가고 있다.
> (b) 잠재 고객들과 이야기하든, 아니면 교수나 동료 학생들에게 결과물을 제시하든 상관 없이, 그것을 듣는 사람들과 교감하는 것이 중요하다.
> (c) 핵심이 되는 요점들이 반드시 명확하게 설명되도록 해야 하며, 주제에 관해 열정을 갖고 이야기해야 한다.
> (d) 적절한 준비 과정을 거친다면, 그 결과로 생기는 것은 듣는 사람들의 관심을 분명 사로 잡을 수 있는 매력적인 발표가 된다.

해설

마지막 문장에서 of which 이하는 그 앞에 위치한 an engaging presentation을 수식해 부연 설명하는 역할을 해야 하는데, presentation의 소유 대상에 대해 언급하는 상황이 아니므로 of which 대신 주격관계대명사 which나 that이 사용되어야 한다. 따라서 (d)가 정답이다.

어휘

presentation 발표(회) become + 형용사: ~한 상태가 되다 increasingly 점점 더 field 분야, 업계 whether A or B: A이든 B이든 상관 없이 potential 잠재적인 present ~을 제시하다, 발표하다 findings 결과물 peer 동등한 위치에 있는 사람, 동료, 또래 connect with ~와 교감하다, 연결되다 audience 듣는 사람, 청중, 관객 make sure that 반드시 ~하도록 하다 key point 핵심 요소 clearly 명확히 explain ~을 설명하다 passion 열정 adequate 적절한, 적당한 carry out ~을 수행하다, 실시

하다 result v. 결과로 생기다 engaging 매력적인 be certain to do 분명 ~하다, ~하는 것이 분명하다 capture ~을 사로 잡다 attention 관심, 주의, 집중

정답 (d) of which → which/that

20.

> (a) 전 세계의 아이들은 흔히 건강에 좋은 음식들 대신 당분이 많은 간식을 먹는 것을 선호한다.
> (b) 부모들은 아이들에게 영양분이 많은 과일을 더욱 흥미롭고 매력적인 것으로 만들기 위해 노력해야 한다.
> (c) 이렇게 하기 위한 한 가지 방법은 과일을 넣어 얼린 아이스캔디를 만들어 좋은 일을 한 것에 대한 보상으로 아이들에게 제공하는 것이다.
> (d) 과일과 채소를 맛있는 간식으로 여기는 아이들은 나중에 그들의 삶에서 더욱 균형 잡힌 식사를 즐길 수 있게 된다.

해설

마지막 문장의 whose 뒤에 위치한 view는 fruit and vegetables를 목적어로 취하는 동사여야 하므로 바로 뒤에 명사가 이어져야 하는 whose는 맞지 않는다. 따라서 whose 대신에 주격 관계대명사인 who가 쓰여야 알맞으므로 (d)가 정답이다.

어휘

prefer to do ~하는 것을 선호하다 sugary 당분이 많은 instead of ~ 대신에 healthy 건강에 좋은 try to do ~하기 위해 노력하다 make + A + 형용사: A를 ~하게 만들다 nutritious 영양분이 많은 exciting 흥미로운, 들뜨게 만드는 appealing to ~에게 매력적인 way to do ~하는 방법 create ~을 만들어 내다 frozen 얼은, 냉동의 popsicle 아이스캔디, 빙과류 offer A to B: A를 B에게 제공하다 as (자격, 기능 등)~로서 reward 보상 behavior 행동 view A as B: A를 B로 여기다 treat 간식, 선물, 대접(하는 것) balanced 균형 잡힌

정답 (d) whose view → who view

UNIT 17 문장구조

기출맛보기

1. (a)   **2.** (d)

1.

> 바이올린은 300년 전과 거의 동일한 방식으로 제조되고 있다.

해설

형용사 the same은 as와 결합하여 'the same ~ as'의 구조로 쓰인다. 또한 형용사 the same을 강조할 경우에 부사 much가 앞에 위

치해 much the same의 어순이 된다. 따라서 'much the same ~ as'와 같은 구조가 포함된 (a) much the same way as they were 가 정답이다.

어휘
the same A as B: B와 같은 A

정답 (a)

2.

> 합의가 이뤄질 기미가 전혀 보이지 않는데, 이는 협상이 앞으로 수 년간 계속될 것임을 의미하는 것이다.

해설
빈칸과 콤마 뒤로 관계대명사 which가 이끄는 절이 이어지는 구조 이므로 빈칸에 주절이 쓰여야 한다. 따라서 '주어 + 동사' 뒤에 부 사(nowhere)와 전치사구(in sight)가 이어지는 어순인 (d) An agreement is nowhere in sight가 정답이다. be nowhere in sight(어디에서도 찾을 수 없다)는 숙어로 암기해 두자.

어휘
in sight 눈에 보이는 **negotiation** 협상 **for years to come** 앞으로 수년간

정답 (d)

기출 Check-up TEST   본문 p. 354

Part 1	**1.** (c)	**2.** (d)	**3.** (d)	**4.** (b)	**5.** (b)
	6. (a)	**7.** (d)	**8.** (d)		
Part 2	**9.** (b)	**10.** (d)	**11.** (c)	**12.** (b)	**13.** (d)
	14. (d)	**15.** (b)	**16.** (a)		
Part 3	**17.** (b)	**18.** (a)	**19.** (a)	**20.** (c)	

[Part 1]

1.

> A: 전에 스칼렛과 함께 일하신 적이 있나요?
> B: 실은, 저희 둘 모두 이곳에서 인턴사원으로 시작했어요, 최대 한 오래 전까지 기억을 떠올려 보면요.

해설
so as far back 뒤에는 so as와 짝을 이루는 as가 위치해야 하며, 그 뒤로 주어와 동사가 이어지는 절이 쓰여야 하므로 이와 같은 구조에 해당하는 (c) as I can remember가 정답이다.

어휘
both 둘 모두 **as** (자격, 기능 등) ~로서 **so as far back as I can remember** 가장 오래 전까지 내가 기억하는 한

정답 (c)

2.

> A: 일자리를 찾을 수가 없어. 올해 들어서 지금까지 네 번의 면접 에서 계속 떨어졌어.
> B: 정말 안타깝다. 하지만, 아무리 어려워도 포기하지 말아야 해.

해설
'포기하지 말아라'라는 격려와 함께 할 수 있는 말로는 '아무리 어렵 더라도'처럼 양보의 의미가 되어야 한다. 접속사절은 접속사로 시작 해야 하지만, 강조하기 위해 형용사가 접속사 앞으로 나가서 '형용사 + though + 주어 + 동사'의 구조가 될 수 있으므로 (d) difficult though it may be가 정답이다.

어휘
fail ~에 실패하다, 불합격하다, 떨어지다 **so far** 지금까지 **give up** 포기하다 **A though it may be**: 얼마나 A하든지 간에

정답 (d)

3.

> A: 프로젝트 계획이 충분히 효과적인가요?
> B: 이사진이 여전히 프로젝트 계획을 확인해 보고 싶어 하지만, 그 계획은 면밀한 검토 과정을 거칠 거라고 생각해요.

해설
'~가 면밀한 검토를 견뎌내다, 면밀한 검토를 통해 ~가 밝혀지다' 라는 의미가 되어야 자연스러운데, 이를 나타낼 때 'stand up to scrutiny'와 같은 표현 구조로 사용하므로 이에 해당되는 (d) plan will stand up to scrutiny가 정답이다.

어휘
completely 충분히, 완전히, 철저히 **effective** 효과적인 **board members** 이사진, 이사회 **stand up to scrutiny** 면밀한 검토를 견디다

정답 (d)

4.

> A: 우리 여행 중에 대성당을 방문할 시간이 충분히 있는 거야?
> B: 물론이지. 여행 일정 내에 충분히 포함될 수 있어.

해설
강조부사 well이 전치사 within 앞에 위치해야 하며, 대성당을 방문하 는 일을 지칭하는 it이 주어, 시간 범위 명사 timeframe이 within의 목적어가 되어야 알맞으므로 이와 같은 구조에 해당하는 (b) it's well within our timeframe이 정답이다.

어휘
have enough time to do ~할 시간이 충분히 있다 **cathedral** 대성당 **during** ~ 중에, ~ 동안 **well within** ~ 내에 충분히 해당되 는 **timeframe** 기간, 시간 범위

정답 (b)

5.

> A: 짐이 갓난 아들과 잘 지내고 있는 거야?
> B: 아주 즐거워하고 있어. 내가 본 누구보다도 다정한 아빠야.

[해설]
동사 is 뒤에서 주어 He에 대해 설명하는 보어가 'as + 형용사 + as'
의 구조로 쓰여야 하며, 두 번째 as 뒤에 비교 대상인 anyone이 위
치해야 알맞은 구조가 되므로 이에 해당되는 (b) as loving a father
as anyone이 정답이다.

[어휘]
How's A doing?: A는 어떻게 지내고 있어? **newborn** 갓난 **as
A as anyone**: 누구보다도 A한 **loving** 다정한, 애정 어린

[정답] (b)

6.

> A: 이번 주말에 우리 아파트에서 파티를 여는 게 어때?
> B: 우리는 보통 집주인이 우리에게 허락해 주지 않으면 큰 모임을
>   열 수 없어.

[해설]
전치사 with/without은 'with/without + 목적어 + –ing/p.p.'의
구조로 쓰인다. 이때 목적어가 분사의 주어일 때는 –ing, 목적어가
분사의 목적어일 때는 p.p.가 사용된다. landlord가 허락을 하는 주
체이므로 현재분사 giving이 사용된 (a) the landlord giving us
permission이 정답이다.

[어휘]
How about ~ing? ~하는 게 어때? **throw a party** 파티를 열다,
개최하다 **normally** 보통, 일반적으로 **host** (행사 등) ~을 열다, 주
최하다 **gathering** 모임 **without A -ing**: A가 ~하지 않고, A가
~하지 않은 채 **landlord** 집주인 **give A permission**: A에게 허
락해 주다

[정답] (a)

7.

> A: 핫슨 씨가 왜 당신과 얘기하고 싶으셨던 거예요?
> B: 노트북 컴퓨터를 아주 잘 고쳐드린 것에 대해 제게 감사하기
>   위해 들르셨어요.

[해설]
전치사 for의 목적어 역할을 하는 동명사구가 필요하므로 동명사
doing으로 시작되는 것을 골라야 하며, 'such a + 형용사 + 명사'
의 구조로 강조 표현이 사용되어야 하므로 이와 같은 구조에 해당되는
(d) doing such a good job fixing이 정답이다.

[어휘]
stop by 들르다 **thank A for B**: B에 대해 A에게 감사하다 **do
such a good job -ing** 아주 잘 ~해 내다 **fix** ~을 고치다, 바로 잡다

[정답] (d)

8.

> A: 우리 사장님이 샌드라에게 아주 많이 화가 나셨어요.
> B: 대체 무슨 말을 해서 그분을 그렇게 화나게 했는지 궁금하네
>   요.

[해설]
동사 wonder의 목적어 역할을 하는 명사절이 빈칸에 쓰여야 하므로
명사절 접속사 what으로 시작되는 것을 골라야 하며, '~가 말한 것이
무엇이었는지'라는 의미를 나타낼 때는 'what it was + 사람 + said'
의 구조로 사용하므로 (d) what it was she said가 정답이다.

[어휘]
boss 사장, 상사 **pretty** 아주, 매우, 꽤 **wonder** ~을 궁금해 하다
get A 형용사: A를 ~하게 만들다 **upset** 화가 난, 속상한

[정답] (d)

[Part 2]

9.

> 지금까지 계속 그런 것처럼 블루베리 제품 매출이 계속 하락할 경
> 우, 그 아이스크림 매장 소유주는 그 맛을 단종시킬 수도 있다.

[해설]
동사 continue는 to부정사와 결합해 '계속 ~하다, 지속적으로 ~하
다'라는 뜻으로 사용되므로 계속 하락하고 있다는 의미를 나타낼 수
있도록 'continue to fall'과 같은 구조가 포함되어야 한다. 따라서
이 표현 구조가 사용된 (b) continue to fall as they가 정답이다.

[어휘]
sales 매출, 판매(량) **owner** 소유주, 주인 **discontinue** ~을 단종
시키다 **flavor** 맛, 풍미 **continuously** 지속적으로 **continue to
do** 계속 ~하다, 지속적으로 ~하다 **fall** 하락하다, 떨어지다

[정답] (b)

10.

> 티모시는 월간 매출 경쟁에서 꼴찌를 기록한 것에 대해 못마땅해
> 했다.

[해설]
'be unhappy about -ing'의 구조로 '~에 대해 불만족하다, 못
마땅해 하다'라는 의미가 되어야 알맞으므로 (d) unhappy about
coming in last place가 정답이다.

[어휘]
monthly 월간의, 달마다의 **sales** 매출, 판매(량) **competition**
경쟁, 경연 대회, 경기 대회 **be unhappy about** ~에 대해 불만족
하다, 못마땅해 하다 **come in last place** 꼴찌를 기록하다

[정답] (d)

11.

> 새로운 책장 설치 작업이 밤사이에 실시되었기 때문에, 도서관이 하루 동안 문을 닫을 필요 없이 그 작업이 완료되었다.

해설
전치사 with/without은 'with/without + 목적어 + -ing/p.p.'의 구조로 쓰인다. 이때 목적어가 분사의 주어일 때는 -ing, 목적어가 분시의 목적어일 때는 p.p.가 사용된다. 도서관이 휴관 조치를 필요로 하는 주체이므로 현재분사를 사용한 (c) the library needing to be closed가 정답이다.

어휘
installation 설치 **carry out** ~을 실시하다, 수행하다 **overnight** 밤사이에 **complete** ~을 완료하다, 완수하다 **without A -ing**: A가 ~하지 않고, A가 ~하지 않은 채

정답 (c)

12.

> 산드라는 회사 합병으로 해고된 직원들과의 연대 의식을 보여주기 위해 사임하기로 결정했다.

해설
빈칸에는 step down 행위의 목적을 설명해야 하므로 '~에 대한 표현으로, ~을 보여주기 위해'라는 의미를 나타내는 in a show of로 시작하는 것이 적절하므로 (b) in a show of solidarity with가 정답이다. 목적을 나타내는 to부정사를 사용한 (a)도 정답처럼 보이지만, 타동사 show 뒤에 목적어가 바로 나와야 하므로 오답이다.

어휘
decide to do ~하기로 결정하다 **step down** 사임하다 **in a show of** ~에 대한 표현으로, ~을 보여 주기 위해 **solidarity** 연대, 유대, 결속 **lay off** (일감이 없어) ~을 해고하다 **because of** ~때문에 **merger** 합병, 통합

정답 (b)

13.

> 세스 박사는 언변이 뛰어난 사람이지만, 그가 하는 말이 얼마나 진실된 것인지는 파악하기가 어렵다.

해설
how와 함께 '~가 얼마나 많이 …인지'라는 의미를 나타내려면 'how much of 명사구 + is + 보어'의 구조가 되어야 한다. 따라서 명사구 자리에 what이 이끄는 명사절 what he says가, 그리고 보어 자리에 형용사 truthful이 사용된 (d) much of what he says is truthful이 정답이다.

어휘
eloquent speaker 언변이 뛰어난 사람 **it is difficult to do** ~하기 어렵다 **determine** ~을 파악하다, ~을 밝혀 내다 **truthful** 진실된

정답 (d)

14.

> 해외로 여행을 떠나기 전에, 여행 중에 시간을 가장 효율적으로 활용할 수 있도록 온라인으로 관광지들을 확인해 보는 것이 권장된다.

해설
'~을 활용하다'라는 의미가 되어야 하므로 기본적으로 'make use of'의 표현 구조여야 하며, 여기서 use를 수식하는 형용사가 앞에 사용되어야 알맞은 구조가 된다. 따라서 최상급 형용사가 use 앞에 사용된 (d) make the most efficient use of time이 정답이다.

어휘
embark on ~을 시작하다, ~에 착수하다 **overseas** 해외로, 해외에 **it is recommended to do** ~하는 것이 권장된다, ~하는 것이 좋다 **check out** ~을 확인해 보다 **site** 장소, 현장, 부지 **in order to do** ~하기 위해, ~할 수 있도록 **while** ~ 중에, ~하는 동안 **make the efficient use of** ~을 효율적으로 활용하다, 이용하다

정답 (d)

15.

> 저희 서비스를 개선하기 위한 노력의 일환으로, 긍정적이든 아니든 상관 없이 모든 의견이 저희 고객 서비스팀에 의해 면밀히 검토될 것입니다.

해설
주어 all feedback과 동사 will be scrutinized 사이에 콤마와 함께 접속사 없이 삽입될 절이 필요하므로 be동사의 원형과 주어 it이 도치된 구조가 되어야 하며, or otherwise는 '(앞서 언급된 것과) 다른 것이든'이라는 의미를 나타내므로 positive 뒤에 위치해야 한다. 따라서 이와 같은 구조에 해당되는 (b) be it positive or otherwise가 정답이다.

어휘
in an effort to do ~하기 위한 노력의 일환으로 **improve** ~을 개선하다, 향상시키다 **feedback** 의견 **scrutinize** ~을 면밀히 검토하다, 정밀 조사하다 **positive** 긍정적인 **or otherwise** (앞서 언급된 것과) 다른 것이든, 그 반대이든

정답 (b)

16.

> 국내 출시를 기다릴 수 없었기 때문에, 데이빗은 수입된 E-pro 5 스마트폰에 대해 소매가의 두 배를 지불했다.

해설
주절의 주어 David 뒤에 빈칸이 있으므로 동사로 시작되는 것 중에서 하나를 골라야 하며, double과 함께 '~의 두 배'라는 의미를 나타낼 때는 'double + the + 명사'의 구조로 사용하므로 이에 해당되는 (a) paid double the retail price가 정답이다.

어휘
domestic 국내의 **launch** n. 출시, 공개 **imported** 수입된

double the 명사: ~의 두 배 retail price 소매가

정답 (a)

[Part 3]

17.

> (a) A: 새로 개업한 제 레스토랑에서 음식을 한 번 드셔 보시겠어요?
> (b) B: 아주 좋은 생각이에요! 당신 레스토랑이 이 근처 어딘가에 위치해 있나요?
> (c) A: 네, 이곳에서 지하철로 두 정거장만 가면 됩니다.
> (d) B: 아, 그럼, 제가 지금 시간이 있습니다. 괜찮으시다면 그곳에 꼭 들러서 점심 식사를 해 보고 싶어요.

해설
B의 첫 번째 말에서 전치사 around 뒤에 here가 바로 위치해야 하고 somewhere가 그 앞에 위치해 around 전치사구의 수식을 받는 구조가 되어야 알맞으므로 somewhere around here와 같이 바뀌어야 한다. 따라서 (b)가 정답이다.

어휘
How would you like to do? ~하시겠어요? try ~을 한 번 먹어 보다 be located somewhere around ~ 근처의 어딘가에 위치해 있다 stop n. 정거장, 정류장 free 시간이 나는 would love to do 꼭 ~하고 싶다 stop by 들르다

정답 (b) around somewhere here → somewhere around here

18.

> (a) A: 제 서랍에 더 이상 자리가 남아 있지 않아요. 이 서류들을 넣을 공간이 없어요.
> (b) B: 당신 서랍은 어째서 그렇게 꽉 차 있는 거죠? 거기에 뭘 보관하시는 거예요?
> (c) A: 제 서랍은 문구 제품과 명함들, 그리고 다른 물품들로 가득 차 있어요. 싹 치워야 해요.
> (d) B: 저, 사실 제 서랍이 비어 있어요. 거기에 당신의 물건을 좀 넣으셔도 됩니다.

해설
첫 번째 문장에서 타동사 have 뒤에 목적어가 필요하므로 any more space가 목적어가 될 수 있도록 in 전치사구와 위치를 바꿔 I don't have any more space in my drawer 구조가 되어야 알맞다. 따라서 (a)가 정답이다.

어휘
not ~ any more 더 이상 ~ 않다 drawer 서랍 room 공간, 자리 How come + 주어 + 동사?: 어째서 ~한 거죠?, 왜 ~인가요? packed 가득 찬, 꽉 찬 be full of ~로 가득 차 있다 stationery 문구 제품 stuff 물품, 물건 clear A out: A를 싹 치우다, 말끔히 정리하다 basically 실은, 기본적으로 empty 비어 있는 put A in B: A를 B에 놓다, 넣다

정답 (a) I don't have in my drawer any more space →
I don't have any more space in my drawer

19.

> (a) 사회 불안 장애(SAD)를 앓고 있는 대다수의 사람들은 친구를 사귀는 데 어려움을 겪는다.
> (b) 연구에 따르면 가까운 친구들이 있는 사람들이 더 오래 살고 일반적으로 더 건강한 것으로 나타나 있다.
> (c) SAD에 시달리는 사람들은 동호회나 사교적 그룹에 가입함으로써 자신감을 키우도록 노력해야 한다.
> (d) 그룹 내 구성원의 한 사람으로서, 다른 구성원들과 빠르게 친분을 쌓을 수 있어야 한다.

해설
첫 번째 문장의 끝부분이 '친구를 사귀는 데 어려움을 겪다'라는 의미를 나타낼 수 있도록 'have difficulty -ing'의 구조가 되어야 하므로 have difficulty making friends로 바뀌어야 한다. 따라서 (a)가 정답이다.

어휘
the majority of 대다수의, 대부분의 suffer from (질병 등) ~를 앓다, ~에 시달리다 social anxiety disorder 사회 불안 장애 have difficulty -ing ~하는 데 어려움을 겪다 research indicates that 연구에 따르면 ~라고 나타나 있다 typically 일반적으로, 전형적으로 those who ~하는 사람들 try to do ~하도록 노력하다 build self-confidence 자신감을 키우다 by (방법) ~함으로써 join ~에 가입하다, ~와 함께 하다 be able to do ~할 수 있다

정답 (a) making friends difficulty → difficulty making friends

20.

> (a) 전 세계에서 가장 흔히 사용되는 언어는 만다린 중국어인데, 이는 약 12억 명의 사람들에 의해 사용되고 있다.
> (b) 만다린 중국어는 중국 북부와 남부의 대부분 지역에 걸쳐 사용되는 관련 중국어 방언들로 이뤄진 언어군을 가리킨다.
> (c) 최근의 연구에 따르면 만다린 중국어 사용자들이 전 세계 인구의 약 14퍼센트를 차지하는 것으로 나타났다.
> (d) 지구상에서 두 번째로 가장 흔히 사용되는 언어는 스페인어이며, 4억 5백만 명이 넘는 사용자들이 있다.

해설
세 번째 문장에서, 구성 비율을 나타낼 때는 'make up + 비율 + of + 범위'와 같은 구조가 되어야 하므로 make up about 14% of the Earth's population으로 변경되어야 자연스럽다. 따라서 (c)가 정답이다.

어휘
commonly 흔히 around 약, 대략, ~쯤 refer to ~을 가리키다, 지칭하다 related 관련된 dialect 방언 across ~ 전체에 걸쳐, ~ 전역에서 recent studies showed that 최근의 연구에 따르면 ~한 것으로 나타났다 make up ~을 차지하다, 구성하다 about 약, 대략 population 인구 on our planet 지구상에서 over ~가 넘는

정답 (c) make about 14% of the Earth's population up →
make up about 14% of the Earth's population

UNIT 18 비교구문

기출맛보기
본문 p. 361
1. (b) **2.** (a)

1.

경기가 몇 년 전에 그랬던 것처럼 빠르게 회복되고 있다.

해설
as ~ as 사이에는 원급 형용사나 원급 부사만 쓰일 수 있으므로 (a) rapid와 (b) rapidly 중에서 하나를 골라야 한다. 이때 앞쪽 as를 가린 후에 구조적으로 어울리는 품사를 고르면 된다. 앞쪽 as를 가리면 주어와 함께 일반동사의 진행형이 있으므로 일반동사를 수식할 부사가 필요하다. 따라서 (b) rapidly가 정답이다.

어휘
pick up 회복되다, 개선되다

정답 (b)

2.

캘빈은 아시아를 두루 여행하던 중에 애초에 계획했던 것보다 두 배 더 많은 돈을 소비했고, 시간도 두 배가 더 걸렸다.

해설
시간도 애초에 계획했던 것보다 두 배가 걸렸다는 의미가 되어야 하므로 '배수사 as ~ as'의 구조에서 두 번째 as 이하 부분이 생략된 구조에 해당되는 (a) twice as long이 정답이다. 이는 원래 '~ and it also took twice as long as he originally planned'였던 것에서 동일한 요소인 as he originally planned가 반복되지 않도록 생략된 구조이다.

어휘
originally 애초에, 원래는 **though** (장소) ~을 두루, ~ 여기저기

정답 (a)

기출 Check-up TEST
본문 p. 362
Part 1	**1.** (a)	**2.** (b)	**3.** (b)	**4.** (c)	**5.** (a)
	6. (a)	**7.** (c)	**8.** (d)		
Part 2	**9.** (b)	**10.** (d)	**11.** (a)	**12.** (c)	**13.** (c)
	14. (c)	**15.** (a)	**16.** (c)		
Part 3	**17.** (b)	**18.** (c)	**19.** (b)	**20.** (d)	

[Part 1]

1.

A: 이 매장 브랜드로 된 케첩은 꼭 비싼 제품들만큼 맛이 좋아요.
B: 저는 심지어 가장 인기 있는 브랜드들보다 더 뛰어나다고까지 말하고 싶어요.

해설
빈칸 앞에 위치한 superior와 함께 비교를 니디낼 때는 그 대상 앞에 전치사 to를 사용하므로 (a) to가 정답이다.

어휘
store brand 매장 브랜드의 **just as A as B:** B만큼 꼭 A한 **go so far as to do** 심지어 ~하기까지 하다 **superior to** ~보다 더 뛰어난, 우월한 **above** (위치) ~보다 위에, (수치) ~을 넘는, (수준 등) ~보다 우위인, ~을 넘는

정답 (a)

2.

A: 어젯밤에 있었던 네 스페인어 수업은 어땠어?
B: 아, 지난 주에 정말 좋은 시간을 보냈는데, 이번 주는 훨씬 더 즐거웠어.

해설
빈칸 앞에 위치한 부사 even은 비교급을 앞에서 수식해 강조하는 부사이므로 빈칸에 필요한 것으로 비교급 형용사가 온 (b) more enjoyable이 정답이다.

어휘
have a great time 좋은 시간을 보내다 **even** (비교급 수식) 훨씬 **enjoyable** 즐거운

정답 (b)

3.

A: 일요일에는 사보이에 방을 하나 잡자.
B: 난 우리 여행의 마지막 밤에 호스텔에조차 머물 여유가 없어, 호텔은 말할 것도 없고.

해설
빈칸 앞쪽에 위치한 부정어 barely와 어울려 '~가 아니다, …은 말할 것도 없고'라는 부정의 의미를 나타낼 때 much less가 수식 대상 앞에 사용되므로 (b) much less a hotel이 정답이다.

어휘
barely 거의 ~ 않다 **afford to do** ~할 여유가 있다 **much less** (부정문 뒤에서) ~은 말할 것도 없고, 하물며 ~도 아니다

정답 (b)

4.

> A: 요즘 사무실에서 그렇게 많이 불평하지 않고 계시네요.
> B: 저, 전에 하던 것보다 더 쉬운 업무를 하고 있거든요.

해설
비교 대상 앞에 사용하는 than과 짝을 이뤄야 하므로 비교급 형용사의 형태인 (c) easier가 정답이다.

어휘
complain 불평하다, 불만을 제기하다 **work task** 업무, 맡은 일 **used to do** (과거에) ~하곤 했다 **easily** 쉽게, 수월하게

정답 (c)

5.

> A: 올아메리칸 50s 다이너에서 식사해 보신 적이 있으세요?
> B: 그럼요. 음식이 몬태나 그릴만큼 아주 좋아요.

해설
'as ~ as' 사이에는 원급 형태의 형용사나 부사가 쓰이며, 이 문장에서는 be동사 is 뒤에서 보어 역할을 해야 하므로 원급 형용사인 (a) great이 정답이다.

어휘
Have you ever p.p.? ~해 본 적 있나요? **as A as B** : B만큼 A한 **greatly** 대단히, 매우, 크게

정답 (a)

6.

> A: 세미나 연설자가 무슨 말을 하고 있었는지 거의 들을 수 없었어.
> B: 난 조용한 말소리는 그의 부족한 지식만큼 그렇게 많이 신경 쓰이지는 않았어.

해설
빈칸 앞뒤에 각각 위치한 두 명사구의 비교를 나타내야 하는데, 앞에 쓰인 부정어 not과 어울려야 하므로 not과 함께 '~만큼 그렇게 많이 … 않다'라는 의미를 구성할 때 사용하는 (a) so much as가 정답이다.

어휘
hardly 거의 ~ 않다 **mind** ~을 신경 쓰다, 상관하다 **quietness** 조용함 **lack of** ~의 부족 **knowledge** 지식 **so much as** ~만큼 그렇게 많이 **rather than** ~가 아니라, ~하는 대신에

정답 (a)

7.

> A: 새로 나온 백과사전이 왜 마음에 들지 않는 거야?
> B: 이전에 나온 판보다 이것이 덜 유익한 것 같아.

해설
비교 대상 앞에 사용하는 than과 짝을 이뤄야 하므로 형용사 informative

의 비교급 형태 중 하나를 만들 수 있는 (c) less가 정답이다.

어휘
encyclopedia 백과사전 **informative** 유익한, 유용한 정보를 제공하는 **previous** 이전의 **edition** (책 등의) 판, 버전 **a little** 조금, 약간

정답 (c)

8.

> A: 난 메이틀랜드 대학교에 입학할 가능성이 없는 것 같아.
> B: 무슨 소리 하는 거야. 너보다 전혀 똑똑하지 않은 다른 학생들도 입학 허가를 받았어.

해설
주어와 동사 사이에 위치한 빈칸은 주어를 뒤에서 수식하는 수식어구의 역할을 하며, 부정의 의미가 포함된 비교를 나타내려면 'no + 비교급 + than + 대상'과 같은 구조가 되어야 알맞으므로 (d) no smarter than you가 정답이다.

어휘
have a chance of –ing ~할 가능성이 있다 **accept** (대학 등에) ~을 받아 들이다, 수락하다

정답 (d)

[Part 2]

9.

> 새로운 연구에 따르면 남성들이 여성들보다 두 배 더 많이 텔레비전을 시청하는 것으로 나타나 있다.

해설
'~보다 …배 더 많이'와 같은 의미로 비교를 나타낼 때는 '배수사 + as 원급 as + 대상'의 구조로 사용하므로 (b) twice as much as가 정답이다.

어휘
show that ~임을 나타내다, 보여 주다 **twice as much as A** : A보다 두 배 더 많이

정답 (b)

10.

> 제임스는 딘이 제안한 사업 계획을 따랐는데, 그것이 가장 합리적인 것이어서 다른 어떤 제안보다 훨씬 더 나았기 때문이었다.

해설
빈칸은 바로 뒤에 위치한 대명사 one을 수식할 형용사 자리인데, 뒤에 위치한 '비교급 + than + any other + 명사'는 비교급 형태지만 최상급의 의미를 나타내므로, 콤마 앞은 최상급이 오는 것이 알맞다. 따라서 최상급 형용사 형태인 (d) the most sensible이 정답이다.

어휘
follow ~을 따르다, 따라 하다 **suggest** ~을 제안하다 **far** (비교급 수식) 훨씬 **proposal** 제안(서) **sensible** 합리적인, 실용적인 **sensibly** 합리적으로, 분별 있게, 현저히

정답 (d)

11.

기대치가 낮을 수록, 즐거운 경험을 할 가능성이 더욱 커진다.

해설
문장 첫 머리에 쓰인 The lower와 짝을 이루는 'the + 비교급' 표현이 빈칸에 필요한데, 형용사 likely의 비교급은 more likely이므로 이와 같은 형태로 시작되는 (a) the more likely it is that이 정답이다.

어휘
The + 비교급, the + 비교급: ~할 수록 더 …하다 **expectation** 기대(감) **be able to do** ~할 수 있다 **it is likely that** ~할 가능성이 있다, ~할 것 같다

정답 (a)

12.

그 토론 참가자가 너무나 강력한 주장을 하는 바람에 상대방이 이미 겪은 것보다 훨씬 더 말문이 막히게 만들었다.

해설
5형식 동사 leave는 형용사를 목적격보어로 취한다. 그리고 빈칸 뒤에 비교를 나타내는 접속사 than이 있으므로 빈칸은 비교급 형태가 되어야 한다. 그러므로 형용사의 비교급 형태인 (c) more speechless가 정답이다.

어휘
debater 토론자 **make a point** 주장하다 **such A that B**: 너무 A해서 B하다 **leave A 형용사**: A를 ~한 상태로 만들다 **opponent** 상대, 적수 **even** (비교급 수식) 훨씬 더 **speechless** 말문이 막힌, 할 말을 잃은 **speechlessly** 말문이 막히게

정답 (c)

13.

이 지역에는 아파트 건물이 많지 않아서, 가격이 적절한 주택을 찾는 것을 훨씬 더 어렵게 만든다.

해설
빈칸 뒤에 비교급 형용사 harder가 쓰여 있으므로 비교급을 수식해 강조할 때 사용하는 (c) much가 정답이다.

어휘
make it 형용사 to do: ~하는 것을 …하게 만들다 **hard to do** ~하기 어려운 **affordable** 가격이 적절한 **housing** 주택

정답 (c)

14.

지역 문화 센터는 요즘 회의 장소라기보다는 스포츠 시설에 더 가깝게 바뀌어 가고 있다.

해설
전치사 of와 어울릴 수 있으면서 become의 보어 역할을 할 대명사가 필요한데, 비교 대상 앞에 사용하는 than이 뒤에 있으므로 함께 짝을 이뤄 비교의 의미를 나타낼 수 있는 (c) more가 정답이다.

어휘
community centre 지역 문화 센터 **more of A than B**: B라기보다는 A에 더 가까운 것, B보다 더 A 같은 것 **venue** 행사장

정답 (c)

15.

이 계곡에서 생산되는 와인은 최상급의 맛을 지니고 있다.

해설
빈칸 뒤에 위치한 최상급 형용사 best를 수식해 강조할 때는 정관사 the가 포함된 the very를 사용하므로 (a) the very가 정답이다. (b) by far는 최상급을 구성하는 the 앞에 위치하며, (c) quite은 원급 형용사 앞에 사용한다.

어휘
produce ~을 생산하다 **possess** ~을 보유하다, 갖고 있다 **the very best** 최상급의, 가장 최고인 **by far** 훨씬, 단연코 **quite** 꽤, 상당히

정답 (a)

16.

경영진으로의 승진 자격이 있는 두 직원들 중에서, 저는 새라왕 씨가 더 적격이라고 생각합니다.

해설
비교 범위가 둘임을 나타내는 'Of the two ~'와 어울려 둘 중 더 나은 것을 나타낼 때는 'the + 비교급'의 형태로 사용하므로 이 형태가 포함된 (c) Sara Wong is the better suited가 정답이다. (d)는 that 이하의 구조가 자연스럽지 못하므로 오답이다.

어휘
eligible for ~에 대한 자격이 있는 **promotion** 승진, 진급 **management** 경영(진), 운영(진) **suited** 적합한, 알맞은

정답 (c)

Part 3

17.

> (a) A: 난 사람들이 미래에 햄버거나 감자 튀김 같은 것들을 그만 먹게 될지 궁금해.
> (b) B: 실은, 연구에 따르면 지금 사람들이 그 어느 때보다 더 많이 패스트푸드를 먹는 것으로 나타나 있어.
> (c) A: 그래? 난 사람들이 일반적으로 건강에 더 좋은 식습관을 선택하고 있었다고 생각했는데.
> (d) B: 일부는 그렇지만, 다른 많은 사람들은 일정이 바빠서 음식을 간단히 먹어야 하거든.

해설

B의 첫 번째 말에서 비교 대상 앞에 사용하는 than과 짝을 이뤄 비교급을 나타내야 알맞으므로 much fast food 대신 more fast food의 형태가 되어야 한다. 따라서 (b)가 정답이다.

어휘

wonder if ~인지 궁금하다 things like ~ 같은 것들 in the future 미래에, 앞으로 actually 실은, 사실은 studies show (that절) 연구에 따르면 ~한 것으로 나타나다 than ever (과거의) 그 어느 때보다 generally 일반적으로, 보통 adopt ~을 선택하다, 채택하다 eating habit 식습관 grab something quick to eat 간단히 식사를 하다

정답 (b) much → more

18.

> (a) A: 따님에게 정말로 그 체육관 강사와 데이트하도록 허락해 주실 건가요?
> (b) B: 저, 제가 그를 만나 봤는데, 제 생각에 그 분은 진정한 신사인 것 같아요.
> (c) A: 그럴 수도 있지만, 따님보다 거의 두 배나 나이가 많잖아요!
> (d) B: 저는 상관 없어요, 친절하고 존중하는 마음으로 제 딸을 대해 주기만 한다면요.

해설

A의 두 번째 말에서 배수사 twice가 'as 원급 as'와 함께 비교를 나타낼 때 '배수사 + as 원급 as'의 어순이 되므로 almost twice as old as로 바뀌어야 한다. 따라서 (c)가 정답이다.

어휘

seriously 정말로, 진심으로 allow A to do: A에게 ~하도록 허락하다, ~하게 해 주다 date v. ~와 데이트하다 instructor 강사 almost twice as A as B: B보다 거의 두 배 A한 bother ~를 신경 쓰이게 하다, 귀찮게 하다 as long as ~하는 한, ~하기만 한다면 treat ~을 대하다 with kindness 친절하게 respect 존중, 존경

정답 (c) almost as twice old as → almost twice as old as

19.

> (a) 2016년까지 줄곧, 중국 광저우의 텐허-2 슈퍼컴퓨터는 세계에서 가장 강력한 컴퓨터로서의 기록을 보유하고 있었다.
> (b) 그 해 7월에, 이 기록은 훨씬 더 빠른 처리 속도를 갖고 있는 선웨이 타이후라이트에 의해 깨졌다.
> (c) 타이후라이트는 현재 상하이 서쪽 지역의 우시라는 도시에 있는 국립 슈퍼컴퓨터 센터에서 가동되고 있다.
> (d) 이 컴퓨터는 기후와 날씨 시스템 모형화에서부터 첨단 제조에 이르기까지 다양한 연구 분야에서 활용되고 있다.

해설

두 번째 문장에서, 앞서 언급된 다른 컴퓨터보다 처리 속도가 훨씬 더 빠르다는 비교의 의미를 나타내야 하므로 much의 수식을 받는 fast가 비교급 형태인 faster로 바뀌어야 한다. 따라서 (b)가 정답이다.

어휘

up until ~까지 줄곧 hold the record as ~로서의 기록을 보유하다 beat the record 기록을 깨다, 경신하다 much (비교급 수식) 훨씬 processing speed 처리 속도 currently 현재 operate 가동되다, 작동되다 various 다양한 field 분야, 업계 research 연구 modeling 모형화 advanced manufacturing 첨단 제조

정답 (b) fast → faster

20.

> (a) 보르네오의 다눔 계곡은 덥고 습한 지역으로 전 세계에서 가장 높은 열대 우림을 자랑하는 곳이다.
> (b) 이곳의 나무들은 오랑우탄과 긴팔원숭이 같은 아주 다양한 유인원들에게 초목으로 무성한 서식지로서의 역할을 한다.
> (c) 이 계곡에는 심지어 수마트라 코뿔소와 구름 무늬 표범 같이 일부 믿을 수 없을 정도로 희귀하고 멸종 위기에 처한 종들도 있다.
> (d) 일부 전문가들의 말에 따르면, 다눔 계곡은 지구 상의 다른 어떤 지역보다 더 많은 야생 동물이 살고 있는 서식지이다.

해설

마지막 문장에서 비교 대상을 나타내기 위해 사용된 than은 비교급과 함께 쓰이므로 wildlife를 수식하는 most를 비교급 형태인 more로 바꿔야 한다. 따라서 (d)가 정답이다. 참고로, '비교급 + than + any other + 명사'는 비교급 형태지만 최상급의 의미를 나타낸다.

어휘

humid 습한 region 지역 boast ~을 자랑하다, 포함하다 tropical rainforest 열대 우림 serve as ~의 역할을 하다 lush 무성한 habitat 서식지 a wide variety of 아주 다양한 ape 유인원 such as ~와 같은 gibbon 긴팔원숭이 even 심지어 (~도) contain ~을 포함하다 incredibly 믿을 수 없을 정도로 rare 희귀한 endangered 멸종 위기에 처한 species (동식물의) 종 rhino 코뿔소 according to ~에 따르면 expert 전문가 home 서식지, 자생지 wildlife 야생 동물

정답 (d) most wildlife → more wildlife

기출맛보기

본문 p. 369

1. (a)   **2.** (a)

1.

A: 도로 정체가 너무 심하다. 이 속도로는 제 시간에 도착하지 못 할 거야.
B: 대신 지하철을 탔더라면, 지금쯤 이미 목적지에 도착해 있을 텐데 말이야.

해설

현재 도로가 정체 중이므로, '지하철을 탔더라면'과 같이 과거 시점의 일에 대한 가정이(가정법 과거완료의 if절) 되어야 한다. 따라서 현재 의 상황에 대한 가정을 의미하는 주절(가정법 과거의 주절)과 함께 혼 합 가정법 문장이 되어야 알맞으므로 가정법 과거완료의 if절에 사용 되는 동사의 형태인 (a) had taken이 정답이다.

어휘

heavily (정도 등이) 심하게, 많이 **congested** 정체된, 혼잡한
make it 가다, 도착하다 **on time** 제 시간에 **rate** 속도 **instead**
대신에 **destination** 목적지 **by now** 지금쯤

정답 (a)

2.

만약 우리가 유명한 요리사를 고용한다면, 분명 많은 손님을 끌어 들일 수 있을 텐데.

해설

주절의 동사가 「would + 동사원형」이므로 가정법 과거 문장임을 알 수 있다. 따라서 「If + 주어 + 과거동사」의 구조로 된 (a) If we hired 가 정답이다. if절에 조동사나 were나 쓰여야 if를 생략할 수 있으므로 (b) Hired we와 같은 구조는 쓰일 수 없다.

어휘

be sure to do 분명 ~하다 **attract** ~을 끌어 들이다

정답 (a)

기출 Check-up TEST

본문 p. 370

Part 1	**1.** (d)	**2.** (d)	**3.** (d)	**4.** (d)	**5.** (a)
	6. (c)	**7.** (c)	**8.** (d)		
Part 2	**9.** (c)	**10.** (d)	**11.** (a)	**12.** (c)	**13.** (d)
	14. (d)	**15.** (b)	**16.** (b)		
Part 3	**17.** (d)	**18.** (d)	**19.** (d)	**20.** (c)	

[Part 1]

1.

A: 왜 어제 세미나에 오시지 않았나요?
B: 미리 알았으면 참석했을 거예요.

해설

if절의 동사 형태가 과거완료시제이므로, 주절의 동사 형태는 「과거 형 조동사 + have p.p.」 형태가 되어야 한다. 그러므로 (d) would have attended가 정답이다.

어휘

beforehand 미리, 사전에 **would have p.p.** (의지) ~했을 것이 다 **attend** 참석하다

정답 (d)

2.

A: 7시에 극장 앞에서 나랑 만나는 거 맞지?
B: 맞아. 늦을 것 같으면 전화해 줘.

해설

빈칸 이하 부분은 전화해 달라고 부탁하는 것의 조건이 되어야 알맞 으므로 'if you should ~'로 된 절에서 접속사 if를 생략하고 조동사 should가 주어와 도치된 구조를 만들 수 있는 (d) should가 정답이다.

어휘

outside ~의 밖에, 외부에 **delayed** 늦는, 지체된, 지연된

정답 (d)

3.

A: 왜 날 기다리면서 뭐라도 먹지 않았어?
B: 배탈이 났었어. 그렇지 않았다면, 먹었을 거야.

해설

반대 조건을 나타내는 Otherwise와 어울려야 하므로 가정의 의미를 나타낼 동사가 빈칸에 필요한데, 앞 문장에 쓰인 과거시제 동사(had) 와 어울리는 의미가 되려면 과거의 일을 가정해야 하므로 가정법 과거 완료의 주절에 쓰이는 형태인 (d) would have eaten이 정답이다.

어휘

while ~하면서, ~하는 동안 **stomachache** 배탈, 복통
otherwise 그렇지 않았다면, 그렇지 않으면

정답 (d)

4

A: 피터가 네게 빈 아파트에 관해 얘기해 줘서 넌 운이 좋은 것 같 아.
B: 응, 그의 조언이 아니었으면, 여전히 부모님과 함께 살고 있을 거야.

'그의 조언이 아니었으면'이라는 의미를 나타내야 알맞으므로 빈칸 앞에 위치한 weren't과 함께 '~가 아니라면, ~가 없다면'이라는 의미를 구성할 때 사용하는 (d) for가 정답이다.

어휘
vacant 빈, 사람이 없는 **if it weren't for** ~가 아니라면, ~가 없다면

정답 (d)

5.

A: 아들 상태에 대해서 의사가 뭐래?
B: 일주일 동안 침대에 누워 쉬라고 권했어.

해설
recommend와 같이 충고를 나타내는 동사의 목적어 역할을 하는 that절에는 주어 또는 시제에 상관없이 동사원형을 사용하므로 (a) stay가 정답이다. 그 밖에 주장(insist), 충고(advice, recommend), 요청(ask, request, demand), 지시(order), 제안(suggest, propose), 의무(require) 등을 나타내는 동사들도 같은 규칙을 따른다. 단, 동사가 '~해야 한다'는 당위성을 나타낼 때에만 이 규칙을 따르고 단순 사실을 전달할 때는 수와 시제일치 규칙을 따라야 한다.

어휘
condition 병, 질환, 상태, 조건 **recommend that** ~하도록 권고하다 **stay** 머무르다

정답 (a)

6.

A: 오늘밤에 래디슨 호텔에서 식사하는 데 함께 가시겠어요?
B: 아쉽지만, 저는 그럴 여유가 없어요. 제가 돈이 있다면, 꼭 갈 텐데요.

해설
If절의 동사로 가정법 과거를 나타내는 과거 시제 동사(had)가 쓰이면 주절의 동사는 'would + 동사원형'의 형태가 되어야 하므로 (c) would come이 정답이다.

어휘
join A for B: B를 위해 A와 함께 하다 **unfortunately** 안타깝게도, 아쉽게도 **afford** ~할 여유가 있다 **definitely** 분명히, 틀림 없이, 확실히

정답 (c)

7.

A: 우리들 중에 새로운 근무복을 요청한 사람들을 위해서 매기 씨가 주문을 하셨나요?
B: 아뇨. 그랬으면 좋겠어요.

해설
I wish는 과거 시제 동사 또는 과거완료 시제 동사가 포함된 절과 함께 현재나 과거의 바람을 나타낸다. 따라서 과거완료 시제 동사 had ordered에서 ordered가 반복되는 것을 피하기 위해 생략되고 남은 형태인 (c) had가 정답이다.

어휘
order ~을 주문하다 **work uniform** 근무복 **those of us who** 우리들 중에 ~한 사람들 **ask for** ~을 요청하다

정답 (c)

8.

A: 제 노트북 컴퓨터를 고쳐 주셔서 감사해요, 프레드.
B: 별 말씀을요. 그리고 다른 어떤 문제라도 겪게 되시면, 제게 전화만 주세요.

해설
콤마 뒤에 명령문의 형태로 전화해 달라고 요청하는 말이 있으므로 빈칸이 속한 절은 전화를 하기 위한 조건의 의미가 되어야 자연스럽다. 따라서 'if you should ~'로 된 절에서 접속사 if를 생략하고 조동사 should가 주어와 도치된 구조로 조건절을 구성할 수 있는 (d) should가 정답이다.

어휘
fix ~을 고치다, 바로 잡다 **experience** ~을 겪다, 경험하다

정답 (d)

[Part 2]

9.

겁에 질린 제인의 얼굴 표정은 마치 전에 한 번도 거미를 본 적이 없었다는 것처럼 보였다.

해설
빈칸이 속한 절을 이끄는 접속사 as though는 '마치 ~한 것처럼'이라는 의미로 가정을 나타내며, 그 뒤에 쓰인 before와 어울려 경험과 관련된 가정의 의미가 되어야 한다. 그런데 주절에 과거 시제로 쓰인 동사 made에서 알 수 있듯이 과거의 일에 대한 가정이어야 하므로 과거의 일을 가정할 때 사용하는 과거완료 시제인 (c) had never seen이 정답이다.

어휘
horrified 겁에 질린 **expression** 표정, 표현 **make it seem as though** (마치) ~한 것처럼 보이게 만들다

정답 (c)

10.

벤이 산책을 하러 나가기 전에 일기 예보를 확인하지 않았었다면, 그는 비에 흠뻑 젖었을 수도 있었다.

해설

If절의 동사로 가정법 과거완료를 나타내는 'had p.p.'가 쓰이면 주절의 동사는 'could have p.p.'의 형태가 되어야 하므로 (d) could have been이 정답이다.

어휘

weather forecast 일기 예보 go out for a walk 산책하러 나가다 be soaked by ~에 흠뻑 젖다

정답 (d)

11.

> 2000년대에 사회 기간 시설에 더 많이 투자했었다면, 현재 도시의 지하철 시스템과 건물들이 그렇게 낙후되어 있지 않을 것이다.

해설

If절에 가정법 과거완료를 나타내는 'had p.p.' 형태의 동사가 쓰였지만, 주절에 현재 시점을 의미하는 today가 포함되어 있으므로 주절은 현재의 일을 가정하는 의미가 되어야 한다. 따라서 가정법 과거의 주절에 쓰이는 동사 형태인 (a) wouldn't be가 정답이다.

어휘

invest A in B: A를 B에 투자하다 infrastructure 사회 기간 시설 be run down 쇠퇴되다, 낙후하다

정답 (a)

12.

> 숙련된 직원들을 고용하는 대신 셀프 계산대를 설치하지 않았더라면, 그레이스 슈퍼마켓은 매출이 떨어지지 않았을 것이다.

해설

주절에 쓰인 동사가 'would have p.p.'의 형태이므로 가정법 과거완료를 나타내는 'had p.p.' 형태의 동사가 If절에 쓰여야 한다. 그런데 문장과 선택지에 If가 쓰여 있지 않으므로 If가 생략되고 had와 주어가 도치된 구조에 해당되는 (c) Had it not installed가 정답이다.

어휘

self-checkout station 셀프 계산대 instead of ~하는 대신, ~하지 않고 hire ~을 고용하다 skilled 숙련된 sales 매출, 판매(량) drop 떨어지다, 하락하다 install ~을 설치하다

정답 (c)

13.

> 딜리는 복권을 사서 엄청난 액수의 돈을 탄 것이 틀림 없다. 그렇지 않았다면, 그렇게 많은 부동산을 구입하지 못했을 것이다.

해설

주절에 'must have p.p.'의 형태로 된 동사가 쓰였는데, 이는 과거의 일에 대한 추측을 의미하므로 반대 조건을 나타내는 otherwise 뒤에 이어지는 절의 동사도 과거의 일을 가정하는 의미가 되어야 한다. 따라서 가정법 과거완료의 주절에 쓰이는 동사 형태인 (d) wouldn't

어휘

win ~을 타다, 따다, 받다 massive 엄청난, 아주 많은 sum 액수, 합 play the lottery 복권을 사다 otherwise 그렇지 않다면, 그렇지 않았다면 property 부동산, 건물 purchase ~을 구입하다

정답 (d)

14.

> 샐리가 졸업한 지 만 1년이 되었으니 이제 그녀가 직장을 구해서 돈을 좀 벌어야 할 때가 되었다.

해설

it's about time은 뒤에 '주어 + 과거시제'의 구조를 동반하여 '(이제) ~할 때가 되었다'라는 의미를 나타내므로 (d) found가 정답이다.

어휘

whole 전체의, 전부의, 모든, 통째의 since ~한 이후로 graduate 졸업하다 it's about time + 주어 + 과거시제: (이제) ~할 때가 되었다 earn money 돈을 벌다

정답 (d)

15.

> 나는 지금으로서는 그가 그 일에 대해 어떤 성급한 결정도 내리지 않았으면 좋겠다.

해설

I'd rather는 I wish와 마찬가지로 과거 시제 또는 과거완료 시제 동사가 포함된 절과 함께 쓰여 가정의 의미를 나타내는데, 현재의 기간을 나타내는 for the time being과 어울려 현재의 일을 가정하는 의미가 되어야 한다. 현재의 일을 가정할 때는 과거 시제를 사용하므로 과거 시제 조동사와 동사원형이 결합된 (b) didn't make가 정답이다.

어휘

I'd rather + 주어 + 과거동사: ~가 …하면 좋겠다 rash 성급한 make a decision 결정을 내리다 for the time being 지금으로서는, 당분간

정답 (b)

16.

> 우리가 그 결함에 대해 알았었다면, 우리는 즉시 제품들을 리콜했었을 것이다.

해설

주절에 쓰인 동사가 'would have p.p.'의 형태이므로 If절에는 가정법 과거완료를 나타내는 'had p.p.' 형태의 동사가 쓰여야 한다. 그런데 빈칸 뒤에 we와 과거 분사 known만 쓰여 있으므로 If가 생략되고 had와 주어 we가 도치된 구조가 되어야 한다는 것을 알 수 있다. 따라서 (b) Had가 정답이다.

어휘

defect 결함 recall ~을 리콜하다, 회수하다 immediately 즉시

정답 (b)

[Part 3]

17.

(a) A: 시험이 끝나고 드디어 여름 방학 때가 되어서 너무 기뻐.
(b) B: 나도! 올해 다시 해외에 갈 계획이야?
(c) A: 응, 가족과 함께 여행하러 프랑스에 갈 생각이야.
(d) B: 너무 부럽다! 내가 살면서 딱 한 나라만 방문할 수 있다면, 그게 그곳일 거야.

해설

마지막 문장에, If절의 동사가 가정법 과거를 나타내는 'could + 동사원형'의 형태이므로 주절의 동사는 'would + 동사원형'이 되어야 한다. 따라서 would have been이 would be로 바뀌어야 하므로 (d)가 정답이다.

어휘

exam 시험 over 끝난, 종료된 finally 드디어, 마침내 plan to do ~할 계획이다 overseas 해외로, 해외에 sightseeing trip 여행, 관광 jealous 부러워하는, 질투하는

정답 (d) would have been → would be

18.

(a) A: 제 여동생이 주말 동안 시내에 와 있을 거라서 재미있는 일들을 많이 계획해 놨어요.
(b) B: 잘됐네요. 저는 주말 내내 제 학생들의 시험지를 채점하고 있을 것 같아요.
(c) A: 저, 저희가 아마 일요일 밤에 멋진 곳에 가서 저녁 식사를 할 것 같아요. 함께 가실래요?
(d) B: 할 일이 그렇게 많지 않다면 분명 그럴 거예요.

해설

마지막 문장에, 주절의 동사가 가정법 과거에 쓰이는 would이므로 (동일한 동사 join은 반복을 피하기 위해 생략) if절의 동사는 과거 시제가 되어야 한다. 따라서 don't을 didn't으로 바꿔야 하므로 (d)가 정답이다.

어휘

activity 활동 Good for you (칭찬 등을 나타내어) 잘됐다, 잘했어 grade papers 시험지 채점을 하다 join ~와 함께 하다, 합류하다 definitely 분명히, 확실히

정답 (d) if I don't → if I didn't

19.

(a) 미국 남북 전쟁 시기에, 에이브라함 링컨 대통령은 20개의 자유 주로 구성된 북부 연방을 지키기 위해 크게 힘썼다.
(b) 그는 전쟁 중이던 다양한 당파들 사이에서 연합을 구축하기 위해 자신의 정치적 능력을 활용했다.
(c) 그는 또한 전쟁에서 싸우는 법에 대한 효과적인 전략도 개발했으며, 자신의 명령을 정확히 따를 장군들도 임명했다.
(d) 이와 같이, 링컨의 적극적인 병무 관리가 없었다면, 그 전쟁은 아주 다르게 전개되었을 것이며, 우리는 지금 더욱 분열된 미국을 보고 있을 수도 있다.

해설

마지막 문장에, 가정법 과거완료를 나타내는 'had it not been'이 있으며, 과거 시점에 끝난 전쟁에 대한 가정을 나타내야 하므로 주절의 동사가 'would have p.p.'로 쓰여야 한다. 따라서 would turn out이 would have turned out으로 바뀌어야 하므로 (d)가 정답이다.

어휘

American Civil War 미국 남북 전쟁 strive to do ~하기 위해 크게 힘쓰다, 애쓰다 preserve ~을 지키다, 보존하다 the Union (남북 전쟁 당시의) 북부 연방 consist of ~으로 구성되다 state (행정 구역) 주 political 정치의, 정치적인 build coalitions 연합을 구축하다 warring 전쟁 중인 faction 당파, 분파, 파벌 develop ~을 개발하다 effective 효과적인 strategy 전략 appoint ~을 임명하다, 선임하다 general 장군 order 명령, 지시 precisely 정확히 as such 이와 같이 active 적극적인 management 관리, 경영 military affairs 병무 turn out (진행, 결과 등이) 되어 가다, 전개되다 divided 분열된

정답 (d) would turn out → would have turned out

20.

(a) 홍콩은 방콕이나 싱가포르와 같은 도시들보다 훨씬 더 많은 연간 방문객들을 맞이하면서 빠르게 세계 최고의 관광지로 변모해 왔다.
(b) 대다수의 관광객들은 주로 쇼핑을 하러 가는데, 홍콩이 거의 셀수 없을 정도로 많은 고급 쇼핑몰과 패션 부티크들이 몰려 있는 본거지이기 때문이다.
(c) 마치 홍콩을 방문하기에 충분한 이유가 그것 하나로는 부족하다는 듯이, 그 도시는 수상 경력이 있는 아주 다양한 레스토랑들도 자랑하고 있다.
(d) 쇼핑과 먹거리로 바쁜 하루를 보내고 나면, 많은 관광객들은 빅토리아 항구에서 휴식을 취하고 싶어 하는데, 이곳에서 홍콩의 스카이라인이 만들어 내는 아주 멋진 경관을 즐길 수 있다.

해설

세 번째 문장에서 접속사 As if가 이끄는 절의 주어 that은 앞 문장에 제시된 사실을 가리키는데, 이 절의 동사로 쓰인 wasn't은 과거 시점의 일을 나타내므로 앞 문장에서 현재 시제 동사(come, is)와 함께 현재의 사실을 말하는 내용과 맞지 않는다. 따라서 As if절이 '마치 ~가 …하다는 듯이'라는 의미로 현재 사실에 대한 가정을 나타내려면 wasn't이 weren't으로 바뀌어야 하므로 (c)가 정답이다.

evolve into ~로 변모하다, 탈바꿈하다 tourist destination 관광지, 여행지 even (비교급 수식) 훨씬 annual 연간의, 해마다의 the majority of 대다수의, 대부분의 primarily 주로 home to ~의 본거지, 본고장 an almost countless number of 거의 셀 수 없을 정도로 많은 high-end 고급의 as if + 주어 + 과거동사: 마치 ~가 …하다는 듯이 boast ~을 자랑하다, 포함하다 a wide range of 아주 다양한 award-winning 수상 경력이 있는 relax 휴식하다, 쉬다 spectacular 아주 멋진, 장관인 view 경관, 전망 skyline 스카이라인, 하늘과 맞닿은 윤곽선

정답 (c) As if that wasn't → As if that weren't

UNIT 20 도치

기출맛보기 　　　　　　　　　　　본문 p. 377

1. (d)　　**2.** (a)

1.

이든이 청중 앞에 서기를 걱정하는 듯 보이는 경우가 이제껏 없었다.

해설
부정어 Never로 시작되는 문장이므로 주어와 동사가 도치된 구조가 되어야 한다. 조동사 has와 주어가 자리를 바꾼 구조인 (d) has Eden looked가 정답이다.

어휘
Never before 동사 + 주어: 결코 ~한 적이 없었다 look 형용사: ~처럼 보이다 anxious about ~에 대해 걱정하는 audience 청중, 관객

정답 (d)

2.

앨빈은 지연 문제에 대해 약간 짜증이 났는데, 나 역시 그랬다.

해설
긍정을 나타내는 주절 뒤에서 '나도 그랬다'라는 의미를 나타내야 하므로 so로 시작되는 도치 구조가 되어야 하며, 주절의 동사 was와 마찬가지로 be동사가 쓰여야 하므로 (a) so was I가 정답이다. (c) neither was I는 주절에 부정어가 있을 때 사용한다.

어휘
a little 약간, 조금 upset 짜증 난, 화가 난 delay 지연, 지체 so was I (긍정을 나타내는 주절 뒤에서) 나도 그랬다 neither was I (부정을 나타내는 주절 뒤에서) 나도 그렇지 않았다

정답 (a)

기출 Check-up TEST　　　　　　　　본문 p. 378

Part 1	**1.** (c)	**2.** (a)	**3.** (a)	**4.** (c)	**5.** (a)
	6. (a)	**7.** (a)	**8.** (a)		
Part 2	**9.** (a)	**10.** (b)	**11.** (d)	**12.** (c)	**13.** (b)
	14. (a)	**15.** (a)	**16.** (a)		
Part 3	**17.** (c)	**18.** (c)	**19.** (c)	**20.** (c)	

[Part 1]

1.

A: 난 이 매장의 의류 제품 할인이 믿기지가 않아.
B: 맞아! 유명 디자이너 제품이 이렇게 저렴한 건 본 적이 없어.

해설
'한 번도 ~을 본 적이 없다'는 의미를 나타내려면 'I have never seen ~' 또는 Never를 강조하기 위해 문장 앞으로 이동하고 조동사 have와 주어가 도치된 'Never have I seen ~'의 구조가 되어야 한다. 따라서 (c) Never have I seen이 정답이다.

어휘
clothing 의류 designer brand 유명 디자이너 제품

정답 (c)

2.

A: 경기 중에 심하게 태클을 한 것에 대해 리앤에게 화가 나지 않으세요?
B: 조금도 그녀를 탓하고 싶지 않아요. 저를 다치게 할 의도는 없었잖아요.

해설
부정어가 포함된 In no way가 문장 맨 앞에 위치해 있으므로 조동사 do와 주어가 도치된 구조인 (a) do I blame her가 정답이다.

어휘
be angry at ~에게 화 나다 tackle (축구 등의) 태클 in no way 조금도 ~ 않다, 결코 ~ 않다 mean to do ~할 의도이다 blame ~을 탓하다, 비난하다

정답 (a)

3.

A: 컴퓨터가 갑자기 고장났을 때 프로젝트 파일들이 모두 사라져 버렸나요?
B. 네, 게다가 사라진 파일들 중에 하나는 거의 다 끝내가던 중이었어요.

해설
among 전치사구가 강조를 위해 앞으로 이동한 구조이므로 도치 문장이 되어야 한다. and절의 주어가 빈칸 뒤에 위치한 단수 대명사 one이며(that I was so close to finishing은 수식어), 이 절에 쓰

인 과거 시제 동사 was와 동일 시점의 일을 나타내야 하므로 과거 시제이면서 단수 주어와 함께 사용하는 형태인 (a) was가 정답이다.

어휘
lose ~을 잃어버리다 break down (기계 등이) 고장 나다
among ~ 중에서 be close to 거의 ~하다 finish 끝내다

정답 (a)

4.

> A: 마이크로다인 시스템 사의 대표이사께서 다음 주에 있을 세미나에 참가하시게 되어 정말 흥분돼요.
> B: 맞아요. 그렇게 많은 전문 지식을 지니신 분의 얘기를 들을 기회가 우리에게 좀처럼 없으니까요.

해설
부정의 의미를 나타내는 부사 rarely는 주어와 동사 사이에 위치해 'We rarely have ~'의 어순으로 쓰이거나, 강조를 위해 앞으로 이동하고 조동사와 주어가 도치된 'Rarely do we have ~'와 같은 구조로 쓰일 수 있다. 따라서, (c) Rarely do we have가 정답이다.

어휘
be excited that ~해서 흥분되다, 들뜨다 take part in ~에 참가하다 have a chance to do ~할 기회가 있다 expertise 전문 지식 rarely 좀처럼 ~ 않다

정답 (c)

5.

> A: 드래곤 파이어라고 불리는 새 핫 소스 먹어 본 적 있어?
> B: 물론이지. 10번가에 있는 피자 가게보다 그것이 더 인기 있는 곳이 없잖아.

해설
부정어 nowhere가 포함된 문장이 구성되어야 하므로 nowhere가 문장 앞으로 이동하고 조동사 has와 주어 it이 도치된 구조에 해당되는 (a) Nowhere has it been more popular가 정답이다.

어휘
try ~을 한 번 먹어 보다 called A: A라고 불리는, A라는 이름의 nowhere 아무데도 ~ 않다, 어디에도 ~ 없다 popular 인기 있는

정답 (a)

6.

> A: 유명 팝스타가 새로운 쇼핑몰 개장식에 온다는 게 사실이야?
> B: 그렇게들 말하던데.

해설
유명 팝스타가 새로운 쇼핑몰 개장식에 온다는 것이 사실인지 확인하려는 질문에 대해 사람들이 그렇게들 말한다는 뜻으로 동의를 나타내는 (a) So they say가 정답이다. '그들도 그렇(지 않)다'라는 의미인 (b) So do they와 (c) Nor do they는 의미가 질문과 맞지 않으며,

(d) Neither they say는 잘못된 표현이다.

어휘
opening 개장식, 개업식 neither (A nor B): (A도 B도) 둘 다 아니다, 둘 다 ~않다

정답 (a)

7.

> A: 내가 아까 읽고 있던 잡지를 본 적 있어?
> B: 거기 있잖아.

해설
앞서 언급된 the magazine을 대신하는 대명사 it이 답변에 쓰이는 것이 자연스러우며, 위치를 나타내는 답변으로서 There가 이끄는 부사구 뒤에 쓰이는 주어가 대명사이면 도치가 일어나지 않으므로 이와 같은 구조에 해당되는 (a) There it is가 정답이다.

어휘
earlier 아까, 앞서, 일찍이

정답 (a)

8.

> A: 새로 방송하는 한국 드라마인 "마이 스윗 앤젤"이 이곳에서 큰 히트를 친 것처럼 보여.
> B: 사실이야. 그렇게 인기가 많기 때문에 우리 회사 사람 모두가 쉬지 않고 그 얘기를 하고 있어.

해설
앞서 언급된 특정 드라마를 대신하는 대명사 it이 포함되어야 하며, '인기가 그 정도로 많기 때문에'와 같이 정도를 강조하는 의미가 되어야 한다. 이와 같은 의미를 나타낼 때는 'Such is + 명사(구) + that'의 도치 구조가 되어야 하므로 (a) Such is the popularity of it이 정답이다.

어휘
It seems as though (마치) ~인 것 같다 big hit 큰 히트(작), 큰 성공(작) non-stop 쉬지 않고 popularity 인기 Such is A that B: A가 그 정도여서 B하다

정답 (a)

[Part 2]

9.

> 패트리샤는 새로 산 공기청정기 사용법을 알아 낼 수 없었는데, 그녀의 남편도 그랬다.

해설
부정어 not이 포함된 주절 뒤에 위치해 '~도 마찬가지이다, ~도 그렇다'라는 뜻을 나타내야 하므로 neither가 앞으로 이동하고 조동사

could와 주어가 도치된 구조인 (a) neither could her husband 가 정답이다.

어휘
figure out ~을 알아 내다, 찾아 내다 **how to do** ~하는 법 **air purifier** 공기 청정기 **neither** (부정문과 연결되는 and 뒤에서) ~ 도 마찬가지이다, ~도 그렇다

정답 (a)

10.

자신의 머리를 만지작거리는 발표자의 버릇이 너무 우스꽝스러워 보여서 일부 청중들이 웃기 시작했다.

해설
빈칸 뒤에 이어지는 of 전치사구의 수식을 받으려면 명사로 끝나는 구조로 된 선택지를 찾아야 한다. 따라서 So의 수식을 받는 ridiculous가 함께 앞으로 이동하고 동사 was와 주어가 도치된 구조에 해당되는 (b) So ridiculous was the speaker's habit이 정답이다.

어휘
play with ~을 만지작거리다, ~을 가지고 장난하다 **audience** 청중, 관객 **laugh** 웃다 **ridiculous** 우스꽝스러운, 터무니 없는 **habit** 버릇, 습관

정답 (b)

11.

급여 삭감에 관한 통보를 받기가 무섭게 직원들이 그만 두기로 결정했다.

해설
문장 중간에 쓰인 than과 짝을 이루는 부정어 No sooner가 문장 맨 앞으로 이동하고 조동사 had와 주어가 도치된 구조가 되어야 알맞으므로 (d) No sooner had they been이 정답이다.

어휘
informed about ~에 관한 통보를 받은, 얘기를 들은 **pay cut** 급여 삭감 **decide to do** ~하기로 결정하다 **walk out** 그만 두다 **No sooner A than B**: A하기가 무섭게 B하다, A하자마자 B하다

정답 (d)

12.

회원들은 특정 공휴일에 한해서만 컨트리 클럽 내부로 비회원 고객을 데려오도록 허용된다.

해설
on 전치사구를 수식하는 강조 부사 Only가 문장 맨 앞에 위치해 있으므로 be동사 are와 주어가 도치된 구조가 되어야 한다. 따라서 (c) are members permitted가 정답이다.

어휘
specific 특정한, 구체적인 **bring** ~을 데려오다 **be permitted to do** ~하도록 허용되다

정답 (c)

13.

관련 경력의 부족함은 중요하지 않으며, 그것이 구직 지원자가 자격이 없음을 의미하는 것도 아닙니다.

해설
빈칸 앞에 위치한 부정어 not과 nor가 짝을 이뤄 '~도 아니고 …도 아니다'라는 의미를 나타내야 하므로 nor 뒤에 조동사 does와 주어 it이 도치된 구조가 되어야 한다. 따라서 (b) nor does it indicate이 정답이다.

어휘
lack of ~의 부족 **relevant** 관련된 **experience** 경력, 경험 **not A nor B**: A도 아니고 B도 아니다 **indicate that절** ~임을 나타내다, 가리키다 **job candidate** 구직 지원자 **unworthy** 자격이 없는, 적합하지 않은, 어울리지 않는

정답 (b)

14.

릭이 지닌 성공 잠재성의 근원이 되는 것은 그가 지닌 경영 관리 능력이다.

해설
'~의 근원을 이루다, ~에 뿌리를 두고 있다'라는 의미를 나타내는 표현 'lie at the root of'에서 at 전치사구가 문장 시작 부분에 위치해 있으므로 빈칸에 어울리는 것으로 동사와 주어가 도치된 구조인 (a) lies his potential to succeed가 정답이다.

어휘
lie at the root of ~의 근원을 이루다, ~에 뿌리를 두고 있다 **skill** 능력, 기술 **business management** 경영 관리 **potential** n. 잠재성, 잠재력 **succeed** 성공하다

정답 (a)

15.

오직 수습 기간이 끝나는 시점에서야 점보 버거의 직원들은 업무 능력을 바탕으로 평가 받게 될 것이다.

해설
at 전치사구를 수식하는 강조 부사 Only가 문장 맨 앞에 위치해 있으므로 조동사 will과 주어가 도치된 구조가 되어야 하며, 주어 employees가 평가되는 대상이므로 evaluate이 수동태로 쓰여야 한다. 따라서 (a) will employees at Jumbo Burger be evaluated 가 정답이다.

probationary period 수습 기간, 가채용 기간 **based on** ~으로 바탕으로, ~을 기반으로 **performance** 업무 능력, 수행 능력, 성과, 실적 **evaluate** ~을 평가하다

정답 (a)

16.

여기 기재되어 있는 것은 매달 600달러 미만으로 이용 가능한 빈 아파트들입니다.

해설

빈칸과 부사 here로 시작되어 be동사 are 뒤로 문장의 주어에 해당되는 명사구가 이어지는 어순이므로 are와 결합 가능한 현재분사 또는 과거분사가 here와 함께 앞으로 이동한 구조임을 알 수 있다. 주어 vacant apartments는 사람에 의해 기재되는 대상이어서 수동태 동사의 과거분사가 빈칸에 필요하다는 것을 알 수 있으므로 (a) Listed가 정답이다.

어휘

vacant 빈, 사람이 없는 **available** 이용 가능한 **less than** ~ 미만의, ~가 채 되지 않는 **listed** 기재된 **list** v. ~을 기재하다, ~을 목록에 올리다

정답 (a)

[Part 3]

17.

(a) A: 우리가 홀리 비스트로에서 먹었던 식사에 대해서 어떻게 생각하셨어요?
(b) B: 꽤 맛있기는 했지만, 특별히 놀랄 만하다고 생각되진 않았어요.
(c) A: 저도 그랬어요. 솔직히, 저는 더 많은 것을 기대했거든요.
(d) B: 우리가 읽어 본 후기 내용이 좀 과장되었던 것 같아요.

해설

A의 두 번째 말에서, 앞서 언급된 부정문(I didn't think ~)에 대해 '나도 마찬가지다, 나도 그렇다'라는 의미가 되어야 하므로 So did I가 Nor/Neither did I로 바뀌어야 한다. 따라서 (c)가 정답이다. So did I와 같은 형태는 긍정문에 대해 '나도 마찬가지다, 나도 그렇다'라는 의미를 나타낼 때 사용한다.

어휘

pretty 꽤, 아주, 매우 **tasty** 맛있는 **particularly** 특별히 **amazing** 놀라운 **honestly** 솔직히 **expect** ~을 기대하다, 예상하다 **review** 이용 후기, 의견, 평가 **a little** 조금, 약간 **exaggerated** 과장된

정답 (c) So did I → Nor/Neither did I

18.

(a) A: 데이빗, 제가 추천해 드렸던 인턴사원을 해고하셨어야 했다는 얘기를 들었어요.
(b) B: 네, 안타깝게도 회사 자산을 훔치고 있는 것을 붙잡았거든요.
(c) A: 죄송해요. 그가 믿을 수 없는 사람일 거라곤 생각도 못했어요.
(d) B: 자책하지 마세요. 제게도 엄청 놀라운 일로 느껴졌어요.

해설

A의 두 번째 말에서 Sorry 뒤에 부정어에 해당되는 Little로 문장이 시작되고 있으므로 그 뒤에 조동사 did와 주어 I가 도치된 구조가 이어져야 한다. 따라서 Little I knew가 Little did I know로 바뀌어야 하므로 (c)가 정답이다.

어휘

fire v. ~을 해고하다 **recommend** ~을 추천하다, 권하다 **catch A -ing**: A가 ~하고 있는 것을 붙잡다 **property** 자산, 재산 **trust** ~을 믿다, 신뢰하다 **blame** ~을 탓하다, 비난하다 **come as a surprise to** ~에게 놀라움으로 다가 오다

정답 (c) Little I knew → Little did I know

19.

(a) 대공황은 1929년에 미국에서 시작된 경제 위기였으며, 결과적으로 전 세계의 많은 국가에 영향을 미쳤다.
(b) 1929년과 1932년 사이에, 전 세계의 GDP는 약 15퍼센트 하락했으며, 국제 무역은 50퍼센트 넘게 감소했다.
(c) 경제가 그렇게 처참한 상태였던 적은 좀처럼 없었으며, 부정적인 영향은 2차 세계 대전이 시작될 때까지 지속되었다.
(d) 심지어 대공황 시기가 끝난 후에도, 미국은 약 15퍼센트의 높은 실업률을 기록했다.

해설

세 번째 문장에서 부정의 의미를 나타내는 부사 Rarely로 문장이 시작되고 있으므로 조동사 had와 주어 the economy가 도치된 구조가 되어야 한다. 따라서 Rarely had the economy been과 같이 바뀌어야 하므로 (c)가 정답이다.

어휘

The Great Depression 대공황 **economic crisis** 경제 위기 **eventually** 결국, 끝내 **affect** ~에 영향을 미치다 **GDP** 국내 총생산 **by** (차이, 정도) ~만큼 **approximately** 약, 대략 **more than** ~가 넘는 **rarely** 좀처럼 ~ 않다 **economy** 경제 **disastrous** 처참한, 참담한 **state** 상태 **negative** 부정적인 **effect** 영향 **last** v. 지속되다 **even** 심지어 (~도) **unemployment rate** 실업률 **around** 약, 대략, ~쯤

정답 (c) Rarely the economy had been → Rarely had the economy been

20.

(a) 라고스나 킨샤사 같이 규모가 큰 아프리카 도시들이 전례 없는 수준의 도시화와 인구 증가를 경험하고 있다.

(b) 이와 같은 빠른 변화는 많은 도전 과제를 제시하게 되는데, 대다수의 도시들이 아주 많은 주민들을 통제할 능력이 없기 때문이다.

(c) 많은 아프리카 도시에는 광범위한 도로망과 같은 기본적인 사회 기반 시설이 부족할 뿐만 아니라, 지역 정부마다 필요한 개선 작업을 하기 위한 자금도 충분히 보유하고 있지 않다.

(d) 결과적으로, 아프리카의 여러 국가들은 투자자들을 물색하면서 외국 기업들에 눈을 돌리고 있으며, 해외의 경험 많은 도시 계획 전문가들을 고용하고 있다.

해설

세 번째 문장이 부정어 Not only로 시작되고 있으므로 조동사 do와 주어 many African cities가 도치된 구조가 되어야 한다. 따라서 Not only do many African cities lack과 같이 바뀌어야 알맞으므로 (c)가 정답이다.

어휘

experience ~을 경험하다, 겪다 **unprecedented** 전례 없는 **urbanization** 도시화 **population growth** 인구 증가 **present** v. ~을 제시하다, 보여 주다 **challenge** 도전 과제, 어려운 일 **the majority of** 대다수의, 대부분의 **be equipped to do** ~할 능력이 있다 **handle** ~을 통제하다, 다루다 **inhabitant** 주민 **lack** v. ~가 부족하다 **infrastructure** 사회 기반 시설 **extensive** 광범위한 **adequate** 충분한, 적절한 **funding** 자금 (조달) **make an improvement** 개선하다, 향상시키다 **necessary** 필요한 **as a result** 결과적으로 **turn to** ~로 눈을 돌리다 **in search of** ~을 찾아 **investment** 투자 **hire** ~을 고용하다 **urban planning** 도시 계획 **professional** 전문가 **from overseas** 해외로부터

정답 (c) Not only many African cities lack → Not only do many African cities lack

시원스쿨 LAB